Berlino

EDIZIONE SCRITTA E AGGIORNATA DA
Andrea Schulte-Peevers

Sommario

Pianificare il viaggio 4

Benvenuti a Berlino........ 4
Top 10 6
Qualcosa di nuovo......... 13
In breve................... 14
Itinerari................... 16
Se vi piace... 18
Mese per mese 22
Con i bambini.............. 26
Come uno
del posto.................. 28
Berlino gratis 31
Il Muro di Berlino...... **34**
**Gallerie d'arte
e street art**.............. **38**
**Locali e
vita notturna**............. **45**
Pasti..................... **52**
Berlino gay-friendly... **58**
Divertimenti............. **62**
Shopping.................. **67**

Visitare Berlino 70

I quartieri **72**
Mitte – centro storico.. 74
Museumsinsel
e Alexanderplatz 94
Potsdamer Platz
e Tiergarten 113
Scheunenviertel 130
Kreuzberg
e Neukölln Nord..........150
Friedrichshain............. 170
Prenzlauer Berg 183
A ovest del centro
e Charlottenburg.........197
Gite di un giorno........**211**
Pernottamento **227**

Conoscere Berlino 243

Berlino oggi.................244
Storia 246
Arti.............................268
Architettura 278
I dorati anni '20 293
Vivere in una
città divisa..................297
Musica: dal punk
alla techno................... 301

Guida pratica 305

Trasporti.............. 306
Informazioni 315
Guida linguistica..........324
Indice........................... 335

Cartine 359

(a sinistra) Beach bar sulla Sprea

(sopra) La cupola del Reichstag disegnata da Norman Foster (p76)

(a destra) Caffè sulla riva di un canale, Treptow

Prenzlauer Berg p183

Scheunenviertel p130

A ovest del centro e Charlottenburg p197

Potsdamer Platz e Tiergarten p113

Mitte - centro storico p74

Museumsinsel e Alexanderplatz p94

Friedrichshain p170

Kreuzberg e Neukölln Nord p150

Benvenuti a Berlino

Berlino è un mix unico e affascinante per chiunque ami l'arte, la storia, la buona cucina e la vita notturna.

I segni del passato

Berlino è come un libro di storia a tre dimensioni, una storia con cui ci si confronta a ogni angolo di strada. Camminando in città si passa davanti a palazzi e monumenti che rappresentano momenti chiave del suo passato. Lo Schloss Charlottenburg, la Porta di Brandeburgo e Unter den Linden ricordano la gloriosa storia prussiana. I giorni bui del Terzo Reich riecheggiano nello Scheunenviertel, il vecchio quartiere ebraico. Il Checkpoint Charlie e la East Side Gallery rammentano le tensioni della Guerra Fredda. Potsdamer Platz e il nuovo quartiere del governo rappresentano la Berlino post-riunificazione, capace di guardare avanti.

Arte e cultura

Con 600 gallerie d'arte, 175 musei, tre enti lirici, cinque orchestre sinfoniche e teatri a non finire, lo straordinario panorama culturale di Berlino fa invidia a molti paesi. La moda, l'arte, il design e la musica a Berlino non seguono le tendenze, le creano. L'afflusso di artisti da ogni parte del mondo ha trasformato Berlino in un calderone culturale, come fu New York negli anni '80. È il clima di apertura e sperimentazione venato da subculture underground che conferisce a questa città un'aura e una vitalità particolari.

La vita notturna

Altro che New York... è Berlino la città che non dorme mai! A volte sembra che i berlinesi siano i 'mangiatori di loto' della Germania e che tutto quel che abbiano da fare sia godersela. La città offre opportunità di divertimento per tutti i gusti, le età e i portafogli. Da minuscoli club sotterranei a templi della techno, da Biergarten sotto i castagni a favolosi cocktail bar, da cabaret 'piccanti' a grandi concerti di musica classica, Berlino fornisce gli elementi giusti per un'esperienza piena, e non solo di notte o nei weekend, ma non stop! Fate il pieno d'energia per stare al passo.

La gente e la qualità della vita

Anche se Berlino si estende su un'area dieci volte quella di Parigi, le zone che contano sono piacevolmente vicine e a misura d'uomo, con molte aree verdi. I trasporti pubblici sono efficienti, potete camminare per strada senza paura di notte, pochi club hanno limitazioni d'accesso e il conto del ristorante in un'altra capitale europea basterebbe solo per gli antipasti. È una metropoli multiculturale con il fascino senza pretese di un villaggio internazionale. I berlinesi credono nel motto 'vivi e lascia vivere' e considerano più importante godersi la vita che accumulare ricchezze materiali.

Perché amo Berlino
di Andrea Schulte-Peevers, autrice

Per me Berlino è davvero una delle grandi capitali del mondo, di quelle difficili da dimenticare. Me ne sono innamorata sin da quando l'ho vista la prima volta appena alcuni mesi dopo la caduta del Muro. Da allora è stato entusiasmante vedere Berlino congedare gli anni della Guerra Fredda rifiorendo fino a diventare una metropoli vibrante di vita, elegante eppure meravigliosamente rilassata. Io amo l'energia che si respira qui, la capacità che la città ha sempre avuto di reinventarsi. La vita notturna, la gente, i musei, i monumenti – questo mix è un cocktail intossicante, che non mi stanco mai di assaggiare.

Per ulteriori informazioni sull'autrice v. p332.

Wilfried Fitzenreiter, *Tre ragazze e un ragazzo*, con il Berliner Dom sullo sfondo (p108)

Top 10

Reichstag (p76)

1 È uno dei simboli di Berlino: devastato da un incendio, bombardato, lasciato in rovina, avvolto da chilometri di tessuto e infine ritornato a essere il cuore del quartiere di governo: l'antico Reichstag ospita il parlamento federale (il Bundestag), la cui sala plenaria si può visitare con un tour organizzato. Ma, prenotando, potete prendere l'ascensore e salire alla luccicante cupola in vetro disegnata da Lord Norman Foster. Godetevi la vista e imparate qualcosa della storia dell'edificio e degli altri monumenti intorno con l'audiotour gratuito.

◉ *Mitte - centro storico*

Porta di Brandeburgo (p78)

2 Kaiser prussiani, Napoleone Bonaparte e Hitler hanno marciato attraverso questa porta delle mura cittadine in stile neoclassico. Intrappolata a est del Muro, nel 1989 questo simbolo della divisione delle due Germanie è diventato sinonimo della riunificazione. La possente Brandenburger Tor, che domina la severa Pariser Platz (sede di ambasciate e banche), ha un'atmosfera particolare – molto suggestiva – al tramonto, quando la luce bagna le sue colonne e la scultura della Dea della Vittoria brilla invitante.

◉ *Mitte - centro storico*

MAREMAGNUM / GETTY IMAGES ©

Museumsinsel (p96)

3 Berlino ha il suo 'Louvre sulla Sprea', un imponente complesso di cinque musei pieni di tesori, gioiello del panorama museale della città. Dichiarato sito Patrimonio dell'Umanità dell'UNESCO, presenta 6000 anni di storia dell'arte e della cultura, dal Paleolitico all'Ottocento. I maestosi reperti antichi del Pergamonmuseum e dell'Altes Museum sono una festa per gli occhi, la regina egizia Nefertiti merita una visita privata al Neues Museum, tutto il meglio dell'arte ottocentesca vi aspetta alla Alte Nationalgalerie e incredibili sculture medievali sono in mostra al Bodemuseum.
ALTARE DI PERGAMO, PERGAMON-MUSEUM (P96)

◉ *Museumsinsel e Alexanderplatz*

Vita notturna (p45)

4 La luna è alta in cielo e Berlino è come una conchiglia che mostra la sua perla. Bar vecchio stile, beach bar in riva al fiume, Biergarten, locali underground, DJ bar, pretenziosi lounge bar negli hotel, cocktail bar di design – con una tale varietà, trovare un ritrovo che si adatti alla vostra disposizione d'animo non è poi una gran fatica. Se non vi sentite di unirvi agli hipster un po' snob in nightclub 'caldi', potete sempre rivivere i ruggenti anni Venti in un cabaret, viziare le vostre orecchie con melodie sinfoniche in leggendarie sale concerto o concedervi una più raffinata serata all'opera. RISTORANTI E BAR LUNGO SIMON-DACH-STRASSE

◉ *Locali e vita notturna*

Schloss Charlottenburg (p199)

5 È difficile che vi stanchiate di scattare foto al cospetto di questo palazzo reale, il più grande e splendido sopravvissuto alla guerra. Gioiello tardo-barocco progettato ispirandosi a Versailles, ha alle spalle un parco idilliaco, a cui non mancano stagni con le carpe, sentieri delimitati da rododendri, due palazzi più piccoli e un mausoleo. Il palazzo, di un giallo tipico della casata reale degli Hohenzollern, vanta slanciate colonne e finestre disposte simmetricamente, mentre una torre dalla cupola in rame sovrasta il cortile e l'imponente statua equestre del Grande Elettore Federico Guglielmo.

◉ *A ovest del centro e Charlottenburg*

Potsdamer Platz (p115)

6 Nessun'altra zona della città riflette meglio che cosa significa la 'Nuova Berlino' di questo quartiere nato sulla striscia della morte che per 28 anni separò le due Berlino. Per gran parte degli anni '90 fu il cantiere edilizio più grande del mondo, oggi è la resa postmoderna di quello che prima della seconda guerra mondiale era l'equivalente di Times Square a New York. L'agglomerato di piazzette, uffici, musei, cinema, teatri, hotel e appartamenti mostra il talento dei massimi architetti dei nostri giorni, tra cui Helmut Jahn e Renzo Piano.
LA VOLTA DEL SONY CENTER, POTSDAMER PLATZ

◉ *Potsdamer Platz e Tiergarten*

Street art e stili di vita alternativi (p38)

7 Berlino offre arte al massimo livello, eventi culturali a profusione e ristoranti d'alta cucina, ma in ciò non differisce da molte capitali. Ciò che rende diversa questa metropoli è il leggendario clima di apertura mentale e tolleranza che invoglia la sperimentazione, un'etica del fai da te e il prosperare di subculture. Kreuzberg, Friedrichshain e Neukölln Nord sono laboratori viventi di diversità e creatività, luoghi dove prendono forma le tendenze di domani. È sulle facciate e nelle strade di questi quartieri che la street art prende una vita tutta sua. STREET ART ALLA KUNSTHAUS TACHELES

☆ *Gallerie d'arte e street art*

Holocaust Mahnmal (p79)

8 Ascoltate il rumore dei vostri passi e sentirete la presenza di innumerevoli anime man mano che procedete nello sterminato labirinto che la Germania ha dedicato alle vittime ebree del genocidio voluto dai nazisti. L'architettto newyorkese Peter Eisenman è riuscito a catturare l'orrore indicibile con 2711 stele di cemento simili a tombe disposte in modo labirintico e a diversa altezza su un terreno digradante. All'astrattezza del monumento in superficie fa da contraltare la mostra nel centro visitatori sotterraneo, i cui contenuti emotivi toccano profondamente.

◉ *Mitte - centro storico*

Kulturforum (p121)

9 Ideato negli anni '50, il Kulturforum era la risposta di Berlino Ovest alla Museumsinsel che era rimasta a Est e ospita in edifici moderni altrettanti capolavori artistici e sale concerto. I più sorprendenti sono la Neue Nationalgalerie in un tempio di vetro progettato da Ludwig Mies van der Rohe e la Berliner Philharmonie che Hans Scharoun volle di forma 'organica' e di color miele. La quantità e la qualità delle opere d'arte che troverete è stupefacente: da Rembrandt a Picasso, da fragili stampe di Dürer al flauto che usava suonare un re prussiano, da maestri della pittura medievale a espressionisti tedeschi. BERLINER PHILHARMONIE (P122)

◉ *Potsdamer Platz e Tiergarten*

Il Muro di Berlino (p34)

10 Pochi eventi nella nostra storia recente hanno avuto la forza di commuovere il mondo intero. L'assassinio di Kennedy. L'atterraggio sulla luna. L'attacco alle Twin Towers nel 2001. E, naturalmente, la caduta del Muro di Berlino nel 1989. Se all'epoca non eravate proprio in fasce, ricorderete probabilmente le immagini in TV della folla di gente euforica che si riversò festante e danzante alla Porta di Brandeburgo. Anche se è rimasto poco della barriera fisica, molto rimane nell'immaginario di tutti e in posti come il Checkpoint Charlie, il Gedenkstätte Berliner Mauer e la East Side Gallery, con i suoi murales colorati. EAST SIDE GALLERY (P172), MURO DI BERLINO

◉ *Il Muro di Berlino*

Qualcosa di nuovo

Aeroporto Berlin Brandenburg
Ha subìto molti ritardi, ogni volta accompagnati da cocenti polemiche, ma l'inaugurazione del nuovo aeroporto internazionale di Berlino dovrebbe avvenire nella primavera del 2014, almeno secondo la tempistica nota al momento di andare in stampa. (p307)

Neukölln Nord ('Kreuzkölln')
Un tempo ghetto citato dai giornali solo per qualche crimine violento, la zona nord di Neukölln è diventata di colpo molto 'in' grazie all'arrivo da ogni parte del mondo di studenti, artisti e quant'altro, poveri in canna ma creativi. Terreno privilegiato per un'esplorazione fuori dai canoni. (p150)

Tempelhofer Park
Lo storico aeroporto di Tempelhof ha ricominciato a vivere come un mastodontico parco pubblico, dove si può far jogging o andare in bici intorno alle vecchie piste d'atterraggio ed esplorare un paesaggio che cambia ogni volta grazie a un cambio di prospettiva: qui un'installazione d'arte, là un'area minigolf, una zona dedicata ai cani o lotti di orti pubblici. (p154)

Le nuove tendenze in cucina
Gli chef berlinesi hanno riscoperto le radici della cucina contadina tedesca reinterpretandola in modo innovativo e dagli esiti raffinati. Verdure a lungo ignorate perché cibo dei poveri, come rape e radici di pastinaca, accompagnano carni e altri ingredienti provenienti da fattorie del Brandeburgo dedicate a pratiche sostenibili. (p52)

Die Mauer – Das Asisi Panorama
La desolazione della vita quotidiana lungo il Muro di Berlino è resa in modo artistico in questo panorama lungo 60 m e alto 15 disposto in una struttura metallica circolare apposita. La scena, in un giorno autunnale qualsiasi degli anni '80, rispecchia le memorie personali della Berlino divisa dell'artista, Yadegar Asisi. (p86)

Tränenpalast
Un tempo postazione di confine tra Est e Ovest, il 'palazzo delle lacrime' fu testimone di molti addii: oggi ospita documenti e testimonianze che ci ricordano gli aspetti umani più commoventi della vita in una città divisa. (p83)

Humboldt-Box
Il più grande progetto edilizio all'orizzonte è la ricostruzione del palazzo di città della corte prussiana, che ospiterà musei, una biblioteca e spazi per eventi. La Humboldt-Box mostra il progetto e, dalla piattaforma panoramica, il sito dove rinascerà (la posa della prima pietra è prevista nel 2014). (p107)

Gedenkstätte Berliner Mauer
Il sito commemorativo del muro che divise la Germania ha ora spazi espositivi interni e una ricostruzione esterna della struttura del Muro che aiuta a immaginarsi com'era la vita dei berlinesi delle due metà. (p137)

Il progetto Museumsinsel
Nel 2025 tutti i cinque musei dell'isola saranno stati ristrutturati e riattrezzati. L'entrata principale sarà la James-Simon-Galerie e una 'passeggiata archeologica' sotterranea collegherà i diversi edifici. (p96)

Per altri consigli e indicazioni, v. **lonelyplanetitalia.it/berlino**

In breve

Moneta
Euro (€)

Lingua
Tedesco

Documenti
Per entrare in Germania i cittadini italiani, svizzeri e di tutti i paesi appartenenti all'UE necessitano della sola carta d'identità valida per l'espatrio o del passaporto in corso di validità. V. p316.

Bancomat e carte
Gli sportelli bancomat sono molto diffusi. Privilegiati i pagamenti in contanti; l'uso delle carte di credito spesso non è previsto.

Telefoni cellulari
I telefoni cellulari usano il sistema GSM900/1800 (lo stesso dell'Italia). Le SIM locali sono compatibili con i cellulari europei sbloccati.

Ora
La Germania è un'ora avanti rispetto al GMT/UTC, come l'Italia (anche l'inizio e la fine dell'ora legale coincidono).

Informazioni turistiche
L'ufficio turistico ufficiale Visit Berlin ha uffici alla Hauptbahnhof, alla Porta di Brandeburgo e sul Kurfürstendamm, e un **call centre** (✆2500 2333) per informazioni/prenotazioni.

Budget giornaliero

Meno di €60
- Letti in camerata, camera in appartamenti condivisi €10-20
- Cucina da soli, fast-food, caffè
- Approfittate delle happy hour e dei musei o dei luoghi di spettacolo gratuiti o a basso costo

Medio €60-150
- Appartamento privato o camera doppia €80-120
- Cena di due portate con vino €30
- Concerti o ingresso nei locali notturni €10

Più di €150
- Favolosi loft o camera doppia in un hotel di fascia alta €150-200
- Cena di due portate con vino in un ristorante da gourmet €70
- Corsa in taxi €20
- Posti in platea all'opera €120

Programmare in anticipo

Da due a tre mesi Prenotate i biglietti alla Berliner Philharmonie, alla Staatsoper, alla Sammlung Boros e ad altri eventi culturali importanti.

Un mese prima Fate la prenotazione online per la cupola del Reichstag, il Neues Museum e il Pergamonmuseum.

Una settimana prima Prenotate un tavolo nei ristoranti trendy premiati dalla Michelin, soprattutto per la cena di venerdì e sabato.

Siti web

- **Lonely Planet Italia** (www.lonelyplanetitalia.it/berlino/) Informazioni, recensioni di hotel, il forum dei viaggiatori e molto altro.

- **Visit Berlin** (www.visitberlin.de /it) Sito ufficiale della città dedicato ai turisti.

- **Museumsportal** (www.museumsportal-berlin.de) Portale dei musei cittadini.

- **Resident Advisor** (www.residentadvisor.net) Guida alle feste e al clubbing.

- **Exberliner** (www.exberliner.com) Versione online della rivista mensile in lingua inglese.

QUANDO ANDARE

In luglio e agosto c'è più gente e spesso sono mesi piovosi. Maggio, giugno, settembre e ottobre sono più freddi ma con tempo più stabile. L'inverno è freddo ma con pochi turisti.

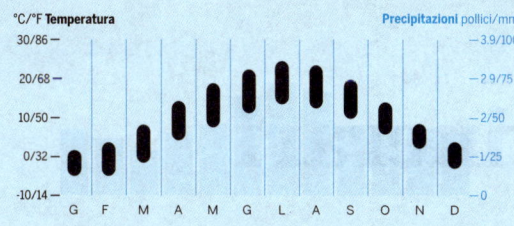

Arrivo

Aeroporto di Tegel
L'autobus espresso TXL per Alexanderplatz (40 minuti) e l'autobus X9 per la zona ovest della città (ad esempio Kurfürstendamm, 20 minuti) €2,40; taxi €20-25.

Aeroporto di Schönefeld
I treni Airport-Express (RB14 or RE7) per il centro ogni mezz'ora (30 minuti) e il treno S9 per Friedrichshain o Prenzlauer Berg €3,10; taxi €40.

Aeroporto Berlin Brandenburg
L'apertura è prevista per la primavera 2014; tenetevi aggiornati consultando il sito www.berlin-airport.de. Previsti anche treni espresso per il centro città ogni 15 minuti, in partenza dalla stazione all'interno dell'aeroporto; €3,10; taxi €40.

Hauptbahnhof La stazione ferroviaria centrale è in centro e collegata con S-Bahn, U-Bahn, autobus e taxi.

Per saperne di più sull'**arrivo** p306

Trasporti locali

➜ **U-Bahn** Il mezzo di trasporto più efficiente; funziona dalle 4 alle 0.30 e tutta la notte il venerdì, sabato e le festività pubbliche. Da lunedì a giovedì nell'intervallo di servizio subentrano gli autobus notturni.

➜ **S-Bahn** Meno frequente della U-Bahn ma con meno fermate e utile per i percorsi più lunghi. Rispetta gli stessi orari della U-Bahn.

➜ **Autobus** Più lenti ma perfetti per vedere qualcosa della città senza pagare un 'sightseeings tour'. Passano di frequente tra le 4.30 e le 0.30; nell'intervallo sono sostituiti da autobus notturni (ogni mezz'ora); i MetroBus (M1, M19) funzionano tutti i giorni 24 h su 24.

➜ **Tram** Girano solo nei quartieri orientali; i MetroTram (M1, M2) funzionano tutti i giorni 24 h su 24.

➜ **Bicicletta** Molti km di piste ciclabili e di possibilità di noleggio; si possono portare le bici nei vagoni designati di U-Bahn e S-Bahn.

➜ **Taxi** Si possono fermar per strada e hanno un prezzo ragionevole; da evitare nelle ore di punta.

➜ Per informazioni su percorsi e orari, v. www.bvg.de.

Per saperne di più sui **trasporti urbani** p310

Pernottamento

Berlino offre più di 130.000 camere d'albergo, ma le soluzioni più convenienti e piacevoli vengono prenotate con largo anticipo, soprattutto in estate e durante le feste o le fiere commerciali, quando i prezzi salgono e la prenotazione è fondamentale. In altri periodi le tariffe si mantengono più basse delle altre capitali europee. Le opzioni vanno da rifugi nel lusso ad anonime catene internazionali, da trendy boutique hotel di design a B&B 'Vecchia Berlino', da ostelli animati come porti di mare a comodi appartamenti con angolo cottura.

Siti utili

➜ **Visit Berlin** (www.visitberlin.de) L'ufficio turistico prenota camere negli hotel affiliati.

➜ **Hostelworld** (www.hostelworld.de) Prenotazioni in ostelli e hotel economici.

➜ **HRS** (www.hrs.com) Ottimi affari last minute.

➜ **Booking.com** (www.booking.com) Il sito ha di tutto, spesso con sconti last minute.

Per saperne di più sul **pernottamento** p227

Itinerari

Primo giorno
Mitte – Centro storico (p74)

Un solo giorno a Berlino? Seguite il nostro itinerario serpeggiante e potrete dire con ragione di aver visto tutti i simboli della città. Prenotate in anticipo per prendere il primo ascensore che sale alla cupola del **Reichstag**, poi prendete una foto della **Porta di Brandeburgo** prima di esplorare il labirinto dello **Holocaust Mahnmal** e ammirare l'architettura contemporanea a **Potsdamer Platz**. Prima di pranzo, meditate sulla Germania nazista alla **Topographie des Terrors** e sulle follie della Guerra Fredda al **Checkpoint Charlie**.

 Pranzo Rimettetevi in forza da Augustiner am Gendarmenmarkt (p89).

Mitte – Centro storico (p74)

Dopo il pranzo godetevi l'aura storica della **Gendarmenmarkt**, fate un salto da **Fassbender & Rausch** per un piacevole vizio al cioccolato e datevi a un po' di shopping terapeutico ai **Friedrichstadtpassagen**. Seguite Unter den Linden verso est fino alla **Museumsinsel** e lasciatevi incantare dalle meraviglie dell'antichità del **Pergamonmuseum**. È l'ora di una birra! Consigliamo lo **Strandbar Mitte**.

 Cena Lo Scheunenviertel offre opzioni di ogni genere (p139).

Scheunenviertel (p130)

Dopo cena, fate una passeggiata e poi un giro di danza al **Clärchen's Ballhaus**, che mescola allegramente gente di tutte le età, poi ripensate alla giornata trascorsa bevendo un drink al **King Size Bar**, diventato molto *à la page*.

Secondo giorno
Scheunenviertel (p130)

Trascorrete un paio d'ore imparando che cosa significava vivere a Berlino quando era divisa dal Muro visitando il **Gedenkstätte Berliner Mauer**. Fate una pausa caffè al **Barcomi's Deli**, poi curiosate tra le boutique di stilisti o visitate le gallerie d'arte della **Jüdische Mädchenschule**.

 Pranzo Da Mogg & Melzer (p141) o da Pauly Saal (p141).

Museumsinsel e Alexanderplatz (p94)

Cominciate il pomeriggio curiosando nella vita quotidiana dietro la Cortina di Ferro al **DDR Museum**, poi lasciate che i monumenti storici vi scorrano di fianco durante il **giro in battello** sul fiume intorno all'isola dei musei. Dopo di che, mettete in conto almeno un'ora per rendere omaggio alla regina Nefertiti al **Neues Museum**, stipendamente ricostruito, quindi, ammesso di avere ancora tempo ed energia, fate un salto al vicino **Humboldt-Box** per capire come sarà la ricostruzione del palazzo reale prussiano.

 Cena Prenotate da Spindler & Klatt (p162) per una cena a bordo fiume.

Kreuzberg (p150)

Dopo cena scegliete se andare a sentire musica dal vivo al **Magnet Club** o al **Lido**, a cercare il bar che fa per voi lungo Schlesische Strasse o puntare dritti sull'idillico **Club der Visionäre** per una fine di giornata in riva al canale.

Terzo giorno
A ovest del centro e Charlottenburg (p197)

 Il terzo giorno comincia allo **Schloss Charlottenburg**, dove la Neuer Flügel e il parco sono tappe obbligate. Prendete la U2 fino a Zoologischer Garten e riflettete sulla futilità della guerra alla **Kaiser-Wilhelm-Gedächtniskirche**, poi – a meno che non sia domenica – date corso alla vostra voglia di shopping lungo il **Kurfürstendamm** e le strade laterali. Finite il giro tra l'incredibile varietà di cibo del reparto gastronomia del **KaDeWe**.

> **Pranzo** Assaggi di ogni genere al reparto gastronomia del KaDeWe (p210)

Kreuzberg (p150)

 Trascorrete un'ora o due allo **Jüdisches Museum**, mirabolante costruzione di Daniel Libeskind, poi mescolatevi alla gente lungo Bergmannstrasse, concedendovi anche un caffè corroborante. Lasciatevi guidare dal naso fino al **Marheineke Markthalle**, il mercato coperto che vi tenterà con qualche prelibatezza. Poi potete proseguire a piedi lungo il Landwehrkanal oppure prendere la U-Bahn fino a Schönleinstrasse.

> **Cena** Cucina turca di alto livello da Defne (p158).

Kreuzberg (p162)

 Siete già nel quartiere dei divertimenti notturni, quindi fate il giro dei bar intorno a Kottbusser Tor e lungo Oranienstrasse oppure andate a vedere chi suona al **Festsaal Kreuzberg** o da **SO36**. Se volete ballare tutta la notte provate a entrare al **Watergate**.

Quarto giorno
Potsdam (p212)

 C'è ancora molto da vedere a Berlino, ma noi vi consigliamo di trascorrere le ore diurne a esplorare i parchi e i palazzi reali di Potsdam, a cui si arriva con un viaggio in S-Bahn di appena mezz'ora. Arrivate presto, prima della folla di turisti, per visitare un gioiello rococò, lo **Schloss Sanssouci**. Quindi partite all'esplorazione del parco e dei piccoli 'palazzi di piacere' disseminati tra il verde. La **Chinesisches Haus** è un must.

> **Pranzo** Fermatevi all'affascinante Drachenhaus (p217) nel parco.

Potsdam (p212)

 Continuate a passeggiare nel parco oppure dirigetevi nella città vecchia di Potsdam per un salto nello **Holländisches Viertel** (quartiere olandese) e un'occhiata alla **Nikolaikirche**, progettata da Karl Friedrich Schinkel. Se state morendo di fame, fermatevi a cenare, se ce la fate a tornare in città andate a Prenzlauer Berg.

> **Cena** Da Oderquelle (p188) o in uno dei tanti ristoranti di Oderberger Strasse.

Prenzlauer Berg (p183)

 Mettete fine a una lunga giornata fuori con un bel boccale di birra al **Prater**, il più vecchio Biergarten di Berlino. Avete ancora energia da spendere? Dedicatevi a un giro per i bar della zona, magari fermandovi al vivace **August Fengler**, e da **Becketts Kopf**, che ha un tocco di classe.

Se vi piace...

Musei

Pergamonmuseum Tesori preziosi di antiche civiltà e architetture monumentali, tra cui l'altare di Pergamo che dà il nome al museo. (p97)

Jüdisches Museum Gli oggetti e i documenti in mostra seguono le tracce della storia degli ebrei in Germania ben prima degli anni della Shoah. (p154)

Museum für Naturkunde Si incontrano giganteschi dinosauri nel 'Jurassic Park' berlinese, poi si imparano le leggi dell'universo e dell'evoluzione e persino l'anatomia di una mosca. (p136)

Neues Museum Rendete onore alla regina Nefertiti, star della collezione egizia, poi osservate altri preziosi manufatti dalla preistoria a Troia. (p99)

Neue Nationalgalerie Non manca nessun grande pittore del XX secolo in questo tempio dell'arte in vetro e acciaio. (p121)

Gemäldegalerie L'ampio spazio espositivo al Kulturforum è la grotta di Aladino della pittura: tutti i grandi maestri dal Medioevo all'Ottocento. (p121)

Clubbing

Berghain/Panorama Bar Il grande e cattivo Berghain è ancora il prototipo di un 'covo di vizi' dove si vive pericolosamente. (p180)

Watergate Due piani, un'incredibile posizione sul fiume e tanta bella gente. (p165)

://about blank Selvaggio, trash, imprevedibile e con un bel giardino per riposarsi di giorno. (p178)

Cookies Un locale per adulti che è elegante e sensuale: art déco e DJ al top. (p91)

In bicicletta attraverso il Tiergarten (p126)

Clärchens Ballhaus Salsa, tango, ballroom, disco e swing: il tutto in questa grande sala da ballo retrò. (p144)

Felix Guerrieri del weekend (ma con soldi) si accalcano in questo locale dedicato alle feste nel fastoso Hotel Adlon. (p91)

Anni '20 e cabaret

Chamäleon Varieté La sala da ballo d'altri tempi ospita un'alchimia di acrobaticità, professionismo e sex appeal. (p146)

Bar Jeder Vernunft Il lussuoso tendone al posto del soffitto e la sala piena di specchi vi fanno sentire come se foste sul set di *Cabaret*. (p209)

Friedrichstadtpalast Il teatro di rivista più grande d'Europa mette in scena spettacoli sgargianti in stile Las Vegas. (p147)

1. Absinth Depot Berlin Appuntamento con l'assenzio, la 'fata verde', in questo bar bizzarro. (p149)

Hotel Askanischer Hof Fa tanto glamour anni '20 coricarsi nelle sue camere con tende a motivi floreali, gingilli e mobili d'epoca. (p240)

Panorami

Fernsehturm Osservate i monumenti simbolo della città dalla torre della televisione a forma di ago, l'edificio più alto della Germania. (p104)

Cupola del Reichstag Prenotate in anticipo l'ascensore per la cupola in vetro, progettata da Norman Foster, che copre lo storico parlamento tedesco. (p76)

Panoramapunkt L'ascensore più veloce d'Europa a Potsdamer Platz: per un colpo d'occhio sulle zone orientali. (p116)

Berlin Hi-Flyer Alzatevi sopra Berlino in questa mongolfiera ancorata vicino al Checkpoint Charlie. (p83)

Berliner Dom Salite sulla cupola della chiesa più grande di Berlino per una vista sbalorditiva del centro storico. (p108)

Siegessäule Arrampicatevi per questa colonna coronata dalla statua di una dea dorata per avere una vista superlativa del Tiergarten. (p123)

Esperienze bizzarre

Peristal Singum Fate un viaggio nel profondo della vostra anima mentre vi arrampicate, vi chinate o strisciate in questo surreale labirinto (o installazione d'arte?) sotterraneo. (p180)

Monsterkabinett Scendete in un mondo sotterraneo buio e bizzarro abitato da un piccolo esercito di mostri meccanici decisamente spaventosi. (p138)

Madame Claude La realtà è letteralmente a testa in giù in questo stravagante bar e spazio per i concerti dove i mobili pendono dal soffitto. (p166)

Badeschiff Rinfrescatevi in estate e scaldatevi in inverno in questa ex chiatta ora diventata una piscina. (p160)

Collezioni d'arte

Sammlung Boros Contemporanei di alto profilo in un bunker della seconda guerra mondiale. (p137)

Sammlung Scharf-Gerstenberg Entrate nei mondi fantastici e surreali di artisti come Goya e Dalí. (p201)

Museum Berggruen Impareggiabili Picasso e opere di Klee e Giacometti in un bell'edificio da poco ampliato. (p201)

Per saperne di più:
- Locali e vita notturna (p45)
- Pasti (p52)
- Divertimenti (p62)
- Shopping (p67)

Brücke Museum Tele che han fatto epoca del primo gruppo dell'avanguardia tedesca del Novecento (1905-13). (p221)

Emil Nolde Museum Paesaggi e scene naturali dai vividi colori dipinte da un grande dell'espressionismo tedesco in quella che era la sede di una banca. (p85)

Parchi e giardini

Tiergarten Concedetevi il piacere di perdervi tra i prati, i boschetti e i sentieri ombreggiati di uno dei più grandi parchi urbani del mondo. (p126)

Schlossgarten Charlottenburg Cercatevi un posto per il picnic accanto allo stagno delle carpe nel parco voluto da un re. (p199)

Park Sanssouci Tutti trovano un angolo perfetto lontano dalla folla per un momento 'senza pensieri'. (p212)

Volkspark Friedrichshain Il vasto 'parco del popolo' con due montagnole fatte con i detriti della seconda guerra mondiale offre ampie possibilità di divertirsi. (p173)

Incontri regali

Schloss Charlottenburg Trae ispirazione da Versailles questo delizioso sfoggio di potere prussiano che consente uno sguardo sul sontuoso stile di vita delle classi alte. (p199)

Schloss Sanssouci Nella vicina Potsdam, il più famoso e opulento dei palazzi del Park Sanssouci domina dall'alto terrazzamenti ricoperti di vite e una grande fontana. (p212)

Berliner Dom La chiesa della corte reale ha dimensioni impressionanti e i sarcofagi riccamente ornati di re e regine. (p108)

Humboldt-Box Guardate in anteprima come sarà la ricostruzione dello Stadtschloss, il palazzo di città della corte. (p107)

Storia della Guerra Fredda

East Side Gallery Il tratto più lungo di Muro ancora in piedi diventato una tela dipinta da 100 artisti internazionali. (p172)

Gedenkstätte Berliner Mauer L'esposizione interna e l'installazione esterna sono il più grande monumento commemorativo alle vittime del Muro. (p137)

Stasimuseum Nel quartier generale della polizia segreta della Germania Est per imparare i retroscena spionistici. (p174)

Prigione della Stasi La visita guidata vi porta dietro le quinte della tristemente famosa prigione della DDR. (p174)

Checkpoint Charlie Il posto di controllo tra le due Berlino è un po' una trappola per turisti, ma è una tappa fondamentale. (p85)

Siti della seconda guerra mondiale

Topographie des Terrors L'esposizione nell'ex quartier generale della Gestapo esamina tutti gli aspetti della brutalità del regime nazista e il suo impatto sulla gente di Berlino. (p86)

Gedenkstätte Deutscher Widerstand Il monumento commemorativo racconta le storie delle donne e degli uomini tedeschi che si opposero coraggiosamente al nazismo, tra cui l'Operazione Valkiria per assassinare Hitler. (p123)

Haus der Wannsee-Konferenz Vengono i brividi a fermarsi nella stanza dove l'alto comando nazista decise la 'soluzione finale' (lo sterminio degli ebrei). (p222)

Sachsenhausen La visita a uno dei primi campi di concentramento nazisti (a Oranienburg, appena a nord di Berlino) non lascia indifferenti. (p218)

Deutsch-Russisches Museum Berlin-Karlshorst Fu qui che venne firmata la resa incondizionata della Wehrmacht, che mise fine al secondo conflitto mondiale. (p225)

Musica

Berliner Philharmonie Una delle migliori orchestre del mondo nella sua 'cattedrale del suono'. (p128)

Konzerthaus Il gioiello architettonico di Schinkel su Gendarmenmarkt è un altro eccellente palcoscenico musicale. (p92)

Sonntagskonzerte Godetevi concerti per pochi eletti tra il fascino un po' logoro di una sala ricoperta di specchi. (p62)

Astra Kulturhaus Sala da concerto di medie dimensioni con un arredo di stile comunista che attira grandi nomi del rock, pop e musica elettronica. (p181)

Magnet Club Ci sono buone possibilità che possiate ascoltare chi diverrà famoso domani e potrete ballare fino all'alba. (p166)

Mangiare alla berlinese

Schusterjunge Il simpatico locale d'angolo fa fare un salto di qualità alla cucina tradizionale. (p191)

Zur Letzten Instanz Specialità ipercaloriche servite con accompagnamento di nostalgia sin dal 1621. (p110)

Max und Moritz I carnivori adorano questo gastropub centenario. (p160)

Henne Il pollo arrosto è il piatto che attrae i clienti sin dal 1907 – l'*unico* piatto, prendere o lasciare. (p160)

Berlino sopra le righe

KitKatClub Entrate nello spirito e siate buoni o cattivi, come volete. Basta che seguiate il dress code. (p166)

Insomnia In adorazione all'altare dell'edonismo puro: un pacchiano dance club con spettacoli sexy e 'playrooms'. (p166)

Schwarzer Reiter Fornitore di tutto quel che serve a ragazzi e ragazze con fantasia per un incontro divertente. (p149)

Lab.oratory Questo è *il* posto in cui i gay possono vivere le loro fantasie più sfrenate e senza censure. (p181)

Architettura contemporanea

Jüdisches Museum Il progetto di Daniel Libeskind utilizza una forma a zigzag come metafora della storia ebraica. (p152)

Neues Museum David Chipperfield ha ricostruito il museo mixando sapientemente vecchio e nuovo: il risultato è splendido. (p99)

Sony Center Il complesso in vetro e acciaio di Helmut Jahn è il più appariscente nel quartiere costruito dal nulla di Potsdamer Platz. (p115)

I.M. Pei Bau Il 'mandarino del modernismo' ha scelto una forma geometrica, a spirale, in vetro, per l'annesso al museo di storia tedesca. (p80)

Mercati

Flohmarkt am Mauerpark In estate è sommerso di gente, ma ancora è il massimo per un'esperienza di archeologia urbana divertente. (p186)

Antikmarkt am Ostbahnhof Frugate alla ricerca di tesori d'altri tempi in questo mercato d'antiquariato della domenica. (p181)

Türkenmarkt Berlino scende sul Bosforo in questo pittoresco mercato lungo il canale. (p168)

Kollwitzplatzmarkt I gourmet sanno che qui si trovano prodotti di qualità per un bel picnic. (p195)

Flohmarkt am Boxhagener Platz Terreno di cacce al tesoro e, in aggiunta, spettacoli, caffè e molta gente interessante. (p181)

Tour

Berlin on Bike Un classico è il superbo giro del Muro; intriganti le escursioni in notturna. (p313)

Trabi Safari Mettete indietro l'orologio al volante di un'autentica Trabant, ovvero l'automobile simbolo della DDR. (p314)

Berliner Unterwelten Esplorate il ventre buio di Berlino in un tour dei bunker sotterranei della seconda guerra mondiale. (p194)

Fritz Music Tours Scoprite che cosa facevano a Berlino all'inizio della loro carriera David Bowie, gli U2, i Depeche Mode e altri musicisti. (p314)

Tour a piedi Tutto il meglio di Berlino in un'unica passeggiata – oppure un tour a tema per approfondire la storia e la cultura della città. (p312)

(In alto) Un banco al mercatino delle pulci della domenica al Mauerpark (p185)
(In basso) La Badeschiff: ieri una chiatta e oggi una piscina (p160)

Mese per mese

IL MEGLIO

- **Berlinale**, Febbraio
- **Karneval der Kulturen**, Maggio
- **Christopher Street Day**, Giugno
- **Berlin Marathon**, Settembre
- **Mercatini di Natale**, Dicembre

Gennaio

La sera di Capodanno è ormai alle spalle, ma gli eventi serali non accennano a diminuire, soprattutto durante la settimana della moda. Il clima freddo invita a fermarsi a lungo nei musei e a mangiare nella fiera gastronomica della 'settimana verde'.

Berlin Fashion Week

Due volte l'anno (a gennaio e in luglio), tutti i membri del mondo internazionale della moda occupano al completo gli hotel e i ristoranti più 'in' mentre sono in città a presentare le tendenze della prossima stagione. V. il sito www.fashion-week-berlin.com per conoscere gli eventi aperti al pubblico.

Internationale Grüne Woche

Scoprite le novità del mondo dell'alimentazione e gustate specialità esotiche da tutto il mondo in questa fiera (www.gruenewoche.de) dedicata ai prodotti alimentari, all'agricoltura e al giardinaggio che dura nove giorni.

Lange Nacht der Museen

La cultura incontra il divertimento in occasione della 'lunga notte dei musei' (www.lange-nacht-der-museen.de), quando decine di musei prolungano l'orario di apertura almeno fino a mezzanotte.

Febbraio

Le giornate sono ancora buie ma Berlino gioisce quando le celebrità giungono in città per il famoso festival del cinema. La stagione teatrale, operistica e sinfonica è talmente allettante da spingere la gente ad affrontare i rigori invernali.

Berlinale

L'Internationale Filmfestspiele Berlin (festival internazionale del cinema di Berlino), meglio noto come Berlinale (www.berlinale.de), richiama stelle, stelline, registi, critici e numerose celebrità internazionali per due settimane di proiezioni, party alla moda ed eventi mondani in tutta la città. I più fortunati dei partecipanti torneranno a casa con un bell'orso, d'oro o d'argento.

Marzo

È la primavera quella che a tratti si sente nell'aria? È comunque ancora una bella stagione per una visita senza folla, ma le camere d'hotel sono spesso tutte occupate durante la grande fiera internazionale del turismo.

Internationale Tourismus Börse

Fate un viaggio virtuale intorno al mondo alla più grande fiera internazionale di operatori del settore del turismo (www.itb-berlin.de). È aperta al pubblico solo durante il fine settimana.

MaerzMusik

È 'musica' o 'soundscape'? Sarete voi a decidere dopo un giorno a questo festival di musica contemporanea che travalica ogni confine sonoro, dalle sinfonie con dispiego di tutta l'orchestra a recital sperimentali (www.berlinerfestspiele.de).

Aprile

La vita comincia a spostarsi all'aperto insieme ai tavolini dei caffè, mentre le passeggiate nei parchi mostrano alberi in fiore. Gli hotel fanno il pienone in occasione delle vacanze di Pasqua.

Achtung Berlin

Pellicole su Berlino prodotte almeno in parte in città concorrono per vincere il premo di Miglior Film su Berlino dell'anno (www.achtungberlin.de). Le proiezioni vedono la presenza di molti autori, registi, attori e produttori.

Festtage

Daniel Barenboim, direttore artistico della Staatsoper berlinese, nota in tutto il mondo, porta in città i migliori talenti tra direttori, solisti e orchestrali per dieci giorni di concerti di gala e opere liriche (www.staatsoper-berlin.org).

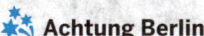 Gallery Weekend

Unitevi a collezionisti, critici d'arte e altri appassionati e cogliete le nuove tendenze del panorama artistico berlinese visitando liberamente più di 40 delle migliori gallerie d'arte (www.gallery-weekend-berlin.de) in un weekend lungo 3 giorni.

Maggio

È finalmente primavera e quindi un mese favoloso per visitare Berlino. È tempo di Biergarten, picnic e passeggiate tra alberi in fiore. Al mercato e sui menu fanno la loro comparsa gli asparagi bianchi. Non dimenticate gli occhiali da sole!

Karneval der Kulturen

L'omologo berlinese del grande carnevale caraibico di Notting Hill a Londra (www.karneval-berlin.de) celebra la vocazione multiculturale della città con feste, specialità esotiche e un corteo di ballerini dai vestiti sgargianti, cantanti, DJ, artisti e musicisti che percorrono danzando le strade di Kreuzberg.

Giugno

La stagione dei festival entra nel vivo intorno al solstizio d'estate grazie al termometro che sale, permettendo un gran numero di eventi all'aperto.

Berlin Biennale

Questo incontro biennale esplora le nuove tendenze dell'arte contemporanea internazionale e invita per otto settimane i giovani artisti a esporre le loro opere in varie sale in città (www.berlinbiennale.de). La prossima sarà nel 2014.

Fête de la Musique

L'estate comincia con vibrazioni positive grazie alle centinaia di concerti gratuiti previsti in questo festival musicale globale (www.lafetedelamusique.com), nato a Parigi nel 1982. Ogni anno il 21 giugno.

Christopher Street Day

Non importa quale sia la vostra inclinazione sessuale, venite fuori e dipingete la città di rosa in questo grande corteo del Gay Pride che vede sfilare carri pieni di torsi nudi che si agitano al suono della techno. Per una versione meno commerciale della festa andate a Kreuzberg, dove si organizza il Transgenialer CSD.

Luglio

Le calde giornate estive spingono i berlinesi sui laghi interni alla città o in campagna. I gourmet godono dell'abbondanza di frutta e verdura di produzione locale venduta nei mercati. Nei punti di maggior interesse turistico la folla costringe a lunghe code.

Classic Open Air Gendarmenmarkt

Cinque giorni, cinque concerti all'aperto – dall'opera al pop – deliziano una folla adorante rannicchiata sulle gradinate di fronte al maestoso sfondo della Konzerthaus (www.classicopenair.de).

(In alto) Il mercatino di Natale a Gendarmenmarkt (p84)
(In basso) Un partecipante al Christoper Street Day

Agosto

Ci sono così tanti divertimenti all'aperto che è impossibile partecipare a tutti, da concerti nei parchi al clubbing di giorno, da languidi giri in battello a feste nei beach bar, da nuotate nei laghi a un'interminabile festa della birra.

⭐ Berliner Bierfestival

Chi ha bisogno dell'Oktoberfest se ha a disposizione il 'Biergarten più lungo del mondo' (www.bierfestival-berlin.de)? Mentre le bande musicali suonano prendete il vostro boccale da uno degli stand che rappresentano più di 300 birrifici di quasi un centinaio di paesi disposti per 2 km lungo la Karl-Marx-Allee.

⭐ Tanz im August

Fate un passo avanti e presentatevi a questo festival internazionale di danza (www.tanzimaugust.de) che attira da tutto il mondo ballerini di grande talento e coreografi d'avanguardia.

☆ FuckParade

Tranquilli, non è quello che pensate ma solo il classico corteo a suono di techno fondato al tempo come anti-evento rispetto alla Love Parade, ormai defunta (www.fuckparade.org). Vestitevi di nero.

⭐ Berliner Gauklerfest

Comici, prestigiatori, burattinai, artisti, clown, danzatori, giocolieri e altri *Gaukler* (ovvero artisti di strada) occupano una piazza nel centro storico di Mitte per dieci giorni divertenti a fine agosto (www.gauklerfest.de).

Lange Nacht der Museen
L'edizione estiva dell'evento di gennaio (www.lange-nacht-der-museen.de).

Settembre
I bambini sono tornati a scuola, ma ci sono molti eventi e feste a cui partecipare, soprattutto se il tempo collabora. Mentre i giorni diventano più brevi, inizia la stagione teatrale, sinfonica e lirica.

Berlin Music Week
Date un'occhiata a chi sarà sui giornali domani durante questa celebrazione di musica globale che dura una settimana (www.berlin-music-week.de) nei migliori locali notturni di Berlino a Friedrichshain e Kreuzberg. Con un solo biglietto si può entrare ovunque, anche alla festa conclusiva dove viene assegnato il New Music Award.

Berlin Art Week
Inaugurata nel 2012, questa fiera di arte contemporanea (www.berlinartweek.de) mette in contatto galleristi e artisti con i nomi più importanti della scena internazionale.

Berlin Marathon
Unitevi ai 50.000 partecipanti sudati o limitatevi a salutarli con la mano nella maggiore maratona su strada di tutta la Germania (www.berlin-marathon.com), che dal 1977 ha registrato ben otto record mondiali.

Musikfest Berlin
Orchestre rinomate, cori, direttori e solisti partecipano a venti giorni di concerti (www.berlinerfestspiele.de) alla Philharmonie e in altri palcoscenici in città.

Ottobre
L'aria si fa di nuovo pungente e gli alberi cominciano a perdere la loro copertura estiva, ma Berlino continua a brillare, e non solo durante il festival delle luci.

Festival of Lights
Per due settimane Berlino è un tripudio di luci: i monumenti simbolo della città (dalla torre della televisione al duomo, alla Porta di Brandeburgo) rifulgono di luminarie, proiezioni luminose e fuochi d'artificio (www.festival-of-lights.de).

Porn Film Festival
D'annata, giapponese, indipendente, fantascientifico: la 'Berlinale' del film pornografico (www.pornfilmfestivalberlin.de) porta sul grande schermo pellicole in genere confinate in angolini oscuri.

Novembre
È un buon momento per visitare la città se non amate la folla e volete ottenere tariffe alberghiere scontate. Dal punto di vista del clima non è il mese migliore.

BerMuDa
Il festival all'insegna della musica dance elettronica BerMuDa (Berlin Music Days) porta i migliori DJ del mondo nei grandi nightclub della città per veri tour de force sudati e rintronati. Il finale è una festa grandiosa all'ex aeroporto di Tempelhof (www.bermuda-berlin.de).

JazzFest Berlin
Questo rinomato festival del jazz (www.jazzfest-berlin.de) dal 1964 riempie la città di suoni sincopati e presenta nuovi talenti e artisti di grande nome in decine di spettacoli in tutta la città.

Dicembre
Le giornate sono corte e fredde ma l'atmosfera è festiva, grazie alle vetrine addobbate, alle luminarie di Natale in strada e sulle facciate delle case e ai mercatini che odorano di mandorle tostate e vin brulé.

Mercatini di Natale
Comprate qualche addobbo luccicante o centellinate una tazza di vino caldo speziato (*Glühwein*) in uno dei tanti mercatini di Natale allestiti in città.

Silvester
Accogliete il nuovo anno abbracciando estranei, ammirando i fuochi d'artificio, bevendo champagne direttamente dalla bottiglia e lasciandovi andare a comportamenti poco seri. La festa più grande è davanti alla Porta di Brandeburgo.

Con i bambini

Un viaggio a Berlino con i bambini può essere un vero piacere, specialmente se non esagerate con i programmi e li coinvolgete nella pianificazione. C'è molto da vedere, fra cui lo zoo, musei dedicati ai bambini e spettacoli di burattini e di magia. Parchi e favolose aree gioco abbondano in tutti i quartieri, e così le piscine.

Un bimbo guarda un ragno gigante al Museum für Naturkunde (p136)

Musei

E non solo per i giorni piovosi...

Museum für Naturkunde (Museo di storia naturale)
Un museo fantastico: per incontrare giganteschi dinosauri, viaggiare attraverso lo spazio fino all'inizio del tempo e scoprire perché le zebre hanno le strisce (p136).

Deutsches Technikmuseum (Museo tedesco della tecnologia)
È molto grande, quindi focalizzatevi su due o tre sezioni che siano di grande interesse per i vostri bambini, che amano tutto ciò che è tecnologico. Ai più piccoli piace arrampicarsi sulle locomotive e ammirare i mulini a vento. L'audiotour che dura un'ora (anche in inglese) è pensato per i ragazzi ed è un'eccellente introduzione al museo (p154).

Madame Tussauds
I bambini di ogni età sorridono beati quando si mettono in posa vicino alle rappresentazioni in cera dei loro idoli pop (p82).

Legoland Discovery Centre
I più piccoli saranno estasiati in questo paese delle meraviglie tutto fatto con il lego, che ha giostre, divertimenti e postazioni interattive (p116).

Computerspielemuseum (Museo dei computer games)
Gli adolescenti se la spassano in questo universo dedicato ai computer games, da Pac-Man a World of Warcraft (p175).

Mauermuseum (Museo del Muro)
I ragazzi con qualche nozione storica e una discreta capacità di concentrazione ameranno scoprire tutto sugli ingegnosi tentativi di fuga dalla Germania Est attraversando il Muro (p87).

Loxx Miniatur Welten
Una Berlino in miniatura costruita intorno a un gigantesco trenino in scala (p105).

Labyrinth Kindermuseum
Entrate in un mondo fantastico in cui imparare i valori della tolleranza e del lavoro comune è anche divertente. V. www.labyrinth-kindermuseum.de. Pantofole o calze antisdrucciolo obbligatorie.

Parchi, piscine e campi gioco

Tiergarten
Lasciate i bambini liberi di correre in questo parco immenso (p126) dove possono giocare a nascondino tra i cespugli di rododendri, andare in barca sul lago o mangiare una pizza in un Biergarten-caffè all'aperto.

Kollwitzplatz
Questa piazza (p187) vanta ben tre parchi gioco per bambini di età diversa, tra cui uno con giganteschi giocattoli in legno. Il pomeriggio e nei weekend sono tutti pieni di bimbi che giocano. A due passi ci sono piacevolissimi caffè.

Kinderbad Monbijou
Nelle giornate calde rinfrescatevi con un bel tuffo in questa piscina adatta alle famiglie. V. www.berlinerbaederbetriebe.de.

Volkspark Friedrichshain
In questo vasto parco si può giocare a cowboy e indiani nel 'villaggio indiano', radunare la propria ciurma di pirati nel 'porto' o trovare il proprio personaggio delle fiabe preferito nell'incantevole fontana detta Märchenbrunnen (p173).

Animali

Berliner Zoo & Aquarium
Se i 18.000 amici con pinne, piume e pelliccia non riescono a incantare i più piccoli, di certo l'enorme campo gioco-avventura lo farà (p203).

> **INFORMAZIONI**
>
> ➥ Si può chiedere una babysitter che parla inglese da **Babysitter Express** (www.babysitter-express.de) o **Welcome Kids** (www.welcome-kids.de).
>
> ➥ Sui mezzi di trasporto pubblico i bambini sotto i sei anni viaggiano gratis, quelli under 14 hanno diritto al biglietto ridotto (*Ermässigungstarif*).
>
> ➥ Molti musei, monumenti e punti di interesse sono gratuiti a tutti gli under 18, ma a volte si inizia a pagare un biglietto ridotto già a 12 o 14 anni.

Tierpark Berlin
Aspettatevi grandi 'oh e ah' mentre i bambini guardano gli elefantini che giocano o i leoni marini e le tigri mentre vengono nutriti in questo vasto parco zoologico.

SeaLife Berlin
I piccoli stanno con il naso schiacciato contro i vari acquari in cui nuotano miriadi di pesci, risolvono quesiti e puzzle e toccano stelle marine e anemoni di mare – ma con gentilezza, naturalmente (p104).

Domäne Dahlem
I bambini possono incontrare gli animali da fattoria che preferiscono, aiutare a trovare le uova o a pulire le stalle, a raccogliere le patate o anche solo a guardare come funziona la vita in una fattoria (www.domaene-dahlem.de).

Mangiare con i bambini

A Berlino non c'è nessun problema a trovare caffè, bistrò e pizzerie dove mangiare tutti insieme. Molti offrono un *Kindermenü* (menu bambini) o un *Kinderteller* (piatto per bambini) adatti per saziare i piccoli stomaci dei vostri bambini. Se non ci sono piatti specifici per i bambini, la maggior parte dei locali non ha problemi a servire metà porzioni o a preparare qualche piatto semplice. I piatti che i bambini amano di più sono le bistecche impanate con patatine fritte, con ketchup e/o mayonnaise (*Schnitzel, Pommes mit Ketchup und/oder Mayonnaise*), pasta con salsa al pomodoro (*Nudeln mit Tomatensosse*) e bastoncini di pesce (*Fischstäbchen*).

I grandi centri commerciali hanno aree ristorazione dove i bambini possono scegliere, mentre i grandi magazzini hanno spesso un self service. Nei mercati dei contadini ci sono sempre banchi di gastronomia, mentre le panetterie vendono torte o panini merivigliosi. Gli street food più diffusi sono l'hot dog e il doner kebab (dove il pane pita è ripieno di carne tagliata sottile e insalata). E naturalmente in città non mancano le filiali delle grandi catene di fast food.

I supermercati e le Drogerien vendono latte in polvere di mucca e di soia, omogeinizzati, pannolini e tutto quel che serve a un bebè.

Come uno del posto

La vita quotidiana a Berlino sembra meno ancorata alla tradizione e più determinata (almeno per alcuni aspetti) dal flusso costante di neo-berlinesi, stranieri e di altre città tedesche. Proprio per questo è relativamente più facile partecipare delle loro abitudini.

Il mercato di Kollwitzplatz, Prenzlauer Berg (p195)

A cena fuori

I berlinesi amano andare a cena fuori e, approfittando dei prezzi più che ragionevoli di molti caffè e ristoranti, si permettono di farlo spesso. A volte sarà prendere al volo un doner kebab nel locale sotto casa, altre concedersi un menu di quattro portate in un ristorante rinomato per la sua cucina. Mangiare fuori non è quasi mai soddisfare semplicemente un bisogno fisiologico, ma piuttosto un'esperienza sociale. Stare in compagnia di amici o familiari al tavolo di un ristorante è considerato un'occasione propizia per chiacchierare, da animate discussioni su temi importanti allo scambio di pettegolezzi.

Trovarsi per la prima colazione è stato uno dei passatempi preferiti per anni (almeno nel weekend), ma il trend sembra oggi in riflusso. Con l'eccezione degli uomini d'affari, pochi berlinesi vanno a pranzo fuori. Nella capitale, anche la tradizione pomeridiana, molto tedesca, di Kaffee und Kuchen (ovvero caffè e torta) non è molto rispettata e il rituale è seguito per lo più solo dalle generazioni più anziane. Il pasto che si consuma fuori è la cena e i tavoli si riempiono a partire dalle 19.30-20. Visto che è abitudine prendersela comoda a tavola indugiando alla fine con un bicchiere di vino o una birra, nei ristoranti è difficile che ci sia un secondo turno al tavolo. Nessuno vi presenterà il conto appena ingoiato l'ultimo boccone.

Per maggiori informazioni sulla cucina a Berlino v. p52.

Le serate

Per lo più i berlinesi cominciano la loro serata fuori alle 21 o alle 22 in un bar o in un pub, anche se è altrettanto comune incontrarsi a casa di qualcuno per qualche bicchiere in compagnia in un rituale detto di '*Vorglühen*' (letteralmente 'prima di accendersi'). Quando si esce, o si sta nello stesso locale per qualche giro di drink, o si passa in più locali prima di dirigersi in un nightclub, mai prima dell'1 o delle 2.

Nella maggior parte dei bar si ordina a un cameriere, a meno che non ci sia scritto '*Selbstbedienung*' (self-service). Nelle Kneipen e nei pub, spesso il numero delle bevande ordinate è annotato sul sottobicchie-

> **INFORMAZIONI**
>
> Per molti berlinesi il modo migliore di spostarsi è su due ruote: perché non adeguarsi e noleggiare una bicicletta (p313)? In alternativa e soprattutto con il cattivo tempo, approfittate dell'eccellente rete di trasporti pubblici di Berlino (p310). Per un giro 'panoramico' della città poco costoso, saltate a bordo degli autobus 100 o 200 (p310).

re di cartone e si paga tutto insieme quando si sta per uscire. Non si usa in Germania offrirsi reciprocamente un giro da bere.

Nei locali dove si balla e si ascolta musica, quanto a lungo ci si ferma dipende da quanti eccitanti (anche artificiali) si ha in circolo: i più 'scafati' emergono alla luce del sole intorno a mezzogiorno, ma c'è chi resiste ancora più a lungo. Non sentitevi uno straccio solo perché volete tornare a casa alle 5: per divertirsi alla berlinese ci vuole un po' di esercizio…

Per saperne di più su cosa aspettarsi dalla vita notturna berlinese v. p45.

Lo shopping

I berlinesi in genere comprano tutto quello che serve nel loro *Kiez* (quartiere). In genere ci sono almeno due o tre supermercati raggiungibili a piedi, ma in genere nessuno fa una spesa grossa per tutta la settimana, bensì molte puntate in giorni diversi. Il mercato dei contadini del quartiere è la fonte privilegiata di verdura e frutta locali e di specialità gastronomiche, come pasta fatta in casa, formaggi di fattoria o salse ai formaggi da spalmare tipiche della cucina mediorientale. La giornata comincia con *Brötchen* (panini) freschi acquistati nella panetteria vicina a casa. Anche gli altri articoli non alimentari (cancelleria, regali, fiori, libri, ferramenta ecc.) si comprano in genere nel quartiere.

L'abbigliamento è spesso un mix di vestiario di catene internazionali, boutique costose, negozi di vintage e mercatini delle pulci. Quando i berlinesi si avventurano fuori dal loro quartiere in genere è per acquisti impegnativi, dai mobili agli elettrodomestici, o per qualche articolo specializzato. I centri commerciali sono relativamente pochi a Berlino e frequentati per passare il tempo, non solo per lo shopping.

Per maggiori informazioni sullo shopping a Berlino v. p67.

Abitare come un berlinese

L'abitazione berlinese tipica è uno spazioso appartamento con una camera da letto e mezza, generalmente in affitto, situato in una grande casa di inizio Novecento (almeno al primo piano, dal momento che nessuno vuole vivere al piano terra), probabilmente affacciato su un *Hinterhof* (cortile interno) pieno di biciclette e di bidoni di diverso colore per la raccolta differenziata. Ha inoltre soffitti molto alti, grandi finestre e, nella maggior parte dei casi, pavimenti in assito; la cucina è quasi sempre l'ambiente più piccolo della casa e viene usata principalmente per metterci cassette d'acqua minerale e di birra. Molti appartamenti hanno mantenuto al suo posto la tradizionale stufa in maiolica, anche se non la usa quasi più nessuno.

Di solito gli appartamenti berlinesi sono arredati in modo piacevole, qualunque sia lo stile prediletto da chi vi abita: molta attenzione è prestata al design, ma anche il comfort è considerato importante. Almeno un articolo dell'arredamento è stato acquistato all'Ikea o simile e il resto, a seconda delle possibilità economiche, può provenire dal centro Stilwerk, da un mercatino delle pulci, essere stato realizzato da un artigiano polacco o comprato su e-Bay – spesso un mix di tutto questo.

L'affitto viene calcolato in base alle dimensioni: si parte da circa €400 al mese per 50 mq (a seconda della zona e spese escluse). Quanto costa e quanto misura l'appartamento è uno degli argomenti di conversazione preferiti dei berlinesi con gli stranieri: preparatevi!

A Kastanienallee (Prenzlauer Berg) ci sono inquilini di tutti i tipi!

Jüdisches Museum (p152), Kreuzberg

Rilassarsi

Anche se i berlinesi amano molto la loro città, amano altrettanto lasciarla, soprattutto in estate. Se non partono per le Baleari o il Madagascar, vanno almeno fuori per una giornata di sole su uno dei laghi dei dintorni. Già all'interno della Grande Berlino ce n'è decine, tra cui il grande Müggelsee a Köpenick e il Wannsee a Zehlendorf, e nelle campagne del Brandeburgo, dove basta una breve scarrozzata o un viaggio in treno, ce ne sono centinaia. Ognuno ha il suo lago preferito e una volta trovato il posto perfetto per le proprie esigenze, tende a tornarci più e più volte.

Visto quanto è facile raggiungere parchi meravigliosi, i berlinesi amano trascorrere nel verde il loro tempo libero, prendendo il sole, riposando, giocando a frisbee o leggendo un libro. Alcuni parchi hanno delle zone in cui è permesso il barbecue e proprio trovarsi con gli amici per mangiare carne e würstel cotti sulla carbonella è uno dei piaceri delle domeniche berlinesi.

Gli eventi culturali

La maggior parte dei residenti a Berlino – soprattutto coloro che si sono trasferiti da poco – apprezzano grandemente l'offerta culturale della città e non perdono una mostra o un'inaugurazione, le nuove produzioni teatrali o una recente acquisizione al panorama architettonico della città. E nelle cene con amici e conoscenti il discorso verte spesso sull'ultimo spettacolo di successo o sulle esposizioni artistiche.

Anche se amano fare i turisti a casa propria, i berlinesi stanno ben lontani dai punti d'interesse più noti in estate, quando il mondo intero si riversa in città. È più probabile che aspettino i freddi e scuri mesi invernali o si limitino a quelle aperture fuori orario note a pochi. Ogni sei mesi la *Lange Nacht der Museen* (lunga notte dei musei), quando decine di musei rimangono aperti fino a mezzanotte, fa uscire allo scoperto decine di migliaia di amanti della cultura.

Ossessioni

Calcio

Molti berlinesi vivono pr la loro squadra di calcio, la Hertha BSC, gioendo e soffrendo per i suoi alti e bassi, che recentemente l'ha relegata alla *2. Fussball-Bundesliga* (il campionato tedesco di serie B), con gran dispiacere della tifoseria locale. Ma siccome il vero tifoso non abbandona la propria squadra quando va male, durante il campionato continua a vestire i colori blu e bianco del suo team del cuore e a recarsi allo Stadio Olimpico per incitarlo nelle partite di casa.

La seconda squadra di Berlino, la 1. FC Union, che gioca anch'essa in serie B, ha una tifoseria sfegatata soprattutto nei quartieri orientali.

Che tempo farà?

Molti residenti di Berlino amano fare i meteorologi dilettanti e non perdono occasione per esprimere la loro opinione sulle previsioni del tempo per il giorno dopo o per discutere sull'andamento dell'estate, sul perché l'inverno precedente abbia avuto un clima mite (o brutale) e su che cosa ci sia da aspettarsi dal prossimo e così via… Quindi se non sapete di cosa parlare con la gente del posto, basta spostare la conversazione sul tempo.

Ma ci sono altri argomenti appassionanti: gli affitti che aumentano, la sensazione che il governo locale non faccia abbastanza, i ripetuti rinvii dell'inaugurazione del nuovo aeroporto…

Berlino gratis

Non è un segreto per nessuno il fatto che a Berlino la vita costa meno che in qualsiasi altra capitale europea. E ci sono anche molte opportunità per risparmiare ulteriormente, visto che molti siti, come la cupola del Reichstag e il Checkpoint Charlie, sono gratuiti.

Checkpoint Charlie (p85)

Mostre storiche gratuite
Visto il ruolo predominante (nel bene e nel male) che la Germania ha avuto nella storia mondiale nel corso del Novecento, è logico che ci siano molti siti che commemorano le tappe, spesso tragiche, di quel percorso o mostre che aiutano a far luce su quel periodo. E il bello è che non costano nulla.

Seconda guerra mondiale
Prima lasciatevi illuminare sul ruolo delle SS (Schutzstaffel), della Gestapo e di tutti gli altri organismi in cui era organizzato l'apparato di potere nazista all'esposizione della Topographie des Terrors, poi andate a vedere la scrivania su cui fu firmata la resa incondizionata che mise fine al secondo conflitto mondiale al Museum Karlshorst. Potrete fermarvi nella sala dove i gerarchi nazisti pianificarono la 'soluzione finale' del problema ebraico alla Haus der Wannsee-Konferenz, camminare attraverso ciò che resta del campo di concentramento di Sachsenhausen sentendo un brivido correre lungo la schiena, infine onorare in silenzio le vittime ebraiche della Shoah nel labirinto dello Holocaust Mahnmal. La resistenza dei cittadini tedeschi al nazismo è invece il punto focale del Gedenkstätte Deutscher Widerstand (monumento commemorativo della resistenza tedesca).

Guerra Fredda
Anche se per vedere il tratto più lungo rimasto del Muro basta andare alla East Side Gallery, vale la pena di recarsi al Gedenkstätte Berliner Mauer (sito commemorativo del Muro di Berlino) per avere il quadro preciso di come era strutturata questa inumana barriera tra le due Berlino e al Tränenpalast (Palazzo delle lacrime) per gettare uno sguardo da vicino alle storie di coloro che dovettero vivere cinquant'anni in una città divisa. Al Checkpoint Charlie, un'esposizione all'aperto ripercorre le tappe cruciali dell'escalation della Guerra Fredda, mentre la vicina Stasi Ausstellung svela tutti i segreti delle azioni di spionaggio dei suoi stessi cittadini attuati dal sinistro ministero per la sicurezza della Germania Est. Per avere un quadro di quegli stessi anni, ma dal punto di vista delle potenze vincitrici, fate un salto all'Alliierten Museum (museo degli Alleati).

> **INFORMAZIONI**
>
> ➡ **Siti web** Cercate gli eventi gratuiti, consultando per data il sito www.berlin-eintritt-free.org.
>
> ➡ **Tessere scontate** Il Berlin Museum Pass è una vera pacchia per gli amanti della cultura. Anche la Berlin Welcome Card la CityTourCard possono essere un buon investimento (p321).
>
> ➡ **Wi-fi** Molti caffè lasciano che i loro clienti accedano gratuitamente a internet.

Musei e gallerie gratuiti

Musei di stato
L'ingresso alle collezioni permanenti dei musei statali di Berlino (come il Pergamonmuseum, il Neues Museum, la Gemäldegalerie e la Hamburger Bahnhof) è gratuito per tutti i minori di 18 anni. L'ingresso alla Friedrichswerdersche Kirche è sempre gratis per tutti.

Musei di nicchia
Anche se i più rinomati tra i musei statali fanno pagare l'ingresso ai maggiori di 18 anni, alcuni musei di nicchia non lo fanno. Imparate la storia della democrazia in Germania al Deutscher Dom (duomo tedesco), la vita al tempo del Biedermeier alla Knoblauchhaus e che cosa fece l'omologo berlinese di Oskar Schindler al Museum Blindenwerkstatt Otto Weidt (museo-laboratorio per ciechi Otto Weidt). Si possono visitare esposizioni artistiche gratuite al Museum der Verbotenen Kunst (museo dell'arte proibita), al Daimler Contemporary e all'Automobil Forum Unter den Linden. Gli appassionati di storia militare e dell'aviazione potrebbero voler arrivare fino al Luftwaffenmuseum (museo dell'aviazione militare tedesca).

Tour guidati gratuiti

Molti musei e gallerie d'arte includono ora audioguide in più lingue nel biglietto d'ingresso; alcuni offrono anche visite guidate gratuite, ma spesso sono solo in tedesco.

New Berlin Tours
Quest'agenzia è stata tra le prime a proporre l'idea del 'tour gratuito', anche se le sue guide in realtà lavorano per le mance che ricevono. I tour a piedi che durano tre ore e mezzo partono alle 9, alle 11, alle 13 e alle 16 dallo Starbucks vicino alla Porta di Brandeburgo e toccano tutti i principali monumenti della città, tra cui il Checkpoint Charlie e il Reichstag.

Una camminata nella storia: seguire la doppia fila di ciottoli che segna il perimetro del Muro (il Mauerweg).

Relax a Tiergarten (p123)

Brewers Berlin Tours
Anche questo è un tour di tre ore e mezzo in cui si paga su offerta: il Berlin Express conta su berlinesi che riescono a darvi in due parole l'immagine giusta della città portandovi in tutti i maggiori siti d'interesse della capitale. Parte ogni giorno alle 13 dalla gelateria in Friedrichstrasse 96.

Musica gratis
In ogni periodo dell'anno ci sono eventi musicali gratuiti nei pub, nei bar, nei parchi e nelle chiese. Cercatene l'elenco nelle riviste di eventi per sapere che cosa c'è in programma al momento della vostra visita.

Concerti estivi
In estate in molti dei parchi e dei giardini di Berlino risuonano le note di jazz, pop, samba, musica classica e molto altro ancora. E tutto gratis. Un solo caso per fare un esempio: la deliziosa Teehaus im Englischen Garten, che offre due concerti (alle 16 e alle 19) ogni sabato e domenica da giugno a settembre. O l'affascinante Körnerpark di Neukölln, dove dall'inizio di giugno fino alla fine di agosto ogni domenica alle 18 si raduna una marea di gente per ascoltare un concerto gratuito.

Karaoke
Il Mauerpark è uno zoo di varia umanità nelle calde domeniche estive, per gran parte grazie al Bearpit Karaoke il divertentissimo karaoke 'buca dell'orso' all'aperto, che vede migliaia di spettatori assieparsi su una gradinata in pietra per incoraggiare e applaudire i cantanti più o meno talentuosi che si avvicendano al microfono.

Musica classica
Ogni martedì alle 13 da settembre a metà giugno, il foyer della Berliner Philharmonie si riempie di appassionati musicofili che vengono ad assistere a concerti da camera gratuiti. Anche gli studenti della prestigiosa Hochschule für Musik Hanns Eisler dimostrano il loro talento in diversi recital gratuiti ogni settimana.

Rock e jazz
Per i concerti gratuiti organizzati qua e là durante l'anno, consultate le riviste di eventi. Gli appassionati di jazz possono ascoltare la loro musica preferita gratuitamente da A-Trane il lunedì e nelle jam session di tarda notte (dalle 0.30 il sabato). Il mercoledì, anche b-flat e Quasimodo offrono l'ascolto gratuito di jam session.

Camminare a Berlino
Il modo migliore di esplorare Berlino è a piedi, visto che ogni *Kiez* ha strade estremamente piacevoli. A Mitte, passeggiate lungo lo storico Unter den Linden, la rutilante Friedrichstrasse, la modaiola Torstrasse oppure godete di una bella veduta del quartiere del governo dalla Promenade pedonale lungo la Sprea. Kreuzberg profuma di cocciuto individualismo lungo le alternative Bergmannstrasse e Oranienstrasse. A Schöneberg, la camminata da Nollendorfplatz ad Hauptstrasse riassume in sé tutte le caratteristiche del quartiere (notoriamente gay). A Friedrichshain, la monumentale Karl-Marx-Allee è la quintessenza dell'opulenza della vecchia Berlino Est, mentre l'architettura contemporanea di Potsdamer Platz rispecchia l'estetica post-riunificazione sensibile alle esigenze del grande capitale.

Per qualche idea in più, cercate i suggerimenti di itinerari a piedi nei vari quartieri nei capitoli a loro dedicati.

I murales sul Muro di Berlino, East Side Gallery (p172)

 Il Muro di Berlino

È davvero ironico il fatto che il principale punto di interesse turistico di Berlino sia qualcosa che non esiste più. Per 28 anni il Muro di Berlino, il più possente simbolo della Guerra Fredda, divise non solo la città ma il mondo intero.

C'era una volta il Muro..., Gedenkstätte Berliner Mauer (p133)

IN BICI LUNGO IL MURO

Se ne avete la forza, noleggiate una bici e seguite, tutto o in parte, il **Berliner Mauerweg** (www.berlin.de/mauer), lungo 160 km, che segue le strade un tempo pattugliate dalle guardie di confine con 40 stazioni informative che in più lingue raccontano il contesto storico, gli eventi drammatici e la vita quotidiana nella città divisa.

L'inizio

La costruzione del Muro cominciò poco dopo la mezzanotte del 13 agosto 1961, quando soldati e poliziotti della Germania Est srotolarono chilometri di filo spinato, isolando in questo modo il settore controllato dai sovietici; il filo spinato sarebbe stato ben presto rimpiazzato da lastre in cemento. Tutto a un tratto le strade vennero tagliate in due e la linea della U-Bahn che univa le due parti della città fu fermata.

Il Muro fu un tentativo disperato del governo della DDR sull'orlo del collasso economico e politico di arrestare l'esodo biblico della sua popolazione verso ovest. Quasi 3,6 milioni di persone si erano trasferite a ovest, spingendo il paese sull'orlo di una crisi quasi irreversibile.

Il confine presidiato

Definito eufemisticamente 'barriera protettiva antifascista', il Muro venne continuamente rafforzato e si trasformò con gli anni in un complicato sistema di sicurezza a guardia dei confini consistente non in uno, ma in due muri divisi tra loro da una 'striscia della morte' disseminata di filo spinato e cavalli di Frisia, riflettori, sentieri pattugliati, cani pronti ad attaccare, sistemi elettrici di allarme che suonavano al minimo contatto e torri di osservazione piantonate da guardie con il grilletto facile. Sul lato occidentale gli artisti cercarono di umanizzare quella ferita in cemento grigio con disegni e graffiti colorati e il governo alzò delle piattaforme panoramiche, da cui la gente poteva lanciare uno sguardo a Berlino Est.

Le fughe

Quasi 100.000 cittadini della DDR tentarono la fuga, molti usando mezzi di fortuna spettacolari, come mongolfiere o sottomarini fatti in casa. Non ci sono cifre ufficiali, ma si presume che siano state centinaia le persone che morirono cercando di scappare, alcuni affogati, altri per incidenti mortali, altri ancora suicidandosi quando vennero ripresi. Più di 100 furono colpiti a morte dalle guardie di confine – il primo solo pochi giorni dopo il 13 agosto 1961. Le guardie che riuscivano a prendere un fuggitivo venivano ricompensate con riconoscimenti pubblici, promozioni e benefit.

La fine

Fu eretto in una notte, cadde altrettanto inesplicabilmente. Nel settembre 1989 la DDR stava di nuovo assistendo a un massiccio esodo dei suoi cittadini, questa volta attraverso l'Ungheria, che aveva aperto i suoi confini con l'Austria. E la gente scendeva in strada: il 4 novembre 500.000 persone si radunarono ad Alexanderplatz chiedendo riforme democratiche. Bisognava dar loro qualcosa.

E così fu: il 9 novembre il portavoce governativo Günter Schabowski durante una conferenza stampa alla TV di stato fece un annuncio sorprendente: tutte le restrizioni agli spostamenti tra le due Germanie sarebbero state abolite. E alla domanda di un reporter (quando?), rispose: 'Per quanto ne so, immediatamente'. Si scoprì dopo che doveva entrare in funzione il giorno dopo, ma nessuno aveva informato Schabowski. La voce si diffuse alla velocità della luce e centinaia di migliaia di berlinesi dell'Est si diressero verso il Muro. Alle guardie di confine non restò che stare a guardare.

In mezzo a scene di feste selvagge e cortei di Trabant lunghi chilometri le due Berlino tornarono di nuovo insieme.

(In alto) Il museo all'aperto al Checkpoint Charlie (p85)

(A sinistra) Un ciclista si riposa accanto i resti del Muro, Potsdamer Platz

Dove vedere il Muro

Oggi
Lo smantellamento dell'odiata barriera cominciò quasi subito: ne rimase in piedi non più di 2 km. Oggi la città si è amalgamata a tal punto che ci vuole un occhio allenato per distinguere l'Est dall'Ovest. Una **doppia fila di ciottoli** aiuta a percorrere 5,7 km del perimetro del Muro. Passeggiare lungo la East Side Gallery (p174), il tratto più lungo rimasto (1,3 km), diventato nel 1990 una galleria d'arte all'aperto, è un'esperienza irrinunciabile, ma ci sono altri modi per andare alle radici dell'inquietante passato.

Musei e mostre
Per visualizzare tutti gli elementi che componevano il Muro e la striscia della morte visitate il Gedenkstätte Berliner Mauer (p133). La mostra nel cosiddetto Tränenpalast (p83) documenta l'impatto sulla vita quotidiana della gente, mentre al Checkpoint Charlie il Mauermuseum (p87) documenta le più spettacolari fughe a Occidente. Il nuovo panorama a 360° di Yadegar Asisi Die Mauer (p86) vi trasporta invece in una grigia giornata autunnale degli anni '80.

Tour
Fat Tire Bike Tours e Berlin on Bike (p313) offrono tour guidati in bicicletta lungo il perimetro del Muro. Vedi anche le informazioni sul Mauerweg (p35).

Un sistema high-tech che vi accompagna lungo il Muro è la **Mauerguide** (8871 3624; www.mauerguide.com; interi/ridotti €8/5 per 4 ore, €10/7 per 24 ore), un minicomputer palmare che tramite GPS riconosce i luoghi che attraversate, fornendo commenti ad hoc e video e brani audio storici. Ci sono stazioni di noleggio al Checkpoint Charlie, nella stazione della U-Bahn Brandenburger Tor e al centro documentazione del Gedenkstätte Berliner Mauer.

Un lavoro dello street artist Alias

Gallerie d'arte e street art

Agli amanti dell'arte sembrerà di andare sempre in tilt. Berlino, che ospita 440 gallerie, decine di collezioni private dall'incredibile qualità e circa 10.000 artisti da tutto il mondo, è oggi alla testa del circuito artistico internazionale. Un'energia giovanile, uno spirito insieme instancabile e curioso e un'infusione di grinta underground sono ciò che danno a questa città 'eternamente mai finita' la sua fama.

Alte Nationalgalerie (p103)

Una città di artisti
Per via dei vasti spazi a disposizione e del basso costo della vita, Berlino è diventata fin dalla caduta del Muro un paradiso per gli artisti emergenti di tutto il mondo. Il lavoro di molti rimane ancora sconosciuto, ma ci sono state storie di successi improvvisi, tra cui quello dell'islandese-danese Olafur Eliasson. Altri noti artisti contemporanei che vivono e lavorano a Berlino sono Thomas Demand, Jonathan Meese, Via Lewandowsky, Isa Genzken, Tino Seghal, Esra Ersen, John Bock e il duo Ingar Dragset/Michael Elmgreen.

Nationalgalerie Berlin
La Galleria Nazionale di Berlino è uno dei migliori musei europei per l'arte dall'Ottocento ad oggi; amministrata dagli **Staatliche Museen Berlin** (Musei statali di Berlino; www.smb.museum) è divisa in sei sedi sparse per il centro cittadino:

Alte Nationalgalerie (p103) Arte dal neoclassicismo al Romanticismo, dall'impressionismo fino agli inizi del modernismo, con opere di Caspar David Friedrich, Adolf Menzel e Monet; nella Museumsinsel.

Friedrichswerdersche Kirche (p84) Scultura tedesca del XIX secolo ad opera di Christian Daniel Rauch, Johann Gottfried Schadow e Karl Friedrich Schinkel; vicino a Unter den Linden.

Neue Nationalgalerie (p121) Arte degli inizi del Novecento, specialmente espressionismo tedesco (come Grosz e Kirchner, oltre a Max Beckmann); fa parte del Kulturforum.

INFORMAZIONI

Biglietti
➡ Si comprano alle biglietterie dei musei. Per le grandi mostre itineranti che fanno il tutto esaurito è meglio prenotarlo online.

➡ La maggior parte delle collezioni private richiede la prenotazione; per la Sammlung Boros occorrono settimane d'anticipo.

➡ Nelle gallerie commerciali non si paga l'ingresso: tutti sono ammessi alle feste del *vernissage* (inaugurazione) e del *finissage* (serata finale).

➡ Il Berlin Museum Pass consente l'ingresso in 70 musei e gallerie per un periodo di tre giorni. In vendita nei musei partecipanti e negli uffici turistici.

Orari d'apertura
➡ In genere i musei e le pinacoteche sono aperti dalle 10 alle 18, con orario prolungato un giorno la settimana, di solito il giovedì. Molti sono chiusi il lunedì.

➡ Le gallerie d'arte private in genere aprono dalle 12 alle 18 e su appuntamento.

Visite guidate
GoArt (www.goart-berlin.de) vi fa entrare nella complessa realtà artistica di Berlino grazie a tour personalizzati a collezioni private, atelier, gallerie d'avanguardia e a divertenti gite ai siti di street art.

Siti utili
➡ **Museumsportal** (www.museumsportal.de) Il portale cittadino per tutti i musei e le gallerie.

➡ Cercate con Google 'Berliner Kunstfaltplan' per un sommario delle ultime esposizioni nelle gallerie private.

Museum Berggruen (p201) Avanguardie storiche, soprattutto Picasso e Klee; vicino allo Schloss Charlottenburg.

Sammlung Scharf-Gerstenberg (p201) Opere surrealiste di Dalí, Magritte, Jean Dubuffet, Max Ernst e molti altri; vicino allo Schloss Charlottenburg.

Hamburger Bahnhof (p132) Arte contemporanea internazionale, da Warhol a Rauschenberg a Beuys; a est di Hauptbahnhof.

(In alto) Street art a Kreuzberg dell'artista italiano Blu

(In basso) Artisti di graffiti al Mauerpark (p185)

Musei particolari

Oltre ai pezzi grossi Berlino offre anche una rete di piccoli musei che si specializzano su un artista o un movimento. Potrete ammirare le tele colorate del gruppo Die Brücke (il Ponte) in un delizioso museo (p221) circondato dal bosco. Guardare i dipinti di Max Liebermann proprio nello studio dove li dipinse, nella Liebermann-Villa a Wannsee (p223). Passare in rassegna un secolo di arte berlinese alla Berlinische Galerie (p154).

Due musei focalizzano l'attenzione sulle donne: il Käthe-Kollwitz-Museum (p203), dedicato a una delle più geniali e schiette artiste tedesche dell'inizio del Novecento, e il Das Verborgene Museum (p205), che mostra artiste tedesche meno note dello stesso periodo. Esistono anche collezioni aziendali, come la Daimler Contemporary, e private, come la Sammlung Boros.

Collezioni private

Diversi collezionisti privati mettono i loro tesori a disposizione del pubblico. La più famosa tra queste è la Sammlung Boros (p137), un'esibizione di arte contemporanea d'avanguardia organizzata in modo spettacolare in un bunker della seconda guerra mondiale riconvertito. Tra le altre ci sono la Sammlung Hoffmann (p137), in un appartamento privato situato in uno di quei dedali di cortili tipici dello Scheunenviertel; la Sammlung Haubrok (p176) sulla Karl-Marx-Allee di stampo socialista, e la Me Collectors Room (p137) in un palazzo moderno sulla Auguststrasse.

Arte pubblica

Installazioni, sculture, dipinti, tutto gratis. Di arte pubblica ne troverete parecchia a Berlino, che è anche la patria del murales *au plen air* più lungo al mondo, la East Side Gallery (p172) con i suoi 1300 m di lunghezza. E in qualunque quartiere vi troviate a camminare, troverete comunque arte pubblica di dimensioni epiche. L'area vicino a Potsdamer Platz ne è particolarmente ricca, dalle sculture di DaimlerCity (p117) al Tiergarten (v. la passeggiata proposta a p126).

Gallerie d'arte commerciali

Il **Landesverband Berliner Galerien**, l'associazione dei galleristi di Berlino (www.berliner-galerien.de) conta circa 440 gallerie in città, ma ci sono almeno altri 200 spazi espositivi non a scopo di lucro che organizzano regolarmente nuove mostre. Tra le gallerie migliori ci sono **Barbara Wien** (www.barbarawien.de) per i lavori su carta; **Camera Work** (www.camerawork.de) e **Kicken Berlin** (www.kicken-gallery.com) per la fotografia; **Contemporary Fine Arts** (www.cfa-berlin.de), **Neugerriemschneider** (www.neugerriemschneider.com) e **Eigen+Art** (www.eigen-art.com) per le star internazionali contemporanee; **Kunstagenten** (www.kunstagenten.de) per i grandi di domani; e **Thomas Schulte** (www.galeriethomasschulte.de) per l'arte concettuale.

Street art

Stencil, adesivi, throw-up, masterpiece, bombing, pezzo, murales, installazione e graffiti 3D-style sono parte del magico gergo della street art, e descrivono stili e tecniche che hanno poco a che fare con il vandalismo o con le banali tag. Vista l'abbondanza di edifici abbandonati, lotti infestati da erbacce e artisti di ogni genere, a volte sembra che l'intera città sia diventata una tela da dipingere.

Alcuni dei grandi nomi del writing internazionale hanno lasciato la loro traccia sui muri della città, tra cui Banksy, Os Gemeos, Romero, Swoon, Flix, Pure Evil, Miss Van e Blu. Ma non mancano anche i talenti locali. Il ritratto di un giovane Jack Nicholson dietro a una rete è una famosa opera di Bonk, mentre il simbolo di Bimer è un orso berlinese dall'aria arrabbiata. Kripoe è famoso per le sue mani gialle ed El Bocho per la piccola Lucy che odia i gatti.

DOV'È?

Troverete opere di street art praticamente ovunque, ma nella zona vicino alla stazione della U-Bahn di Schlesisches Tor a Kreuzberg ci sono alcuni classici grandi quanto tutto il palazzo che li ospita, ad esempio di Blu e Os Gemeos.

La zona di Boxhagener Platz a Friedrichshain è un altro centro che ospita opere di Boxi, Alias e El Bocho. Alias firma opportunamente il suo lavoro; cercate in giro la sua 'ragazza asiatica' incollata vicino all'angolo tra Gabriel-Max-Strasse e Grünberger Strasse.

Non mancano ottimi lavori a Mitte, soprattutto nel quartiele modaiolo di Scheunenviertel, dove troverete molti esempi del prolifico XoooOX, famoso per i suoi stencil in bianco e nero di modelle (ad esempio in Gipsstrasse vicino a Joachimstrasse; o su Weinmeisterstrasse vicino alla U-Bahn).

Prenzlauer Berg ha il Mauerpark, dove gli artisti in erba possono raffinare la tecnica legalmente su un tratto originale del Muro di Berlino.

Qui ci sono i nostri lavori preferiti (guardate la cartina per l'esatta posizione):

Astronaut (cartina p372) Kreuzberg; stencil di Victor Ash.

Rounded Heads (cartina p372) Kreuzberg; pittogramma di Nomad.

Yellow Man (cartina p372) Kreuzberg; dipinto di Os Gemeos.

Brothers Upside Down e Chains (cartina p372) Kreuzberg; due dipinti di Blu e JR uno vicino all'altro.

Leviathan (cartina p372) Kreuzberg; di Blu.

Fish (cartina p376) Friedrichshain; di Ema.

Sad Girl with Rabbit Ears (cartina p376) Friedrichshain; di Boxi.

Lads (cartina p372) Kreuzberg; un dipinto di The London Police.

COME VEDERLI

Un modo rapido per vedere molti esempi di arte urbana è prendere le linee della S-Bahn S3 e S7 da Alexanderplatz a Ostkreuz e poi le S41 e S42 verso Treptow. La linea U1, che passa in superficie attraverso Kreuzberg, è un'altra ottima soluzione ed è l'ideale per vedere il famoso e gigantesco Astronaut dell'artista irlandese Victor Ash (sul lato nord dei binari, tra le stazioni di Kottbusser Tor e Görlitzer Bahnhof).

Anche la galleria **ATM** (0176 3416 4222; www.atmberlin.de; Eylauerstrasse 13; solo su appuntamento; Platz der Luftbrücke) tiene bene il polso della situazione, ma purtroppo è aperta solo su appuntamento. Alternative Berlin Tours (p314) offre una passeggiata di due ore e mezza al costo di €15 dedicata alla street art, dove potrete anche incontrare artisti locali e imparare i segreti del mestiere in un mini-workshop. Anche **Hidden Path** (www.thehiddenpath.de) organizza tour appositi per piccoli gruppi.

Per informarvi sull'argomento, comprate il libro *Urban Illustration Berlin: Street Art City Guide* di Benjamin Wolbergs.

Tetes et Queue, scultura di Alexander Calder alla Neue Nationalgalerie (p121)

Quartiere per quartiere

➡ **Mitte – Centro storico** (p74) Emil Nolde Museum; gallerie vicino al Checkpoint Charlie.

➡ **Museumsinsel e Alexanderplatz** (p94) Alte Nationalgalerie; Contemporary Fine Arts.

➡ **Potsdamer Platz e Tiergarten** (p113) Neue Nationalgalerie, Gemäldegalerie, Bauhaus Archiv, Martin-Gropius-Bau.

➡ **Scheunenviertel** (p130) Le gallerie più prestigiose vicino ad Auguststrasse; street art; Sammlung Boros; Hamburger Bahnhof.

➡ **Kreuzberg e Neukölln Nord** (p150) Il meglio della street art; Berlinische Galerie.

➡ **Friedrichshain** East Side Gallery e altre ottime opere di street art.

➡ **A ovest del centro e Charlottenburg** Gallerie d'alto profilo, ad esempio su Fasanenstrasse, Mommsenstrasse e Kurfürstendamm; musei vicino allo Schloss Charlottenburg.

(In alto) Il Leviatano dal fascino morboso opera di Blu

(In basso) Uno stencil delle dimensioni di una casa? È l'astronauta di Victor Ash.

FRANCESCA TOSIN

La scelta Lonely Planet

Gemäldegalerie (p121) Immensa collezione dei grandi maestri della pittura europea, da Rembrandt a Renoir.

Hamburger Bahnhof (p132) Arte contemporanea in una ex stazione ferroviaria.

Sammlung Boros (p137) Opere d'avanguardia in un bunker della seconda guerra mondiale.

Brücke Museum (p221) Un museo circondato dai boschi dedicato ai pionieri dell'espressionismo.

Martin-Gropius-Bau (p121) Un edificio neorinascimentale ospita le migliori tra le grandi mostre itineranti.

Grandi musei d'arte

Gemäldegalerie (p121)
Hamburger Bahnhof (p132)
Neue Nationalgalerie (p121)
Alte Nationalgalerie (p103)

Piccoli musei

Neuer Pavillon (p200)
Brücke Museum (p221)
Berlinische Galerie (p154)

Musei dedicati a un solo artista

Käthe-Kollwitz-Museum (p203)
Emil Nolde Museum (p85)
Dalí - Die Ausstellung (p121)
Liebermann-Villa am Wannsee (p223)

Musei dedicati a movimenti artistici

Museum Berggruen (p201; avanguardie storiche)
Sammlung Scharf-Gerstenberg (p201; surrealismo)
Alte Nationalgalerie (p103; romanticismo)
Bauhaus Archiv (p125; Bauhaus)

Collezioni private

Sammlung Boros (p137)
Sammlung Hoffmann (p137)
Sammlung Haubrok (p176)
Me Collectors Room (p137)

Arte contemporanea

Hamburger Bahnhof (p132)
Sammlung Boros (p137)
KW Institute for Contemporary Art (p136)
Daimler Contemporary (p117)

Caffè dei musei

Martin-Gropius-Bau (p121)
Hamburger Bahnhof (p132)
Bauhaus Archiv (p125)
Bodemuseum (p101)
Liebermann-Villa am Wannsee (p223)

Spazi architettonici

Bauhaus Archiv (p125)
Martin-Gropius-Bau (p121)
Hamburger Bahnhof (p132)
Neue Nationalgalerie (p121)

Arte pubblica

Molecule Man di Jonathan Borofsky (p176)

East Side Gallery (p172)

Boxers di Keith Haring (cartina p364)

Riding Bikes di Robert Rauschenberg (cartina p364)

Der Verlassene Raum di Karl Biedermann (cartina p364)

Parlament der Bäume di Ben Wagin (p81)

Sale espositive

Martin-Gropius-Bau (p121)
Haus der Kulturen der Welt (p81)
Automobil Forum Unter den Linden (p82)
Akademie der Künste (p124)

Street art

Leviathan (cartina p372)
Brothers Upside Down (cartina p372)
Astronaut (cartina p372)
Sad Girl with Rabbit Ears (cartina p376)

Un bar sulle rive della Sprea

🍷 Locali
e vita notturna

Pub accoglienti, beach bar lungo fiumi e canali, Biergarten, club, bettole underground, DJ bar, lounge bar lussuosi negli hotel, cocktail bar dalle luci soffuse – con una tale varietà trovare il luogo dove divertirsi che più si adatta al vostro umore non è certo un'impresa difficile. Sappiate comunque che i berlinesi sanno come passare una bella serata, quindi fate riserva di energia se volete stare al passo.

INFORMAZIONI

Orari d'apertura

➧ Molti pub servono anche da mangiare e in genere aprono intorno a mezzogiorno.

➧ I bar in genere aprono intorno alle 18 e chiudono alle 13 o 14 del giorno successivo, più tardi ancora nei weekend.

➧ I locali più alla moda e i cocktail bar aprono solo alle 20 o alle 21 e chiudono quando se ne va l'ultimo cliente.

➧ I locali notturni aprono alle 23 o a mezzanotte, ma la gente comincia ad arrivare intorno all'1 o alle 2: le ore *clou* della serata sono tra le 4 e le 6. Molti locali sono aperti solo venerdì e sabato sera.

Costi

Le grandi discoteche come il Berghain/Panorama Bar o il Watergate vi costeranno tra i €12 e i €15, ma ci sono molti altri club che chiedono tra i €5 e i €10. I locali che aprono un po' prima in genere non fanno pagare fino a una certa ora, intorno alle 23 o alle 24. Non esiste praticamente alcuno sconto studenti, ma in certi locali nelle Ladies Night le donne non pagano.

Il 'dress code'

A Berlino i locali notturni non sono pignoli sullo stile, ma vince sempre un look personalizzato rispetto a un Armani. Qualche cocktail bar e club come Felix e Puro Skylounge preferiscono il classico, ma nei pub ognuno va vestito come gli pare.

Che cosa c'è in programma?

Per scoprire che cosa c'è di nuovo, consultate le riviste di eventi *Zitty* (www.zitty.de), *Tip* (www.tip-berlin.de) o *030*, spulciate i flyer dei locali nei negozi, nei caffè, nei locali notturni e nei bar e consultate portali internet come **Resident Advisor** (www.residentadvisor.net).

Una birra di produzione locale

I posti più alternativi e di tendenza si trovano nella parte est della città, mentre i locali a ovest sono più lussuosi e più indicati per un appuntamento serale, piuttosto che per una serata all'insegna dell'alcol.

Il confine tra caffè e bar è spesso labile, con molti posti che cambiano stile man mano che scorrono le ore, anche se le bevande alcoliche sono servite praticamente tutto il giorno. Alcuni bar hanno l'happy hour, specialmente nella zona molto turistica di Mitte e nel quartiere amato dagli studenti di Friedrichshain.

CONSUETUDINI

Il servizio al tavolo è comune nei bar e nei locali tedeschi, quindi, a meno che non si voglia rimanere al banco o non ci sia un cartello con la scritta *Selbstbedienung* (self service), non è necessario andare ad ordinare. È consuetudine non pagare separatamente ogni giro, ma tutto insieme alla fine. Tenete conto che nei bar con DJ set dal vivo al costo della prima consumazione viene in genere aggiunto €1 o €2. La mancia ai barman si aggira intorno al 5%, ai camerieri è del 10%. Bere in pubblico è legale e molti lo fanno, ma con discrezione.

COCKTAIL BAR

A Berlino imperversa la moda del cocktail. Qualunque sia il genere che preferite – bar in stile americano, locali in hotel cosmopoliti, spacci un po' nascosti o lounge bar di tendenza – troverete certamente un locale che corrisponda alle vostre aspettative. Di recente è nata la mania per i cocktail 'in cucina' che aggiungono alla miscela erbe e spezie, come zafferano, basilico o peperon-

Bar e pub

Non c'è coprifuoco qui: a Berlino si usa fare le ore piccole, e i suoi locali rimangono affollati dal tramonto all'alba e oltre, mentre alcune discoteche raggiungono il momento clou della serata alle 4 del mattino. Generalmente, l'accento è puntato su stile e atmosfera e alcuni proprietari hanno lavorato a lungo per trovare un'idea originale che caratterizzasse il proprio locale.

cino. Un buon cocktail vi costerà tra €10 e €15.

Accanto a bar vecchio stile aperti da decenni sono nati locali più pretenziosi che fanno presa sui creativi. Qui i clienti in genere sono più giovani e l'atmosfera è più esuberante; a volte c'è anche una piccola pista da ballo. I cocktail bar tendono a essere bozzoli eleganti con illuminazione soffusa e sound di sottofondo a livelli accettabili: i maestri del mixage padroneggiano di tutto, dai classici Martini a fantasiose specialità della casa.

Anche molti bar normali servono cocktail alcolici, ma in genere non si allontanano molto dal genere Sex on the Beach e Cosmopolitan. Il prezzo è inferiore (tra €6 e €8), ma la qualità è spesso discontinua, visto che tendono a utilizzare ingredienti alcolici più dozzinali.

BEACH BAR
Forse la moda del beach bar è nata a Parigi, e altre città che non hanno accesso al mare sono state prese dalla mania della sabbia, ma con così tante zone all'aperto dedicate al bere Berlino detiene senz'altro il primato. I momenti di relax durante il giorno si trasformano spesso in feste sotto le stelle che proseguono fino all'alba e oltre. La maggior parte degli esercizi è aperta tra maggio e settembre, anche se l'orario dipende spesso dalle condizioni meteorologiche.

Clubbing

Il sole potrà anche non brillare e il tempo non esservi amico, ma se vi sentite fremere dalla voglia di muovere le gambe Berlino è tutto ciò che avete sempre voluto e tutto ciò di cui avete bisogno. Qui anche le inclinazioni più particolari non costituiscono un ostacolo al divertimento – sia che vi piaccia la techno hardcore, o una drum & bass molto veloce, il punk più aggressivo, o il dolce Britpop, l'hip hop più esaltato, la musica ambient più rilassante o addirittura lo swing e il tango, troverete un posto dove divertirvi ogni sera della settimana.

Con tutti i DJ importanti di musica elettronica che vivono qui – e altri contenti di venirci – Berlino è un vero laboratorio musicale, con line-up spesso sorprendenti. I nomi da tener d'occhio sono: André Galluzzi, Ellen Allien, Kiki, Sascha Funke, Ricardo Villalobos, Paul Kalkbrenner, Modeselektor, Apparat, M.A.N.D.Y, Tiefschwarz, Gudrun

(In alto) Biergarten al Clärchens Ballhaus (p144)
(Al centro) Un drink serale al Club der Visionäre (p165)
(In basso) Tramonto in un beach bar

Gut, Booka Shade, Richie Hawtin e molti altri, troppi per citarli.

Per scoprire quali sono i locali notturni che fanno la musica che preferite andate al sito www.clubmatcher.de.

QUANDO ANDARE

Qualunque sia la discoteca o la festa dove non vedete l'ora di andare, non disturbatevi ad arrivare prima dell'una, a meno che non vogliate assolutamente avere una conversazione a tu per tu con l'annoiato barista. Non dovete farvi alcun problema riguardo all'orario di chiusura: le famose notti berlinesi che continuano fino alle ore piccole sono diventate ancora più lunghe e, grazie al crescente numero di afterparty e di discoteche diurne, durante il weekend si può pensare di non andarci proprio, a casa. In effetti, molti si fanno una bella dormita e raggiungono la pista da ballo solo quando gli altri stanno per andare alla messa domenicale.

SELEZIONE ALL'INGRESSO

La selezione all'ingresso può essere severa nelle migliori discoteche come Berghain/Panorama Bar, Watergate and Cookies, ma dopo tutto riuscire a oltrepassare il buttafuori è ancora molto più facile a Berlino che in altre città europee. In genere non serve vestirsi bene, anzi: a volte sofisticati abiti da cocktail o *mise* di etichette firmate sono di impedimento quando si cerca di entrare. E se il vostro modo di fare è quello giusto, l'età conta raramente. Se dovete aspettare in coda, siate rispettosi, non bevete e non parlate troppo forte. Evitate di arrivare già ubriachi. Se non vi fanno entrare, non discutete. C'è sempre un'altra festa da qualche parte...

Che cosa si beve

Com'era da aspettarsi la birra continua ad essere la libagione prediletta e viene servita (e consumata) praticamente ovunque e lungo l'arco di tutta la giornata. La maggior parte dei locali offre un'ampia scelta di prodotti locali, nazionali e d'importazione, tra cui almeno una birra alla spina (*vom Fass*) servita in bicchieri da 0,3 o 0,5 litri.

La fabbricazione della birra a Berlino data dal Medioevo e ha raggiunto il suo culmine nell'Ottocento, quando c'erano centinaia di birrifici, molti dei quali a Prenzlauer Berg. Oggi l'unico sopravvissuto è **Berliner Kindl-Schultheiss Brauerei**

Il Biergarten del Prater (p192)

Locali quartiere per quartiere

Prenzlauer Berg
Cocktail, Biergarten, caffè confortevoli (p192)

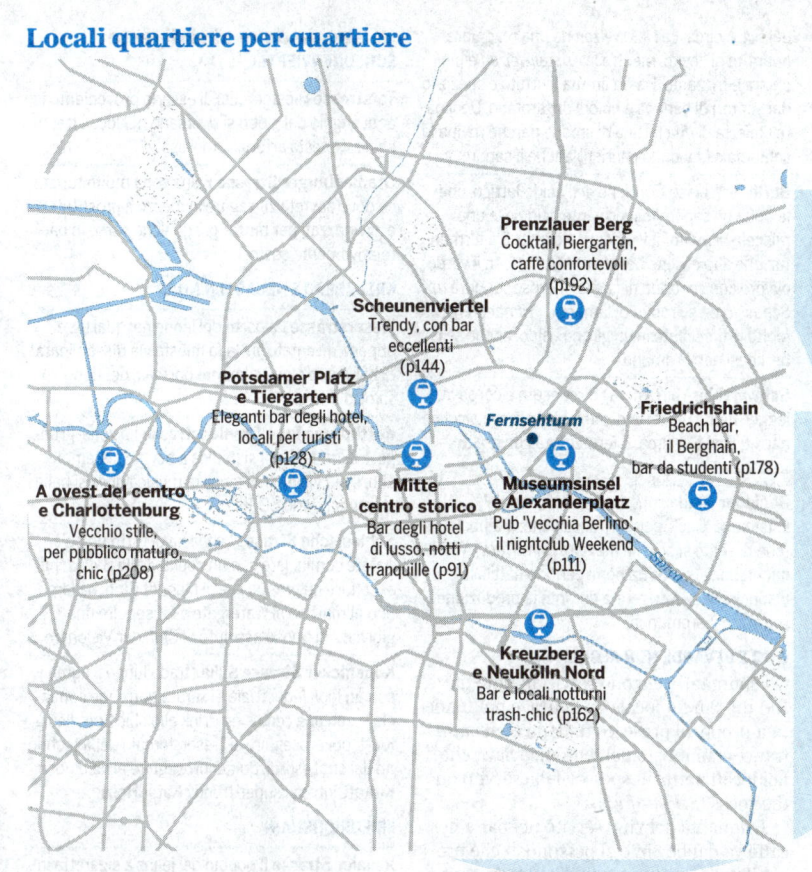

Scheunenviertel
Trendy, con bar eccellenti (p144)

Potsdamer Platz e Tiergarten
Eleganti bar degli hotel, locali per turisti (p128)

Fernsehturm

Friedrichshain
Beach bar, il Berghain, bar da studenti (p178)

A ovest del centro e Charlottenburg
Vecchio stile, per pubblico maturo, chic (p208)

Mitte centro storico
Bar degli hotel di lusso, notti tranquille (p91)

Museumsinsel e Alexanderplatz
Pub 'Vecchia Berlino', il nightclub Weekend (p111)

Kreuzberg e Neukölln Nord
Bar e locali notturni trash-chic (p162)

(www.schultheiss.de; Indira-Gandhi-Strasse 66-69; tour €5, con degustazione €7; ☺ tour 10, 14 e 17.30 lun-gio; ☐M13 per Betriebshof Indira-Gandhi-Strasse), situato al limite est di Prenzlauer Berg, che produce le marche Berliner Pilsner, Schultheiss, Berliner Kindl e Berliner Bürgerbräu. Se volete dare uno sguardo dietro le quinte, prenotate dal sito una visita guidata (in tedesco), preferibilmente seguita da una degustazione di birre.

Si trovano tutte le birre tedesche e importate più note. A parte la Beck's e la Heineken, potete provare la Jever Pilsener del nord della Germania, la Rothaus Tannenzäpfle prodotta nella Selva Nera e la Krušovice e Budweiser, che vengono dalla Repubblica Cèca.

Recentemente sono diventate molto popolari le birre aromatizzate, come la Beck's Green Lemon o lo Schöfferhofer Grapefruit. I marchi Clausthaler e Becks hanno birre analcoliche piuttosto diffuse e potete berne la versione lager oppure come *Alster*, *Radler* o *Diesel* (vale a dire mescolata rispettivamente con Fanta, Sprite o Coca-Cola).

Ci sono alcuni microbirrifici degni di attenzione, tra cui Hops & Barley e Schalander a Friedrichshain, Brauhaus Georgbräu vicino alla Museumsinsel, Rollberg Brauerei a Neukölln e Brauhaus Lemke a Charlottenburg.

Cercate anche una birra imbottigliata a Berlino che sull'etichetta ha scritto semplicemente 'Bier.'

VARIETÀ DI BIRRE

Le birre più diffuse sono le seguenti:

Pils (pilsener) Questa birra a fermentazione bassa è corposa, ha un forte aroma di luppolo, una schiuma cremosa e un tasso alcolico del 4,8% circa.

Weizenbier, Weissbier (birra di frumento) Birra a fermentazione alta, con una gradazione alcolica del 5,4% circa. La *Hefeweizen* ha una maggiore quantità di lievito, mentre la *Kristallweizen* è più chiara e frizzante. Ha un aroma fruttato e speziato dai sentori di banana e chiodi di garofano. Declinate l'offerta di una fettina di limone perché rovina la schiuma e (secondo i puristi) anche il sapore.

Berliner Weisse Contiene dell'acido lattico, che le dona un sapore leggermente acidulo, e una miscela di malto di frumento e d'orzo. È a fermentazione alta e viene bevuta *mit Grün* ('con il verde', ovvero con sciroppo di caglio odoroso) oppure *mit Schuss* (con sciroppo di lamponi – *Himbeeren*). Molto rinfrescante in un giorno caldo, anche se i berlinesi non la amano.

Schwarzbier (birra nera) Birra scura e corposa, leggermente più forte di altre, ha un tasso alcolico dal 4,8% al 5% circa. È fermentata con malto tostato.

Bockbier Gradazione alcolica intorno al 7%. Esiste una 'Bock' per ogni occasione: Maibock (che di solito si beve in maggio/primavera), Weihnachtsbock (prodotta per il periodo natalizio), Eisbock (Bock refrigerata durante la produzione), scura e più aromatica.

VINO E BEVANDE NON ALCOLICHE

Gli spumanti vengono serviti in flûte da 100 ml. Più un locale 'se la tira' e più tenderà a proporre prosecco italiano o *cremant* francese piuttosto del teutonico *Sekt*, che nei locali notturni spesso viene servito on the rocks (*Sekt auf Eis*).

La qualità del vino servito nei bar e nei caffè va dal bevibile al pessimo, il che probabilmente spiega perché i tedeschi amino mescolarlo con acqua frizzante, nel *Weinschorle*. È possibile trovare del sidro: quello con la sigla OBC, o Original Berliner Cidre, è un'etichetta locale di sidro non dolce.

Se non amate l'alcol potete provare un *Saftschorle* (acqua frizzante e succo di frutta), rinfrescante alternativa estiva. Una specialità locale che è tornata di moda è la *Fassbrause*, una bevanda analcolica che ha il colore della birra ma in realtà è fatta con frutta, spezie ed estratto di malto.

Se avete bisogno di un'iniezione di caffeina, anche qui si può trovare la Red Bull, ma i berlinesi preferiscono la Club-Mate e la fritz-kola, che è meno dolce e contiene più caffeina della coca cola normale. Si può avere anche come fritz-limo (bevanda gasata al gusto di frutta): il gusto mela-ciliegia-sambuco è imbattibile.

Prodotta a Kreuzberg è la Wostok, una gassosa analcolica profumata con eucalipto e ginseng.

Le strade dove ci si diverte
SCHEUNENVIERTEL

Torstrasse Hipster felici di esserlo provenienti da ogni angolo del globo si riversano nei locali trash-chic su questa arteria rumorosa.

Oranienburger Strasse È una zona molto turistica dove dovrete zigzagare in mezzo a prostitute e avvinazzati per buttar giù qualche sorso in bar relativamente costosi.

KREUZBERG E NEUKÖLLN NORD

Weserstrasse La parte del leone nel quartiere appena diventato 'in' la fa questa via disseminata di bar e pub piacevolmente normali, del tipo salotto di casa.

Kottbusser Tor e Oranienstrasse La zona 'grunge' è la meta di chi si dedica a bevute sistematiche. Il più vicino tra i locali di musica dove si balla è il leggendario SO36.

Schlesische Strasse La via ha di tutto un po': potete cominciare con un cocktail alla Badeschiff, ascoltare un gruppo live al Magnet Club, ballare fino al mattino al Watergate e far seguire una giornata di riposo assoluto al Club der Visionäre.

Köpenicker Strasse Sulla strada lungo il fiume con un look industriale la serata potrebbe cominciare con una cena e un drink allo chic Spindler & Klatt, poi proseguire al Tresor, tempio della techno fin dai suoi esordi, quindi proseguire al libidinoso KitKatClub o al super-trendy Kater Holzig.

FRIEDRICHSHAIN

Revaler Strasse Il popolo dei jeans a sigaretta invade gli squallidi nightclub e bar lungo questa 'via della techno' nata dove un tempo c'era un'officina ferroviaria. Si va all'Astra Kulturhaus per i concerti, al Suicide Circus per musica techno-electro, o per un potpourri di suoni al Cassiopeia.

Ostkreuz Affinate i vostri sensi in questa zona di feste cool brancolando nel buio alla ricerca dell'entrata del Salon zur Wilden Renate o del misterioso ://about blank.

Mühlenstrasse Parallela alla Sprea, questa via è perfetta per un bel giro dei beach bar con tappe all'Oststrand e allo Strandgut Berlin per scaldarsi prima di cominciare a far sul serio al Berghain/Panorama Bar.

Simon-Dach-Strasse Se volete bere spendendo poco, venite in questa via trafficata sempre piena di gruppi di adolescenti e feste da stalloni. E i berlinesi? Non ce ne sono molti.

La scelta Lonely Planet

Berghain/Panorama Bar (p180) Forse sopravvalutato, ma ancora la mecca della techno, con DJ di prima grandezza ogni weekend.

Clärchens Ballhaus (p144) Gli hipster amanti del retrò si uniscono alle nonnine in serate di tango e jitterbug anni '40 in una sala da ballo del 1913 dai decori un po' kitsch.

Club der Visionäre (p165) L'estate non sarebbe la stessa se non si potesse venire ad oziare o a ballare in questa rimessa per le barche in riva al canale.

Cookies (p91) Santuario opulento che ricorda i bei tempi andati con DJ top e angolini inaspettati.

Prater (p192) Il più vecchio Biergarten di Berlino è in attività da 175 anni e ancora accoglie piacevolmente i suoi ospiti sotto i castagni.

Würgeengel (p163) Una clientela divertente fa fluire la conversazione al ritmo dei cocktail in questo ambiente genuinamente anni '50.

Musica techno ed elettronica

Watergate (p165)

Suicide Circus (p178)

://about blank (p178)

Salon zur Wilden Renate (p178)

Kater Holzig (p165)

Non techno

Kaffee Burger (p145)

Felix (p91)

Gretchen (p163)

Prince Charles (p164)

SO36 (p167)

Bar per hipster

Neue Odessa Bar (p145)

King Size Bar (p144)

August II (p145)

Tausend (p91)

Drayton Bar (p91)

Bar con vista

Solar (p128)

Bebel Bar (p91)

Puro Skylounge (p209)

Amano Bar (p144)

Weekend (p111)

DJ bar

Monarch Bar (p163)

Madame Claude (p166)

Süss War Gestern (p179)

Soju Bar (p164)

Bar all'aperto

Strandgut Berlin (p180)

Oststrand (p180)

Deck 5 (p193)

Strandbar Mitte (p144)

Cocktail bar

Buck & Breck (p145)

Becketts Kopf (p192)

Curtain Club (p128)

Bebel Bar (p91)

Victoriabar (p128)

Birrifici

Hops & Barley (p178)

Schalander (p177)

Rollberg Brauerei (p165)

Brauhaus Georgbräu (p110)

Brauhaus Lemke (p205)

Per il giro dei locali di Kottbusser Tor

Monarch Bar (p163)

Möbel Olfe (p163)

Luzia (p163)

Roses (p163)

Biergarten

Café am Neuen See (p128)

Mauersegler (p193)

Golgatha (p162)

Prater (p192)

Caffè

Café Bravo (p144)

Tadschikische Teestube (p144)

St Gaudy Cafe (p193)

Aunt Benny (p181)

Mein Haus am See (p145)

Locali di design

Drayton Bar (p91)

Amano Bar (p144)

Spindler & Klatt (p162)

Pasti

Se avete una passione per il cibo della tradizione tedesca, troverete tanti locali in cui indulgere al piacere di stinco di maiale arrosto, braciole di maiale affumicato o fegato di vitello. Oggi, però, anche i piatti tipici sono più leggeri, salutari e creativi: spesso provengono da agricoltura biologica, un panorama di ristoranti etnici degno dell'assemblea dell'ONU e chef di alta cucina, tra cui 8 ristoranti con una stella Michelin e 4 con due.

La cucina berlinese

Chi vuole provare l'autentica cucina berlinese farebbe meglio a non essere schizzinoso, vegetariano, fissato con la salute o attento alla circonferenza del punto vita. I piatti della tradizione sono sostanziosi, 'attaccati all'osso' (cioè a base di carne) e pagano un tributo assolutamente passeggero al regno vegetale. Una delle specialità è il maiale, cucinato in un'infinità di maniere, tra cui le *Kasseler Rippchen* (braciole di maiale affumicate) e l'*Eisbein* (stinco di maiale bollito), che in genere è accompagnato da crauti, purè di piselli e patate bollite. Altri piatti che vanno per la maggiore sono pollo arrosto, *Schnitzel* (cotoletta) e *Sauerbraten* (carne di manzo marinata e brasata). Con la carne macinata si prepara la *Boulette,* una via di mezzo tra una polpetta e un hamburger, che viene mangiata con senape e a volte con un panino. Se sul menu c'è pesce locale, probabilmente sarà *Zander* (lucioperca) o *Forelle* (trota).

Cucina tedesca contemporanea

Una nuova generazione di chef si è gettata a capofitto nell'idea di una cucina a 'km 0' e il menu è dominato dalla triade 'stagionale-regionale-organico'. Molti vanno di persona nel Brandeburgo, la regione agricola alle porte di Berlino, per approvvigionarsi di carni da animali cresciuti all'aperto, pesci non d'allevamento, frutta e verdura di fattoria, formaggi artigianali e altre prelibatezze; il tutto, preferibilmente, da agricoltura biologica. I menu contengono sempre più spesso ingredienti dell'alimentazione tradizionale (e a lungo sottovalutati): tuberi (radice di pastinaca, rape e il prezzemolo bulboso o di Amburgo), cereali come orzo e grano saraceno e selvaggina e altre preparazioni a base di porteine animali come il *Blutwurst* (sanguinaccio), *Zickleinleber* (fegato di capretto) o *Ochsenbäckchen* (guancette di bue).

Specialità stagionali

Che cos'è bianco, duro e lungo circa 20 cm? Non quello che state pensando, naturalmente: anche se vi si può perdonare la malizia alla vista dei bianchi ortaggi (dalla forma fallica, è vero) privi di clorofilla, cioè gli asparagi bianchi (*weisser Spargel*). Da fine aprile a fine giugno i berlinesi impazziscono per i lunghi ortaggi bianchi: il classico modo di mangiarli è cotti al vapore con prosciutto, salsa olandese e patate bollite, ma gli chef sanno anche preparare zuppe, quiche, insalate e anche un gelato. Coloro che vogliono consumare solo cibi prodotti 'a chilometro zero' saranno lieti di sapere che i migliori asparagi tedeschi vengono proprio dal terreno sabbioso di Beelitz, appena fuori Berlino.

La *Spargelzeit* (stagione degli asparagi) è il culmine del calendario culinario berlinese che in realtà inizia un po' prima con il *Bärlauch* (aglio selvatico), che comincia a fare la sua compasa nelle insalate e come pesto all'inizio della primavera. La frutta fresca, soprattutto tutti i generi possibili di frutti di bosco (fragole, mirtilli, lamponi, uva spina, ribes) e le ciliegie, rallegrano i banchi dei mercati in estate. A fine estate e inizio autunno sono i funghi raccolti nei boschi – gli *Steinpilze* (porcini) e i *Pfifferlinge* (finferli o cantarelli) – a fare la loro comparsa nei piatti dei ristoranti. Un tipico pasto invernale è *Grünkohl* (verza) con würstel affumicati, spesso serviti nei mercatini di Natale. La *Gans* (oca farcita) è una tradizione del giorno di San Martino (l'11 di novembre) ma si mangia anche a Natale.

Fast food

Le catene internazionali di fast food sono diffuse in tutta la città, naturalmente, ma qui c'è grande abbondanza di fast food locali. Se c'è mai stato uno snack elevato al rango di culto, questo è l'umile Currywurst berlinese. Detto per i profani: stiamo parlando di un piccolo würstel lesso o cotto alla griglia, tagliato a fettine e servito con una salsa piccante al pomodoro spolverizzata di curry e servito su un piatto di carta con uno stuzzicadenti di plastica per infilzarlo. Il Currywurst, lievemente speziato, può essere servito con o senza la sua pellicina croccante.

Gli abitanti di Amburgo forse non saranno d'accordo, ma i berlinesi sanno che fu la loro città a far nascere la bomba calorica più amata dai tedeschi. Ufficialmente il primo Currywurst venne venduto all'*Imbiss* (snack bar) di Herta Heuwer il 4 settembre 1949 – in seguito fu brevettato con il n. 721319 – e a partire da quel giorno iniziò la sua trionfale ascesa nei chioschi di spuntini di tutta la nazione.

La ricetta della salsa di Herta rimarrà per sempre un mistero, avendo lei portato il segreto con sé nella tomba nel 1999. Il suo contributo alla storia della cucina tedesca è ricordato da una **targa commemorativa** (cartina p382; Kantstrasse 101; U Wilmersdorfer Strasse) affissa dove un tempo si trovava il suo *Imbiss*.

Aspre dispute circa il miglior chiosco di würstel animano da sempre la città, per cui ci limiteremo a indicare i tre posti preferiti da chi scrive: Curry 36 (p158) a Kreuzberg, Konnopke's Imbiss (p192) a Prenzlauer Berg e i würstel biologici di **Witty's** (211 9494; www.wittys-berlin.de; Wittenbergplatz 5, all'angolo con Ansbacher Strasse; würstel €3-6; 11-1; Wittenbergplatz) a Schöneberg. Completateli con *pommes rot-weiss* (patatine fritte con ketchup e mayonnaise).

Il Currywurst compete con i *Döner* (doner kebab) per la miglior cura pre- o post-sbornia. La 'delizia turca' per eccellenza è un pane pita leggermente tostato e riempito come una taschetta di carne di vitello o di pollo cotta sullo spiedo e affettata sottile,

INFORMAZIONI

Guida ai prezzi
I simboli seguenti indicano il costo medio per una portata principale nel ristorante relativo.

€€€	più di €18
€€	€8-18
€	meno di €8

Orari d'apertura
In linea generale i caffè sono aperti dalle 8 alle 20, i ristoranti dalle 11 alle 23 e i chioschi di fast food dalle 11 fino alle 24 e oltre.

Mancia
➡ È abitudine aggiungere al conto tra il 5% e il 10% se si è soddisfatti del servizio.

➡ Date la mancia quando pagate il conto piuttosto che lasciare il denaro sul tavolo. Per esempio, dite '30, bitte' se il conto è di €28 e desiderate lasciare una mancia di €2. Se non aspettate resto, dite semplicemente 'Stimmt so' (va bene così).

Prenotazioni
Le prenotazioni sono indispensabili nei ristoranti migliori e consigliate in quelli di categoria media – soprattutto la sera e nei weekend. I berlinesi tendono ad attardarsi a tavola, perciò se un locale è al completo alle 20 non aspettatevi di trovare posto prima di un paio d'ore.

Far la spesa tardi e di domenica
➡ Una bella abitudine berlinese sono i piccoli negozi di quartiere detti *Spätkauf* (*Späti* nel dialetto locale), che hanno l'essenziale e aprono in prima serata fino alle 2 di notte o oltre; si trovano in genere in zone con una vita notturna animata o in strade molto frequentate.

➡ Alcuni supermercati hanno un orario prolungato fino alle 24; altri rimangono aperti tutta la notte.

➡ I negozi e i supermercati delle maggiori stazioni ferroviarie (Hauptbahnhof, Ostbahnhof, Friedrichstrasse) chiudono tardi e sono aperti anche la domenica.

➡ Anche le stazioni di servizio hanno qualche genere di conforto.

Pasti quartiere per quartiere

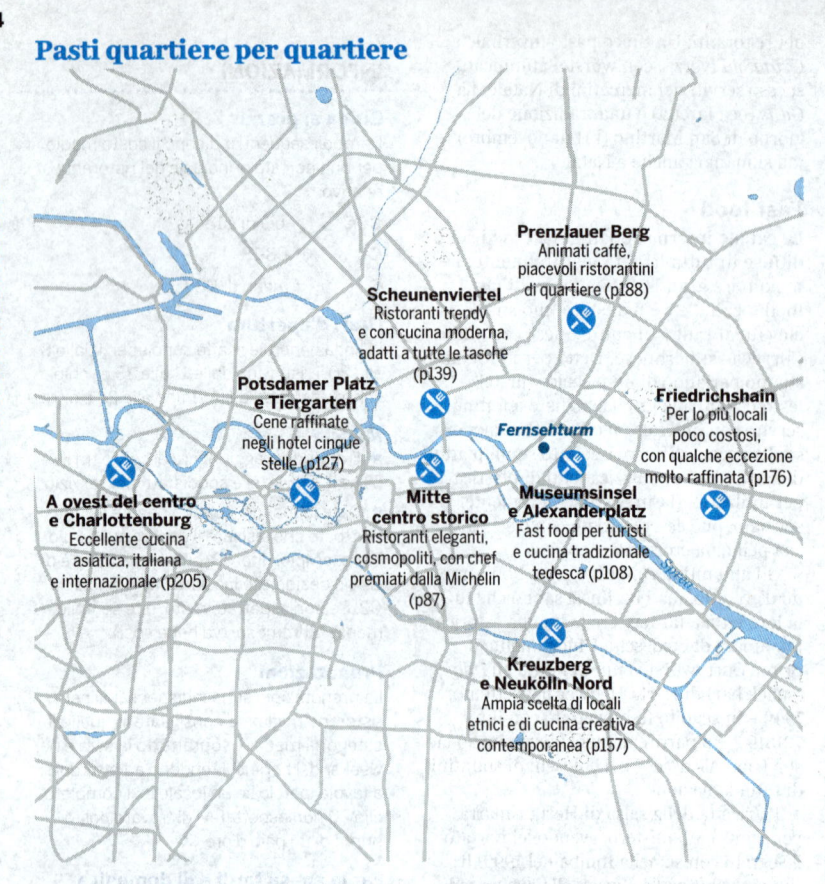

Prenzlauer Berg
Animati caffè, piacevoli ristorantini di quartiere (p188)

Scheunenviertel
Ristoranti trendy e con cucina moderna, adatti a tutte le tasche (p139)

Potsdamer Platz e Tiergarten
Cene raffinate negli hotel cinque stelle (p127)

Fernsehturm

Friedrichshain
Per lo più locali poco costosi, con qualche eccezione molto raffinata (p176)

A ovest del centro e Charlottenburg
Eccellente cucina asiatica, italiana e internazionale (p205)

Mitte centro storico
Ristoranti eleganti, cosmopoliti, con chef premiati dalla Michelin (p87)

Museumsinsel e Alexanderplatz
Fast food per turisti e cucina tradizionale tedesca (p108)

Kreuzberg e Neukölln Nord
Ampia scelta di locali etnici e di cucina creativa contemporanea (p157)

---

una generosa quantità di insalata e insaporita con una salsa a scelta. Di solito ci sono tre salse: *Kräuter* (alle erbe), *scharf* (piccante) e *Knoblauch* (aglio). Specificate quale volete al momento dell'ordine o scegliete una combinazione di tutte e tre. Una versione meno sugosa è detta *Dürum Döner* e contiene gli stessi ingredienti avvolti in un pane piatto tipo tortilla. La carne cotta sullo spiedo c'è dall'inizio dei tempi, ma l'idea di servirla in questo modo venne nel 1971 a Mehmed Aygün, proprietario della mini-catena di ristoranti berlinesi Hasir. Oggi in città ci sono più di 1500 chioschi di doner, concentrati soprattutto a Kreuzberg e Neukölln.

La cosmopolita società berlinese si è da tempo abituata ai felafel libanesi, ai burritos californiani e ai panini vietnamiti *bánh mì*. E le catene internazionali di hamburger stanno subendo parecchia competizione da parte dei chioschi locali che spuntano dovunque.

Cucina etnica

Il mosaico etnico che è diventata Berlino ha portato tutto il cibo del mondo in città, dalla Wienerschnitzel austriaca alle bistecche di zebra dello Zambia. Il sushi è enormemente popolare e anche i ristoranti messicani e coreani sono diventati sempre più numerosi. Il gran numero di ristoranti asiatici (soprattutto vietnamiti e thailandesi, ma anche fusion) rispecchia la tendenza generale a consumare un cibo più leggero e salutare.

Vegetariani e vegani

A Berlino il trend di una cucina senza carne si è preso il suo tempo prima di sfondare, ma ora l'idea è abbracciata con il fervore di un neoconvertito. Caffè e ristoranti salutisti sono spuntati come funghi e servono menu creativi che fanno mangiare la polvere ai classici piatti vegetariani con la soia o con il tofu. Con piatti come 'saltimbocca' di patate dolci, seitan tandoori, strudel di orzo perlato con finferli, o ravioli al parmigiano, gli chef competono per cancellare ogni limite alla creatività.

Anche la filosofia vegana ha fatto un bel po' di strada: il primo supermercato in Germania totalmente vegano, **Veganz** (4403 6048; www.veganz.de; Schivelbeiner Strasse 34; 8-21 lun-sab; Schönhauser Allee, M1, Schönhauser Allee), ha aperto a Berlino nel 2011, seguito, lo stesso anno, dal primo ristorante gourmet in città dedicato alla cucina vegana, Kopps (p142). Anche molti dei ristoranti non vegetariani oggi offrono più del classico pegno pagato al vegetarianismo, le lasagne di verdure. Se volete una lista dei ristoranti vegetariani e vegani di Berlino andate al sito www.happycow.net/europe/germany/berlin.

Prima colazione e brunch

I berlinesi amano molto la *Frühstück* (prima colazione), che in genere comprende un gran numero di pani e panini diversi, formaggi, salumi, marmellate, yogurt e muesli, a volte accompagnati da un uovo sodo o in padellino. È un bel carico calorico, ma l'ideale per combattere gli eccessi della sera prima o per prepararsi a una lunga giornata di visite turistiche.

Nella maggior parte degli hotel la prima colazione è servita a buffet almeno fino alle 10 (anche se gli hotel più alla moda tengono a prolungarla fino alle 11 o alle 12). Ma non preoccupatevi se avete dormito troppo: qualunque caffè berlinese che si rispetti non ha alcun problema aservire la prima colazione fino a pomeriggio inoltrato. I buffet all-you-can-eat del brunch domenicale sono un'istituzione sociale a tutti gli effetti: durano almeno un paio d'ore e forniscono la scusa perfetta per recuperare dalla sbronza del sabato sera in maniera piacevole.

Dove mangiare

I ristoranti sono spesso locali formali che offrono un menu completo, hanno tavoli imbanditi con tovaglie inamidate e tengono i prezzi alti. Alcuni sono aperti a pranzo e a cena; solo quelli più informali non chiudono mai. Lo stesso vale per i caffè che hanno quasi sempre la licenza per gli alcolici e una scelta di pasti leggeri. Molti caffè e ristoranti durante la settimana offrono 'business lunch' molto convenienti che in genere includono un antipasto, una portata principale e una bevanda a meno di €10.

Il più delle volte i menu sono in inglese oltre che in tedesco e visto il proliferare di locali aperti da anglosassoni emigrés non stupisce che in molti casi non esista neanche più un menu in tedesco. Quando si arriva al momento del conto, a volte la persona che invita paga per tutti, ma generalmente i tedeschi fanno alla romana e ognuno paga quel che ha consumato. Questo può significare che ognuno contribuisce con la propria parte o si chiede al cameriere conti separati (*getrennte Rechnung*).

I locali o i chioschi di fast food si chiamano *Imbiss* o *Schnellimbiss*. I chioschi che vendono würstel e doner sono dappertutto e molte panetterie hanno panini imbottiti oltre a pane e pasticcini.

Supper club

Non si sa quanto ancora durerà questa moda (che pare investire molti paesi in tutto il mondo), ma per ora è possibile trovare qualche berlinese (in genere neoberlinesi, trapiantati qui da altre parti del mondo) che apre la sua casa e invita perfetti estranei a condividere un pasto fatto in casa. Consigliare un 'supper club' è problematico, però, perché cambiano di continuo. La cosa migliore che possiamo suggerire è googlare 'Berlin supper clubs' e vedere cosa salta fuori. Il sito **Ghetto Gourmet** (www.theghet.com) indica la direzione verso cui tira il vento.

Dove fare la spesa

A Berlino esistono diverse catene di supermercati che si fanno concorrenza. Quelle di fascia alta, Kaiser's e Reichelt, vendono carne fresca, formaggi, specialità gastronomiche e, in genere, hanno una panetteria annessa. Tra le catene di discount figurano Aldi, Lidl, Netto e Penny Markt, che offrono tutte prodotti di buona qualità e assortimento, anche se in un ambiente disordinato un po' stile magazzino. Per qualità e scelta rimane imbattibile il reparto gastronomia dei grandi magazzini KaDeWe (p210), ma i prezzi ne riflettono l'esclusività.

Altri eccellenti posti dove fare la spesa sono i mercati dei contadini e i piccoli negozi di alimentari gestiti dai turchi. I 'Bioladen', negozi specializzati in alimenti naturali e da agricoltura biologica, bovini allevati senza ormoni e prodotti ecosostenibili, sono diffusi in tutti i quartieri centrali.

Mercati dei contadini

Praticamente ogni *Kiez* (quartiere) ha il suo mercato dei contadini settimanale o due volte la settimana, ma questi sono quelli che preferiamo:

Türkenmarkt (p168) Mercato in stile bazar sulle sponde del canale con una vera messe di specialità gastronomiche mediterranee (dalle olive al pane turco, alla feta greca).

Kollwitzplatzmarkt (p195) Squisitezze ricercate come gorgonzola vellutato, prosciutto affumicato alle bacche di ginepro, pesto fatto in casa e altro ancora. Il mercato del giovedì è più piccolo e dedicato ai prodotti dell'agricoltura biologica. Nei pressi c'è un parco giochi per bambini.

Ökomarkt Chamissoplatz (cartina p370) Uno dei più vecchi (è aperto dal 1994) e uno dei più grandi tra i mercati dedicati ai produttori biologici; in una bella piazza nel Bergmannkiez con adiacente parco giochi.

Winterfeldtmarkt (p124) È ormai un'istituzione: associa prodotti ortofrutticoli freschi a oggetti artigianali e banchi con snack da tutto il mondo.

Karl-August-Platz Markt (cartina p382) Frutta e verdura fresca, formaggi e preparazioni fatte in casa in una bella piazza intorno a una chiesa neogotica.

Voglia di gelato

A Berlino le gelaterie sembrano spuntare ovunque, non appena i freddi venti dal nord sembrano perdere la loro forza. Visto che oggi più che mai si sta attenti ai carboidrati, i chioschi che vendono semifreddi allo yogurt si sono moltiplicati. Ognuno ha le proprie preferenze, ma queste sono le nostre gelaterie predilette:

Caffe e Gelato (cartina p364) Il tradizionale gelato all'italiana entra nel XXI secolo in questo enorme spazio al piano superiore del centro commerciale Potsdamer Platz Arkaden. A parte i soliti gusti alla crema, offrono anche varietà con ingredienti biologici, senza lattosio e senza zucchero, tutte deliziose.

Die Kleine Eiszeit (cartina p378) Affrontate stoicamente l'inevitabile coda per scegliere tra una ventina di gusti fatti in casa solo con ingredienti freschi in questa gelateria di Prenzlauer Berg in auge sin dall'epoca della DDR.

Fräulein Frost (cartina p372) Questo chiosco rosa e bianco ama sperimentare. Uno dei gusti più richiesti è GuZiMi, che sta per *Gurke-Zitrone-Minze* (cetriolo, limone e menta).

Wonderpots (cartina p362) Yogurt gelato fatto ogni giorno con ingredienti biologici e a basso contenuto di grassi: una formula vincente che non fa sentire in colpa. I semifreddi sono coronati di frutta fresca, pezzetti di brownies e salsa alla mela.

La scelta Lonely Planet

Café Jacques (p158) A lume di candela per una fantastica cucina mediterranea e vini superlativi.

Oderquelle (p188) Per una cucina tedesca moderna.

Defne (p158) Tutte le specialità turche (molto più del solito doner kebab).

Cookies Cream (p89) Cool ma confortevole: un paradiso per gli erbivori.

Lavanderia Vecchia (p161) Cucina italiana di ottimo livello nel quartiere che sta emergendo, Neukölln.

Ishin (p89) Sushi conveniente sempre, atmosfera senza pretese.

Top per fascia di prezzo

€

Ishin (p89)

Susuru (p139)

Rosenthaler Grill- und Schlemmerbuffet (p143)

Dolores (p110)

Curry 36 (p158)

Côcô (p143)

€€

Frau Mittenmang (p188)

Schneeweiss (p176)

Der Fischladen (p190)

Der Hahn ist tot! (p188)

Bar Raval (p158)

€€€

Katz Orange (p142)

Brooklyn Beef Club (p110)

Pauly Saal (p141)

Restaurant Tim Raue (p90)

Il meglio cucina per cucina

Berlinese

Zur Letzten Instanz (p110)

Max und Moritz (p160)

Dicke Wirtin (p207)

Tedesca

Spätzle & Knödel (p176)

Henne (p160)

Schwarzwaldstuben (p139)

Asiatica

Mr Hai Kabuki (p206)

Chèn Chè (p141)

Good Friends (p206)

Kimchi Princess (p161)

Italiana

Hartweizen (p143)

Osteria Centrale (p206)

A Magica (p191)

Vegetariana

Lucky Leek (p190)

Kopps (p142)

Cookies Cream (p89)

Internazionale

Tomasa (p158)

Spindler & Klatt (p162)

Zagreus Projekt (p143)

Austriaca

Horváth (p160)

Ottenthal (p208)

Austria (p158)

Gastronomie

Mogg & Melzer (p141)

Rogacki (p205)

Barcomi's Deli (p141)

Francese

La Raclette (p161)

Gugelhof (p190)

Brel (p208)

Spagnola

Bar Raval (p158)

Mariamulata (p161)

Tapitas (p190)

Turca/araba

Hasir Kreuzberg (p160)

Maroush (p161)

City Chicken (p162)

Shopping da gourmet

KaDeWe (p210)

Goldhahn & Sampson (p196)

Rogacki (p205)

Cene alla moda

Katerschmaus (p162)

Grill Royal (p142)

Pauly Saal (p141)

Ula Berlin (p192)

Cantina (p89)

Un tocco bizzarro

Sauvage (p161)

Zagreus Projekt (p143)

W-der Imbiss (p192)

White Trash Fast Food (p143)

Hamburger

White Trash Fast Food (p143)

Bird (p190)

Burgermeister (p162)

Berlin Burger International (p162)

Berlino gay-friendly

La tolleranza per cui la città è nota ha fatto proliferare uno degli ambienti GLBT più compositi, fantasiosi e numericamente importanti del mondo. Ad 'Homopolis' va bene tutto (proprio tutto!), dal culturalmente impegnato alla prova sul campo, dal borghese al bizzarro, dal modaiolo al vistoso e stravagante. Tranne alcuni locali hardcore, in genere i luoghi di ritrovo gay hanno la loro quota di clienti etero e dell'altro sesso.

I gay a Berlino

In generale, la Berlino gay-friendly sfoggia l'intero spettro di possibilità, da tranquilli caffè a squallidi bar, dai cinema alle saune, da zone di cruising ai club con darkroom ai palcoscenici con sesso esplicito. In effetti, il sesso e la sessualità sono veramente faccende di tutti i giorni per gli imperturbabili berlinesi e in questa città sono veramente pochi i desideri che non possano essere soddisfatti in modo aperto e legale. Come ovunque, gli uomini gay hanno maggiori possibilità di divertimento, ma le ragazze non si sentiranno certo trascurate. Per hotel gay-friendly v. p235.

La storia

A dare l'avvio all'emergere di Berlino quale capitale gay fu il sessuologo Magnus Hirschfeld che nel 1897, con la fondazione dello Scientific Humanitarian Committee, il primo gruppo di difesa dell'omosessualità del mondo, indicò la direzione che avrebbe portato al movimento di liberazione. Nei dissoluti anni '20 i gay conobbero un periodo di libertà selvaggia, che attirò e ispirò scrittori come Christopher Isherwood, fino a che il nazismo salì al potere nel 1933. Nel dopoguerra le cose si mossero lentamente, ma negli anni '70, almeno nella metà occidentale, i gay avevano riconquistato la loro libertà. Dal 2001 il sindaco di Berlino è un gay dichiarato, Klaus Wowereit, che non ebbe timore di dire: 'sono gay e questa è una cosa positiva'. Per saperne di più sulla storia dei gay a Berlino, visitate lo Schwules Museum (p155).

I diritti dei gay

Anche se i berlinesi sono molto tolleranti nei confronti di gay (*Schwule*) e lesbiche (*Lesben*), avviene occasionalmente qualche episodio di omofobia. Le leggi tedesche proteggono gli omosessuali da qualunque forma di discriminazione, e le unioni di fatto danno a gay e lesbiche gli stessi diritti, doveri e protezioni degli etero sposati. Ciò che non garantiscono, tuttavia, sono gli stessi benefici fiscali. A giugno del 2012 una proposta di legge presentata dai Grünen a favore del matrimonio tra persone dello stesso sesso è stata respinta dalla coalizione di governo, composta dal tandem conservatore CDU/CSU e liberali.

Clubbing

Alcune delle migliori serate a tema dei nightclub chiedono ospitalità in locali diversi, anche se in genere hanno una sede temporanea. Il panorama berlinese, comunque, è piuttosto imprevedibile e i locali e le date possono cambiare: consultate i siti dei vari locali o le riviste di eventi con le ultime notizie. A meno che non sia indicato diversamente, queste serate sono dedicate solamente agli uomini.

Café Fatal Tutti convergono al SO36 (p167) per il tè danzante 'arcobaleno' per eccellenza, che ci mette poco a passare da 'solo ballo liscio' a 'dirty dancing'. Se non avete la più pallida idea della differenza tra un valzer e un foxtrot venite alle 19 per prendere lezioni gratuite. Di domenica.

Chantals House of Shame Le serate nella tana decadente della diva del trash Chantal al Bassy (p194) sono un'istituzione sempre molto apprezzata, non tanto per il 'glamour factor' ma per il grado di esagerazione che raggiungono gli spettacoli dei travestiti e dei tipi sexy che li circondano. Di giovedì.

Girls Town (www.girlstown-berlin.de) Questa animata e chiacchierata festa tra ragazze si appropria del glorioso Kino International (p182) con musica dance sessualmente disinibita nel foyer e cocktail con vista nel bar al piano di sopra. Ogni due mesi, il secondo sabato.

L-Tunes (www.ltunes.de) Le lesbiche si divertono danzando con Pink, Madonna e Melissa Etheridge sulla pista da ballo scarsamente illuminata di SchwuZ (p163). L'ultimo sabato del mese.

Gayhane Dedicato ai gay musulmani, dà il benvenuto a tutti coloro che vogliono movimentare la 'kasbah' nelle serate 'omorientali' allo SO36 (p167) con musiche del Medio Oriente e danza del ventre. L'ultimo sabato del mese.

GMF In questo momento al Weekend (p111), la serata gay più frequentata di domenica è nota per un eccesso di corpi scultorei in mostra: una bella parata di superfici lisce, sia tra il pubblico sia nell'ambiente. È soprattutto per i maschi, ma le ragazze sono ben accette.

Irrenhaus (www.ninaqueer.com) Il nome significa 'manicomio' e non è un gioco di parole. La 'trash queen' Nina Queer è la trascinatrice delle serate più esagerate e prepara uno show pazzesco e indecente al **Comet Club** (Falckensteinstrasse 47) che non è per i deboli di cuore. Aspettatevi il meglio. Temete il peggio. Il terzo sabato del mese.

Klub International (www.klub-international.com) Fino a 1500 giovani e meno giovani fanno la loro comparsa al Kino International (p182) per movimentare tre piste bollenti presiediate da divinità del trash come Biggy van Blond, Nina Queer e Ades Zabel. Il primo sabato del mese.

Pet Shop Bears Questa serata attrae una clientela internazionale da *Butt Magazine* di snelli ma capelluti e barbuti trentenni e quarantenni che vengono per sballarsi con l'electropop. Alla Berghain Kantine, la porta accanto al leggendario Berghain (p180). In genere l'ultimo venerdì del mese.

Pork (www.ficken3000.com) Un po' sex club di bassa lega durante la settimana, il **Ficken 3000** (Urbanstrasse 70) fa decisamente un passo avanti la domenica con la sua serata 'polisessuale' tra l'artistico e il trash. Le danze al piano superiore, le orge a quello inferiore.

Propaganda (www.propaganda-party.de) Nel vecchio Metropol Theatre di Nollendorfplatz che ha sempre il suo fascino, questa 'serata e mezza' di house ed elettronica in stile New York attira chi è e chi vuole apparire alla moda con go-go dancers

INFORMAZIONI

Riviste

➡ **Blu** (www.blu.fm) La rivista è su carta e online e contiene informazioni aggiornate su eventi o spettacoli.

➡ **L-Mag** (www.l-mag.de) Rivista bimensile per lesbiche.

➡ **Out in Berlin** (www.gay-berlin.net) Libriccino gratuito sempre aggiornato in inglese e in tedesco (come il sito), distribuito spesso negli uffici turistici.

➡ **Siegessäule** (www.siegessaeule.de) La 'bibbia' lesbogay: gratis ogni settimana.

Siti utili

➡ **Berlin Gay Web** (http://berlin.gay-web.de)

➡ **Discodamaged** (www.discodamaged.net)

➡ **Gay Berlin 4u** (www.gayberlin4u.com)

➡ **Gay Romeo** (www.gayromeo.com) Il miglior sito di incontri gay online.

➡ **Patroc Gay Guide** (www.patroc.de/berlin)

Organizzazioni

➡ **Mann-O-Meter** (216 8008; www.mann-o-meter.de; Bülowstrasse 106; 17-22 mar-ven, 16-20 sab e dom; U Nollendorfplatz) Centro informativo per gay.

➡ **Maneo** (www.maneo.de) Centro di supporto e hotline per vittime della discriminazione.

➡ **Lesbenberatung** (www.lesbenbera tung-berlin.de) Centro d'aiuto per lesbiche.

Tour

➡ **Berlinagenten** (p314) Tour personalizzati sullo stile di vita gay (vita notturna, shopping, lusso, storia, cucina).

➡ **Lügentour** (www.luegentour.de) Tour a piedi divertente che ripercorre la Schöneberg anni '20; solo in tedesco.

➡ **Schröder Reisen** (www.comedy-im-bus.de) Un tour in bus con sketch comici della regina delle drag Edith Schröder (che si autodefinisce 'casalinga VIP') e i suoi amici.

seminudi e abbronzati, un ottimo sound e un gran movimento in due piste da ballo. Il secondo sabato del mese.

SpyClub (www.spyclub.de) Vestitevi come si deve! Questa è la parola d'ordine e intendono proprio mantenerla: quindi date fondo a tutto il vostro glamour se volete passare la selezione alla porta che si frappone tra voi e la serata di house ed elettronica più alla moda di Berlino al Cookies (p91). Il quarto sabato del mese.

Feste ed eventi

Berlin Leder und Fetish La più grande festa europea per gli amanti del fetish nel lungo weekend di Pasqua porta fuori dai loro antri bui e nei club di Berlino migliaia di persone abbigliate in cuoio, lattice, la propria pelle e divise militari. La festa si conclude con l'incoronazione del 'Mr Leather' tedesco.

Lesbisch-Schwules Strassenfest Questa grande festa di strada per gay e lesbiche si volge in tutto il quartiere di Schöneberg per un weekend con gruppi musicali, cibo, chioschi informativi e feste.

Christopher Street Day A fine giugno centinaia di migliaia di persone di varie inclinazioni sessuali 'dipingono la città di rosa' con un enorme corteo e più 'regine' che in un matrimonio reale.

Transgenialer CSD Nello stesso giorno del CSD, Kreuzberg celebra la sua versione alternativa.

Ladyfest Questo festival 'comunitario' organizzato da un collettivo femminista ad agosto fa emergere i talenti artistici femminili al di là della divisione di genere in quattro giorni di musica, arte, spettacoli e workshop per tutta la città.

Lesbischwules Parkfest Sempre in agosto la comunità gay si appropria del Volkspark di Friedrichshain per questa festa piacevolmente non commerciale.

Folsom Europe A inizio settembre sono di nuovo di scena gli amanti di leather e fetish per un altro weekend di feste scatenate.

Hustlaball E a ottobre l'anno si conclude con un weekend di feste debosciate in compagnia di porno star, appariscenti go-go dancers, drag queen, attraenti strip-teaser e circa 3000 altri uomini che li amano.

Quartiere per quartiere

➡ **Schöneberg** (p124) Nella zona intorno a Nollendorfplatz (soprattutto Motzstrasse e Fuggerstrasse) la bandiera arcobaleno ha sventolato orgogliosamente fin dagli sfrenati anni

> ### MONUMENTI COMMEMORATIVI GAY
>
> La comunità gay ha sofferto molto durante gli anni della dittatura nazista. Gli omosessuali maschi furono umiliati, subirono l'ostracismo sociale e vennero perseguitati. Circa 54.000 furono deportati nei campi di concentramento, dove dovettero attaccare alla loro divisa da carcerati un triangolo rosa; molti di loro furono torturati e uccisi. Due monumenti commemorativi ricordano le sofferenze di questi uomini: un **triangolo di granito rosa** sulla facciata sud della stazione della U-Bahn di Nollendorfplatz e il Denkmal für die im Nationalsozialismus verfolgten Homosexuellen (p82) al limite est di Tiergarten.

'20 ed è ancora oggi il quartiere di Berlino che più si avvicina a un 'villaggio gay'. Locali che sono ormai un'istituzione come Tom's, Connection e Hafen attirano clienti sera dopo sera e c'è molto da fare anche per chi ama il leather e il fetish.

➡ **Scheunenviertel** (p130) La clientela è mista, ma i suoi bar e caffè hanno stile e sono di moda quindi attirano una quota considerevole di gay. La GMF della domenica è una delle migliori feste lesbogay della città.

➡ **Kreuzberg e Neukölln Nord** (p150) Questi quartieri sono oggi il centro della vita hipster. In confronto ad altre zone l'atmosfera è decisamente sottotono nei bar e caffè lungo Mehringdamm, l'arteria principale di Kreuzberg Ovest (Bergmannkiez). Intorno a Kottbusser Tor e su Oranienstrasse la folla è decisamente più giovane, selvaggia e alternativa e i principali locali sono aperti fino all'alba e oltre. Per una cultura alternativa e individualistica, attraversate il canale fino a Neukölln Nord, che ha anche un paio di teatri esageratamente anticonformisti.

➡ **Friedrichshain** (p170) Dall'altra parte del fiume, Friedrichshain ha pochi gay bar ma è ancora una tappa fissa del circuito di locali notturni gay grazie a club storici come il Berghain e il Lab.oratory di sesso esplicito, e a serate ogni mese al Kino International.

➡ **Prenzlauer Berg** (p183) Prima della caduta del Muro questo era il centro 'rosa' di Berlino Est e ancora ci sono dei relitti di quell'epoca. Diversamente, caffè tranquilli e lounge bar attirano una clientela hipster adulta; c'è anche un paio di popolari luoghi di cruising e divertenti opportunità per gli amanti del fetish.

La scelta Lonely Planet

GMF (p111) Serate glamour la domenica con bella gente e una vista sulla città da far girar la testa.

Roses (p163) Un vero manicomio rosa, pacchiano ed esagerato: un'esperienza da non perdere.

Möbel Olfe (p163) Un vecchio negozio di mobili è diventato un bar sempre affollato.

Chantals House of Shame (p194) Le serate dell'omonima drag queen, diva del trash, sono sempre selvagge e stregate.

Le serate migliori in ogni giorno della settimana

Lunedì Ichiban Karaoke di Monster Ronson (p180)

Martedì Cookies (p91)

Mercoledì Marietta (p192), Zum Schmutzigen Hobby (p179)

Giovedì Möbel Olfe (p163), Chantals House of Shame (p194), Ichiban Karaoke di Monster Ronson (p180)

Venerdì SchwuZ (p163)

Sabato SchwuZ (p163), Berghain (p180)

Domenica GMF (p111), Pork (p59), Café Fatal (p167)

Gay Bar

Zum Schmutzigen Hobby (p179)

Möbel Olfe (p163)

Hafen a Schöneberg (p124)

Himmelreich (p179)

Sex Club/Darkroom

Lab.oratory (p181)

Greifbar (p194)

KitKatClub (p166)

⭐ Divertimenti

Il panorama culturale di Berlino è vivace, all'avanguardia e il più completo e diversificato di tutta l'area linguistica tedesca. Con tre enti lirici finanziati dallo stato, cinque grandi orchestre – tra cui i Berliner Philharmoniker conosciuti in tutto il mondo – decine di teatri, cinema, cabaret e auditorium tra cui scegliere, i divertimenti non vi mancheranno certo.

Musica classica

A Berlino gli appassionati di musica classica si sentiranno davvero viziati: non solo c'è una straordinaria varietà di concerti tutto l'anno, ma quasi tutte le principali sale da concerto si trovano all'interno di gioielli architettonici di prim'ordine (e l'acustica ne guadagna). Un concerto alla Philharmonie o alla Konzerthaus è davvero qualcosa di speciale e altrettanto interessanti sono i concerti che si svolgono regolarmente nei castelli, come lo Schloss Charlottenburg e lo Schloss Köpenick.

In cima a ogni classifica ci sono, naturalmente, i Berliner Philharmoniker di fama mondiale: fondata nel 1882, la filarmonica berlinese ha avuto tra i suoi direttori d'orchestra Hans Bülow, Wilhelm Furtwängler e Herbert von Karajan. Dal 2002 tocca a Sir Simon Rattle continuare questa prestigiosa tradizione.

Anche se non al livello dei Philharmoniker, le altre orchestre sinfoniche della città non deluderanno certo l'uditorio. Cercate sui giornali gli annunci dei concerti dei Berliner Symphoniker, della Deutsches Symphonie-Orchester, della Konzerthausorchester e della Rundfunk-Sinfonieorchester Berlin. Tenete conto che in genere rispettano una pausa estiva (di solito luglio e agosto).

OPERA

Non molte città possono permettersi il lusso di ben tre teatri d'opera interamente finanziati dallo stato, ma l'opera a Berlino ha sempre occupato una posizione di primo piano e gli appassionati possono assistere qui ad alcuni degli spettacoli più grandiosi e importanti del paese. La più prestigiosa è senz'altro la Staatsoper Unter den Linden (p209), l'ente lirico più vecchio della città, fondato da Federico il Grande nel 1743. Il prestigioso ente lirico ha ospitato molte prime mondiali, tra cui quella di *Der Freischütz* di Carl Maria von Weber e del *Wozzeck* di Alban Berg. Giacomo Meyerbeer, Richard Strauss e Herbert von Karajan furono tra i direttori che salirono sul suo podio. Dalla riunificazione delle due Germanie la bacchetta è nelle mani di Daniel Barenboim.

La Komische Oper fu inaugurata nel 1947 con la rappresentazione di *Die Fledermaus* di Johann Strauss e da allora è rimasta fedele all'operetta, alla commedia e al teatro danza. Dall'altra parte della città, a Charlottenburg, la Deutsche Oper Berlin entrò in scena nel 1912 con il *Fidelio* di Beethoven, sotto l'egida di privati che volevano creare una controparte alla Staatsoper di gestione regia.

DOMENICA IN MUSICA

Avvicinatevi dolcemente alla fine del weekend con uno dei **Sonntagskonzerte** (cartina p368; 5268 0256; www.sonntagskonzerte.de; Auguststrasse 24; set-giu; Oranienburger Tor, M1, S Oranienburger Strasse) che si tiene in uno degli spazi più caratteristici di Berlino: la Spiegelsaal (sala degli specchi) al piano superiore della Clärchens Ballhaus, una sala da ballo ottocentesca proprio nel cuore dello Scheunenviertel. La domenica alle 19, una piccola folla di appassionati si trova nell'eleganza un po' appassita di questa sala storica per ascoltare concerti di pianoforte, recital solistici di musica lirica, quartetti d'archi e altro.

Con i suoi specchi rotti e oscurati, i candelabri dal disegno elaborato e la carta da parati vecchio stile ricorda epoche decadenti in cui era dominio esclusivo delle élite cittadine, mentre la gente comune calcava il pavimento in legno della sottostante sala da ballo.

Per conoscere i concerti in programma, controllate il sito web: è possibile prenotare, ma non viene assegnato contestualmente il posto, quindi venite per tempo.

In luglio e agosto i concerti sono gratuiti ed eseguiti all'aperto, nella prestigiosa ambientazione del Bodemuseum sulla Museumsinsel (20.30, tempo permettendo).

Cinema

Gli appassionati della celluloide sono ben foraggiati a Berlino: possono spaziare da film d'autore in piccoli cinema di periferia a multisale di lusso grandi come uno stadio. I successi di Hollywood in genere sono doppiati in tedesco, ma molti cinema più piccoli si stanno orientando sempre di più verso proiezioni in lingua originale, contrassegnati dall'acronimo 'OF' (*Originalfassung*) oppure 'OV' (*Originalversion*); se invece la sigla è 'OmU' (*Original mit Untertiteln*) significa che il film è sottotitolato in tedesco. Il Cinestar Original (p128) al Sony Center di Potsdamer Platz proietta solo film in inglese.

Si possono portare cibo e bevande in sala, purché si comprino nel cinema (in genere a prezzi gonfiati). Quasi tutti i cinema applicano un *Überlängezuschlag* (sovrapprezzo di durata) da €0,50 a €1,50 per i film di durata superiore ai 90 minuti. Si può risparmiare fino al 50% approfittando del *Kinotag* (giorno dedicato al cinema, in genere lunedì o martedì).

Da maggio a settembre, assistere a proiezioni cinematografiche sotto le stelle è diventato un passatempo estivo molto apprezzato e in tutta la città si assiste alla proiezione di vecchi classici e pellicole appena uscite nei vari *Freiluftkinos* (cinema all'aperto). Venite presto per conquistarvi un buon posto a sedere e portate cuscini, coperte e snack. I film in genere sono in lingua originale con i sottotitoli in tedesco, o in tedesco con i sottotitoli in inglese. Questi alcuni dei nostri preferiti:

Freiluftkino Insel im Cassiopeia Con coperte gratis.

Freiluftkino Friedrichshain (cartina p376) Nell'anfiteatro all'aperto all'interno del parco.

Freiluftkino Kreuzberg (cartina p372) A Bethanien.

INFORMAZIONI

Biglietti

➡ È sempre consigliabile comprare i biglietti in anticipo, ma è indispensabile per assistere a concerti dei Berliner Philharmoniker, a rappresentazioni liriche alla Staatsoper e ai concerti delle star.

➡ Oggi è normale prenotare i biglietti per telefono oppure online (con pagamento con carta di credito), ma in genere comporta il pagamento di una commissione. Alcuni locali e teatri, comunque, per telefono prenotano solamente e richiedono che si ritiri di persona il biglietto prima dello spettacolo.

➡ Le biglietterie (*Theaterkasse*) che in genere si trovano nei grandi centri commerciali a volte hanno ancora biglietti anche quando al botteghino del teatro sono esauriti. La commissione, però, può essere molto costosa. La principale biglietteria online è **Eventim** (www.eventim.de).

➡ **Hekticket** (www.hekticket.de) vende biglietti a metà prezzo, dopo le 14, per alcuni spettacoli di quel giorno, sia online sia di persona nei suoi sportelli nei pressi della Bahnhof Zoo e di Alexanderplatz.

➡ Alcuni teatri vendono biglietti invenduti scontati a partire da 30 (o 60) minuti prima che si alzi il sipario. Alcuni riservano queste offerte solo agli studenti.

➡ Se comprate biglietti in più da altri spettatori accertatevi che siano validi (mostrandoli alla maschera o al botteghino) prima di pagarli.

➡ Per concerti indie ed eventi la biglietteria migliore è Koka 36 a Kreuzberg.

➡ Gli appassionati di musica classica under 30 possono ottenere biglietti scontati acquistando la Classic Card.

Riviste di eventi

➡ **Tip** (www.tip.de) Esce ogni 15 giorni.

➡ **Zitty** (www.zitty.de) Bisettimanale, dedicata a eventi più alternativi rispetto a *Tip*.

➡ **Ex-Berliner** (www.ex-berliner.de) Mensile in inglese pensato per i residenti stranieri.

Freiluftkino Mitte Nel cortile di Haus Schwarzenberg.

Berlino ospita anche la maggior parte delle prime nazionali dei film tedeschi e internazionali e a febbraio organizza l'evento più importante del mondo cinematografico tedesco, l'Internationale Filmfestspiele Berlin. Meglio noto come **Berlinale** (www.berlinale.de), fu istituito nel 1951 su iniziativa degli Alleati. Sono circa 400 i film che vengono proiettati in molte sale della città, alcuni dei quali selezionati dalla giuria per competere per i due premi più importanti, l'Orso d'oro e l'Orso d'argento.

Nel corso dell'anno sono decine i piccoli festival cinematografici organizzati in città, da 'Achtung Berlin', che presenta film girati a Berlino, al 'Porn Film Festival'. Per informazioni dettagliate consultate il sito http://berliner-filmfestivals.de. V. p276 per qualche notizia in più sull'industria cinematografica berlinese.

Rock, pop, jazz e blues

La scena della musica dal vivo a Berlino è tanto variegata quanto lo è la città stessa. Non c'è un genere 'di Berlino' in quanto tale, ma tanti sviluppi eclettici allo stesso tempo, dal punk-rock al rap hardcore e all'hip hop, dal reggae al pop zuccheroso e al downtempo jazz. Avendo ben tre locali al top – Magnet (p166), **Comet** (Falckensteinstrasse 48, Kreuzberg) e Lido (p167) – la zona intorno alla stazione della U-Bahn di Schlesisches Tor a Kreuzberg è al centro della scena musicale. Un altro palcoscenico importante, l'Astra Kulturhaus (p181), è proprio dall'altra parte del fiume, a Friedrichshain. Alcuni dei locali dopo i concerti diventano discoteche. Visto che ci sono decine di pub e di bar che ospitano musica dal vivo, dovunque siate vicino a voi ci sarà qualche evento musicale.

Gli artisti di fama internazionale si esibiscono in diversi teatri in tutta la città, tra cui:

Arena L'Arena, di medie dimensioni, tiene facilmente testa agli spazi più grandi, soprattutto quando viene utilizzata la grande area aperta lungo il fiume. L'adiacente Glashaus ospita manifestazioni musicali di portata minore e qualche spettacolo teatrale; anche la Badeschiff e il ristorante-locale notturno Hoppetosse fanno parte del complesso.

C-Halle La C-Halle nacque come palestra per le truppe americane di stanza a Berlino. Oggi può ospitare fino a 3500 fanatici di rock duro (come i Limp Bizkit e gli Apocalyptica).

Kindl-Bühne Wuhlheide Questo anfiteatro all'aperto ha 17.000 posti a sedere; costruito agli inizi degli anni '50 utilizzando macerie della guerra, è molto apprezzato per la sua atmosfera e la varietà delle sue proposte.

O2 World La perla tra i palcoscenici dei grandi eventi berlinesi ha un'arena da 17.000 posti che ha accolto teste coronate del mondo dello spettacolo come Tina Turner e Lady Gaga. È in realtà un'arena sportiva: qui disputano le partite in casa il team di hockey della Eisbären Berlin e la squadra di basket Alba Berlin.

Olympiastadion Neanche megastar come Madonna possono riempire i 74.400 posti a sedere dello storico stadio olimpico che è anche la sede della squadra di calcio Hertha BSC.

Tempodrom Il bianco Tempodrom, riconoscibile dall'esterno per il suo tetto a vela, ha una programmazione eclettica che in un solo mese può spaziare da un campionato di salsa a un concerto di Steve Winwood al campionato tedesco di snooker (biliardo).

Waldbühne L'estate a Berlino non sarebbe più la stessa se non ci fosse questo posto all'aperto dove ascoltare sotto le stelle sinfonie, grandi nomi del jazz, spettacoli comici e anteprime cinematografiche. L'anfiteatro all'aperto costruito nei boschi dai nazisti è in funzione dal 1936, ha un'acustica eccezionale e una capienza fino a 22.000 spettatori.

V. p275 per una panoramica del mondo musicale berlinese.

Teatro

Preparatevi a sentire l'odore del cerone e a sentire il rumoreggiare della folla! Con oltre cento palcoscenici sparsi per la città, il teatro è senza dubbio l'attività di punta della scena culturale berlinese. Aggiungete un panorama particolarmente ricco di compagnie itineranti e sperimentali e certo non vi sarà difficile trovare qualcosa di vostro gradimento. Kurfürstendamm, a Charlottenburg, e l'area intorno a Friedrichstrasse a Mitte, sono le zone della città con più teatri.

La maggior parte delle rappresentazioni teatrali sono in tedesco, ovviamente, ma ultimamente alcuni dei palcoscenici più importanti hanno cominciato a utilizzare i sottotitoli in inglese. L'English Theatre Berlin (p167), peraltro, mette in scena alcune produzioni innovative di buon livello, ovviamente in inglese.

Molti teatri sono chiusi il lunedì e da metà luglio alla fine di agosto.

Il **Berliner Theatertreffen** (www.theatertreffen-berlin.de), a maggio, porta in città per tre settimane le migliori compagnie teatrali di Germania, Austria e Svizzera, che presentano spesso nuove drammaturgie e produzioni innovative.

Cabaret

Si sta assistendo a un deciso revival degli spettacoli di varietà frivoli, vivaci ed eccessivi del periodo d'oro degli anni '20. Preparatevi per una serata all'insegna di canti e balli, giocolieri, acrobati e altri uomini e donne di spettacolo. Un locale molto popolare per questo genere di spettacolo è il Bar Jeder Vernunft (p209); quando mette in scena per l'ennesima volta il musical *Cabaret* fa sempre il tutto esaurito. Dall'altra parte della città il Friedrichstadtpalast (p147) è il più grande teatro di rivista d'Europa e il regno di ballerine dalle lunghe gambe coperte di piume. Il vicino Chamäleon Varieté (p146) è invece molto più intimo e raccolto. Un altro splendido palcoscenico è il **Wintergarten Varieté** (2500 8888; www.wintergarten-variete.de; Potsdamer Strasse 96; biglietti €22-67; UKurfürstenstrasse), che ospita compagnie in tournée.

Queste esibizioni di cabaret non devono essere confuse con il termine *Kabarett*, che in tedesco indica spettacoli di satira politica con monologhi e parodie satiriche.

Danza

Con coreografi indipendenti e compagnie giovanili che propongono costantemente coreografie sperimentali, la danza non legata a compagnie pubbliche a Berlino è in crescita. Il nome più importante tra i coreografi è quello di Sasha Waltz, la cui compagnia Sasha Waltz & Guests ha la sede al Radialsystem V (p181). Altri palcoscenici che ospitano compagnie indipendenti sono la Sophiensaele (p146) a Mitte, Dock 11 (p194) a Prenzlauer Berg e Hebbel am Ufer (p167) a Kreuzberg. Quest'ultimo, in collaborazione con Tanzwerkstatt Berlin, organizza **Tanz im August** (www.tanzimaugust.de), il più importante dei festival della danza tedeschi, che porta in città ballerini di talento e coreografie sperimentali di compagnie internazionali.

Per il balletto classico, la compagnia di stato, lo Staatsballett, si esibisce sia alla Staatsoper Unter den Linden sia alla Deutsche Oper Berlin. Gli spettacoli previsti alla Staatsoper hanno luogo in questo momento (e almeno fino al 2014) allo Schiller Theater di Charlottenburg, perché la sede storica di Unter den Linden è interessata a radicali lavori di ristrutturazione.

Spettacoli comici

Dagli sketch comici alla commedia musicale, ci sono molti modi per ridere fino alle lacrime a Berlino – aiuta, certo, il fatto di sapere il tedesco. Il Kookaburra (p195), comunque, ospita regolarmente spettacoli in inglese, tra cui quelli della spassosa troupe di improvvisatori Comedy Sportz Berlin.

Quartiere per quartiere

➡ **Mitte – Centro storico** (p92) Tutto quanto c'è di meglio per musica classica e opera lirica.

➡ **Potsdamer Platz e Tiergarten** (p128) Cinema multisala modernissimi, casinò.

➡ **Scheunenviertel** (p146) Cabaret, spettacoli comici, cinema e la zona 'orientale' dei teatri.

➡ **Kreuzberg e Neukölln Nord** (p166) Musica live, teatro alternativo, piccoli cinema.

➡ **Friedrichshain** (p181) Musica live, cinema all'aperto.

➡ **Prenzlauer Berg** (p194) Musica live.

➡ **A ovest del centro e Charlottenburg** (p209) Teatro, opera lirica, musica jazz e cinema indipendente.

La scelta Lonely Planet

Berliner Philharmonie (p128) Una delle migliori orchestre sinfoniche del mondo nella sua 'cattedrale sonora'.

Radialsystem V (p181) Va giustamente fiero delle sue produzioni d'avanguardia, che travalicano i generi, soprattutto di danza moderna.

Staatsoper Unter den Linden Un ente lirico di prima grandezza.

Babylon (p146) Un calendario cinematografico diversificato e intelligente in un edificio degli anni '20.

Astra Kulturhaus (p181) Rampa di lancio per gruppi indie, tra cui grandi nomi.

Musica classica

Hochschule für Musik Hanns Eisler (p92)

Konzerthaus Berlin (p92)

Sonntagskonzerte (p62)

Teatro

English Theatre Berlin (p167)

Volksbühne am Rosa-Luxemburg-Platz (p146)

Berliner Ensemble (p147)

Deutsches Theater (p147)

Maxim Gorki Theater (p92)

Amphitheater (p146)

Danza

Radialsystem V (p181)

Hebbel am Ufer (p167)

Sophiensaele (p146)

Dock 11 (p194)

Musica live

Magnet Club (p166)

Lido (p167)

Festsaal Kreuzberg (p167)

O2 World (p64)

Arena (p64)

Tempodrom (p64)

C-Halle (p64)

Jazz e blues dal vivo

b-flat (p146)

A-Trane (p209)

Quasimodo (p209)

Yorckschlösschen (p167)

I pub con musica live

Madame Claude (p166)

Kaffee Burger (p145)

Ä (p164)

Cinema

Babylon (p146)

Cinestar Original (p128)

Kino International (p182)

Arsenal (p129)

Astor Film Lounge (p209)

Opera

Staatsoper Unter den Linden @ Schillertheater (p209)

Deutsche Oper (p209)

Komische Oper (p92)

Cabaret

Bar Jeder Vernunft (p209)

Chamäleon Varieté (p146)

Tipi am Kanzleramt (p92)

Friedrichstadtpalast (p147)

Spettacoli d'avanguardia

Radialsystem V (p181)

Hebbel am Ufer (p167)

Volksbühne am Rosa-Luxemburg-Platz (p146)

Palcoscenici all'aperto

Waldbühne (p64)

Amphitheater (p146)

Kindl-Bühne Wuhlheide (p64)

Freiluftkino Friedrichshain (cartina p376)

Divertimento gratis

Bearpit Karaoke al Mauerpark (p185)

I concerti il martedì all'ora di pranzo dei Berliner Philharmoniker (p128)

I recital della Hochschule für Musik Hanns Eisler (p92)

La jam session di jazz del lunedì da A-Trane (p209)

La jam session del mercoledì da Quasimodo (p209) e b-flat (p146)

I concerti nel weekend alla Teehaus im Englischen Garten (p128)

Punk e heavy rock

SO36 (p167)

Wild at Heart (p167)

K17 (p182)

Shopping

Berlino è un posto meraviglioso per gli acquisti, e non nei soliti centri commerciali o filiali di catene internazionali. L'amore della città per l'individualismo si traduce in piccole boutique di quartiere e affollati mercati che è un piacere esplorare. Fare shopping a Berlino – per i consumatori frugali come per i maniaci degli acquisti a tutti i costi – è molto più una ricerca di stimoli visivi che comprare e basta.

Dove comprare

La strada che più si avvicina all'idea di arteria commerciale è Kurfürstendamm (Ku'damm) con il suo prolungamento Tauentzienstrasse. Qui ci sono i grandi marchi della vendita al dettaglio che probabilmente conoscete già e che per altro trovate anche nei grandi centri commerciali come Alexa (p112) e Potsdamer Platz Arkaden (p129).

Shopping a Berlino significa avventurarsi nelle vie secondarie dei vari *Kieze* (quartieri). È dove scoprirete un cocktail cosmopolita di boutique indipendenti ispirate dallo slancio vitale tipico della città e da uno spiccato spirito imprenditoriale. Ogni *Kiez* ha una propria identità, una propria atmosfera e un insieme di negozi calibrati sui bisogni, sui gusti e sulle disponibilità economiche di chi ci abita.

Stilisti locali

In una città dove l'individualismo batte il conformismo, è normale che il clima di creatività generi un'industria della moda figlia dello spirito idiosincratico della città. Il look berlinese non è pretenzioso, è per lo più pratico (anche quando è curato sin nei dettagli) e spesso un po' irriverente. Scoprite stilisti locali che precorrono le mode come C.Neeon, C'est Tout, Claudia Skoda, Kostas Murkudis, Esther Perbrandt, Kaviar Gauche, Kilian Kerner, Potipoti, Nanna Kuckuck, LalaBerlin e Presque fini: riescono a rimanere sulla sottile linea che separa l'originalità dalle tendenze contemporanee in un modo che non riesce alle firme che vanno per la maggiore.

Altri consigli: per lo streetwear Irie Daily, Hasipop e Butterflysoulfire; per l'intimo Fishbelly; per gli accessori, gli occhiali da ic! Berlin, Mykita e Lunettes, le borse da Ta(u) sche e i cappelli da Fiona Bennett.

Rispettando il trend generale, anche a Berlino ci sono stilisti 'ecocompatibili', tra cui Slomo, Mikenke e Caro.E.

Mercatini delle pulci

I mercati delle pulci offrono l'occasione di fare dell'archeologia urbana: dovrete avere molta pazienza e molta fortuna mentre frugate tra quello che altre persone hanno usato prima di voi, ma che brivido di piacere quando finalmente si trova un piccolo tesoro! A Berlino non mancano certo questi terreni di caccia, che vengono allestiti ogni weekend (in genere di domenica) tutto l'anno – che ci sia il sole o piova a dirotto – e sono l'esatto contrario del monotono shopping di marche solite nelle solite vie commerciali. Funzionano anche come laboratori sul campo di stilisti locali che vogliono tastare il polso al mercato in fatto di bigiotteria, borse, T-shirt e altri capi di vestiario e accessori. Il mercato più famoso è il Flohmarkt am Mauerpark (p185) a Prenzlauer Berg, che è vicino a un altro mercatino simpatico, quello di Arkonaplatz (p195).

Il vintage

Da gonne e vestiti glamour a T-shirt sbiadite, la moda di Berlino che ama andare contro corrente si sposa bene con l'abbigliamento vintage e di seconda mano: è difficile trovare qualcuno che non possegga nel suo guardaroba un capo usato. Ci sono negozi vintage di tutti i tipi, da spazi delle dimensioni di un magazzino che vendono abiti a peso a empori di haute couture dove si trovano dei Gucci e dei Paco Rabanne.

INFORMAZIONI

Orari d'apertura

➡ I commercianti possono decidere i propri orari d'apertura, dal lunedì al sabato, ma solo i grandi magazzini, i supermercati, i negozi situati nelle principali zone dello shopping (come il Kurfürstendamm) e quelli nei centri commerciali approfittano realmente di questa possibilità. Questi negozi aprono normalmente intorno alle 9.30 del mattino e chiudono alle 20, o anche più tardi.

➡ Le boutique e i negozietti più piccoli hanno orari più flessibili, aprendo verso metà mattinata e chiudendo di solito alle 19 o alle 20 durante la settimana, a volte una o due ore prima il sabato.

➡ Di domenica è tutto chiuso ad eccezione di qualche panetteria, fioraio, negozio di souvenir e dei supermercati nelle principali stazioni ferroviarie, tra cui Hauptbahnhof, Friedrichstrasse e Ostbahnhof. I negozi sono autorizzati all'apertura dalle 13 alle 20 durante le due domeniche di dicembre che precedono il Natale e per altre sei domeniche durante l'anno, stabilite via via dal governo.

➡ Tenete conto che la maggior parte dei negozi, soprattutto quelli più piccoli, non accetta le carte di credito.

Quartiere per quartiere

➡ **Mitte – Centro storico** (p92) Pacchiani negozi di souvenir fianco a fianco con lussuosi negozi di moda e gallerie commerciali di alto profilo lungo Friedrichstrasse e Unter den Linden.

➡ **Museumsinsel e Alexanderplatz** (p112) Il centro dello shopping da grande magazzini nella zona est della città, a cui si aggiunge nei weekend un mercato di antiquariato nei pressi dei musei.

➡ **Potsdamer Platz e Tiergarten** (p129) Un grande centro commerciale e un mercato delle pulci nei weekend nell'angolo nord-occidentale del parco.

➡ **Scheunenviertel** (p147) Il paradiso delle boutique indipendenti con moda e accessori 'made in Berlin'; anche stilisti internazionali di fascia alta e gallerie d'arte private.

➡ **Kreuzberg e Neukölln Nord** (p168) Epicentro della moda vintage e dello streetwear, di musica e accessori; il tutto in piccole boutique indipendenti.

➡ **Friedrichshain** (p182) Zona promettente centrata intorno a Boxhagener Platz, con mercatino delle pulci domenicale; alla Ostbahnhof c'è un mercato dell'antiquariato.

➡ **Prenzlauer Berg** (p195) Moda di stilisti berlinesi, boutique di nicchia, qualsiasi cosa pensata per i bambini e un mercatino delle pulci favoloso.

➡ **A ovest del centro e Charlottenburg** (p210) Note marche internazionali e big della moda su Ku'damm, boutique indipendenti nelle strade laterali, casalinghi di design in Kantstrasse.

Vinili e scarpe all'interno, King Kong e Jack Nicholson all'esterno: un negozio a Kreuzberg, all'angolo tra Oranienstrasse e Mariannestrasse.

La scelta Lonely Planet

KaDeWe (p210) Il tempio del consumismo.

Flohmarkt am Mauerpark (p185) Il massimo per i cacciatori di affari.

Galeries Lafayette (p92) Quel 'je ne sais quoi' francese.

Dussmann - Das Kulturkaufhaus (p92) Una miniera di libri e di musica.

Flagshipstore (p195) Moda e accessori berlinesi scelti a uno a uno.

Fassbender & Rausch (p93) Una reggia di pralineria e cioccolato.

Hard Wax (p169) Tappa irrinunciabile per gli amanti della musica elettronica.

Librerie

Berlin Story (p93)
Another Country (p168)
Hundt Hammer Stein (p148)
Pro QM (p148)

Negozi stravaganti

Luxus International (p195)
Killerbeast (p169)
Mondos Arts (p182)
Ampelmann Galerie (p149)
1. Absinth Depot Berlin (p149)

Prelibatezze

KaDeWe (p210)
Marheineke Markthalle (p168)
Markthalle IX (p168)
Goldhahn & Sampson (p196)
Ritter Sport Bunte Schokowelt (p93)

Musica

Space Hall (p168)
Rotation Records (p148)

Moda

VOO Store (p168)
UVR Connected (p169)
Thatchers (p196)
Berlin Fashion Network (p147)
Prachtmädchen (p182)
Overkill (p169)

Centri commerciali e grandi magazzini

Galeries Lafayette (p92)
Galeria Kaufhof (p112)
Potsdamer Platz Arkaden (p129)
Alexa (p112)

Mercatini delle pulci

Flohmarkt am Mauerpark (p185)
Neukoelln Flowmarkt (p169)
Antikmarkt am Ostbahnhof (p181)
Flohmarkt am Arkonaplatz (p195)

Made in Berlin

ic! Berlin (p147)
Ausberlin (p112)
Bonbonmacherei (p149)
Ach Berlin (p93)
Lala Berlin (p148)
Ta(u)sche (p195)

Sexy shop

Hautnah (p210)
Schwarzer Reiter (p149)
Fun Factory (p148)

Articoli regalo

Ampelmann Galerie (p149)
Herrlich (p168)
Käthe Wohlfahrt (p210)
VEB Orange (p196)

Antiquariato

Antikmarkt am Ostbahnhof (p181)
Kunst- & Nostalgiemarkt (p93)

Per i bambini

Ratzekatz (p196)
Steiff Galerie in Berlin (p210)

Vie dello shopping

Alte e Neue Schönhauser Strasse e Münzstrasse, Scheunenviertel (p130)

Friedrichstrasse, Mitte – Centro storico (p74)

Kastanienallee, Prenzlauer Berg (p183)

Kurfürstendamm e Tauentzienstrasse, Charlottenburg (p197)

Bergmannstrasse, Kreuzberg (p168)

Oranienstrasse, Kreuzberg (p168)

Visitare Berlino

Mitte – centro storico 74
Da non perdere 76
Che cosa vedere 81
Pasti 87
Locali e vita notturna 91
Divertimenti 92
Shopping 92

**Museumsinsel
e Alexanderplatz 94**
Da non perdere 96
Che cosa vedere 104
Pasti 108
Locali e vita notturna 111
Divertimenti 111
Shopping 112

**Potsdamer Platz
e Tiergarten 113**
Da non perdere 115
Che cosa vedere 121
Pasti 127
Locali e vita notturna 128
Divertimenti 128
Shopping 129

Scheunenviertel 130
Da non perdere 132
Che cosa vedere 135
Pasti 139
Locali e vita notturna 144
Divertimenti 146
Shopping 147

**Kreuzberg e Neukölln
Nord 150**
Da non perdere 152
Che cosa vedere 154
Pasti 157
Locali e vita notturna 162
Divertimenti 166
Shopping 168

Friedrichshain 170
Da non perdere 172
Che cosa vedere 173
Pasti 176
Locali e vita notturna 178
Divertimenti 181
Shopping 182

Prenzlauer Berg 183
Da non perdere 185
Che cosa vedere 187
Pasti 188
Locali e vita notturna 192
Divertimenti 194
Shopping 195

**A ovest del centro
e Charlottenburg 197**
Da non perdere 199
Che cosa vedere 203
Pasti 205
Locali e vita notturna 208
Divertimenti 209
Shopping 210

Gite di un giorno 211
Potsdam 212
Kz Sachsenhausen 217
Spandau 219
Grunewald e Dahlem 220
Wannsee 222
Köpenick 224

Pernottamento 227

BERLINO
DA NON PERDERE

Reichstag 76

Porta di Brandeburgo
e Pariser Platz 78

Holocaust Mahnmal 79

Deutsches Historisches
Museum 80

Checkpoint Charlie 85

Topographie des Terrors 86

Museumsinsel 96

Fernsehturm 104

Potsdamer Platz 115

Gemäldegalerie 119

Hamburger Bahnhof –
Museum für
Gegenwart 132

Gedenkstätte Berliner
Mauer 133

Neue Synagoge 134

Hackesche Höfe 135

Jüdisches Museum 152

East Side Gallery 172

Volkspark Friedrichshain 173

Mauerpark 185

Schloss
Charlottenburg 199

Kaiser-Wilhelm-
Gedächtniskirche 204

I quartieri

❶ Mitte – centro storico (p74)

Vista la vena madre di ricchezze monumentali disseminata all'interno di una zona percorribile a piedi, questa parte della città dovrebbe essere il vostro primo punto d'approdo. Prenotate in anticipo la visita alla cupola del Reichstag, a cui farete seguire una passeggiata che vi porterà alla Porta di Brandeburgo, allo Holocaust Mahnmal, lungo il viale Unter den Linden e alla splendida Gendarmenmarkt. Per negozi di fascia alta e divertimenti andate alla Friedrichstrasse.

❷ Museumsinsel e Alexanderplatz (p94)

Visitare questa piccola isola sulla Sprea è come vincere alla lotteria: ha cinque musei di levatura internazionale, tra cui l'imperdibile

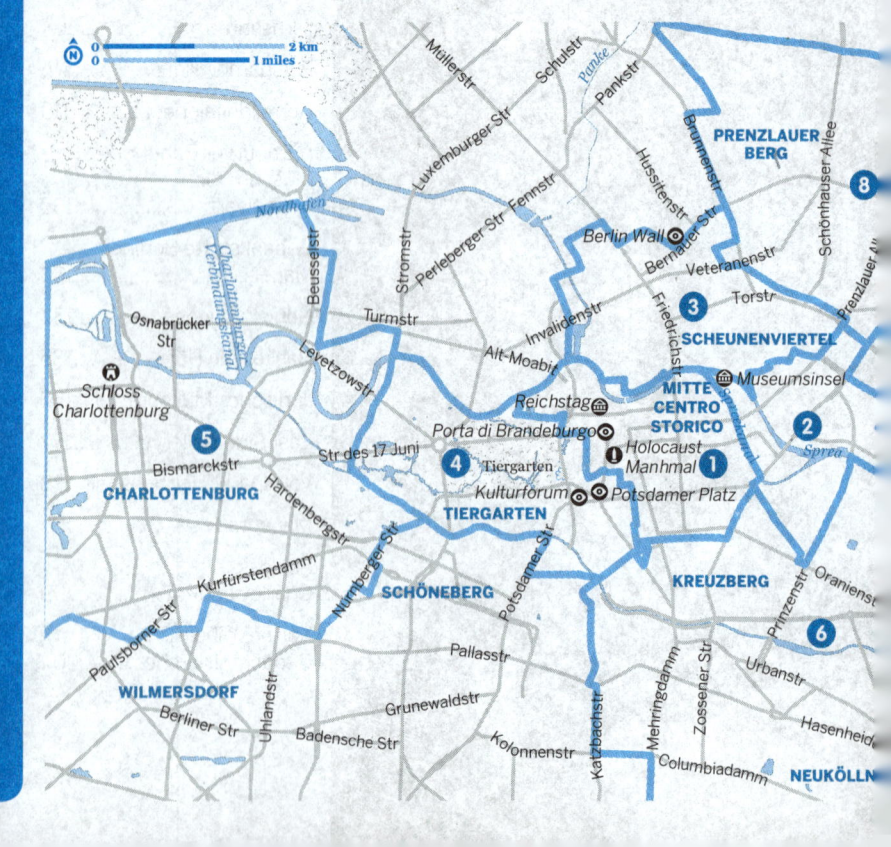

Pergamonmuseum, e in più il Berliner Dom che li osserva maestoso. Salite fino alla cima della Fernsehturm, icona del socialismo reale, in Alexanderplatz, scoprite il luogo in cui è nata la città nel Nikolaiviertel e imparate com'era la vita 'socialista' nel DDR Museum.

❸ Scheunenviertel (p130)

Con le sue strade strette e gli affascinanti cortili, come gli Hackesche Höfe, lo Scheunenviertel è il quartiere della moda e di bar e ristoranti sulla cresta dell'onda. Confrontatevi con le radici ebraiche del quartiere nella Neue Synagoge, poi andate a fare un giro per le gallerie d'arte lungo Auguststrasse.

❹ Potsdamer Platz e Tiergarten (p113)

Questo quartiere, nato dalla terra di nessuno divisa in due dal Muro, è una vetrina di architettura contemporanea. Gli amanti dell'arte non potranno evitare una visita ai musei del vicino Kulturforum, soprattutto la Gemäldegalerie e la Neue Nationalgalerie, entrambi vicini di casa della Berliner Philharmonie. L'ombroso Tiergarten, con i suoi sentieri in mezzo al verde e i suoi Biergarten nascosti, è perfetto per concedersi una pausa.

❺ A ovest del centro e Charlottenburg (p197)

Charlottenburg ha un'atmosfera da distinto borghese. È tagliato in due dal grandioso Kurfürstendamm, un paradiso per chi ama far shopping, che continua nelle sue tranquille vie laterali, piene di boutique, caffè, gallerie d'arte e ristoranti. Da non perdere lo Schloss Charlottenburg e la Kaiser-Wilhelm-Gedächtniskirche, una chiesa semidistrutta diventata un simbolo del pacifismo. La zona intorno è sottoposta a grandi lavori.

❻ Kreuzberg e Neukölln Nord (p150)

Kreuzberg e l'adiacente zona nord di Neukölln sono l'epicentro della Berlino senza freni, multiculturale e alternativa. Trascorrete la giornata frugando nei negozi di abiti vintage, guardate la street art, riposatevi in un caffè o in un parco che un tempo era un aeroporto, poi gettatevi a capofitto nella vita notturna più animata della città. Bergmannstrasse e la zona ovest di Kreuzberg (con il suo Jüdisches Museum) non sono meno carismatiche.

❼ Friedrichshain (p170)

Friedrichshain è la zona amata dagli studenti, perfetta per godersi quella rilassatezza tipica di Berlino e poi esplorare ogni possibile lato della vita notturna, compresi i bar lungo il fiume accanto all'East Side Gallery, la più lunga sezione rimasta del Muro. Un altro luogo per riconnettersi al passato socialista è la monumentale Karl-Marx-Allee.

❽ Prenzlauer Berg (p183)

Splendidamente ristrutturato, Prenzlauer Berg è una delle aree residenziali più piacevoli di Berlino ed è un piacere percorrerla a piedi. La domenica il mondo intero viene al Mauerpark per il suo mercato delle pulci, il karaoke all'aperto e per un dolce far niente.

Mitte - centro storico

REGIERUNGSVIERTEL | PARISER PLATZ | UNTER DEN LINDEN | GENDARMENMARKT | CHECKPOINT CHARLIE

I top 5

1 Stare di fronte al **Reichstag** (p76), ricordandone la storia, poi salire sulla cupola per ammirare il panorama.

2 Lasciarsi compenetrare dalla presenza silenziosa di innumerevoli anime allo **Holocaust Mahnmal** (p79).

3 Viziarsi con una cena da gourmet in uno dei ristoranti prestigiosi nei dintorni di **Gendarmenmarkt** (p89).

4 Conoscere gli orrori perpetrati nella Germania nazista alla **Topographie des Terrors** (p86), una mostra dettagliata e inquietante.

5 Assistere a uno spettacolo di cabaret, a un musical o a un concerto nello storico **Admiralspalast** (p92).

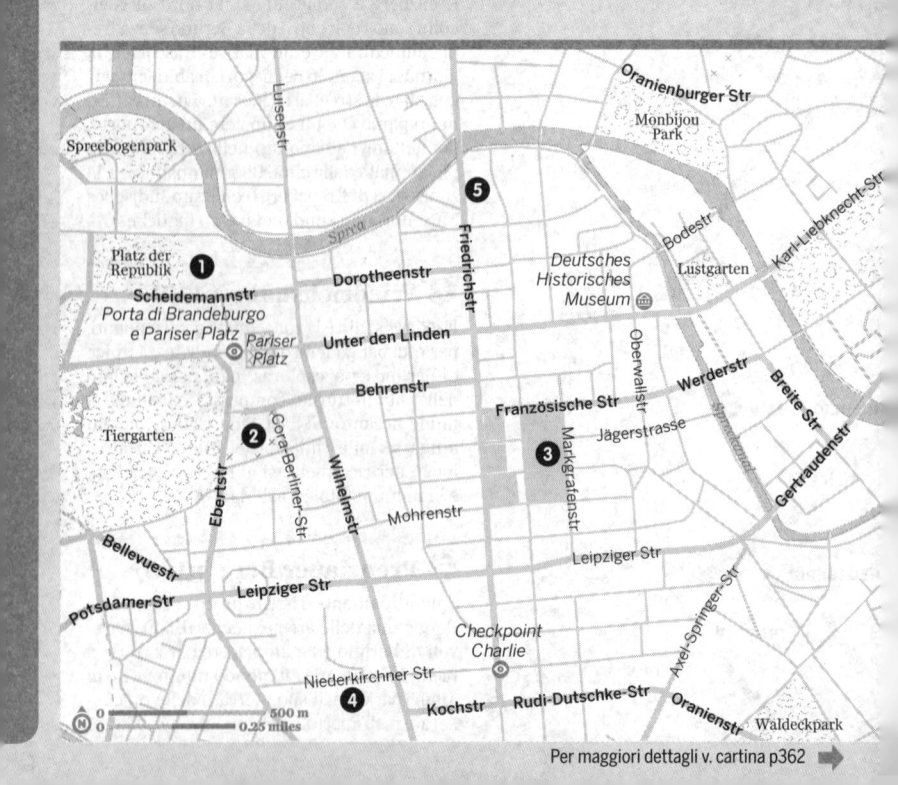

Per maggiori dettagli v. cartina p362

Un cocktail di cultura, commercio e storia, il centro storico di Mitte vince a man bassa quanto a simboli della città: il Reichstag, la Porta di Brandeburgo, lo Holocaust Mahnmal e il Checkpoint Charlie sono tutti qui. L'arteria che la taglia è il grandioso boulevard Unter den Linden, che da Pariser Platz allinea una falange di maestosi palazzi costruiti da vari re prussiani, a dimostrazione della potenza dell'antica stirpe regale.

Certo, appena fa buio la zona è piuttosto morta, ma per fortuna c'è un po' di movimento almeno su Friedrichstrasse, che a partire dalla riunificazione ha riconquistato un suo ruolo centrale nella scena dello shopping e della ristorazione. In effetti, Friedrichstrasse e Gendarmenmarkt, la piazza più bella di Berlino a un isolato a est, hanno il maggior numero di ristoranti chic (alcuni con una o due stelle Michelin) della città.

Il miglior modo per girare in zona è a piedi, anche se gli autobus 100 e 200, che percorrono Unter den Linden, sono di grande aiuto per risparmiare un po' i piedi stanchi.

Vita in città

➡ **Shopping di lusso** Chi ama lo shopping di marca viene in Friedrichstrasse. A parte le molte boutique, sono i Friedrichstadtpassagen, e in primo luogo le Galeries Lafayette (p92) dal design incredibile, ad attirare l'attenzione, grazie agli stilisti di punta del firmamento berlinese e internazionale.

➡ **Alta cultura** Questa zona della città è meta privilegiata per la musica classica e il teatro grazie ai concerti della Konzerthaus Berlin (p92), agli spettacoli teatrali del Maxim Gorki (p92) e all'opera lirica della Komische Oper (p92).

➡ **Il potere delle parole** Che cosa c'è di meglio di una serata davanti alla TV? Una serata a frugare in una libreria, ovviamente. Aperta fino alle 23, Dussmann (p92), che si autodefinisce 'grande magazzino culturale', è una terra promessa per i topi di biblioteca e ha anche un immenso assortimento di CD musicali.

Trasporti

➡ **Autobus** Il 100 e il 200 percorrono Unter den Linden da Alexanderplatz.

➡ **S-Bahn** S1 e S2/25 fermano alla Brandenburger Tor e a Friedrichstrasse.

➡ **Tram** Il tram M1 va dalla Museumsinsel a Prenzlauer Berg percorrendo la Friedrichstrasse.

➡ **U-Bahn** Stadtmitte (U2, U6), Französische Strasse (U6) e Hausvogteiplatz (U2) sono le fermate utili per Gendarmenmarkt. Per Unter den Linden, scendete a Brandenburger Tor (U55), Friedrichstrasse (U6) o Französische Strasse (U6).

Il consiglio Lonely Planet

Per avere un'interessante visione complessiva del Muro di Berlino e dei siti della Guerra Fredda in tutta la città, visitate la mostra Mauerinformation alla stazione della U-Bahn Brandenburger Tor. Oltre a fotografie e a una mappa da una ripresa aerea, presenta un documentario sulle installazioni lungo il confine e noleggia un'audioguida sul Muro molto utile se si vuole andare in giro conoscendo meglio la storia.

🍴 I migliori ristoranti

➡ Vau (p90)
➡ Restaurant Tim Raue (p90)
➡ Augustiner am Gendarmenmarkt (p89)
➡ Ishin (p89)

V. p87 ➡

🍺 I migliori locali

➡ Drayton Bar (p91)
➡ Tausend (p91)
➡ Berliner Republik (p91)

V. p91 ➡

👁 I simboli storici

➡ Porta di Brandeburgo (p78)
➡ Reichstag (p76)
➡ Holocaust Mahnmal (p79)
➡ Gendarmenmarkt (p84)

V. p81 ➡

DA NON PERDERE
REICHSTAG

È stato incendiato, bombardato, ricostruito, sfigurato dal Muro a due passi, avvolto in chilometri di tessuto e infine trasformato nella sede del potere parlamentare tedesco: è il Reichstag, uno dei simboli di Berlino. La sua caratteristica più notevole è la scintillante cupola in vetro, che attira ogni anno tre milioni di visitatori. La grandiosa struttura fu progettata da Paul Wallot e terminata nel 1894 quando la Germania era una monarchia costituzionale, il Deutsches Reich: ecco perché ancora rimane il nome.

IN PRIMO PIANO
- La cupola
- La facciata

DA SAPERE
- cartina p362
- www.bundestag.de
- Platz der Republik 1
- 8-24, ultimo ingresso alle 22
- 100, Bundestag

Sede del Bundestag

Oggi il Reichstag è l'epicentro storico del nuovo quartiere del governo costruito dopo la riunificazione. Il Bundestag, il parlamento federale tedesco, vi legifera sin da quando è stata spostata la capitale da Bonn nel 1999. Prima che vi si stabilisse, l'edificio era stato sottoposto a una completa ristrutturazione a opera di Lord Norman Foster che preservò solo il guscio storico, aggiungendo in cima una cupola in vetro. L'accesso in ascensore è possibile solo su prenotazione (v. p77).

La cupola

La luccicante cupola, simile a un gigantesco alveare in vetro, è aperto in cima e alla base e si trova proprio sopra la sala delle riunioni plenarie come una metafora visiva della trasparenza e apertura che devono guidare la politica. Un ascensore vi porta sulla terrazza sul tetto da cui potete facilmente riconoscere le linee curve della Haus der Kulturen der Welt e il maestoso Berliner Dom o stupirvi delle dimensioni gigantesche del Tiergarten. Per approfondire le notizie su questi monumenti, saperne di più sulla storia del Reichstag e sui lavori del parlamento prendete un'audioguida (gratuita e multilingue) appena uscite dall'ascensore. Le spiegazioni iniziano appena mettete piede sulla rampa lunga 230 m che vi conduce in cima alla cupola muovendosi a spirale intorno a un cono ricoperto di specchi che deflette la luce del sole fin nella sala plenaria.

La facciata

Da un punto di vista stilistico la monumentale facciata principale, che guarda a occidente, deve molto al Rinascimento italiano con qualche elemento neobarocco aggiunto qua e là. Una grande scalinata conduce a un portico sorretto da sei colonne corinzie e sormontato da un timpano con la dedica 'Dem Deutschen Volke' (al popolo tedesco), aggiunta nel 1916. Le lettere in bronzo furono disegnate da Peter Behrens, uno dei padri dell'architettura modernista, fondendo due cannoni francesi sequestrati durante le guerre napoleoniche. La cupola originale, in acciaio e vetro e considerata all'epoca una meraviglia di alta tecnologia, venne distrutta durante l'incendio del Reichstag nel 1933.

I fatti salienti della sua storia

Sede del parlamento tedesco dal 1894 al 1933 e poi di nuovo dal 1999, il mastodontico Reichstag è stato testimone di molte pietre miliari della storia tedesca. Il 9 novembre 1918, al termine della prima guerra mondiale e con l'abdicazione del Kaiser prussiano, il membro del parlamento Philipp Scheidemann proclamò la Repubblica da una delle sue finestre. Quando il 27 febbraio del 1933 scoppiò improvvisamente un incendio, i nazisti ne approfittarono per incolparne i comunisti e prendere il potere. Una dozzina d'anni dopo, i vincitori dell'Armata Rossa sventolarono la bandiera dei soviet sull'edificio bombardato dagli Alleati, che rimase con i segni delle bombe sul lato occidentale del Muro di Berlino per tutti i decenni della Guerra Fredda. Negli anni '80, grandi star internazionali come David Bowie, i Pink Floyd e Michael Jackson tennero concerti sui prati davanti al Reichstag, sul lato occidentale del Muro.

Il Muro cadde poco dopo, spianando la strada alla riunificazione, proclamata proprio qui nel 1990. E nel 1995 il Reichstag comparve di nuovo in prima pagina, quando gli artisti Christo e Jeanne-Claude avvolsero la massiccia struttura in 100.000 mq di tessuto argentato. Ci volle una legge, approvata nel 1994 dal parlamento, per dare il via al progetto che doveva segnare la fine della Guerra Fredda e l'inizio di un'altra era. Per due settimane a partire da fine giugno i turisti giunsero a frotte per ammirare il monumento in questa veste unica. Quando i teli furono tolti, arrivò Lord Norman Foster e si mise al lavoro.

Una dettagliata mostra fotografica alla base della cupola racconta ognuno di questi momenti storici.

VISITARE LA CUPOLA

Le prenotazioni gratuite per la cupola del Reichstag devono essere fatte online al sito www.bundestag.de (anche in inglese e francese). Prenotate per tempo, soprattutto in estate, e preparatevi a mostrare un documento d'identità, passare i controlli di un metal detector e farvi ispezionare la borsa. Sul sito web si possono anche prenotare visite guidate.

Era la notte del 27 febbraio 1933: il Reichstag bruciava. Quando si spensero le fiamme, la sala plenaria era in cenere e l'anarchico olandese Marinus van der Lubbe era stato arrestato per incendio doloso. Non si stabilì mai con certezza il colpevole, ma gli storici considerano l'incendio uno dei fattori decisivi per l'ascesa al potere di Hitler. Asserendo che faceva parte di una cospirazione comunista di grandi proporzioni, il giorno dopo i nazisti fecero approvare un decreto detto 'dell'incendio del Reichstag' che annullava i diritti civili, innescando la persecuzione di tutti gli oppositori. Cosa successe veramente quella notte rimane un mistero. Le sue conseguenze storiche non lo sono.

DA NON PERDERE
REICHSTAG

DA NON PERDERE
PORTA DI BRANDEBURGO E PARISER PLATZ

Simbolo della divisione durante la Guerra Fredda, la Brandenburger Tor ora rappresenta la riconquistata unità della Germania e fa la sua figura come quinta teatrale di festival, megaconcerti e il brindisi per salutare il Nuovo Anno. Carl Gotthard Langhans si ispirò all'Acropoli di Atene per disegnare questo elegante arco trionfale, completato nel 1791 come porta reale (solo la famiglia reale poteva passare dalla parte centrale, più larga). La porta fa da sentinella a Pariser Platz, una piazza dalle proporzioni armoniose che è di nuovo sede di ambasciate (statunitense, britannica e francese) e banche come in passato, quando era il 'salotto buono' della capitale.

IN PRIMO PIANO

➡ Quadriga
➡ Hotel Adlon Kempinski

DA SAPERE

➡ cartina p362
➡ Pariser Platz
➡ U S Brandenburger Tor

La porta è sormontata dalla scultura di Johann Gottfried Schadow la **Quadriga**, che rappresenta la Dea della Vittoria che guida una carrozza tirata da quattro cavalli. Quando sconfisse la Prussia, nel 1806, Napoleone rapì la 'signora' e la tenne in ostaggio a Parigi finché un galante generale prussiano la 'liberò' nel 1815.

Il primo edificio ricostruito su Pariser Platz è una copia quasi perfetta dell'Hotel Adlon del 1907, l'hotel più chic di Berlino, che si dice ispirò il classico film del 1932 *Grand Hotel*, con la diva Greta Garbo nei panni di una ballerina. Anche oggi l'**Hotel Adlon Kempinski** continua a essere l'hotel preferito dei ricchi e famosi, soprattutto se eccentrici. Vi ricordate quando Michael Jackson faceva sporgere suo figlio dalla finestra? Succedeva all'Adlon.

Se le porte sono aperte date un'occhiata all'interno della **DZ Bank** disegnata da Frank Gehry sul lato sud della piazza: nell'atrio dal tetto in vetro vedrete un'enorme scultura dalla forma strana (quasi un pesce) che in realtà è una sala conferenze.

L'unico edificio sulla Pariser Platz con una facciata di vetro è la **Akademie der Künste** (cartina p362; 200 570; www.adk.de; Pariser Platz 4; U S Brandenburger Tor) al n. 4, progettata da Günter Behnisch. L'Akademie, fondata dal re Federico I nel 1696 con il nome di Accademia Prussiana di Belle Arti, è una delle più vecchie istituzioni culturali della città. Si organizzano conferenze, seminari, workshop e mostre.

👁 DA NON PERDERE
HOLOCAUST MAHNMAL

Ci sono voluti 17 anni di discussioni, progetti e opere edilizie, ma finalmente il 10 maggio 2005 è stato inaugurato il Denkmal für die ermordeten Juden Europas, il Monumento alle vittime ebree in Europa. Noto come Holocaust Mahnmal, è il monumento più importante voluto dalla Germania per commemorare il genocidio perpetrato dai nazisti. Nello spazio grande come un campo da calcio l'architetto newyorkese Peter Eisenmann ha eretto 2711 stele simili a sarcofagi che hanno tutte la stessa dimensione ma sono posizionate ad altezza diversa su un terreno in discesa.

I visitatori hanno libero accesso a questo labirinto sobrio e silenzioso da qualsiasi punto e possono muoversi in modo indipendente. All'inizio, la vasta griglia di blocchi di cemento può sembrare austera e non coinvolgente, ma prendetevi il tempo di percepire la freddezza della pietra e il gioco di luce e ombra, poi infilatevi senza una direzione precisa negli stretti passaggi e abbandonatevi al senso di disorientamento, confusione e claustrofobia che comunicano. Per una visita guidata gratuita in inglese di un'ora e mezzo presentatevi alle 15 il sabato. In tedesco le visite guidate gratuite sono sempre alle 15 ma la domenica.

Per saperne di più, entrate nell'Ort der Information (centro informazioni) nei sotterranei del labirinto che solleva il velo dell'anonimato sui sei milioni di ebrei vittime della Shoah; e lo fa in modo commovente. Una cronologia delle persecuzioni durante il Terzo Reich è seguita da una serie di sale che raccontano il destino di singoli individui e nuclei familiari: la più toccante è la **sala dei nomi**, la sala scura e più interna del centro, dove i nomi e le date di nascita e di morte degli ebrei uccisi sono proiettati sui quattro muri mentre una voce legge una breve biografia.

IN PRIMO PIANO

➡ Campo di stele
➡ Ort der Information
➡ Sala dei nomi

DA SAPERE

➡ cartina p362
➡ 📞2639 4336
➡ www.stiftung-denkmal.de
➡ Cora-Berliner-Strasse 1
➡ ingresso libero, audioguida €4
➡ ⏲24 h su 24, centro informativo 10-20 mar-dom, ultimo ingresso 19.15 apr-set; 10-19, ultimo ingresso 18.15 ott-marzo
➡ U S Brandenburger Tor

DA NON PERDERE
DEUTSCHES HISTORISCHES MUSEUM

Se siete interessati alle vicende storiche della Germania negli ultimi duemila anni, non perdete questo museo coinvolgente ospitato nella Zeughaus in stile barocco, un tempo l'arsenale reale. L'esposizione al piano superiore si concentra sulla storia tra il I secolo d.C. e la fine della prima guerra mondiale, il pianterreno segue le vicende del Novecento fino alla riunificazione delle due Germanie.

IN PRIMO PIANO
- Il mappamondo nazista
- Le sculture di Schlüter nel cortile
- I.M. Pei Bau

Collezione permanente
Tutte le pietre miliari della storia tedesca vengono trattate all'interno di un contesto europeo. Si comincia dall'occupazione romana e si prosegue con l'incoronazione di Carlo Magno a imperatore del Sacro Romano Impero e alla vita di tutti i giorni nel Medioevo. Si passa quindi a Martin Lutero e la Riforma protestante, alla sanguinosa Guerra dei Trent'anni e agli equilibri politici successivi, per raccontare poi le guerre napoleoniche, la restaurazione e infine la nascita del Reich tedesco nel 1871. La prima guerra mondiale, alla fine della quale la monarchia collassò, il breve periodo della Repubblica di Weimar, l'ascesa del nazismo, le vicende del secondo conflitto bellico e infine la divisione durante la Guerra Fredda sono tutti temi, ovviamente, trattati con grande dettaglio. La mostra finisce all'anno 1994, quando le truppe degli Alleati lasciarono definitivamente il suolo tedesco.

DA SAPERE
- cartina p362
- 203 040
- www.dhm.de
- Unter den Linden 2
- interi/ridotti €8/4
- ⏰10-18
- 🚌100, 200, ⓈFriedrichstrasse, Hackescher Markt, ⓊFranzösische Strasse

L'esposizione si avvale di una gran quantità di reperti – documenti, dipinti, libri, oggetti della vita quotidiana, mobili, abiti originali – e mette a disposizione dei visitatori stazioni di ascolto di testi e display interattivi. Uno degli oggetti più antichi è una pietra miliare romana del III secolo; ci sono poi una splendida armatura medievale per cavallo e cavaliere, una tenda ottomana dell'assedio di Vienna e il cappello di feltro e la spada che Napoleone indossava a Waterloo. Tra gli oggetti più insoliti una clessidra da pulpito, usata nelle chiese riformate perché il sermone non durasse più di un'ora. Un reperto impressionante è il grande mappamondo che in epoca nazista si trovava nell'ufficio Affari Esteri e che ha fori di proiettile dove dovrebbe trovarsi la Germania. Tra quelli più recenti un Robotron del 1985, il primo PC prodotto nella DDR.

L'edificio
La Zeughaus, usata come arsenale militare fino al 1876, nacque dalla collaborazione di tre architetti: Johann Arnold Nering, Martin Gruenberg e Andreas Schlüter. Completato nel 1730, è l'edificio più antico di Unter den Linden e un bell'esempio di architettura barocca a scopi civili. E questo soprattutto grazie alle magnifiche sculture di Schlüter, soprattutto quelle nelle facciate che danno sul cortile dalla copertura in vetro: le teste di soldati morenti con il viso contorto dagli spasimi dell'agonia intendevano rappresentare i nemici sconfitti, ma agli occhi contemporanei sembrano quasi un manifesto antibellico.

I.M. Pei Bau
Le mostre temporanee, sempre di alto livello, occupano la moderna dépendance del museo progettata dall'architetto sino-americano I.M. Pei. Fronteggiata da una spirale in vetro, questo spazio espositivo fatto tutto di triangoli, rettangoli e cerchi è crudamente geometrico, ma pervaso da un senso di luminosità che gli deriva dall'ampio atrio e dall'uso generoso del vetro.

CHE COSA VEDERE

⊙ Regierungsviertel

REICHSTAG EDIFICIO STORICO
V. p76.

BUNDESKANZLERAMT EDIFICIO PUBBLICO
Cartina p362 (Willy-Brandt-Strasse 1; ⊘chiuso al pubblico; ▣100, Ⓤ Bundestag) La 'Casa Bianca' tedesca, la sede della Cancelleria Federale, è uno scintillante e moderno edificio progettato da Axel Schultes e Charlotte Frank. La costruzione dalla forma ad 'H' consiste in due lunghi blocchi di uffici, costeggianti un cubo centrale bianco che ospita gli uffici del cancelliere. La scultura in acciaio arrugginito chiamata *Berlin*, opera dell'artista basco Eduardo Chillida, ingentilisce il piazzale orientale. L'architettura nel suo complesso si può ammirare al meglio dal ponte, il Moltkebrücke, oppure dalla passeggiata lungo la sponda nord del fiume.

PAUL-LÖBE-HAUS EDIFICIO PUBBLICO
Cartina p362 (Konrad-Adenauer-Strasse; ▣100, Ⓤ Bundestag, Ⓢ Hauptbahnhof) L'edificio in vetro e cemento della Paul-Löbe-Haus ospita gli uffici delle commissioni parlamentari del Bundestag. Visto dall'alto assomiglia a un doppio pettine mentre all'interno l'atrio è tanto lungo da ricordare una pista da bowling per giganti. È collegato con un doppio ponte pedonale alla Marie-Elisabeth-Lüders-Haus dall'altro lato della Sprea, formando un simbolo visivo della riunificazione. L'orario d'apertura della struttura varia a seconda dei lavori parlamentari.

FREE MARIE-ELISABETH-LÜDERS-HAUS EDIFICIO PUBBLICO
Cartina p362 (www.bundestag.de; Schiffbauerdamm; ⊘edificio chiuso al pubblico, mostre 11-17 mar-dom; Ⓤ Bundestag, Ⓢ Hauptbahnhof) La Marie-Elisabeth-Lüders-Haus ospita la biblioteca parlamentare. Gli elementi architettonici che più colpiscono sono l'imponente scalinata che si allarga man mano che sale, un tetto piatto che si protende come un trampolino e un cubo con gigantesche finestre circolari che ospita la sala di lettura della biblioteca. Ci sono due spazi accessibili dalla passeggiata pedonale lungo il fiume: la **Wall Installation di Ben Wagin** (cartina p362; Konrad-Adenauer-Strasse; ingresso libero; ⊘13-19 ven-dom) e la **Kunst-Raum** (cartina p362; ☏2273 2027; ingresso libero; ⊘11-17 mar-dom), che espone opere di arte contemporanea dalla forte impronta politica.

PARLAMENT DER BÄUME MONUMENTO COMMEMORATIVO
Cartina p362 (all'angolo tra Schiffbauerdamm e Adele-Schreiber-Krieger-Strasse; Ⓤ Bundestag) Il Parlamento degli Alberi è un'installazione artistica creata da Ben Wagin per commemorare le vittime del Muro. Accanto al luogo un tempo occupato dal Muro ci sono alberi, pietre, immagini, testi, una sezione del Muro originale e il nome di 258 vittime inciso su lastre di granito.

STRASSE DES 17 JUNI STRADA
Cartina p362 (Ⓤ Brandenburger Tor, Ⓢ Brandenburger Tor) L'ampio viale che taglia in due il Tiergarten deve il suo nome alla rivolta dei lavoratori del 1953 a Berlino Est repressa nel sangue. In origine collegava il palazzo reale prussiano in Unter den Linden con lo Schloss Charlottenburg e veniva chiamato Charlottenburger Chaussee. Nel 1937 Hitler fece raddoppiare la sua larghezza e lo trasformò in una via trionfale punteggiata di svastike chiamata 'Asse Est-Ovest'.

Il tratto di Strasse des 17 Juni tra la Porta di Brandeburgo e la Siegessäule (la colonna della vittoria, 2 km a ovest della Porta di Brandeburgo) diventa luogo di grandi feste di strada, come quella nella notte di Capodanno o in occasione del Christopher Street Day (p23).

SOWJETISCHES EHRENMAL TIERGARTEN MONUMENTO COMMEMORATIVO
Cartina p362 (Strasse des 17 Juni; Ⓤ Ⓢ Brandenburger Tor) L'imponente monumento commemorativo ai soldati sovietici si affaccia sulla Strasse des 17 Juni affiancato da due carri armati russi T-34 che si dice siano stati tra i primi a entrare a Berlino nel 1945. Fu costruito da operai tedeschi per ordine dei sovietici e completato in pochi mesi appena dopo la fine della guerra. Più di 2000 soldati dell'Armata Rossa morti combattendo nell'epica Battaglia di Berlino sono sepolti dietro la colonnata.

HAUS DER KULTUREN DER WELT EDIFICIO CULTURALE
Cartina p362 (☏397 870; www.hkw.de; John-Foster-Dulles-Allee 10; biglietto d'ingresso variabile; ⊘mostre 11-19 mer-lun; ▣100, Ⓤ Bundestag) La Casa delle Culture del Mondo è uno dei centri internazionali più stimati per lo scambio culturale tra vari paesi del mondo. È una vetrina perfetta per il mondo delle arti non europee

– arte, musica, danza, letteratura, film e teatro – ed è anche un forum di discussioni sui temi socio-culturali più scottanti. Lo stravagante edificio, progettato da Hugh Stubbins come il contributo statunitense alla mostra di architettura Interbau del 1957, è coperto da un tetto a forma di parabola che sfida la legge di gravità e che ha spinto i berlinesi a soprannominare l'edificio 'l'ostrica incinta'.

La vasca d'acqua dai profili arrotondati ha al centro la scultura di Henry Moore *Large Divided Oval: Butterfly*, le cui linee ricordano quelle dell'edificio. Un concerto computerizzato risuona tutti i giorni alle 12 e alle 18 dalle 68 campane del carillon all'esterno dell'edificio. La domenica dal 15 da maggio a settembre (e anche alle 14 in dicembre) un *carillonneur* esegue concerti dal vivo. La Haus der Kulturen si trova 750 m a ovest del Reichstag percorrendo Scheidemannstrasse e John-Foster-Dulles-Allee.

DENKMAL FÜR DIE IM NATIONALSOZIALISMUS VERFOLGTEN HOMOSEXUELLEN   MONUMENTO COMMEMORATIVO

Cartina p362 (Ebertstrasse; ⏱24 h su 24; Ⓤ Brandenburger Tor, Potsdamer Platz; Ⓢ Ⓤ Brandenburger Tor, Potsdamer Platz) Il Monumento commemorativo per gli omosessuali perseguitati dal regime nazista getta luce sulle sofferenze patite dalla comunità gay in tutta Europa durante gli anni della dittatura. Davanti allo Holocaust Mahnmal si trova un cubo di cemento alto 4 m progettato dagli artisti norvegesi-danesi Michael Elmgreen e Ingar Dragset. Attraverso una finestrella deformata si vede un video che si ripete in continuazione di una coppia gay che si bacia.

◎ Pariser Platz e Unter den Linden

PORTA DI BRANDEBURGO E PARISER PLATZ   SIMBOLO STORICO
V. p78.

HOLOCAUST MAHNMAL   MONUMENTO COMMEMORATIVO
V. p79.

DEUTSCHES HISTORISCHES MUSEUM   MUSEO
V. p80.

FREE   BUNKER DI HITLER   SITO STORICO
Cartina p362 (all'angolo tra In den Ministergärten e Gertrud-Kolmar-Strasse; ⏱24 h su 24; Ⓤ Ⓢ Bran-

> **SI DICE SUL POSTO**
>
> ### L'ARTE E LE AUTOMOBILI
>
> È tutto un tripudio di auto scintillanti all'**Automobil Forum Unter den Linden** (cartina p362; ☎2092 1200; www.volkswagenag.com/content/afb/content/de/homepage.html; Unter den Linden 21; ⏱10-20; 🚌100, 200, Ⓤ Französische Strasse, Friedrichstrasse), l'elogio dell'auto in quanto tale, dove produttori come Volkswagen, Bugatti e Bentley mostrano gli ultimi modelli. Ma anche chi non sa distinguere un pistone da un carburatore può entrare a vedere le mostre d'arte organizzate nel sottorraneo a ingresso gratuito. Di frequente ci sono spettacoli che utilizzano vari media, dalla fotografia alla pittura alla musica elettronica.

denburger Tor) Berlino stava bruciando e i carri armati sovietici avanzavano inesorabilmente quando Adolf Hitler si rintanò nel suo bunker insieme alla sua più intima sostenitrice e compagna di lunga data Eva Braun, che aveva sposato qualche ora prima: i due si suicidarono insieme, lei ingerendo una capsula di cianuro e lui sparandosi un colpo alla testa. Dopo la guerra, il bunker fu fatto esplodere, inondato d'acqua e poi riempito di terra. Oggi è un semplice parcheggio, ma un pannello espositivo (in tedesco e in inglese) illustra in un diagramma la vasta rete sotterranea di bunker, i dati costruttivi e cosa accadde nel dopoguerra.

MADAME TUSSAUDS   MUSEO

Cartina p362 (☎01805-545 800; www.madametussauds.com/berlin; Unter den Linden 74; adulti/bambini €21/16; ⏱10-19, ultimo ingresso alle 18, 10-21, ultimo ingresso alle 20 in agosto; 🚌100, Ⓤ Ⓢ Brandenburger Tor) Non ci sono VIP in città da ammirare? Non agitatevi: in questo leggendario museo delle cere i vari Lady Gaga, Obama e Marilyn rimangono fermi – molto fermi – per consentirvi di catturarli in qualche fotografia. E potrete anche toccarli! Cercate sul sito web le occasioni con i biglietti scontati.

Ci sono moltissime personalità tedesche e internazionali, tra cui politici (Marx, Dalai Lama), artisti (Marlene Dietrich), sportivi (Muhammad Ali, Boris Becker), musicisti (i Beatles, Michael Jackson) e star di Hollywood (George Clooney, Nicole Kidman). La figura più controversa è certamente la copia in cera di Adolf Hitler, raffigurato come un uomo sconfitto, rintanato nel bunker. Il giorno dell'inaugurazione per vincere una scommessa fatta sotto l'influsso dell'alcol un disoccupato del posto gli tagliò la testa. Quest'ultima è stata prontamente riattaccata e se vi interessa sapere come, visitate la parte del museo che spiega le tecniche della modellazione della cera.

FREE TRÄNENPALAST — MUSEO

Cartina p362 (4677 7790; www.hdg.de; Reichstagsufer 17; 9-19 mar-ven, 10-18 sab e dom, lun chiuso; U Friedrichstrasse, S 100) Durante la Guerra Fredda le lacrime scorrevano a fiumi in questo posto di confine, dove i berlinesi dell'est dovevano dire addio ai loro parenti occidentali venuti in visita: da ciò venne il nome 'palazzo delle lacrime'. Una nuova mostra utilizza oggetti originali (come le claustrofobiche cabine dove si controllavano i passaporti), fotografie, spezzoni di documentari d'epoca e interviste per documentare l'impatto che la divisione ebbe sulla vita quotidiana dei berlinesi di ognuno dei due lati del Muro.

BEBELPLATZ — PIAZZA E MONUMENTO

Cartina p362 (100, 200, U Französische Strasse, Hausvogteiplatz) In questa piazza pavimentata i membri del Nationalsozialistische Deutsche Studentenbund (Associazione studentesca tedesca nazional socialista) il 10 maggio 1933 diedero alle fiamme le opere di autori considerati sovversivi, tra i quali Bertolt Brecht, Thomas Mann, Karl Marx e altri. La *Biblioteca vuota*, un'installazione di Micha Ullmann, che si intravede sotto un vetro posto al centro della piazza, mantiene vivo il ricordo di questo barbaro avvenimento.

La piazza, chiamata così in onore di August Bebel, co-fondatore del Partito Socialdemocratico (SPD), era l'Operaplatz quando fu concepita come punto focale del Forum Fridericianum, il progetto di Federico il Grande che intendeva creare un centro intellettuale e artistico ispirato all'antica Roma. Purtroppo, però, le onerose avventure belliche del re prosciugarono le casse dello stato e resero impossibile il completamento di un'opera tanto grandiosa; tuttavia, alcuni degli edifici previsti furono realizzati, tra i quali la Staatsoper Unter den Linden (l'ente lirico), la Alte Königliche Bibliothek (la biblioteca reale), un palazzo per il fratello del re Heinrich (oggi la Humboldt Universität) e la Sankt-Hedwigs-Kathedrale.

SANKT-HEDWIGS-KATHEDRALE — CHIESA

Cartina p362 (203 4810; www.hedwigs-kathedrale.de; Behrenstrasse 39; 10-17 lun-sab, 13-17 dom; 100, 200, U Französische Strasse, Hausvogteiplatz) Nientemeno che il Pantheon di Roma fornì l'ispirazione all'architetto Knobelsdorff nella progettazione della Cattedrale di Santa Edvige (1773), la cui gigantesca cupola di rame domina Bebelplatz. Federico il Grande diede alla chiesa il nome della santa patrona della Slesia, la regione che le sue truppe strapparono alla Polonia proprio in quegli anni. Questa fu l'unica chiesa di culto cattolico di Berlino fino al 1854: praticamente rasa al suolo durante la seconda guerra mondiale, presenta un interno moderno a pianta circolare, coperto da una cupola nervata e contrassegnato da sculture gotiche e da una copia della *Pietà* di Michelangelo.

Durante la seconda guerra mondiale fu un centro della resistenza cattolica sotto la guida di padre Bernard Lichtenberg, che morì mentre veniva deportato a Dachau nel 1943 ed è sepolto nella cripta.

FREE NEUE WACHE — EDIFICIO STORICO

Cartina p362 (Unter den Linden 4; 10-18; 100, 200, U Hausvogteiplatz) Questa struttura che si ispira a un tempio della Roma classica e ha una doppia fila di colonne, progettata da Karl Friedrich Schinkel nel 1818, era in origine la sede della guardia reale: oggi è un monumento in memoria delle 'vittime della guerra e della tirannia'. Il cortile interno originale fu coperto nel 1931 e il raggio di luce

---

> **VISTA CON BRIVIDO**
>
> Alzatevi in volo (ma senza andar lontano) per 15 minuti con la mongolfiera **Berlin Hi-Flyer** (cartina p362; 5321 5321, per le condizioni del vento 226 678 811; www.air-service-berlin.de; all'angolo tra Wilhelmstrasse e Zimmerstrasse; interi/ridotti €19/13; 10-22 apr-ott, 11-18 nov-marzo, chiuso 20 dic-2 gen, partenze ogni 15 min; U Kochstrasse). che rimane ancorata al suolo mentre voi vi innalzate senza alcun rumore fino a 150 m di altezza per godere della vista sulla città. Il pilota vi aiuterà a riconoscere i monumenti più importanti. Telefonate prima di venire perché se c'è vento la mongolfiera non decolla.

DA NON PERDERE
GENDARMENMARKT

La zona intorno a Gendarmenmarkt è Berlino al massimo dell'eleganza: questa graziosa piazza deve il suo nome ai *Gens d'Armes*, un reggimento prussiano del XVIII secolo composto da ugonotti arrivati dalla Francia nel 1685. Il luogo di culto principale degli ugonotti era il **Französischer Dom** (cartina p362; 229 1760; www.franzoesischer-dom.de; Gendarmenmarkt; chiesa: ingresso gratuito, museo: interi/ridotti €2/1, torre interi/bambini €2,50/1; chiesa e museo 12-17 mar-dom, torre 10-19; Französische Strasse): il **duomo francese** ospita ogni giorno alle 12.30, da martedì a venerdì, un concerto d'organo (gratuito) che dura 20 minuti mentre la **torre** ha al pianoterra un piccolo museo sulla storia degli ugonotti e, saliti 284 gradini, una terrazza panoramica. Il Duomo francese è la copia esatta del **Deutscher Dom** (Duomo tedesco; cartina p362; 2273 0431; Gendarmenmarkt 1; ingresso e visite guidate gratuite; 10-19 mar-dom mag-set, 10-18 ott-apr; Französische Strasse, Stadtmitte) proprio di fronte, sede di una mostra sulla storia politica della Germania.

A completare questo armonico insieme di edifici è la **Konzerthaus** (auditorium) di Schinkel, di fronte alla quale si erge lo **Schiller Denkmal**, ossia una statua di Friedrich Schiller, il celebre filosofo, poeta e drammaturgo tedesco del XVIII secolo.

IN PRIMO PIANO

➡ Un concerto alla Konzerthaus

➡ Salire in cima alla torre del Französischer Dom

DA SAPERE

➡ cartina p362
➡ 24 h su 24
➡ Französische Strasse, Stadtmitte

---

che vi penetra va a colpire la commovente scultura di Käthe Kollwitz *Mutter mit totem Sohn* (Madre con il figlio morto), nota anche come *Pietà*. Sotto l'austera sala sono sepolti i resti di un milite ignoto e di una vittima di un campo di sterminio.

FREE FRIEDRICHSWERDERSCHE KIRCHE
MUSEO

Cartina p362 (266 424 242; www.smb.museum/fwk; Werderscher Markt; 10-18; 100, 200, Hausvogteiplatz) Questa chiesa dalle sottili torrette è un raro progetto neogotico di Schinkel (1830) e spicca in mezzo alla Werderscher Markt. La navata a luce soffusa è ora un museo di scultura tedesca del XIX secolo, con opere di Johann Gottfried Schadow, Christian Daniel Rauch e Christian Friedrich Tieck. Il piano superiore è dedicato a una mostra sulla vita e le opere dello stesso Schinkel.

L'imponente edificio postmoderno vicino alla chiesa è la sede del Ministero degli Esteri tedesco.

Gendarmenmarkt

FRIEDRICHSTADTPASSAGEN
CENTRO COMMERCIALE

Cartina p362 (Friedrichstrasse tra Französische Strasse e Mohrenstrasse; 10-20 lun-sab; Französische Strasse, Stadtmitte) Anche se non siete particolarmente interessati ad acquistare modelli di Gucci e Prada, una passeggiata attraverso questa triade di complessi commerciali dal design interessante (chiamati *Quartier*), collegati tra loro da sottopassaggi, non mancherà di stupirvi. Quelli che colpiscono di più sono l'imbuto di plexiglass traslucido che riflette la luce all'interno delle Galeries Lafayette progettato da Jean Nouvel, il Quartier 206 che si ispira all'art déco in vetro e marmo bianco e nero e la torre alta tre piani nel Quartier 205 di John Chamberlain, l'artista americano famoso per le sue azzardate sculture metalliche fatte di parti di automobili rottamate.

MAX PLANCK SCIENCE GALLERY

FREE — GALLERIA SCIENTIFICA

Cartina p362 (✆4990 5630; www.max-planck-science-gallery.de; Markgrafenstrasse 37; ◷10-18 lun-mer e ven, 10-20 gio; Ⓤ Hausvogteiplatz) Scoperte scientifiche e ricerche d'avanguardia portate avanti dagli scienziati del Max Planck Institut vengono messe a disposizione di un pubblico non specialistico in questa galleria digitale. In quest'unico spazio minimalista i confini tra il mondo virtuale e quello reale si confondono grazie ai terminali interattivi in 3D. Le mostre cambiano ogni tre mesi.

EMIL NOLDE MUSEUM

MUSEO

Cartina p362 (✆4000 4690; www.nolde-stiftung.de; Jägerstrasse 55; interi/ridotti €8/3, audioguida €4; ◷10-19; Ⓤ Französische Strasse, Hausvogteiplatz) Fiori dai colori brillanti, mari in tempesta e donne dalle labbra rosse con enormi cappelli: gli oli e gli acquarelli di Emil Nolde (1867-1956) sono intensi, a volte malinconici ed emotivamente coinvolgenti. Si può ammirare una selezione delle opere di una delle figure chiave dell'Espressionismo tedesco, in mostra a rotazione, all'interno di una ex-banca dell'Ottocento convertita brillantemente in sede espositiva.

Membro del gruppo di artisti di Die Brücke, Nolde aveva un'affezione particolare per la città di Berlino e, a partire dal 1905, vi trascorse molti inverni insieme alla moglie Ada. Anche se Nolde era in qualche modo simpatizzante del nazionalsocialismo, il regime lo dichiarò un 'artista degenerato' e gli proibì quindi di dipingere. Ciononostante, egli lavorò in segreto a qualcosa come 1300 'dipinti non dipinti' nella sua dimora di Seebüll, nel nord della Germania.

👁 DA NON PERDERE
CHECKPOINT CHARLIE

Il Checkpoint Charlie fu il principale punto di passaggio per gli Alleati, i diplomatici e gli altri stranieri che avevano il permesso di transitare tra le due Berlino dal 1961 al 1990. Dato che fu il terzo posto di controllo a essere aperto dagli Alleati, fu chiamato 'Charlie' utilizzando la terza lettera dell'alfabeto fonetico della NATO (alfa, bravo, charlie...). L'unico momento in cui i carri armati americani e sovietici si fronteggiarono direttamente durante la Guerra Fredda avvenne qui, nell'ottobre del 1961, poco dopo l'inizio della costruzione del Muro.

Sfortunatamente, questo manifesto simbolo della Guerra Fredda si è trasformato in una squallida trappola per turisti. Accanto al famoso cartello che avvertiva 'State lasciando il settore americano' in inglese, russo, francese e tedesco i negozi di souvenir espongono sul marciapiede rastrelliere con T-shirt e modellini in plastica delle Trabi. Attori in uniforme mettono 'autentici visti della Germania Est' o posano a pagamento con i turisti di fronte alla copia della guardiola dell'esercito americano. Anche se sempre molto affollato, il Mauermuseum (p87), di proprietà privata, è apprezzato più per la cura affettuosa con cui è stato raccolto il materiale dal proprietario che per l'accuratezza dell'esposizione. L'unico aspetto che rende interessante la visita al Checkpoint Charlie è l'**esposizione all'aperto** gratuita che utilizza fotografie e documenti per illustrare le tappe storiche della Guerra Fredda. Da settembre 2012 c'è anche il panorama di Yadegar Asisi Die Mauer (p86). È in progetto per il 2015 un **Museo della Guerra Fredda** ufficiale. Se volete farvi un'idea di come sarà scrutate nella 'Blackbox'.

IN PRIMO PIANO

➡ Die Mauer – das Asisi Panorama
➡ Galleria all'aperto
➡ Mauermuseum

DA SAPERE

➡ cartina p362
➡ all'angolo tra Zimmerstrasse e Friedrichstrasse
➡ ◷24 h su 24
➡ Ⓤ Kochstrasse, Stadtmitte

DA NON PERDERE
TOPOGRAPHIE DES TERRORS

Un tempo qui sorgeva il Prinz-Albert-Palais, sede di alcune delle istituzioni più temute del Terzo Reich, tra cui il quartier generale della Gestapo e il comando centrale delle SS. Dalle loro scrivanie i gerarchi nazisti progettarono la Shoah ed emisero mandati d'arresto per gli oppositori politici, molti dei quali vennero torturati e uccisi nella tristemente famosa prigione interna della Gestapo. L'eccellente mostra chiamata 'topografia del terrore' documenta l'organizzazione dello stato nazista, traccia le varie tappe dell'escalation della politica del terrore e delle persecuzioni, dà un nome e un volto ai vari responsabili di tutto e racconta in dettaglio l'effetto che queste istituzioni brutali ebbero in tutta Europa.

Per completare la visita, chiedete un'audioguida (gratuita) e fate il giro del sito passando per 15 punti informativi con fotografie, documenti e modelli in 3D. Dalla primavera all'autunno si può vedere un'altra esposizione, intitolata 'Berlino 1933-1945: tra propaganda e terrore' situata lungo il vecchio muro perimetrale del palazzo e di fronte alle fondamenta della prigione della Gestapo. La mostra mette a fuoco il ruolo di Berlino durante il Terzo Reich e racconta come la vita dei berlinesi cambiò in modo drastico man mano che la città diventava il centro nevralgico delle relazioni di potere delle gerarchie naziste. Un tratto di 200 m del Muro di Berlino lungo Niederkirchner Strasse limita un lato del terreno.

IN PRIMO PIANO

➡ Le foto e i documenti di Berlino nel Terzo Reich
➡ Il diagramma del sistema dei campi di concentramento
➡ I pannelli che spiegano l'organizzazione delle istituzioni naziste

DA SAPERE

➡ cartina p362
➡ ☎2548 6703
➡ www.topographie.de
➡ Niederkirchner Strasse 8
➡ ⊙10-20, esterno 10-crepuscolo
➡ ♿
➡ Ⓤ Ⓢ Potsdamer Platz

FREE I MENDELSSOHN MUSEO
Cartina p362 (☎8170 4726; www.jaegerstrasse.de; Jägerstrasse 51; gradita un'offerta; ⊙12-18; ⓤHausvogteiplatz, Französische Strasse) I Mendelssohn sono una delle grandi dinastie borghesi tedesche, iniziata dal filosofo Moses Mendelssohn (1729-86), il fondatore del movimento dell'illuminismo giudaico. Nel 1815 i suoi figli Joseph e Abraham (quest'ultimo padre del compositore Felix Mendelssohn-Bartholdy) fondarono una banca privata in Jägerstrasse 51, storicamente il quartiere delle banche a Berlino. La banca venne forzatamente liquidata dai nazisti, costringendo così molti membri della famiglia a fuggire all'estero. A seguito dell'iniziativa di un gruppo di abitanti di Jägerstrasse, una mostra ospitata in quella che inizialmente era la rimessa delle carrozze della casa padronale (che poi divenne la banca dei Mendelssohn), traccia i destini e le storie individuali dei membri di questa importante famiglia.

Numerose altre personalità hanno legami con Jägerstrasse, tra cui Alexander von Humboldt, che nacque al n. 22, e il pittore Georg Grosz che visse al n. 63. Rahel Varnhagen teneva il suo salotto letterario al n. 54, oggi sede del ristorante Vau.

⊙ Checkpoint Charlie

DIE MAUER - DAS ASISI PANORAMA INSTALLAZIONE
Cartina p362 (www.asisi.de; all'angolo tra Friedrichstrasse e Zimmerstrasse; interi/ridotti €10/8,50; ⊙10-18; ⓤKochstrasse) Per molti di noi è difficile immaginarsi com'era Berlino durante la Guerra Fredda. Yadegar Asisi ci aiuta a capirlo. L'ultima impresa dell'artista berlinese, specializzato in panorami a 360° monumentali e minuziosamente dettagliati, si trova in una struttura metallica circolare appositamente costruita vicino al Checkpoint Charlie e ripropone in modo vivido una scena di vita quotidiana dall'una e dall'altra parte del Muro in un ipotetico giorno d'autunno degli anni '80. Il panorama rimarrà aperto al pubblico fino alla fine del 2013.

MAUERMUSEUM
MUSEO

Cartina p362 (Haus am Checkpoint Charlie; ☎253 7250; www.mauermuseum.de; Friedrichstrasse 43-45; interi/ridotti €12,50/9,50; ◎9-22; ⓤKochstrasse) Gli anni della Guerra Fredda sono raccontati in modo poco ordinato ma con le migliori intenzioni in questo museo privato, che calamita l'attenzione dei turisti. La sezione migliore è quella che narra il coraggio e l'ingenuità dei cittadini della DDR che tentarono di scappare all'Ovest usando palloni aerostatici, gallerie, scomparti nascosti delle automobili e persino un sottomarino con un solo uomo di equipaggio. Altre sale (tutte con pannelli esplicativi in varie lingue) si concentrano su eventi storici che segnarono la vita della città, compresi il Ponte aereo, la rivolta operaia del 1953 a Berlino Est, la costruzione del Muro e la riunificazione.

Una nuova esposizione getta luce su Raoul Wallenberg, un diplomatico svedese che riuscì a salvare dai campi di concentramento 100.000 ebrei che vivevano a Budapest.

FREE STASI AUSSTELLUNG
MUSEO

Cartina p362 (☎2324 7951; www.bstu.bund.de; Zimmerstrasse 90; ◎10-18; ⓤKochstrasse, Stadtmitte) Per quarant'anni nella Germania Est il Ministero della Sicurezza Statale (Stasi) ha controllato, manipolato e represso i propri concittadini con lo scopo di liberarsi di ogni 'elemento ostile negativo' che avrebbe potuto minacciare il regime. Utilizzando oggetti di quell'epoca, documenti e pannelli informativi, l'esposizione, divisa in nove sezioni, racconta la storia della Stasi e dell'accuratezza zelante che guidava le sue azioni, getta luce sulla strutturazione del ministero, sui metodi e sulle persone usati per spiare la gente e spiega in che modo controllava la vita dei cittadini in fatto di viaggi, luoghi di culto, istruzione e persino in campo sportivo.

MUSEUM FÜR KOMMUNIKATION BERLIN
MUSEO

Cartina p362 (☎202 940; www.mfk-berlin.de; Leipziger Strasse 16; interi/ridotti €4/2; ◎9-20 mar, 9-17 mer-ven, 10-18 sab e dom; ⓤMohrenstrasse, Stadtmitte) Tre sfacciati robot vi danno il benvenuto in questo elegante museo, che vi trascinerà in una divertente passeggiata attraverso l'evoluzione della tecnologia della comunicazione, dai segnali di fumo ai computer. Ammirate qualche rarità, come i francobolli rossi e blu delle Mauritius, provate qualche tecnica di comunicazione da tempo dimenticata e riflettete sui cambiamenti che l'informatica ha prodotto nelle nostre vite. Una guida multimediale con iPod touch (€1,50) fornisce tutte le informazioni necessarie.

DEUTSCHES CURRYWURST MUSEUM
MUSEO

Cartina p362 (☎8871 8630; www.currywurstmuseum.de; Schützenstrasse 70; interi/ridotti €11/8,50; ◎10-22; ⓤStadtmitte, Kochstrasse) Il Currywurst, lo street food più amato di Berlino, ha oggi un suo museo. Annusate i segreti del curry nella sala delle spezie, scoprite che tipo di curry siete, imparate la storia del würstel e guardate il filmato su una donna alla ricerca del Currywurst migliore. Un po' sciocco? Forse. Ma è anche divertente e istruttivo.

EX REICHSLUFTFAHRT-MINISTERIUM
EDIFICIO STORICO

Cartina p362 (Leipziger Strasse 5-7; ◎chiuso al pubblico; ⓤKochstrasse) Progettato da Ernst Sagebiel, il Ministero dell'Aviazione del Reich fu il luogo da cui esercitò il suo immenso potere Hermann Göring (numero due della Germania nazista). La gigantesca struttura è uno dei pochi edifici monumentali del Terzo Reich passato praticamente indenne attraverso i bombardamenti alleati. Dopo la guerra l'edificio ospitò vari ministeri della DDR: oggi è la sede del Ministero delle finanze federale. Ha più di 2000 stanze ed è il più grande complesso di uffici d'Europa. Nel 2007 gli esterni furono utilizzati come location per il film *Operazione Valchiria*.

✖ PASTI

Il quartiere di Mitte abbonda di ristoranti alla moda, con arredi interni favolosi, clientela cosmopolita e menu originali. Ebbene sì, in alcuni casi c'è più fumo che arrosto, ma la gente che viene per mettersi in mostra non sembra farci troppo caso. Questa zona ha anche la maggior densità di ristoranti premiati con una o più stelle Michelin.

✖ Regierungsviertel

BERLIN PAVILLON CUCINA INTERNAZIONALE €

Cartina p362 (☎2065 4737; www.berlin-pavillon.de; Scheidemannstrasse 1; portate principali €2,50-9; ☐100, ⓤBundestag, Brandenburger Tor, Ⓢ Brandenburger Tor) Per un pasto veloce questo self service per turisti al confine di Tiergarten è

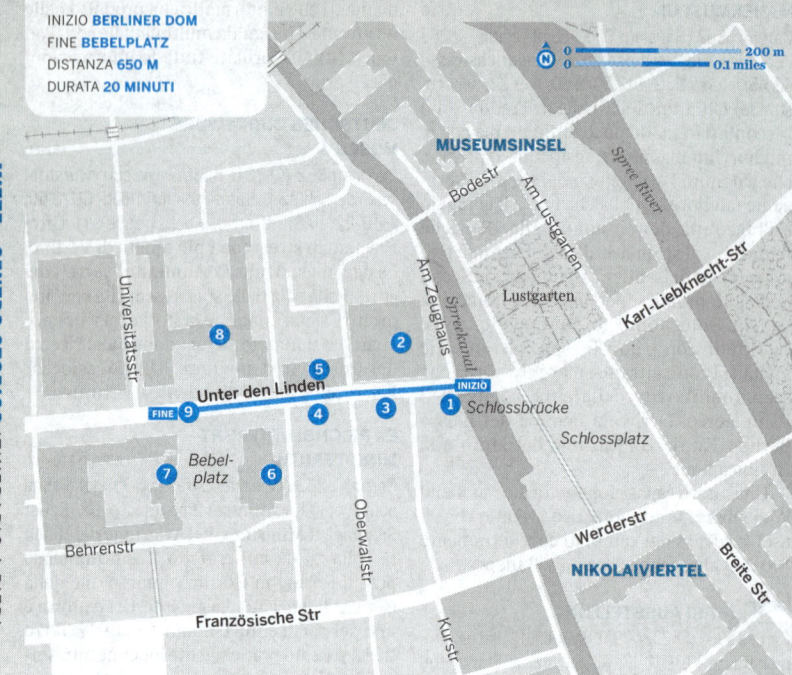

INIZIO **BERLINER DOM**
FINE **BEBELPLATZ**
DISTANZA **650 M**
DURATA **20 MINUTI**

Itinerario a piedi
Una Berlino regale

In vista della ricostruzione del palazzo reale degli Hohenzollern, questo tour vi porta a visitare le vestigia prussiane allineate lungo Unter den Linden. La passeggiata comincia allo ❶ **Schlossbrücke**, che sarebbe solo un vecchio ponte se non fosse ingentilito dalle meravigliose sculture in marmo disegnate da Karl Friedrich Schinkel. Alla vostra destra la ❷ **Zeughaus** era un tempo l'arsenale; oggi è un museo storico.

Dal lato opposto, il barocco ❸ **Kronprinzenpalais** fu costruito come residenza del principe ereditario e futuro re Federico il Grande. Negli anni '20 il pubblico vi faceva la fila per ammirare le opere dei migliori artisti del momento, finché il nazismo non le definì 'degenerate' e chiuse la pinacoteca. Venne firmato qui, il 31 agosto 1990, il trattato che ratificò la riunificazione tra le due Germanie. Di fianco il ❹ **Prinzessinnenpalais** nacque come palazzo per il tesoriere dello stato prussiano, prima di diventare la residenza delle figlie del re. La ❺ **Neue Wache** dall'altra parte della strada era la sede delle guardie reali, ora è un monumento contro la guerra.

L'opulento teatro lirico ❻ **Staatsoper Unter den Linden**, progettato da Knobelsdorff, ha ingentilito Bebelplatz sin dal 1743 (è ora chiuso per restauri). Sul lato ovest di Bebelplatz la ❼ **Alte Königliche Bibliothek** (biblioteca reale) grazie all'elegante facciata curva è stata soprannominata *Kommode* (comò). Oggi è la sede della facoltà di legge della ❽ **Humboldt Universität**, la più antica università di Berlino, che dal 1810 occupa un antico palazzo reale. Marx ed Engels studiarono qui, e nella lunga lista di professori famosi figurano i fratelli Grimm e Albert Einstein. Dalle sue aule sono usciti almeno 29 premi Nobel.

Sembra passare in rassegna il suo regno il re Federico il Grande che con posa dominante si erge a cavallo nel ❾ **Reiterdenkmal Friedrich des Grossen**. Per la realizzazione del monumento (terminato nel 1850) Christian Daniel Rauch impiegò una decina d'anni. Sul plinto compare una lista di famosi militari, scienziati, artisti e pensatori tedeschi.

molto comodo: serve prime colazioni, torte e semplici piatti caldi. In estate il Biergarten dà modo di riposarsi all'ombra.

🍴 Pariser Platz e Unter den Linden

ISHIN – MITTELSTRASSE   GIAPPONESE   €€
Cartina p362 (www.ishin.de; Mittelstrasse 24; piatti €7-18; ⏲11-22 lun-sab; Ⓤ Ⓢ Friedrichstrasse) Non fatevi ingannare dall'aspetto simile a una tavola calda, perché qui si gusta un sushi favoloso a un prezzo irrisorio. I piatti composti hanno una scelta ampia e sono affidabili, soprattutto nelle happy hour (dalle 11 alle 16 e tutto il giorno mercoledì e sabato). Non avete voglia di pesce crudo? Scegliete una scodella di riso al vapore con carne e/o verdure. Un tocco simpatico: tè verde a volontà. C'è un'altra filiale vicino al **Checkpoint Charlie** (cartina p362; Charlottenstrasse 16; Ⓤ Kochstrasse).

COOKIES CREAM   VEGETARIANO   €€€
Cartina p362 (☎2749 2940; www.cookiescream.com; Behrenstrasse 55; portate principali €20, menu da tre portate €36; ⏲cena mar-sab; 🍴; Ⓤ Französische Strasse) Un applauso a chi riesce a trovare al primo colpo questo paradiso chic per vegetariani. Un indizio: è al primo piano e si entra dal vicolo di servizio del Westin Grand Hotel. Suonate il campanello ed entrate in uno spazio di design industriale dove i piatti non hanno grassi animali ma sono gustosi e con ingredienti di stagione. Chi mangia qui entra gratis all'omonimo locale notturno, al piano sottostante.

CANTINA   FUSION   €€€
Cartina p362 (☎2758 2070; www.tausendberlin.com; Schiffbauerdamm 11; portate principali €15-30; ⏲cena mar-sab; Ⓤ Friedrichstrasse, Ⓢ Friedrichstrasse) Succede qualcosa di magico nella 'cantina' dell'elegante bar Tausend, e gli appassionati del mangiar bene ne sono entusiasti. Le creazioni culinarie dello chef Duc Ngo sono un capolavoro alchemico che mescola sapori giapponesi, mediterranei e sudamericani. Tonno sott'olio viene appaiato a foie gras e risotto, mentre la crème brûlée è arricchita sapientemente con fagioli azuki dolcificati.

SRA BUA   PAN-ASIATICO   €€€
Cartina p362 (☎301 117 324; www.srabua-adlon.de; Behrenstrasse 72; ⏲cena lun-sab; 🍽100, Ⓤ Ⓢ Brandenburger Tor) Da aprile 2013 questo nuovo ristorante all'interno dell'Hotel Adlon-Kempiski (che si definisce un 'melting pot culinario') propone piatti asiatici con influssi europei che intessono i sapori come i ricami di un arazzo raffinato.

🍴 Gendarmenmarkt

AUGUSTINER AM GENDARMENMARKT   TEDESCO   €€
Cartina p362 (☎2045 4020; www.augustiner-braeu-berlin.de; Charlottenstrasse 55; portate principali €6-19; ⏲10-1; Ⓤ Französische Strasse) I turisti si accomodano accanto ai buongustai e a chi torna da un concerto o da teatro intorno alle rustiche tavole in questa birreria bavarese che è sorprendentemente genuina. Godetevi l'atmosfera semplice insieme a un boccale di corposa Augustiner. Würstel, maiale e brezel forniscono un sostentamento altamente calorico, ma ci sono molti altri piatti (anche senza carne) e specialità a prezzo fisso a pranzo con un buon rapporto qualità-prezzo.

CHIPPS   CUCINA INTERNAZIONALE   €€
Cartina p362 (☎3644 4588; www.chipps.eu; Jägerstrasse 35; portate principali €11-17; ⏲8-tardi lun-ven, 9-tardi sab e dom; Ⓤ Hausvogteiplatz) I proprietari del Cookies club e del ristorante Cookies Cream sono riusciti anche in questa loro nuova impresa commerciale a far girare la testa: questo locale ruspante, con cucina a vista e vetrine panoramiche in una tranquilla strada laterale ha esposte prime colazioni all'inglese, insalate gigantesche e pasti caldi che combinano magicamente ingredienti di stagione e prodotti della regione in piatti dal gusto intenso. La carne e il pesce qui fanno la parte del contorno.

BORCHARDT   CUCINA FRANCO-TEDESCA   €€€
Cartina p362 (☎8188 6262; www.borchardt-restaurant.de; Französische Strasse 47; portate principali €20-40; ⏲11.30-1, cucina aperta fino alle 24; Ⓤ Französische Strasse) Questa brasserie dagli alti soffitti è un'istituzione a Berlino, ed è famosa tanto per le sue succulente Wienerschnitzel (cotolette impanate) quanto per i suoi clienti: politici, giovani bellezze, uomini di potere sulla scena internazionale. L'ambientazione neobarocca con le sue colonne svettanti ostenta una tradizione che data al 1853, quando il locale fu fondato da August F.W. Borchardt, fornitore ufficiale della corte prussiana.

FISCHERS FRITZ
CUCINA INTERNAZIONALE €€€

Cartina p362 (2033 6363; www.fischersfritz berlin.com; Charlottenstrasse 49; portate principali €50-90, menu da €105; ⊙pranzo e cena; ⓊFranzösische Strasse) Anche chi per principio evita i ristoranti degli hotel deve riconoscere che Christian Lohse ha meritato le sue due stelle Michelin trasformando carne, pesce e frutti di mare in un carnevale di sapori. La sala da pranzo del Regent è formale e raffinata quanto può esserlo a Berlino, quindi lucidate le vostre scarpe e comportatevi di conseguenza. Eppure il pranzo di tre portate, che costa €47, è un assoluto affare.

VAU
CUCINA INTERNAZIONALE €€€

Cartina p362 (202 9730; www.vau-berlin.de; Jägerstrasse 54/55; portate principali a pranzo €18, cena €40, menu di 5 portate €120; ⊙12-14.30 e 19-22.30 lun-sab; ⓊHausvogteiplatz) Nello stesso locale in cui Rahel Varnhagen teneva i suoi salotti letterari un paio di secoli fa, lo chef Kolja Kleeberg, detentore di una stella Michelin, oggi vizia una clientela benestante con le sue originali creazioni d'alta cucina. Quando il tempo è bello i tavoli nel cortile sono molto invitanti, anche se la sala da pranzo – un'armonia di vetro, acciaio, ardesia e legno progettata da Meinhard von Gerkan – è una cornice perfetta per questa cucina estrosa.

CHA CHÃ
THAILANDESE €€

Cartina p362 (206 259 613; www.eatchacha.com; Friedrichstrasse 63; ⊙11.30-22 lun-ven, 12-22 sab, 12.30-21 dom; ; ⓊStadtmitte) Vi sentite prosciugati dopo ore di visite e di shopping? Nessun problema: una bella porzione di un curry *massaman* 'attivante' dovrebbe bastare a rimettervi in forma, almeno secondo la descrizione che ne dà il menu di questo ristorante thailandese. Di tutti i piatti si racconta un effetto benefico, sia esso vitalizzante, calmante o stimolante. Un po' contorta l'idea? Forse, ma tutto è dannatamente buono.

GOOD TIME
THAILANDESE €€

Cartina p362 (2007 4870; www.goodtime-berlin.de; Hausvogteiplatz 11a; portate principali €10-19; ⊙12-24; ; ⓊHausvogteiplatz) La sala da pranzo è sempre affollata, e così il giardino interno, di clienti che vengono per assaggiare fragranti piatti thailandesi e indonesiani. Curry cremosi, gamberi succulenti, anatra arrosto o roast duck o un *rijstafel* completo (una selezione elaborata di piatti indonesiani serviti con riso al vapore) – ogni piatto appare genuino e con ingredienti freschissimi, anche se un po' accomodanti sul piccante per venire incontro ai gusti dei tedeschi.

SAGRANTINO
ITALIANO €€

Cartina p362 (2064 6895; www.sagrantino-winebar.de; Behrenstrasse 47; portate principali €10-16; ⊙7.30-24 lun-ven, 9-12 e 17-24 sab; ⓊFranzösische Strasse) L'ambientazione è così italiana che vi aspettereste di vedere fuori terrazzamenti di vigne. Vigne umbre, però, perché viene da questa regione la cucina di questo piccolo ed elegante wine bar. A pranzo la combinazione di insalata e pasta o zuppa costa solo €6,50.

✘ Checkpoint Charlie

RESTAURANT TIM RAUE
ASIATICO €€€

Cartina p362 (2593 7930; www.tim-raue.com; Rudi-Dutschke-Strasse 26; pranzo di 2/3 portate €28/38, cena di 4/6 portate €110/140; ⊙mar-sab; ⓊKochstrasse) Finalmente un ristorante premiato con due stelle dalla Michelin in cui ci si sente a proprio agio. Un'ambientazione minimalista e un design sottilmente raffinato si adattano alla perfezione al brillante stile culinario di Tim Raue ispirato alla cucina asiatica, in cui ogni piatto è un'opera d'arte che convoglia un'esplosione di gusto nella vostra bocca. Il menu cambia ogni settimana, ma la versione personale di Raue dell'anatra alla pechinese e dell'assortimento creativo del dim sum sono sempre presenti e molto apprezzati. L'assortimento di koshu (sake invecchiato) è della migliore qualità.

TAZ CAFÉ
CAFFETTERIA €

Cartina p362 (2590 2164; www.taz.de; Rudi-Dutschke-Strasse 23; portate principali €6-7; ⊙8-20; ; ⓊKochstrasse) Unitevi ai giornalisti e impiegati del quotidiano *taz* ai lunghi tavoli rosso pompiere per un pranzo con piatti che cambiano ogni giorno e fanno riferimento a tutte le cucine del mondo: gli ingredienti sono di stagione, però, e la carne da allevamenti all'aperto. Se venite di pomeriggio ci sono torte, spuntini vari e un delizioso espresso che utilizza caffè del commercio equo e solidale.

LOCALI E VITA NOTTURNA

Regierungsviertel

BERLINER REPUBLIK PUB

Cartina p362 (www.die-berliner-republik.de; Schiffbauerdamm 8; ◉10-6; Ⓤ Ⓢ Friedrichstrasse) Proprio come in una Borsa formato mini, il costo dei drink fluttua a seconda della domanda in questo rumoroso bar lungo il fiume. Tutti si comportano come i cani di Pavlov appena una campana suona annunciando i prezzi più bassi. I compagni di bevute qui sono tutt'altro che berlinesi ma il posto è comunque divertente.

TAUSEND BAR

Cartina p362 (www.tausendberlin.com; Schiffbauerdamm 11; ◉dalle 19.30 mar-sab; Ⓤ Ⓢ Friedrichstrasse) Nessuna insegna, luce, o campanello, solo un'anonima porta in ferro sotto un ponte ferroviario conduce in uno dei bar più chic di Berlino. Dietro di essa, ragazze in vena di civettare sorseggiano mojitos al lampone in compagnia di tipi con la barba di tre giorni che bevono un London Mule. L'arredo vistoso si rifà a uno stile anni '80 mentre i DJ e i gruppi dal vivo scaldano l'atmosfera. Siete affamati? Proseguite fino alla Cantina (p89). La selezione all'ingresso è severa.

Pariser Platz e Unter den Linden

COOKIES CLUB

Cartina p362 (www.cookies.ch; all'angolo tra Friedrichstrasse e Unter den Linden; ◉dalle 24 mar, gio e sab; Ⓤ Französische Strasse) Heinz Gindullis, alias Cookies, l'ha fatto di nuovo: per l'ottava volta ha reinventato il suo club, e oggi è come un campo giochi indoor completo, con piccole sale a tema (come un gabinetto degli specchi,) un negozio di 'giocattoli' e persino una cappella per i matrimoni. Al piano superiore DJ berlinesi e non, tutti al top, scaldano la pista da ballo con musica elettronica mentre la sua clientela sexy si muove tra la sala e l'adiacente Drayton Bar.

DRAYTON BAR BAR

Cartina p362 (☎280 8806; www.draytonberlin .com; Behrensstrasse 55; ◉mar-sab; Ⓤ Französische Strasse) Questo diavolo di un bar, tutto glamour e lustrini, emana una raffinatezza che si ispira agli anni '20 da ogni angolo dei suoi interni con le luci soffuse. Enormi lampade dorate a forma di pavone fiancheggiano il bancone del bar dove Christian Gentemann crea cocktail classici e 'cuisine-style' partendo da sciroppi e infusi fatti in casa, erbe aromatiche fresche e spezie accuratamente selezionate. Si entra passando al ristorante Cookies Cream. A mezzanotte il martedì, giovedì e sabato il bar 'trapassa' nel nightclub Cookies (p91).

BEBEL BAR BAR

Cartina p362 (www.hotelderome.com; Behrensstrasse 37; ◉9-1; ☐100, 200, Ⓤ Französische Strasse, Hausvogteiplatz) Risvegliate il George Clooney che è in voi e avvicinatevi al lunghissimo bancone di questo elegante locale con un'illuminazione d'atmosfera che fa parte dell'Hotel de Rome. I cocktail miscelati utilizzando solo le etichette migliori hanno un tocco innovativo e stimolante, grazie a ingredienti dirompenti, come aceto balsamico e basilico. Anche i drink lisci, però, hanno un gusto deciso. Nelle serate estive salite al rooftop bar in terrazza.

FELIX CLUB

Cartina p362 (www.felix-clubrestaurant.de; Behenstrasse 72; ◉lun, ven e sab dalle 23, gio dalle 22; Ⓤ Ⓢ Brandenburger Tor) Passato il cordone d'ingresso di questo pretenzioso club all'Hotel Adlon, vi sarà concesso di partecipare alle danze: hip-hop, dance music e disco sorseggiando champagne e flirtando a destra e a manca. Il lunedì le donne non pagano l'ingresso e ricevono un bicchiere di prosecco gratuito, mentre il giovedì è d'uso passare da qui con i colleghi e mollare un po' i freni.

Gendarmenmarkt

ASPHALT CLUB

Cartina p362 (☎2200 2396; www.asphalt-berlin .com; Mohrenstrasse 30; ◉dalle 20 gio-sab; Ⓤ Stadtmitte) Si considera (con poca modestia) il 'futuro del clubbing', e il pubblico danaroso e adulto che frequenta questo antro all'interno dell'Hilton nelle serate di weekend ama la sua illuminazione soffusa che contribuisce a rendere chiunque misterioso e attraente. Dal punto di vista musicale, va tutto quello che riempie la pista da ballo, soprattutto hip hop, disco e pop.

⭐ DIVERTIMENTI

KONZERTHAUS BERLIN
MUSICA CLASSICA

Cartina p362 (tickets 203 092 101; www.konzerthaus.de; Gendarmenmarkt 2; Stadtmitte, Französische Strasse) Uno dei più prestigiosi auditorium di Berlino – disegnato da Schinkel nel 1821 – è la sede della Konzerthausorchester e ha un cartellone che comprende concerti di artisti internazionali, serie tematiche, musica contemporanea, spettacoli per bambini e ragazzi ed esibizioni della Rundfunk-Sinfonieorchester Berlin.

ADMIRALSPALAST
SPETTACOLO

Cartina p362 (4799 7499; www.admiralspalast.de; Friedrichstrasse 101-102; Friedrichstrasse) Questo palazzo degli anni '20 splendidamente restaurato ospita spettacoli, concerti e musical di grande successo nella sua storica ed elegante sala grande ed eventi più intimi (commedie, letture, recital, spettacoli di danza e teatro) su due palcoscenici più piccoli (Admirals 101 e Studio). La programmazione è di respiro internazionale e solitamente di grosso calibro.

TIPI AM KANZLERAMT
CABARET

Cartina p362 (3906 6550; www.tipi-am-kanzleramt.de; Grosse Querallee; 100, Bundestag, Hauptbahnhof) Tra il palazzo del Cancelliere e la Haus der Kulturen der Welt c'è un grande tendone permanente: è Tipi che ha in cartellone tutto l'anno spettacoli di ottimo livello di cabaret, danza, *chanson,* equilibrismo, commedie musicali e spettacoli di magia con artisti tedeschi e stranieri. Si trova a circa 500 m ad ovest del Reichstag percorrendo la Paul-Löbe-Allee.

KOMISCHE OPER
OPERA

Cartina p362 (4799 7400; www.komische-oper-berlin.de; Behrenstrasse 55-57; 100, 200, Französische Strasse) Musical, opera buffa, operetta e danza sono i cavalli di battaglia di questo teatro d'altissimo livello di Mitte ospitato in un opulento auditorium neobarocco. I posti a sedere usufruiscono di un pratico sistema di sottotitolatura che vi consente di leggere le traduzioni in molte lingue. La **biglietteria** (cartina p362; 4799 7400; Unter den Linden 41; 11-19 lun-sab, 13-16 dom; 100, 200, Französische Strasse, Friedrichstrasse) è a Unter den Linden.

MAXIM GORKI THEATER
TEATRO

Cartina p362 (2022 1115; www.gorki.de; Am Festungsgraben 2; 100, 200, Friedrichstrasse) Il Gorki nacque nel 1952 come uno dei principali propugnatori dello stile del realismo socialista di marca sovietica (e quindi altamente ideologico). Ovviamente, da allora i toni si sono addolciti e oggi mette in scena interpretazioni contemporanee di grandi classici e spettacoli che trattano temi di interesse locale. Alcuni spettacoli sono sottotitolati.

HOCHSCHULE FÜR MUSIK HANNS EISLER
MUSICA CLASSICA

Cartina p362 (688 305 700; www.hfm-berlin.de; Charlottenstrasse 55; Stadtmitte, Französische Strasse) Gli studenti di talento di questa accademia musicale di altissimo livello fanno parte di diverse orchestre, di un coro e di una grande banda musicale, che complessivamente mettono in scena circa 400 spettacoli l'anno, molti dei quali nel Neuer Marstall (p108) in Schlossplatz, dove un tempo i reali di Prussia tenevano carrozze e cavalli. Molti eventi sono gratuiti o a prezzi modici.

🛍 SHOPPING

Per le grandi firme internazionali della moda, dirigetevi senza indugi in Friedrichstrasse – soprattutto negli eleganti Friedrichstadtpassagen, pilotati dalle luccicanti Galeries Lafayette.

DUSSMANN – DAS KULTURKAUFHAUS
LIBRI, MUSICA

Cartina p362 (2025 1111; www.kulturkaufhaus.de; Friedrichstrasse 90; 10-24 lun-ven, 10-23.30 sab; Friedrichstrasse) È facile perdere la cognizione del tempo mentre si curiosa tra i quattro piani di Dussmann, con scaffali che vanno da una parete all'altra pieni di libri, DVD e CD musicali che non trascurano nessun genere. Sono compresi servizi unici, quali il noleggio di occhiali da lettura, una caffetteria e uno spazio utilizzato per concerti, dibattiti politici e letture in pubblico di autori importanti.

GALERIES LAFAYETTE
GRANDE MAGAZZINO

Cartina p362 (209 480; www.galerieslafayette.de; Friedrichstrasse 76-78; Französische Strasse) Parte degli esclusivi Friedrichstadtpassagen, questa filiale berlinese del raffinato emporio francese è costruita intorno a un cono di vetro, che luccica con la stessa intensità di un caleidoscopio. Da qui partono tre piani di cerchi concentrici, dove, a parte gli scaffali pieni di prodotti di Prada & Co, potrete scovare qualche creazione berlinese all'ultimo grido e sperimentare le specialità del reparto gastronomia.

FASSBENDER & RAUSCH — CIOCCOLATO
Cartina p362 (2045 8443; www.fassbender-rausch.com; Charlottenstrasse 60; 10-20 lun-sab, 11-20 dom; Stadtmitte) Gli aztechi pensavano che il cioccolato fosse l'elisir degli dèi: se la loro teoria è vera, questo negozio di tartufi e praline di qualità deve essere il paradiso. Un vantaggio ulteriore: un vulcano e i monumenti simbolo di Berlino diventati gigantesche sculture di cioccolato. Nel caffè al piano superiore servono cioccolate calde e tortine buone da impazzire e si gode una bella vista su Gendarmenmarkt.

ACH BERLIN — ARTICOLI REGALO, SOUVENIR
Cartina p362 (9212 6880; www.achberlin.de; Markgrafenstrasse 29; Hausvogteiplatz, Französische Strasse) Tagliapasta con la Porta di Brandeburgo, ganci da parete con la torre della televisione, portafogli con esempi di street art, lo skyline berlinese su un cuscino – non ci sono limiti alla creatività dei designer quando si tratta di trasformare il 'brand' Berlino in souvenir divertenti e creativi. Questo elegante spazio simile a una galleria d'arte ne ha una grande scelta e comprende anche un piccolo caffè.

BERLIN STORY — LIBRI
Cartina p362 (www.berlinstory.de; Unter den Linden 40; 10-19 lun-sab, 10-18 dom; 100, 200, Friedrichstrasse, Französische Strasse, Friedrichstrasse) Nessun souvenir pacchiano: questo è il negozio migliore per libri, cartine, DVD, CD e riviste che parlano di Berlino (in inglese e in altre 11 lingue), alcune edite proprio da Berlin Story. Per un primo sguardo sulla storia della città, visitate il **museo** in loco (ingresso €5).

KUNST- & NOSTALGIEMARKT — ANTIQUARIATO
Cartina p362 (Am Kupfergraben; 10-16 sab e dom; Friedrichstrasse) Immediatamente a ovest della Museumsinsel, questo mercato di oggetti d'arte e da collezionismo merita una segnalazione per la posizione suggestiva. I collezionisti di libri antichi troveranno un sacco di scatole in cui frugare, ma c'è anche un buon assortimento di mobili, chincaglierie e oggetti provenienti dall'ex Blocco dell'Est.

NIVEA HAUS — PRODOTTI DI BELLEZZA
Cartina p362 (2045 6160; http://shop.nivea.de; Unter den Linden 28; 100, 200, Friedrichstrasse, Brandenburger Tor) Anche il grande produttore tedesco di articoli da toeletta Nivea ha scelto Berlino per il suo negozio portabandiera, sul prestigioso Unter den Linden. Potrete frugare tra l'intera gamma dei suoi prodotti, chiedere una consulenza estetica o farvi fare un massaggio o una seduta di trucco (non c'è bisogno di prenotazione; da €12 per un massaggio di 10 minuti).

FRAU TONIS PARFUM — PROFUMI
Cartina p362 (2021 5310; www.frau-tonis-parfum.com; Zimmerstrasse 13; 10-18 lun-sab; Kochstrasse) Seguite il vostro naso e vi porterà in questa piccola profumeria che vende solo essenze e profumi prodotti a Berlino. Provate il preferito di Marlene Dietrich (un viola sfacciato ed eccentrico) oppure chiedete un profumo miscelato appositamente per voi.

RITTER SPORT BUNTE SCHOKOWELT — CIOCCOLATO
Cartina p362 (2009 5080; www.ritter-sport.de; Französische Strasse 24; 10-19 lun-mer, 10-20 gio-sab, 10-18 dom; Französische Strasse) In questo negozio-vetrina del produttore tutti gli appassionati delle famose tavolette quadrate avvolte in carte colorate possono far provvista di 'edizioni limitate', cioccolate a basso contenuto calorico o prodotte con ingredienti biologici oltre a quelle classiche. Al piano superiore, una golosa **esposizione** gratuita racconta il viaggio del fagiolo di cacao al prodotto finito, ma la cosa più bella è la *Schokolateria* dove potete scegliere e mescolare decine di ingredienti per farvi la vostra tavoletta personalizzata.

BOXOFFBERLIN — SOUVENIR
Cartina p362 (4470 1555; www.boxoffberlin.de; Zimmerstrasse 11; 11-20 lun-sab; Kochstrasse) Se i magneti da frigorifero a forma di torre della televisione o i globi di vetro con la neve che scende sul Reichstag non vi attirano più di tanto, venite in questo negozio di souvenir. I proprietari Torsten e Stephan ('i Bob') hanno messo insieme un assortimento di qualità che va da orsi 'berlinesi' fatti all'uncinetto a T-shirt con la Trabi. Finite l'esplorazione con una tazza di caffè del commercio equo e solidale.

Museumsinsel e Alexanderplatz

ALEXANDERPLATZ | NIKOLAIVIERTEL | SCHLOSSPLATZ

I top 5

1 Fate un viaggio nel passato, dalla Grecia antica a Babilonia al Medio Oriente arabo al magnifico **Pergamonmuseum** (p97).

2 Appuntamento da Nefertiti e la sua corte al **Neues Museum** (p99), ricostruito in modo stupefacente.

3 Guardare monumenti ed edifici scorrere davanti a voi sorseggiando una bibita sul ponte di un battello da crociera (p108).

4 Scoprire com'era la vita al di là del Muro al **DDR Museum** (p105).

5 Farsi ammaliare dal panorama mozzafiato che si gode dall'alto della **Fernsehturm** (p104), la struttura più alta della Germania.

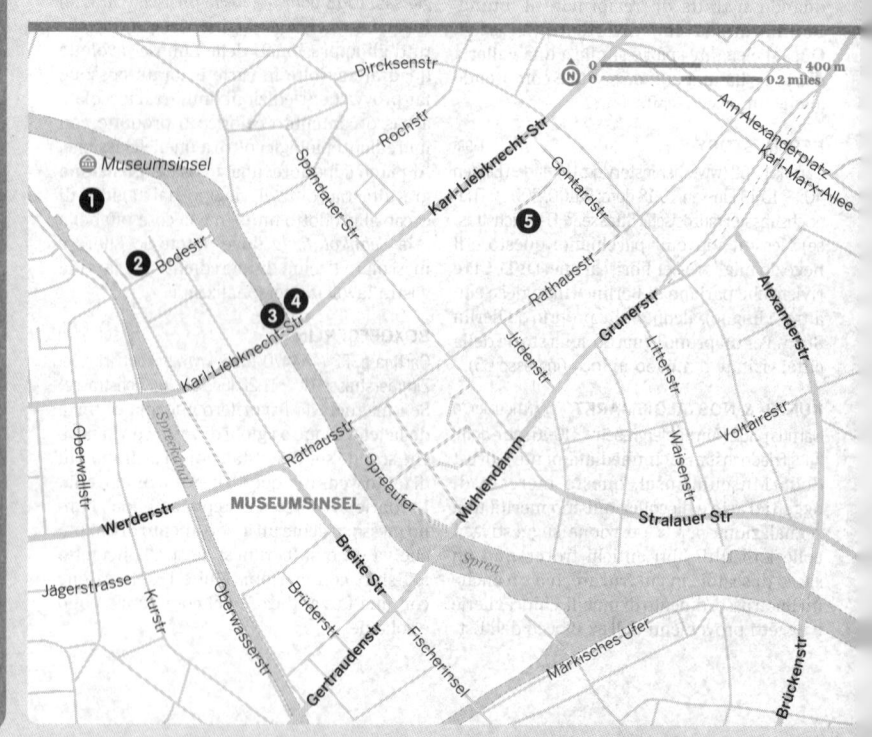

Per maggiori dettagli v. cartina p366

Rumorosa e caotica, Alexanderplatz – per gli amici 'Alex' – era lo snodo dei trasporti di Berlino Est e non è quindi mai stato quel tipo di piazza che invita all'ozio. Nonostante i tentativi per attenuarne il look 'comunista' creato negli anni '60, Alexanderplatz rimane una piazza sconclusionata, senz'anima, tutta asfalto. Tagliata in modo disordinato dai binari di tram e treni e dalle arterie sempre piene di traffico, l'unica caratteristica che la salva è la svettante torre della televisione, che dall'alto consente panorami a largo raggio e dal basso aiuta a orientarsi.

Gli appassionati di arti figurative e tesori archeologici si sentiranno come se avessero vinto alla lotteria nella vicina Museumsinsel (isola dei musei). Dal lato opposto dei musei dovrebbe cominciare nel 2014 la ricostruzione del palazzo reale prussiano. Il centro informativo detto Humboldt-Box fornisce il contesto storico e uno sguardo sul progetto. Un'altra zona che appare antica ma non lo è, è il Nikolaiviertel, che sembra medievale ma fu costruito nel 1987 per assomigliare alla città all'epoca della fondazione. Esiste però un tratto autentico della cinta muraria medievale: andate nei pressi della stazione della U-Bahn di Klosterstrasse.

Vita in città

→ **Musei aperti fino a tardi** I berlinesi bene informati sanno che il momento migliore per visitare le collezioni della Museumsinsel senza troppa gente è la serata del giovedì, quando tutti e cinque i musei rimangono aperti fino alle 20.

→ **Shopping** I grandi centri commerciali scarseggiano nel centro di Berlino; il che spiega probabilmente perché il mega centro Alexa è così popolare. Ospita praticamente qualunque negozio in franchising esista ed è aperto fino alle 21.

→ **Un brindisi con vista** È estate, al tramonto: ci sono pochi posti più belli per gustare un cocktail del rooftop bar del club Weekend (p111) quando la città scintilla ai vostri piedi.

Trasporti

→ **Autobus** L'autobus M48 collega Alexanderplatz con Potsdamer Platz; il 248 va al Märkisches Museum passando per il Nikolaiviertel.

→ **S-Bahn** S5, S7/75 e S9 convergono tutte ad Alexanderplatz.

→ **Tram** M4, M5 e M6 collegano Alexanderplatz con Marienkirche.

→ **U-Bahn** U2, U5 e U8 fermano ad Alexanderplatz. Altre fermate utili sono Klosterstrasse e Märkisches Museum (U2) e Jannowitzbrücke (U8).

Il consiglio Lonely Planet

Ci vorrebbe un'energia da superman per visitare tutti e cinque i musei della Museumsinsel in un giorno solo, quindi non provateci neppure, ma concentrate le vostre energie su quelli che vi interessano di più. Evitate l'affollamento arrivando presto la mattina, nel tardo pomeriggio o di giovedì, quando tutti i musei chiudono più tardi.

I migliori ristoranti

→ Brooklyn Beef Club (p110)
→ .HBC (p110)
→ Dolores (p110)
→ Zur Letzten Instanz (p110)

V. p108 →

I migliori locali

→ Weekend (p111)
→ .HBC (p111)

V. p111 →

Monumenti e chiese

→ Berliner Dom (p108)
→ Fernsehturm (p104)
→ Humboldt-Box (p107)
→ Marienkirche (p104)
→ Nikolaiviertel (p105)

V. p104 →

DA NON PERDERE
MUSEUMSINSEL

Attraversare una porta dell'antica Babilonia, incontrare una regina egizia, salire la scalinata di un altare greco o lasciarsi incantare da un etereo paesaggio di Monet: benvenuti nella Museumsinsel! L'isola dei musei custodisce i più importanti tesori artistici di Berlino, frutto di 6000 anni di creatività nell'arte, scultura, architettura in Europa e oltre. Il complesso è suddiviso in cinque grandi musei costruiti tra il 1830 e il 1930 e occupa la metà nord dell'isola in mezzo alla Sprea dove fu fondato il primo insediamento nel XIII secolo.

Cinque musei unici

La prima raccolta museale fu l'**Altes Museum**, completato nel 1830 accanto al Berliner Dom e al parco del Lustgarten: oggi ospita opere dell'antichità greca, romana ed etrusca. Dietro, il **Neues Museum** espone la collezione egizia (il cui pezzo più pregevole è il busto della regina Nefertiti) e quella del Museo della Preistoria. L'edificio simile a un tempio è l'**Alte Nationalgalerie**, dedicato all'arte europea dell'Ottocento. Il pezzo da novanta è comunque il **Pergamonmuseum**, con la sua monumentale architettura antica, tra cui l'altare di Pergamo che dà il nome al museo. Il **Bodemuseum** sulla punta settentrionale dell'isola è invece famoso per le sculture medievali.

Il progetto Museumsinsel

Nel 1999 i musei della Museumsinsel sono diventati un unico sito Patrimonio dell'Umanità dell'UNESCO. La menzione fu in parte decisa grazie a un progetto di rinnovamento e modernizzazione delle collezioni che verrà completato entro il 2025 sotto l'egida dell'architetto britannico David Chipperfield. Con l'eccezione del Pergamon, le cui sale espositive saranno

IN PRIMO PIANO

➡ Pergamonaltar
➡ Porta di Ishtar
➡ Busto di Nefertiti
➡ Berliner Goldhut
➡ *Giovane orante*
➡ Sculture di Tilman Riemenschneider

DA SAPERE

➡ cartina p98
➡ per tutti i musei 2090 5577
➡ www.smb.museum
➡ il prezzo del biglietto varia per ogni museo, biglietto cumulativo interi/ridotti €14/7
➡ 10-18 mar-dom, 10-20 gio
➡ 100, 200, U Hackescher Markt, Friedrichstrasse

in parte riorganizzate nei prossimi anni, la ristrutturazione dei musei è già stata completata. È altresì iniziata la costruzione della **James-Simon-Galerie**, un foyer moderno sorretto da colonne a cui è stato dato il nome di un filantropo ebreo tedesco del primo Novecento che diventerà l'atrio d'entrata di quattro dei cinque musei e ospiterà anche un caffè e altri servizi. Un'altra caratteristica del progetto sarà la 'passeggiata archeologica' nel corridoio sotterraneo che collegherà i quattro musei d'antichità. Se volete saperne di più andate al sito www.museumsinsel-berlin.de.

Pergamonmuseum

La principale attrazione turistica di Berlino è il **Pergamonmuseum** (Cartina p366; 266424242; www.smb.museum; Am Kupfergraben 5; interi/ridotti €8/4; 10-18 ven-mer, 10-20 gio; 100, Hackescher Markt, Friedrichstrasse) che apre un'affascinante finestra sul mondo antico. All'interno del maestoso palazzo con tre ali, appositamente costruito sulla Museumsinsel sin dal 1930, vi aspetta una vera e propria festa per gli occhi: sculture e architetture monumentali provenienti dall'antica Grecia, dall'impero romano, da Babilonia e dal Medio Oriente suddivise in tre collezioni di arte antica, classica, dell'Asia Minore e islamica. La maggior parte dei reperti è frutto di scavi compiuti da archeologi tedeschi a cavallo tra Otto e Novecento.

Antikensammlung

L'incontestabile gioiello dell'Antikensammlung (collezione di antichità classiche) è l'**Altare di Pergamo**. L'imponente altare in marmo dedicato a Zeus fu costruito nella città greca di Pergamon (l'odierna Bergama, in Turchia) durante il regno di Eumene II (197-59 a.C.). Il piedistallo era in origine ornato tutt'intorno da un altorilievo a colori brillanti rappresentanti l'epica battaglia degli dèi contro i giganti; i resti del fregio sono stati ricostruiti lungo i muri della sala. I dettagli dell'anatomie, l'intensità emotiva delle espressioni facciali e la disposizione drammatica delle figure mostrano l'arte ellenica al suo meglio. Per vedere l'altare dove si tenevano i sacrifici in onore del dio, salite la scalinata fino alla corte circondata da colonne ornata con un vivido fregio che rappresenta episodi della vita di Telefo, figlio di Eracle, il mitico fondatore di Pergamo.

Da una piccola porta a destra dell'altare si accede alla **Porta del Mercato di Mileto**, risalente al II secolo d.C. Un tempo mercanti e clienti la attraversavano per entrare nella piazza del mercato di Mileto, il centro mercantile romano nell'odierna Turchia, punto d'incontro tra Asia ed Europa. Il portale in marmo alto 17 m riccamente ornato unisce caratteristiche costruttive greche e romane ed è il più grande monumento mai ricostruito in un museo.

IL CONSIGLIO

Arrivate presto o tardi nei giorni feriali o saltate la coda comprando il biglietto online almeno un giorno prima. Incluso nel prezzo del biglietto è inclusa un'eccellente audioguida multilingue.

La Museumsinsel si deve a una moda molto diffusa tra fine Ottocento-inizio Novecento tra le dinastie regnanti europee, che decisero di far vedere al pubblico le loro collezioni private. Il Louvre a Parigi, il Prado a Madrid e la Glyptothek a Monaco di Baviera risalgono tutti a quell'epoca. A Berlino il re Federico Guglielmo III e i suoi successori non vollero essere da meno.

CAPITALE DI UN REGNO

Pergamo era la capitale del regno omonimo, che governava ampie porzioni del Mediterraneo orientale nel III e II secolo a.C. Gli Attalidi, la dinastia regnante, trasformarono la sede reale in un importante centro culturale e intellettuale. Abbarbicati su uno spuntone roccioso alto 330 m c'erano palazzi sfarzosi, una biblioteca, un teatro e grandiosi templi dedicati a Dioniso e Atena. Accanto all'altare di Pergamo si vede la ricostruzione della città in scala.

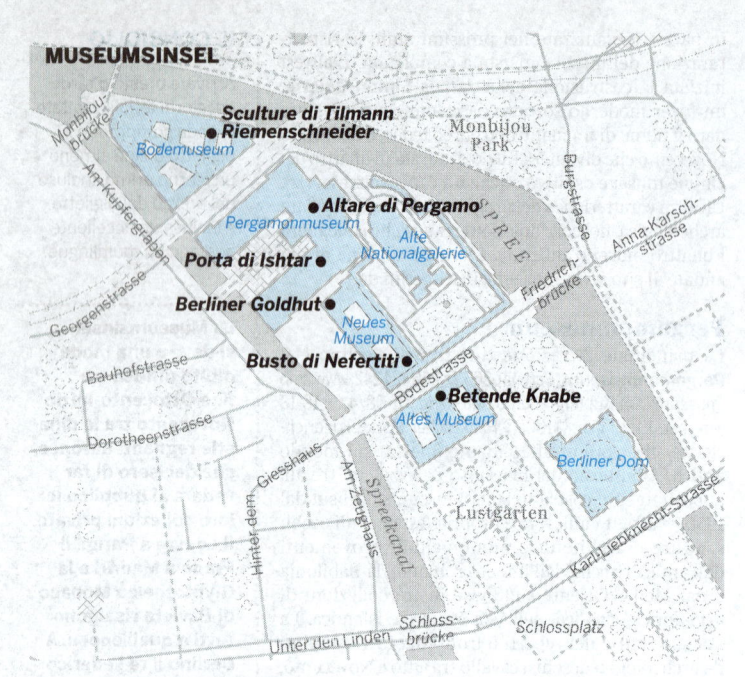

Vorderasiatisches Museum

Oltrepassate la porta e tornate indietro di 800 anni, in un'altra cultura e in un'altra civiltà: Babilonia durante il regno di Nabucodonosor II (604-562 a.C.). Vi trovate ora nel Museo di antichità del Vicino Oriente, dove non è possibile non rimanere impressionati dalla ricostruzione della **Porta di Ishtar**, della **Via processionale** che porta ad essa e della facciata della **Sala del trono**. I muri sono tutti rivestiti di mattoni verniciati in un luminoso blu cobalto e ocra con fregi che rappresentano leoni rampanti, tori e draghi che rappresentano le principali divinità babilonesi: sono talmente impressionanti che si può quasi udire il ruggito dei felini e le fanfare che accompagnavano i cortei.

Altri tesori della collezione comprendono la statua colossale del dio delle tempeste Hadad (775 a.C., sala 2) dalla Siria e la facciata con mosaici conici del tempio sumero della dea Inanna proveniente da Uruk (sala 5).

Museum für Islamische Kunst

Il pezzo più pregevole del Museo di arte islamica al piano superiore è la facciata del **Palazzo del califfo di Mshatta** (sala 9) fatto costruire nel deserto giordano nell'VIII secolo e donato al Kaiser Guglielmo II dal sultano ottomano Abdul Hamid II. Capolavori della prima arte islamica, i suoi rilievi presentano animali e creature mitiche che si muovono pacificamente in mezzo a motivi floreali che alludono al giardino dell'Eden. In altre sale troverete favolose ceramiche, sculture, oggetti in vetro, nonché un *mihrab*, una nicchia per la preghiera dell'XI secolo proveniente da una moschea di Konya, in Turchia, e un soffitto in legno di cedro e di pioppo dagli intricati motivi geometrici dell'Alhambra di Granada.

Corona degnamente la visita al museo la **Sala di Aleppo** (sala 16). Gli ospiti che entravano in questa sala di ricevimento rivestita di pannelli di legno dipinti in colori brillanti non dovevano avere alcun dubbio sulla ricchezza e il potere del proprietario,

Corte egizia al Neues Museum

un mercante cristiano che nel XVII secolo lavorava ad Aleppo, in Siria. Le belle decorazioni che ricoprono l'intera stanza abbinano motivi floreali e geometrici di matrice islamica con tematiche cristiane.

Neues Museum

Il **Neues Museum** (cartina p366; ☎266 424 242; www.smb.museum; interi/ridotti €10/5; ☉10-18, 10-20 gio; ☒100, 200, ⓢHackescher Markt), quasi distrutto dai bombardamenti e rimasto in rovina fino alla riunificazione, è stato ricostruito da David Chipperfield e ora ospita il grandioso **Ägyptisches Museum** (museo egizio) – e il suo tesoro, il busto della regina Nefertiti – e l'altrettanto entusiasmante **Museum für Vor- und Frühgeschichte** (museo di preistoria e storia antica). Come in un gigantesco puzzle, l'archistar britannico ha incorporato ogni singolo mattone, per quanto rovinato o sbriciolato, che è riuscito a recuperare. Brillante mix di storia e modernità, lo spazio dinamico contrappone massicce trombe delle scale, intime stanze coperte da una cupola, sale affrescate e alti soffitti. I biglietti danno diritto all'ingresso solo entro trenta minuti dall'ora prenotata. Evitate la coda comprando i biglietti in anticipo online.

Ägyptisches Museum

La maggior parte dei visitatori viene al Neues Museum per incontrare la donna più bella di Berlino, la regina **Nefertiti**, che ha niente meno che 3330 anni d'età ed è famosa per il collo lungo e grazioso e la sua bellezza senza età. La scultura, molto ben conservata, faceva

UNA PAUSA

Il Café Pergamon nell'ala nord del museo serve piatti di cucina tedesca e internazionale, oltre a caffè e torte fatte in casa. A poca distanza, **Zwölf Apostel** (cartina p362; www.12-apostel.de; Georgenstrasse 2; portate principali €8-16; ☒M1, ⓢFriedrichstrasse, Friedrichstrasse) ha un menu fisso con pizza all'ora di pranzo a prezzi celestiali.

Il Pergamonmuseum fu costruito tra il 1910 e il 1930 appositamente per ospitare l'enorme mole di reperti antichi scavati dagli archeologi tedeschi a Babilonia, Assur, Uruk e Mileto. Progettato da Alfred Messel, l'edificio fu costruito dopo la morte del progettista dal suo caro amico Ludwig Hoffmann e pesantemente bombardato durante la seconda guerra mondiale. Molti oggetti furono requisiti dai sovietici come bottino di guerra ma la maggior parte venne restituita nel 1958.

parte del tesoro portato alla luce da una spedizione di archeologi tedeschi tra il 1911 e il 1914 tra la polvere nei dintorni della città di Armana sul Nilo, la città reale fondata dal marito di Nefertiti, il faraone Akhenaton (r. 1353-36 a.C.).

Un altro reperto importante è la cosiddetta **Berliner Grüner Kopf** (testa verde), la testa calva di un sacerdote in pietra verde liscia. Creata nel tardo periodo egizio, nel 400 a.C. circa, risente dell'influenza greca e a differenza delle tendenze artistiche sue contemporanee non è un ritratto realistico ma la rappresentazione ideale della saggezza universale e dell'esperienza.

Museum für Vor- und Frühgeschichte

Il pezzo forte del museo è il **tesoro troiano** ovvero i reperti scoperti dall'archeologo Heinrich Schliemann nel 1870 vicino a Hisarlik. Tuttavia, la maggior parte dei raffinati gioielli, delle armi lavorate e dei boccali in oro esposti qui è una riproduzione dei pezzi originali razziati dai sovietici alla fine della guerra e che continuano a rimanere a Mosca. Fanno eccezione tre giare d'argento di aspetto dimesso, ma con 4500 anni di storia, che sono esposte orgogliosamente in vetrinette singole.

Salite il grandioso scalone e al piano superiore, appena dopo Nefertiti e la preziosa **collezione di papiri** (sala 211), c'è un altro pezzo da novanta: la statua in bronzo detta **ragazzo di Xanten** (sala 202), utilizzata come servo muto e trovata in una villa romana nella città di Xanten (Colonia Ulpia Traiana). Anche la possente statua del **dio del sole Helios** nella cupola meridionale (sala 203) ha i suoi ammiratori.

L'oggetto più affascinante dell'ultimo piano è il **Berliner Goldhut** (sala 205). Sembra proprio il cappello di un mago: e in effetti il 'cappello d'oro', che ha più di 3000 anni, per la gente dell'Età del Bronzo aveva una valenza magica. Tutto il cono è suddiviso in bande elaborate con simboli astrologici che si credeva avrebbero aiutato i sacerdoti a calcolare il movimento di sole e luna, indicando in anticipo il momento migliore per la semina e il raccolto. In tutto il mondo ne sono stati ritrovati soltanto quattro.

Altes Museum

Karl Friedrich Schinkel ha superato se stesso nel progettare il grandioso edificio neoclassico dell'**Altes Museum** (cartina p366; 266 424 242; www.smb.museum; Am Lustgarten; interi/ridotti €8/4; 10-18, 10-20 gio, lun chiuso; 100, 200, S Friedrichstrasse), che fu il primo spazio a essere costruito sulla Museumsinsel nel 1830. Una cortina di sottili colonne conduce alla rotonda, ispirata al Pantheon, che è il punto focale di una pregevole collezione di antichità. Nelle sale al piano inferiore, le sculture, i vasi, i bassorilievi funerari e i gioielli gettano luce sui vari aspetti della vita nell'antica Grecia, mentre nei piani superiori i riflettori sono puntati sull'arte etrusca e romana.

Arte greca

La mostra, disposta cronologicamente, copre tutti i periodi della storia antica greca, dal X al I secolo a.C. Tra i reperti più antichi c'è una collezione di elmi in bronzo, ma sono soprattutto le statue monumentali e i vasi di fattura raffinata che dimostrano la grande maestria degli artisti dell'epoca.

Tra le sculture che attirano l'attenzione c'è (nella sala 2) il vigoroso **kouros**, un nudo maschile di epoca arcaica con un sorriso enigmatico e una capigliatura ricciuta. Nella sala successiva tutti gli occhi si volgono alla **Berliner Göttin**, una statua funeraria splendidamente conservata di una giovane donna benestante con un lungo vestito rosso. Un altro pezzo notevole è la **Göttin von Tarent** (sala 9), la statua di una dea seduta proveniente dalla Magna Grecia, da Taranto. Il massimo della popolarità tra la statuaria greca va però al cosiddetto **Betende Knabe** (sala 5), una statua in bronzo a grandezza naturale di un ragazzo con le braccia alzate in preghiera: la statua del II secolo viene da Rodi e rispetta tutti i canoni della bellezza maschile. Il 'giovane orante' si affaccia sulla **rotonda** che è coperta da un soffitto a cassettoni affrescato. La luce filtra da un lucernario centrale e illumina 20 statue di grandi dimensioni di tutto il pantheon greco, tra cui Nike, Zeus e Fortuna.

Arte etrusca e romana
Nel febbraio 2011 la collezione etrusca dell'Altes Museum (una delle più cospicue fuori dall'Italia) vide di nuovo la luce per la prima volta dal 1939. Ammirate lo scudo rotondo proveniente dalla tomba di un guerriero, le anfore, i gioielli, le monete e gli altri oggetti della vita quotidiana che risalgono sino all'VIII secolo a.C. Osservate il testo più lungo conosciuto scritto in etrusco, la cosiddetta **tabula capuana**, una tavola in terracotta del V secolo, e imparate qualcosa sui riti funerari esaminando le **urne cinerarie** e i sarcofagi con splendidi bassorilievi.

Le sale successive sono dedicate ai romani. C'è una pregevole raccolta di statuaria (tra cui due pezzi notevoli, il busto in bronzo di Cesare (detto il 'Cesare verde') accostato a quello di Cleopatra e un superbo servizio da tavola in argento di 70 pezzi detto il **tesoro di Hildesheim**: di età augustea, fu ritrovato nel 1868 a Hildesheim. Dietro una porta chiusa, si trova persino un **gabinetto erotico** dove si possono ammirare rappresentazioni (che non vanno tanto per il sottile) di satiri, ermafroditi e falli giganteschi.

Bodemuseum
Possente e maestoso, il **Bodemuseum** (cartina p366; ⏷266 424 242; www.smb.museum; Monbijoubrücke; interi/ridotti €8/4; ⏱10-18, 10-20 gio, lun chiuso; ⓢHackescher Markt) occupa la triangolare punta settentrionale della Museumsinsel come la prua di una grande nave fin dal 1904. Questa meraviglia neobarocca, pregevolmente restaurata, ospita diverse collezioni esposte in gallerie illuminate naturalmente, dai pavimenti in marmo e i soffitti in legno.

L'edificio fu progettato da Ernst von Ihne e si chiamava inizialmente Kaiser-Friedrich-Museum; prese il nome del suo primo direttore, Wilhelm von Bode, nel 1956. È una composizione architettonica splendidamente proporzionata costruita intorno a un asse centrale. Scalinate a spirale, cortili interni, soffitti affrescati e pavimenti in marmo conferiscono al museo la grandiosità di un palazzo reale.

Basta entrare nel grandioso atrio d'ingresso coronato da una cupola per rendersene conto: ai visitatori dà il benvenuto infatti la monumentale statua equestre del Grande Elettore Federico Guglielmo scolpita da Andreas Schlüter. Da qui andate direttamente alla sala centrale in stile rinascimentale italiano dove l'attenzione si focalizza subito sulle belle terrecotte smaltate di Luca della Robbia. Da qui si passa a una sala a cupola più piccola in stile rococò con le statue in marmo di Federico il Grande e dei suoi generali.

UN BLOCCO UNICO
Sembra un fonte battesimale per giganti: il poderoso bacino all'esterno dell'Altes Museum fu progettato da Karl Friedrich Schinkel e scavato da un unico blocco di granito da Christian Gottlieb Cantian. Per l'epoca (intorno al 1820) fu un risultato eccezionale, sia artisticamente sia tecnicamente. Il progetto originale prevedeva la sua collocazione all'interno della rotonda del museo, ma si scoprì che era troppo pesante e ingombrante per entrarci (il suo diametro è di quasi 7 m). Fu scavato da un enorme blocco direttamente nella cava del Brandenburgo e quindi trasportato su binari di legno appositamente costruiti fino alla Sprea e poi con una chiatta fino a Berlino.

Chi ama la scultura ottocentesca può visitare la Friedrichswerdersche Kirche (p84), uno dei sei pilastri della Nationalgalerie, oltre alla Alte Nationalgalerie, nota per l'arte romantica, il Museum Berggruen dedicato alle avanguardie storiche, soprattutto Picasso e Klee, la Neue Nationalgalerie che espone arte del 900, la Sammlung Scharf-Gerstenberg dedicata ai surrealisti e la Hamburger Bahnhof, specializzata in arte contemporanea.

Le gallerie si diramano a raggiera da entrambi i lati di questo asse e continuano al piano superiore.

Skulpturensammlung

La maggioranza delle sale ospita la collezione di sculture, che è stata definita 'l'esposizione di scultura europea più completa al mondo' niente di meno che dal direttore del British Museum Neil MacGregor. Sono in mostra opere a partire dall'alto Medioevo fino alla fine del Settecento, con un'attenzione particolare al Rinascimento italiano. Ci sono capolavori assoluti come il rilievo in marmo della **Madonna Pazzi** di Donatello, il frammento di un pulpito che ritrae una **Pietà con angeli** di Giovanni Pisano, e i busti di Desiderio da Settignano. Sempre al pianterreno, transitate dall'Italia alla Germania per ammirare il **Gröninger Empore**, il frammento scolpito proveniente dalla galleria di una chiesa monastica del XII secolo considerato una delle opere più pregevoli di arte romanica.

La maggior parte delle sculture tedesche sono al piano superiore, dove una sala intera è dedicata al grande maestro intagliatore in legno del tardo gotico Tilman Riemenschneider. Tra le opere da non perdere la squisita **Sant'Anna e i tre mariti** e i **Quattro Evangelisti**. Nella sala successiva potrete comparare l'emotività che caratterizza le sculture di Riemenschneider con lo stile dei suoi contemporanei Hans Multscher e Nicolaus Gerhaert van Leyden. I monumentali santi cavalieri dell'epoca della Guerra dei Trent'anni sono un'altra opera notevole in questo piano del museo.

Museum für Byzantische Kunst

Prima della pausa caffè nell'elegante locale interno, ritornate al pianterreno dove il museo di arte bizantina occupa alcune sale che si dipartono dal grande atrio. Il museo si concentra sull'arte della tarda antichità e bizantina dal III al XV secolo. Sarcofagi romani scolpiti, sculture in avorio e mosaici sono tra le opere che rivelano il livello di maestria raggiunto dagli artisti all'alba della cristianità.

Münzsammlung

Gli esperti di numismatica devono assolutamente visitare la collezione di monete esposta al secondo piano. Conta mezzo milione di monete ed è quindi una delle più grandi raccolte del mondo, anche se solo una piccola parte può trovar spazio espositivo. La più antica moneta coniata è del VII secolo a.C. ed è esposta in una vetrina speciale, accanto alla moneta più piccola, più grande, più spessa e più sottile.

IL MISTERO DEL TESORO DI PRIAMO

Heinrich Schliemann (1822-90) non fu un archeologo particolarmente dotato o attento, ma di certo fu uno dei più fortunati. Ossessionato dall'idea di scoprire la Troia cantata da Omero, incappò nei resti di una città nel 1873 nei pressi di Hissarlik nell'odierna Turchia, mettendo fine una volta per tutte alle speculazioni sul carattere mitico della città descritta nell'Iliade. Schliemann portò alla luce un tesoro di oggetti in oro e argento, stoviglie, vasi, gioielli, che credette essere appartenuti a Priamo, re di Troia. Anche se si scoprì in seguito che i reperti erano di almeno mille anni posteriori, la scoperta fu comunque spettacolare.

Schliemann trafugò illegalmente gli oggetti ritrovati a Berlino, dovette pagare all'impero ottomano una multa e infine donò la sua scoperta al museo etnologico dell'allora capitale prussiana. Per un capriccio del destino, il tesoro di Priamo fu trafugato come bottino di guerra al termine del secondo conflitto mondiale dai sovietici, che fino al 1993 si rifiutarono di rivelare che fine avesse fatto. È ancora oggi parte del Museo Pushkin di Mosca; a Berlino, a parte qualche pezzo autentico, non ci sono che riproduzioni.

Cupola e scalinata, Bodemuseum (p101)

IL LUSTGARTEN

Il fazzoletto di verde di fronte all'Altes Museum sembra aver subìto tante trasformazioni quanto il look di Madonna. Cominciò come orto per rifornire le cucine reali, divenne piazza d'armi per esercitazioni militari prima di essere trasformato in un 'giardino di delizie' da Schinkel. I nazisti vi tenevano adunate di massa, mentre i tedeschi dell'Est lo ignorarono. Dalla riunificazione ha riottenuto l'aspetto che aveva progettato Schinkel e ora è uno dei posti preferiti da chi vuole prendere il sole e dai turisti affaticati.

Alte Nationalgalerie

L'**Alte Nationalgalerie** (cartina p366; 266 424 242; www.smb.museum; Bodestrasse 1-3; interi/ridotti €8/4; 10-18, 10-20 gio, lun chiuso; 100, 200, S Hackescher Markt) espone arte europea dell'Ottocento, quel secolo tumultuoso, testimone di profondi cambiamenti sociali, a cui gli artisti reagirono in modo molto diversi. Mentre i romantici, come Caspar David Friedrich, cercarono sollievo nella natura incontaminata, altri cavalcarono uno stile epico e nazionalista – come dimostrano le tele di Adolf Menzel e Franz Krueger che glorificano i momenti cruciali della storia prussiana –, altri ancora, gli impressionisti, scelsero di mostrare la bellezza dei colori e delle forme.

I due pezzi da novanta del pianterreno sono la **Statua di due principesse** e il busto di Johann Wolfgang von Goethe opera di Johann Gottfried Schadow. Esempio dell'arte di Adolf Menzel è il famoso **Flötenkonzert Friedrichs des Grossen in Sanssouci**, che mostra il re che suona il flauto nel palazzo di Potsdam.

Il secondo piano ospita gli impressionisti, soprattutto i francesi Monet, Degas, Cézanne, Renoir e Manet, di cui **Dans la serre** è considerato uno dei capolavori. Tra gli artisti tedeschi spicca l'inquietante **Die Toteninsel** (l'isola dei morti) di Arnold Böcklin e diverse tele di Max Liebermann.

I pittori romantici dominano il piano superiore con i paesaggi mistici di Caspar David Friedrich e le fantasie gotiche di Karl Friedrich Schinkel. Cercate anche le tele di Carl Blechen e i ritratti di Philip Otto Runge e Carl Spitzweg.

Il banchiere Joachim Wagener era un avido collezionista d'arte ma anche un uomo generoso: nel 1861 lasciò in eredità la sua intera collezione allo stato prussiano perché divenisse un museo nazionale. Appena un anno dopo il Kaiser Guglielmo I commissionò a Stüler il progetto di un edificio che potesse ospitare le 262 opere lasciate da Wagener. Ne nacque una struttura simile a un tempio classico, posata su un piedistallo, con la facciata schermata da colonne corinzie. Si raggiunge l'entrata da due ampie scalinate laterali che terminano di fronte alla statua del re Federico Guglielmo IV a cavallo.

DA NON PERDERE
MUSEUMSINSEL

CHE COSA VEDERE

...nderplatz

...HE — CHIESA

Cartina p366 (www.marienkirche-berlin.de; Karl-Liebknecht-Strasse 8; ⊙10-18; ☐100, 200, ⓢHackescher Markt, Alexanderplatz) Questa gemma gotica in mattoni a vista dà il benvenuto ai fedeli sin dal XIII secolo ed è, tra le chiese di Berlino giunte fino a noi, una delle più antiche. Il vestibolo, decorato da un raccapricciante affresco chiamato *Totentanz* (danza della morte), dipinto dopo la peste del 1486 (e ora malamente sbiadito), conduce a un interno relativamente sobrio vivacizzato dagli elaborati epitaffi di personalità berlinesi e, soprattutto, dal pulpito barocco in alabastro di Andreas Schlüter (1703).

NEPTUNBRUNNEN — FONTANA

Cartina p366 (ⓤⓢAlexanderplatz) Questa fontana scolpita, progettata da Reinhold Begas nel 1891, raffigura Nettuno circondato da un quartetto di procaci bellezze che simboleggiano i quattro maggiori fiumi tedeschi: il Reno, l'Elba, l'Oder e la Vistola. Ai bambini piacciono molto la tartaruga, la foca, il coccodrillo e il serpente che spuntano dall'acqua.

ROTES RATHAUS — EDIFICIO STORICO

Cartina p366 (Rathausstrasse 15; ⊙chiuso al pubblico; ⓤAlexanderplatz, Klosterstrasse, ⓢAlexanderplatz) L'imponente municipio di Berlino (dal 1991 sede del governo cittadino unitario) è detto 'rosso' per il colore della facciata in mattoni e non (necessariamente) per il credo politico dei suoi occupanti. L'edificio unisce elementi neorinascimentali con la tipica architettura in mattoni del nord della Germania; un fregio in terracotta percorre l'intera lunghezza dell'edificio e illustra la storia della città fino al 1871.

SEALIFE BERLIN — ACQUARIO

Cartina p366 (www.visitsealife.com; Spandauer Strasse 3; adulti/bambini €17,50/12,50; ⊙10-19, ultimo ingresso alle 18; ☐100, 200, ⓢHackescher Markt, Alexanderplatz) Gli squali sfrecciano nell'acqua, le murene spuntano dal fondo e i granchi giganti si fanno strada in questo

---

👁 DA NON PERDERE
FERNSEHTURM

In qualunque zona della città vi troviate, basta che alziate gli occhi e probabilmente vedrete la Fernsehturm (torre della televisione). La struttura più alta della Germania, simbolo di Berlino quanto la Tour Eiffel lo è di Parigi, svetta a 368 m dal suolo (compresa l'antenna) fin dal 1969. Venite presto per evitare la coda che si forma per salire con l'ascensore alla piattaforma panoramica a 203 m, da dove la vista è imbattibile nei giorni di bel tempo. Si possono distinguere i principali monumenti e luoghi di interesse della città anche dal caffè retrò al piano superiore, che compie un giro completo di 360° in 30 minuti.

La torre avrebbe dovuto dimostrare la superiorità tecnologica della DDR, ma al contrario divenne fonte di imbarazzo: illuminata dal sole, la sfera d'acciaio posta sotto l'antenna produce un riflesso come di un'enorme croce – non certo una vista gradita in un paese che professava l'ateismo! I berlinesi occidentali gongolarono e soprannominarono il fenomeno 'la vendetta del Papa'.

Esistono quattro tipi di biglietti, che devono essere comprati in anticipo online e stampati, che possono evitare la coda alle biglietterie: i biglietti 'VIP' (interi ridotti €19,50/11,50) che danno diritto a un tavolo alla finestra del ristorante Sphere, i 'Fast View' (€17/9,50), gli 'Early bird', validi per l'entrata alle 10 (nov-marzo) o alle 9 (marzo-nov) e i 'Late night' per venire dalle 21.30 alle 23 (entrambi €12,50/8).

IN PRIMO PIANO

➡ Un cocktail al tramonto ammirando il panorama

DA SAPERE

➡ cartina p366
➡ www.tv-turm.de
➡ Panoramastrasse 1a
➡ interi/bambini €12,50/8
➡ ⊙9-24 marzo-ott, 10-24 nov-feb
➡ ⓤⓢAlexanderplatz

acquario piccolo ma divertente, dove tra i beniamini del pubblico ci sono anche cavallucci marini che fanno sorridere, eteree meduse, piovre grandi e piccole e una vasca di specie oceaniche pattugliata dalle razze. Le visite si concludono con un giro in ascensore attraverso l'**Aquadom**, una vasca cilindrica alta 16 m, dove 1500 creature marine tropicali fluttuano e sfrecciano tra il corallo luminoso. Potete averne un'idea gratuitamente dalla lobby dell'adiacente Radisson Blu Hotel.

In tutto quasi 5000 creature marine abitano le 35 vasche, che comprende anche una piscina rocciosa interattiva dove potete vedere da vicino stelle marine e granchi. Tutte le spiegazioni sono in tedesco e in inglese. Sul sito web si può prenotare la visita online, ci sono occasionalmente offerte scontate e si può comprare il biglietto cumulativo con Madame Tussauds (p82) e il Legoland Discovery Centre (p116).

LOXX MINIATUR WELTEN BERLIN MUSEO
Cartina p366 (www.loxx-berlin.de; Grunerstrasse 20, 3° piano, centro commerciale Alexa; interi/ridotti €12/11; ◎10-20, ultimo ingresso alle 19 apr-ott; USAlexanderplatz) Se volete vedere i papà tornare bambini, portateli a vedere questo enorme plastico ferroviario in miniatura dove treni a controllo digitale sfrecciano intorno alla rappresentazione in scala del centro di Berlino. I monumenti simbolo della città – dalla Porta di Brandeburgo alla Fernsehturm – sono stati tutti ricreati fin nel più piccolo dettaglio in scala 1:87 e ne vengono costruiti ogni giorno altri. Potsdamer Platz era 'in costruzione' quando l'abbiamo visitato.

◉ Nikolaiviertel

NIKOLAIKIRCHE MUSEO
Cartina p366 (www.stadtmuseum.de; Nikolaikirchplatz; interi/ridotti con audioguida €5/3, ingresso libero 1° lun del mese; ◎10-18; 🚌100, 200, UAlexanderplatz) L'alta chiesa gotica (1230) è il più antico edificio di Berlino sopravvissuto fino ai giorni nostri; è ora un museo che racconta la storia e l'architettura del luogo di culto. Prendete l'audioguida gratuita per sapere

---

◉ DA NON PERDERE
DDR MUSEUM

Ma come si viveva realmente in Germania Est? Questo museo dove tutto si può toccare risponde in modo soddisfacente al quesito, sollevando la 'Cortina di ferro' per mostrare una società ormai estinta. Scoprirete che i bambini erano sottoposti a un allenamento collettivo all'uso del vasino, gli ingegneri guadagnavano poco più dei contadini e tutti, a quanto pare, andavano a trascorrere le vacanze in campi nudisti. Potrete frugare negli zaini scolastici, aprire cassetti e armadi o guardare la televisione di stato in un salotto in perfetto stile anni '70. E non sono solo i bambini a divertirsi a strizzarsi dietro il volante di una Trabant (Trabi) per un viaggio virtuale in mezzo a un quartiere di casermoni in cemento.

Si parla ovviamente anche del lato più sinistro della vita nella DDR, che voleva dire anche il cronico razionamento dei beni di consumo, la sorveglianza da parte della Stasi (la polizia segreta) e il monopolio assoluto del partito di governo, la SED. Potete fermarvi nella riproduzione di una cella della prigione politica o immaginarvi cosa volesse dire essere inquisiti dalla Stasi sedendovi sulla sedia del sospettato in una piccola sala per gli interrogatori senza finestre.

Per assaggiare, letteralmente, la vita in Germania Est fate un salto al ristorante del museo e ordinate *Grilletta*, *Ketwurst* o *Broiler*: così al di là del Muro erano chiamati gli hamburger, gli hot dog e il pollo fritto.

IN PRIMO PIANO

➡ Un viaggio virtuale in Trabant
➡ La stanza degli interrogatori della Stasi
➡ *Grilletta* al ristorante

DA SAPERE

➡ cartina p366
➡ 📞847 123 731
➡ www.ddr-museum.de
➡ Karl-Liebknecht-Strasse 1
➡ interi/ridotti €6/4
➡ ◎10-20, 10-22 sab
➡ 🚻
➡ 🚌100, 200, SHackescher Markt

LE CORAGGIOSE DONNE DI ROSENSTRASSE

Rosenstrasse è una via piccola, tranquilla e anonima: qui, nel 1943, ebbe luogo uno dei più coraggiosi atti di protesta ad opera di civili contro il nazismo. Fu proprio davanti ai numeri civici 2 e 4 di Rosenstrasse, sede di un ufficio per gli affari ebraici, che centinaia di donne di Berlino rimasero sotto una pioggia battente e una temperatura polare, sfidando i nazisti, durante il rigido inverno del 1943. Queste donne avevano tutte una cosa in comune: erano cristiane con mariti ebrei, arrestati e rinchiusi in questo ufficio per essere successivamente deportati ad Auschwitz. Fino a quel momento, gli ebrei sposati a non ebrei avevano goduto di un certo grado di protezione, ma quei tempi erano finiti. 'Ridateci i nostri mariti', gridavano le donne – senza armi, senza un'organizzazione e senza un leader, ma con una voce sola. Quando la polizia minacciò di sparar loro contro, gridarono ancora più forte. Rimasero all'addiaccio giorno e notte per settimane, ma infine la loro voce fu ascoltata. Fu lo stesso Goebbels, ministro per la propaganda, a ordinare il rilascio di tutti i prigionieri.

Oggi una scultura in arenaria rossa realizzata nel 1995 da Ingeborg Hunzinger e intitolata **Block der Frauen** (Cartina p366; Rosenstrasse; U Alexanderplatz, S Hackescher Markt, Alexanderplatz) si erge nel punto in cui ebbe luogo la protesta mentre delle colonne informative aggiungono altre informazioni sull'evento. Nel 2003 la regista Margarethe von Trotta ha dedicato a questo episodio il commovente film *Rosenstrasse*.

---

qualcosa sul fonte battesimale ottagonale e il crocifisso trionfale tardo-gotico o scoprire perché l'edificio è soprannominato il 'pantheon dei berlinesi più importanti'. *En passant*, per essere sepolti qui un nobiluomo doveva pagare 80 talleri, un anziano 50 talleri.

Salite alla galleria per vedere da vicino l'organo, dare uno sguardo d'insieme alla chiesa e ascoltare inni religiosi dalle stazioni d'ascolto interattive.

MÄRKISCHES MUSEUM MUSEO
Cartina p366 (www.stadtmuseum.de; Am Köllnischen Park 5; interi/ridotti €5/3, ingresso libero 1° mer del mese; ◎10-18, lun chiuso; U Märkisches Museum) Questo museo storico vecchio stile merita una visita se si è curiosi di capire come il minuscolo villaggio commerciale di Berlin-Cölln si sia evoluto nella metropoli moderna che è oggi. Documenti ufficiali, armi, sculture e oggetti della vita quotidiana sono esposti in modo tematico, spesso in opulente stanze d'epoca come la cappella gotica e la Grande Sala.

Alcuni modelli in scala aiutano a visualizzare la crescita progressiva della città. Molto amato dal pubblico è il *Kaiserpanorama* (letteralmente, il panorama dell'imperatore), uno stereoscopio rotondo dove si potevano vedere da fori appositi in contemporanea immagini della città come stereogrammi, che pur essendo bidimensionali davano un'illusione di 3D: agli inizi del XX secolo era una sorta di intrattenimento di massa. Un buon momento per visitare questo museo è la domenica intorno alle 15, quando i curiosi 'Automatophone', strumenti musicali meccanici, vengono caricati e fatti suonare (interi/ridotti €2/1).

Lo stesso edificio del museo, comunque, è particolare: è infatti un'accozzaglia di riproduzioni di edifici esistenti del Brandeburgo. La torre, per esempio, copia quella del palazzo vescovile di Wittstock, mentre il frontone gotico si ispira a quello della chiesa di santa Caterina di Brandenburg. Una copia della statua di Rolando, nel Medioevo simbolo della libertà e indipendenza cittadina, sta a guardia dell'entrata del museo.

EPHRAIM-PALAIS MUSEO
Cartina p366 (www.stadtmuseum.de; Poststrasse 16; interi/ridotti €5/3, ingresso libero 1° mer del mese; ◎10-18, 12-20 mer, lun chiuso; U Klosterstrasse) Originariamente abitazione del gioielliere di corte e coniatore di monete Veitel Heine Ephraim, questo piccolo palazzo signorile del 1766 oggi ospita mostre temporanee incentrate su vari aspetti dell'arte e della storia culturale di Berlino. Non si direbbe, a vederlo, ma l'edificio in realtà è una copia di quello originale, distrutto per far posto al ponte del Mühlendamm nel 1935.

Solo la concava facciata rococò con i suoi balconi in ferro dorato e gli ornamenti scultorei venne salvata e conservata in quella parte della città che sarebbe diventata Berlino Ovest. Nel 1984 venne restituita a Berlino Est perché potesse essere usata nella ricostruzione del Nikolaiviertel. Fra le caratteristiche architettoniche più interessanti sono da notare la scalinata ovale e lo *Schlüterdecke*, un soffitto decorato che si trova al primo piano.

FREE **KNOBLAUCHHAUS** MUSEO
Cartina p366 (www.stadtmuseum.de; Poststrasse 23; 10-18, 12-20 mer, lun chiuso; U Klosterstrasse) La Knoblauchhaus del 1761 è il più antico edificio residenziale del Nikolaiviertel. Era l'abitazione dell'importante famiglia Knoblauch, della quale fecero parte uomini politici, architetti e mecenati delle arti che nel loro salotto intrattenevano personalità come Schinkel, Schadow e Begas. Le camere arredate con mobili d'epoca danno un'idea della vita delle classi abbienti, dei loro abiti e della fonte delle loro ricchezze durante il periodo detto Biedermeier nella seconda metà dell'Ottocento.

ZILLE MUSEUM MUSEO
Cartina p366 (www.heinrich-zille-museum.de; Propststrasse 11; interi/ridotti €6/5; 11-19 apr-ott, 11-18 nov-marzo; U Klosterstrasse) Come nessun altro artista della sua epoca, Heinrich Zille (1859-1929) riuscì a catturare con umorismo ed empatia le difficoltà della vita della classe operaia nell'età dell'industrializzazione. Questo piccolo museo privato nel Nikolaiviertel conserva il suo lascito e mostra una selezione di disegni, fotografie e opere grafiche. C'è anche un interessante video sulla sua vita, che però è solo in tedesco.

Dopo la visita, potete rievocare il fantasma di Zille nel suo locale preferito, **Zum Nussbaum** (cartina p366), ricostruito com'era all'epoca.

HANF MUSEUM MUSEO
Cartina p366 (242 4827; www.hanfmuseum.de; Mühlendamm 5; interi/ridotti €4,50/3; 10-20, 12-20 sab e dom, lun chiuso; U Klosterstrasse, Märkisches Museum) Ci sono solo quattro musei al mondo dedicati alla canapa indiana: questo piccolo museo berlinese consente a botanici e non di espandere le loro conoscenze su questa pianta versatile, studiandone gli aspetti culturali, medicinali e religiosi. La mostra illustra gli usi commerciali della canapa indiana e le discussioni sulla legalizzazione della marijuana.

IL PALAZZO DI CITTÀ, PARTE SECONDA

Nulla nell'odierna Schlossplatz ricorda il Berliner Stadtschloss (il palazzo di città) che per 500 anni (dal 1451 al 1951) è stato la residenza principale della famiglia regnante degli Hohenzollern. Malgrado le proteste della comunità internazionale, il governo della Germania Est nel 1951 demolì la struttura pesantemente danneggiata dai bombardamenti per costruire al suo posto il centro nevralgico del potere politico e culturale della DDR: il **Palast der Republik** (Palazzo della repubblica). Dietro l'orribile facciata di specchi colorata di arancione del Palast, il parlamento della DDR portava avanti le sue politiche mentre la gente comune veniva ad ascoltare Harry Belafonte o a festeggiare il Capodanno. Stando a quanto si raccontava, gli interni erano un campionario di ostentazione e di mancanza di gusto: l'esempio più evidente era il foyer con le sue centinaia di lampadari pendenti, che diede origine al soprannome Erich Lampenladen, il negozio di lampade di Erich (Honecker).

Alla caduta del muro, il Palast fu subito chiuso, perché venne scoperto l'amianto tra i materiali utilizzati per la sua costruzione. Dopo anni di discussione, si decise che l'unica soluzione era abbatterlo. A ciò seguì il progetto della costruzione di una copia del palazzo reale (o almeno il suo guscio), con interni moderni. Il cosiddetto **Humboldtforum** dovrebbe ospitare i manufatti artistici provenienti da Africa, Asia, Oceania e Americhe che attualmente sono ai Museen Dahlem (p221), nonché una biblioteca e un centro di ricerca collegato alla Humboldt Universität. *En passant*, il tutto dovrebbe costare qualcosa come 700 milioni di euro, non uno scherzo in tempi di minori introiti fiscali.

Nel frattempo, comunque, la **Humboldt-Box** (0180 503 0707; www.humboldt-box.com; Schlossplatz; interi/ridotti €4/2,50; 10-20; 100, 200, S Alexanderplatz, Hackescher Markt), la struttura blu dalla strana forma posta sulla Schlossplatz, offre un'idea della ricostruzione prevista esibendo manchette e descrizioni di ognuno dei futuri ospiti del palazzo insieme a un modellino del centro meravigliosamente dettagliato. Dalla terrazza panoramica sul tetto si gode di una bella vista sulla Museumsinsel e sul sito del futuro palazzo. Nei pressi, una piccola sezione della facciata originaria consente di immaginarsi come sarà una volta terminato.

Schlossplatz

BERLINER DOM — CHIESA
Cartina p366 (📞2026 9110; www.berlinerdom.de; Am Lustgarten; interi/ridotti €7/4; ⏱9-20, 12-20 domenica e festivi, fino alle 19 ott-marzo; 🚌100, 200, ⓈHackescher Markt) Pomposa eppure maestosa, la chiesa che un tempo era la cappella reale venne edificata nel 1905 in stile neorinascimentale italiano e oggi svolge tre funzioni: come luogo di culto luterano, come museo e come auditorium. Gli interni rifulgono di stucchi e dorature, tra cui spiccano l'altare maggiore, costruito con marmo e onice da Friedrich August Stüler, i sarcofagi decorati dei membri della famiglia Hohenzollern e un organo Sauer con 7269 canne. Salite i 267 scalini che portano alla galleria per godere di un bel panorama della città.

Nella cripta ci sono altre tombe della famiglia reale, anche se in sarcofagi meno elaborati. Evitate il museo, a meno che non siate interessati alla costruzione dell'edificio. La chiesa ha un'ottima acustica ed è spesso utilizzata per i concerti, a volte con l'ausilio del grande organo Sauer.

L'ingresso al Dom è gratuito durante i brevi servizi religiosi che si tengono alle 12 da lunedì a sabato e alle 18 da lunedì a venerdì. La preghiera alle 18 di giovedì è in inglese. L'ultimo ingresso a pagamento è a un'ora dalla chiusura.

STAATSRATSGEBÄUDE — EDIFICIO STORICO
Cartina p366 (Schlossplatz 1; 🚌100, 200, ⓊHausvogteiplatz) Il mastodontico palazzo del Consiglio di Stato (1960) è l'unica struttura dell'epoca della DDR rimasta sulla Schlossplatz. Vi è incastonato un portale ad arco proveniente dal Palazzo di Città prussiano demolito: i politici della DDR decisero di risparmiarlo perché è da questo balcone che Karl Liebknecht proclamò la repubblica socialista di Germania nel 1918.

Il foyer sfoggia una vetrata dipinta opera dell'artista Walter Womacka che raffigura 'l'evoluzione storica' della DDR dai suoi giorni rivoluzionari nel 1918-19 alla fondazione dello stato socialista nel 1949. Al centro sono ritratti Liebknecht e Rosa Luxemburg, cofondatori del Partito comunista tedesco. Suona quasi ironico il fatto che oggi il palazzo sia la sede di una business school internazionale finanziata da grandi corporation come Bayer, Deutsche Bank e Siemens.

> **CROCIERE SUL FIUME**
>
> Un modo piacevole per godersi Berlino da aprile a ottobre – e una pausa gradita tra un museo e l'altro – è dal ponte di un battello. Diverse compagnie organizzano rilassanti escursioni sulla Sprea attraversando il centro città dal molo di fianco alla Museumsinsel (fuori dal DDR Museum). Sorseggiate una bibita mentre una guida vi offre qualche commento (in inglese e in tedesco) sui monumentali edifici e musei che vi scorrono davanti, nonché sui beach bar e sugli uffici del governo. Il tour che dura un'ora costa intorno ai €11.

NEUER MARSTALL — EDIFICIO STORICO
Cartina p366 (Breite Strasse; 🚌100, 200, ⓊSpittelmarkt) A sud-est di Schlossplatz sorge l'edificio neobarocco Neuer Marstall (nuove scuderie), un'opera del 1901 di Ernst von Ihne che un tempo ospitava i cavalli e le carrozze reali. Nel 1918 i rivoluzionari ordirono qui i loro piani per abbattere la monarchia degli Hohenzollern; un rilievo in bronzo della facciata settentrionale mostra Karl Liebknecht che proclama la repubblica socialista di Germania, il 9 novembre. Oggi l'edificio ospita i concerti della prestigiosa accademia musicale **Hochschule für Musik Hanns Eisler**.

Le Neuer Marstall sono un ampliamento delle **Alter Marstall** (antiche scuderie), il più antico edificio barocco di Berlino, costruito da Michael Matthias Smids nel 1670. Si trova a fianco della **Ribbeckhaus**, una preziosa struttura rinascimentale con quattro graziosi frontoni e un decoratissimo portale in arenaria. Questi due edifici oggi ospitano biblioteche pubbliche.

🍴 PASTI

Vista la quantità di locali di fast food in Alexanderplatz, la zona non è proprio un paradiso dei gourmet, anche se nella Galeria Kaufhof il self service è di qualità discreta. Se siete in zona provate l'area ristorazione del centro commerciale Alexa, i ristoranti di cucina tradizionale tedesca del Nikolaiviertel o andate direttamente allo Scheunenviertel se volete avere più possibilità di scelta.

INIZIO **STAZIONE DELLA U-BAHN KLOSTERSTRASSE**
FINE **NIKOLAIVIERTEL**
DISTANZA **1,3 KM**
DURATA **UN'ORA**

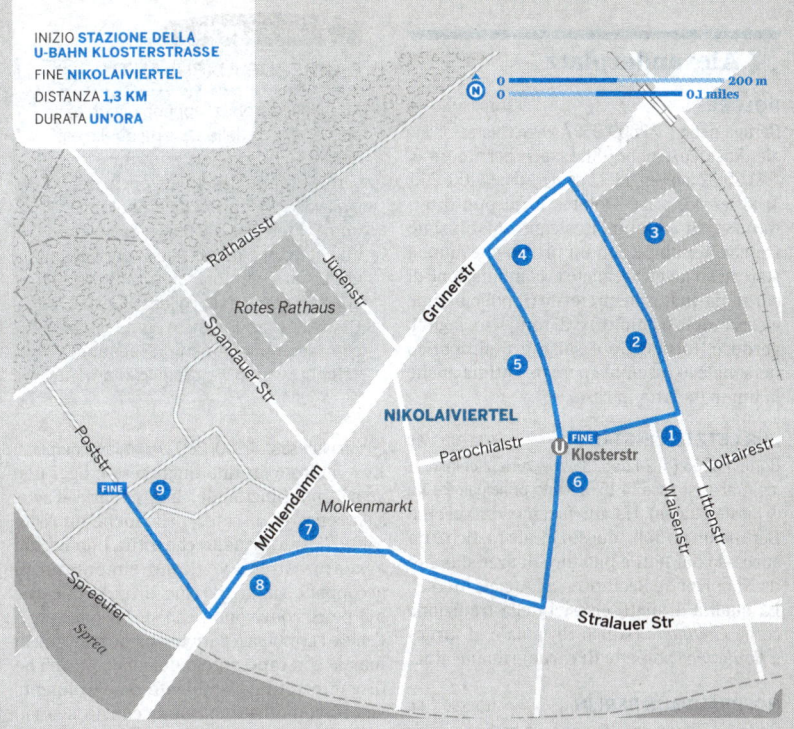

Itinerario a piedi
Tornare alle radici

Questo itinerario percorre la storia di Berlino dai suoi inizi medievali al primo Novecento. Dalla stazione della U-Bahn Klosterstrasse camminate verso est sulla Parochialstrasse. Osservate il ristorante storico ❶ **Zur Letzten Instanz**, poi girate a sinistra sulla Littenstrasse e fermatevi a una pila lunga 8 m di pietre e mattoni. È tutto ciò che resta dello ❷ **Stadtmauer**, la cinta muraria costruita nel 1250 per proteggere i primi coloni dalle scorrerie nemiche. Torreggia nei pressi il monumentale ❸ **Justizgebäude Littenstrasse**, il palazzo del tribunale costruito nel 1912 con un aggraziato atrio Jugendstil.

Alla vostra sinistra la gotica ❹ **Franziskaner Klosterkirche** da convento francescano fu trasformato in una prestigiosa scuola con allievi come Karl Friedrich Schinkel e Otto von Bismarck; oggi vi si tengono concerti all'aperto e mostre d'arte. Seguite Littenstrasse verso nord, girate a sinistra in Grunerstrasse e ancora a sinistra in Klosterstrasse. Il grande edificio alla vostra destra è l' ❺ **Altes Stadthuas**, il vecchio municipio: in cima alla cupola alta 87 m si nota la dea Fortuna. Continuate su Klosterstrasse fino alla ❻ **Parochialkirche** secentesca, che riesce a essere graziosa e monumentale insieme. Progettata dall'architetto dello Schloss Charlottenburg, fu distrutta da un incendio durante la guerra: pur ricostruita, mostra deliberatamente le ferite provocate dalla guerra.

Girate a destra in Stralauer Strasse, che conduce al ❼ **Molkenmarkt**, la più antica piazza del mercato della città. L'edificio decorato al numero 2 è l' ❽ **Alte Münze**, l'antica zecca, oggi sede di eventi. Fino al 2006 ha prodotto monete in Reichsmark, Mark della DDR, Deutsche Mark e anche euro. Osservate il fregio che raffigura l'evoluzione della metallurgia e del conio delle monete.

Dall'altro lato della strada il ❾ **Nikolaiviertel** può anche apparire medievale, ma non fatevi ingannare: è un prodotto degli anni '80, costruito dal governo della DDR per celebrare il 750° anniversario della fondazione della città. La Nikolaikirche del 1230 e qualche piccolo museo di storia civica meritano uno sguardo.

Alexanderplatz

DOLORES
CALIFORNIANO €

Cartina p366 (☏2809 9597; www.dolores-online.de; Rosa-Luxemburg-Strasse 7; burrito €4-6; ⏱11.30-22 lun-ven, 13-22 dom; 📶; 🚌100, 200, Ⓤ Ⓢ Alexanderplatz) Dolores è un punto fermo per chi ama burritos californiani: sono freschi, genuini e con un prezzo che aiuta a stare nel budget. Scegliete la combinazione di carni marinate che preferite (il pollo al lime e coriandolo è ghiotto) o di tofu, riso, fagioli, verdure, formaggio e salsa e il simpatico personale lo assembla per voi. Ottima anche la limonata fatta in casa.

ZUR LETZTEN INSTANZ
TEDESCO €€

Cartina p366 (☏242 5528; www.zurletzteninstanz.de; Waisenstrasse 14-16; portate principali €9-18; Ⓤ Klosterstrasse) Ha un fascino da vecchia Berlino un po' folk: questo locale rustico è un successo dal 1621 e può dire di aver sfamato da Napoleone e Beethoven ad Angela Merkel. La qualità di piatti classici della tradizione come *Grillhaxe* (stinco di maiale al forno) e *Bouletten* (polpette di carne) rimane alta.

HOFBRÄUHAUS BERLIN
TEDESCO €€

Cartina p366 (www.hofbraeuhaus-berlin.de; Karl-Liebknecht-Strasse 30; portate principali €4-18; ⏱10-2 ven-sab, 10-1 dom-gio; 🚌100, 200, Ⓤ Ⓢ Alexanderplatz) Locale amato dai turisti in viaggio organizzato e da studenti in gita scolastica, questa enorme birreria serve gli stessi boccali da un litro e i sostanziosi piatti bavaresi della casa madre di Monaco. Un gruppo di ottoni e il personale di servizio vestito con abiti folkloristici aggiunge ulteriore (falsa) autenticità al locale. I piatti del giorno a pranzo a €5 sono un vero affare.

RESTAURANT WANDEL
CUCINA INTERNAZIONALE €

Cartina p366 (☏2404 7230; www.wandel-berlin.de; Bernhard-Weiss-Strasse 6; ⏱7-18 lun-ven; Ⓤ Ⓢ Alexanderplatz) È difficile battere sul prezzo questa sofisticata tavola calda dove i piatti principali di una cucina tedesco-franco-asiatica costano non più di €4,90. Ovviamente a pranzo è pieno di impiegati dai vicini uffici, ma appena passa l'ora di punta l'atmosfera si fa rilassata. Chi bada alla linea apprezzerà il buffet di insalate. Il caffè è di tutto rispetto.

.HBC
CUCINA INTERNAZIONALE €€€

Cartina p366 (☏2434 2920; www.hbc-berlin.de; Karl-Liebknecht-Strasse 9; portate principali €15-25; ⏱cena lun-sab; 🚌100, 200, Ⓤ Ⓢ Alexanderplatz) L'ex centro culturale ungherese è oggi uno spazio polifunzionale: bar, galleria d'arte, sala concerti, discoteca. Ha anche un ristorante di tutto rispetto che attira buongustai avventurosi che vogliono cimentarsi in accoppiate singolari. Non di rado la carne e il pesce convivono nello stesso piatto e in genere l'armonia è perfetta (come pancetta di maiale con capesante o quaglia con ripieno di gamberetti). L'ambiente piacevolmente vetero-comunista si sposa con lo scorcio della torre della televisione dalle finestre panoramiche.

Nikolaiviertel

BRAUHAUS GEORGBRÄU
TEDESCO €€

Cartina p366 (www.georgbraeu.de; Spreeufer 4; portate principali €10-14; ⏱dalle 12; Ⓤ Alexanderplatz, Ⓢ Alexanderplatz) Turistico ma carino, questo birrificio è l'unico locale dove potete assaggiare la St Georg Pilsner di produzione locale. In inverno la sala pannellata in legno è perfetta per gettarsi su un generoso goulasch alla berlinese o sull'*Eisbein* (stinco di maiale lesso), mentre in estate il Biergarten sulla sponda del fiume è molto invitante.

BROOKLYN BEEF CLUB
AMERICANO €€€

Cartina p366 (☏2021 5820; www.brooklynbeefclub.com; Köpenicker Strasse 92; portate principali €50-100; ⏱cena lun-sab; Ⓤ Märkisches Museum) Probabilmente il livello del colesterolo schizza alle stelle, ma la carne angus certificata è tanto tenera da sciogliersi in bocca: quello che un tempo era un locale di ritrovo della Stasi è diventato una steakhouse americana con pareti rosso sangue, soffitti a volta e fotografie in bianco e nero che donano un tocco

---

SI DICE SUL POSTO

BARBECUE AMBULANTI

Ad Alexanderplatz, appena uscite dalla stazione nord della U2 o da quella est della S-Bahn, dovrete affrontare un vero e proprio assalto da parte dei Grillwalker o 'barbecue ambulanti'. Immaginatevi la scena: i giovani ambulanti hanno appesa sulla pancia una griglia dove sfrigolano invitanti würstel che aspettano solo i clienti. E a soli €1,35 a pezzo, infilati in un panino e con accompagnamento di senape o ketchup, vanno via rapidissimamente.

PASSIONE PER GLI ORSI

È dal 1280 che un orso campeggia sullo stemma di Berlino, quindi è perfettamente normale che la capitale tedesca abbia un orso come mascotte ufficiale. Tale onore spetta attualmente a una femmina di orso bruno, Schnute, che vive insieme alla figlia Maxi in un **fossato recintato** (cartina p366; ⊗dalle 7.30 mag-set, dalle 8 ott-apr; ⓊMärkisches Museum) nel Köllnischer Park dietro il Märkisches Museum. Le 'signore' in teoria ricevono i visitatori dalle 7.30-8, anche se non c'è nessuna garanzia che si facciano davvero vedere, soprattutto in inverno quando sembrano preferire il tepore della loro tana.
Gli orsi bruni vivono qui sin dal lontano 1939, quando quattro di essi furono donati al Märkisches Museum. Berlino celebra persino il 'Giorno dell'orso berlinese' il 22 marzo. Per maggiori informazioni, visitate il sito degli Amici degli orsi di Berlino (www.berliner-baerenfreunde.de, in tedesco).

di *noir* alla sala sul retro, mentre quella sul davanti è più contemporanea ed è dominata dal bancone del bar che ha qualcosa come 150 varietà di whisky.

STEELSHARK — GIAPPONESE €€
Cartina p366 (☏2576 2461; www.steelshark.de; Propststrasse 1; nigiri €1,60-3,50, piatti €3,50-15; ⊗11.30-22 lun-sab, 15-22 dom; ⓊⓈAlexanderplatz) In questo posticino nascosto in un angolo del Nikolaiviertel tutti i bocconcini del sushi sono assemblati accuratamente e prevedono succulenti pezzetti di pesce fresco e riso dalla cottura perfetta. La scelta è per lo più tra i classici, ma c'è anche un 'sushi Italian-style' che vede i roll ripieni di ingredienti come carciofi sott'olio, mozzarella, rucola e fichi. Il pregio maggiore del locale è la consegna a casa (si può ordinare per telefono o online).

🍷 LOCALI E VITA NOTTURNA

.HBC — CLUB, MUSICA LIVE
Cartina p366 (☏2434 2930; www.hbc-berlin.de; Karl-Liebknecht-Strasse 9; ⊗lun-sab; 🚌100, 200, ⓊⓈAlexanderplatz) In quello che un tempo era il centro culturale ungherese c'è spazio per seguire le tendenze correnti in molti campi diversi, dall'arte alla musica, dal cinema alla letteratura, dalla moda agli spettacoli. Il che si traduce in un calendario tanto eclettico da far girare la testa tra serate a tema, proiezioni, concerti, mostre ed eventi eterogenei che si tengono nel foyer, nel bar, nella vecchia sala cinematografica o nella 'segreta' Pink Room.

GOLDEN GATE — CLUB
Cartina p366 (Schicklerstrasse 4; cover €4-8; ⊗dalle 24 gio-sab; ⓊJannowitzbrücke) Se avete nostalgia del sound e dell'estetica della Berlino anni '90, vi sembrerà di essere capitati in un flashback in questo trasandato club situato in un locale sotto i binari del treno dello Jannowitzbrücke, che va a pezzi ed è coperto di graffiti. Edonisti che prendono sul serio il loro compito e sono vestiti di conseguenza assaltano la pista da ballo per 24 ore di 'technofesta'. Pubblico cool, grande musica, servizi igienici terribili. Il momento migliore per venirci? Il venerdì nelle ore piccole.

WEEKEND — CLUB
Cartina p366 (www.week-end-berlin.de; Am Alexanderplatz 5; ⊗gio-sab; ⓊⓈAlexanderplatz) Il locale dedicato alla musica house ed elettronica ha visto tempi migliori, ma grazie alla sua posizione imbattibile con una vista panoramica su Alexanderplatz (in estate dalla terrazza sul tetto) è ancora una destinazione ambita dalle truppe internazionali di giovani. I prezzi sono alti, la selezione all'entrata di media difficoltà.

☆ DIVERTIMENTI

THEATERDISCOUNTER — TEATRO
Cartina p366 (☏2809 3062; www.theaterdiscounter.de; Klosterstrasse 44; ⓊKlosterstrasse) Oggi il secondo piano di quello che nell'ex Germania Est era l'ufficio telefonico interurbano vicino ad Alexanderplatz è la sede permanente di questa compagnia indipendente che realizza costantemente proprie produzioni e rompe gli schemi del format teatrale. Ogni spettacolo ha tempi minimi per le prove e poche repliche, e i biglietti sono poco costosi.

SHOPPING

GALERIA KAUFHOF
GRANDE MAGAZZINO

Cartina p366 (www.galeria-kaufhof.de; Alexanderplatz 9; ⊙9.30-20 lun-mer, 9.30-22 gio-sab; ⓊⓈAlexanderplatz) Una ristrutturazione totale progettata dall'architetto Josef P. Kleihues ha trasformato questo ex grande magazzino dell'era DDR in un cubo del XXI secolo dedicato al commercio e completato da un cortile interno coperto da una cupola di vetro e un sottile strato esterno di travertino che brilla al buio. È difficile non trovare quello che si cerca nei cinque piani grandi come campi di calcio, tra cui non manca, al pianterreno, un supermercato alimentare da gourmet.

AUSBERLIN
REGALI, SOUVENIR

Cartina p366 (www.ausberlin.de; Karl-Liebknecht-Strasse 17; 🚌100, 200, ⓊⓈAlexanderplatz) 'Made in Berlin' è il motto di questo negozio di basso profilo dove potete trovare l'ultimo CD di BPitch o Ostgut, le divertenti T-shirt Kotty D'Azur di Muschi Kreuzberg, borse in tela, originali collane in gomma e ogni genere di souvenir creato dai migliori designer berlinesi.

ALEXA
CENTRO COMMERCIALE

Cartina p366 (www.alexacentre.com; Grunerstrasse 20; ⊙10-21 lun-sab; ⓊⓈAlexanderplatz) I fanatici dello shopping amano questo enorme centro commerciale che spicca nei pressi di Alexanderplatz grazie al suo colore rosa. Accanto alle solite marche internazionali, ci sono anche le filiali di qualche nome di alto profilo, come Swarovski, Crumpler, Adidas Neo e Triumph. Ha anche una buona area di ristorazione per un boccone tra un acquisto e l'altro.

Potsdamer Platz e Tiergarten

POTSDAMER PLATZ | KULTURFORUM | TIERGARTEN | DIPLOMATENVIERTEL

I top 5

1 Fa bene all'anima immergersi nello studio dei capolavori pittorici contenuti nella magnifica **Gemäldegalerie** (p121).

2 Camminare (o pedalare) senza fretta tra i prati, i boschi e i sentieri ombrosi del **Tiergarten** (p126), poi gustarsi una bella birra fredda in un Biergarten.

3 Fermarsi per un caffè ma anche per guardare la gente che passa sotto la splendida volta a raggiera tutta vetro e acciaio del **Sony Center** (p115).

4 Imparare a conoscere i coraggiosi tedeschi che si opposero al nazismo e che spesso pagarono con la vita al **Gedenkstätte Deutscher Widerstand** (p123).

5 Prendere l'ascensore più veloce d'Europa per raggiungere il **Panoramapunkt** (p116) e ammirare Berlino dall'alto.

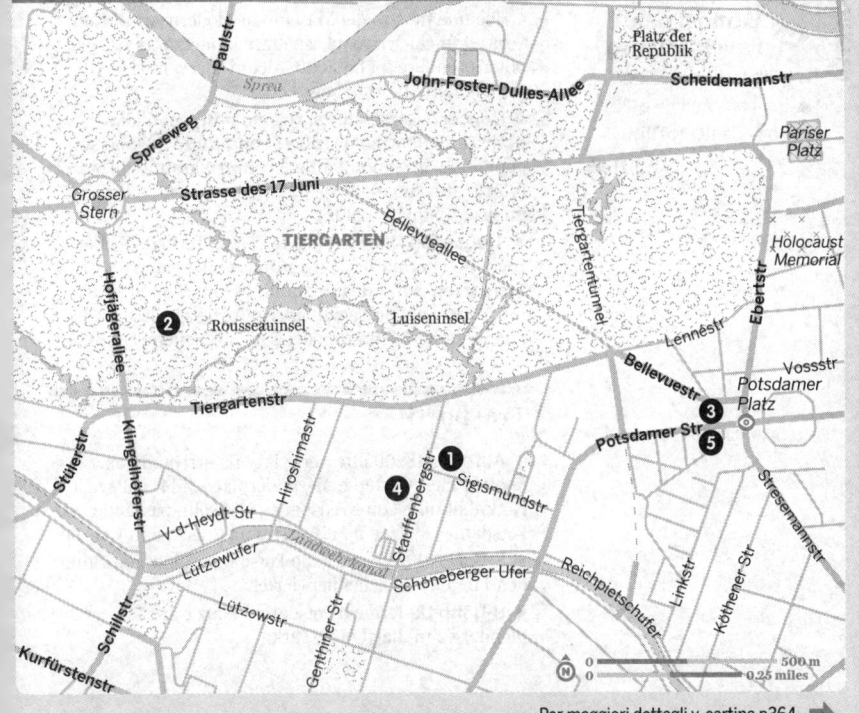

Per maggiori dettagli v. cartina p364

Il consiglio Lonely Planet

Da luglio a settembre il delizioso **Teehaus im Englischen Garten** (p128) dal tetto in paglia ospita concerti gratuiti alle 16 e alle 19 ogni sabato e domenica.

I migliori ristoranti

- Restaurant Gropius (p127)
- Facil (p127)
- Joseph-Roth-Diele (p127)

V. p127

I migliori locali

- Victoriabar (p128)
- Solar (p128)
- Café am Neuen See (p128)

V. p128

Famosi per l'architettura

- Philharmonie (p128)
- Bauhaus Archiv (p125)
- Sony Center (p115)

V. p121

A dispetto del nome, Potsdamer Platz non è solo una piazza ma il più recente quartiere di Berlino, nato negli anni '90 sull'area un tempo tagliata in due dal Muro. I migliori talenti internazionali dell'architettura contemporanea hanno dato vita a un brillante esempio di rinnovamento urbano. È tutto vicino e si vedrebbe velocemente se non si perdesse tempo al centro commerciale, non si prendesse un caffè nella 'piazza' del Sony Center plaza, non si guardasse la città dall'alto dal Panoramapunkt o non ci si calasse nella storia del cinema tedesco al Museum für Film und Fernsehen.

Nel vicino Kulturforum (nato negli anni '50 dalla fantasia di Hans Scharoun), potete vedere arte antica e moderna in cinque musei e assistere a un concerto della Berliner Philharmonie. Proseguendo verso ovest, le limousine nere vi dicono che siete al Diplomatenviertel (il quartiere delle ambasciate), che si caratterizza anch'esso per raffinate architetture contemporanee. E se vi gira la testa per troppi stimoli culturali, i sentieri ombrosi del vasto Tiergarten, l'equivalente del Central Park newyorkese, vi forniranno un piacevole momento di sollievo.

Vita in città

- **Musei** I berlinesi sono appassionati di arte e amano soprattutto le grandi mostre internazionali che capitano periodicamente alla Neue Nationalgalerie (p121). Quando arrivò una mostra del Museum of Modern Art di New York, ci fu chi arrivò ad aspettare in media tre ore per poter prendere un biglietto. Alcuni si accamparono tutta la notte fuori dal museo.
- **Concerti** Raramente si vedono posti vuoti alla Berliner Philharmonie (p128), soprattutto quando sul podio sale Sir Simon Rattle. I concerti gratuiti all'ora di pranzo attirano molti spettatori, da studenti a turisti a impiegati in pausa pranzo.
- **Tiergarten** Quando splende il sole, tutto quel che vogliono i berlinesi è stare all'aperto nel parco del **Tiergarten**, sui suoi ampi prati, i sentieri ombrosi e i romantici angolini, a cui far seguire una bella birra e una pizza nel Biergarten del Café am Neuen See (p128).

Trasporti

- **Autobus** Il 200 attraversa la zona arrivando da Zoologischer Garten e Alexanderplatz, l'M41 collega la Hauptbahnhof con Kreuzberg e Neukölln passando per Potsdamer Platz, e il M29 arriva da Checkpoint Charlie.
- **S-Bahn** S1 e S2 collegano Potsdamer Platz con Unter den Linden e lo Scheunenviertel.
- **U-Bahn** U2 ferma a Potsdamer Platz e al Mendelssohn-Bartholdy-Park.

DA NON PERDERE
POTSDAMER PLATZ

La Potsdamer Platz d'oggi è la reinterpretazione in chiave moderna della piazza storica anteguerra. È divisa in tre spicchi. A sud di Potsdamer Strasse DaimlerCity ha un grande centro commerciale, molta arte pubblica e diversi palcoscenici per spettacoli di alto profilo. Il Sony Center al centro è il più sgargiante e accogliente grazie a una piazzetta centrale ricoperta da un tetto in vetro che di notte brilla di colori diversi. Infine, il più sobrio Beisheim Center è l'omaggio al classico modello americano di grattacielo. Il Ritz-Carlton Hotel, per esempio, prende a modello il Rockefeller Center di New York.

Più di un decennio dopo il suo completamento il nuovo quartiere è diventato parte integrante del paesaggio cittadino. Fino a 100.000 persone passeggiano ogni giorno nelle sue strade e piazze, attirate dai negozi del centro commerciale Potsdamer Platz Arkaden, dai tavoli della roulette del casinò Spielbank Berlin o dai cinema multisala del Sony Center.

Ogni anno a febbraio, quando arriva la Berlinale (il festival internazionale del cinema), le celebrità assistono alle prime con sfoggio di flash e lustrini al Theater am Potsdamer Platz.

IN PRIMO PIANO
- Panoramapunkt
- Sony Center
- Resti del Muro

DA SAPERE
- cartina p364
- 200, U Potsdamer Platz, S Potsdamer Platz

Sony Center
Progettato da Helmut Jahn, il **Sony Center** (cartina p364) ha un impatto visivo impressionante, di fronte a un grattacielo di 26 piani in vetro e acciaio, l'edificio più alto di Potsdamer Platz. Integra quel che è rimasto del periodo pre-bellico, come una parte della facciata dell'Hotel Esplanade (visibile da Bellevuestrasse) e l'opulenta Kaisersaal, che è stata spostata di 75 m nell'attuale collocazione con l'aiuto di una tecnologia stupefacente. Il cuore del Sony Center è, comunque, una piazza centrale coperta con un effetto teatrale da un tetto in vetro a forma di tenda sorretto da travi disposte a raggiera come in una ruota da bicicletta. La piazza e i suoi molti caffè sono diventati uno dei luoghi di ritrovo più popolari.

LA VISTA DALL'ALTO

Il **Panoramapunkt** (cartina p364; 2593 7080; www.panoramapunkt.de; Potsdamer Platz 1; interi/ridotti €5,50/4, biglietti VIP 9,50/7; 10-20, ultima corsa alle 19.30, orario ridotto in inverno; M41, 200, Potsdamer Platz), l'ascensore più veloce d'Europa, va su e giù come uno yo-yo nel post-moderno Kollhof dai mattoni rossi. Dalla piattaforma panoramica a 100 m un'incredibile vista a 360° svela la planimetria della città e i suoi simboli. Nella zona espositiva scoprirete la storia di Potsdamer Platz, poi potrete rilassarvi bevendo un caffè.

Durante la seconda guerra mondiale Potsdamer Platz fu distrutta all'80% e cadde in coma prima di essere tagliata in due dal Muro nel 1961. Oggi una doppia fila di ciottoli segna il perimetro del Muro, di cui alcune sezioni (cartina p364) sopravvivono all'esterno della stazione di Potsdamer Platz: cercate i cartelli esplicativi su altri siti e i progetti futuri relativi al Muro. Una torretta delle guardie di confine della DDR (cartina p364) si trova a poca distanza a piedi, sulla Erna-Berger-Strasse (una traversa di Stresemannstrasse).

Museum für Film und Fernsehen

Dai film muti alla fantascienza, il **Museum für Film und Fernsehen** (cartina p364; 300 9030; www.deutsche-kinemathek.de; Potsdamer Strasse 2; interi/ridotti €7/4,50; 10-18, 10-20 gio, lun chiuso; 200, Potsdamer Platz) nel Sony Center racconta le tappe principali del cinema e della televisione tedesca. Prendete l'eccellente audioguida gratuita perché vi servirà man mano che attraversate le varie sale tematiche.

Il tour inizia con un appropriato senso del dramma mentre vi spedisce in un corridoio a specchi che evoca il film del 1920 *Il gabinetto del dottor Caligari*. Ci sono anche film considerati pionieri del loro genere e quelli delle prime dive, classici del cinema muto come *Metropolis* di Fritz Lang, *Olympia*, il documentario di Leni Riefenstahl girato durante il nazismo – pietra miliare del genere –, ritratti di attori e registi tedeschi costretti all'esilio a Hollywood e film del secondo dopoguerra. Come fece in vita, la *femme fatale* che ruba il centro della scena è Marlene Dietrich, della quale sono esposti alcuni costumi, oggetti personali, fotografie e documenti. L'ultima sala illustra i film della Germania dell'Est negli anni '80 che in qualche modo previdero la caduta del regime e anche la generazione di registi post-riunificazione noti in tutto il mondo per film sulla storia tedesca del Novecento, dal Terzo Reich al terrorismo alla caduta del Muro.

A meno che non conosciate un po' i programmi televisivi tedeschi, il **Fernsehmuseum** probabilmente vi interesserà meno. Il centro del museo è la Sala degli Specchi, dove spezzoni di cinque decenni di TV delle due Germanie vengono proiettati su una parete alta 8 m. Al piano superiore in console individuali si può visionare l'archivio di interi programmi televisivi. Se vi siete sempre chiesti che cosa trasmetteva la TV della DDR o come sarebbero gli eroi di *Star Trek* se parlassero in tedesco, avrete modo di scoprirlo.

Legoland Discovery Centre

Il primo **Legoland** (cartina p364; 01805-6669 0110; www.legolanddiscoverycentre.de/berlin; Potsdamer Strasse 4; ingresso €16; 10-19, ultimo ingresso alle 18; 200, Potsdamer Platz) indoor del mondo è un mondo fantastico fatto interamente con i piccoli mattoncini colorati. Assai poco tecnologico, interessa probabilmente solo i bambini tra i 3 e gli 8 anni. Inoltre, non si fa scrupolo di fare pubblicità all'azienda danese che ha inventato i lego: comincia infatti con un video che fa vedere il processo produttivo, ricreato nella sala successiva, la Lego Fabrik. I bambini possono costruire quello che vogliono e poi testarlo 'a prova di terremoto'. Per qualche avventura più tecnologica c'è Ninjago, dove i bambini si immedesimano nei ninja combattendo con i serpenti e superando un labirinto di raggi laser. Infine possono diventare discepoli di Merlino e 'volare' attraverso una sala per le pozioni magiche. Tra le esperienze eccitanti: un 4D Kino, che usa effetti speciali tattili, un viaggio con il **Drachenbahn** (trenino dei draghi) attraverso il castello (velocità massima: 10 km/h) e un ambiente medievale attrezzato anche di una camera da 'solletico-tortura'. Potete ammirare una Berlino in miniatura nel Miniland che usa oltre due milioni di lego. Cercate sul sito la combinazione di biglietti migliore e quelli cumulativi con SeaLife (p104) e Madame Tussauds (p82).

Weinhaus Huth e Daimler Contemporary

Sembra un po' sperso in mezzo a tutti quei grattacieli postmoderni: il **Weinhaus Huth** (cartina p364; Alte Potsdamer Strasse 5, Potsdamer Platz), uno dei primi edifici con struttura in ferro (1912) della città, è stata l'unica struttura di Potsdamer Platz a sopravvivere intatta ai bombardamenti. All'ultimo piano la **Daimler Contemporary** (cartina p364; 2594 1420; www.sammlung.daimler.com; 4° piano, Weinhaus Huth, Alte Potsdamer Strasse 5; ingresso libero; 11-18; 200, U Potsdamer Platz, S Potsdamer Platz), espone arte internazionale astratta, concettuale e minimalista. Andy Warhol, Jonathan Monk... non si sa mai chi è di scena. Suonate il campanello per entrare.

Boulevard der Stars

Ogni anno a febbraio le celebrità percorrono il tappeto rosso al Theater am Potsdamer Platz, il principale palcoscenico della Berlinale. Per ricordarlo tutto l'anno, Berlino ha ora la sua versione della Walk of Fame hollywoodiana, il **Boulevard der Stars** (cartina p364; www.boulevard-der-stars-berlin.de; Potsdamer Strasse; 24 h su 24; 200, U S Potsdamer Platz). Diverse decine di stelle di bronzo (61 finora) incastonate in un tratto simile a un tappeto rosso del marciapiede al centro di Potsdamer Strasse rendono onore ad attori e attrici del cinema e della televisione tedeschi, alcuni famosi anche all'estero, come Marlene Dietrich, Werner Herzog, Romy Schneider e Armin Mueller-Stahl. Su ogni stella c'è il nome, i dati biografici e l'autografo, mentre gli 'star gazers' proiettano un'immagine olografica della star. Potete anche prendere una fotografia con questo apparecchio o farvi ritrarre con la vostra stella del cinema preferita.

> ### LE SCULTURE PUBBLICHE DI DAIMLERCITY
>
> DaimlerCity non è solo un paesaggio urbano postmoderno ma anche una galleria d'arte all'aperto. Le sculture di artisti di fama come Keith Haring e Robert Rauschenberg esplorano il rapporto tra arte e spazio urbano e conferiscono a un ambiente urbano complessivamente austero un *appeal* visivo che mancava.
>
> Cominciate con **Boxers** di Keith Haring, vicino all'angolo tra Eichhornstrasse e Postdamer Strasse, due grandi silhouette di acciaio sagomato– una blu, l'altra rossa – sembrano prendersi a pugni o abbracciarsi. Dirigetevi a sud nella Marlene-Dietrich-Platz per ammirare l'opera ultraterrena di Frank Stella **Prince Frederick Arthur of Homburg, General of Cav.** Fatto di alluminio bianco argentato, carbonio e fibra di vetro, esplora il rapporto tra spazio, colore e forma in una configurazione tridimensionale. Appena dopo, nel mezzo di uno stagno, c'è il **Galileo** di Mark Di Suvero, un intersecarsi di travi di ferro arrugginito assemblata in una scultura che sembra sorprendentemente fragile.
>
> Dovete piegare il collo e guardare in su per vedere **Gelandet** (Atterrato) di Auke de Vries sull'angolo del tetto dei DaimlerServices in Schellingstrasse (cercate la torre quadrata con il tetto verde). Infine a nord, sulla Fontaneplatz, **Riding Bikes** di Robert Rauschenberg è fatta di due biciclette riciclate illuminate da tubi al neon colorati: un'opera che ben rappresenta i tentativi decennali dell'artista di trasformare la realtà in arte creando meno scarto possibile.

DA NON PERDERE
POTSDAMER PLATZ

DA NON PERDERE
GEMÄLDEGALERIE

La Gemäldegalerie (pinacoteca) è una delle più raffinate e complete collezioni di arte europea dal XIII al XVIII secolo. La sua apertura nello spazio costruito appositamente nel Kulturforum nel 1998 fu il simbolo visivo della felice riunione di due eccezionali collezioni di pittura europea che la Guerra Fredda aveva tenuto separate per mezzo secolo. Alcune erano rimaste al Bode Museum a Berlino Est, il resto venne esposto nel sobborgo periferico di Dahlem, a Berlino Ovest. Oggi è ricca di 1500 opere, che ricostruiscono l'intero panorama artistico europeo in cinque secoli. I pezzi più importanti sono quelli dei maestri fiamminghi e olandesi, tra cui una grande collezione di Rembrandt, e del Rinascimento italiano. Un altro focus è sugli artisti tedeschi dal tardo Medio Evo; ci sono anche esempi di arte inglese, francese e spagnola. Aspettatevi di riempirvi gli occhi con i capolavori di Tiziano, Goya, Botticelli, Holbein, Gainsborough, Canaletto, Hals, Rubens, Vermeer e altri grandi maestri.

Le sale si allargano a raggiera dal foyer centrale. Diamo qui una panoramica delle tele più importanti, ma troverete presto ciò che vi interessa di più esplorando le decine di sale, molte delle quali ben illuminate dalla luce naturale filtrata.

Ala est: maestri tedeschi, olandesi e fiamminghi

L'esposizione inizia con la pittura religiosa del Medio Evo ma procede rapidamente verso il Rinascimento e le opere di due dei più famosi artisti dell'epoca: Albrecht Dürer e Lucas Cranach il Vecchio. Una tela notevole è quella della sala 2: il **Ritratto di Hieronymus Holzschuher** di Dürer (1526). Holzschuher, aristocratico di Norimberga, politico e

IN PRIMO PIANO

➡ Rembrandt (sala X)
➡ Amor vincit Omnia (sala XIV)
➡ Proverbi olandesi (sala 7)
➡ Fontana della giovinezza (sala III)

DA SAPERE

➡ cartina p364
➡ 266 424 242
➡ www.smb .museum/gg
➡ Matthäikirchplatz 8
➡ interi/ridotti €10/5, biglietto cumulativo con musei del Kulturforum €12/6
➡ 10-18, 10-20 gio, lun chiuso
➡ M29, M41, 200, U S Potsdamer Platz

strenuo difensore della Riforma protestante era un amico di Dürer. In questo ritratto l'artista dettaglia con precisione millimetrica le fattezze e l'aspetto di Holzschuher fino ai più minuti dettagli del collo di pelliccia del cappotto, delle rughe e dei capelli radi.

Uno dei più raffinati lavori di Cranach è la **Fontana della giovinezza** (1546) nella sala III, che porta sulla tela l'insopprimibile desiderio del genere umano di accedere all'eterna giovinezza. Le vegliarde entrano nella fontana e ne emergono come splendide fanciulle – con tanti saluti ai chirurghi plastici. La metamorfosi è enfatizzata anche dal paesaggio, a sinistra aspro e inospitale e a destra fertile e rigoglioso.

Uno dei massimi esponenti del Rinascimento olandese fu Peter Bruegel il Vecchio che è rappresentato dallo stupefacente **Proverbi olandesi** (1559) nella sala 7. In questo dipinto umoristico, anche se con intenti moralistici, il pittore riesce a illustrare 119 proverbi e detti in un'unica scena paesana, ambientata in un villaggio in riva al mare. Alcuni proverbi enfatizzano quanto assurdo sia a volte il comportamento umano, altri ne smascherano l'imprudenza e la peccaminosità. Alcuni detti si usano ancora oggi, come 'nuotare contro corrente' o 'armati fino ai denti'.

Ala nord: pittura olandese del Seicento

Le prime sale dell'ala nord espongono alcuni eccezionali ritratti, come il **Malle Babbe** di Frans Hals (1633) nella sala 13. Notate con quanta maestria riesce a catturare il carattere e la vitalità del suo soggetto, la 'pazza Barbara', con pennellate intense e precise. Hals incontrò la donna con quel riso demoniaco nella casa di lavoro per malati di mente dove era ricoverato anche suo figlio Pieter. La civetta e il boccale di peltro alludono alla passione di Babbe per la bottiglia.

Un altro dipinto che attira gli sguardi di tutti è la **Donna con collana di perle** (1662–64), nella sala 18, di Jan Vermeer. Rappresenta una giovane donna che si osserva allo specchio tenendo in mano la sua collana di perle: un momento privato catturato dalle tipiche pennellate morbide di Vermeer.

La sala clou dell'ala nord è la sala X ottagonale: dedicata a Rembrandt è dominata dal grande dipinto **Il ministro mennonita Cornelius Claesz Anslo** (1641): rappresenta il mercante di abiti e predicatore mennonita Anslo in conversazione con la moglie. La grande Bibbia aperta e la sua mano che gesticola, staccandosi come in 3D dal centro del dipinto, enfatizzano la forza delle sue convinzioni religiose. Notate anche il piccolo autoritratto di Rembrandt accanto ad esso.

ULTERIORI INFORMAZIONI

Assicuratevi di prendere la cartina gratuita dal bancone della biglietteria e approfittate dell'eccellente audioguida gratuita che racconta in dettaglio molte delle opere esposte. La numerazione delle sale è un po' confusa perché è sia in numeri latini (I, II, III) sia in numeri arabi (1, 2, 3). Il giro di tutte le 72 sale significa un percorso di 2 km almeno, quindi programmate una visita di un paio d'ore come minimo. Il biglietto Bereichskarte dà diritto all'entrata nello stesso giorno alle collezioni permanenti degli altri musei del Kulturforum. L'ingresso è libero per tutti i minori di 18 anni.

Tre piccole sale nell'angolo nord-occidentale della galleria presentano una manciata di opere inglesi e francesi, tra cui il *Ritratto di John Wilkinson* **di Thomas Gainsborough. Le opere di Gainsborough non si vedono molto fuori dal Regno Unito, il che rende il ritratto dell'industriale britannico ancora più unico. Soprannominato 'Iron Mad Wilkinson' perché tra i primi a produrre la ghisa, qui è ritratto – quasi ironicamente – in un contesto naturale in cui sembra integrarsi perfettamente.**

GEMÄLDEGALERIE

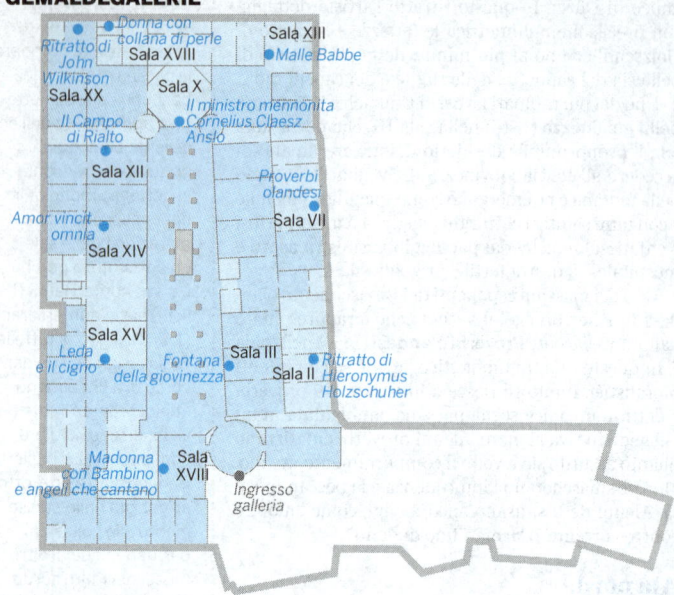

Mappa della galleria con le seguenti indicazioni:
- Ritratto di John Wilkinson — Sala XX
- Donna con collana di perle — Sala XVIII
- Sala XIII
- Malle Babbe
- Sala X
- Il ministro mennonita Cornelius Claesz Anslo
- Il Campo di Rialto
- Sala XII
- Proverbi olandesi
- Amor vincit omnia — Sala XIV
- Sala VII
- Sala XVI
- Leda e il cigno
- Fontana della giovinezza — Sala III
- Sala II
- Ritratto di Hieronymus Holzschuher
- Madonna con Bambino e angeli che cantano — Sala XVIII
- Ingresso galleria

Ala ovest: capolavori italiani

Le prime sale dell'ala ovest sono dedicate ai secoli Sei e Settecento. Si formano spesso delle code davanti al quadro di Canaletto **Il Campo di Rialto** (1758–63) nella sala XII, che rappresenta la principale piazza del mercato della sua città natale, Venezia, con una precisione e un senso della prospettiva eccezionali. Notate i negozi degli orefici sulla sinistra, i mercanti in parrucca al centro e le botteghe che vendono dipinti e mobili sulla destra.

Più vecchio di 150 anni è il delizioso **Amor vincit omnia** di Caravaggio (1602/3) nella sala XIV. Il simpatico mascalzoncello che si piega verso chi guarda con indosso solo una smorfia maliziosa e un paio di ali nere mentre impugna un fascio di frecce è un Amore impegnato nel suo mestiere. L'artista mette in mostra tutto il suo talento nel riprodurre gli oggetti con un realismo quasi fotografico, ottenuto anche grazie all'intelligente uso della luce e dell'ombra con un effetto quasi teatrale.

Le sale seguenti viaggiano indietro nel tempo, fino al Rinascimento, quando Raffaello, Tiziano e Correggio dominavano l'arte italiana. Il **Leda e il cigno** (1532) di quest'ultimo, nella sala XVI, merita uno sguardo ravvicinato. A giudicare dalla sua espressione beata, Leda sta godendo ogni momento del suo incontro con il cigno che, secondo la mitologia greca, altri non è che Zeus. Il palese erotismo di questo dipinto di Correggio fu all'apparenza talmente coinvolgente che Luigi, duca d'Orléans, ritagliò per sé la testa di Leda con un coltello. Il dipinto fu in seguito restaurato.

Non tutti i dipinti dell'ala ovest hanno un contenuto erotico, però: osservate il dipinto **Madonna con Bambino e angeli che cantano** di Sandro Botticelli (1477) nella sala XVIII. Il tondo è una composizione simmetrica con Maria al centro e due serie di angeli senz'ali ai due lati. È un momento di intimità in cui la Madonna teneramente abbraccia il suo bambino, forse accingendosi a nutrirlo al seno. I gigli bianchi simboleggiano la sua purezza.

DA NON PERDERE GEMÄLDEGALERIE

CHE COSA VEDERE

Potsdamer Platz

POTSDAMER PLATZ — QUARTIERE

V. p115 per Potsdamer Platz e il Sony Center, Museum für Film und Fernsehen, Legoland Discovery Centre, Weinhaus Huth, Daimler Contemporary, Boulevard der Stars e DaimlerCity.

MARTIN-GROPIUS-BAU — MOSTRE D'ARTE

Cartina p364 (254 860; www.gropiusbau.de; Niederkirchner Strasse 7; biglietto d'ingresso variabile; 10-19 mer-lun, mar chiuso; U S Potsdamer Platz) Con i suoi mosaici, i bassorilievi in terracotta e l'atrio pieno di luce, il Martin-Gropius-Bau è uno degli spazi espositivi più belli di Berlino, oggi utilizzato per grandi mostre itineranti di livello internazionale. Che sia una retrospettiva di Diane Arbus, una carrellata di arte da Los Angeles dagli anni '50 in poi o un'esposizione di carattere etnologico sui misteri di Angkor Wat, ogni mostra sarà certamente ben curata ed estremamente affascinante.

Progettato nel 1881 dal prozio di Walter Gropius, uno dei fondatori del movimento Bauhaus, l'edificio è un cubo a tre piani che prende ispirazione dall'eleganza e dalla simmetria dei palazzi del Rinascimento italiano. Gravemente danneggiato durante la seconda guerra mondiale, l'edificio fu quasi dimenticato, vicino com'era al Muro (un breve tratto del quale corre ancora in direzione est lungo Niederkirchner Strasse) aspettando pazientemente di essere restaurato.

Il parlamento della città-stato di Berlino si riunisce nella statuaria residenza neorinascimentale che si trova dall'altro lato della strada.

DALÍ – DIE AUSSTELLUNG — GALLERIA D'ARTE

Cartina p364 (0700 3254 237 546; www.dali berlin.de; Leipziger Platz 7; interi/ridotti €11/9; 12-20 lun-sab, 10-20 dom; 200, U S Potsdamer Platz) Se conoscete Salvador Dalí solo come il pittore degli orologi che si squagliano, delle giraffe che bruciano e di altre immagini surreali che attingono alle profondità dell'inconscio, questo museo di proprietà privata probabilmente vi offrirà una prospettiva nuova sull'artista. Le 400 opere esposte si focalizzano soprattutto su grafica, tavole illustrative, sculture, disegni e film.

Tra i pezzi migliori le incisioni relative alla storia di Tristano e Isotta, epiche sculture come *L'angelo surrealista* e le litografie sul Don Chisciotte. Il museo non riceve alcun sussidio pubblico, ragion per cui il biglietto d'ingresso è piuttosto caro.

Kulturforum

GEMÄLDEGALERIE — PINACOTECA

V. p118.

NEUE NATIONALGALERIE — PINACOTECA

Cartina p364 (266 2951; www.neue-national galerie.de; Potsdamer Strasse 50; interi/ridotti €10/5; 10-18 mar, mer e ven, 10-20 gio, 11-18 sab e dom, lun chiuso; U S Potsdamer Platz) Il primo dei musei del Kulturforum a essere inaugurato (nel 1968), la Neue Nationalgalerie (nuova galleria nazionale) è anche il più spettacolare da un punto di vista architettonico. Il parallelepipedo in vetro e acciaio posato su una piattaforma rialzata, tardo capolavoro di Ludwig Mies van der Rohe, assomiglia a un tempio buddhista postmoderno. La struttura ospita, a rotazione, le opere fino al 1960 di artisti europei novecenteschi della collezione permanente.

Vi sono rappresentate tutte le correnti principali: il cubismo (Picasso, Gris, Leger), il surrealismo (Dalí, Miró, Max Ernst), la Neue Sachlichkeit (nuova oggettività, con Otto Dix e George Grosz), il movimento Bauhaus (Klee, Kandinskij) e, soprattutto, l'espressionismo tedesco (Kirchner, Nolde, Schmitt-Rottluff). Fra i capolavori figurano le caricature di Otto Dix (per esempio *Altes Liebespaar*, 1923), le figure 'a testa d'ovo' di George Grosz, e la caotica *Potsdamer Platz* di Kirchner (1914) popolata da un *demimonde* di prostitute e perdigiorno. Particolarmente

---

> **UN VERO AFFARE**
>
> Il biglietto cumulativo detto Bereichskarte acquistato in uno dei musei del Kulturforum consente di visitare nello stesso giorno la collezione permanente degli altri, nonché la sede di Köpenick del Kunstgewerbemuseum. I musei che partecipano sono: Gemäldegalerie, Neue Nationalgalerie, Kunstgewerbemuseum e Kupferstichkabinett. L'ingresso è libero per tutti i minori di 18 anni. Le mostre temporanee hanno un costo supplementare.

significativo è il gruppo di 11 dipinti di Max Beckmann, che offrono una panoramica dell'evoluzione nell'opera dell'artista tra il 1906 e il 1942.

Nel museo transitano spesso mostre internazionali di grande interesse: per la scelta di opere del MoMA di New York c'è gente che si è accampata per una notte pur di avere i biglietti.

BERLINER PHILHARMONIE   AUDITORIUM

Cartina p364 (2548 8156; www.berliner-philharmoniker.de; Herbert-von-Karajan-Strasse 1; tour interi/ridotti €3/2; tour 13.30; 200, U S Potsdamer Platz) Con la sua forma caratteristica ad angoli voltati verso l'alto e la facciata color miele l'edificio, progettato nel 1963 da Hans Scharoun, è un capolavoro di architettura organica. Sede permanente dei prestigiosi Berliner Philharmoniker, l'auditorium sembra l'interno di una cassa armonica e vanta un'acustica a dir poco eccezionale e una visione perfetta in ogni ordine di posti. È una sala imponente eppur in qualche modo contenuta, con tre livelli di forma pentagonale che ruotano e assumono angolazioni verso l'alto intorno al podio centrale dell'orchestra, mentre il pubblico siede in palchi terrazzati. Cercate di venire ad assistere a un concerto o unitevi alla visita guidata (in tedesco) che parte ogni giorno dall'entrata per gli artisti dall'altra parte del parcheggio che si affaccia su Potsdamer Strasse.

L'adiacente **Kammermusiksaal** (sala per musica da camera; cartina p364), anch'essa realizzata su progetto di Scharoun, è essenzialmente una versione su scala ridotta della Philharmonie.

KUNSTGEWERBEMUSEUM   MUSEO

Cartina p364 (266 424 242; www.smb.museum; Matthäikirchplatz; 200, U S Potsdamer Platz) Da croci medievali incrostate di gemme a ceramiche art déco ai manufatti moderni: il grande museo di arti applicate nasconde un tesoro di oggetti artistici e artigianali di secoli di storia. Il museo è chiuso per restauro e riorganizzazione fino alla fine del 2014.

MUSIKINSTRUMENTEN-MUSEUM   MUSEO

Cartina p364 (254810; www.mim-berlin.de; Tiergartenstrasse 1, entrate da Ben-Gurion-Strasse; interi/ridotti €4/2; 9-17 mar, mer e ven, 9-20 gio, 10-17 sab e dom, lun chiuso; 200, U S Potsdamer Platz) Pieno di divertenti, preziosi e rari strumenti musicali, questo museo degli strumenti musicali condivide la sede con la Philharmonie. La collezione comprende trombe medievali, cornamuse e altri strumenti storici, persino un bastone da passeggio musicale. E poi qualche strumento appartenuto a personaggi celebri: l'armonica in vetro inventata da Benjamin Franklin, il flauto che Federico il Grande suonava per intrattenere i suoi ospiti, il cembalo di Johann Sebastian Bach. Alle molte stazioni d'ascolto si può sentire con le proprie orecchie come doveva essere il suono di alcuni degli strumenti più sconosciuti o antichi.

Uno dei pezzi preferiti dal pubblico è il Mighty Wurlitzer (1929), un organo costruito negli Stati Uniti con un numero incredibile di bottoni e leve utilizzato per accompagnare i primi film muti. Le dimostrazioni hanno luogo a mezzogiorno il sabato. I concerti di musica classica, molti dei quali gratuiti, hanno luogo tutto l'anno (richiedete il programma gratuito o controllate sul sito).

KUPFERSTICHKABINETT   MUSEO

Cartina p364 (266 424 242; www.smb.museum/kk; Matthäikirchplatz; interi/ridotti €6/3; 10-18, 11-18 sab e dom, lun chiuso; 200, U S Potsdamer Platz) Le illustrazioni originali della *Divina commedia* dantesca disegnate da Botticelli sono tra i reperti grafici più preziosi di proprietà del Museo delle stampe e dei disegni, che possiede una delle più belle e imponenti collezioni al mondo di arti grafiche, tra cui testi illustrati a mano, manoscritti miniati, disegni e stampe realizzati soprattutto in Europa a partire dal XIV secolo. Sono rappresentati tutti i grandi nomi, da Dürer a Rembrandt a Schinkel, da Picasso a Giacometti a Warhol.

A causa della fragile natura di questi oggetti, che risentono dell'esposizione alla luce, solo una piccola parte della collezione può essere esposta a rotazione.

FREE MATTHÄUSKIRCHE   CHIESA

Cartina p364 (262 1202; www.stiftung-stmatthaeus.de; Matthäikirchplatz; 12-18 mar-dom; 200, U Potsdamer Platz, S Potsdamer Platz) Un po' in disparte all'interno del Kulturforum, la Matthäuskirche è un edificio neoromanico progettato da Friedrich August Stüler nel 1846. La sua bella facciata presenta bande alternate di mattoni rossi e piastrelle color ocra, la torre campanaria quadrata si sviluppa dalla navata centrale e tutto l'ambiente interno ospita opere d'arte appositamente realizzate. Un bel momento per venirci è quello dei concerti d'organo gratuiti da martedì a domenica alle 12.30 (durano 20 minuti).

Il teologo Dietrich Bonhoeffer, figura di spicco della resistenza al nazismo, fu ordinato ministro luterano in questa chiesa nel 1931, che durante il Terzo Reich avrebbe dovuto essere smantellata e trasferita a Spandau per far posto al progetto Germania di Albert Speer. Fortunatamente la guerra – e la storia – prese una piega differente. Bonhoeffer, tuttavia, che aveva partecipato a un complotto per assassinare Hitler, fu arrestato e giustiziato il 9 aprile 1945, solo qualche giorno prima della fine della guerra.

◉ Tiergarten e Diplomatenviertel

Nel vasto **Tiergarten** (200, SPotsdamer Platz) l'aristocrazia veniva per cacciare cinghiali e fagiani finché nel 1818 il grande architetto di giardini Peter Joseph Lenné non ricevette l'incarico di progettare l'organizzazione del grande spazio verde. Con i suoi 167 ettari, è uno dei parchi urbani più estesi del mondo ed è uno splendido posto per fare jogging, per un picnic o una passeggiata, per lanciare il frisbee, per organizzare un barbecue con gli amici e, anche, per prendere il sole nudi e il gay cruising (soprattutto intorno al Löwenbrücke). È tagliato a metà da una grande arteria di traffico, la Strasse des 17 Juni. Attraversarlo a piedi richiede circa un'ora, ma anche una passeggiata più breve vale la pena. Lasciatevi ispirare dall'itinerario a piedi di p126.

SIEGESSÄULE   MONUMENTO
Cartina p364 (Grosser Stern; 100, 200) Come le punte di una stella marina, cinque ampie strade confluiscono nella rotatoria chiamata Grosser Stern, nel cuore di Tiergarten. Al centro troneggia la Siegessäule (colonna della vittoria), una colonna trionfale che commemora le conquiste militari prussiane del XIX secolo. Oggi è diventata il simbolo della comunità gay di Berlino.

La grande signora dorata sulla cima rappresenta la dea della Vittoria, sebbene la gente del posto la chiami semplicemente 'Elsa d'oro'. Gli appassionati di cinema la ricorderanno nella scena principale del film di Wim Wenders del 1987 *Il cielo sopra Berlino*. Potete salire fino a sotto la sua gonna per godere del panorama su Tiergarten.

◉ DA NON PERDERE **GEDENKSTÄTTE DEUTSCHER WIDERSTAND**

Se avete visto il film del 2008 *Operazione Valchiria*, con Tom Cruise, sapete bene chi fosse Claus Schenk Graf von Stauffenberg, l'emblema della resistenza tedesca a Hitler. Proprio le stanze in cui un gruppo di alti ufficiali, guidato da Claus von Stauffenberg, progettò l'audace tentativo fallito di assassinare Hitler il 20 luglio 1944, fanno ora parte del centro in memoria della Resistenza tedesca. L'edificio storico, chiamato Bendlerblock, ospitò l'alto comando della Wehrmacht dal 1935 al 1945. Oggi il complesso è la sede secondaria del Ministero della Difesa.

Fotografie, documenti e pannelli esplicativi illustrano come gente comune (tra cui gli studenti universitari Hans e Sophie Scholl, o l'artigiano Georg Elser), intellettuali e nomi celebri rischiarono la vita per opporsi alla follia di Hitler per motivi ideologici, religiosi o militari. La lista di persone che combatté nella Resistenza in effetti è lunga, e comprende artisti come Ernst Barlach e Käthe Kollwitz, scienziati come Carl von Ossietzsky, teologi come Dietrich Bonhoeffer, scrittori costretti all'esilio come Thomas Mann.

Nel cortile la statua di un uomo nudo e una placca segnano il luogo in cui Stauffenberg e tre altri cospiratori furono giustiziati il 20 luglio 1944.

Dal luglio 2013 il museo è interessato a lavori di ristrutturazione, ma le sale espositive sono aperte.

PRIMO PIANO
- La mostra e la statua di Stauffenberg
- La mostra sulla resistenza ebraica

DA SAPERE
- cartina p364
- 2699 5000
- www.gdw-berlin.de
- Stauffenbergstrasse 13-14
- 9-18, 9-20 gio, 10-18 sab e dom
- M29, UPotsdamer Platz, Kurfürstenstrasse, SPotsdamer Platz

SCHÖNEBERG

VALE UNA DEVIAZIONE

Schiacciato tra Kreuzberg e Charlottenburg, il quartiere residenziale di Schöneberg ha una storia che affonda le proprie radici nei giorni degli squatter degli anni '80, ma oggi ostenta un'identità più agiata e signorile. Piacevoli palazzi ottocenteschi fiancheggiano molte delle tranquille strade secondarie, con alberi ombrosi, caffè alternativi e boutique indipendenti. L'ideale è esplorarlo a piedi, per esempio partendo dalla stazione della U-Bahn di Nollendorfplatz e dirigendosi a sud verso la Hauptstrasse dal sapore etnico, passando per Maassenstrasse, Goltzstrasse e Akazienstrasse. Il giorno migliore è il sabato, quando a Winterfeldtplatz c'è il mercato dei contadini.

Nollendorfplatz e il 'Gay Village'

All'inizio del XX secolo, Nollendorfplatz era una piazza animata da caffè, teatri e gente di ogni tipo. Allora come oggi era anche il centro del quartiere gay della città, i cui bar famigerati erano il ritrovo di un *demimonde* del quale facevano parte anche Marlene Dietrich, la *chanteuse* Claire Waldorff e lo scrittore britannico Christopher Isherwood. Quest'ultimo scrisse i suoi racconti *Berlin Stories*, che ispirarono il film e il musical *Cabaret*, quando viveva in Nollendorfstrasse 17. La bandiera arcobaleno ancora sventola orgogliosamente alla porta di molti bar e negozi, soprattutto lungo Motzstrasse e Fuggerstrasse, luogo di cruising e nightclub gay-friendly. Una piccola targa triangolare di granito rosa posta all'ingresso meridionale della stazione della U-Bahn di Nollendorfplatz commemora le vittime gay e lesbiche del Terzo Reich.

Mercato dei contadini

Quasi ogni mercoledì e sabato mattina, un vivace mercato di prodotti alimentari occupa la Winterfeldtplatz, una piazza che per il resto della settimana è piuttosto anonima. Oltre a prodotti ortofrutticoli freschi troverete formaggi artigianali, salumi, miele e molte altre prelibatezze gastronomiche. Di sabato ci sono anche banchi di prodotti artigianali. Si può mangiare qualcosa in molte bancarelle e nei caffè e locali sulla piazza, tra cui i felafel di **Habibi** (Goltzstrasse 24; felafel €2,50-5; ☺11-3 dom-gio, 11-17 ven e sab; UNollendorfplatz).

Shopping in Goltzstrasse e Akazienstrasse

Lo shopping a Berlino è uno dei piccoli piaceri della vita e un posto affascinante per indulgervi è Goltzstrasse e la sua continuazione, Akazienstrasse. Entrambe offrono affascinanti

---

In origine la colonna si trovava di fronte al Reichstag: furono i nazisti a spostarla qui nel 1938 per far spazio al loro utopico progetto 'Germania'. Il piedistallo fu aggiunto in quell'occasione, portando la colonna all'impressionante altezza di 67 m.

SCHLOSS BELLEVUE — EDIFICIO STORICO
Cartina p364 (Spreeweg 1; ☺chiuso al pubblico; SBellevue) Questo palazzo neoclassico bianco come la neve è la residenza ufficiale del presidente della Repubblica federale tedesca. Venne costruito nel 1785 da Philipp Daniel Boumann per il fratello minore di Federico il Grande, divenne poi una scuola sotto l'imperatore Guglielmo II e un museo di etnologia sotto il nazismo. L'ufficio della presidenza (*Bundespräsidialamt*) ha sede nell'edificio moderno ovale immediatamente a sud del palazzo.

AKADEMIE DER KÜNSTE — ACCADEMIA D'ARTE
Cartina p364 (✆200572000; www.adk.de; Hanseatenweg 10; ☺mostre 11-20 mar-dom; UHansaplatz, SBellevue) L'Accademia d'arte ha un passato che risale al 1696 ma il suo programma è solidamente ancorato al qui e ora, spaziando per tutte le forme di espressione artistica, dall'architettura alla letteratura dalla musica al teatro e ai media digitali. Ospita anche mostre di alto livello.

Una scultura di Henry Moore sta davanti all'edificio dei tardi anni '50 progettato da Werner Düttmann, discepolo di Hans Scharoun e uno dei maggiori architetti funzionalisti del secondo dopoguerra.

DIPLOMATENVIERTEL — QUARTIERE
Cartina p364 (🚌200, USPotsdamer Platz) Nel XIX secolo la quieta colonia di ville a sud di Tiergarten era amata dall'élite culturale di Berlino, compresi i fratelli Grimm e il germanista Hoffmann von Fallersleben,

boutique in cui potrete cercare abbigliamento vintage, libri d'antiquariato, gioielleria realizzata a mano o tè di provenienza esotica. In mezzo ad essi non mancano le occasioni per recuperare le energie mettendo sotto i denti qualcosa, magari al **Double Eye** (Akazienstrasse 22; ☉9-18.30 lun-ven, 10-16 sab; ⓤEisenacher Strasse), apprezzato per il caffè, e, all'ora di cena, l'*ouzeria* greca sempre al completo **Ousies** (✆216 7957; www.taverna-ousies.de; Grunewaldstrasse 16; piattini €4-9, portate principali €10-18; ☉cena; ⓤEisenacher Strasse).

Hauptstrasse
I caffè chic lasciano gradualmente il posto a negozi di alimentari e snack bar che preparano doner kebab invece di quiche. La principale arteria del tratto multiculturale di Schöneberg è l'animata Hauptstrasse, su cui si affaccia **Öz-Gida** (www.ozgida.de; Hauptstrasse 16; ⓤKleistpark, Eisenacher Strasse), un grande supermercato turco noto in tutta la città per il suo assortimento di olive, salse spalmabili a base di formaggio e carni pregiate. David Bowie e Iggy Pop dividevano un appartamento in Hauptstrasse 155.

Rathaus Schöneberg
Seguite Hauptstrasse verso ovest fino al **Rathaus Schöneberg** (John-F-Kennedy-Platz; ⓤRathaus Schöneberg), il municipio del distretto che dal 1948 al 1990 ospitò il Senato di Berlino Ovest. Fu dai suoi gradini che il 26 giugno del 1963 John F. Kennedy tenne il suo discorso di solidarietà con la gente della città divisa proclamando 'Ich bin ein Berliner!' (Io sono un berlinese!). Nei weekend sulla piazza si tiene un mercatino delle pulci.

Un cocktail di culture
Schöneberg è diventato recentemente terreno di coltura di cocktail bar di tendenza, tutti a poca distanza l'uno dall'altro. Saltate i locali su Maassenstrasse, tutti uguali e poco creativi, e puntate su **Stagger Lee** (✆2903 6158; www.staggerlee.de; Nollendorfstrasse 27; ⓤNollendorfplatz), un *saloon* sofisticato, a cui non mancano la porta che si apre nei due sensi e pesanti sofà in pelle. Dietro l'angolo **Green Door** (✆215 2515; www.greendoor.de; Winterfeldtstrasse 50; ☉18-3; ⓤNollendorfplatz) è un classico nel quartiere: prepara i suoi cocktail fortementi alcolici dal 1995. Il vicino **Voima** (www.voima.de; Winterfeldtstrasse 22; ☉mer-dom; ⓤNollendorfplatz), che deve il nome al più famoso rompighiaccio finnico, è relativamente recente e usa liquori finlandesi come base per i suoi cocktail innovativi.

autore dell'inno nazionale tedesco. Dopo la prima guerra mondiale molte ambasciate si trasferirono nel quartiere, ma fu il capo degli architetti di Hitler, Albert Speer, a coniare il termine Diplomatenviertel e a organizzare il trasferimento qui di molte altre ambasciate, tra cui quelle degli alleati Italia e Giappone. La seconda guerra mondiale praticamente cancellò questo quartiere, che rimase in uno stato di tranquillo abbandono mentre tutte le ambasciate si stabilirono a Bonn, la nuova capitale della Germania Ovest. La riunificazione diede il via al boom edilizio e il quartiere è diventato una vetrina della migliore architettura contemporanea e merita di essere esplorato in una tranquilla passeggiata.

BAUHAUS ARCHIV MUSEO
Cartina p364 (✆254 0020; www.bauhaus.de; Klingelhöferstrasse 14; interi/ridotti sab-lun €7/4, mer-ven €6/3; ☉10-17, mar chiuso; ⓤNollendorfplatz)

Fu il fondatore del Bauhaus, Walter Gropius, a progettare questo edificio d'avanguardia, con i suoi scintillanti tetti bianchi spioventi, che ospita l'archivio e il museo. Utilizzando una combinazione di appunti della fase di studio, disegni di prototipi, fotografie, modelli, lucidi di progetti e documenti, i curatori organizzano mostre temporanee che illustrano le teorie del Bauhaus.

I pezzi più importanti della collezione comprendono il modello originale dell'edificio di Gropius del 1925 in stile Bauhaus a Dessau e una ricostruzione del *Licht-Raum-Modulator*, il modulatore-luce-spazio di László Moholy-Nagy, una scultura cinetica unica nel suo genere che combina colore, luce e movimento. C'è un bel caffè in caso voleste fare una pausa e un gift shop per far collezione di gadget ispirati al Bauhaus.

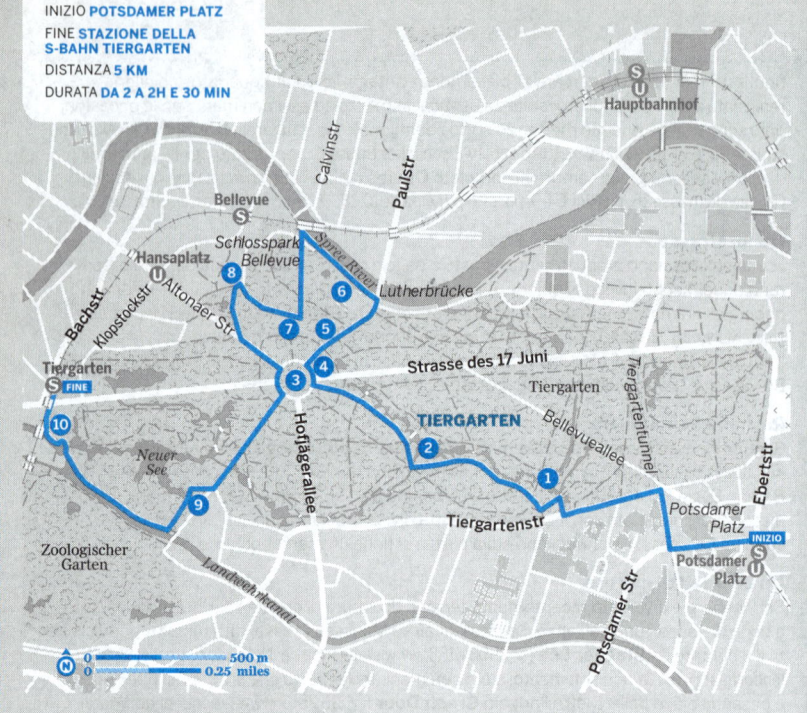

INIZIO **POTSDAMER PLATZ**
FINE **STAZIONE DELLA S-BAHN TIERGARTEN**
DISTANZA **5 KM**
DURATA **DA 2 A 2H E 30 MIN**

Itinerario a piedi
A passeggio per il Tiergarten

Una passeggiata nel Tiergarten consente di tirare il fiato e di abbandonare le vesti del turista infaticabile. Da Potsdamer Platz dirigetevi verso la ❶ **Luiseninsel**, un incantevole giardino cintato punteggiato di statue e di aiuole fiorite. Non lontano si trova la ❷ **Rousseauinsel**, un monumento che ricorda il filosofo settecentesco francese Jean-Jacques Rousseau. L'isolotto su cui si trova è stato pensato a somiglianza della Île des Peupliers vicino a Parigi dove fu in un primo tempo tumulato (ora riposa al Panthéon). Osservate il pilastro in pietra.

Nel cuore del parco, con il traffico automobilistico che le gira intorno, si trova l'imponente ❸ **Siegessäule** (colonna della vittoria) che ricorda i trionfi militari prussiani sotto il pugno di ferro del cancelliere Otto von Bismarck. Accanto, il colossale ❹ **Bismarck Denkmal** ricorda lo statista: è attorniato dalle statue di Atlante (con il mondo sulle spalle), Sigfrido (che impugna la spada), una Sibilla e la personificazione della Germania che schiaccia sotto il piede un leopardo.

Seguite lo Spreeweg verso nord e passerete davanti all'oblungo ❺ **Bundespräsidialamt**, gli uffici della presidenza della repubblica, e alla residenza ufficiale, lo ❻ **Schloss Bellevue**, un tempo un palazzo reale. Seguite il sentiero lungo la Sprea, poi girate a sinistra nell'❼ **Englischer Garten** creato negli anni '50 per ricordare il Ponte aereo del 1948. Al centro, affacciato su un bello stagno, la casa da tè con il tetto in paglia serve rinfreschi e d'estate ospita concerti gratuiti. Dopo esservi riposati potete vedere l'ultima mostra allestita nella vicina ❽ **Akademie der Künste**, al limite dello Hansaviertel, un quartiere nato in seguito alla competizione di architettura Interbau nel 1957.

Di nuovo verso sud, attraversate Altonaer Strasse e Strasse des 17 Juni e arrivate al Neuer See che ha il ❾ **Café am Neuen See** al suo limite meridionale. Da qui, passeggiate verso nord lungo il Landwehrkanal oltrepassando il ❿ **Gaslaternenmuseum**, una collezione all'aperto di 90 lampioni a gas storici. Terminate il vostro tour alla stazione della S-Bahn di Tiergarten.

🍴 PASTI

Per uno spuntino veloce andate all'area ristorazione del centro commerciale Potsdamer Platz Arkaden (p129). Nel Tiergarten e nel Diplomatenviertel ci sono ben poche opzioni.

🍴 Potsdamer Platz

VAPIANO ITALIANO €€
Cartina p364 (📞2300 5005; www.vapiano.de; Potsdamer Platz 5; portate principali €5,50-9; ⊙10-1 lun-sab, 10-24 dom; 🚌200, Ⓤ⒮Potsdamer Platz) Il sobrio ma elegante arredo di Matteo Thun è il giusto complemento del gustoso menu italiano di questa catena di ristorazione tedesca. Piatti di pasta da comporre a piacere, insalate creative e pizze croccanti sono preparati *à la minute* davanti ai vostri occhi. Un tocco simpatico: il basilico fresco. L'ordine è memorizzato in una carta magnetica che consegnate alla cassa all'uscita. Ha altre tre filiali in città, tra cui quella di **Charlottenburg** (cartina p382; 📞8871 4195; www.vapiano.de; Augsburger Strasse 43; €5,50-9; ⊙10-1 lun-sab, 10-24 dom; ⓊKurfürstendamm).

WEILANDS WELLFOOD CUCINA INTERNAZIONALE €
Cartina p364 (📞2589 9717; www.weilands-wellfood.de; Marlene-Dietrich-Platz 1; portate principali €4-9; ⊙10-22; 📶📵; Ⓤ⒮Potsdamer Platz) I piatti di pasta integrale, le insalate ricche di vitamine e i fragranti secondi preparati nel wok offerti in questo self-service di fascia alta sono perfetti per chi bada alla salute e alla linea. Sedetevi fuori accanto a un piccolo stagno, cercando di evitare la calca della pausa pranzo impiegatizia.

JOSEPH-ROTH-DIELE TEDESCO €
Cartina p364 (📞2636 9884; www.joseph-roth-diele.de; Potsdamer Strasse 75; piatti €4-9; ⊙10-24 lun-ven; ⓊKurfürstenstrasse) Intitolato al famoso scrittore ebreo austriaco costretto all'esilio dai nazisti, questo locale rivestito in legno pare catapultarci negli anni '20, periodo in cui Roth viveva a due passi da qui. L'ambiente originale, pieno di scaffali e citazioni tratte dalle opere dello scrittore, attira una clientela intellettuale. Venitici per un pranzo veloce, un caffè e una fetta di torta o per bere qualcosa.

RESTAURANT GROPIUS CUCINA INTERNAZIONALE €€
Cartina p364 (📞2548 6406; www.mosaik-berlin.de/restaurant-gropius; Martin-Gropius-Bau, Niederkirchner Strasse 7; portate principali €7-18; ⊙10-19 mer-lun; 🚌M41, 200, Ⓤ⒮Potsdamer Platz) Anche se non siete venuti al Martin-Gropius-Bau per vedere una mostra d'arte, fermatevi al suo ristorante che serve piatti deliziosi, ispirandosi all'esposizione in corso in quel momento. Se, ad esempio, il tema è l'arte della California, il menu presenta *tacos* e *quesadillas*. Cenate sotto lampadari di cristallo nell'elegante sala da pranzo o all'ombra nel bel giardino. Un bel posto anche solo per un caffè e una fetta di torta.

FACIL CUCINA INTERNAZIONALE €€€
Cartina p364 (📞590 051 234; www.facil.de; Mandala Hotel, Potsdamer Strasse 3; pranzo da 1/2/3 portate €19/29/39, portate principali a cena €16-55, cena da 4/8 portate €86/146; ⊙12-15 e 19-23 lun-ven; 🚌200, Ⓤ⒮Potsdamer Platz) Lo chef Michael Kempf propone una cucina innovativa ma deliziosamente priva di qualsiasi volo pindarico non assolutamente necessario che ben gli vale una stella Michelin. Degustatela appieno comodamente seduti su una sedia di design nella sala da pranzo con pareti di vetro del Mandala Hotel. I buongustai attenti alle spese approfittano del menu dell'ora di pranzo.

QIU CUCINA INTERNAZIONALE €€
Cartina p364 (📞590 051 230; www.qiu.de; Mandala Hotel, Potsdamer Strasse 3; pranzo di 2 portate €14; ⊙pranzo lun-ven; 🚌200, Ⓤ⒮Potsdamer Platz) Il business lunch di due portate in questo elegante lounge bar all'interno del Mandala Hotel è un vero e proprio affare. Di sera l'ambientazione sensuale tra lunghe lampade frangiate dalla luce tenue e il mosaico di una cascata d'oro è perfetta per un aperitivo prima di cena o un cocktail dopo lo spettacolo.

DESBROSSES FRANCESE €€€
Cartina p364 (📞337 776 340; www.desbrosses.de; Ritz-Carlton Berlin, Potsdamer Platz 3; portate principali €23-36; ⊙prima colazione, pranzo e cena; 🚌200, Ⓤ⒮Potsdamer Platz) Questa brasserie del 1875 è stata smontata pezzo a pezzo e trasportata dal sud della Francia al Ritz-Carlton Berlin e ora ha il suo fulcro nella cucina a vista con il forno smaltato rosso, dove gli chef preparano piatti tradizionali, ma di alta qualità, della cucina francese di campagna come bouillabaisse, *steak frites*, *boudin noir* (sanguinaccio) e *boeuf bourguignon*. E non

dimenticate di assaggiare il pane croccante fatto dalla *boulangerie* (panetteria) in loco. A pranzo ci sono spesso combinazioni interessanti, come quello di Flammkuchen alsaziana e un bicchiere di vino per €9,99.

Tiergarten

CAFÉ AM NEUEN SEE
CUCINA INTERNAZIONALE €€

Cartina p364 (337 776 196; www.cafe-am-neuen-see.de; Lichtensteinallee 2; pizza €9-12,50, portate principali €10-26; 9-23; 100, 200) Questo ristorante sulle sponde di un laghetto nel Tiergarten serve pizza e piatti di cucina tedesca tutto l'anno, ma il momento giusto per venirci è d'estate, quando al Biergarten all'aperto ci si sente come in vacanza. Le birre gelate si accompagnano bene ai würstel alla griglia e i più romantici possono anche noleggiare una barca e portare la propria amata a fare un giro. Il caffè si trova nel lato sud-occidentale di Tiergarten. Dalla Siegessäule seguite Fasanenallee per 500 m sul sentiero che attraversa il parco.

TEEHAUS IM ENGLISCHEN GARTEN
CUCINA INTERNAZIONALE €€

Cartina p364 (3948 0400; www.teehaus-tiergarten.com; Altonaer Strasse 2; portate principali €7,50-16,50; 10-23; 100, S Bellevue) Il riferimento gastronomico nel lato nord-occidentale del Giardino Inglese di Tiergarten è questa casa da tè con il tetto in paglia: la sua terrazza esterna è un posto tranquillo non solo per bere un tè ma anche per piatti semplici ma gustosi di origini culinarie diverse: dalla quiche alla bistecca al *chilli con carne*.

LOCALI E VITA NOTTURNA

Potsdamer Platz

SOLAR
BAR

Cartina p364 (0163 765 2700; www.solar-berlin.de; Stresemannstrasse 76; 18-2 dom-gio, 18-4 ven e sab; S Anhalter Bahnhof) La vista dello skyline di Berlino è davvero magnifica in questo lounge bar panoramico al 17° piano, sopra un ristorante elegante (portate principali da €18 a €29). Illuminazione soffusa e soffici divani in pelle nera sono perfetti per un appuntamento o un aperitivo al tramonto. Anche solo arrivarci in un ascensore esterno tutto in vetro è divertente. Entrate nell'alto condominio dietro il negozio di accessori per auto Pit Stop.

CURTAIN CLUB
BAR

Cartina p364 (337 776 196; www.ritzcarlton.de; Ritz-Carlton Berlin, Potsdamer Strasse 3; dalle 18; 200, U Potsdamer Platz) Ogni sera alle 18 precise si va in scena al Ritz-Carlton Berlin: un uomo con l'uniforme dei *beefeater* (la guardia della Tower of London) cerimoniosamente solleva le cortine e apre questo elegante bar rivestito di pannelli di legno, presidiato dal maestro dei cocktail Arnd Heissen. La sua specialità sono le misture che si ispirano al mondo dei profumi.

VICTORIABAR
BAR

(030 2575 9977; www.victoriabar.de; Potsdamer Strasse 102; 18.30-3 dom-gio, 18.30-4 ven e sab; U Kurfürstenstrasse) Opere d'arte originali decorano le pareti di questo cocktail bar discreto con una clientela di non più giovanissimi, un locale chic ma a prezzi ragionevoli. Provate il Ramos Gin Fizz, il cocktail preferito dal proprietario Stefan Weber. Si spende di meno durante l'happy hour, ovvero prima delle 21.30. Si trova circa 750 m a sud del Kulturforum sulla Potsdamer Strasse.

DIVERTIMENTI

BERLINER PHILHARMONIE
MUSICA CLASSICA

Cartina p364 (2548 8999; www.berliner-philharmoniker.de; Herbert-von-Karajan-Strasse 1; 200, U S Potsdamer Platz) Questo auditorium celebre in tutto il mondo vanta un'acustica a dir poco eccezionale in ogni punto della sala, ottenuta grazie alla complicata pianta a tre livelli progettata da Hans Scharoun. È la sede storica dei leggendari Berliner Philharmoniker, attualmente diretti da Sir Simon Rattle. L'adiacente **Kammermusiksaal** ospita invece concerti di musica da camera.

CINESTAR ORIGINAL
CINEMA

Cartina p364 (2606 6400; www.cinestar.de; Sony Center, Potsdamer Strasse 4; U S Potsdamer Platz) Questo cinema all'avanguardia ha schermi giganteschi, poltrone confortevoli e un suono avvolgente. Proietta gli ultimi successi di Hollywood, tutti in inglese, a ciclo continuo.

ARSENAL
CINEMA

Cartina p364 (2695 5100; www.arsenal-berlin.de; Sony Center, Potsdamer Strasse 21; U S Potsdamer Platz) Le due sale di questo cinema d'essai offrono l'antitesi delle 'serate da popcorn': la programmazione che cambia ogni giorno spazia dalla satira giapponese alla commedia brasiliana a road movies tedeschi. Molti film sono sottotitolati in inglese.

BLUE MAN GROUP
TEATRO

Cartina p364 (0180 54444; www.bluemangroup.de; Marlene-Dietrich-Platz 4; biglietti €60; S Potsdamer Platz) Questo spettacolo musicale e visivo sopra le righe, dove protagonisti sono ragazzi energetici e un po' pazzi fasciati in tutine di latex color puffo, va in scena nel loro teatro stabile, un ex cinema IMAX che ora si chiama Bluemax.

THEATER AM POTSDAMER PLATZ
MUSICAL

Cartina p364 (259 2290, biglietteria 01805 4444; www.stage-entertainment.de; Marlene-Dietrich-Platz 1; prezzi variabili; U S Potsdamer Platz) Musical di grande richiamo di compagnie in tournée sono proposti in questo teatro sempre sotto le luci dei riflettori, non foss'altro perché è stato progettato da Renzo Piano. I posti a sedere sono 1800 e ogni rappresentazione è un evento che merita una cornice adeguata.

SPIELBANK BERLIN
CASINÒ

Cartina p364 (255 990; www.spielbank-berlin.de; Marlene-Dietrich-Platz 1; ingresso €2,50; slot machine 11-3, tavoli 15-3, poker 19-3 lun-ven, 15-3 sab e dom; U S Potsdamer Platz) Non è Las Vegas, ma questo casinò offre lo stesso molte possibilità di sfidare Madama Fortuna al poker, alla roulette o ai tavoli di black jack. Le slot machine sono nell'interrato, i tavoli da poker al pianterreno e la roulette, il black jack e il poker ai piani superiori. Portate un documento di identità. L'ingresso è consentito solo ai maggiorenni.

SHOPPING

POTSDAMER PLATZ ARKADEN
CENTRO COMMERCIALE

Cartina p364 (255 9270; www.potsdamer-platz-arkaden.de; Alte Potsdamer Strasse 7; 10-21 lun-sab; U S Potsdamer Platz) In questo centro commerciale dall'architettura piacevole di certo soddisferete ogni capriccio. Nel seminterrato ci sono anche due supermercati alimentari e diversi fast-food. C'è un ufficio postale a livello della strada e un peccaminoso gelato da provare nella gelateria al piano superiore.

Scheunenviertel

HACKESCHER MARKT | HAUPTBAHNHOF | ORANIENBURGER TOR | TORSTRASSE

I top 5

❶ Capire tutta l'assurdità di vivere in una città divisa al **Gedenkstätte Berliner Mauer** (p137), il più importante monumento commemorativo che la Germania abbia dedicato alle vittime del Muro.

❷ Rammentare un passato tormentato mentre si ammirano i colori e le forme di opere d'arte contemporanea alla **Sammlung Boros** (p137).

❸ Scoprire negozi, gallerie d'arte e caffè nel labirinto pieno di carattere degli **Hackesche Höfe** (p135).

❹ Sgranchirsi le gambe ballando salsa, tango, ballroom, valzer e swing nel grande salone da ballo retrò Clärchens Ballhaus o, in estate, allo **Strandbar Mitte** (p144).

❺ Confrontarsi con i giganteschi dinosauri nella versione berlinese di Jurassic Park, il **Museum für Naturkunde** (p136).

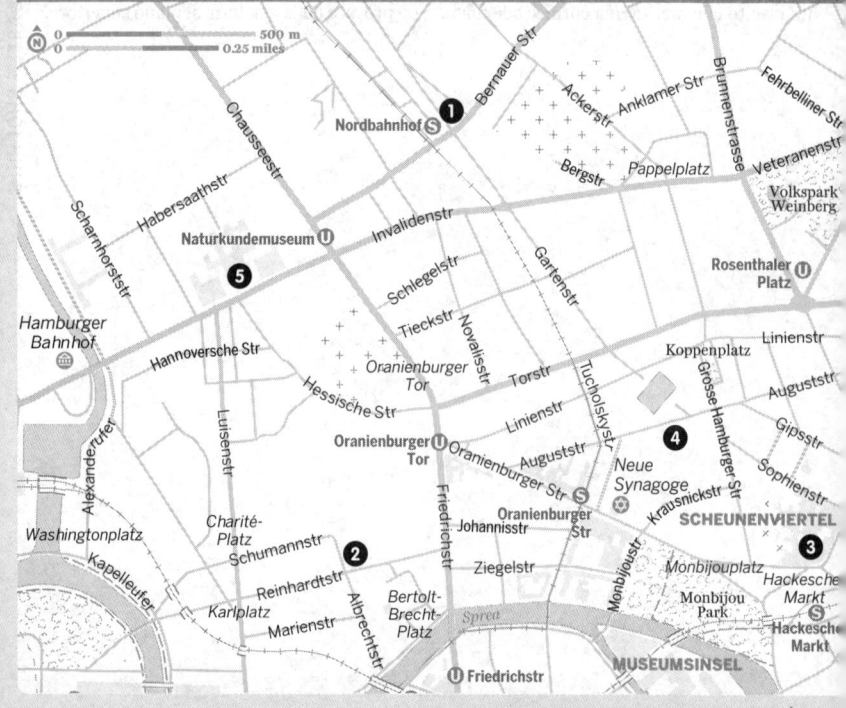

Per maggiori dettagli v. cartine p367 e p368

Lo Scheunenviertel, il 'quartiere dei fienili', concentra in uno spazio relativamente compatto molti luoghi carismatici. La zona più affascinante è il labirinto di vie tranquille che si aprono a ventaglio a partire dalle arterie principali, Oranienburger Strasse e Rosenthaler Strasse. Camminate senza meta e lasciatevi sorprendere: qui da un cortile idilliaco o da una galleria d'arte d'avanguardia, là da una boutique che detta la moda del futuro o da un bar trash e chic oppure da una sala da ballo della *belle époque*. Una caratteristica peculiare del quartiere sono i suoi *Höfe*, i cortili collegati gli uni agli altri oggi pieni di caffè, negozi e locali.

Dalla riunificazione lo Scheunenviertel è ritornato anche ad essere l'anima della comunità ebraica berlinese, di cui la Neue Synagoge è l'alfiere scintillante. Torstrasse, nonostante sia rumorosa e piena di traffico, ha assistito all'arrivo di nuovi bar e ristoranti di tendenza con una clientela di creativi con le tasche piene, berlinesi e non.

Anche se tecnicamente non fanno parte di Scheunenviertel, il capitolo tratta anche la zona a ovest di Friedrichstrasse/Chausseestrasse, che ospita due gemme dell'arte contemporanea, la Hamburger Bahnhof e la galleria privata Sammlung Boros. L'altro grande atout della zona è il Gedenkstätte Berliner Mauer, l'installazione più importante della Germania sul Muro e la sua storia.

Vita in città

→ **Shopping** Scoprite che cosa continuano a produrre le macchine da cucire degli stilisti berlinesi cercando nelle strade laterali i punti vendita di etichette locali.

→ **Il giro dei bar** Giocatevela bene se volete unirvi ai clienti sexy e cool nel loro pellegrinaggio per i bar di Torstrasse difesi da buttafuori.

→ **Monbijoupark** Prendete qualcosa da mangiare e una birra allo Strandbar Mitte (p144), il primo beach bar di Berlino, o ascoltate un concerto o una rappresentazione teatrale nell'Amphitheater all'aperto (p146) di questo parco lungofiume.

Trasporti

→ **Autobus** Il n. 142 percorre Torstrasse.

→ **S-Bahn** Le stazioni di Hackescher Markt (S5, S7 e S9) e Oranienburger Strasse (S2) sono entrambe ottimi punti di partenza.

→ **Tram** Il M1 va dalla Museumsinsel a Prenzlauer Berg e fa molte fermate nello Scheunenviertel.

→ **U-Bahn** Weinmeisterstrasse (U8) è la stazione più centrale. Rosenthaler Platz (U8), Rosa-Luxemburg-Platz (U2) e Oranienburger Tor (U6) sono più vicine a Torstrasse e alla parte nord di Scheunenviertel.

Il consiglio Lonely Planet

Per capire il ruolo che lo Scheunenviertel ha giocato nella storia dell'ebraismo berlinese noleggiate una iGuide multimediale nell'Anne Frank Zentrum (p138) per €5 (ridotti €2,50). Disponibile in inglese e in tedesco, vi accompagna nei luoghi chiave del quartiere e usa fotografie e interviste per aggiungere spessore e contenuto alle descrizioni.

✄ I migliori ristoranti

→ Hartweizen (p143)
→ Chèn Chè (p141)
→ Katz Orange (p142)
→ Schwarzwaldstuben (p139)

V. p139 →

🍺 I migliori locali

→ Buck & Breck (p145)
→ Neue Odessa Bar (p145)
→ Mein Haus am See (p145)
→ Amano Bar (p144)

V. p144 →

⊙ Per la storia ebraica

→ Neue Synagoge (p134)
→ Gedenkstätte Stille Helden (p138)
→ Alter Jüdischer Friedhof (p140)
→ Museum Blindenwerkstatt Otto Weidt (p138)

V. p135 →

DA NON PERDERE **HAMBURGER BAHNHOF – MUSEUM FÜR GEGENWART**

Il più importante museo d'arte contemporanea di Berlino ha aperto i battenti nel 1996 in quella che un tempo era una stazione ferroviaria, la Hamburger Bahnhof, i cui spazi dalle dimensioni ragguardevoli e con una certa grandeur sono assolutamente perfetti per ospitare il ricco patrimonio di dipinti, sculture, installazioni e video arte del museo. La maggior parte della dotazione è un prestito permanente di due collezionisti, Erich Marx e Friedrich Christian Flick, e spazia attraverso l'intero arco dei movimenti artistici nati dopo il 1950 – arte concettuale, pop art, minimal art, arte povera e fluxus. Le opere pionieristiche di artisti del calibro di Andy Warhol, Cy Twombly e Bruce Nauman sono presentate in collocazioni che cambiano di continuo sia nel corpo principale del museo sia nell'adiacente Rieckhallen, un magazzino lungo 300 m aggiunto nel 2004.

Il sabato e la domenica alle 12 ci sono **visite guidate in inglese** gratuite, mentre in tedesco partono alle 12 e alle 16 da martedì a venerdì e alle 14 sabato e domenica. Completate la visita sfogliando le pubblicazioni esposte nell'eccellente **gift shop** e gustando un caffè o un pasto nel miglior ristorante all'interno di un museo di tutta la città, Sarah Wiener im Hamburger Bahnhof (p142).

IN PRIMO PIANO

- *Chairman Mao* di Andy Warhol (1975)
- *Volkszählung* (Censimento, 1991) di Anselm Kiefer
- *Das Ende des 20. Jahrhunderts* di Joseph Beuys (1983)
- *Pink Door* di Robert Rauschenberg (1954)

DA SAPERE

- cartina p367
- 266 424 242
- www.hamburger bahnhof.de
- Invalidenstrasse 50-51
- interi/ridotti €8/4, 14/7 con mostre temporanee
- 10-18, 10-20 gio, 11-18 sab e dom, lun chiuso
- U S Hauptbahnhof

L'edificio

I treni sferragliarono per la prima volta attraverso la Hamburger Bahnhof nel 1874, ma solo 32 anni dopo la stazione era diventata troppo piccola e fu per questo trasformata in un museo dei trasporti. Dalla fine della seconda guerra mondiale rimase vuoto fino al 1989, quando a Josef Paul Kleihues venne dato l'incarico di creare un moderno spazio espositivo. Egli mantenne gli esterni di eleganza vecchio stile che oggi la sera sono immersi in un mistico bagno di luci verdi e blu, installazione di Dan Flavin. L'interno venne invece sventrato e trasformato in gallerie minimaliste che orbitano intorno all'altissima sala centrale con le travi portanti di metallo a vista.

La collezione Marx

Erich Marx è un imprenditore con un tocco alla re Mida e una grande passione per l'arte, soprattutto per i lavori di Joseph Beuys, Anselm Kiefer, Robert Rauschenberg, Cy Twombly e Andy Warhol. La collezione comprende dipinti entrati nel mito, come il ritratto di Mao Zedong di Warhol e la *Pink Door* di Rauschenberg. Le opere del più grande sperimentatore delle frontiere artistiche, alias Joseph Beuys, riempiono l'intero pianterreno dell'ala occidentale. E, per fare solo alcuni nomi, ci sono opere fondamentali della produzione di Roy Lichtenstein, Keith Haring, Jeff Koons e Georg Baselitz, insieme alle superbe fotografie di Cindy Sherman e Andreas Gursky. E si potrebbe andare avanti a lungo…

La collezione Flick

Le Rieckhallen ospitano mostre sempre diverse di opere appartenenti alla collezione dell'industriale tedesco Friedrich Christian Flick, che ha una predilezione particolare per Bruce Nauman, Paul McCarthy, Rodney Graham e Jason Rhoades. Per quanto riguarda la pittura, comunque, il punto di forza della collezione sono gli artisti tedeschi, tra cui Sigmar Polke, Gerhard Richter e Neo Rauch.

DA NON PERDERE
GEDENKSTÄTTE BERLINER MAUER

Il sito commemorativo del Muro di Berlino che si estende lungo Bernauer Strasse tra Gartenstrasse e Brunnenstrasse è il principale luogo della memoria della cinquantennale divisione della Germania. Comprende un tratto del Muro originale e resti delle installazioni di confine, pannelli esplicativi, una cappella e un monumento. È l'unico punto in cui potete vedere tutte le componenti del Muro e della 'striscia della morte' e capire come negli anni sia stato allargato e perfezionato.

Il sito commemorativo si estende per circa 1 km ed è diviso in quattro sezioni, di cui tre già completate al momento delle nostre ricerche. Stazioni multimediali, 'finestre archeologiche' e colonnine informative sparse nel sito forniscono i dettagli informativi necessari.

Per avere una visione d'insieme e prendere una cartina gratuita, fate un salto al **centro visitatori** all'angolo tra Gartenstrasse e Bernauer Strasse, in cui potete vedere anche un breve documentario sulla storia del Muro.

Finestra della rimembranza
Questa parete dell'area A tappezzata di foto dà un volto alle persone che persero la vita cercando di oltrepassare il Muro, tra cui un bambino di sei anni. L'area circostante, simile a un parco, un tempo faceva parte del cimitero adiacente.

Monumento nazionale
A onorare le vittime del Muro di Berlino è una sezione originale lunga 70 m delimitata da due lastroni di ferro arrugginito. Al di là è stata ricostruita la 'striscia della morte', con il sentiero sabbioso percorso dalle camionette di pattuglia, i riflettori che illuminavano a giorno e la torretta di guardia.

Berliner Mauer Dokumentationszentrum
Per uno sguardo complessivo del sito, salite sulla piattaforma panoramica del Centro di documentazione del Muro. All'interno, una piccola mostra utilizza fotografie, nastri registrati e materiale d'archivio per raccontare gli eventi che portarono a quel fatale giorno dell'agosto 1961 quando furono posati i primi metri di filo spinato.

Kapelle der Versöhnung
Appena oltre Ackerstrasse, la semplice e moderna Cappella della Riconciliazione si trova nel luogo in cui una chiesa in mattoni del 1894 fu fatta saltare in aria nel 1985 per allargare la 'striscia della morte' di fianco al Muro. Da martedì a venerdì alle 12 si tiene un servizio religioso che ricorda tutte le vittime del Muro (dura 15 minuti).

Nordbahnhof: una stazione fantasma
Il Muro divideva anche il sistema di trasporti cittadino. Tre linee di Berlino Ovest utilizzavano binari che passavano attraverso il settore orientale per tornare poi in quello occidentale. Le stazioni che si trovavano in territorio DDR erano chiuse e pattugliate. La stazione della S-Bahn Nordbahnhof, in Gartenstrasse, era una di queste 'stazioni fantasma' e ospita una mostra che ne racconta le vicende.

IN PRIMO PIANO

➡ La vista sul sito dalla piattaforma del centro di documentazione

➡ I servizi religiosi nella Cappella della Riconciliazione

➡ La 'stazione fantasma'

DA SAPERE

➡ cartina p367
➡ 467 986 666
➡ www.berliner-mauer -gedenkstaette.de
➡ Bernauer Strasse tra Gartenstrasse e Brunnenstrasse
➡ centro visitatori: 9.30-19 apr-ott, 9.30-18 nov-marzo, esposizione all'aperto 24 h su 24, 'stazione fantasma': orario di funzionamento della S-Bahn
➡ U Brunnenstrasse, S Nordbahnhof

DA NON PERDERE
NEUE SYNAGOGE

La cupola dorata della Nuova Sinagoga è il simbolo più visibile della rivitalizzata comunità ebraica di Berlino. L'architetto Eduard Knoblauch si ispirò all'Alhambra di Granada, il che spiega i bizzarri elementi in stile moresco-bizantino, tra cui l'elaborata facciata e la cupola scintillante. Quando Knoblauch si ammalò, gli subentrò l'amico Friedrich August Stüler, così che la sinagoga potesse essere consacrata nel giorno di Rosh Hashanah del 1866 alla presenza del cancelliere Otto von Bismarck e di altri dignitari prussiani. Vantava posti a sedere per 3200 persone ed era la più grande sinagoga di tutta la Germania.

Gli ebrei, che per legge non potevano possedere proprietà terriere, furono obbligati a stabilirsi tra i fienili di Scheunenviertel da Federico Guglielmo I nel 1737. La comunità andò crescendo nell'Ottocento e all'inizio del Novecento con l'arrivo di un gran numero di ebrei provenienti dall'Europa orientale e nelle strade e nei negozi del quartiere si sentiva parlare yiddish. Molti dei nuovi arrivati erano *chassidim* di remote regioni polacche e ucraine che non si integrarono con la comunità ebraica più liberale già presente.

IN PRIMO PIANO
➡ La facciata
➡ La cupola

DA SAPERE
➡ cartina p368
➡ 8802 8300
➡ www.cjudaicum.de
➡ Oranienburger Strasse 28-30
➡ interi/ridotti €3,50/3, cupola 2/1,50
➡ 10-20 dom e lun, 10-18 mar-gio, 10-17 ven, sab chiuso, orario ridotto nov-apr
➡ U Oranienburger Tor, S Oranienburger Strasse

La storia di Wilhelm Krützfeld
La comunità ebraica berlinese fu quasi del tutto sterminata o dispersa durante il Terzo Reich, ma la sinagoga non fu distrutta dai nazisti, ma dal bombardamento alleato nel 1943. Non che i nazisti non ci avessero provato, comunque. In effetti, durante il pogrom del 9 novembre 1938 passato alla storia come la *Kristallnacht* (notte dei cristalli), un gruppo di SA (Sturmabteilung) cercò di appiccare il fuoco al tempio ebraico. Il tentativo fu però contrastato da un coraggioso ufficiale della polizia locale, Wilhelm Krützfeld, che ricordò loro che l'edificio era un monumento protetto dalla legge. Krützfeld riuscì anche a convincere i vigili del fuoco a venire a estinguere le fiamme anche se avevano avuto l'ordine di non farlo per le proprietà ebraiche. Miracolosamente, l'ufficiale ricevette solo un rimprovero per l'iniziativa: una targa affissa sulla facciata ricorda il suo atto di coraggio.

Il Centrum Judaicum
Dopo la guerra la sinagoga rimase in rovina fino a metà degli anni '80. I lavori di ricostruzione iniziarono nel 1988, in occasione del 50° anniversario della Kristallnacht e continuarono dopo la caduta del Muro. Riconsacrata nel 1995, oggi non è tanto un luogo di culto (anche se vi si svolgono i servizi religiosi) ma un museo e un centro d'incontri conosciuto come **Centrum Judaicum**. Oltre a mostre temporanee, un'esposizione permanente presenta frammenti dell'architettura originaria e oggetti portati alla luce durante gli scavi, tra cui un rotolo della Torah e una lampada perpetua, che aiutano a narrare la storia dell'edificio religioso e le vite della sua passata comunità. L'**audioguida multilingue** (€3) è un supporto utile per riportare in vita il passato. Dietro l'edificio ricostruito una struttura in vetro e acciaio ripara le rovine rimaste del tempio originale e una fascia in pietra traccia il profilo gigantesco della sinagoga originale. Ricordate che questa parte è accessibile solo con una visita guidata; telefonate per sapere gli orari. Si può salire fino in cima alla cupola.

CHE COSA VEDERE

Hackescher Markt e dintorni

NEUE SYNAGOGE — SINAGOGA
V. p134.

HECKMANNHÖFE — SITO STORICO
Cartina p368 (Oranienburger Strasse 32; M1, SOranienburger Strasse) Rifugiatevi lontano dal caos cittadino in questo idilliaco complesso di cortili che collegano Oranienburger Strasse con Auguststrasse. Godetevi una pausa con torta e cappuccino in uno dei caffè oppure fate un giro dei negozi più originali, come la Bonbonmacherei (p149), una confetteria vecchio stile, o lp Sterling Gold, specializzato in vestiti da sera vintage.

KUNSTHAUS TACHELES — STREET ART
Cartina p367 (Oranienburger Strasse 54-56; UOranienburger Tor, SOranienburger Strasse) Dopo la caduta del Muro questo centro artistico occupato abusivamente e completamente ricoperto di graffiti è diventato un punto di riferimento della Oranienburger Strasse, ed ha attirato turisti e gente del posto con le sue gallerie d'arte, gli spazi dedicati alla cultura, le sculture bizzarre e un Biergarten. Anche se con il passare del tempo aveva perduto buona parte della sua energia anarchica, il Tacheles restava comunque uno dei pochi bastioni dallo spirito alternativo rimasti in questa zona, oggi molto gentrificata. Ora anche Tacheles è caduto vittima del progresso, a seguito di un processo che ebbe inizio nel 1998, quando il suo terreno venne venduto ad investitori immobiliari. Il gruppo investitore è però andato in bancarotta e la banca creditrice ha deciso di vendere il lotto edilizio all'asta per rifarsi delle perdite. Nell'estate del 2010 i primi tentativi di sfratto degli artisti e sgombero dei locali sono falliti, anche grazie all'appoggio da parte del senato cittadino. Ma verso metà del 2012, dopo anni di tira e molla legali, anche gli ultimi artisti se ne sono andati. L'edificio è un bene architettonico protetto, ma il suo futuro, e quello del lotto di terra vuoto circostante, rimangono incerti.

FREE JÜDISCHE MÄDCHENSCHULE — EDIFICIO STORICO
Cartina p368 (www.maedchenschule.org; Auguststrasse 11-13; orario variabile; UOranienburger

---

DA NON PERDERE
HACKESCHE HÖFE

Gli Hackesche Höfe sono i più famosi e vasti della serie di cortili restaurati che punteggiano lo Scheunenviertel. Costruiti nel 1907, gli otto cortili interconnessi collegano Rosenthaler Strasse con Sophienstrasse: abbandonati a se stessi per tutti i cinquant'anni della Berlino divisa, nel 1994 furono acquistati da investitori della Germania Occidentale che, dopo una totale ristrutturazione, li riaprirono con grande clamore nel 1996 con un mix perfetto di caffè, gallerie d'arte, boutique, negozi di specialità e luoghi di spettacolo.

L'entrata principale in Rosenthaler Strasse, con una stupenda facciata Jugendstil, conduce allo **Hof I**, impreziosito da motivi in piastrelle colorate ideati dall'architetto liberty August Endell. Uno dei teatri di cabaret migliori di Berlino, il Chamäleon Varieté (p146), si trova qui, insieme a un cinema d'essai. Chi viene per far shopping può andar oltre per trovare i principali punti vendita dei più noti stilisti berlinesi. Se vi piace il piccolo omino che compare sui semafori berlinesi, fate incetta di souvenir che lo riguardano nell'Ampelmann Galerie (p149). Dallo Hof VII si passa ai **Rosenhöfe**, un romantico cortile che si ispira allo Jugendstil con un roseto terrazzato e balaustre di ferro traforato.

IN PRIMO PIANO
➡ La facciata Jugendstil dello Hof I
➡ Le boutique degli stilisti berlinesi
➡ Rosenhöfe

DA SAPERE
➡ cartina p368
➡ 2809 8010
➡ www.hackesche-hoefe.com
➡ Rosenthaler Strasse 40/41, Sophienstrasse 6
➡ M1, SHackescher Markt

DA NON PERDERE
MUSEUM FÜR NATURKUNDE

Fossili e minerali non fanno accelerare le vostre pulsazioni? Forse ci riuscirà un brachiosauro che misura 12 m di altezza, certificato dal Guinness dei primati come il più grande dinosauro del mondo rimontato interamente. L'innocuo gigante è accompagnato da una decina almeno di suoi compari giurassici, compreso il feroce allosauro e un kentrosauro, la cosiddetta 'lucertola con spuntoni'. Tutti hanno intorno ai 150 milioni di anni e provengono dalla Tanzania. Interessanti 'giurascopi' riportano virtualmente in vita una decina di questi animali. La stessa sala ospita anche l'ultrararo *Archaeopteryx*.

Potete anche viaggiare nello spazio profondo o chiarire quei misteri da sempre insoluti, ad esempio perché le zebre hanno le strisce e i pavoni delle penne così belle. Abbastanza sorprendenti le sezioni con gli ingrandimenti di insetti: aspettate di vedere la stupefacente anatomia di una mosca! Una recente aggiunta è la collezione di 276.000 barattoli di vetro che contengono oltre un milione di animali conservati nell'etanolo ed esposti in un grande cubo di vetro che brilla in una sala oscurata.

Uno dei preferiti nella sezione degli animali impagliati è il gorilla Bobby che nacque e visse allo zoo di Berlino. La sua fama sarà presto oscurata dall'orso polare Knut, anch'esso nato in cattività e purtroppo morto nel 2011.

IN PRIMO PIANO
➡ Brachiosauro
➡ Archaeopteryx
➡ Ingrandimenti di insetti

DA SAPERE
➡ cartina p367
➡ ☎2093 8591
➡ www.naturkunde museum-berlin.de
➡ Invalidenstrasse 43
➡ interi/ridotti con audioguida €6/3,50,
➡ ◉9.30-18 mar-ven, 10-18 sab e dom, lun chiuso
➡ ⓤNaturkundemuseum

Tor, ⓜM1, ⓢOranienburger Strasse) Dopo anni di incuria l'ex-scuola ebraica per bambine, risalente agli anni '20, ha riaperto le porte nel 2012 in veste di nuova casa di tre gallerie d'arte molto note – Eigen+Art, Camera Work e Michael Fuchs – oltre a tre mete gastronomiche: un ristorante kasher, una gastronomia e l'elegante Pauly Saal. La galleria Camera Work gestisce anche il museo dei Kennedy al secondo piano.

L'intero progetto è frutto degli sforzi di Michael Fuchs, che ha prima contrattato l'affitto per trent'anni dell'edificio dai mattoncini rossi, protetto da vincolo di tutela, con la Comunità Ebraica di Berlino, che ne è la proprietaria, e poi ha iniziato una delicata ma estesa opera di restauro, che è durata un anno. È rimasta ancora buona parte dei complementi originali del palazzo, come le piastrelle all'ingresso o le lampade delle classi.

MUSEUM THE KENNEDYS   MUSEO
Cartina p368 (www.thekennedys.de; Auguststrasse 11-13; interi/ridotti €5/2,50; ◉11-19, lun chiuso; ⓤOranienburger Tor, ⓜM1, ⓢOranienburger Strasse) Questo piccolo museo (da poco trasferito nella ex scuola ebraica femminile) è organizzato come una carrellata attraverso l'album di famiglia e concentra l'attenzione soprattutto sul presidente statunitense John F. Kennedy, che occupa un posto speciale nel cuore dei berlinesi fin dal suo famoso discorso di solidarietà, '*Ich bin ein Berliner!*', tenuto nel 1963. Una mostra fatta di fotografie, documenti e oggetti illustra la storia famigliare, la visita a Berlino e l'assassinio del presidente. C'è anche un divertente numero di Superman a fumetti in cui il Presidente è nelle vesti del super eroe.

KW INSTITUTE FOR
CONTEMPORARY ART   GALLERIA D'ARTE
Cartina p368 (☎243 4590; www.kw-berlin.de; Auguststrasse 69; interi/ridotti €6/4; ◉12-19, 12-21 gio, mar chiuso; ⓤOranienburger Strasse, ⓜM1, ⓢOranienburger Tor) L'istituzione no-profit Kunst-Werke, situata in una ex-fabbrica di margarina, ha contribuito a tracciare il destino dello Scheunenviertel come centro artistico post-riunificazione di Berlino. Espone anche oggi opere d'arte spesso 'rivoluzionarie', che riflettono le correnti più recenti e radicali dell'arte contemporanea. Il

suo fondatore, Klaus Biesenbach, è anche la mente dietro la mostra d'arte **Berlin Biennale** (www.berlinbiennale.de), inaugurata nel 1990. Il Café Bravo (p144), situato nel cortile, è il posto ideale per una pausa caffè.

ME COLLECTORS ROOM   GALLERIA D'ARTE

Cartina p368 (8600 8510; www.me-berlin.com; Augustrasse 68; interi/ridotti €6/4; 12-18 mar-dom, lun chiuso; M1, Oranienburger Strasse) Thomas Olbricht colleziona opere d'arte che vanno dal XVI secolo fino ai giorni nostri ed esorta i curatori a organizzare mostre temporanee che trattino i grandi temi dell'esistenza umana come la vita, l'amore, la sessualità, la caducità e la morte. La collezione comprende anche opere di Gerhard Richter, Thomas Demand e Cindy Sherman, oltre a molti altri artisti meno noti. Al piano superiore si trova una *Wunderkammer*, cioè 'una camera delle meraviglie' con fantastici oggetti provenienti da tutto il mondo.

Il bar interno, Me Cafe, è un luogo piacevole dove riflettere su ciò che si è appena visto.

SAMMLUNG HOFFMANN   GALLERIA D'ARTE

Cartina p368 (2849 9120; www.sammlung-hoffmann.de; Sophienstrasse 21; tour €10; 11-16 sab solo su appuntamento; Weinmeisterstrasse) È facile mancare il semplice ingresso ai Sophie-Gips-Höfe, tre deliziosi cortili risalenti al XIX secolo che collegano Sophienstrasse con Gipsstrasse. Questa ex-fabbrica di macchine da cucire ospita oggi negozi, uffici, appartamenti e la Sammlung Hoffmann, la collezione d'arte contemporanea privata messa insieme da Erika Hoffmann e suo marito Rolf, ora deceduto. Il sabato dalle 11 alle 16 la signora Hoffmann accompagna piccoli gruppi di appassionati d'arte a visitare il suo appartamento di due piani, pieno di opere d'arte di grandi nomi come Gerhard Richter, Frank Stella, Jean-Michel Basquiat e AR Penck. Occorre prenotare il giro diversi giorni in anticipo.

RAMONES MUSEUM   MUSEO

Cartina p368 (7552 8889; www.ramonesmuseum.com; Krausnickstrasse 23; ingresso €3,50; 12-22; Oranienburger Strasse) Nonostante cantassero 'Born to Die in Berlin' l'eredità dei pionieri del punk, i Ramones, è rimasta più viva che mai nella capitale tedesca, soprattutto grazie a questa eclettica collezione di cimeli. Potrete ammirare le bacchette della batteria di Marky Ramone e i jeans di Johnny Ramone, oltre alle copertine degli album autografate, ai poster, ai volantini, alle fotografie e altre cianfrusaglie. Di tanto in tanto il caffé interno ospita concerti.

⊙ Hauptbahnhof e Oranienburger Tor

HAMBURGER BAHNHOF – MUSEUM FÜR GEGENWART   MUSEO

V. p132.

GEDENKSTÄTTE BERLINER MAUER   MONUMENTO COMMEMORATIVO

V. p133.

SAMMLUNG BOROS   GALLERIA D'ARTE

Cartina p367 (2759 4065; www.sammlung-boros.de; Reinhardtstrasse 20; interi/ridotti €10/6; 16-21 gio, 10-18 ven-dom; Oranienburger Tor, Friedrichstrasse, M1, Friedrichstrasse) Il ricordo della guerra, un sentore di frutta e verdura e l'eco delle fruste feticiste dei rave

---

I SITI EBRAICI MENO NOTI

Lo Holocaust Mahnmal, la Neue Synagoge e lo Jüdisches Museum sono i siti ebraici più noti di Berlino, ma nella capitale ci sono molti altri luoghi della memoria. Ecco i cinque più significativi:

➡ **Gleis 17** (Binario 17; Am Bahnhof Grunewald; Grunewald) Da questo binario partivano i treni che deportavano gli ebrei nei campi di concentramento (v. p220).

➡ **Haus der Wannsee-Konferenz** (p222) La villa dove i leader nazisti decisero la 'soluzione finale'.

➡ **I Mendelssohn** (p86) Omaggio a una delle famiglie ebraiche più importanti per la storia di Berlino.

➡ **Jüdischer Friedhof Schönhauser Allee** (p187) Il cimitero che ospita i resti di famosi ebrei berlinesi.

➡ **Block der Frauen** (p106) Per ricordare un atto di resistenza al nazismo da parte di donne ariane sposate a ebrei.

HAUS SCHWARZENBERG

In macroscopico contrasto cone le lussuose boutique e i caffè alla moda del resto del quartiere, la **Haus Schwarzenberg** (cartina p368) al n. 39 di Rosenthaler Strasse è un flashback ai primi anni '90 quando la maggior parte degli edifici della zona apparivano squallidi e semidistrutti. Recentemente l'edificio è stato sanato da un punto di vista statico, ma non ci sono notizie di piani di abbellimento. Anzi, al contrario: lo scopo è di mantenerlo come spazio senza pretese che nella sua autenticità esalti la creatività artistica al di là dei filoni di successo e senza badare alla mercificazione. Il cortile, che ha sculture metalliche e street art alle pareti, dà accesso ad atelier, uffici, un surreale 'parco dei divertimenti', un bar bizzarramente artistico, un cinema d'essai e infine a tre spazi espositivi che trattano temi legati alla persecuzione degli ebrei durante il Terzo Reich.

Museum Blindenwerkstatt Otto Weidt (cartina p368; ☎2859 9407; www.museum-blindenwerkstatt.de; Rosenthaler Strasse 39; ingresso libero; ⊙10-20; ⓈHackescher Markt, Weinmeisterstrasse) Otto Weidt era un fabbricante di scope e spazzole che rischiò la vita per proteggere dai nazisti molti dei suoi operai ebrei ciechi e sordi. La mostra è disposta proprio nel laboratorio dove Weidt nascose un'intera famiglia in una stanza dietro a un armadio, fornì cibo e documenti falsi, e corruppe ufficiali della Gestapo affinché liberassero ebrei in attesa della deportazione. Uno dei momenti più toccanti è l'intervista registrata di due sopravvissuti che descrivono l'impegno di Weidt nel salvare le loro vite.

Anne Frank Zentrum (cartina p368; ☎288 865 610; www.annefrank.de; Rosenthaler Strasse 39; interi/ridotti/under 10 €5/3/gratuito; ⊙10-18 mar-dom; ⓊWeinmeisterstrasse, ⓈHackescher Markt) Questo museo usa oggetti e fotografie per raccontare la storia straordinaria di una ragazza che non ha bisogno di presentazioni. Chi non ha letto il diario della ragazzina ebrea che si nascose ad Amsterdam con la sua famiglia per sfuggire alle persecuzioni naziste? Anne Frank non riuscì a vedere il suo sedicesimo compleanno: morì di tifo nel campo di concentramento di Bergen-Belsen alcuni giorni prima. Un'intera sala è dedicata al suo diario e all'impatto profondo che ha avuto sulle generazioni successive.

Gedenkstätte Stille Helden (cartina p368; ☎2345 7919; www.gedenkstaette-stille-helden.de; Rosenthaler Strasse 41; ingresso libero; ⊙10-20) Questo monumento commemorativo agli 'eroi silenziosi' è dedicato a tutti i tedeschi che ebbero il coraggio di nascondere e aiutare i loro vicini ebrei, proprio come fece Otto Weidt. Console interattive forniscono le informazioni di base, mentre al piano superiore colonne multimediali documentano il destino a cui andò incontro sia chi aiutò sia chi era perseguitato.

Monsterkabinett (www.monsterkabinett.de; Haus Schwarzenberg, Rosenthalar Strasse 39, Hof II; interi/ridotti €8/5; ⊙18-22 gio, 16-22 ven e sab; ⓊWeinmeisterstrasse, ⓈHackescher Markt) Se volete incontrare 'Püppi', l'amante della techno, o 'Orangina', che fa le piroette su sei gambe, dovete scendere la scala a chiocciola ed entrare nel surreale mondo sotterraneo di Hannes Heiner. La sua arte onirica gli ha ispirato una serie di animati mostri meccanici che fanno parte di un'installazione sonora e visiva controllata da un computer: la visita (proibita ai bambini) vi stupirà, e forse vi spaventerà anche un poco.

risuonano ancora nelle 80 stanze di questo bunker di epoca nazista trasformato in un faro per l'arte contemporanea. Tutto ciò è merito di Christian Boros, guru della pubblicità e collezionista di opere d'arte dei grandi professionisti che stanno scrivendo la storia dell'arte contemporanea, da Olafur Eliasson a Damien Hirst, da Sarah Lucas a Wolfgang Tilmanns e tanti altri. Parte del suo tesoro è visitabile prendendo parte a una visita guidata di un'ora e mezzo (in tedesco e in inglese). Prenotate sul sito il prima possibile.

Durante la visita imparerete anche qualche informazione interessante sull'edificio scalfito dalla guerra, che conserva ancora gli impianti, le tubature, le porte in ferro e le ventole originali. Verso la fine della guerra, nonostante fosse stato costruito per ospitare 2000 persone, più del doppio si stipò nelle sue stanze buie durante i bombardamenti più pesanti. In seguito venne brevemente usato dai sovietici come carcere per prigionieri di guerra, prima di assumere una funzione più pacifica come magazzino di frutta e verdura durante la DDR, che gli valse il nomignolo di 'Banana Bunker'. Negli anni Novanta, questo labirinto claustrofobico ospitò alcune delle feste feticiste e dei rave techno più spinti di Berlino. Infine, nel 2003, Boros se lo è accaparrato.

BRECHT-WEIGEL GEDENKSTÄTTE
CASA-MUSEO

Cartina p367 (www.adk.de/de/archiv/gedenksta etten; Chausseestrasse 125; tour interi/ridotti €5/2,50; ☺tour ogni mezz'ora 10-11.30 e 14-15.30 mar, 10-11.30 mer e ven, 10-11.30 e 17-18.30 gio, 10-15.30 sab, ogni ora 11-18 dom, lun chiuso; UOranienburger Tor, Naturkundemuseum) Il drammaturgo Bertolt Brecht visse in questa casa dal 1953 fino alla sua morte nel 1956. Si può vedere il suo ufficio, la vasta biblioteca e la piccola camera da letto dove morì. Decorata con opere d'arte cinesi, è stata lasciata così com'era, con il cappello e il berretto di lana appesi vicino alla porta. Al piano di sotto si trovano gli appartamenti disordinati di sua moglie, l'attrice Helene Weigel.

La coppia è sepolta nell'adiacente cimitero **Dorotheenstädtischer Friedhof**. Le visite guidate sono in tedesco e limitate ad otto persone alla volta. Il ristorante nel seminterrato, il Brechtkeller, decorato con vecchie fotografie e modellini delle scenografie delle produzioni teatrali di Brecht, serve piatti austriaci preparati secondo le ricette della signora Weigel.

FREE DOROTHEENSTÄDTISCHER FRIEDHOF
CIMITERO

Cartina p367 (Chausseestrasse 126; ☺8-crepuscolo; UOranienburger Tor, Naturkundemuseum, 🚌M1) Questo cimitero raccolto è il luogo dell'eterno riposo di una lunga lista di nomi importanti in Germania ed è costellato di tombe dalle decorazioni artistiche. Karl Friedrich Schinkel, ad esempio, ha progettato la propria. Brecht, che visse nella casa accanto, decise di essere sepolto qui a quanto pare per poter essere vicino ai suoi idoli della filosofia Hegel e Fichte. Il drammaturgo Heiner Müller e la scrittrice Christa Wolf sono tra gli ultimi arrivi; gli ammiratori di Müller ancora gli portano dei sigari. Una cartina all'ingresso mostra la posizione delle tombe.

BERLINER MEDIZINHISTORISCHES MUSEUM
MUSEO

Cartina p367 (📞450 536 156; www.bmm-charite .de; Charitéplatz 1; interi/ridotti €7/3,50; ☺10-17 mar, gio, ven e dom, 10-19 mer e sab, lun chiuso; USHauptbahnhof) Questo museo, associato all'ospedale Charité, racconta la storia di 300 anni di medicina moderna in un teatro anatomico, una camera di dissezione di un patologo, un laboratorio e una corsia di ospedale. Il cuore della mostra, però, è la raccapricciante collezione di anatomia patologica, che è come vedere in 3D un manuale di medicina di tutte le malattie e deformità umane. Questo non è di certo il posto giusto per gli schizzinosi; i bambini sotto i 16 anni devono essere accompagnati da un adulto.

Tumori mostruosi, organi infiammati, un colon della dimensione di una proboscide d'elefante e feti con due teste sono immersi nella formaldeide ed esposti ordinatamente in barattoli di vetro. Le mostre temporanee si trovano al secondo piano. Il cuore della collezione di campioni fu assemblato da Rudolf Virchow (1821-1902), un famoso medico, ricercatore e professore. Date un'occhiata anche alla sua sala delle conferenze – conservata apposta 'in rovina' – che viene utilizzata per eventi speciali.

PASTI

Hackescher Markt e dintorni

SCHWARZWALDSTUBEN
TEDESCO €€

Cartina p368 (📞2809 8084; www.schwarzwaldstu ben-berlin.com; Tucholskystrasse 48; piatti €7-14; ☺9-24; SOranienburger Strasse) Siete in vena di immergervi in un momento stile 'Hansel e Gretel'? Allora unitevi agli altri 'bambini dispersi' in questa parodia della Foresta Nera con tanto di pini in plastica e teste di Bambi con un cappellino da baseball. Ottimi sono i *geschmelzte Maultaschen* (un tipo di ravioli saltati in padella) e le cotolette giganti. Tutto va giù a meraviglia se associato a un bicchiere di birra Rothaus Tannenzäpfle, arrivata direttamente dalla Selva Nera.

SUSURU
GIAPPONESE €

Cartina p368 (www.susuru.de; Rosa-Luxemburg-Strasse 17; portate principali €6,50-9; ☺11.30-23.30; 📶🍴; URosa-Luxemburg-Platz) Non preoccupatevi di fare rumore! In giapponese *Susuru* significa sorseggiare rumorosamente e, a dire la verità, non c'è modo migliore di affrontare la montagnola di noodles serviti in questo ristorantino specializzato in zuppe, che è

INIZIO **NEUE SYNAGOGE**
FINE **HAUS SCHWARZENBERG**
DISTANZA **1,5 KM**
DURATA **UN'ORA**

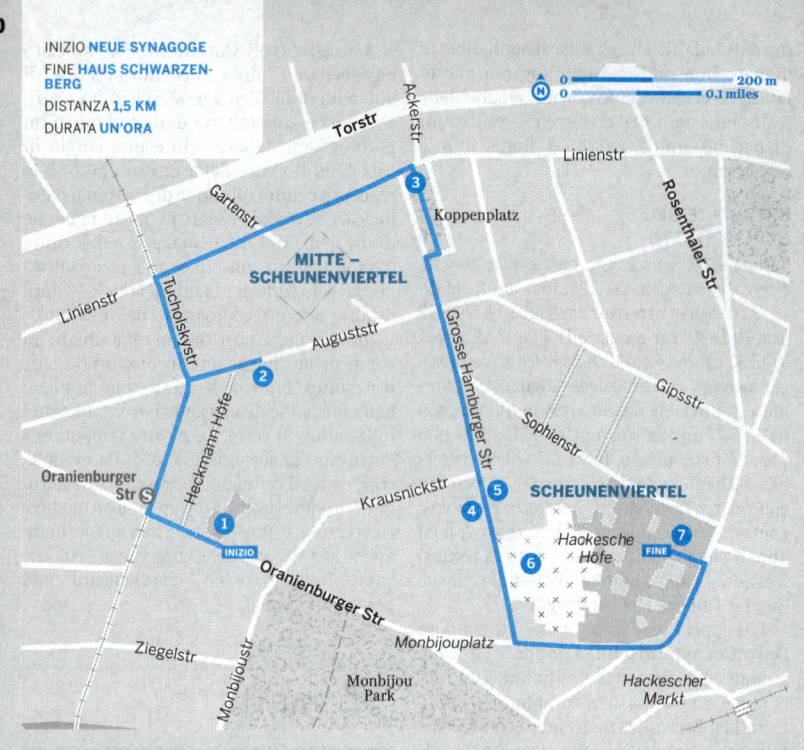

Itinerario a piedi
Tracce di storia ebraica nello Scheunenviertel

Questo itinerario ripercorre lo Scheunenviertel alla ricerca di vestigia del passato ebraico e di luoghi della memoria. Inizia dalla maestosa ❶ **Neue Synagoge**: inaugurata nel 1866, era il più grande luogo di culto della Germania. Oggi è un museo e un centro della comunità. Girate a destra in Tucholskystrasse e di nuovo a destra su Auguststrasse: vi troverete alla ❷ **Jüdische Mädchenschule** (scuola femminile ebraica), riaperta nel 2012 come galleria d'arte e ristorante.

Continuate a nord per Tucholskystrasse, quindi seguite Linienstrasse verso est fino a ❸ **Der Verlassene Raum** (la stanza abbandonata). L'installazione di Karl Biedermann consiste di due tavoli e due sedie, una a gambe all'aria: commemora gli ebrei che furono costretti a lasciare le loro case in tutta fretta e mai più vi fecero ritorno.

Continuate verso sud sulla Grosse Hamburger Strasse e cercate la ❹ **Missing House**: la 'casa mancante' era un edificio di appartamenti distrutto da una bomba. Il monumento all'"assenza", ideato dall'artista francese Christian Boltanski nel 1990, ricorda con targhette apposte sulle pareti delle case di fianco le famiglie ebree scomparse. L'edificio di fronte, al n. 27, era una ❺ **Scuola maschile ebraica** fondata nel 1788 per interessamento di Moses Mendelssohn. I nazisti chiusero la scuola, ma l'edificio sopravvisse alla guerra senza danni. Dal 1993, ragazzi e ragazze, ebrei e non, hanno ripreso a frequentare le sue aule. Pochi passi più a sud ❻ l'**Alter Jüdischer Friedhof** fu il primo cimitero ebraico della città, distrutto dalla Gestapo nel 1943. Oltre 12.000 defunti vennero sepolti qui tra il 1672 e il 1827, tra le quali il filosofo illuminista Moses Mendelssohn. Una lastra tombale ricorda lui e tutte le salme inumate qui.

L'itinerario si conclude alla ❼ **Haus Schwarzenberg**, che ospita tre piccoli musei che delineano i destini degli ebrei durante il nazismo: il laboratorio di un produttore di spazzole che salvò molti dei suoi operai ebrei, un museo dedicato ad Anna Frank e un sito che ricorda con riconoscenza i tedeschi che nascosero e aiutarono i loro vicini ebrei.

tanto carino e ordinato quanto un tipico vassoio *bento* giapponese.

CHÈN CHÈ VIETNAMITA €€
Cartina p368 (www.chenche-berlin.de; Rosenthaler Strasse 13; piatti intorno a €8; ⏰12-24; 📷; Ⓤ Rosenthaler Platz, 🚋M1) Lunghi incensi ardenti segnalano la strada per questa esotica sala da tè vietnamita, situata in fondo a un tranquillo cortile. Sedete nell'incantevole giardino zen o sotto il lampadario a bracci e ordinate dal piccolo menù, che comprende scodelle fumanti di *pho* (minestra), pietanze al curry e piatti di noodles serviti nei tradizionali recipienti in terracotta. La scelta di tè è eccellente e c'è un piccolo negozio.

BARCOMI'S DELI CAFFÈ AMERICANO €
Cartina p368 (www.barcomis.de; Hof II, Sophie-Gips-Höfe, Sophienstrasse 21; piatti €2-11; ⏰9-21 lun-sab, 10-21 dom; Ⓤ Weinmeisterstrasse) Unitevi agli amanti del caffè-latte, alle famiglie e agli esuli americani in questo bar dove New York incontra Berlino e godetevi il caffè appena tostato, i wrap e i bagel con lox (salmone affumicato), le minestre, insalate e forse i migliori brownies e cheesecake al di là del fiume Hudson. In più è situato in un classico cortile dello Scheunenviertel, incantevole e tranquillo.

PAULY SAAL TEDESCO €€€
Cartina p368 (📞3300 6070; www.paulysaal.com; Auguststrasse 11-13; portate principali a pranzo €15-20, a cena €30-38; ⏰12-15 e 18-3; Ⓤ Oranienburger Tor, 🚋M1, Ⓢ Oranienburger Strasse) In quella che era una volta la palestra della scuola ebraica per bambine, lo chef Siegfried Danler serve piatti tradizionali e alla buona della cucina tedesca, ma con un tocco di modernità e leggerezza grazie all'uso dei migliori ingredienti locali e da coltivazioni biologica. La conversazione non mancherà certo di essere stimolata dalle opere d'arte che vi circonderanno durante la cena, come le volpi impagliate, le zampette fasciate di Daniel Richter o l'enorme razzo di Cosima von Bonin. In alternativa potete anche ritirarvi nel vecchio giardino della scuola, ombreggiato da ombrelloni e dalle fronde di vecchi alberi.

MOGG & MELZER DELI €€
Cartina p368 (www.moggandmelzer.com; Auguststrasse 11-13; portate principali €7-15; ⏰8-23 lun-ven, 10-23 sab; 🚋M1, Ⓢ Oranienburger Strasse) Chi ama le classiche ricette yiddish trapiantate in America, come il pastrami, può assaporarle dietro le grandi finestre di questo locale, situato nell'ex scuola ebraica femminile: è infatti il primo 'deli' ebraico in stile newyorkese aperto in città. I saporiti sandwich con pane di segale hanno due dimensioni diverse e sono ricoperti di formaggio svizzero fuso e accompagnati da cetriolini in salamoia. L'ambiente che si ispira agli anni '30, con panchette imbottite color porpora e sedie di design finlandese, è invece prettamente berlinese.

TRANSIT ASIATICO €
Cartina p368 (📞2478 1645; www.transit-restaurants.com; Rosenthaler Strasse 68; piatti €3; ⏰11-1; Ⓤ Rosenthaler Platz) Fate il pieno di tapas asiatiche in questo ristorante senza pretese, dalla forma che ricorda un tunnel e decorato con lanterne in carta colorata. C'è anche una filiale in Friedrichshain (p176).

MONSIEUR VUONG ASIATICO €€
Cartina p368 (📞9929 6924; www.monsieurvuong.de; Alte Schönhauser Strasse 46; portate principali intorno a €8; ⏰12-24; Ⓤ Weinmeisterstrasse, Rosa-Luxemburg-Platz) Monsieur, il 'padrino' berlinese di questo allegro ristorantino di cucina indocinese, è stato già copiato innumerevoli volte, visto che l'idea che ha avuto è vincente. Il compatto menù comprende minestre molto saporite e due o tre secondi, che cambiano regolarmente. Scegliete cosa prendere e godetevi i soldi che avrete risparmiato. Nonostante la coda permanente di gente la qualità del cibo non ne ha risentito. Per evitare la baraonda venite qui di pomeriggio.

YAM YAM COREANO €
Cartina p368 (www.yamyam-berlin.de; Alte Schönhauser Strasse 6; portate principali €4,50-8; Ⓤ Rosa-Luxemburg-Platz) In una temeraria e impulsiva mossa professionale, Sumi Ha ha trasformato la sua raffinata boutique di moda in un elegante gioiellino self-service, dove viene servito autentico street food coreano, come gli speziati *bibimbap* (una pietanza piccante a base di riso), e i freschi *gimbab* (rotoli di alghe), o i *mandu* (ravioli al vapore).

CAFÉ NORD-SUD FRANCESE €
Cartina p368 (Auguststrasse 87; menu da 3 portate €7,50; ⏰pranzo e cena lun-sab; Ⓤ Oranienburger Tor, Ⓢ Oranienburger Strasse) In questo umile caffè il proprietario, Jean-Claude Malfoy vi saluterà e servirà al tavolo, oltre a fare da sommelier e a cucinare tutto da solo in una performance degna di Peter Sellers. Le porzioni non sono molto grandi o particolaremente eleganti, ma quando per €7,50 si

riceve un pasto di tre portate tutto ciò che possiamo dire è *oh là là*!

DADA FALAFEL MEDIORIENTALE €

Cartina p367 (www.dadafalafel.de; Linienstrasse 132; piatti €3,50-7; ⊗10-2; UOranienburger Tor) 'Mangiare è una necessità, ma mangiare con intelligenza è un'arte.' Questa citazione dell'autore francese seicentesco François de La Rochefoucauld è il motto di questo minuscolo ristorante da asporto esotico con annessa galleria d'arte. Basta un morso ai falafel appena preparati di Dada, innaffiati abbondantemente di una salsa piccante fatta in casa, per capire come mai c'è sempre una coda di fedele gente del posto nonostante il servizio sbrigativo.

KOPPS VEGANO €€

Cartina p368 (☎4320 9775; www.kopps-berlin.de; Linienstrasse 94; portate principali €12-16; ⊗8.30-24; ⚙; URosenthaler Platz, ☐M1) 'Cucina vegana tedesca' sembra un po' un ossimoro, ma non da Kopps, che offre deliziosi goulasch, rolate e cotolette *sans* prodotti di origine animale. Il locale è spartano ma arredato con gusto, con le pareti di un grigio-bluastro, porte riciclate e specchi in posti inaspettati. Le colazioni sono eccellenti, il brunch del fine settimana è molto frequentato e, sempre di weekend, un DJ mette musica a partire dalle 22.

PAN ASIA ASIATICO €€

Cartina p368 (☎8188 6230; www.panasia.de; Rosenthaler Strasse 38; portate principali €7-17; ⊗dom-gio 12-24, ven 12-1; SHackescher Markt) Il quoziente hipster di questo dinamico ristorante vicino agli Hackesche Höfe è dato dalle proiezioni di luci e di *anime* (film tratti dai manga) oltre che dai lunghi tavoli comuni. Il menù non è da meno, con piatti che variano dalla cucina thailandese a quella cinese, passando per la giapponese e vietnamita. Gli ingredienti freschi e salutari e le tecniche culinarie dal basso contenuto calorico ne fanno una meta amata per chi è attento alla linea.

🍴 Hauptbahnhof e Oranienburger Tor

GRILL ROYAL STEAKHOUSE €€€

Cartina p367 (☎2887 9288; www.grillroyal.com; Friedrichstrasse 105b; portate principali €16-39, steak €18-55; ⊗cena; USFriedrichstrasse) Una carta di credito platino è un accessorio utile in questo tempio di egocentrismo,

> **INCIAMPARE NELLA STORIA**
>
> Se abbassate lo sguardo li vedete ovunque, ma soprattutto nello Scheunenviertel: piccoli ciottoli di ottone che recano la scritta 'Hier wohnte...' (qui viveva...) seguita da un nome e una data incastonati davanti alla porta d'ingresso delle case. Detti *Stolpersteine* (ciottoli che fanno inciampare), fanno parte di un progetto internazionale ideato dall'artista Gunter Demnig, nativo di Berlino: sono sostanzialmente piccoli monumenti commemorativi delle famiglie (in genere ebree) che vivevano in quella casa prima di perire per mano dei nazisti.

dove si vedono VIP, potenti politici, modelle imbronciate e alternativi pieni di soldi succhiare ostriche e ingozzarsi di carne di prima scelta, tra qui quella eccellente, biologica e locale, di bovini Angus. Non ci si può proprio lamentare della qualità del cibo, e neanche dell'arredamento sexy ma non eccessivo o del divertimento nell'osservare la compagine dei clienti, ma lo staff, purtroppo, può essere un po' antipatico. Quando il tempo è bello i tavoli in riva al fiume sono molto invitanti.

SARAH WIENER IM HAMBURGER BAHNHOF AUSTRIACO €€

Cartina p367 (☎7071 3650; www.sarahwiener.de; Invalidenstrasse 50-51; portate principali €11-22; ⊗10-18 mar-ven, 11-20 sab, 11-18 dom; USHauptbahnhof) La caffetteria museale più intelligente e interessante di Berlino è il regno della star della gastronomia Sarah Wiener, famosa sia per le sue classiche *Wienerschnitzel* (cotolette di vitello impanate) che per le sue saporite *Sachertorte* oltre ad altri dolci austriaci. L'enorme stanza, dai soffitti alti, è caratterizzata dal lungo bancone, dal pavimento in pietra decorato, dalle luci soffuse e dai numerosi angoli dove fare conversazione, ove gli amanti dell'arte discutono dell'ultima mostra del museo.

🍴 Torstrasse

TOP KATZ
ORANGE CUCINA INTERNAZIONALE €€€

Cartina p368 (☎983 208 430; www.katzorange.com; Bergstrasse 22; portate principali €13-22; ⊗cena mar-sab tutto l'anno, pranzo mag-set; URosenthaler Platz) Con il suo ricercato menu e gli ingredienti biologici da agricoltura locale, con l'arredamento rustico e accogliente e il servizio rapido e sorridente il 'gatto arancione' vince il grande slam della gastronomia. Il proprietario, Ludwig Cramer-Klett, pensa al suo ristorante come a un 'progetto spirituale' e a uno spazio che consente ai clienti di comunicare gli uni con gli altri, nel rispetto del cibo che stanno mangiando. La sede, in un ex birrificio che sembra un castello, è spettacolare, specialmente nel periodo estivo quando è aperto anche il patio.

ZAGREUS
PROJEKT CUCINA INTERNAZIONALE €€€

Cartina p368 (2809 5640; www.zagreus.net; cortile sul retro, Brunnenstrasse 9a; cena da 4 portate €36; U Rosenthaler Platz, M1) L'arte incontra il cibo in questo progetto dello chef, artista e gallerista Ulrich Krauss. Ogni mese Krauss invita diversi artisti a creare un'installazione apposita e poi prepara un menu ispirato all'opera d'arte, che viene servito a un piccolo gruppo di clienti in una lunga tavolata nella galleria. È il posto perfetto per i buongustai amanti dell'arte e per artisti appassionati di cibo. È necessaria la prenotazione perché gli orari d'apertura sono variabili.

HARTWEIZEN ITALIANO €€

Cartina p368 (2849 3877; www.hartweizen.com; Torstrasse 96; portate principali €11-24; cena lun-sab; U Rosenthaler Platz) Con i suoi semplici tavoli in legno, le vetrate panoramiche e le lampade luminose, Hartweizen è lontano anni luce dal kitsch di molti classici ristoranti di cucina del bel paese. Molto semplicemente è, invece, uno dei migliori ristoranti italiani, specializzato nei sapori forti della Puglia. I piatti più creativi sono gli antipasti, ma anche carne e pesce sono di eccellente qualità, la pasta è fatta in casa e i vini hanno prezzi piuttosto contenuti.

WHITE TRASH FAST FOOD AMERICANO €€

Cartina p368 (5034 8668; www.whitetrashfastfood.com; Schönhauser Allee 6-7; portate principali €8-20; dalle 12 lun-ven, dalle 18 sab e dom; U Rosa-Luxemburg-Platz) Wally Potts – cowboy di città, trapiantato qui dalla California e il più cool tra i proprietari di bar a Berlino – ha convertito questo ex irish pub dall'arredamento orientaleggiante in una mecca punk culinaria, con tanto di studio tatuaggi in loco. Certe sere i DJ o le band che suonano dal vivo rendono la conversazione difficoltosa, ma ciò vi aiuterà a concentrarvi sugli hamburger o le bistecche importati direttamente dagli USA. Al piano inferiore, nella 'caverna' Diamond Lounge, troverete ancora più musica.

MANI CUCINA MEDITERRANEA €€€

Cartina p368 (0163 635 9464; www.mani-restaurant.com; Torstrasse 136; piattini €4-12,50, portate principali €16,50-22; pranzo lun-ven, cena mar-sab; U Rosenthaler Platz, M1) Questa perla del design moderno offre un menu ricco di sapori che farà viaggiare le vostre papille gustative da Parigi a Tel Aviv. Appoggiati ad un tavolo nero lucente, magari vicino al caminetto, vi potrà capitare di vedere i cuochi produrre bocconcini dalle sfumature di sapore così ricche, come una tartare di carne di cervo o gli hamburger di foie gras al tartufo. Gli fanno onore anche la carta dei vini ben pensata e il menù di due portate a pranzo dal buon rapporto qualità-prezzo.

SI DICE SUL POSTO

ROSENTHALER PLATZ: MANGIARE IN FRETTA SPENDENDO POCO

Per sfamarsi rapidamente spendendo poco non c'è luogo migliore in zona di Rosenthaler Platz. Questa è la nostra personale hit parade:

Fleischerei Imbiss (cartina p368; Torstrasse 116; würstel da €2,50; 11-2 lun-sab, 14-24 dom; U Rosenthaler Platz, M1 per Rosenthaler Platz) Per un Currywurst divino.

Rosenthaler Grill- und Schlemmerbuffet (cartina p368; 283 2153; Torstrasse 125; piatti €2,50-7; 24 h su 24; U Rosenthaler Platz) Per doner kebab da Oscar.

Rosenburger (cartina p368; 2408 3037; Brunnenstrasse 196; hamburger da €2,90; dalle 11; U Rosenthaler Platz) Per hamburger freschi con carni biologiche.

Côcô (cartina p368; Rosenthaler Strasse 2; sandwich €4,20-5,50; 11-22 lun-gio, 11-24 ven e sab, 12-22 dom; U Rosenthaler Platz) Per colossali *bánh mì* (sandwich vietnamiti).

LOCALI E VITA NOTTURNA

🍷 Hackescher Markt e dintorni

CLÄRCHENS BALLHAUS *CLUB*
Cartina p368 (282 9295; www.ballhaus.de; Auguststrasse 24; ristorante: 12.30-23.30, sala da ballo tutte le sere; M1, S Oranienburger Strasse) Il passato diventa presente in questo grandioso salone da ballo novecentesco, dove giovani pseudo-bohémien e nonnine volteggiano serissimi sul pavimento in legno al ritmo. C'è musica diversa ogni sera – dalla salsa allo swing, dal tango alla disco – e il sabato una band suona dal vivo. Più è tarda l'ora più è giovane il pubblico.

Al piano superiore, nello *Spiegelsaal* (Salone degli specchi), si tengono lezioni di ballo, cene e concerti. A mantenervi in forze tutto il giorno ci sono pizze e piatti tedeschi e in estate si può stare nel bel giardino (pizze da €5 a €10, portate principali da €10 a €16).

AMANO BAR *BAR*
Cartina p368 (www.bar.hotel-amano.com; Auguststrasse 43; dalle 16; U Rosenthaler Platz) Lo stesso barone dell'intrattenimento che c'è dietro al Tausend ha creato questo furbo locale molto chic nell'economico ed in voga Hotel Amano. Con la forma ad L della lounge, il bar in marmo, i mobili dalle forti forme geometriche e il caldo color cioccolato sullo sfondo, i cocktail strepitosi come il Fat Julep e il Yoshitaka Amano attirano qui una clientela sofisticata e vivace. In estate il tutto si sposta sulla terrazza sul tetto.

TADSCHIKISCHE TEESTUBE *SALA DA TÈ*
Cartina p368 (www.tadshikische-teestube.de; Oranienburgerstrasse 27 (im Kunsthof); 16-23 lun-ven, 12-23 sab e dom; S Oranienburgerstrasse) In quest'autentica sala da tè tagika si beve tè alla russa versato da un samovar d'argento mentre si sta sdraiati tra cuscini soffici, osservando colonne di legno di sandalo intagliato ed eroici murales di realismo sovietico. L'esotica sala fu in origine esposta nel 1974 alla fiera di Lipsia e poi donata dai sovietici alla Società per l'amicizia tedesco-sovietica della DDR.

BAR 3 *BAR*
Cartina p368 (Weydinger Strasse 20; dalle 21 mar-sab; U Rosa-Luxemburg-Strasse) Con le vetrate su tutti i lati, l'arredo nero e le luci soffuse questo bar minimalista ed elegante sembra cercare di ottenere la copertina di una rivista come *Wallpaper*, ma in realtà è un posto tranquillo frequentato gente mondana, artisti e attori del vicino teatro Volksbühne theatre. la maggior parte della gente si ammassa intorno al bar dalla forma a U e tracanna della fresca birra Kölsch di Colonia.

STRANDBAR MITTE *BAR*
Cartina p368 (2838 5588; www.strandbar-mitte.de; Monbijoustrasse 1-3; dalle 10 mag-set; M1, S Oranienburger Strasse) Questo parco giochi lungo il fiume, con la sua fantastica vista sul Bodemuseum, le palme e l'atmosfera rilassata, è il posto ideale dove riprendersi dalle troppe visite turistiche con una bevanda rinvigorente. Dopo le 19 si balla sotte le stelle al ritmo di tango, cha cha, valzer e salsa.

CAFÉ BRAVO *CAFFÈ*
Cartina p368 (2345 7777; Auguststrasse 69; €4-12; 9-20 lun, 9-1 mar-gio, 9-2 ven e sab, 10-20 dom; S Oranienburger Strasse) È questa arte? O è un caffè? La risposta è: entrambi. Questo cubo di vetro e metallo cromato, situato nel tranquillo cortile del KW Institute for Contemporary Art (p136), è stato realizzato dall'artista statunitense Dan Graham ed è una tappa di ristoro abbastanza alla moda per qualunque passeggiata nello Scheunenviertel. La qualità del cibo non è costante, quindi limitatevi a bere qualcosa.

KING SIZE BAR *BAR*
Cartina p367 (www.kingsizebar.de; Friedrichstrasse 112b; 21-7 mer-sab; U Oranienburger Tor) Il proverbio 'il vino buono sta nella botte piccola' è azzeccato per questo bar, che ironizza su sè stesso nel nome; è un piccolo buco nel

---

> **SI DICE SUL POSTO**
>
> ### LA TRENDY TORSTRASSE
>
> Anche se rumorosa e percorsa incessantemente dal traffico, Torstrasse è diventata di moda, e non solo perché si vocifera che il duo Brangelina abbia comprato un appartamento nei pressi. Con velocità sorprendente, questa arteria trafficata si è trasformata in una via dove spuntano ristoranti di tendenza con la frequenza di moscerini della frutta, bar trash-chic si riempiono ogni sera e boutique indipendenti attirano chi apprezza lo stile.

muro ma ben rifornito. L'elite borghese-bohemien del posto lo ama e il bar vede il suo momento migliore e più rumoroso dopo l'una di notte, quando lo spazio di fronte ai bagni si trasforma in una pista da ballo improvvisata. Unitevi alle danze o guardate la folla sorseggiando l'iconico Moscow Mule, servito – come tutti i drinks – in un bicchiere da whisky in cristallo. È consentito fumare.

AUGUST II   BAR
Cartina p368 (www.augustthesecond.de; Auguststrasse 2; ⊙dalle 21 gio-sab; Ⓤ Oranienburger Tor, ⓜM1) L'August II, l'ultima aggiunta nel panorama dei piccolissimi bar-discoteca ora in voga, attira i locali hipster con la barba di tre giorni, le magliette ironiche e i cappelli alla Sinatra. L'atmosfera funky-glam è merito del lampadario che filtra la luce in modo da donare bellezza alla pelle e grazie alla generosità dei baristi. A pochi passi si trovano altri bar simili.

FLAMINGO   CLUB
Cartina p368 (www.flamingoberlin.com; Am Monbijou Park, arcata sotto la S-Bahn 157/158; ⓜM1, Ⓢ Hackescher Markt) La S-Bahn corre proprio sopra la testa, ma il pubblico serale, proveniente da tutto il mondo, che si mescola in questo locale è troppo occupato a flirtare, ballare e bere i cocktail sorprendentemente ben fatti per accorgersene. Lampade a forma di palma palma dorate aggiungono un tocco sensuale e intimo al locale, altrimenti piuttosto nero e minimalista, che ha un bar, una lounge e una pista da ballo separati l'uno dall'altro.

🍷 Torstrasse

BUCK AND BRECK   BAR
Cartina p368 (☎0176 3231 5507; www.buckandbreck.com; Brunnenstrasse 177; ⊙dalle 20; Ⓤ Rosenthaler Platz) Dopo diversi lavori in giro per la città, il carismatico barista berlinese Gonçalo de Sousa Monteiro è finalmente indipendente e serve ai clienti esigenti piacevoli escursioni sotto forma di bevanda all'interno di un bar da cocktail dall'atmosfera raccolta, situato dietro una porta senza insegna. Gli intrugli più tradizionali sono il suo forte, così come il drink che porta il nome del locale, Buck and Breck, un potente mix di cognac, bitter, assenzio e champagne. Visto che il posto è limitato conviene chiamare in anticipo.

BUTCHER'S   BAR
Cartina p368 (Torstrasse 116; ⊙dalle 21 mer-sab; Ⓤ Rosenthaler Platz, ⓜM1) Shhhh... L'ultima avventura dell'uomo che sussurrava ai cocktail, David Wiedemann, è una rivendita di alcolici stile proibizionismo anni '20, infilata dentro una ex macelleria, dietro ad un locale da currywurst chiamato Fleischerei. I drink sono mescolati con bravura e l'ambiente è raffinato, nonostante i ganci della carne, il bar in pelle e le luci rosse ricordino la precedente funzione dei locali. L'ingresso è interno, passando attraverso la cabina telefonica rossa.

MEIN HAUS AM SEE   CAFFÈ, BAR
Cartina p368 (www.mein-haus-am-see.blogspot.de; Brunnenstrasse 197/198; ⊙dalle 9; Ⓤ Rosenthaler Platz, ⓜM1) Questa 'casa sul lago' non è neanche lontanamente vicina a qualcosa di liquido, a meno che non contiate l'enorme numero di bevande consumate. Questo locale rilassato e bohemien serve sia come caffè, che bar la sera, galleria d'arte, luogo dove esibirsi e locale notturno. Sprofondate sui divani della nonna per una chiacchierata in confidenza o prendete posto sulla larga scalinata per dominare meglio i dintorni. La cosa migliore è anche che è quasi sempre aperto.

NEUE ODESSA BAR   BAR
Cartina p368 (Torstrasse 89; Ⓤ Rosenthaler Platz) Infilatevi nel fitto mix di gente internazionale, adulta e molto alla moda in questo ritrovo accogliente, chic e sempre pieno situato in Torstrasse. La carta da parati decorata, i divani in velluto e un'illuminazione intelligente creano un ambiente piacevole sia che vogliate bere una Krusovice o un cocktail. È permesso fumare.

KAFFEE BURGER   CLUB
Cartina p368 (☎2804 6495; www.kaffeeburger.de; Torstrasse 60; Ⓤ Rosa-Luxemburg-Platz) Questo caldo locale di culto non ha nulla a che fare con il caffè o con delle polpette di carne. Con il suo arredamento dell'epoca comunista deliziosamente sbiadito è la sede due volte al mese della famosa Russendisko, a cui non ha saputo resistere neanche Madonna. Ma anche se non si avvistano VIP è sempre un locale per concerti e serate divertenti per tutti quanti, con musica che varia dall'ndie all'elettro al klezmer punk senza mai perdere un colpo.

🍷 Hauptbahnhof e Oranienburger Tor

MELODY NELSON — BAR

Cartina p367 (Novalisstrasse 2; ⊙mar-sab; Ⓤ Oranienburger Tor) Tutto in questo locale sommesso comunica un'impressione di raffinatezza ma senza apparire ingessato, dall'illuminazione soffusa ai comodi sedili alla moquette. Certo aiuta che la sirena sexy Jane Birkin vi faccia l'occhiolino da dietro il bancone. I cocktail la sanno lunga, specialmente il singolare 'Black Mojito'. È ottimo per un tranquillo tête-à-tête durante la settimana e per prepararsi alle feste del fine settimana.

⭐ DIVERTIMENTI

CHAMÄLEON VARIETÉ — CABARET

Cartina p368 (✆400 0590; www.chamaeleonberlin.com; Rosenthaler Strasse 40/41; 🚋M1, Ⓢ Hackescher Markt) Questo intimo locale da cabaret stile anni '20 è un'unione di fascino art nouveau charms e decorazioni teatrali high-tech ed ha sede in una vecchia sala da ballo. Presenta spettacoli di varietà di classe – commedia, giocoleria e canto – spesso eseguiti in modo vivace, sexy e non convenzionale.

BABYLON — CINEMA

Cartina p368 (✆242 5969; www.babylonberlin.de; Rosa-Luxemburg-Strasse 30; Ⓤ Rosa-Luxemburg-Platz) Questo cinema indipendente di qualità propone un potpourri ben curato di nuovi film tedeschi, pellicole d'essai internazionali, retrospettive a tema e altro materiale che non troverete mai in un multisala. Durante le proiezioni di film muti l'organi originale del teatro viene messo in buon uso. Si trova in un fantastico edificio protetto realizzato negli anni '20 dal mago della Neue Sachlichkeit Hans Poelzig.

AMPHITHEATER — TEATRO

Cartina p368 (www.amphitheater-berlin.de; Monbijouplatz 1-3; ⊙mag-set; 🚋M1, Ⓢ Oranienburger Strasse) Ogni estate il Hexenkessel Hoftheater presenta i classici più amati dal pubblico, da Shakespeare a Molière, ad una platea adorante seduta in questo teatro all'aperto, che prende in prestito le sembianze dello shakespeariano Globe di Londra. Il lunedì lo spazio è occupato da concerti dal vivo.

VOLKSBÜHNE AM ROSA-LUXEMBURG-PLATZ — TEATRO

Cartina p368 (✆2406 5777; www.volksbuehne-berlin.de; Rosa-Luxemburg-Platz; Ⓤ Rosa-Luxemburg-Platz) Non conformista, radicale e provocatoria: gli spettacoli del 'Palco del popolo' non sono adatti agli schizzinosi. Dal 1992 il teatro è stato sotto la guida dell'enfant terrible Frank Castorf, che travalica regolarmente i confini che separano il palco dal pubblico con produzioni che criticano lo status quo e sono allo stesso tempo populiste ed esclusive.

SOPHIENSAELE — DANZA

Cartina p368 (✆283 5266; www.sophiensaele.com; Sophienstrasse 18; Ⓤ Weinmeisterstrasse, Ⓢ Hackescher Markt) Negli anni '90 Sasha Waltz ha trasformato la Sophiensaele nel teatro più importante di Berlino per la danza sperimentale e d'avanguardia. Adesso gli spettacoli di danza sono sempre una parte importante del programma, che però comprende anche teatro contemporaneo, musica e performance art, spesso ad opera di giovani artisti che esplorano idee non convenzionali e nuove forme di espressione.

B-FLAT — MUSICA LIVE

Cartina p368 (✆283 3123; www.b-flat-berlin.de; Rosenthaler Strasse 13; ⊙dalle 20 dom-gio, dalle 21 ven e sab; Ⓤ Weinmeisterstrasse, Rosenthaler Platz,

---

SI DICE SUL POSTO

SCHEUNENVIERTEL: DAI FIENILI AI CREATIVI

Lo Scheunenviertel deve il suo nome (quartiere dei fienili) a quei secoli in cui le case erano di legno, gli incendi frequenti e per combatterli si poteva fare ben poco. Ecco perché nel 1670 il Grande Elettore ordinò che tutti i fienili e granai fossero spostati fuori dalle mura cittadine. All'inizio del '900 nel quartiere vivevano molti poveri immigrati ebrei dall'Est, molti dei quali morirono nei campi di sterminio. Dopo la guerra lo Scheunenviertel cadde sempre più nell'abbandono, e rimase uno dei rioni più poveri di Berlino Est: dalla riunificazione ha subito una vera e propria metamorfosi. Oggi i suoi caffè e bar sono frequentati da creativi con l'iPad, fanatici della moda e cadaverici artisti vagabondi.

M1) I fanatici del jazz di ogni età vengono in questo intimo locale dove ci si siede, quasi letteralmente, a uno sputo di distanza dagli artisti. L'accento è posto sulla musica acustica: soprattutto jazz, world music, musica afro-brasiliana e altre atmosfere sonore. Spesso, la jam session gratuita del mercoledì butta giù la casa.

BERLINER ENSEMBLE — TEATRO

Cartina p367 (informazioni 284 080, biglietteria 2840 8155; www.berliner-ensemble.de; Bertolt-Brecht-Platz 1; Friedrichstrasse, Oranienburger Tor) La compagnia teatrale fondata da Bertolt Brecht nel 1949 aveva sede proprio in questo teatro neobarocco, dove la sua Opera da tre soldi debuttò nel 1928. Dal 1999 il direttore artistico Claus Peymann tiene vivo il ricordo del maestro e vivacizza il repertorio con la messa in scena di opere di Kleist, Shakespeare, Beckett e altri commediografi europei. I biglietti costano poco e spesso c'è il tutto esaurito.

DEUTSCHES THEATER — TEATRO

Cartina p367 (2844 1225; www.deutschestheater.de; Schumannstrasse 13a; Oranienburger Tor) Il Deutsches Theater, guidato da Max Reinhardt tra dal 1905 al 1932, è ancora uno dei principali protagonisti della scena teatrale berlinese. Oggi, sotto la supervisione del direttore artistico Ulrich Khuon, si dedica sia al teatro classico sia a pezzi nuovi ed audaci, che riflettono i grandi temi e problemi del mondo attuale. Vengono messe in scena rappresentazioni anche nel vicino *Kammerspiele* e al Box + Bar, con i suoi 80 posti a sedere.

FRIEDRICHSTADTPALAST — CABARET

Cartina p367 (2326 2326; www.show-palace.eu; Friedrichstrasse 107; Oranienburger Tor, M1) Il più grande teatro di varietà d'Europa ha una lunga tradizione che risale agli anni '20 ed è famoso per le apparescenti produzioni in stile Las Vegas, con showgirl tutto gambe, un palco molto avanzato tecnologicamente, effetti speciali che lasciano a bocca aperta e una marea di talento.

SHOPPING

I seguigi della moda, sempre in cerca delle ultime tendenze, e gli amanti delle nuove creazioni made in Berlin faranno bene a concentrare gli sforzi nella zona tra Alte Schönhauser Strasse, Neue Schönhauser Strasse, Münzstrasse e dentro gli Hackesche Höfe. Le gallerie d'arte più all'avanguardia sono situate in Linienstrasse e Auguststrasse e nelle loro traverse.

BERLIN FASHION NETWORK — MODA

Cartina p368 (www.berlinfashionnetwork.com; Court III, Hackesche Höfe; 11-20 lun-sab; M1, Hackescher Markt) Non vedete l'ora di stupire i vostri amici a casa con i nuovissimi marchi berlinesi? In questa elegante boutique troverete due piani dedicati all'abbigliamento made in Berlin da uomo e da donna, oltre ad accessori, musica e molto altro, tutto con quel tocco urbano, sfacciato e fresco tipico della capitale. Sugli scaffali sono esposte creazioni di stilisti emergenti di fianco a marchi già affermati come German Garment, ichJane, NIX e Mio Animo.

IC! BERLIN — ACCESSORI

Cartina p368 (2472 7200; www.ic-berlin.de; Max-Beer-Strasse 17; 11-20 lun-sab; Weinmeisterstrasse) Questo, che non sembra altro che l'appartamento di uno scapolo, con divani logori, eccentriche opere d'arte e tavoli girevoli, è il negozio più importante di questo produttore di occhiali, famoso a livello internazionale. Le leggerissime montature, con il loro sistema a prova di tonto che consente di attaccare le stanghette senza viti, sono conservate in vecchi carrelli di servizio aereo e hanno donato un 'fascino speciale' a numerose celebrità, da Madonna al re del Marocco.

CLAUDIA SKODA — MODA

Cartina p368 (280 7211; www.claudiaskoda.com; Alte Schönhauser Strasse 35; 12-19 lun-sab; Weinmeisterstrasse) Claudia Skoda, berlinese di nascita, è stata un'icona della moda locale fin dagli anni '70, quando andava alle stesse feste di David Bowie e Iggy Pop. I fan della moda vengono regolarmente in questo negozio meraviglioso da ogni parte della città per sbirciare le sue nuove creazioni a maglia, che abbracciano bene il corpo, dai vestiti audaci ma di classe agli scaldapolsi dai colori vivaci fino ai maglioni attillati, tutto realizzato con lane di prima qualità.

C'EST TOUT — MODA

Cartina p368 (www.cesttout.de; Mulackstrasse 26; 12-19; Weinmeisterstrasse) Katja Will, che è stata in passato un'esperta stylist per MTV, è la mente creativa dietro la creazione di questo marchio di moda femminile di Berlino. Il suo segno distintivo è uno stile non vistoso ma elegante e abiti che esaltano le forme del corpo e che, essendo realizzati in materiale morbido come seta o jersey, si prestano bene al passaggio dall'ufficio ad una serata all'opera.

FUN FACTORY — SEXY SHOP
Cartina p368 (2804 6366; www.funfactory-store.com; Oranienburger Strasse 92; 11-20 lun-gio, 11-21 ven e sab; S Hackescher Markt) Il designer newyorkese Karim Rashid ha creato l'interno di questo negozio di rappresentanza altamente tecnologico per i fornitori di 'Patchy Paul' e 'Dildo Dolphin'. Vi si trovano due piani di delizie collegati l'uno all'altro attraverso le 'scale della passione': al piano inferiore si trovano lingerie e varie pozioni per il corpo, mentre di sopra ci sono libri, diversi vibratori e altri giocattoli erotici 'del tempo libero'.

ROTATION RECORDS — MUSICA
Cartina p368 (2532 9116; www.rotation-records.de; Weinbergsweg 3; 12-19; U Rosenthaler Platz, M1) Click, click, click... questo è il rumore degli elettro-maniaci che sfogliano la sezione di vinili in quello che molti considerano il miglior negozio a Berlino per la musica elettronica, specialmente house e techno, sia nuovo che usato. Vende pochi capi di abbigliamento urbano selezionati da stilisti del posto o DJ come Ellen Allien, oltre ad accessori utili e intelligenti.

EAST BERLIN — MODA
Cartina p368 (2472 4189; www.eastberlinstore.com; Alte Schönhauser Strasse 33/34; 11-20 lun-sab; U Weinmeisterstrasse) East Berlin, un sottoprodotto della scena techno cittadina, ha vestito ragazzi e ragazze con le emblematiche magliette e felpe con il profilo della torre della TV fin dall'inizio degli anni '90. Oggi si sono espansi e la scelta dei marchi di streetwear che troverete comprende Adelheid, Minikum, Nikita oltre ad una decina d'altri. Anche i gioielli sono carini.

LALA BERLIN — MODA
Cartina p368 (6579 5466; www.lalaberlin.com; Mulackstrasse 7; 12-20 lun-sab; U Rosa-Luxemburg-Platz) L'ex-redattrice per MTV Leyla Piedayesh crea moda femminile di prima qualità che sta bene sia addosso alle donne magre come un chiodo che a quelle più in carne. Da vedere sono gli eleganti prodotti di maglieria dalle tinte perlate, o la sua spiritosa ripresa della moderna ossessione per i loghi. Tra i VIP che comprano qui c'è anche Claudia Schiffer.

GROBER UNFUG — LIBRI
Cartina p368 (281 7331; www.groberunfug.de; Torstrasse 75; 11-19 lun-mer, 11-20 gio e ven, 11-18 sab; U Rosenthaler Platz) Gli amanti dei fumetti e delle graphic novel internazionali potranno tranquillamente trascorrere ore in questo meraviglioso ripostiglio di libri, DVD, colonne sonore e oggettistica varia. La selezione di importazioni statunitensi, giapponesi e d'altra provenienza, sia per quanto riguarda prodotti indipendenti come quelli ben affermati, è enorme. Mostre, vendite all'asta, eventi con gli autori e performance hanno luogo negli spazi dell'adiacente galleria. C'è anche una piccola filiale a **Kreuzberg** (cartina p370; 69 40 1490; www.groberunfug.de; Zossener Strasse 33; 11-19 lun-ven, 11-18 sab; U Gneisenaustrasse).

HUNDT HAMMER STEIN — LIBRI
Cartina p368 (www.hundthammerstein.de; Alte Schönhauser Strasse 23/24; 11-19.30 lun-ven, 11-19 sab; U Weinmeisterstrasse) Kurt Hammerstein ha un fiuto per i libri migliori che va ben oltre le classiche classifiche di bestseller. Curiosate liberamente in questo covo della carta stampata, ordinato e ben tenuto, che offre dolcezze letterarie da tutto il mondo, o chiedete al simpatico proprietario di consigliarvi il libro giusto per i vostri gusti. Anche la sezione in lingua inglese è di discrete dimensioni, così come quella di ottimi libri per l'infanzia e si trovano anche una manciata di guide turistiche.

HERR VON EDEN — MODA
Cartina p368 (2404 8682; www.herrvoneden.com; Alte Schönhauser Strasse 14; 10.30-20 lun-ven, 10-19 sab; U Weinmeisterstrasse) Bent Angelo Jensen si assicura personalmente che i dandy berlinesi siano vestiti in modo adeguato da più di dieci anni. Le stoffe, il taglio, i colori, i dettagli: tutto è studiato apposta per scatenare il pavone che c'è in ognuno di noi e aiutarvi ad atteggiarvi con stile. I prezzi sono elevati, ma così è la qualità. C'è anche una linea di abbigliamento femminile.

PRO QM — LIBRI
Cartina p368 (www.pro-qm.de; Almstadtstrasse 48; 11-20 lun-sab; U Rosa-Luxemburg-Platz) Questo tesoro nascosto della parola scritta rivolge unicamente l'attenzione al design, all'arte, all'architettura, alla cultura pop e alla fotografia, con giusto una manciata di tomi di filosofia e politica (di cui molti in inglese) oltre a una grande scelta di riviste provenienti da tutto il mondo e difficili da trovare.

Gli scaffali alti come il soffitto e la grande quantità di libri disposti ovunque lo rende un paradiso per chi ama cercare e sfogliare.

BONBONMACHEREI — DOLCIUMI
Cartina p368 (4405 5243; www.bonbonmacherei.de; Oranienburger Strasse 32, Heckmann Höfe; 12-20 mer-sab set-giu; M1, S Oranienburger Strasse) L'aroma di menta e liquirizia si diffonde nell'aria in questo laboratorio di dolciumi vecchio stile, situato nel seminterrato. Il proprietario usa attrezzi d'epoca e antiche ricette per produrre questi gustosi tesori, oltre alle sue famose Berliner Maiblätter, che hanno la forma di una foglia.

1. ABSINTH DEPOT BERLIN — ALCOLICI
Cartina p368 (281 6789; www.absinth-berlin.de; Weinmeisterstrasse 4; 14-24 lun-ven, 13-24 sab; U Weinmeisterstrasse) Van Gogh, Toulouse-Lautrec e Oscar Wilde erano alcuni degli artisti *fin-de-siècle* che si lasciarono ispirare dalla 'fatina verde', come viene spesso chiamato l'assenzio. Questo piccolo negozietto pittoresco vende più di 100 qualità di questo potente liquore e l'esperto proprietario sarà felice di aiutarvi a scegliere la bottiglia perfetta per i vostri viaggi personali di autocoscienza.

AMPELMANN GALERIE — SOUVENIR
Cartina p368 (4472 6438; www.ampelmann.de; Court V, Hackesche Höfe, Rosenthaler Strasse 40-41; 9.30-22 lun-sab, 10-19 dom; M1, S Hackescher Markt) Ci volle una rumorosa campagna di protesta popolare per salvare il piccolo Ampelmann, il tenero ometto dei semafori pedonali della Germania Est. Oggi questa amata figura è un cult oltre che un marchio internazionale che decora un intero negozio di magliette, calamite, pasta, tutine, ombrelli e altre cianfrusaglie. Tra le altre filiali ci sono la **DomAquarée** (cartina p366; 2758 3238; Karl-Liebknecht-Strasse 5; 9.30-21; U S Alexanderplatz), quella nel **Potsdamer Platz Arkaden** (cartina p364; 2592 5691; Alte Potsdamer Strasse 7; 10-21 lun-sab, 13-19 dom; U S Potsdamer Platz) e a **Gendarmenmarkt** (cartina p362; 4003 9095; Markgrafenstrasse 37; 9.30-20; U Hausvogteiplatz).

HAPPY SHOP — MODA, ACCESSORI
Cartina p368 (2900 9500; www.happyshop-berlin.com; Torstrasse 67; 11-19 mar-sab; U Rosa-Luxemburg-Platz) Il motto di Happy Shop è divertimento, colore e moda non convenzionale e tutto ha luogo in questo padiglione in legno dall'aria artistica con la facciata dipinta a righe e le porte rosa. Gli scaffali e i manichini sono appesi al soffitto e si abbassano premendo un bottone. Oltre alla linea Smeilinener, dello stilista e proprietario Micha Woeste, si trovano creazioni internazionali di professionisti come l'eccentrico belga Bernhard Willhelm e il giovane talento giapponese Mihara Yasuhiro. Suonate il campanello per entrare.

SCHWARZER REITER — MODA SEXY
Cartina p368 (4503 4438; www.schwarzer-reiter.de; Torstrasse 3; 12-20 lun-sab; U Rosa-Luxemburg-Platz) Se siete tra quelli che pregano all'altare dell'edonismo troverete un'ampia gamma di accessori in questo negozio elegante, decorato sui toni sensuali del nero e del viola. Quelli alle prime armi, così come quelli in cerca di piaceri più spinti, potranno vedere i propri desideri soddisfatti: vibratori di gomma, spolverini di piuma e bende per occhi di pelliccia fino a indicibili oggetti hardcore. C'è una marea di accessori che un ragazzo e una ragazza con un po' di immaginazione potrebbero usare per una notte brava.

NO 74 BERLIN — MODA
Cartina p368 (5306 2513; www.no74-berlin.com; Torstrasse 74; 12-20 lun-sab; U Rosenthaler Platz) No 74, raffinato, minimalista e con le parvenze di una galleria d'arte, è il santo graal per i ragazzi alla moda e sempre in cerca dell'ultimo trend per quanto riguarda lo streetwear o per chi vuole accessori delle linee del marchio adidas Y-3, SLVR e adidas by Stella McCartney, oltre all'edizione limitata di scarpe da ginnastica Adidas Originals.

Kreuzberg e Neukölln Nord

BERGMANNKIEZ | KOTTBUSSER TOR E IL LANDWEHRKANAL | NEUKÖLLN NORD | SCHLESISCHES TOR E LA SPREA

I top 5

❶ Mettete alla prova la vostra capacità di resistenza al **Magnet Club** (p166), dove scoprirete la musica che farà furore domani, poi ballate fin oltre l'alba al **Watergate** (p165) e completate il tutto con una sessione di chill-out al **Club der Visionäre** (p165).

❷ Entrate nel lungo, tumultuoso e affascinante passato degli ebrei in Germania allo **Jüdisches Museum** (p152).

❸ Godetevi quell'atmosfera tra il punk e il funky di Kreuzberg est o Neukölln Nord andando alla ricerca del **bar** che fa per voi (p162).

❹ Fate incetta di regali per insoliti per voi e i vostri cari nelle affascinanti boutique lungo **Bergmannstrasse** (p168).

❺ Lasciatevi conquistare dall'atmosfera particolare del mercato dei turchi, il **Türkenmarkt** (p168), che trabocca di prodotti mediterranei.

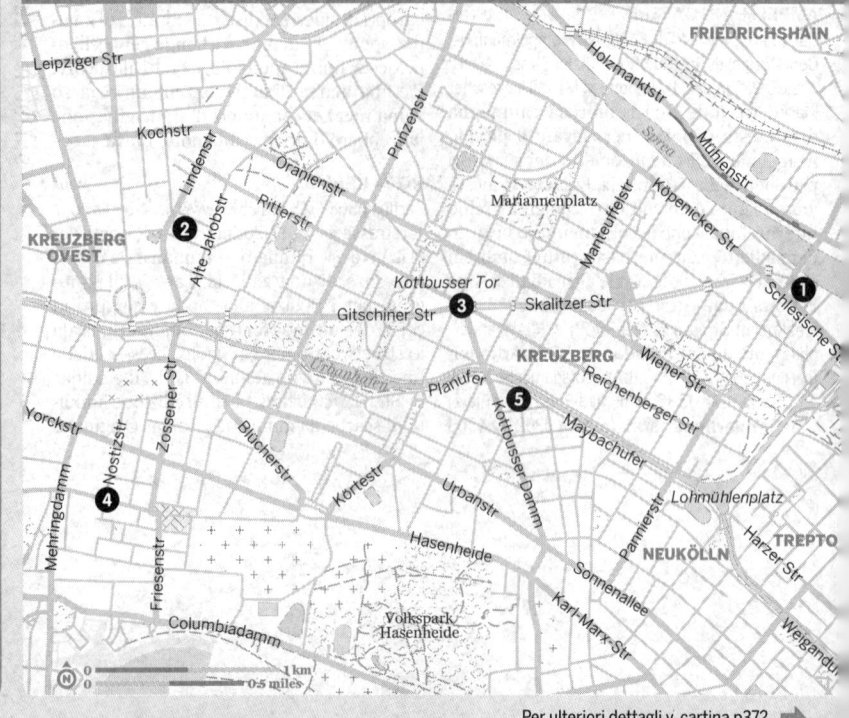

Per ulteriori dettagli v. cartina p372

Kreuzberg è deliziosamente provocatorio, ambiguo, stravagante e, soprattutto, imprevedibile. Mentre la metà occidentale intorno a Bergmannstrasse ha un'atmosfera benestante e ingentilita, la parte orientale di Kreuzberg (talvolta ancora menzionata con il suo codice postale 'pre-unificazione', SO36) è un mosaico multiculturale, una pentola in ebollizione di studenti squattrinati, aspiranti creativi, turchi che fumano il narghilè e neo-berlinesi provenienti da tutto il mondo. Trascorrete una giornata cercando graffiti di street art, sbafandovi kebab, frugando nei negozi di vintage e oziando in riva al canale, poi scoprite perché Kreuzberg è famosa per le notti in giro per i bar.

Questo spirito da controcultura ha varcato anche il Landwehrkanal ed è confluito alla parte nord di Neukölln, nota anche come Kreuzkölln. Un tempo citato dai giornali solo per qualche crimine violento e per la scarsa qualità delle scuole, il quartiere è passato dalla sera alla mattina da ghetto a 'funkytown'. E grazie almeno in parte all'arrivo di neo-berlinesi giovani e creativi (tra cui molti italiani, spagnoli e inglesi), la zona ha visto negli ultimi anni la crescita senza limiti di caffè e bar tra il trash e il trendy, e di spazi artistici e di spettacolo lasciati all'iniziativa personale. È il momento giusto per fare qualche esperienza insolita prima che parta anche qui la 'normalizzazione'.

Vita in città

➡ **Il giro dei bar** Kreuzberg e Kreuzkölln promettono un gran divertimento notturno, soprattutto intorno a Kottbusser Tor, Schlesische Strasse e Weserstrasse.

➡ **Shopping** Piacevolmente privo dei negozi delle solite marche, Kreuzberg consente di acquistare abiti che creano uno stile individuale. Tutti qui mettono insieme il loro look inimitabile pescando da negozi vintage, boutique di streetwear e di stilisti locali.

➡ **Relax** La gente del quartiere non dà l'impressione di vivere per lavorare (in realtà molti non lavorano affatto), e questo spiega perché hanno tempo da trascorrere in oasi verdi come Viktoriapark o Görlitzer Park o contando le barche sul Landwehrkanal o sulla Sprea.

Trasporti

➡ **Autobus** L'M29 collega Potsdamer Platz con Oranienstrasse passando per Checkpoint Charlie; l'M41 passa per il Bergmannkiez prima di raggiungere Neukölln via Hermannplatz.

➡ **U-Bahn** Se scendete a Kottbusser Tor siete nel mezzo di Kreuzberg est, ma sono comode anche Görlitzer Bahnhof e Schlesisches Tor. Per Neukölln Nord le stazioni sono Schönleinstrasse, Hermannplatz e Rathaus Neukölln. Per il Bergmannkiez, scendete a Mehringdamm o Gneisenaustrasse.

Il consiglio Lonely Planet

Per il massimo del 'piacere alla turca' provate il **Sultan Hamam** (www.sultanhamam berlin.de; ☏2175 3375; Bülowstrasse 57; ⊙ 12-23; 3/5 ore €16/21; Ⓤ Yorckstrasse), dove un tradizionale bagno turco incontra la filosofia delle spa. Rilassatevi nella sauna o nella sala con il vapore, poi godetevi uno scrub con sapone e kese (un peeling di tutto il corpo con un guanto morbido). È per lo più per donne, ma gli uomini sono i benvenuti la domenica e il lunedì.

✘ I migliori ristoranti

➡ Café Jacques (p158)
➡ Henne (p160)
➡ Horváth (p160)
➡ Defne (p158)

V. p157 ➡

🍺 I migliori locali

➡ Möbel Olfe (p163)
➡ Würgeengel (p163)
➡ Luzia (p163)
➡ Club der Visionäre (p165)

V. p162 ➡

☆ Dove andare a ballare

➡ Watergate (p165)
➡ Ritter Butzke (p163)
➡ Horst Krzbrg (p162)
➡ Loftus Hall (p165)

V. p166 ➡

DA NON PERDERE
JÜDISCHES MUSEUM

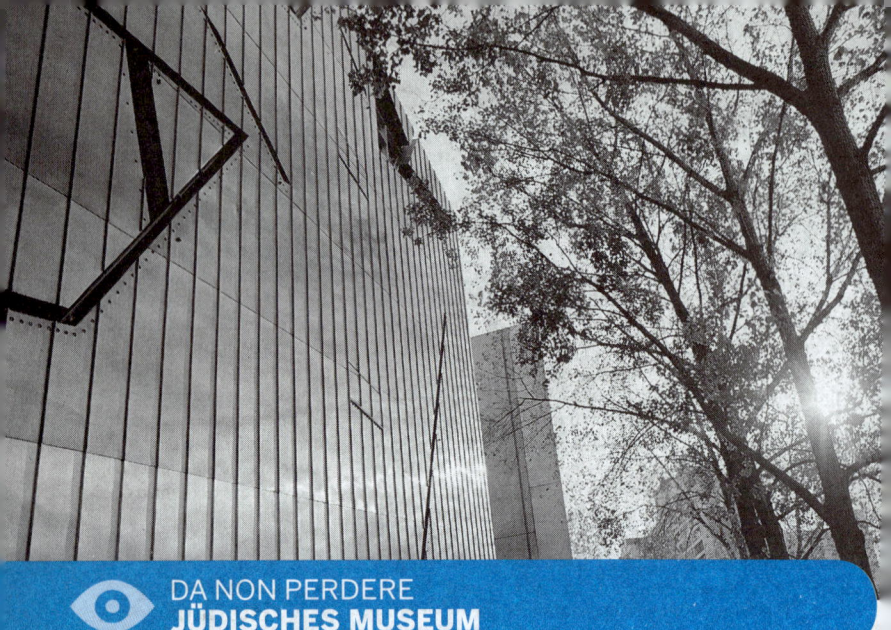

In un edificio diventato un simbolo, progettato dall'architetto Daniel Libeskind, il museo ebraico di Berlino ripercorre dettagliatamente la storia degli ebrei tedeschi negli ultimi 2000 anni. La mostra passa in rassegna eventi e documenti dall'età romana al Medioevo, all'Illuminismo, fino alla rinascita della comunità negli ultimi decenni. Scoprirete il contributo ebraico alla cultura tedesca, le tradizioni delle feste, la difficile strada verso l'emancipazione e alcune personalità di spicco come il filosofo Moses Mendelssohn, l'inventore dei jeans Levi Strauss e il pittore Felix Nussbaum.

L'edificio
La stupefacente struttura creata da Daniel Libeskind è praticamente una metafora tridimensionale della tormentata storia del popolo ebraico. Il suo profilo a zigzag simboleggia la stella di David spezzata, i muri esterni ricoperti di zinco hanno angoli acuti e invece di finestre hanno piccole feritoie che perforano la facciata luccicante.

Gli assi
Al museo si accede attraverso l'edificio barocco adiacente che ai tempi della Prussia ospitava la sede della Corte d'Appello. Una ripida scalinata discende fino a tre spogli corridoi che si intersecano detti 'assi'. L'**Asse dell'Esilio** conduce a un 'giardino' di 49 colonne di cemento inclinate che costruiscono un labirinto che disorienta; da ognuno di essi spunta un olivo selvatico, simbolo di speranza. L'**Asse dell'Olocausto** porta a una torre vuota simile a una tomba che simboleggia la perdita di umanità, cultura e vita. Solo l'**Asse della Continuità**, che rappresenta il presente e il futuro, conduce alla mostra vera e propria, ma anch'esso è un tragitto opprimente in salita e con varie rampe di ripide scale.

IN PRIMO PIANO
➡ Asse dell'Olocausto
➡ L'installazione Shalechet – Foglie cadute
➡ Moses Mendelssohn

DA SAPERE
➡ cartina p370
➡ 2599 3300
➡ www.jmberlin.de
➡ Lindenstrasse 9-14
➡ interi/ridotti €7/3,50
➡ 10-22 lun, 10-20 mar-dom, ultimo ingresso 1 h prima della chiusura, chiuso nelle festività ebraiche
➡ U Hallesches Tor, Kochstrasse

La mostra

La mostra permanente evidenzia le mille sfaccettature e i punti salienti della vita e della cultura degli ebrei di Germania attraverso l'arte, gli oggetti della vita quotidiana, fotografie, lettere, stazioni video e di ascolto e schermi interattivi. Una delle 13 sezioni è dedicata al filosofo Moses Mendelssohn (1729-86), una figura chiave dell'Illuminismo ebraico: il suo pensiero progressista gettò infatti le basi dell'Editto di emancipazione del 1812, che fece degli ebrei cittadini prussiani a tutti gli effetti. Potrete poi conoscere le tradizionali festività ebraiche, che cosa significa vivere secondo le regole kasher o quale contributo diedero alla cultura mondiale intellettuali come il compositore Arnold Schönberg, il filosofo Walter Benjamin o il pittore Max Liebermann. Il tema dell'antisemitismo emerge in tutta la storia ebraica e culmina con le persecuzioni naziste. La mostra termina con la testimonianza della rinascita dell'ebraismo in Germania, soprattutto negli anni successivi alla caduta del Muro.

Le installazioni artistiche

Il museo è costellato di installazioni d'arte, di cui quella dell'israeliano Menashe Kadishman **Shalechet – Foglie cadute** è una delle più commoventi. Più di 10.000 facce a bocca aperta tagliate da lastre di ferro arrugginito sono gettate caoticamente a terra, dando forma a un mare di grida silenziose. Lo spazio claustrofobico limitato da un muro di cemento, che Libeskind chiama un 'vuoto della memoria', è anch'esso metafora dell'eccidio degli ebrei. Notate anche la **Gallery of the Missing** dell'artista di Dresda Via Lewandowsky, che consiste di sculture in vetro nero erette accanto a tre di questi vuoti. Ognuno contiene descrizioni sonore di oggetti persi o distrutti della cultura ebraica tedesca, come l'*Encyclopaedia Judaica* la cui compilazione fu bruscamente interrotta nel 1934.

L'accademia del museo

La **Akademie des Jüdischen Museums**, che ospita la biblioteca, gli archivi e alcune collezioni del museo, da novembre 2012 è andata ad occupare l'ex mercato dei fiori dall'altra parte della strada rispetto all'edificio principale. Il progetto, anch'esso di Libeskind, si basa sull'idea di costruire uno spazio dentro un altro spazio e consta di tre cubi – il primo un ingresso, il secondo una biblioteca e il terzo un auditorium – che sono fiancheggiati da uffici. Il primo cubo, illuminato di luce naturale dall'alto che disegna le lettere ebraiche aleph e bet, simboleggia l'educazione e la ricerca. Lo spazio tra gli edifici da cui si occhieggia il museo è il cosiddetto Giardino della Diaspora.

INFORMAZIONI ULTERIORI

Programmate una visita almeno di due ore, più il tempo per i controlli di sicurezza (tipo quelli dell'aeroporto). Noleggiate l'audioguida (€3) per approfondire i temi trattati. Il sabato e la domenica alle 11 potrete partecipare a una visita guidata (solo in tedesco).

La tariffa del biglietto dà diritto allo sconto per entrare nello stesso giorno e nei due seguenti alla Berlinische Galerie (p154), distante 500 m.

UNA PAUSA

Per una pausa rigenerante andate al **Café Schmus** (10-22 lun, 10-20 mar-dom, piatti €5,50-8) nel museo: i piatti che propongono sono della tradizione culinaria ebraica ma con un tocco moderno e, anche se non strettamente kasher, non prevedono carne di maiale o mitili. Nelle giornate di sole il cortile con la veranda in vetro o il giardino sono molto piacevoli.

CHE COSA VEDERE

Bergmannkiez

Il Bergmannkiez, situato nella parte occidentale di Kreuzberg, è uno dei quartieri più pittoreschi di Berlino; è diviso in due da Bergmannstrasse, piena di caffè affollati e negozi stravaganti. Poco lontano, l'ex aeroporto di Tempelhof visse i suoi giorni di maggiore gloria durante il ponte aereo di Berlino nel 1948. Sopra tutto ciò 'troneggia' la collina di Kreuzberg, l'elevazione naturale più alta di Berlino e un posto piacevole dove trascorrere un divertente pomeriggio estivo.

JÜDISCHES MUSEUM   MUSEO
V. p152.

BERLINISCHE GALERIE   GALLERIA D'ARTE
Cartina p370 (7890 2600; www.berlinischegalerie.de; Alte Jakobstrasse 124; interi/ridotti/bambini €8/5/gratuito; 10-18 mer-lun, mar chiuso; Kochstrasse, Hallesches Tor) Nei circoli artistici Berlino è considerata oggi una città 'calda' e in, ma il fatto non sorprende visto che da molto tempo la capitale tedesca ha ispirato artisti provenienti da ogni parte del mondo. La Berlinische Galerie, con sede nell'ex magazzino di una vetreria proprio dietro allo Jüdisches Museum, è una piattaforma eccellente per ammirare quali creazioni artistiche siano state realizzate in città nell'ultimo secolo o giù di lì. Il corpo della galleria, tutto bianco, con due scale autoportanti che si intersecano, presenta opere rappresentative dei principali movimenti artistici, dalla Berliner Sezession (Lesser Ury, Max Liebermann) alla Nuova Oggettività (Otto Dix, George Grosz) fino all'arte contemporanea ad opera di certi 'Jungen Wilden' (giovani selvaggi), come Salomé e Rainer Fetting. Mostre temporanee, conferenze e proiezioni cinematografiche aggiungono ulteriore interesse alla galleria. Con il biglietto dello Jüdisches Museum si ha diritto all'ingresso scontato nello stesso giorno dell'emissione e nei successivi due, e viceversa.

DEUTSCHES TECHNIKMUSEUM   MUSEO
Cartina p370 (902 540; www.dtmb.de; Trebbiner Strasse 9; interi/ridotti €6/3, ingresso libero under 18 dopo le 15, audioguida €2/1; 9-17.30 mar-ven, 10-18 sab e dom; Gleisdreieck) Il 'bombardiere di caramelle' (come venivano chiamati gli aerei del Ponte aereo del 1948) montato sul tetto è appena un antipasto di ciò che vedrete all'enorme e incredibilmente appassionante Museo tedesco della tecnologia. Perfetto per portarci i bambini, questo scrigno di oggetti di tecnologia annovera tra i suoi possedimenti più famosi il primo computer del mondo, un'intera sala piena di locomotive d'epoca e ampie mostre sull'aviazione e la navigazione. L'adiacente **Spectrum Science Centre**, dove i bambini possono partecipare in modo diretto agli esperimenti, è chiuso fino ad agosto 2013.

TEMPELHOFER PARK   PARCO
Cartina p370 (2801 8162; www.tempelhoferfreiheit.de; entrata da Oderstrasse, Tempelhofer Damm o Columbiadamm; alba-tramonto; Paradestrasse, Boddinstrasse, Leinestrasse) L'aeroporto che gestì magnificamente il ponte aereo su Berlino del 1948-49 è stato riconvertito in un parco pubblico dopo essere stato dismesso nel 2008. Ora potete riflettere sul passato mentre pedalate in bici, o mentre pattinate

---

UNA LEGGENDA DELL'AVIAZIONE: L'AEROPORTO DI TEMPELHOF

Nella storia di Berlino l'aeroporto di Tempelhof è un luogo quasi mitizzato. Il pioniere dell'aviazione Orville Wright si alzò in volo dai suoi prati nel 1903, il primo Zeppelin vi atterrò nel 1909 e la Lufthansa fece partire da qui i suoi primi voli passeggeri nel 1926. I nazisti lo trasformarono in un complesso enorme che ancora oggi è considerato il secondo edificio al mondo per dimensioni dopo quello del Pentagono americano. Dopo la guerra, nel 1948-9, l'aeroporto ebbe il suo momento di gloria durante il Ponte aereo. Il grande architetto inglese Lord Norman Foster l'ha definito 'la madre di tutti gli aeroporti'. Le operazioni di volo sono cessate nel 2008 dopo molte discussioni e andando contro i desideri di molti berlinesi. Il mastodontico complesso oggi si può visitare e ospita eventi speciali, come rave e fiere commerciali come la Bread & Butter di moda. I **tour guidati** (cartina p370; 200 037 441; www.tempelhoferfreiheit.de; Platz der Luftbrücke; tour adulti/bambini €12/6; tour di 2 h e 30 min alle 16 lun-gio, alle 13 e alle 16 ven, alle 11 e alle 14 sab e dom; Platz der Luftbrücke) portano in tutti gli edifici del complesso aeroportuale. Le piste d'atterraggio e la zona intorno sono stati trasformati nel Tempelhofer Park (p154).

> **SI DICE SUL POSTO**
>
> ### UN ORTO 'PRINCIPESCO' MA PER TUTTI
>
> Gli orti urbani stanno prendendo piede ovunque nel mondo e anche a Berlino un sito di Moritzplatz – rimasto per sessant'anni abbandonato nelle vicinanze del Muro – è stato trasformato in una di queste deliziose oasi urbane: si chiama **Prinzessinnengärten** (cartina p372; www.prinzessinnengarten.net; Prinzenstrasse 35-38, Moritzplatz; UMoritzplatz), orti delle principesse, ed è nato nel 2009 su ispirazione di Robert Shaw e Marco Clausen, che hanno convinto un piccolo esercito di volontari a trasformare un'area desolata in terreno coltivato. È diventato uno spazio luminoso e sempre in attività, dove tutti possono sporcarsi le mani piantando o curando una delle 400 varietà di erbe, verdure e fiori. Si tengono seminari sull'orticoltura e l'apicoltura, attività rivolte ai bambini e c'è, naturalmente, un **Gartencafé** (cartina p372; portate principali €5-8; ⊙12-22 mag-set; UMoritzplatz) dove la cucina utilizza ciò che cresce in loco. Ma come molte altre cose a Berlino, il futuro dell'orto è incerto: Shaw e Clausen, che pagano al municipio un affitto per il terreno, si aspettano di ricevere prima o poi la disdetta. Nel frattempo si lascia crescere questa piccola fetta di utopia. Nel vero senso della parola.

o passeggiate lungo le ampie piste asfaltate. È un meraviglioso e ampio spazio creativo e non commerciale, attrezzato con prati dove è consentito grigliare, aree per i cani, una pista da mini golf dall'aspetto artistico, un Biergarten, installazioni d'arte, aeroplani abbandonati e giardini e orti pubblici.

Nuovi progetti sembrano spuntare fuori ogni notte come funghi. Se vi interessa una visita guidata del parco telefonate in anticipo.

LUFTBRÜCKEN-
DENKMAL MONUMENTO COMMEMORATIVO

Cartina p370 (Platz der Luftbrücke; UPlatz der Luftbrücke) Soprannominato *Hungerharke* (il rastrello della fame), il Monumento al Ponte aereo di Berlino, proprio davanti all'ex aeroporto di Tempelhof, rende omaggio a coloro che aiutarono a combattere la fame e mantenere la città libera durante il blocco del 1948. I tre spuntoni rappresentano gli altrettanti corridoi aerei usati dagli alleati occidentali, mentre il piedistallo porta i nomi delle 79 persone che persero la vita in questa impresa temeraria.

VIKTORIAPARK PARCO

Cartina p370 (tra Kreuzbergstrasse, Methfesselstrasse, Dudenstrasse e Katzbachstrasse; UPlatz der Luftbrücke) Fate una pausa in questo disordinato e vivace parco sulla collina di Kreuzberg che, con i suoi 66 m, è l'altura naturale più alta di Berlino. Vi troverete una vigna, una cascata e in più un pomposo monumento del XIX secolo, opera di Karl Friedrich Schinkel, che commemora la disfatta di Napoleone del 1815. In estate la gente del posto viene qui a rilassarsi, prendere il sole o bere una birra nel Biergarten Golgatha (p162).

CHAMISSOPLATZ PIAZZA

Cartina p370 (UPlatz der Luftbrücke) Il sabato mattina l'intero quartiere viene in questa bella piazza circondata da maestosi palazzi del XIX secolo per il **mercato biologico dei contadini**, il più vecchio ancora esistente. Tra le vie pavimentate a ciottoli, i lampioni vecchio stile e anche un vespasiano ottagonale, l'intera piazza sembra inalterata da un secolo a questa parte. Di certo non sorprende che i registi la amino molto come set esterno della vecchia Berlino.

SCHWULES MUSEUM MUSEO

Cartina p370 (✆6959 9050; www.schwulesmuseum.de; Mehringdamm 61; interi/ridotti €5/3; ⊙14-18 mer-lun, 14-19 sab; UMehringdamm) Un museo, archivio e centro di ritrovo tutto in uno; il Museo Gay no profit è un buon posto dove imparare le tappe fondamentali degli ultimi 200 anni di storia degli omosessuali di Berlino. Mostre temporanee ravvivano il museo e spesso sono incentrate su icone gay, artisti o temi storici. Si entra dal cortile dietro al caffè Melitta Sundström.

⊙ Kottbusser Tor e il Landwehrkanal

FREE KÜNSTLERHAUS
BETHANIEN GALLERIA D'ARTE

Cartina p372 (✆616 9030; www.bethanien.de; Kottbusser Strasse 10; ⊙14-19 mar-dom; UKottbusser Tor) Anche dopo essersi trasferito in uno spazio più grande questo importante centro dedicato all'arte ha mantenuto la stessa missione di sempre: essere un santuario dell'arte e un calderone creativo per artisti emergenti

VALE UNA DEVIAZIONE

TREPTOWER PARK E IL MONUMENTO AI SOLDATI SOVIETICI

Ex quartiere di Berlino Est a sud-est di Kreuzberg, Treptow ha tre elementi che lo caratterizzano: la Sprea e due parchi, il Treptower Park e il Plänterwald. Entrambi sono vasti spazi aperti con prati, boschi ombrosi e tranquille zone lungo il fiume, da sempre meta dei berlinesi per riposarsi, fare un picnic, prendere il sole, correre o passeggiare. In estate la **Stern und Kreisschiffahrt** (536 3600; www.sternundkreis.de; S Treptower Park) ha battelli che navigano sul fiume partendo dal molo a sud della stazione della S-Bahn Treptower Park. Un po' più a sud, potete mangiare un würstel e bere una birra da **Zenner-Eierschale** (533 7370; Alt-Treptow 14-17; portate principali €6-12; 10-24; S Treptower Park, Plänterwald), un ristorante storico con Biergarten che ha una filiale Burger King. Dal dehors potete avere una bella vista sulla **Insel der Jugend** (www.inselberlin.de; Alt-Treptow 6; S Plänterwald, Treptower Park), un isolotto raggiungibile con un ponte in ferro del 1915, uno dei primi nel suo genere in Germania. In estate è aperto un caffè, si affittano barche e ci sono eventi culturali.

Nei pressi troverete il monumento più importante del parco: il gigantesco **Sowjetisches Ehrenmal Treptow** (Treptower Park; ingresso libero; 24 h su 24; S Treptower Park), il Monumento ai soldati sovietici costruito sopra le tombe di 5000 soldati sovietici uccisi nella battaglia di Berlino. Inaugurato nel 1949, testimonia, in modo monumentale ma commovente, il numero impressionante di vite umane perse dall'URSS durante la guerra. Se arrivate dalla stazione della S-Bahn, per prima cosa vedrete un'epica **statua della Madre Russia** che piange per i suoi figli caduti. Due muri imponenti con alcuni soldati inginocchiati fiancheggiano l'entrata principale; si suppone che il marmo rosso utilizzato per la loro costruzione sia stato ricavato dalle rovine della cancelleria di Hitler. In mezzo si estende un prato orlato da **sarcofagi** che rappresentano le 16 repubbliche dell'URSS,

---

di tutto il mondo. È una delle residenze più grandi della Germania, con ben 25 atelier per altrettanti talenti. Mostre temporanee presentano al pubblico il loro lavoro, oltre a opere di ex membri della residenza.

FREE KREUZBERG MUSEUM MUSEO
Cartina p372 (5058 5233; www.kreuzbergmuseum.de; Adalbertstrasse 95a; 12-18 mer-dom; U Kottbusser Tor) Se volete saperne di più sulle alterne vicende di uno dei più pittoreschi quartieri di Berlino, fate un salto in questo museo in una vecchia fabbrica dai mattoni rossi. L'esposizione permanente focalizza l'attenzione su temi quali la tradizione di Kreuzberg come quartiere di sinistra o in che modo l'immigrazione ha forgiato l'immagine della zona. La macchina per la stampa del 1928 posta nel mezzanino viene ancora fatta funzionare in occasioni particolari.

AUFBAU HAUS ARTE E CULTURA
Cartina p372 (www.aufbauhaus.de; Prinzenstrasse 85; U Moritzplatz) Moritzplatz, in passato grigia e trascurata, è rinato a nuova vita nel 2011 grazie all'Aufbau Haus, un vivace potpourri di esercizi commerciali legati all'arte e alla cultura, guidati dalla famosa casa editrice a cui deve il nome, l'Aufbau Verlag, che funge anche da teatro 'off'. L'ampia offerta comprende una galleria d'arte rom e sinti, l'elegante negozio di articoli da cucina Coledampf's & Companies e la discoteca Prince Charles.

MUSEUM DER DINGE MUSEO
Cartina p372 (9210 6311; www.museumderdinge.de; Oranienstrasse 25; interi/ridotti €5/3; 12-19 ven-lun; U Kottbusser Tor) Con la sua estesa collezione di oggetti della vita quotidiana, il Museo delle Cose traccia nel dettaglio la storia del design tedesco dall'inizio del XX secolo al giorno d'oggi, ma in realtà può sembrare più una via di mezzo tra un museo delle curiosità e un mercatino delle pulci. Insieme a scatole di detergenti e pacchetti di sigarette c'è una montagna di altri oggetti bizzarri, come una lavatrice sferica, banconote dell'epoca dell'inflazione e un boccale con impressa una svastica.

La collezione si basa sull'archivio del Deutscher Werkbund (lega tedesca degli artigiani), un'associazione di artisti, architetti, designer e imprenditori che nacque nel 1907 per integrare le tecniche dell'artigianato tradizionale con le procedure della produzione industriale di massa. Il Werkbund giocò un ruolo importante anche come precursore del movimento Bauhaus degli anni '20.

ciascuno decorato con scene di guerra e citazioni di Stalin. Tutto culmina in un **mausoleo** sormontato da una statua alta 13 m che raffigura un soldato russo nell'atto di afferrare un bambino, con la spada appoggiata a una svastica ridotta in pezzi. Il mosaico all'interno del plinto, nello stile del realismo socialista, mostra alcuni sovietici che onorano la memoria dei caduti, grati per il loro sacrificio.

A sud, vicino al *Karpfenteich* (stagno delle carpe), c'è l'**Archenhold Sternwarte** (536 063 719; www.sdtb.de; Alt-Treptow 1; mostra: interi/ridotti €2,50/2, tour €4/3; mostra: 14-16.30 mer-dom, tour alle 15 gio, 15 sab e dom; Plänterwald), l'osservatorio astronomico più antico della Germania. Qui Albert Einstein illustrò per la prima volta al pubblico la sua teoria della relatività nel 1915. Il maggior vanto è comunque il telescopio a rifrazione, che con i suoi 21 m è il più lungo del mondo. Costruito nel 1896 dall'astronomo Friedrich Simon Archenhold, in genere viene aperto per dimostrazioni alle 15 la domenica. Le mostre allestite nel foyer sono un po' misere ma dispensano affascinanti perle di saggezza sul sistema planetario, l'astronomia in generale e la storia dell'osservatorio. I bambini amano essere fotografati accanto a un grande meteorite.

E a proposito di bambini: generazioni di berlinesi dell'Est ricordano con nostagia il Kulturpark Plänterwald, un piccolo parco di divertimenti a gestione statale creato nel 1969. Privatizzato nel 1990, venne ribattezzato **Spreepark Berlin**, ma il numero di visitatori calò sempre più e nel 2001 il parco dichiarò bancarotta; il proprietario scappò in Perù. La ruota panoramica e altre giostre sono ancora lì, e anche se il futuro del parco è incerto il suo fascino rimane intatto. È illegale entrare nel parco a meno che non sia con un tour di **Berliner Spreepark** (www.berliner-spreepark.de; Plänterwald; tour di 2 h €15; Plänterwald).

◉ Neukölln Nord

PUPPENTHEATER-MUSEUM BERLIN MUSEO
Cartina p372 (687 8132; www.puppentheater-museum.de; Karl-Marx-Strasse 135, edificio sul retro; interi/bambini €3/2,50, spettacoli €5; 9-15.30 lun-ven, 11-16 dom; Karl-Marx-Strasse) Il piccolo Museo del teatro di marionette vi trasporterà in un mondo di fantasia abitato da adorabili burattini, marionette, personaggi del teatro delle ombre, statuette di legno e ogni genere di bambole, draghi e diavoli da tutto il mondo. Molti di loro cantano e danzano in spettacoli rivolti sia ai bambini sia ai giovani nel cuore.

RIXDORF QUARTIERE
Cartina p372 (Richardplatz; Karl-Marx-Strasse, Neukölln) Il contrasto tra la cacofonia e il disordine di Karl-Marx-Strasse e le tranquille strade di Rixdorf, un minuscolo villaggio storico con al centro Richardplatz, sembra quasi surreale, visto che si trovano a pochi passi di distanza l'uno dall'altra. I primi a insediarsi qui nel XVIII furono i tessitori boemi e alcuni degli edifici originali sopravvivono ancora, come la casa di un **maniscalco** (Richardplatz 24), una **fattoria** (Richardplatz 3a) e la chiesa **Bethlehemskirche** (Richardplatz 22), del XV secolo. Dalla stazione della U-Bahn di Karl-Marx-Strasse, andate in direzione sud sull'omonima via per 300 m, poi girate a sinistra in Karl-Marx-Platz e continuate per altri 300 m fino a Richardplatz.

KÖRNERPARK GIARDINI
(Schierker Strasse; ingresso libero; parco 24 h su 24, galleria 12-20 mar-dom; Neukölln, Hermannstrasse) Questo elegante giardino in stile barocco più basso del livello della strada ha un segreto: è stato tutto costruito su una vera cava di ghiaia! Pensateci mentre passeggiate tra le aiuole e la fontana con cascata, prendete un caffè nell'elegante orangerie, o date un'occhiata ai dipinti esposti nella vicina galleria d'arte. In estate, la gente del posto viene qui la domenica ad ascoltare concerti gratuiti di musica classica, jazz e world music. Dalla stazione della U-Bahn di Karl-Marx-Strasse procedete a sud su Karl-Marx-Strasse per 400 m, poi girate a destra in Jonasstrasse e continuate per altri 150 m.

✖ PASTI

Kreuzberg è diventato uno dei quartieri più interessanti di Berlino per quanto riguarda la gastronomia, con eccellenti ristoranti, trattorie etniche e caffè in riva al canale. La parte nord di Neukölln è più famosa per la vita notturna, ma nuovi ristoranti aprono qui ogni giorno e le cose stanno cambiando.

🍴 Bergmannkiez

TOMASA   CUCINA INTERNAZIONALE   €€
Cartina p370 (📞 8100 9885; www.tomasa.de; Kreuzbergstrasse 62; piatto del giorno a pranzo €5,50, portate principali €6-19; ⏰ 9-1 dom-gio, 9-2 ven e sab; 🍴👶; Ⓤ Mehringdamm) Non è solo la prima colazione a essere una gioia in questa villa ottocentesca vicino al verde Viktoriapark: i cuochi dai mille talenti preparano anche insalate particolari, piatti vegetariani interessanti, *Flammkuchen* (pizza alsaziana) e carne alla griglia. C'è un menu per bambini, una sala per giocare e tanti pastelli per tenerli impegnati.

AUSTRIA   AUSTRIACO   €€
Cartina p370 (📞 694 4440; www.austria-berlin.de; Bergmannstrasse 30; portate principali €13-18; ⏰ cena; Ⓤ Gneisenaustrasse) Palchi di cervi e poster di Romy Schneider decorano questa 'locanda del cacciatore' dove sedersi a bere una fresca birra Kapsreiter. Le cotolette di vitello grandi quanto un guantone da baseball sono tra le migliori della città e sono al meglio con sopra la saporita insalata di patate. Il giovedì una mandria di gente del posto viene qui per gustare il piatto speciale con il maialino da latte.

HARTMANNS   CUCINA INTERNAZIONALE   €€€
Cartina p372 (📞 6120 1003; www.hartmanns-restaurant.de; Fichtestrasse 31; 3/4 portate a cena €58/66, portate principali €38; ⏰ cena lun-sab; Ⓤ Südstern) Stefan Hartmann ha studiato con i migliori chef a Hollywood e a Berlino e ora diletta gli esigenti clienti con innovativi piatti di cucina franco-tedesca in questo romantico ristorante seminterrato, con il soffitto a volta e decorato con opere d'arte e un invitante camino scoppiettante. *Loup de mer* (branzino) con risotto al dragoncello o colomba cotta con fegato d'anatra sono alcuni piatti che potreste trovare sul menu fisso che conta fino a sette portate.

CURRY 36   TEDESCO   €
Cartina p370 (www.curry36.de; Mehringdamm 36; würstel €2-6; ⏰ 9-16 lun-sab, 9-15 dom; Ⓤ Mehringdamm) Giorno dopo giorno, notte dopo notte la variopinta clientela di alternativi tatuati, impiegati d'ufficio, curiosi bambini in età scolare e turisti scaltri aspetta il suo turno in questo chiosco da Currywurst di prima scelta, che li serve dal 1981.

SEEROSE   VEGETARIANO   €
Cartina p370 (📞 6981 5927; www.seerose-berlin.de; Mehringdamm 47; pasti sotto i €10; ⏰ 9-24 lun-sab, 12-23 dom; 🍴; Ⓤ Mehringdamm) Questo caffè, che pare qui da sempre, tenterà le vostre papille gustative con piatti freschi, creativi e vegetariani, come pasta, sformati, minestre, insalate e altre ricette salutari. Ordinate al banco e aspettate con l'acquolina in bocca in uno dei tavolini sul marciapiede o dentro, tra il mobilio d'epoca e le piante in vaso.

🍴 Kottbusser Tor e il Landwehrkanal

TOP   **CAFE**
JACQUES   CUCINA INTERNAZIONALE   €€
Cartina p372 (📞 694 1048; Maybachufer 8; portate principali €12-20; ⏰ cena; Ⓤ Schönleinstrasse) Questo posto amato dai cuochi durante il loro giorno libero o dai buongustai della zona vi conquisterà con le piacevoli candele, l'arredo accogliente e il fantastico vino. È l'ideale per un appuntamento romantico, ma per dirla tutta basta amare il cibo per apprezzare il suo menu scritto sulla lavagna, d'ispirazione francese e nord-africana. Il suo carismatico proprietario Ahmad e il suo staff saranno felici di consigliarvi il perfetto vino da abbinare. È necessario prenotare.

DEFNE   TURCO   €€
Cartina p372 (📞 8179 7111; www.defne-restaurant.de; Planufer 92c; portate principali €7,50-16; ⏰ cena; Ⓤ Kottbusser Tor, Schönleinstrasse) Se pensate che la cucina turca si limiti al kebab, questo ristorante sul canale vi dimostrerà il contrario. Già solo il piatto misto di antipasti scatenerà insopprimibili desideri culinari (fantastica la salsa alle noci e peperoncino!), ma anche le interessanti portate principali, come *ali nacik* (fette di agnello con una purea di melanzane e yogurt), vi indurranno a tornare.

BAR RAVAL   SPAGNOLO   €€
Cartina p372 (📞 8179 7111; www.barraval.de; Lübbener Strasse 1; tapas da €4; ⏰ cena; 📞; Ⓤ Görlitzer Bahnhof) Dimenticate il kitsch folkloristico di certi locali: questo tapas bar di proprietà dell'attore Daniel Brühl (che ha interpretato il protagonista di *Good Bye Lenin!*) è più che adatto per il XXI secolo. I deliziosi bocconcini iberici fatti in casa sono molto piacevoli e

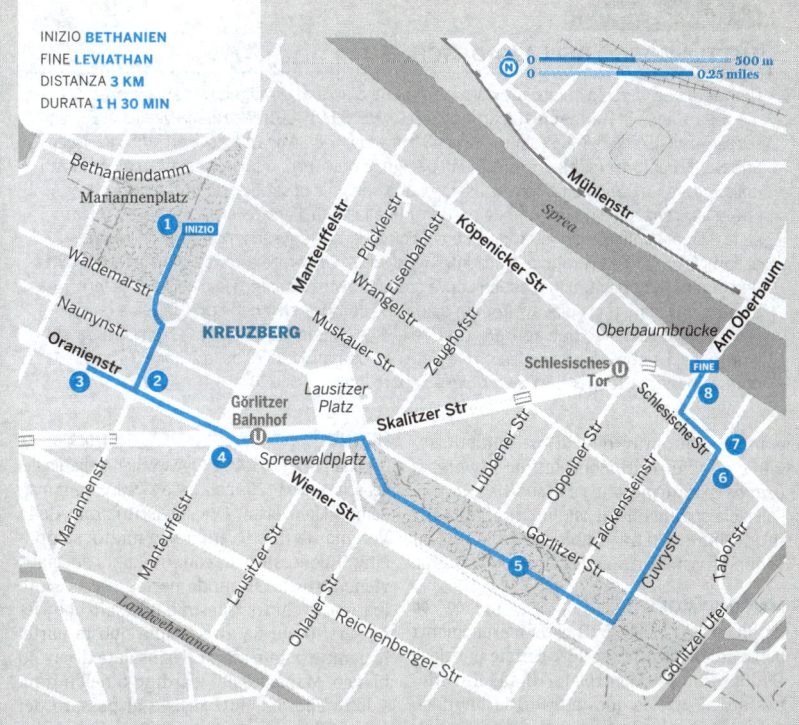

INIZIO **BETHANIEN**
FINE **LEVIATHAN**
DISTANZA **3 KM**
DURATA **1 H 30 MIN**

Itinerario a piedi
La Kreuzberg radicale

Cominciate al ❶ **Bethanien**, splendido edificio con due torrette progettato da tre studenti di Schinkel: entrò in funzione nel 1847 come ospedale e in esso lavorò anche brevemente come farmacista il futuro scrittore e poeta Theodor Fontane. Chiuso nel 1970, l'ospedale fu salvato dalla demolizione grazie all'occupazione da parte di un gruppo di squatter e alle veementi proteste dei cittadini. Dal 1984 al 2010 ha ospitato una comunità di artisti. Proseguite per Heinrichplatz, dove negli anni '70 gli oppositori si radunavano ai pub ❷ **Rote Harfe e Zum Elefanten** per discutere come impedire al Senato di Berlino Ovest di abbattere e ricostruire ampie porzioni di Kreuzberg est. A pochi passi il leggendario club ❸ **SO36** nacque negli anni '70 in un edificio occupato dagli squatter e presto divenne il luogo d'origine del movimento punk di Berlino, con concerti selvaggi dei Dead Kennedys, Die Ärzte e Einstürzende Neubauten. Se proseguite per Oranienstrasse arriverete al sito del ❹ **Supermercato della rivolta del 1° maggio**. Il primo maggio del 1987 un corteo di protesta pacifico divenne una vera e propria rivolta, con saccheggi e incendi, tra cui quello di un supermercato, dove oggi c'è una moschea. Seguite Skalitzer Strasse fino al ❺ **Görlitzer Park**, un fazzoletto di prati non curati e muri pericolanti, nato sulle rovine di una stazione ferroviaria bombardata durante la guerra: è la cosa più vicina a un 'antiparco', ma è molto amato dalla gente del posto. Proseguite per Cuvrystrasse fino a Schlesische Strasse dove ❻ **Barbie Deinhoff's** è innegabilmente l'ultima parola quanto ad arte trash che supera i confini di genere. Il nome si ispira alla fascinazione per le bambole Barbie e il gruppo terroristico Baader-Meinhof. A Kreuzberg c'è la migliore street art di Berlino: tra i pezzi migliori ❼ **Brothers Upside Down & Chains** dell'artista italiano Blu e del collega francese JR, creato su tutta la parete esterna di una casa nel 2007 durante un festival d'arte durato 21 giorni detto Planet Prozess. Un'altra opera molto nota di Blu è il ❽ **Leviathan**, un intero muro tagliafuoco ricoperto di un grande corpo rosa fatto di centinaia di corpi più piccoli, come tanti vermi.

SI DICE SUL POSTO

TUTTI A BORDO DELLA BADESCHIFF

Prendete una vecchia chiatta fluviale, riempitela d'acqua, ormeggiatela sulla Sprea e – *voilà* – ecco la **Badeschiff** (cartina p372; 01578-591 4301; www.arena-berlin.de; Eichenstrasse 4; interi/ridotti €4/3 estate, €12 per 3 h inverno; 8-24 fine mag-set/ott; Schlesische Strasse, Treptower Park), una piscina di design in puro 'urban style' che attira gli amanti della tintarella. Con la musica al massimo, una spiaggia di sabbia, ponti di legno, corpi che si abbronzano e un bar che dà carburante alla festa, l'atmosfera è molto da 'Ibiza sulla Sprea'. Venite presto quando il sole picchia perché spesso a mezzogiorno è già al completo. O fate un salto al tramonto o alla sera, per serate o concerti. In inverno una luminosa copertura in plastica copre con un tocco di mistero la piscina e l'interno diventa una zona relax piacevolmente calda che comprende anche una sauna e un bar. Da novembre a marzo può aprire tra le 10 e le 14 e chiudere tra le 22 e le 3 a seconda del giorno della settimana. La sauna è riservata agli uomini il lunedì dalle 22 alle 3, mentre le donne l'hanno tutta per loro mercoledì e sabato, dalle 10 alle 14.

complessi, proprio come le specialità di stagione e i vini scelti. Sono ottime le *patatas bravas* (patate piccanti) e la *sobrasada* (una salsiccia spalmabile di Mallorca). Il lunedì, i meglio informati tra gli abitanti della zona invadono il ristorante per la serata della paella.

MAX UND MORITZ TEDESCO €€
Cartina p372 (6951 5911; www.maxundmoritz berlin.de; Oranienstrasse 162; portate principali €9-15; cena; Moritzplatz) Il fascino del passato aleggia in questa trattoria/birrificio vecchio stile, che deve il nome ai due sfacciati personaggi della storia illustrata creata da Wilhelm Busch. Dal 1902 questo posto ha accolto affamati e assetati clienti nelle sue sale rustiche, decorate con piastrelle e stucchi, per un boccale di schiumosa birra della casa e piatti come quelli della nonna. Molto popolare è il *Kutschergulasch* (un goulasch cotto nella birra).

HORVÁTH AUSTRIACO €€€
Cartina p372 (6128 9992; www.restaurant-horvath.de; Paul-Lincke-Ufer 44a; menu da 3/7 portate €40-76; cena mar-dom; Kottbusser Tor) In questo bistrò lungo il canale il cuoco da una stella Michelin Sebastian Frank opera una vera e propria alchimia culinaria con classici della cucina austriaca mescolati con audacia a diverse consistenze, sapori e ingredienti. Per apprezzare al meglio il suo talento ordinate la cena da 10 piccole portate (€73). Nonostante la cucina sfiziosa, il locale di un'eleganza rustica gode di un'atmosfera rilassata; il servizio è eccellente e c'è una bella terrazza estiva.

HENNE TEDESCO €€
Cartina p372 (614 7730; www.henne-berlin.de; Leuschnerdamm 25; metà pollo €7,90; cena mar-dom; Moritzplatz) Questa istituzione della Vecchia Berlino ha un unico motto: semplicità; il pollo, nutrito con una dieta speciale, viene arrostito in modo perfetto: croccante ma non asciutto. Questo è tutto ciò che viene servito qui da un secolo a questa parte, insieme a patate piccanti e insalata di cavolo bianco. Mangiate nel giardino o nell'intima saletta che dal 1907 resiste al passare del tempo. È necessaria la prenotazione.

VOLT TEDESCO MODERNO €€€
Cartina p372 (6107 4033; www.restaurant-volt.de; Paul-Lincke-Ufer 21; portate principali €24-32, pasto da 4 portate €54; cena lun-sab; Görlitzer Bahnhof) Già solamente la spettacolare sede in una ex stazione del 1928 riconvertita sarebbe un motivo sufficiente per provare la roccaforte culinaria di Matthias Geiss, incoronato il nuovo chef con maggior potenziale nel 2011. Ma altre sorprese vi attendono nel piatto, dove intelligenti combinazioni di carne, pesce e verdure della zona mettono in scena uno spettacolo di innovazione pur nella semplicità di esecuzione.

HASIR KREUZBERG TURCO €€
Cartina p372 (www.hasir.de; Adalbertstrasse 10; portate principali €8-13; 24 h su 24; Kottbusser Tor) I tavoli di Hasir, la filiale principale di una catena locale di ristoranti turchi, sono pieni a qualunque ora di clienti intenti ad assaporare carne alla griglia, vellutato hummus, foglie d'uva ripiene e altri bocconcini prelibati. Al proprietario Mehmed Aygün si deve l'invenzione del classico doner kebab alla berlinese nel lontano 1971.

CICCIOLINA — ITALIANO €€

Cartina p372 (6165 7160; www.cicciolina-berlin.de; Spreewaldplatz 5; pizza €5-9,50, portate principali €7-18; 12-24; Görlitzer Bahnhof) Le chiacchiere e il vino scorrono che è un piacere in questa trattoria alla buona, frequentata da una clientela variegata che ama i suoi antipasti di prima qualità, i ricchi piatti di pasta e le enormi pizze croccanti. I piatti della settimana con ingredienti stagionali completano il menu. Il nome del locale è in onore della pornostar degli anni '80 poi entrata in politica.

LA RACLETTE — FRANCESE €€

Cartina p372 (6128 7121; www.la-raclette.de; Lausitzer Strasse 34; portate principali €14-20; cena; Görlitzer Bahnhof) Questo piccolo ristorantino accogliente, con le pareti in mattoni rossi, il caminetto, il buon vino e la deliziosa raclette filante è di proprietà dell'attore televisivo tedesco Peer Kusmagk, ma è così francese che vi sembrerà strano non vedere la Tour Eiffel spuntare dalla finestra. Il menu comprende anche molti piatti non a base di formaggio, dalle zampe di rana alle bistecche, al pesce.

KIMCHI PRINCESS — COREANO €€

Cartina p372 (0163 458 0203; www.kimchiprincess.com; Skalitzer Strasse 36; portate principali €9-24; cena; Görlitzer Bahnhof) Non avete ancora mai provato la cucina coreana? Questo locale alla moda è il battesimo ideale. Sul menu figurano piatti classici e leggeri come il *bibimbap* (piatto di riso piccante), ma il pezzo forte è la carne grigliata direttamente al tavolo e accompagnata da saporiti *panchan* (contorni). Non è il posto adatto per chi non ama i cibi piccanti; per stemperarvi la bocca, però, provate una fresca birra Hite.

IL CASOLARE — ITALIANO €

Cartina p372 (6950 6610; Grimmstrasse 30; pizza €6-9; Kottbusser Tor, Schönleinstrasse) Le pizze qui sono esplosive – sottili, croccanti, a buon prezzo e gigantesche – e il Biergarten lungo il canale è il luogo idilliaco dove fare una grande abbuffata. Durante le ore di punta il servizio può essere un po' frettoloso.

MAROUSH — LIBANESE €

Cartina p372 (www.maroush-berlin.de; Adalbertstrasse 93; sandwich €3; 11-2; Kottbusser Tor) Questo posticino caldo e accogliente sembra fatto apposta per restaurare il vostro equilibrio mentale con fantastici falafel o panini di shawarma, accompagnati da un bicchiere di succo di datteri o un tè alla menta.

Neukölln Nord

TOP LAVANDERIA VECCHIA — ITALIANO €€€

Cartina p372 (6272 2152; www.lavanderiavecchia.de; Flughafenstrasse 46; pranzo da €4,50, menu di 13 portate a cena €45; pranzo mar-ven, cena mar-sab; Boddinstrasse) Dal pane con la crosta croccante al digestivo, le cene in questo ristorante un po' campagnolo sono un viaggio culinario di ottimo livello in un delizioso spazio post-industriale. Lasciatevi viziare con ben 10 antipasti pronti (il carpaccio di polpo è il massimo!), seguiti da pasta o risotto e un secondo di pesce o di carne, e per finire un dessert. La cena inizia alle 19.30 e il prezzo comprende anche mezza bottiglia di vino a persona, oltre ad acqua e caffè. È necessaria la prenotazione.

MARIAMULATA — SPAGNOLO €

Cartina p372 (www.mariamulata.de; Wildenbruchstrasse 88; tapas €2,50-5,50; cena mar-dom; M41, Rathaus Neukölln) In questo locale conviviale ma tranquillo, molto amato dalla gente del posto, il proprietario è colombiano mentre il cuoco è basco e le tapas sono divine. Assaggiate le prelibatezze tradizionali e quelle dal tocco più creativo, come *albondigas* (polpette) in una saporita salsa di pomodoro, la manioca fritta o i gamberi all'aglio. Il personale è gentile, il vino al bicchiere è meglio del solito e la crema catalana è buona da svenire.

SAUVAGE — PALEOLITICO €€

Cartina p372 (5131 67547; www.sauvageberlin.com; Pflügerstrasse 25; portate principali €10-20; cena mar-dom; Hermannplatz) Che ne dite di tornare agli albori della civiltà e provare il primo ristorante berlinese di cucina paleolitica? Sì, in questo locale sapientemente disposto in un ex bordello, mangerete come nel 10.000 a.C.: nessun tipo di cereale, formaggi o zuccheri, ma pesce, carne, uova, erbe selvatiche, semi, oli, frutti e verdure non coltivate, tutto biologico, non lavorato e, in genere, delizioso.

HAMY — VIETNAMITA €

Cartina p372 (6162 5959; www.hamycafe.com; Hasenheide 10; portate principali €4,90; dalle 17 mer-dom; Hermannplatz) Se vi va un piatto veloce di *pho* (zuppa), un'insalata di noodles trasparenti o un piatto di profumato curry, fate come la gente del posto e venite in questa istituzione alla buona. I piatti sono particolarmente buoni grazie alla sapiente miscela di spezie e numerose erbette fresche; anche nei momenti di punta potrete sbrigarvela in una mezz'oretta o anche meno.

CITY CHICKEN — MEDIORIENTALE €
Cartina p372 (624 8600; Sonnenallee 59; piatto con pollo €5; 11-2; URathaus Neukölln) C'è il pollo e poi c'è il pollo da City Chicken, un locale cult per quanto riguarda il saporito pennuto arrostito alla perfezione. Vale la pena prendere anche tutti i contorni, soprattutto la favolosa salsa all'aglio e l'hummus cremoso.

BERLIN BURGER INTERNATIONAL — AMERICANO €
Cartina p372 (www.berlinburgerinternational.com; Pannierstrasse 5; hamburger da €3,90; 12-24 lun-gio, 12-1 ven, 17-23 dom; ; UHermannplatz) I cuochi del BBI sanno che le dimensioni contano. Quanto meno per quanto riguarda gli hamburger, che qui sono grandi come due pugni, gonfi e pieni di sugo. Prendeteli con delle patatine al formaggio piccante e sarete in paradiso. La carta da cucina è gratis, quindi non preoccupatevi: ve ne servirà molta.

✕ Schlesisches Tor e la Sprea

SPINDLER & KLATT — FUSION €€€
Cartina p372 (319 881 860; www.spindlerklatt.com; Köpenicker Strasse 16-17; portate principali €18,50-26; 20-1; USchlesisches Tor) Questo ex panificio industriale oggi diventato un elegante ritrovo soprattutto serale non è più così alla moda come qualche anno fa, ma in estate la terrazza sul fiume è un posto magico. Sedetevi a uno dei lunghi tavoli o accomodatevi su un divano nella zona lounge posta su piattaforme mentre vi immergete nell'audace cucina fusion. Gli interni sono altrettanto spettacolari e si trasformano in una discoteca dopo le 23 di venerdì e sabato.

KATERSCHMAUS — CUCINA INTERNAZIONALE €€€
Cartina p372 (5105 2134; www.katerholzig.de/restaurant; Michaelkirchstrasse 23; portate principali €16-26; cena mar-sab; UHeinrich-Heine-Strasse) Volgare, irriverente e spettacolare – il ristorante del club notturno Kater Holzig è così berlinese che di più non si muove. Inoltratevi per le scale umide e piene di graffiti per arrivare in questa sala da pranzo sempre piena, arredata con cianfrusaglie raccattate in un mercatino delle pulci, nella soffitta della nonna o in un elegante negozio di design. La clientela, composta da modaioli della scena notturna e politici, ordina dal menu che cambia ogni settimana ed è spesso coraggioso nell'abbinamento di sapori.

BURGERMEISTER — AMERICANO €
Cartina p372 (www.burger-meister.de; Oberbaumstrasse 8; hamburger €3-4; 11-2 o più tardi; USchlesisches Tor) Questo edificio verde, ben decorato e vecchio più di un secolo era in origine una toilette pubblica. Ora è un chiosco che vende hamburger, situato in uno spartitraffico sotto ai binari della sopraelevata U-Bahn. Non preoccupatevi, non perdete la calma: le corpose polpette di carne bovina sono eccellenti e si gustano al meglio con le salse fatte in casa, come quella alle arachidi o quella al curry e mango.

FREISCHWIMMER — FUSION €€
Cartina p372 (6107 4309; www.freischwimmer-berlin.com; Vor dem Schlesischen Tor 2a; portate principali €7-15; dalle 16 mar-ven, 10 sab e dom; USchlesisches Tor) In estate ci sono pochi posti più idilliaci di questa rustica rimessa per le barche del 1930, che è stata trasformata in una zona relax lungo il canale. Il menu prende ispirazione da tutte le parti del mondo. È anche un'ottima scelta per il brunch domenicale e per un drink serale prima di andare a ballare in uno dei club della zona.

🍷 LOCALI E VITA NOTTURNA

🍸 Bergmannkiez

HORST KRZBRG — CLUB
Cartina p370 (www.myspace.com/horstkrzbrg; Tempelhofer Ufer 1; ven e sab; UHallesches Tor) Un ex ufficio postale ha intrapreso una vita tutta nuova come un piccolo club di elettronica con un grande sound system, una bella illuminazione e clientela che mantiene il locale alla mano e privo di ostentazione. Il bar è un bel posto per socializzare e le mentine e il deodorante gratuiti in bagno possono tornare utili in caso di qualche rendez-vous.

GOLGATHA — PUB
Cartina p370 (785 2453; www.golgatha-berlin.de; Dudenstrasse 48-64; dalle 10 apr-set; UPlatz der Luftbrücke, SYorckstrasse) Questo classico Biergarten, proprio dentro il Viktoriapark, è frequentato da un mix di personaggi che cam-

biano nel corso della giornata. Le famiglie lo invadono durante il giorno, complice il vicino parco gioco attrezzato per bambini. Gente del posto semplice e senza pretese viene a catturare gli ultimi raggi del sole sulla terrazza sul tetto mentre i più giovani festaioli arrivano qui dopo le 22, quando il DJ entra in azione.

GRETCHEN — CLUB
Cartina p370 (www.gretchen-club.de; Obentrautstrasse 19-21; ⊘variabile, sempre ven e sab; ⓊMehringdamm, Hallesches Tor) Il nuovo tempio drum 'n' bass di Berlino ha piantato le tende nelle ex stalle dalle volte a crociera di un vecchio reggimento delle guardie, ma non si limita a un'unico genere ma spazia dall'elettro all'indie al jazz. La selezione all'ingresso è tranquilla e la clientela senza pretese.

SCHWUZ — CLUB
Cartina p370 (☏693 7025; www.schwuz.de; Mehringdamm 61; ⊘dalle 23 ven e sab; ⓊMehringdamm) Riprendete le forze al piano superiore nel caffè Melitta Sundström, poi venite quaggiù in questa istituzione gay nel seminterrato per flirt e balli scatenati. Ci sono diverse serate (come Madonna Mania, Partysane, Popkicker) che attirano clienti differenti, quindi controllate cosa fanno prima di andarci. È il posto giusto per un'introduzione soft alla scena serale dei gay berlinesi.

Kottbusser Tor e il Landwehrkanal

TOP MÖBEL OLFE — PUB
Cartina p372 (www.moebel-olfe.de; Reichenberger Strasse 177; ⊘mar-dom; ⓊKottbusser Tor) Un vecchio magazzino di mobili è stato rimodellato in un locale sempre affollato, con bevande a poco prezzo e una clientela simpatica ed eterogenea (il giovedì è la serata gay). State attenti: dopo un paio di birre polacche o qualche vodka quegli scheletri di animali sopra il bancone sono un bel 'trip'. Si entra da Dresdner Strasse.

WÜRGEENGEL — BAR
Cartina p372 (www.wuergeengel.de; Dresdner Strasse 122; ⊘dalle 19; ⓊKottbusser Tor) Per una serata tranquilla puntate su questo cocktail bar stile anni '50, con soffitti in vetro, candelabri e lucidi tavoli neri. Si riempie soprattutto alla fine dei film nell'adiacente cinema d'essai. Il nome rende omaggio al film surrealista di Buñuel *L'angelo sterminatore*, del 1962. È permesso fumare.

LUZIA — BAR
Cartina p372 (☏8179 9958; Oranienstrasse 34; ⊘12-tardi; ⓊKottbusser Tor) Il Luzia, tutto tirato con il mobilio vintage, la carta da parati barocca e le stravaganti opere dello street artist con base a Berlino Chin Chin, è frequentato dagli abitanti più sofisticati di Kreuzberg est. Alcuni l'hanno chiamato per scherzo 'Kreuzberg che diventa Mitte', ma è pur sempre un posto piacevole e l'illuminazione dà un tono pure alle pallide facce degli hipster. C'è una lounge per fumatori.

MONARCH BAR — BAR
Cartina p372 (www.kottimonarch.de; Skalitzer Strasse 134; ⊘dalle 21 mar-sab; ⓊKottbusser Tor) Dietro alle lunghe vetrate appannate, alla stessa altezza dei binari sopraelevati della U-Bahn, il Monarch è la giusta miscela di sofisticatezza e pacchianeria, con clientela internazionale e musica ballabile e non troppo commerciale. Entrate dalla porta in acciaio senza insegna vicino al chiosco di doner kebab a est del supermercato Kaiser. È consentito fumare.

ANKERKLAUSE — PUB
Cartina p372 (☏693 5649; www.ankerklause.de; Kottbusser Damm 104; ⊘dalle 16 lun, dalle 10 mar-dom; ⓊKottbusser Tor) Ahoy gente! Questa taverna kitsch d'ispirazione nautica con un super jukebox e situata in una vecchia capitaneria di porto è ottima per bere e salutare le barche che passano sul canale. Serve anche prima colazione e spuntini.

ROSES — BAR
Cartina p372 (Oranienstrasse 187; ⊘dalle 21; ⓊKottbusser Tor) Questo regno del kitsch e dell'eccesso, con pareti ricoperte di peluche rosa che piacerebbero a Barbie, è un brillante punto fisso della scena notturna lesbogay di Kreuzberg. I drink sono a buon prezzo e i baristi generosi ed è sempre pieno di gente di ogni preferenza sessuale prima di serate scatenate in discoteca. Si può fumare.

RITTER BUTZKE — CLUB
Cartina p372 (www.ritterbutzke.de; Ritterstrasse 24; ⊘ven e sab; ⓊMoritzplatz) Dopo parecchi anni il Ritter Butzke ha perso del tutto il fascino underground ed è diventato un appuntamento fisso del circuito house ed elettro di Berlino. Nello spazio labirintico a due piani, che era una fabbrica di lampade, ci sono molti angolini bui e giovani sexy invadono la pista da ballo per tutto il weekend.

SOJU BAR
BAR, CLUB

Cartina p372 (www.soju-bar-com; Skalitzer Strasse 36; [U]Görlitzer Bahnhof) Dopo un pasto superpiccante nel vicino e associato Kimchi Princess (p161), continuate a sudare al ritmo di elettronica in questo bar asiatico, con tanto di insegne al neon in coreano e forti cocktail a base di liquore di patata dolce a cui deve il nome. Provate il drink della casa, il Seoul Mule, con lime, cetriolo e birra allo zenzero.

BIERHIMMEL
BAR

Cartina p372 (615 3122; www.bierhimmel-kreuzberg.de; Oranienstrasse 183; 9-1 dom-gio, 9-3 ven e sab; [S]Kottbusser Tor) Questo ritrovo gay ma aperto anche agli etero è un'istituzione per un caffè o una fetta di torta nel pomeriggio, ma è ottimo anche per un tranquillo inizio di serata prima di andare a ballare nei locali più scatenati.

PRINCE CHARLES
CLUB

Cartina p372 (200 950 933; www.princecharlesberlin.com; Prinzenstrasse 85f; dalle 19 mer-sab; [U]Moritzplatz) Il Prince Charles è un elegante mix tra un club e un cocktail bar, con quest'ultimo inserito con astuzia in un'ex piscina, con dietro una parete kitsch decorata con un murales d'ispirazione acquatica. C'è elettronica nelle casse e cocktail creativi; quello chiamato Prince Charles è una forte miscela di vodka e Cointreau impreziosita da limone, cardamomo, tè Earl Grey ed *espuma*.

🍷 Neukölln Nord

Ä
PUB

Cartina p372 (www.ae-neukoelln.de; Weserstrasse 40; dalle 17; [U]Rathaus Neukölln) Sempre pieno di gente da ogni parte del mondo questo pioniere del *Kiez* è un bel posto dall'atmosfera casual dove bere qualcosa e sarà il perfetto antipasto prima di una notte di divertimenti. Potete anche decidere di fermarvi qui o tornare per l'ultimo drink della notte. Il divertimento eclettico comprende flipper, DJ, concerti e (pensate!) una volta al mese una serata con soap opera live che ha per protagonisti le sagome di animaletti di peluche.

CIRCUS LEMKE
BAR

Cartina p372 (Selchower Strasse 31; dalle 15 lun, 12 mar-ven, 10 sab e dom; ☎; [U]Boddinstrasse) Anche se ha il fascino intimo di una baita nelle Alpi (con tanto di stufa in ceramica), il Circus Lemke è molto berlinese, nel mezzo del Schillerkiez nella parte nord di Neukölln, sempre più alla moda. Ottime torte, buon vino e fantastici cocktail ne fanno il posto perfetto per una tappa prima o dopo esser stati al Tempelhofer Park.

KINDL STUBEN
PUB

Cartina p372 (5448 9722; Sonnenallee 92; dalle 10; ☎; [U]Rathaus Neukölln) Affiancato da negozi di alimentari turchi questo locale tranquillo merita una lode per i prezzi onesti, il servizio

---

> **SI DICE SUL POSTO**
>
> ### LA MUSICA A BERLINO SECONDO UN ESPERTO
>
> Thilo Schmied ha lavorato come tecnico del suono, è un promoter musicale, talent scout e proprietario della società Fritz Music Tours (p314). Fa parte del panorama musicale di Berlino sin dai primi anni '80, quando i Depeche Mode sono entrati nella sua vita.
>
> **I migliori palcoscenici per la musica live**
> A me piace molto l'Astra Kulturhaus (p181) sia per il suo sound sia per l'atmosfera. Non è così grande e ha simpatici interni da vecchia Berlino Est.
>
> **Le discoteche migliori**
> Gretchen (p163) è davvero simpatica. Ha un'ambientazione meravigliosa e un programma vario. Provate anche Prince Charles (p164) e **Chalet** (Cartina p372; Vor dem Schlesischen Tor 3; [U]Schlesisches Tor) a Kreuzberg.
>
> **Un bel posto per far festa di lunedì**
> Potete ancora trovare un bel pubblico da Kater Holzig (p165). Il leggendario SO36 (p167) ha belle serate di elettronica. Controllate anche la line-up del Magnet Club (p166).
>
> **Le fonti d'ascolto migliori**
> Andate sul blog **Sugar High** (www.sugarhigh.de) e, naturalmente, ascoltate le stazioni radio vecchio stile Radio Fritz (102.6FM), Radio Eins (95.8FM) e Flux FM (100.6FM).

rapido e cortese e il mobilio vintage che è meglio delle solite cianfrusaglie da mercato delle pulci. Ogni tanto ci sono concerti, proiezioni di film, serate scambiste e altre offerte particolari. C'è una sala fumatori.

LOFTUS HALL CLUB

Cartina p372 (www.loftushall.de; Maybachufer 48; ⊙ven e sab; Ⓤ Schönleinstrasse) Siccome deve il suo nome a una casa infestata in Irlanda, ci si aspetta di vedere un fantasma del posto sbucare da dietro le pareti ricoperte da pannelli in legno o le pesanti tende in questo paradiso retrò. La musica, però, è molto moderna: tanta elettronica, specialmente di piccole etichette scelte con cura. Proprio come piace agli scompigliati hipster di tutto il mondo che vengono qui.

KUSCHLOWSKI BAR

Cartina p372 (☎0176 2438 9701; www.kuschlowsk.de; Weserstrasse 202; ⊙dalle 20; Ⓤ Hermannplatz) Quando in inverno soffia un forte vento dall'est è il momento ideale per rifugiarsi vicino al caminetto scoppiettante in questo ex bordello decorato come un salotto di casa con mobili retrò. La clientela multietnica si gode i drink superalcolici, soprattutto le tante varietà di vodka russa.

YUMA BAR BAR

Cartina p372 (www.yuma-bar-de; Reuterstrasse 63; Ⓤ Hermannplatz) Se vi va una forte birra belga venite in questa lounge tranquilla di un arancione brillante. È più serioso degli altri posti a Kreuzkölln e si presta anche per bere un cocktail e avere buone conversazioni. Sulle pareti sono esposte opere d'arte locali; ci sono serate con un DJ e persino un workshop di origami per movimentare le cose.

SILVERFUTURE BAR

Cartina p372 (☎7563 4987; www.silverfuture.net; Weserstrasse 206; Ⓤ Hermannplatz) Gestito da un collettivo, questo kitsch bar gay dai toni viola, bordeaux e argento è deliziosamente eccessivo (come una palpatina giocosa della vostra drag queen preferita...). C'è musica da discoteca nel jukebox, birra polacca e cèca in frigo e abbastanza facce sorridenti da assicurare una buona serata.

ROLLBERG BRAUEREI BIRRIFICIO

Cartina p372 (www.rollberger.de; Werbellinstrasse 50; ⊙dalle 17 gio-dom; Ⓤ Rathaus Neukölln, Boddinstrasse) Il birrificio privato Rollberg Brauerei, che occupa un piccola parte dell'enorme ex fabbrica di birra della Kindl, richiama gli amanti delle birre più particolari per un bicchiere di deliziosa helles (chiara), rotes (rossa) o Hefe (birra di frumento). Per ora la loro birra viene venduta in pochi posti in città, ma il posto migliore per assaggiarla è proprio la mescita in loco senza troppe pretese. Girate a destra quando entrate nel complesso da Werbellinstrasse.

🍺 Schlesisches Tor e la Sprea

CLUB DER VISIONÄRE BAR, CLUB

Cartina p372 (☎6951 8942; www.clubdervisionaere.com; Am Flutgraben 1; ⊙dalle 14 lun-ven, dalle 12 sab e dom; Ⓤ Schlesisches Tor, Ⓢ Treptower Park) Questo ritrovo estivo dove rilassarsi e divertirsi, in una vecchia rimessa per barche a lato del canale, è il posto giusto per una birra fresca, una pizza croccante e ottima musica elettronica e l'entrata costa raramente più di €3. Riposatevi sotto i salici piangenti o scovate un posticino al piano superiore. Durante i weekend la folla notturna di festaioli praticamente lo invade 24 ore su 24. I bagni sono terribili.

WATERGATE CLUB

Cartina p372 (☎6128 0394; www.water-gate.de; Falckensteinstrasse 49a; ⊙dalle 23 ven e sab; Ⓤ Schlesisches Tor) Per notare il breve passaggio dalla notte al giorno venite in una delle più note discoteche della città che ha sede lungo il fiume, due piani di piste da ballo, finestre panoramiche e una terrazza galleggiante che guarda l'Oberbaumbrücke e la Universal Music. I migliori DJ intrattengono hipster affamati di elettronica fino a molto dopo il sorgere del sole. Durante il fine settimana aspettatevi lunghe code e spietata selezione all'ingresso.

KATER HOLZIG CLUB

Cartina p372 (www.katerholzig.de; Michaelkirchstrasse 23; ⊙in genere gio-sab; Ⓤ Heinrich-Heine-Strasse) Questo 'cattivo gattino' si è ben sistemato in uno spazio surreale in riva al fiume, intorno a una ex fabbrica di sapone ricoperta di graffiti. I party spesso durano anche 72 ore, ma ci sono anche eventi meno impegnativi nel programma, come letture, spettacoli teatrali, concerti o proiezioni cinematografiche, solitamente tutto con un tocco perfido. Riposatevi nel fresco bar al piano superiore, sulla terrazza di legno o in spiaggia vicino al falò. Severa selezione all'ingresso.

SEX & THE CITY

Lo spirito decadente degli anni della repubblica di Weimar è ancora vivo e vegeto in questa città da tempo nota per le sue tendenze libertine. I locali di sesso esplicito sono più diffusi tra la comunità gay (come Lab.Oratory, p181), mentre posti come Insomnia e il KitKatClub consentono a etero, lesbogay, bi-curiosi e polisessuali di vivere le loro fantasie in un ambiente pubblico sicuro. Sorprendentemente, non c'è nulla di sordido in questo, ma dovete lasciare fuori dal locale le vostre inibizioni – e la maggior parte dei vostri vestiti. Se lo stile feticista non fa per voi, indossate qualcosa di sexy e di appariscente; in genere agli uomini basta indossare pantaloni aderenti e una camicia aperta (o addirittura nessuna). Nessun vestito normale, nessun bianco abbagliante. Come ovunque, le coppie o i gruppi di sole donne entrano più facilmente degli uomini. E non dimenticate le opportune precauzioni del caso.

Insomnia (www.insomnia-berlin.de; Alt-Tempelhof 17-19; U Alt-Tempelhof) Questa sala da ballo dell'Ottocento è stata reinventata come un luogo per scatenare le passioni. Oltre alla pista da ballo e al porno di Andrew Blake su grandi schermi, ci sono spettacoli e diversi angoli del piacere, tra cui una vasca idromassaggio, una sedia da ginecologo e una sala bondage. Il Circus Bizarre del sabato va bene per chi viene la prima volta; le serate a tema esplicitamente sessuali durante la settimana sono riservate a iniziati; molte richiedono una registrazione. Consultate il sito per i dettagli. Il club è sulla destra appena uscite dalla stazione della U-Bahn Alt-Tempelhof.

KitKatClub (cartina p372; www.kitkatclub.de; Köpenicker Strasse 76, entrata da Brückenstrasse; ven-dom; U Heinrich-Heine-Strasse) Il locale della 'gattina' è indecente e sexy, volgare e decadente, ascolta musica techno e house e predilige pelle e lattice, vinili e fruste. Si nasconde al Sage Club con le sue quattro piste da ballo, piscine scintillanti e un dragone sputa-fuoco. Nei weekend, la festa non si ferma mai: comincia il sabato con il classico Carneball Bizarre e va avanti fino a metà mattina di lunedì. Il 'dress code' cambia a seconda dell'occasione: di solito è una combinazione di feticismo, pelle, uniforms, lattice, costumi, abiti neri da punk, vestiti da sera, sete, lustrini o stravaganti espressioni di gusti personali. Solo la domenica non è richiesto.

Club Culture Houze (cartina p372; 6170 9669; www.club-culture-houze.de; Görlitzer Strasse 71; mer-lun; U Görlitzer Bahnhof) Anche se i gay sono la maggioranza, feticisti di tutte le inclinazioni che vogliono passare all'azione sono i benvenuti in questo campo di sperimentazione sessuale avanzata il mercoledì, giovedì e sabato. Dominano le perversioni erotiche.

MADAME CLAUDE — PUB
Cartina p372 (Lübbener Strasse 19; dalle 19; U Schlesisches Tor) La forza di gravità è letteralmente sottosopra in questo locale stile David Lynch, dove i mobili pendono dal soffitto e le modanature sono sul pavimento. Non preoccupatevi, comunque: ci sono soffici divani dove sedersi con gli amici per chiacchierare, nonché eventi quasi tutti i giorni alle 21, come la eXperimondays, o come il quiz musicale del mercoledì e la serata open-mike di domenica. Il nome ricorda una famosa prostituta francese: molto adatto, visto che un tempo qui si trovava un bordello.

SAN REMO UPFLAMÖR — PUB
Cartina p372 (7407 3088; Falckensteinstrasse 46; dalle 10; U Schlesisches Tor) Riunite la banda in questo locale senza pretese prima di andare un paio di porte più in là nei famosi locali notturni e sale da concerti della zona. Se la clientela rilassata, i camerieri simpatici, il DJ set e birra fresca non vi rendono dell'umore di festeggiare, cosa ci riuscirà? Il nome singolare, tra parentesi, si riferisce proprio alla città di San Remo, associata ironicamente all'altra rinomata località, la linda Upflamör nel sud della Germania. Durante il giorno si può venire per un caffè e una fetta di torta.

☆ DIVERTIMENTI

MAGNET CLUB — MUSICA LIVE
Cartina p372 (www.magnet-club.de; Falckensteinstrasse 48; U Schlesisches Tor) Questo baluardo della musica alternativa e indipendente è famoso per i suoi talent scout che dimostrano

un'abilità strabiliante nello scoprire nuove star emergenti. Dopo l'ultimo accordo live, la clientela composta per lo più da studenti si riversa in pista per ballare al ritmo di Britpop, indietronics, neodisco, rock e punk, a seconda della serata.

LIDO — MUSICA LIVE
Cartina p372 (6956 6840; www.lido-berlin.de; Cuvrystrasse 7; Schlesisches Tor) Un cinema degli anni '50 è stato riciclato in una mecca per la musica rock, indie ed elettropop, con un pogo incandescente e un pubblico a cui interessa di più la musica piuttosto che vestirsi bene. DJ famosi e performance di musicisti emergenti di talento riempiono questo posto di appassionati. Una volta al mese si svolgono le leggendarie serate Balkanbeats.

SO36 — CLUB
Cartina p372 (www.so36.de; Oranienstrasse 190; quasi tutte le sere; Kottbusser Tor) I Dead Kennedys e Die Toten Hosen si sono esibiti in questo locale gestito da un'associazione, quando molti degli attuali clienti avevano ancora il pannolino. Il pubblico cambia a seconda della serata: un party di elettronica, un concerto punk, un evento pomeridiano a tema lesbogay, un mercatino delle pulci notturno, tutto è possibile in questo vecchio epicentro della scena alternativa di Kreuzberg.

WILD AT HEART — CLUB
Cartina p372 (611 9231; www.wildatheartberlin.de; Wiener Strasse 20; Görlitzer Bahnhof) Questo locale tra il kitsch e il cool che prende il nome dal road movie di David Lynch ha pareti rosso sangue, divinità polinesiane e cianfrusaglie di Elvis e martella le orecchie con punk, rock, ska, surf-rock e rockabilly. Gruppi in tournée, inclusi grandi nomi come Girlschool e Dick Dale, si esibiscono ogni sera. Il rumore è davvero, DAVVERO assordante, quindi se le vostre orecchie hanno bisogno di una pausa, andate nel ristorante in stile hawaiano a fianco.

ENGLISH THEATRE BERLIN — TEATRO
Cartina p370 (691 1211; www.etberlin.de; Fidicinstrasse 40; Platz der Luftbrücke) Il teatro in lingua inglese della città ha portato in scena Pinter, Williams e Beckett per oltre vent'anni. Ogni hanno presenta cinque nuovi spettacoli, soprattutto classici dell'epoca moderna, ma ogni tanto c'è nel mix anche un pezzo nuovo scritto da un drammaturgo emergente. Compagnie teatrali in tournée aggiungono un po' di vivacità al programma. Tutti gli attori sono madrelingua inglese.

YORCKSCHLÖSSCHEN — MUSICA LIVE
Cartina p370 (215 8070; www.yorckschloesschen.de; Yorckstrasse 15; 17-3 lun-sab, dalle 10 dom; Mehringdamm) Accogliente e piena di cianfrusaglie, questa istituzione di proprietà di Olaf Dähmlows è in attività sin dal 1885 e da oltre 30 anni continua a fornire musica e superalcolici a una clientela di amanti del jazz e del blues di tutte le età e provenienza. Ci sono concerti più volte la settimana, ma anche un tavolo da biliardo, un giardino per rilassarsi, birra fresca alla spina e piatti della cucina tipica tedesca serviti fino all'una di notte.

HEBBEL AM UFER — TEATRO
Cartina p370 (HAU; 2590 0427; www.hebbel-am-ufer.de) Un branco di pit bull si muove tra le poltrone. Il pubblico viene radunato sul palcoscenico. Un mondo al contrario? No, solo un'altra performance allo Hebbel am Ufer, uno dei teatri alternativi più avventurosi, innovativi e d'avanguardia della Germania. Gli spettacoli possono essere, come dire, impegnativi. Le performance hanno luogo in una delle tre sedi: **Hau 1** (Stresemannstr 29; Möckernbrücke, Hallesches Tor), **Hau 2** (cartina p370; Hallesches Ufer 32; Möckernbrücke, Hallesches Tor) e **Hau 3** (cartina p370; Tempelhofer Ufer 10; Möckernbrücke, Hallesches Tor).

NEUKÖLLNER OPER — OPERA, MUSICAL
Cartina p372 (688 9070; www.neukoellneroper.de; Karl-Marx-Strasse 131-133, Neukölln Nord; Karl-Marx-Strasse) Non è di certo il teatro dell'opera di classe a cui siete abituati: questa sala da ballo del periodo pre-bellico a Neukölln è stata risistemata e oggi ospita un cartellone impegnato di produzioni anti-establishment che va da un teatro musicale intelligente a produzioni originali, a interpretazioni sperimentali di opere classiche. Molte produzioni si basano su tematiche contemporanee o su argomenti rilevanti per Berlino.

FESTSAAL KREUZBERG — MUSICA LIVE
Cartina p372 (6165 6003; www.festsaal-kreuzberg.de; Skalitzer Strasse 130, SO36; dalle 20 quasi tutte le sere; Kottbusser Tor) Questa ex sala da ballo per matrimoni turchi sta diventando sempre più importante per la musica internazionale, con almeno un concerto imperdibile a settimana. Il sound è buono e i prezzi moderati, solo l'aerazione potrebbe essere

migliore. Cercate un posto sulla balconata per vedere dall'alto cosa succede sul palcoscenico. Serate, letture pubbliche e performance completano il programma musicale.

🛍 SHOPPING

Come prevedibile, Kreuzberg ha un panorama dello shopping piuttosto eclettico. Bergmannstrasse, nella parte occidentale, e Oranienstrasse offrono un divertente insieme di negozi di abiti vintage, streetwear di grandi marche, abbigliamento da sera, musica e accessori. La vicina Kottbusser Damm è quasi completamente in mano turca, con negozi che vendono di tutto, da fluttuanti abiti da sposa a narghilè, tè e spezie esotiche. Il martedì e il venerdì il Türkenmarkt (mercato turco) richiama gente dai quartieri vicini per i prodotti freschi a buon prezzo.

MARHEINEKE MARKTHALLE   MERCATO ALIMENTARE
Cartina p370 (www.meine-markthalle.de; Marheinekeplatz; ⊙8-20 lun-ven, 8-18 sab; ⓤGneisenaustrasse) Dopo un esteso lavoro di restauri, questo storico mercato coperto ha abbandonato il suo ottocentesco fascino decadente e ha abbracciato uno stile più leggero e moderno. Le sue corsie sono piene di venditori che offrono insistentemente qualunque tipo di merce, da salsicce biologiche al formaggio fatto in casa, dal miele artigianale ad altre deliziose leccornie sia locali sia internazionali. Se sentite i morsi della fame troverete anche chioschi per uno spuntino.

MARKTHALLE IX   MERCATO ALIMENTARE
Cartina p372 (☏577 094 661; www.markthalle9.de; Eisenbahnstrasse 42/43; ⊙12-19 ven, 9-16 sab; ⓤSchlesisches Tor) Un gruppo di determinati abitanti del quartiere ha unito le forze per combattere un grande supermercato che voleva impadronirsi di questo mercato coperto del 1891, il cui soffitto è retto da travi di ferro. Invece, loro lo hanno trasformato in un tempio internazionale della gastronomia per produttori locali e regionali. Fate incetta di mele del Brandeburgo, prodotti dai panifici di Neukölln o verdura proveniente da un orto cittadino gestito da una cooperativa.

ANOTHER COUNTRY   LIBRI
Cartina p370 (☏6940 1160; www.anothercountry.de; Riemannstrasse 7; ⊙11-20 lun-ven, 12-16 sab; ⓤGneisenaustrasse) Presieduto dall'eccentrico proprietario, Alan Raphaeline, questo confortevole 'club culturale' un po' trasandato ha una libreria con circa 20.000 libri usati in lingua inglese, dai classici alla fantascienza. La cosa migliore è che potrete rivendere i libri che avete comprato, pagando una quota per il noleggio di €1,50. C'è anche un film club con pellicole inglesi (il martedì alle 20), una serata televisiva (il giovedì alle 20) e una cena (il venerdì alle 21).

SPACE HALL   MUSICA
Cartina p370 (☏694 7664; www.space-hall.de; Zossener Strasse 33; ⊙11-20 lun-mer, 11-22 gio e ven, 11-20 sab; ⓤGneisenaustrasse) Questa galassia per i fanatici della musica elettronica ha ben quattro piani strapieni di qualunque cosa dall'acid alla techno, dalla drum and bass alla neotrance alla dubstep passando per qualunque altro genere desideriate. Purtroppo però non è organizzato molto bene e il personale – se pur molto bene informato – può essere un po' altezzoso, quindi portate pazienza e non avrete problemi.

HERRLICH   ARTICOLI REGALO, SOUVENIR
Cartina p370 (☏6784 5395; www.herrlich-online.de; Bergmannstrasse 2; ⊙10-20 lun-sab; ⓤGneisenaustrasse) La prossima volta che siete alla ricerca di un regalo per 'lui', perlustrate gli scaffali di questo negozio divertente, che offre una gamma di delizie per uomo selezionate con attenzione. C'è di tutto, da sveglie vintage a macchine per espresso futuristiche – c'è persino un bastone da passeggio con annessa fiaschetta nascosta – e non si vedono da nessuna parte calzini e cravatte.

TÜRKENMARKT   MERCATO
Cartina p372 (www.tuerkenmarkt.de; Maybachufer; ⊙11-18.30 mar e ven; ⓤSchönleinstrasse, Kottbusser Tor) Berlino si trasferisce sul Bosforo durante l'animato mercato alimentare sulle rive del canale, dove i turchi della zona fanno la spesa accanto a studenti squattrinati e cuochi dilettanti. Fate il pieno di olive profumate, morbido formaggio spalmabile, grandi pani turchi e montagne di frutta e verdura, tutto a prezzi d'occasione. Prendete le provviste e andate a ovest lungo il canale per cercare un posticino carino dove fare un picnic.

VOO STORE   MODA, ACCESSORI
Cartina p372 (☏6165 1119; www.vooberlin.com; Oranienstrasse 24; ⊙11-20; ⓤKottbusser Tor) Ci vuole coraggio ad aprire un negozio di design nell'ex negozio di un fabbro, in un cortile della grezza Oranienstrasse. Ma anche

Kreuzberg sta cambiando ed è il motivo per cui l'ex organizzatrice di feste Ingrid Junker ha pensato fosse ora di aprire la propria boutique dal sapore post-industriale. Troverete tanta moda all'avanguardia e accessori dei marchi Acne, Henrik Vibskov, Wood Wood, oltre a una decina d'altri.

HARD WAX — MUSICA

Cartina p372 (6113 0111; www.hardwax.com; 3° piano, porta A, 2° cortile, Paul-Lincke-Ufer 44a; 12-20 lun-sab; U Kottbusser Tor) Questo avamposto ben nascosto vende musica elettronica d'avanguardia da ben vent'anni ed è un must per tutti i fan di techno, house, minimal, dubstep e qualunque nuovo suono sia in arrivo.

UVR CONNECTED — MODA

Cartina p372 (6981 4350; www.uvr-connected.de; Oranienstrasse 36; 11-20 lun-sab; U Kottbusser Tor, Moritzplatz) L'enorme spazio è il negozio principale di questo marchio berlinese, ma vende anche un assortimento delle amate marche Bench, Selected, Ben Sherman, Blutsgeschwister e la locale Keregan. Molti anche gli accessori. Ha altre due sedi, una a **Schöneberg** (2196 2284; Goltzstrasse 40a; U Eisenacher Strasse) e una a **Friedrichshain** (cartina p376; 2757 1498; Gärtnerstrasse 5; U Samariterstrasse).

UKO FASHION — MODA

Cartina p372 (693 8116; www.uko-fashion.de; Oranienstrasse 201; 11-20 lun-ven, 11-16 sab; U Görlitzer Bahnhof) Alta qualità e prezzi bassi è la formula magica che ha fatto guadagnare una clientela fedele a questo negozio ordinato. È una vera miniera d'oro per le ultimissime creazioni alla moda di Pussy Deluxe e Muchacha, o per vestiti usati di Esprit o Zappa e un campionario di articoli degli amati marchi Vero Moda, only e boyco.

KILLERBEAST — MODA

Cartina p372 (9926 0319; www.killerbeast.de; Schlesische Strasse 31; 15-20 lun, 13-20 mar-ven, 13-17 sab; U Schlesisches Tor) 'Sopprimere l'uniformità' è il motto di questo negozio dove Claudia e le sue colleghe realizzano nel retro nuovi vestiti a partire da vecchi indumenti. Non ci sono due pezzi uguali e i prezzi sono decisamente ragionevoli; c'è persino una linea per bambini.

OVERKILL — STREETWEAR

Cartina p372 (6107 6633; www.overkill.de; Köpenicker Strasse 195a; 11-20; U Schlesisches Tor) Cominciò come una rivista sui graffiti nel 1992 ed è diventato uno degli indirizzi top in Germania per streetwear e sneaker. Ammirate l'intera parete di scarpe in edizione limitata di Onitsuka Tiger, Converse e Asics (tra cui anche una linea vegana), nonché etichette straniere di culto come Stüssy, KidRobot, Cake, MHI e molti altri marchi famosi.

MOTTO — LIBRI

Cartina p372 (7544 2119; www.mottodistribution.com; Skalitzer Strasse 68; 12-20 lun-sab; U Schlesisches Tor) Imbarcatevi in un viaggio alla scoperta di questo tempio della carta stampata deliziosamente disordinato. Motto vende centinaia di riviste internazionali che non troverete in nessun'altra edicola e libri di editori indipendenti, come Afterall e Zoetrope, che non compariranno mai sugli scaffali delle librerie più commerciali. È il posto ideale dove sfogliare libri per ore. Si entra dal cortile.

SING BLACKBIRD — VINTAGE

Cartina p372 (5484 5051; www.singblackbird.com; Sanderstrasse 11, Northern Neukölln; U Schönleinstrasse) È un negozio? O è un caffè? In effetti questo 'merlo' incanta gli amanti del vintage *e* delle fantastiche torte fatte in casa e del caffè tostato localmente. Passate in rassegna gli scaffali, con i vestiti divisi ordinatamente per colore (tra cui pezzi di designer famosi) degli anni '70, '80 e '90, e poi gioite dei vostri acquisti di fronte ad una tazza fumante. Il fine settimana offre anche Bloody Mary, bagel e pancake vegani.

NOWKOELLN FLOWMARKT — MERCATO

Cartina p372 (www.nowkoelln.de; Maybachufer; 10-18 1a e 3a dom del mese; U Kottbusser Tor, Schönleinstrasse) Questo mercatino delle pulci che ha luogo due volte al mese lungo il Landwehrkanal offre ottimi e numerosi affari per quanto riguarda oggetti di seconda mano, prodotti artigianali e gioielli.

SAMEHEADS — MODA

Cartina p372 (www.sameheads.com; Richardstrasse 10; 11-tardi; U Karl-Marx-Strasse) Sameheads sono Nathan, Leo e Harry, tre fratelli britannici il cui negozio/caffè/bar/locale notturno/spazio per le feste è un palcoscenico per talenti in erba di ogni sorta. Oltre al fatto che raccoglie marchi di moda alternativi e difficili da trovare, questo posto emana energia alternativa anche per le proiezioni di film particolari, la divertentissima serata quiz, le cene a buffet all-you-can-eat e feste bizzarre.

Friedrichshain

BOXHAGENER PLATZ E DINTORNI | FRIEDRICHSHAIN OVEST

I top 5

1 Confrontarsi con i fantasmi della Guerra Fredda davanti all'opera d'arte più lunga del mondo, l'**East Side Gallery** (p172).

2 Festeggiare tutta la notte in bar scalcagnati e discoteche come **Suicide Circus** (p178) lungo Revaler Strasse.

3 Ammirare la ridondante architettura socialista di **Karl-Marx-Allee** (p174), poi imparare la storia che sta dietro il **Café Sybille** (p175).

4 Fare shopping al **mercatino delle pulci** (p181) della domenica in Boxhagener Platz, seguito da un brunch in un caffè nei pressi.

5 Ripensare alle cose viste e fatte durante la giornata bevendo un cocktail al tramonto in un beach bar lungo il fiume come **Oststrand** (p180).

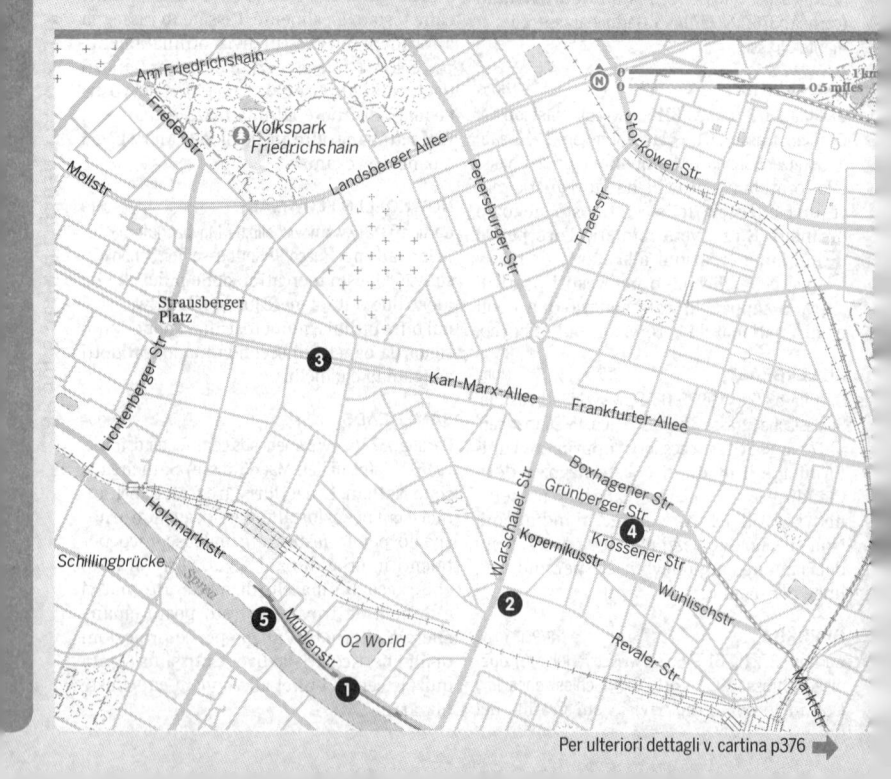

Per ulteriori dettagli v. cartina p376

È vero che la riqualificazione urbanistica è inarrestabile e i prezzi degli affitti tendono a salire, ma per ora Friedrichshain rimane largamente dominio dei giovani e degli spiriti liberi, di studenti, artisti ed eccentrici. Ci sono poche cose rilevanti da vedere, ma la ragnatela di viuzze costeggiate da boutique e caffè, soprattutto nei dintorni di Boxhagener Platz, ripaga ampiamente coloro che si accontentano di passeggiare e di godersi il carattere multiforme del quartiere. Durante il giorno si possono ammirare gli effetti dell'euforia post-riunificazione davanti ai graffiti dell'East Side Gallery o spendere tutto il proprio budget in eleganti boutique, riposarsi nel vasto Volkspark Friedrichshain, sorseggiare una caipirinha in un beach bar lungo il fiume o dilungarsi a pranzo in un confortevole caffè.

Ma è di sera che Friedrichshain dà il meglio di sé. Il quartiere ancora celebra le sue radici underground-punk-squatter nei derelitti avamposti industriali lungo Revaler Strasse e intorno alla stazione della S-Bahn di Ostkreuz. A pochi passi, Simon-Dach-Strasse è una zona dove si incontra un bar a ogni passo e i giovani vengono a bere, ballare e flirtare con tutta l'esuberanza di una mandria di stalloni. E nelle ore piccole molti di loro si sposteranno in uno dei templi della techno che pulsano di energia.

Vita in città

➡ **Mercati delle pulci** Reperti vintage interessanti si trovano in Boxhagener Platz, al RAW Flohmarkt e all'Ostbahnhof (p181).

➡ **Picnic nel parco** Le lunghe serate estive berlinesi sono perfette per rilassarsi al Volkspark Friedrichshain (p173) organizzando una grigliata con gli amici o stappando una birra mentre il sole tramonta.

➡ **Technotown** Partecipate al 'weekend perduto' folleggiando al Berghain/Panorama Bar (p180) o in club meno esaltati – ma altrettanto divertenti – come Suicide Circus (p178) o Salon zur Wilden Renate (p178).

Trasporti

➡ **Autobus** Da Mitte (ad esempio Alexanderplatz) prendete il 200 per il Volkspark Friedrichshain; l'autobus 240 va da Ostbahnhof a Boxhagener Platz.

➡ **S-Bahn** Ostbahnhof è comoda per l'East Side Gallery; Warschauer Strasse e Ostkreuz per Boxhagener Platz e Revaler Strasse. I treni che percorrono il Ring (S41 e S42) fermano a Frankfurter Allee e Ostkreuz.

➡ **Tram** Il tram M10 collega Prenzlauer Berg con Warschauer Strasse; l'M13 va da Warschauer Strasse a Boxhagener Platz.

➡ **U-Bahn** La U1 collega Warschauer Strasse con Kreuzberg, Schöneberg e Charlottenburg; la U5 da Alexanderplatz corre lungo Karl-Marx-Allee e oltre.

Il consiglio Lonely Planet

Scoprite tutti i lati nascosti di Friedrichshain facendo un giro da soli ma seguendo le indicazioni di un'audioguida: è quella di **Stadt im Ohr** (www.stadt-im-ohr.de). Il tour è lungo 2,5 km, costa €9 e comincia al **Café Sybille** (p175).

🍴 I migliori ristoranti

➡ Schneeweiss (p176)
➡ Spätzle & Knödel (p176)
➡ Schwarzer Hahn (p176)
➡ Lemon Leaf (p177)

V. p176 ➡

🍷 I migliori locali

➡ Astro Bar (p179)
➡ Hops & Barley (p178)
➡ Süss War Gestern (p179)
➡ Oststrand (p180)
➡ Aunt Benny (p181)

V. p178 ➡

👁 Dove andare a ballare

➡ Suicide Circus (p178)
➡ Berghain/Panorama Bar (p180)
➡ Salon zur Wilden Renate (p178)
➡ ://about blank (p178)

V. p178 ➡

DA NON PERDERE
EAST SIDE GALLERY

L'anno era il 1989. Dopo 28 anni il Muro di Berlino, quella crudele e grigia parete divisoria tra esseri umani aveva finalmente cessato di esistere. La maggior parte del Muro venne rapidamente smantellata, ma lungo Mühlenstrasse, parallela alla Sprea, ne rimase un tratto lungo 1300 m tra l'Oberbaumbrücke e la Ostbahnhof. Divenne la East Side Gallery, la più lunga collezione di murales all'aperto del mondo. In più di 100 dipinti, decine di artisti di 21 paesi tradussero l'euforia e l'ottimismo del momento in un mix di slogan politici, contemplazioni indotte da stupefacenti e visioni artistiche.

Purtroppo, gli agenti atmosferici, i tagger e i turisti che si ostinano a lasciare la propria firma hanno con il tempo danneggiato la galleria. Nel 2009, quindi, tutto il lungo tratto di muro è stato totalmente rifatto, un processo che è stato accompagnato da molte discussioni, visto che qualche artista considerava l'onorario di €3000 troppo basso. Alla fine, comunque, tutti gli artisti tranne sei acconsentirono a ridipingere la loro opera e oggi è rimasta solo una dozzina di spazi bianchi. Lo spostamento di un tratto di 45 m per far posto a uno spiazzo e a un pontile d'attracco per l'arena di spettacoli O2 World ha sollevato anch'esso non poche critiche.

Per vedere i lavori in stile graffiti, osservate la facciata che guarda il fiume, che è anche quella dove troverete beach bar come Strandgut Berlin (p180). I seguenti sono i cinque dipinti più famosi nell'ordine in cui li incontrate provenendo dal lato della Ostbahnhof:

➡ **Accadde a novembre (Kani Alavi)** Un'ondata di gente si schiaccia in un varco del Muro: con una metafora della rinascita Kani Alavi interpreta gli eventi del 9 novembre. Osservate i volti che esprimono sentimenti diversi, da speranza, gioia ed euforia a disillusione e paura.

➡ **Test the Rest (Birgit Kinder)** Un altro dipinto molto fotografato è quest'opera di Birgit Kinder che raffigura una Trabant (la mitica Trabi dell'era DDR) che apre un varco nel Muro: la targa dell'auto 'NOV•9–89' ricorda il giorno in cui la barriera tra le due Berlino fu abbattuta. In origine si intitolava 'Test the Best', ma l'artista gli ha cambiato nome dopo il restauro del 2009.

➡ **Omaggio alle giovani generazioni (Thierry Noir)** L'artista francese ma residente a Berlino Thierry Noir ha lavorato per Wim Wenders e gli U2, ma è famoso soprattutto per le teste in stile cartoon dipinte all'East Gallery. Naïf, semplici e in colori vivaci, simboleggiano la riconquistata libertà dopo la caduta del Muro.

➡ **Deviazione nel settore giapponese (Thomas Klingenstein)** Nato a Berlino Est, Thomas Klingenstein era un dissidente, incarcerato dalla Stasi prima di essere esiliato in Germania Ovest nel 1980. Questo murales ricorda l'amore di sempre dell'artista per il Giappone (dove andò a vivere dal 1984 alla metà degli anni '90).

➡ **Mio Dio, aiutami a sopravvivere a questo amore nefasto (Dimitry Vrubel)** Il dipinto più noto della East Side Gallery è quello che mostra i due leader Leonid Brezhnev (URSS) e Erich Honecker (DDR) labbra contro labbra, a occhi chiusi: si rifà a una fotografia presa dal giornalista francese Regis Bossu durante la visita di Brezhnev a Berlino nel 1979. Nei paesi socialisti quel tipo di bacio era segno di grande rispetto reciproco.

IN PRIMO PIANO

➡ I cinque dipinti descritti sotto
➡ Un drink al tramonto in un beach bar

DA SAPERE

➡ cartina p376
➡ www.eastsidegallery-berlin.de
➡ Mühlenstrasse tra Oberbaumbrücke e Ostbahnhof
➡ 24 h su 24
➡ Ⓤ Warschauer Strasse, Ⓢ Ostbahnhof, Warschauer Strasse

👁 CHE COSA VEDERE

👁 Boxhagener Platz e dintorni

BOXHAGENER PLATZ   PIAZZA

Cartina p376 (Boxhagener Platz; 🚌240, Ⓤ Samariterstrasse, Warschauer Strasse, ⓈWarschauer Strasse) Boxhagener Platz, il cuore di Friedrichshain, è una deliziosa e verde piazza fornita di panchine e di un parco giochi. A racchiuderla sono palazzi dell'Ottocento ben restaurati che ospitano caffè dall'atmosfera bohemienne e boutique retrò-chic. La zona è particolarmente frequentata di sabato per il mercato dei contadini e la domenica, quando il mercatino delle pulci (p181) attrae gente da tutta la città.

RAW TEMPEL   CENTRO CULTURALE ALTERNATIVO

Cartina p376 (www.raw-tempel.de; Revaler Strasse; ⓊWarschauer Strasse, ⓈWarschauer Strasse, Ostkreuz) Questo ammasso di edifici fatiscenti sulla Revaler Strasse faceva parte una volta di una stazione di riparazione dei treni, fondata nel 1867 con il nome di 'Reichsbahn-Ausbesserungs-Werk' (abbreviata RAW) e rimasta operante fino al 1994. Dal 1999 il vasto complesso è un vivace polo socio-culturale alternativo, che offre spazi da lavoro per talenti creativi di ogni tipo, oltre ad ospitare molti locali notturni, una skate hall e una parete da arrampicata estiva, un cinema all'aperto, un Biergarten e un mercatino delle pulci domenicale (p181).

👁 DA NON PERDERE
VOLKSPARK FRIEDRICHSHAIN

Il parco pubblico più antico di Berlino sin dal 1840 offre angoli nascosti di relax nella natura, ma solo dopo la seconda guerra mondiale ha avuto le sue due colline, che sono in effetti cumuli di detriti di case bombardate posati sopra due torrette dell'antiaerea demolite; la più alta (78 m) è soprannominata **Mont Klamott** (cartina p376). Tra i divertimenti ampi prati dove oziare, campi da tennis, una half-pipe per gli skater, un paio di Biergarten in una piacevole collocazione e un cinema all'aperto.

Avete bambini piccoli? Ci sono creative aree gioco a tema e l'incantevole **Märchenbrunnen** (cartina p376), la fontana delle fiabe dove dal 1913 tartarughe e rane sguazzano in vasche d'acqua terrazzate insieme a Cenerentola, Biancaneve e altri personaggi delle fiabe dei fratelli Grimm.

Se avete il cuore tenero nei confronti dei combattenti per la libertà, visitate i monumenti commemorativi di epoca comunista. Lungo Friedenstrasse il **Denkmal der Spanienkämpfer** (cartina p376), monumento commemorativo dei combattenti in Spagna, ricorda i tedeschi (molti dei quali comunisti) che nelle Brigate Internazionali persero la vita combattendo il fascismo nella guerra civile spagnola (1936-9). Nei pressi di Landsberger Allee si trova il **Friedhof der Märzgefallenen** (cartina p376; www.friedhof-der-maerzgefallenen.de; all'angolo tra Ernst-Zinna-Weg e Landsberger Allee; ⏱mostra 10-18), un cimitero dove riposano i resti delle 183 vittime dei moti rivoluzionari del marzo del 1848, con una nuova mostra posta dentro un container. Infine, nell'angolo nord-orientale il **Deutsch-Polnisches Ehrenmal** (cartina p376) rende onore alla battaglia comune dei soldati polacchi e dei partigiani tedeschi contro i nazisti.

IN PRIMO PIANO

➡ Märchenbrunnen
➡ Picnic al Mont Klamott
➡ Bibite e snack al Café Schönbrunn (p178)

DA SAPERE

➡ cartina p376
➡ delimitato da Am Friedrichshain, Friedenstrasse, Danziger Strasse e Landsberger Allee
➡ 🚌200, ⓊSchillingstrasse, 🚊M5, M6, M8 e M10

VALE UNA DEVIAZIONE

I SITI DI BERLINO EST PER CONOSCERE LA STASI

Nella Germania dell'Est i muri avevano orecchie. Organizzato sul modello del KGB sovietico, il Ministerium für Staatssicherheit (Ministero della Sicurezza di Stato, 'Stasi') fu fondato nel 1950. Era allo stesso tempo polizia segreta, agenzia centrale di spionaggio e ufficio investigativo contro il crimine. Chiamata 'lo scudo e la spada' del SED, il partito unico che governava il paese, mise sotto sorveglianza milioni di cittadini per riuscire a reprimere ogni opposizione interna. La Stasi si ingrandì e divenne sempre più potente nel corso dei quattro decenni della sua esistenza e alla fine dava lavoro a tempo pieno ufficialmente a 91.000 dipendenti e a 189.000 IM (*inoffizielle Mitarbeiter*, informatori non ufficiali) reclutati tra la gente comune al fine di spiare e compiere delazioni ai danni di compagni di lavoro, amici, familiari e vicini di casa. C'erano persino 3000 informatori in Germania Ovest.

Quando il Muro crollò, anche la Stasi crollò. Migliaia di cittadini ne assaltarono il quartier generale nel gennaio del 1990, impedendo che venisse distrutta la documentazione che provava la portata di questo controllo istituzionalizzato e la repressione operata attraverso le intercettazioni telefoniche, le riprese video, la violazione della corrispondenza privata e altri metodi. Gli ingegnosi apparecchi di controllo molto poco tecnologici (nascosti in annaffiatoi, sassi, addirittura cravatte) sono tra i più intriganti cimeli della Stasi in mostra nello **Stasimuseum** (✆553 6854; www.stasimuseum.de; Haus 1, Ruschestrasse 103; interi/ridotti €5/4; ⏱11-18 lun-ven, 12-18 sab e dom; Ⓤ Magdalenenstrasse), che oggi occupa diversi piani della sede del ministero, simile a una fortezza. All'apice della sua attività, erano più di 8000 gli impiegati che lavoravano nell'edificio del ministero; il modello in scala nel foyer all'entrata vi aiuterà a percepirne le dimensioni.

Un altro pezzo forte del museo è la 'tana del leone', gli uffici e le stanze private, ossessivamente puliti e funzionali, di Erich Mielke, capo assoluto della Stasi per 32 anni, dal 1957 fino all'amara fine nel 1989. Altre sale illustrano l'ideologia, i rituali sociali e le istituzioni della DDR, tra cui un approfondimento sul partito unico, la SED, e il ruolo dell'organizzazione giovanile *Junge Pioniere*. I testi esplicativi sono in parte anche in inglese.

Non c'è bisogno di parole per descrivere a cosa serviva il camioncino esposto nel foyer. Attrezzato con cinque minuscole celle senza luce era utilizzato per trasportare i

◎ Friedrichshain ovest

EAST SIDE GALLERY SITO STORICO
V. p172.

KARL-MARX-ALLEE STRADA
Cartina p376 (ⓊStrausberger Platz, Weberwiese, Frankfurter Tor) È facile sentirsi come Gulliver nella terra dei giganti quando si passeggia lungo la monumentale Karl-Marx-Allee, uno dei lasciti più impressionanti di Berlino Est. Costruito tra il 1952 e il 1960, largo 90 m è lungo 2,3 km, questo viale che va da Alexanderplatz a Frankfurter Tor è una meravigliosa vetrina dell'architettura della Germania Est. All'epoca era motivo d'orgoglio per tutta la nazione e dotò migliaia di persone di un appartamento moderno, oltre a servire da scenario per le parate militari.

Fino all'inizio degli anni '70 questo viale era il corrispettivo orientale del Ku'damm, con una lunga fila di negozi, bar, ristoranti e con l'incantevole Kino Kosmos. Abitare qui era un privilegio e per lungo tempo, infatti, detenne il primato per gli standard abitativi di tutta la Germania Est. Gli appartamenti erano dotati di comodità e lussi come riscaldamento centralizzato, ascensori, bagni piastrellati e cucine componibili; le facciate erano rivestite con piastrelle di Meissen.

Alcuni dei migliori architetti tedesco-orientali dell'epoca (Hartmann, Henselmann, Hopp, Leucht, Paulick e Souradny) collaborarono alla costruzione della Karl-Marx-Allee e volsero lo sguardo a Mosca nel cercare l'ispirazione. Qui Stalin incoraggiava uno stile architettonico che era essenzialmente una reinterpretazione in chiave socialista del caro e vecchio stile neoclassico. Nella Berlino Est venne scelto come 'padrino di stile' l'architetto prussiano Karl Friedrich Schinkel, mentre l'Ovest abbracciava l'estetica modernista e squadrata di Walter Gropius.

La Karl-Marx-Allee, che è oggi un monumento storico sotto vincolo di tutela, sta vivendo un piccolo rinascimento, con bar ed esercizi commerciali che infondono di nuovo un po' di vita in questo enorme canyon di cemento. Ciononostante, è interessante sospetti alla **prigione della Stasi** (✆9860 8230; www.stiftung-hsh.de; Genslerstrasse 66; tour interi/ridotti €5/2,50; ⊙tour ogni ora 11-15 lun-ven, 10-16 sab e dom, tour in inglese tutti i giorni alle 14.30; ⛵M5 fino a Freienwalder Strasse, poi 1 km a piedi per Freienwalder Strasse), a pochi chilometri dal ministero. Anch'essa è oggi un sito commemorativo – chiamato Gedenkstätte Hohenschönhausen – ed è, se possibile, ancora più inquietante del museo della Stasi.

Le visite guidate, a volte condotte da ex prigionieri, rivelano in tutta la sua portata l'indicibile grado di terrore e le crudeltà perpetrate su migliaia di persone, molte delle quali completamente innocenti. Se avete visto il film *Le vite degli altri*, che ha vinto l'Oscar per il miglior film straniero, riconoscerete molte delle location.

Le vecchie cartine di Berlino Est mostravano uno spazio bianco in corrispondenza della sua reale collocazione: ufficialmente questa prigione non esisteva. In realtà, il complesso ebbe tre diverse fasi di vita: subito dopo la guerra i sovietici usarono questo posto per sottoporre a processo i prigionieri (molti erano nazisti, altri sospettati di esserlo) destinati al gulag. Oltre 3000 persone internate qui morirono (per lo più di freddo) prima dell'intervento degli Alleati nell'ottobre del 1946.

I sovietici ne fecero poi una prigione istituzionale, tristemente nota soprattutto per il suo 'U-Boat', un braccio di celle sotterranee umide e senza finestre in cui erano presenti solo una panca di legno e un secchio. I prigionieri erano sottoposti a lunghissimi interrogatori, venivano percossi, privati del sonno e torturati con l'acqua. *Tutti* firmavano una confessione, prima o poi.

Nel 1951 i sovietici consegnarono la prigione alla DDR, che adottò di buon grado i metodi dei suoi mentori. I sospetti nemici del regime, compresi coloro che parteciparono alla sollevazione operaia del 1953, vennero rinchiusi nell'U-Boat finché verso la fine degli anni '50 non venne costruito un nuovo e più grande blocco di celle, con l'utilizzo di manodopera forzata. La tortura psicologica sostituì quella fisica: i prigionieri non avevano idea di dove si trovassero e vivevano in totale isolamento e deprivazione sensoriale. Solo il crollo della DDR nel 1989 pose fine a questo orrore.

---

per i turisti soprattutto per il fatto di essere un'eccezionale vetrina architettonica.

FREE CAFÉ SYBILLE SITO STORICO
Cartina p376 (✆2935 2203; www.karlmarxallee.eu; Karl-Marx-Allee 72; ingresso gratuito mostra, terrazzo panoramico 1-5 persone €15, persona in più €3; ⊙10-20 lun-ven, 12-20 sab e dom; Ⓤ Weberwiese, Strausberger Platz) L'odierno Café Sybille è vecchio quanto la stessa Karl-Marx-Allee ed era uno dei caffè più famosi della Berlino Est. Il locale, che ancora possiede intatto il fascino anni '60 stile DDR, è l'ideale per un'elegante pausa caffè e ospita una piccola mostra sugli eventi più significativi della storia della Karl-Marx-Allee, dagli inizi ai giorni nostri. Telefonate in anticipo se volete avere accesso alla terrazza sul tetto, da cui si gode una bella vista sul viale.

La mostra presenta anche i ritratti e le biografie degli architetti della Karl-Marx-Allee, oltre a poster, giocattoli e altri oggetti dell'epoca socialista. C'è addirittura un pezzo dei baffi della statua di Stalin che si trovava lì vicino e venne abbattuta nel 1961. Potrete anche prenotare una visita guidata della Karl-Marx-Allee o comprare una piccola guida (€5) per saperne di più.

COMPUTERSPIELEMUSEUM MUSEO
Cartina p376 (✆6098 8577; www.computerspielemuseum.de; Karl-Marx-Allee 93a; interi/ridotti €8/5; ⊙10-20 mer-lun, mar chiuso; Ⓤ Weberwiese) Non importa se siete cresciuti giocando a PacMan o World of Warcraft o senza alcun videogioco, questo museo molto ben congegnato vi condurrà in un fantastico viaggio lungo la storia dei giochi per computer, mostrandovi anche il contesto storico e culturale in cui hanno avuto luogo le maggiori innovazioni del settore. Il museo, colorato e appassionante, offre numerose postazioni interattive oltre a centinaia di pezzi storici originali, tra i quali un raro videogioco PONG, risalente al 1972, e la sua strana cugina moderna, la 'PainStation' (vietata ai minorenni).

Parte dell'allestimento museale è anche la **Wall of Hardware**, una specie di galleria che presenta 50 console e computer dal 1971 al

2001. Mentre la **Games Meilensteine**, che tratta le pietre miliari dei videogiochi, fornisce informazioni tecniche su una decina di videogames famosi come SimCity e Tomb Raider. Altre parti della mostra spiegano come i videogiochi vengono disegnati o come riescano a trasportare i giocatori in un mondo virtuale grazie ai suoni, alla musica e agli effetti 3D. Ma in caso temiate che tutto qui sia solo giochi e divertimento, non preoccupatevi: c'è anche una sezione del museo che tratta gli aspetti più problematici di questo mezzo, come la violenza e la dipendenza che crea.

FREE **SAMMLUNG HAUBROK** GALLERIA D'ARTE
Cartina p376 (0172-210 9525; www.sammlunghaubrok.de; Strausberger Platz 19; 12-18 sab e su appuntamento; Strausberger Platz) Il suo primo acquisto fu un dipinto di Raoul de Keyser nel 1988. Da allora il consulente d'investimenti Axel Haubrok ha ammassato centinaia di opere d'arte contemporanea, molte delle quali di grandi artisti concettuali come Jonathan Monk, Christopher Williams e Martin Boyce. Alcune selezioni della collezione vengono mostrate al pubblico in quattro mostre all'anno, al secondo piano nella torre Henselmann dell'epoca della Germania Est, sulla Karl-Marx-Allee.

OBERBAUMBRÜCKE PONTE
Cartina p376 (Oberbaumstrasse; Schlesisches Tor, Warschauer Strasse, Warschauer Strasse) L'Oberbaumbrücke (1896), che collega sul fiume Sprea Kreuzberg a Friedrichshain, merita un cenno perché è il ponte più bello di Berlino. Con le sue torri e torrette spavalde, le pareti merlate e il marciapiede coperto a portici, sembra uscito da una fiaba, oltre a giocare un ruolo fondamentale nel film *Lola corre*. Da qui si ha una fantastica vista dello skyline di Mitte.

Se volgete lo sguardo verso sud, vedrete il quartier generale della Universal Music HQ, la sede di MTV Europe e l'hotel nHow, con la sua stravagante architettura. Dal lato di Kreuzberg si trovano la discoteca Watergate, la Badeschiff e in lontananza la gigantesca scultura in alluminio intitolata **Molecule Man** (Cartina p372) dell'artista americano Jonathan Borofsky. Situata proprio in mezzo al fiume, mostra tre corpi che si abbracciano ed è pensata come un simbolo dell'unione dei tre quartieri di Kreuzberg, Friedrichshain e Treptow attraverso quello che era il confine, delimitato dal fiume.

PASTI

Boxhagener Platz e dintorni

SPÄTZLE & KNÖDEL TEDESCO €€
Cartina p376 (27571151; Wühlischstrasse 20; portate principali €8-15; cena; Samariterstrasse) Questo gastropub molto alla buona è il posto ideale dove gustare buoni piatti della cucina tedesca meridionale in porzioni generose, come maiale arrosto, goulasch e, ovviamente, i famosi *Spätzle* (gnocchetti di farina ai formaggi) e *Knödel* (canederli). Controllate la lavagna per le specialità di stagione, come il goulasch di carne di cervo o lo stufato di cinghiale. In più serve birre come Augustiner, Riegele e Unertl alla spina.

SCHWARZER HAHN TEDESCO €€€
Cartina p376 (2197 0371; www.schwarzerhahn-heimatkueche.de; Seumestrasse 23; portate principali €14-21; pranzo lun-ven, cena lun-sab; Samariterstrasse, M13, Ostkreuz, Warschauer Strasse) Il menu limitato di questo delizioso bistrò stile slow food prepara piatti tedeschi della tradizione regionale con un elegante tocco di modernità. Il servizio è impeccabile e anche i vini sono favolosi. Il pranzo di due portate ha un eccellente rapporto qualità-prezzo e costa solo €6,50. Per la cena è meglio prenotare un posto alla lunga tavolata comune in legno o in uno dei pochi tavoli singoli.

SCHNEEWEISS TEDESCO €€
Cartina p376 (2904 9704; www.schneeweiss-berlin.de; Simplonstrasse 16; portate principali €10-20; cena tutti i giorni, brunch 10-16 sab e dom; Warschauer Strasse) L'arredamento tutto bianco, dalla fredda eleganza, con i lampadari che sembrano di ghiaccio e per questo saltano all'occhio, dovrebbe già indicarvi che 'Biancaneve' non è una trattoria da studenti. Il menù si ispira alle Alpi e propone piatti che vanno dalle classiche bistecche alla milanese agli *Spätzle* fino a terre più inesplorate come le guancette di bue brasate o il petto d'anatra alle more. Il brunch del fine settimana è un eterno successone.

TRANSIT ASIATICO €
Cartina p376 (2694 8415; www.transit-restaurants.com; Sonntagstrasse 28; piatti €3; 12-24; Ostkreuz) Sedete sotto le colorate gabbie da uccelli in questo amato ristorante thailandese e indonesiano e ordinate uno dei piatti dai nomi provocatori facendo un

segno sul menu a blocco per appunti. C'è ampia scelta – dall'insalata di papaya alla zuppa piccante di salmone – ma la qualità non è sempre costante. Per saziarvi saranno necessari tre o quattro piatti. Hanno anche un'altra filiale (p141) a Mitte.

SCHALANDER — TEDESCO €€
Cartina p376 (8961 7073; www.schalander-berlin.de; Bänschstrasse 91; snack €3,50-10, portate principali €8-14; 16-1 lun-ven, 12-1 sab e dom; Samariterstrasse, Frankfurter Allee) Guardate cosa accade intorno a voi nel riflesso sui fusti in acciaio lucidissimi da cui sgorgano corpose Pilsner, Dunkel e Weizen in questo gastropub, ben lontano dai soliti percorsi turistici. Il menù è pieno di piatti della cucina tedesca meridionale, oltre ad offrire *Flammkuchen* (pizze alsaziane). Finite in bellezza con la crema di cioccolato fatta in casa e conservata in un barattolo vecchio stile.

LEMON LEAF — ASIATICO €
Cartina p376 (2900 9471; Grünberger Strasse 69; portate principali €5-9; 12-24; Frankfurter Tor) Economico e allegro, questo posto è sempre pieno di hipster del posto, e non hanno tutti i torti: il menù indocinese, leggero e fresco, non ne sbaglia una. La carta con pochi piatti è affiancata da specialità del giorno e il mango lassi della casa è da urlo.

KATER MIKESCH — BOEMO €€
Cartina p376 (0151 1579 7733; www.kater-mikesch.com; Proskauer Strasse 13; portate principali €8-14; 16-tardi lun-ven, 11-tardi sab e dom; Samariterstrasse) Anche se la Repubblica Ceca è piuttosto vicina c'è carenza di buoni ristoranti boemi a Berlino, quindi Kater Mikesch riempie un grande vuoto. E lo fa bene e con porzioni generose. Infatti, i piatti di goulasch piccante o di pollo alla paprika sono enormi e avrete difficoltà a lasciare un posticino per i deliziosi ravioli dolci con salsa di vaniglia. Il locale si guadagna punti extra per aver evitato un arredamento folkloristico e optato, invece, per una soluzione che ricorda una galleria d'arte.

VÖNER — VEGANO €
Cartina p376 (9926 5423; www.voener.de; Boxhagener Strasse 56; piatti €2,50-4; 12-23; Ostkreuz) Holger, il proprietario di questo bizzarro ristorante vegano, viveva una volta in una cosiddetta *Wagenburg*, una comune controtendenza, formata da vecchie roulotte,

SI DICE SUL POSTO

UN GELATO DA SCOPRIRE
C'è il gelato normale e poi c'è **Caramello** (cartina p376; Wühlischstrasse 31; dalle 11; Warschauer Strasse, Frankfurter Tor). Aggregatevi all'inevitabile coda per gustare uno degli oltre 40 gusti da far venire l'acquolina in bocca, dal pistacchio all'arancia amara, tutti fatti in casa da ingredienti biologici. Ci sono anche delle creazioni con latte di soia per i vegani e per gli intolleranti al lattosio. In più vende un caffè forte e altre dolci tentazioni.

furgoni e pulmini. Qualcuno di questi fortini su ruote è ancora lì, ma adesso lui vende i succulenti 'Wagenburger' vegani in questo piccolo buco, con in mostra le locandine delle prossime manifestazioni antifasciste.

Il *'vöner'* che da il nome al locale, un anti-doner kebab fatto di seitan e verdure, è un eterno successo. Il tutto è condito con deliziose salse fatte in casa (la salsa tahini all'aglio è fantastica) e patatine biologiche.

FISCHSCHUPPEN — PESCE €
Cartina p376 (01773278847; Boxhagener Strasse 68; portate principali €7-14; 10-22.30; Ostkreuz) È prevalentemente un negozio, ma questo fornitore di pesce fresco, dentro a un locale grande quanto la cabina di una nave, griglia anche un paio di spigole, del pesce persico, del merluzzo o qualunque altro pesce d'acqua dolce o salata preso in giornata. Per risparmiare potete prendere una porzione di unto fish 'n chips (€4).

VINERIA DEL ESTE — SPAGNOLO €€
Cartina p376 (4202 4943; www.vineriaytapas.de; Bänschstrasse 41; tapas €2,60-7,90, portate principali €12-17; 15-24; Samariterstrasse) Questo ristorante spagnolo informale, lontano dai circuiti turistici, è pieno di buongustai della zona in vena di una *piñata* di sapori. Ci sono tutte le classiche tapas (datteri avvolti nella pancetta, funghi all'aglio ecc.), mentre le portate principali che cambiano ogni settimana possono essere manzo alla griglia o calamari ripieni di sanguinaccio. Coronate il tutto con un bicchiere di saporito vino spagnolo o uruguaiano.

🍴 Friedrichshain ovest

MICHELBERGER — CUCINA MEDITERRANEA €
Cartina p376 (Warschauer Strasse 39-40; portate principali €5-10; ⊙pranzo lun-ven; 🛜; Ⓤ Ⓢ Warschauer Strasse) Il Michelberger, uno degli hotel più alla moda di Berlino, offre un conveniente menu a pranzo durante i giorni lavorativi per accontentare la folla di famelici impiegati d'ufficio e di visitatori della East Side Gallery. Nella sala spaziosa e decorata a piastrelle, i piatti cambiano ogni giorno, ma hanno sempre un sapore mediterraneo, come una ratatouille, della polenta o piatti di pasta fantasiosi.

CAFÉ SCHÖNBRUNN — AUSTRIACO-MEDITERRANEO €€
Cartina p376 (📞453 056 525; www.schoenbrunn.net; Am Schwanenteich im Volkspark; portate principali €10-18; ⊙10-24 marzo-set; 🚌200) Le specialità austriache incontrano una scenografia magica, con la vista sui cigni candidi come la neve che scivolano sull'acqua del laghetto nel mezzo del Volkspark Friedrichshain. Se non siete in vena di sedervi ai tavoli del formale ristorante, accomodatevi nel Biergarten per una birra fresca e una pizza o una Bratwurst. La prima colazione è servita fino alle 14.

PAVILLON IM VOLKSPARK FRIEDRICHSHAIN — CUCINA INTERNAZIONALE €€
Cartina p376 (📞0172 750 4724; www.pavillon-berlin.de; Friedenstrasse 101; portate principali €6-12; ⊙11-24; 🛜; 🚌200) Pavillon, un'istituzione sin dal 1973, è al suo meglio durante le belle giornate, quando potrete abbuffarvi di Schnitzel, pasta o pancake nel vivace Biergarten. Sono altrettanto invitanti i tavoli interni, nell'accogliente ristorante coperto da un enorme tetto di paglia. La prima colazione è servita fino alle 4 del pomeriggio e si organizzano occasionalmente delle feste.

🍷 LOCALI E VITA NOTTURNA

🍷 Boxhagener Platz e dintorni

SUICIDE CIRCUS — CLUB
Cartina p376 (www.suicide-berlin.com; Revaler Strasse 99; ⊙in genere mer-dom; Ⓢ Warschauer Strasse) Hipster disordinati e spettinati, affamati di una doccia di eclettici suoni di elettronica, invadono questa discoteca squallida che a volte assomiglia a un mini-Berghain fuori dagli schemi – sudato, spinto al massimo, industriale e con un sound system di ultima generazione. In estate, osservate le stelle sbiadire dallo spazio all'aperto, che ha suoni più rilassati e Bratwurst alla griglia.

SALON ZUR WILDEN RENATE — CLUB
Fuori cartina p376 (www.renate.cc; Alt Stralau 70; ⊙ven e sab; Ⓢ Ostkreuz) Ebbene sì, l'atmosfera si fa piuttosto 'selvaggia' da Renate, dove DJ stratosferici foraggiano il loro pubblico di ironici liberi pensatori con un'elettronica che spinge a scatenarsi negli ampi locali di un edificio residenziale abbandonato. Divanetti, una stanza con il caminetto e diverse zone bar forniscono spazi per raffreddare gli animi. Il pubblico è decisamente giovane.

://ABOUT BLANK — CLUB
Cartina p376 (www.aboutparty.net; Markgrafendamm 24c; ⊙ven e sab; Ⓢ Ostkreuz) Questa cooperativa organizza anche eventi culturali e politici, a cui spesso seguono lunghe e intense serate di musica, quando DJ di talento forniscono a un gruppo misto di giovani amanti del divertimento il sottofondo elettronico per ballare. Le bevande hanno prezzi accettabili e se entrate nel giusto spirito di apertura e tolleranza passerete dei gran bei momenti.

CASSIOPEIA — CLUB
Cartina p376 (www.cassiopeia-berlin.de; Revaler Strasse 99, RAW Tempel, Cancello 2; ⊙mar-dom; Ⓤ Ⓢ Warschauer Strasse) Eclettico è il termine giusto per definire il pubblico di ventenni e altrettanto vale per la musica, che spazia dal vintage hip hop all'hard funk, passando per il reggae, il punk e il vasto spettro di ritmi elettronici.

HOPS & BARLEY — PUB
Cartina p376 (📞2936 7534; Wühlischstrasse 40; Ⓤ Ⓢ Warschauer Strasse) La conversazione fluisce libera come le birre prodotte in questo simpatico birrificio artigianale all'interno di un'ex macelleria: una pilsner non filtrata, una maltosa e scura *Weizen* (di frumento), nonché un bel sidro alcolico. I compagni di bevute vanno da hipster con i jeans a sigaretta a impiegati che si scolano un boccale all'uscita dal lavoro in un ambiente dalle pareti piastrellate e con scintillanti tini di rame.

SÜSS WAR GESTERN BAR
Cartina p376 (Wühlischstrasse 43; [U]Warschauer Strasse, Samariterstrasse, [S]Warschauer Strasse, Ostkreuz) Elettronica chill-out e cocktail ben miscelati vi mettono di buonumore e le luci basse aiutano ad apparire al meglio. L'unico problema è che una volta che siete sprofondati nel soffice sofà sarà difficile alzarsi per andare a prendere un altro drink, per esempio il cocktail della casa che ha lo stesso nome del locale, fatto con zenzero fresco, ginger ale e whisky. Si può fumare.

PLACE CLICHY BAR
Cartina p376 ([☎]2313 8703; Simon-Dach-Strasse 22; ☺mar-sab; [U][S]Warschauer Strasse) Clichy porta un soffio di *Quartier Latin* al tratto finale di Simon-Dach-Strasse. Illuminata dalle candele, disegnata da un artista e molto raccolta, questa *boîte* grande come un francobollo possiede un'aria da esistenzialismo francese; tirate fuori la vostra maglia nera a collo alto e unitevi agli avventori per bere un bicchiere di Bordeaux e un piatto di formaggio.

ASTRO BAR BAR
Cartina p376 (www.astro-bar.de; Simon-Dach-Strasse 40; [U]Warschauer Strasse, Frankfurter Tor, [S]Warschauer Strasse) 'Ancoratevi' in questo lounge bar cosmico mentre intorno a voi gli amanti della fantascienza continuano a bere (costa poco) e a conversare, spesso fino all'ora in cui le stelle cominciano a impallidire. I DJ entrano in azione dopo le 22. Uno dei pochi posti 'rispettabili' in questa via di locali malfamati.

TUSSY LOUNGE BAR
Cartina p376 ([☎]8411 1795; www.tussylounge.de; Sonntagstrasse 22; ☺dalle 15; [S]Ostkreuz) Questo bar minuscolo sul genere salotto di casa che unisce anche un salone da parrucchiere è deliziosamente arredato in un vintage anni '50 molto *Mad Men*. È uno di quei posti dove ci si scambiano gli ultimi pettegolezzi mentre si sorbisce un caffè, un bicchiere di vino o un cocktail o si fa la messa in piega.

KPTN A MÜLLER PUB
Cartina p376 (www.kptn.de; Simon-Dach-Strasse 32; ☎; [U][S]Warschauer Strasse) Grazie a dio c'è il 'capitano' in città che ci salva dal circuito di cocktail bar talmente simili da sembrar fatti con lo stampino. Lasciate qualsivoglia pretesa alla porta di questo locale self service, dove le consumazioni sono economiche e il calcetto e la connessione wi-fi sono gratis. La

> **SI DICE SUL POSTO**
>
> ## UNA BARCA DI CHIACCHIERE
>
> Venite a incontrare amichevoli residenti stranieri a Berlino e visitatori bevendo una birra e mangiando una Bratwurst a 'Boat Party & Barbecue' che si tiene il mercoledì a partire dalle 19 nel lounge bar retrò, e perciò molto cool, dell'Eastern Comfort Hostelboat (p232). Il pubblico è eterogeneo, di età e nazionalità diverse, molti dei quali habituées. Ma non siate timidi: tutti accolgono volentieri i nuovi arrivati. Il costo dell'ingresso, che viene aggiunto alla prima consumazione, è di €1 fino alle 20.30, €2 dopo, come contributo per pagare la band che comincia a suonare intorno alle 22. Controllate il sito di MC Charles, www.english-events-in-berlin.de, per conoscere le date di altri incontri.

foto del Cervino, che occupa l'intera parete della stanzetta del DJ sul retro, è un ottimo spunto di partenza per una conversazione.

ZUM SCHMUTZIGEN HOBBY GAY BAR
Cartina p376 (www.ninaqueer.com; Revaler Strasse 99, RAW Tempel, Cancello 2; [U][S]Warschauer Strasse) La diva trash delle drag queen Nina Queer è fuggita dal suo storico locale di Prenzlauer Berg e ha riaperto il suo decadente antro kitsch e glamour insieme nell'ambiente meno ostile di Friedrichshain. Il suo 'Glamour Trivia Quiz' del mercoledì è leggendario.

HIMMELREICH GAY BAR
Cartina p376 (www.himmelreich-berlin.de; Simon-Dach-Strasse 36; [U][S]Warschauer Strasse) A conferma di tutti quegli stereotipi sul buon gusto degli omosessuali, questo elegante cocktail bar arredato in rosso con una lounge retrò fa sembrare tutti gli altri locali concorrenti spogli monolocali per etero privi di fantasia. Il martedì il locale è dedicato alle donne e il mercoledì si bevono due drink al prezzo di uno.

SANATORIUM 23 BAR
Cartina p376 ([☎]4202 1193; www.sanatorium23.de; Frankfurter Allee 23; ☺dalle 17; ☎; [U]Frankfurter Tor) Il 'sanatorio', il cui stile è qualcosa tipo 'ospedale dove lo zen incontra la pop art', è felice di curare qualunque malattia vi affligga. Appena vi portano il menu dei cocktail, comunque, vi sembra di essere tornati alle lezioni di chimica del liceo: disposti come una tavola periodica degli elementi, i drink

hanno nomi come *He* (e vi portano un Hemingway sour), *Ps* (che sta per prosecco) e *Mi* (mojito). Da giovedì a sabato dopo le 21 i DJ trasformano questo posto in una discoteca di elettronica.

GROSSE FREIHEIT — GAY BAR
Cartina p376 (www.gay-friedrichshain.de/grosse-freiheit; Boxhagener Strasse 114; ⏱mar-dom; ⓤFrankfurter Tor) Prende il nome da un vicolo del quartiere a luci rosse di Amburgo dove un tempo i Beatles si fecero le ossa all'inizio della loro carriera: punto cruciale di cruising, è anche un porto tranquillo dove godersi un drink o un appuntamento. Il favoloso arredo in tema nautico ricorda i bar gay come venivano rappresentati nei film degli anni '80. Il giorno migliore: il mercoledì, quando danno due drink al prezzo di uno. I DJ fanno muovere le gambe nei weekend.

🍷 Friedrichshain ovest

BERGHAIN/PANORAMA BAR — CLUB
Cartina p376 (www.berghain.de; Wriezener Bahnhof; ⏱24 ven-lun mattina; ⓢOstbahnhof) I clubber di tutto il mondo continuano a pensare che entrare al Berghain equivale a ottenere il Sacro Graal. Solo i migliori maestri del vinile scaldano l'atmosfera in questo grezzo labirinto situato in una ex centrale elettrica. Il grande spazio industriale (Berghain) è orientato verso i gusti dei gay e propone sonorità techno minimal. Al piano di sopra, il Panorama Bar è più piccolo, con un pubblico misto e pulsante di ritmi di house ed elettronica.

> **SI DICE SUL POSTO**
>
> **UN LABIRINTO AFFASCINANTE**
>
> Per un'esperienza un po' spettrale e inquietante scendete al **Peristal Singum** (www.karmanoia.com; Alt-Stralau 70; €10; ⏱18-24, ultimo ingresso alle 22; ⓢOstkreuz), un'installazione d'arte che è contemporaneamente un labirinto assemblato negli oscuri meandri del Salon zur Wilden Renate. Preparatevi a fare un viaggio metafisico esplorando la vostra anima in questo 'paesaggio di pensieri vaganti' che ha l'intensità distorta di un dipinto di Dalí a tre dimensioni. Assolutamente sconsigliato a chi soffre di claustrofobia!

Le opere d'arte provocatorie esposte sono piuttosto esplicite rispetto alla natura sessualmente tollerante del club, che ha darkroom, alcove e toilette sempre molto affollate. Il fantastico sound system è tanto potente che sembra che siano gli dèi in persona a urlare ordini. Il momento migliore è dopo le 4. La selezione all'ingresso è severa e le macchine fotografiche sono vietate. L'adiacente **Kantine @ Berghain** è più rilassata e apre anche in alcune serate infrasettimanali. In estate c'è un Biergarten all'aperto che invita al relax diurno.

OSTSTRAND — BEACH BAR
Cartina p376 (www.oststrand.de; Mühlenstrasse, Rummelsburger Platz; ⏱dalle 10; ⓢOstbahnhof) Dirigete le vostre infradito verso questo paradiso funky sulla spiaggia lungo la East Side Gallery e godetevi un cocktail mentre affondate gli alluci nella sabbia o vi rilassate sotto festose luci colorate su una vecchia chiatta. Abbronzatura e relax durante il giorno, feste e musica la notte.

STRANDGUT BERLIN — BEACH BAR
Cartina p376 (www.strandgut-berlin.com; Mühlenstrasse 61-63; ⏱dalle 10; ⓢOstbahnhof) Brindate a Berlino in questo elegante beach bar in riva al fiume dove la birra è gelata, i cocktail alcolici, la clientela cresciutella e i DJ sono i migliori.

MONSTER RONSON'S ICHIBAN KARAOKE — KARAOKE
Cartina p376 (☎8975 1327; www.karaokemonster.com; Warschauer Strasse 34; ⓤⓢWarschauer Strasse) Scolatevi un paio di birrette se avete bisogno di rilassare i nervi prima di cantare a squarciagola il vostro pezzo migliore di Britney o Lady Gaga in questo eccentrico ed eccezionale bar karaoke. Chi vuole diventare la prossima pop star può scegliere tra migliaia di canzoni e conquistare il palco; le persone più timide possono affittare una saletta privata. Alcune serate sono dedicate al pubblico GLBT, come la Multisexual Box Hopping del lunedì.

CSA — BAR
Cartina p376 (☎2904 4741; www.csa-bar.de; Karl-Marx-Allee 96; ⏱dalle 19; ⓤWeberwiese) Questo sofisticato bar proprio sulla Karl-Marx-Allee è stato ricavato dagli uffici dell'ex compagnia aerea di bandiera della Cecoslovacchia (da cui il nome) e vanta un'atmosfera ironicamente vetero-comunista. Luce fioca e cocktail forti lo rendono il posto preferito da un

MERCATI A PROFUSIONE

Se vi piacciono i mercati, la domenica è un giorno perfetto per venire a Friedrichshain. Qualora stiate cercando oggetti d'antiquariato originali, dirigetevi direttamente all'**Antikmarkt am Ostbahnhof** (cartina p376; www.oldthings.de; Erich-Steinfurth-Strasse; ⊗9-17 dom; ⓈOstbahnhof), che comincia proprio davanti all'uscita nord della stazione di Ostbahnhof. Il 'Grosser Antikmarkt' (grande mercato d'antiquariato) è più professionale ed è colmo di veri e propri oggetti da collezione – vecchie monete, reliquie dell'epoca della Cortina di Ferro, registrazioni per grammofono, libri, stampe, gioielli ecc. Da qui si passa armoniosamente al 'Kleiner Antikmarkt' (piccolo mercato d'antiquariato) che ha più cianfrusaglie e prezzi inferiori.

Tra tutti il mercato più piccolo e più recente è il **RAW Flohmarkt** (cartina p376; http://raw-flohmarkt.de; Revaler Strasse 99; ⊗alba-20 dom; ⓈⓊWarschauer Strasse) che ha luogo negli spazi dell'associazione culturale RAW Tempel. La cosa più bella è che non ci sono venditori professionisti, quindi vi troverete di tutto, dal proverbiale lavandino da cucina alle un tempo amate felpe della Carhartt. Si possono fare ottimi affari.

Il mercato più famoso è il **Flohmarkt am Boxhagener Platz** (cartina p376; Boxhagener Platz; ⊗10-18 dom; ⓊWarschauer Strasse, Frankfurter Tor; ⓈWarschauer Strasse), che mescola qualche professionista del mestiere con gente normale che viene qui per liberarsi a poco prezzo di tutto ciò che ha deciso di buttare durante le pulizie di primavera. In più i banchi sono ad appena due passi da una fila di caffè che offrono il brunch domenicale.

pubblico adulto che provvede a tenere belli caldi gli sgabelli da bar in pelle bianca e i comodi divani.

AUNT BENNY
CAFFÈ

Cartina p376 (☎6640 5300; www.auntbenny.com; Oderstrasse 7, entrata da Jessnerstrasse; ⊗9-19 mar-ven, dalle 10 sab e dom; ⓦ; ⓊⓈFrankfurter Allee) Di proprietà di due canadesi, questo civilissimo caffè diurno in una zona di Friedrichshain tranquilla anche se centrale abbina raffinatezza cosmopolita e piaceri casalinghi. Sedetevi a leggere qualcosa mangiando una fetta di torta alle carote o di pane alla banana accompagnata da un caffè forte. Nei weekend non c'è connessione wi-fi.

LAB.ORATORY
CLUB

Cartina p376 (www.lab-oratory.de; Am Wriezener Bahnhof; ⊗gio-lun; ⓈOstbahnhof) Parte del complesso del Berghain, è un 'laboratorio' ben attrezzato con oggetti di piacere e sale per esperimenti sessuali avanzati in ciò che sembra la sala motori di un aeroplano. I nomi delle serate (Yellow Facts, Naked Sex Party e Fausthouse) lasciano poco all'immaginazione. Edonismo puro. Venite prima di mezzanotte ed evitate il dopobarba.

NAHERHOLUNG STERNCHEN
CLUB

Cartina p376 (www.naherholung-sternchen.de; Berolinastrasse 7; ⓊSchillingstrasse) Hipster stanchi dei classici locali di Mitte del genere 'vedere e farsi vedere' affollano questa cooperativa funky in un classico edificio dell'era comunista. Il programma salta da concerti a letture, da film a feste, in genere con un orientamento alternativo, che ben si adatta ai drink dai prezzi più che accettabili e alla favolosa atmosfera da *Ostalgie*.

⭐ DIVERTIMENTI

ASTRA KULTURHAUS
MUSICA LIVE

Cartina p376 (☎2005 6767; www.astra-berlin.de; Revaler Strasse 99; ⓊⓈWarschauer Strasse) L'Astra è uno dei locali da concerti indipendenti più grandi della città, eppure molte volte, pur ospitando 1500 persone, si riempie facilmente e non solo per i grandi nomi come Melissa Etheridge, Kasabian o per i party dell'etichetta discografica di Paul van Dyk Vandit Records. Guadagna dei punti in più anche per il fantastico arredamento in stile DDR anni '50 e per il Biergarten estivo.

RADIALSYSTEM V
SPETTACOLI

Cartina p376 (☎2887 8850; www.radialsystem.de; Holzmarktstrasse 33; ⓦ; ⓈOstbahnhof) Qui la danza contemporanea incontra la musica medievale, la poesia si mescola a suoni pop e la pittura al digitale. Questo spazio per performance all'avanguardia, situato in una vecchia stazione di pompaggio in riva al fiume, cancella i confini tra le diverse forme d'arte per coltivare nuove forme di espressione creativa. Dalle dieci del mattino è aperto un piacevole caffè lungo il fiume.

KINO INTERNATIONAL — CINEMA
Cartina p376 (2475 6011; www.yorck.de; Karl-Marx-Allee 33; USchillingstrasse) L'élite cinematografica della Germania Est teneva un tempo le première dei nuovi film in questo cinema degli anni '60, la cui sfilata di candelabri in vetro, tende luccicanti e pavimenti a parquet è già di per sé uno spettacolo. Alcune pellicole vengono proiettate in lingua originale, solitamente l'inglese. Il lunedì è 'MonGay' con film classici, anteprime o nuove pellicole internazionali, tutti legati a tematiche omosessuali. I suoi spazi sono anche usati per favolosi party lesbo-gay mensili come il Klub International e Girls Town.

K17 — MUSICA LIVE, CLUB
Cartina p376 (4208 9300; www.k17-berlin.de; Pettenkoferstrasse 17a; gio-sab; USFrankfurter Allee) Il K17 era una volta IL locale dove andare per la musica dal goth all'industrial, al metal e ad altra musica dark. Nonostante gruppi come Icon of Coil, Debauchery e Deadlock suonino ancora ogni tanto, nel frattempo, si sono insinuati anche qui generi musicali più soft, soprattutto nel fine settimana, quando su quattro diverse piste da ballo ci si può divertire con generi differenti che vanno fino all'electropop, alla NuWave e all'hip hop.

SHOPPING

Friedrichshain ha fatto molta strada sul fronte dello shopping e spuntano sempre più di frequente boutique indipendenti e chic, oltre a negozi specializzati, nei dintorni di Boxhagener Platz, di Sonntagstrasse e delle sue traverse vicino ad Ostkreuz. La domenica un mercatino delle pulci ha luogo in Boxhagener Platz, mentre un mercato d'antiquariato si svolge a Ostbahnhof.

PRACHTMÄDCHEN — MODA
Cartina p376 (9700 2780; www.prachtmaedchen.de; Wühlischstrasse 28; 11-20 lun-ven, 11-16 sab; UFrankfurter Tor, Warschauer Strasse, SWarschauer Strasse) Questo delizioso negozio, aperto dal 2004, è stato uno dei pionieri di Wühlischstrasse, ora la via della moda di Friedrichshain. È accogliente e alla mano ed è perfetto per rifornirsi dalla testa ai piedi di streetwear per adulti firmato Blutsgeschwister, skunkfunk e Who's That Girl. Vende anche abbigliamento intimo di classe dei marchi Pussy Deluxe e Vive Maria.

MONDOS ARTS — ARTICOLI REGALO, SOUVENIR
Cartina p376 (4201 0778; www.mondosarts.de; Schreinerstrasse 6; 10-19 lun-ven, 11-16 sab; USamariterstrasse) Cult e kitsch sono gli aggettivi che connotano prevalentemente gli articoli stile DDR di questo piccolo negozio stravagante, che porta il nome di Mondos, una marca di preservativi della Germania Est. Anche se non siete cresciuti bevendo birra Red October, o non vi siete addormentati guardando in TV il *Sandmännchen* (Sabbiolino) o non ascoltavate il rock dei Puhdys, è divertente lo stesso dare un'occhiata in giro.

PERLEREI — GIOIELLI
Cartina p376 (9788 2028; www.perlerei.de; Lenbachstrasse 7; 12-20 mar-ven, 12-18 sab; SOstkreuz) State cercando un souvenir originale da portare a casa da Berlino? Fatevelo semplicemente da soli. Un gioiello, si intende. E non preoccupatevi se non sapete come. Nel negozio di perline di Meike Köster potrete scegliere tutti i fronzoli che volete e poi trasformarli in meravigliose collane, spille o braccialetti. Se volete, la proprietaria vi aiuterà a realizzarlo, senza costi aggiuntivi, proprio qui nel laboratorio all'interno del negozio.

ZIGARREN HERZOG AM HAFEN — SIGARI
(2904 7015; www.herzog-am-hafen.de; Stralauer Allee 9; 11-21 lun-sab; USWarschauer Strasse) Se siete degli amanti di Belinda, Cohiba o Trinidad, potrete dare sfogo alle vostre passioni in questo lussuoso negozio di sigari, con sede in un ex magazzino sul fiume del 1909 con tanto di terrazza sull'acqua per una fumata tranquilla al tramonto. Tutti i sigari arrivano direttamente dall'Avana e possono essere acquistati secondo la data in cui sono stati impacchettati o a seconda dei diversi colori d'incarto.

Prenzlauer Berg

I top 5

❶ Passare una domenica di sole frugando tra i tesori nascosti del mercatino delle pulci del **Mauerpark** (p185), poi applaudire chi si susseugue sul palco del karaoke all'aperto.

❷ Passeggiare senza meta nelle vie intorno all'alberata **Kollwitzplatz** (p187) e scoprire bei palazzi ottocenteschi, caffè fatti per socializzare e boutique indipendenti di fascia alta.

❸ Viziare voi e un amico/a con un vassoio della prima colazione per due offerto nell'affascinante caffè **Anna Blume** (p193).

❹ Vedere con i propri occhi i misteri che si celano nella Berlino sotterranea partecipando a un tour dei bunker della seconda guerra mondiale con una guida di **Berliner Unterwelten** (p194).

❺ Assistere a un concerto o a un altro evento culturale alla **Kulturbrauerei** (p187).

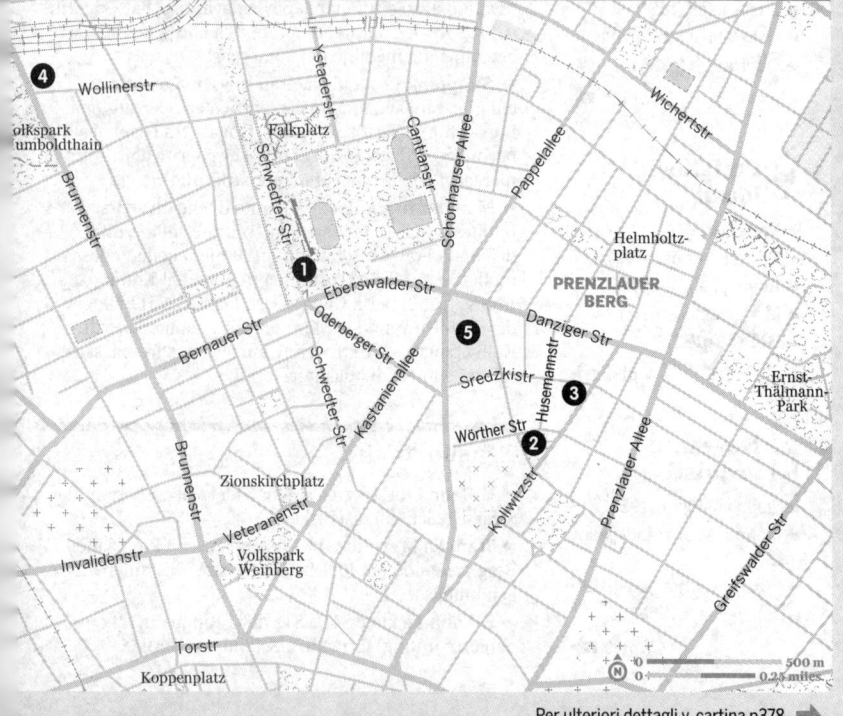

Per ulteriori dettagli v. cartina p378

Il consiglio Lonely Planet

Questo quartiere, oggi dominato da famiglie con figli, ha perso la sua fama di luogo di divertimenti a tarda notte, ma se volete bere qualcosa e sono le 3 di notte le vostre chance migliori sono su Lychener Strasse, da **August Fengler** (p193) o da Zumir oder zu dir. Se avete voglia di ballare provate la Alte Kantine il mercoledì (i maggiori di 27 anni non pagano) o al Frannz Club nei weekend; entrambi sono all'interno del complesso della **Kulturbrauerei** (p187). Il pubblico gay può andare alla serata di Chantals al Bassy il giovedì.

I migliori ristoranti

- Frau Mittenmang (p188)
- Der Fischladen (p190)
- Lucky Leek (p190)
- Der Hahn ist tot! (p188)
- Oderquelle (p188)

V. p188 ➡

I migliori locali

- Prater (p192)
- Becketts Kopf (p192)
- August Fengler (p193)
- Mauersegler (p193)
- Deck 5 (p193)

V. p192 ➡

Dove fare acquisti

- Flagshipstore (p195)
- Flohmarkt am Mauerpark (p186)
- Luxus International (p195)
- Ta(u)sche (p195)

V. p195 ➡

Un tempo quartiere trascurato e insignificante, Prenzlauer Berg è passato dalle stalle alle stelle dopo la riunificazione e ora è una delle zone residenziali più piacevoli e costose della città. Non ci sono grandi monumenti o musei, il che è positivo perché il suo fascino più autentico si manifesta in maniera più sottile, spesso in qualche modo inaspettato, passeggiando senza meta. Osservate le facciate delle case che un tempo mostravano le ferite inflitte dalla guerra e ora si presentano con i fregi e gli ornamenti originali, e con tranquilli cortili interni. Fate incetta di moda 'made in Berlin' nella radical chic Kastanienallee o passate in rassegna le quiete vie laterali per bigiotteria artigianale o abbigliamento 'organico' da bebé (essendo questo uno dei quartieri più ricercati dalle famiglie con bambini).

Prenzlauer Berg ha anche caffè di tutti i tipi, da quelli sugli ampi marciapiedi intorno a Kollwitzplatz o Helmholtzplatz ai ritrovi studenteschi altrove. La domenica il Mauerpark attira una folla massiccia che viene per il miglior mercato delle pulci della città, il karaoke all'aperto, giocare a basket o frisbee e divertirsi in compagnia.

Vita in città

➡ **Un bicchiere all'aperto** Le giornate si allungano, le temperature salgono e gli animi si rallegrano. È giunta l'ora di festeggiare l'estate sotto i castagni del Biergarten Prater (p192), sulla terrazza sul tetto di Deck 5 (p193) o a un tavolino al sole sul marciapiede davanti al Bar Gagarin (p193). In alternativa comprate una bottiglia di birra e cercatevi un angolino del Mauerpark.

➡ **Shopping** Le strade laterali sono una manna per chi ama fare acquisti unici e particolari. Cercate una borsa chic da Ta(u)sche (p195), frugate tra i capi di stilisti berlinesi al Flagshipstore (p195) o scoprite abiti retrò al mercatino delle pulci al Mauerpark (p186).

➡ **Mangiar fuori** I foodies hanno di che divertirsi in questo quartiere, dove sono sempre sulla cresta dell'onda Frau Mittenmang (p188) per cucina tedesca moderna, A Magica (p191) per la pizza e il Konnopke's Imbiss (p192) per il Currywurst. I coltivatori biologici dei dintorni vendono i loro prodotti nel mercato di Kollwitzplatz, dove troverete anche pasta fresca, salse e salumi e miele di apicoltori locali.

Trasporti

➡ **U-Bahn** La U2 ferma a Senefelderplatz, Eberswalder Strasse e Schönhauser Allee.

➡ **Tram** La M1 collega la Museumsinsel a Prenzlauer Berg passando per lo Scheunenviertel, Kastanienallee e Schönhauser Allee.

➡ **S-Bahn** Le linee S41 e S42 della Ringbahn (che percorre il Ring) fermano a Schönhauser Allee.

👁 DA NON PERDERE
MAUERPARK

La gente del quartiere, neo-berlinesi e torme di turisti da ogni dove: la domenica tutti convergono sul Mauerpark. Ritratto un po' selvaggio di vita urbana, il parco offre un mercatino delle pulci, un karaoke all'aperto, artisti e suonatori... e poi la gente, che viene a fare il barbecue, giocare a basket e bocce.

Il parco non è bello: ha scarni cespugli e prati anemici, ma è facile perdonargli la scarsa avvenenza se si pensa che è stato strappato a quella che un tempo era la striscia della morte. Eh sì, il Muro correva proprio in mezzo: in effetti, di esso rimane ancora un tratto lungo 300 m che domina dall'alto, ma ora è solo una superficie su cui fanno pratica i futuri graffitari. Da lassù la vista sul parco è magnifica e al tramonto d'estate persino romantica.

I riflettori che spuntano dietro il muro appartengono al **Friedrich-Ludwig-Jahn-Sportpark** (cartina p378; ☎4430 3730; Cantianstrasse 24; Ⓤ Eberswalder Strasse), lo stadio in cui Erich Mielke, capo della temuta polizia segreta della DDR, la Stasi, applaudiva la sua amata squadra di calcio Dynamo Berlin. Immediatamente a nord, la **Max-Schmeling-Halle** (cartina p378; ☎biglietteria 4430 4430; www.max-schmeling-halle.de; Falkplatz 1; Eberswalder Strasse), ospita eventi sportivi (di basket, soprattutto) e concerti.

Ma la magia del Mauerpark non è nelle sue strutture sportive o di divertimento, è nella simpatica atmosfera quasi neo-hippy che attira gente di ogni classe sociale, molti ancora non toccati dagli affanni della vita adulta. Anche i bambini stanno bene: possono muoversi liberamente nel parco giochi, mettere alla prova la loro intraprendenza sulla parete da arrampicata o incontrare animali da cortile nella piccola fattoria per i più piccoli.

IN PRIMO PIANO

➡ Mercato delle pulci la domenica

➡ Bearpit Karaoke

➡ Guardare il tramonto

➡ Street art sui resti del Muro

DA SAPERE

➡ cartina p378

➡ www.mauerpark.info

➡ tra Bernauer Strasse, Schwedter Strasse e Gleimstrasse

➡ Ⓤ Eberswalder Strasse, 🚋 M1

CONSIGLI

Per cercare con calma tra le merci del mercatino è consigliabile venire di mattina (soprattutto d'estate). Soddisfatta la vostra sete di acquisti potrete rilassarvi con una birra nel Biergarten Mauersegler (p193) o andare a mangiare qualcosa in uno dei tanti ristorantini di Oderbergerstrasse e poi tornare al Mauerpark per il karaoke (dalle 15 in poi, da fine aprile a settembre).

Nella parte nord del parco si trova lo **Jugendhof Moritzdorf** (cartina p378; 4402 4220; www.jugendfarm-moritzhof.de; Schwedter Strasse 90; 11.30-18 lun-ven, 13-18 sab; U S Schönhauser Allee), una fattoria a scopi educativi che ha cavalli, capre e altri animali da cortile. Proseguendo potrete osservare i patiti dell'arrampicata salire sulla **Schwedter Nordwand** (cartina p378; www.alpinclub-berlin.de; U S Schönhauser Allee), una parete gestita dal Club Alpino Tedesco.

Ombrelli, lampade, macchine da scrivere... tutto il piacere della scoperta

Mercatino delle pulci

Unitevi all'esercito degli scopritori di tesori e ai turisti estasiati che sciamano per il **Flohmarkt am Mauerpark** (cartina p378; www.mauerparkmarkt.de; Bernauer Strasse 63-64; 10-17 dom; U Eberwalder Strasse). Frugate tra vestiti e oggetti retrò, T-shirt di stilisti locali, ricordi dell'era comunista, vinili e vecchi mobili scompagnati. Ci sono venditori di professione, ma molti svuotano semplicemente gli armadi di casa loro o la soffitta, quindi si può fare qualche affare. Ottime bancarelle di cibo etnico e un Biergarten provvedono ai generi di conforto.

Bearpit Karaoke

Il più amato dei divertimenti gratuiti a Berlino, il **Bearpit Karaoke** (cartina p378; www.bearpitkaraoke.de) si deve all'irlandese trapiantato Joe Hatchiban, che sistema la sua apposita attrezzatura per il karaoke nell'anfiteatro e dà il via al divertimento. Non meno di 2000 persone si affollano sugli spalti in pietra per applaudire chiunque abbia voglia di esibirsi, da ragazzini ad attempati cantanti sentimentali ad amanti dei musical di Broadway.

Il Mauerpark nord

Per scappare dall'agitazione del Mauerpark e vedere dove la gente del quartiere va a rilassarsi andate nella parte a nord di Gleimstrasse, dove troverete un piccolo zoo di animali da cortile e una parete per l'arrampicata.

CHE COSA VEDERE

MAUERPARK   PARCO
V. p185.

KOLLWITZPLATZ   PIAZZA
Cartina p378 (U Senefelderplatz) La piazza triangolare è il cuore del processo di gentrificazione di Prenzlauer Berg. Per captare al meglio l'atmosfera della zona, godetevi un caffè in uno dei locali della via in compagnia di mamme chic e papà supertecnologici o fate un salto al mercato dei contadini (p195). Il parco al centro della piazza è il paradiso dei marmocchi, con ben tre zone-gioco oltre alla statua in bronzo dell'artista Käthe Kollwitz su cui arrampicarsi.

**JÜDISCHER FRIEDHOF
SCHÖNHAUSER ALLEE**   CIMITERO
Cartina p378 (441 9824; Schönhauser Allee 23-25; 8-16 lun-gio, 7.30-14.30 ven; U Senefelderplatz) Il secondo cimitero ebraico di Berlino ha aperto i battenti nel 1827 e ospita le tombe di molti personaggi noti, come l'artista Max Liebermann e il compositore Giacomo Meyerbeer. È un posto incantevole, con la luce che filtra a tratti attraverso le fronde di grandi e vecchi alberi e un senso di malinconia che emana dalle tombe ricoperte di vegetazione e dalle lapidi cadute a terra. Le più belle e antiche sono state spostate nel lapidario vicino all'entrata principale.

Il sepolcro di Liebermann è di fianco alla cripta della sua famiglia, più o meno al centro della parete posteriore. Agli uomini è richiesto di coprirsi il capo; si può trovare uno zucchetto vicino all'entrata.

KULTURBRAUEREI   EDIFICIO STORICO
Cartina p378 (4431 5152; www.kulturbrauerei.de; Schönhauser Allee 36; tours interi/ridotti €7.50/6; U Eberswalder Strasse, M1) Questo meraviglioso complesso di edifici in mattoncini rossi e gialli del XIX secolo era una volta un birrificio ed è stato trasformato oggi in un centro nevralgico della cultura, con un intero villaggio pieno di attrazioni, tra cui sale per concerti, un teatro, ristoranti, discoteche, gallerie e un cinema multisala. Ha sede qui anche la società Berlin on Bike (p313) che offre visite guidate in bicicletta. Nel mese di dicembre l'edificio serve da deliziosa scenografia per un mercatino di Natale in stile svedese.

GETHSEMANEKIRCHE   CHIESA
Cartina p378 (445 7745; www.gethsemanekirche.de; Stargarder Strasse 77; U Schönhauser Allee) Negli ultimi giorni della Germania Est, questa chiesa neogotica costruita nel 1893 era un focolaio pieno di dissidenti, tanto da attirare l'attenzione della Stasi che qui represse brutalmente una protesta pacifica nel 1989. La

---

VALE UNA DEVIAZIONE

SCHLOSS SCHÖNHAUSEN

A Pankow, poco più a nord di Prenzlauer Berg, lo **Schloss Schönhausen** (3949 2622; www.spsg.de; Tschaikowskistrasse 1; interi/ridotti €6/5; 10-18 apr-set, 10-17 ott-marzo, chiuso lun) è circondato da deliziosi giardini e, nonostante le sue piccole dimensioni, racchiude in sé un bel po' di storia tedesca. Il castello era in origine un possedimento di campagna dei nobili prussiani e nel 1740 divenne la residenza estiva della moglie di Federico II, Elisabetta Cristina, da cui il re visse separato, e che commissionò i lavori di allargamento e abbellimento del palazzo in un giocoso stile rococò. Proprio come nella favola de *La bella addormentata nel bosco*, alla morte dell'imperatrice nel 1797 il castello piombò in un sonno profondo fino a quando i nazisti non usarono la allora fatiscente struttura come magazzino per la moderna arte 'degenerata'. Nel 1949 l'edificio fu nuovamente restaurato e divenne la sede del primo capo di stato della Germania Est, Wilhelm Pieck, per poi servire come foresteria di stato della DDR.

Riaperto dopo l'ultimo restauro radicale, il palazzo brilla oggi di rinnovato splendore. Le stanze al pianterreno, dove la regina aveva i suoi alloggi privati, sono in stile settecentesco e i mobili e le tappezzerie sono in parte originali. Del tutto uniche e quindi molto più interessanti sono le stanze al piano superiore, dove il gusto démodé della DDR rivive nel mobilio massiccio dell'ufficio anni '50 di Pieck e nel copriletto blu carta da zucchero nella stanza da letto dove hanno dormito Castro, Ceausescu, Gheddafi e altri 'cattivi ragazzi'. Per arrivare al castello prendete il tram M1 fino alla fermata di Tschaikowskistrasse e poi continuate a piedi per circa 300 m in direzione est sulla Tschaikowskistrasse.

scultura *Geistkämpfer* (Combattente dello spirito, 1928) di Ernst Barlach si erge davanti alla chiesa che, a parte le funzioni religiose, spesso è chiusa.

Progettata da August Orth, la chiesa di Getsemani fu una delle decine di chiese commissionate dal Kaiser Guglielmo per 'creare un baluardo contro il socialismo, il comunismo e l'ateismo' che egli temeva stessero fomentando la rivolta nei quartieri operai di Berlino. Per ironia della sorte, invece di soffocare questi movimenti, la chiesa sembrava incoraggiarli e la sua congregazione può vantare un'orgogliosa tradizione come porto franco per nonconformisti e liberi pensatori già molti anni prima dell'epoca della DDR.

ZEISS GROSSPLANETARIUM   PLANETARIO

Cartina p378 (☏ 421 8450; www.sdtb.de; Prenzlauer Allee 80; interi/ridotti €5/4; ⊙mer-dom, orario degli spettacoli variabile; ⓈPrenzlauer Allee) La gente di Berlino Est non poteva guardare al di là del muro, ma almeno poteva ammirare l'intero universo in questo ottimo planetario. Quando ha aperto i battenti nel 1987 era uno dei più grandi d'Europa e vantava uno dei proiettori più dettagliati mai costruiti, il 'Cosmorama'. Oggi il programma spazia da spettacoli tradizionali (in tedesco) a serate di 'musica sotto le stelle' e ad eventi per bambini.

✕ PASTI

Prenzlauer Berg, essendo un quartiere molto residenziale, è caratterizzato da una densità particolarmente alta di ristoranti che servono a sfamare gli abitanti della zona, con a disposizione più soldi che tempo per cucinare. La maggior parte dei ristoranti è alla buona e dall'aria informale, quindi nessuno batterà ciglio se dopo una giornata di visite andrete direttamente a cena senza prima cambiarvi o se vi porterete i bambini appresso. Non ci sono perle da guida Michelin in zona, ma si possono comunque fare delle gran mangiate.

FRAU MITTENMANG   TEDESCO MODERNO €€

(☏ 444 5654; www.fraumittenmang.de; Rodenbergstrasse 37; portate principali €9-17; ⊙cena; ⓊSchönhauser Allee, ⓂM1, ⓈSchönhauser Allee) Questo tranquillo ristorante con i tavolini sul marciapiede è molto amato dalla gente del quartiere; offre ogni giorno un menù diverso in cui vengono incorporate idee dalla cucina internazionale in piatti tradizionali tedeschi.

Mettetevi comodi a uno dei tavoli in legno laccato e mescolatevi alla gente del posto per mangiare qualcosa e per bere la birra della casa o un bicchiere di ottimo vino. Dalla stazione della U-Bahn Schönhauser Allee prendete la via a cui deve il nome e fate circa 200 metri in direzione nord, poi girate a destra nella Rodenbergstrasse e proseguite dritto per altri 300 metri.

ZIA MARIA   ITALIANO €

Cartina p378 (www.zia-maria.de/website; Pappelallee 32a; tranci di pizza €1,50-3,50; ⊙12-24; ⓊⓈSchönhauser Allee) Questa pizzeria poco più grande di una scatola da scarpe è piena di clienti che muoiono dalla voglia di gustare le pizze dalla crosta croccante che creano dipendenza e sono ricoperte di ingredienti di particolare qualità, come fette di prosciutto sottilissime, carciofini alla noce moscata e salsicce italiane piccanti. Sedetevi all'aperto a uno dei rossi tavoli da birreria o nella sala che ricorda una grotta che funge anche da mini-galleria d'arte. Il tiramisù senza uova è la conclusione perfetta del pasto.

ODERQUELLE   TEDESCO €€

Cartina p378 (☏ 4400 8080; Oderberger Strasse 27; portate principali €8-16; ⊙cena; ⓊEberswalder Strasse) È sempre divertente fare un salto in questo locale in legno e vedere cosa ha ispirato lo chef oggi. Probabilmente si tratterà di un delizioso e ben fatto piatto della cucina tedesca, magari con un tocco di qualcosa di mediterraneo in mezzo. Le croccanti e ben farcite *Flammkuchen* (la pizza alsaziana) sono una sicurezza. In estate cercate di accaparrarvi uno dei tavoli all'aperto per tenere d'occhio il via vai in questa bella via molto frequentata.

DER HAHN IST TOT!   FRANCESE €€

Cartina p378 (☏ 6570 6756; www.der-hahn-ist-tot.de; Zionskirchstrasse 40; 4 portate a cena €18; ⊙cena mar-dom; ⓊEberswalder Strasse, ⓂM1) Il nome vuol dire 'Il gallo è morto!' e l'uccello in questione sarebbe il *coq au vin*, il tradizionale stufato della cucina regionale francese, che costituisce il cavallo di battaglia di questo ristorante accogliente e alla buona. Ogni sera vengono offerti due diversi menù da quattro portate per soli €18. Qualunque piatto principale può essere sempre sostituito con il *coq au vin* o con una specialità vegetariana.

INIZIO **SENEFELDER PLATZ**
FINE **KONNOPKE'S IMBISS**
DISTANZA **1,2 KM**
DURATA **UN'ORA**

Itinerario a piedi
Bighellonare per Prenzlauer Berg

Cominciate la passeggiata a ① **Senefelder Platz**, un fazzoletto di verde triangolare che prende il nome da Alois Senefelder, l'attore austro-tedesco che ha inventato la litografia. Notate che il suo nome è cesellato nel piedistallo della statua con le lettere al contrario, proprio come sarebbero usando la tecnica di stampa inventata da lui. Proseguite verso nord in ② **Kollwitzstrasse**, dove il grande supermercato di prodotti biologici, il nuovissimo e lussuoso complesso d'appartamenti Palais KolleBelle e un vasto parco giochi sono segnali significativi del livello socio-economico della popolazione del *Kiez*. Presto arriverete a ③ **Kollwitzplatz**, intitolata alla pittrice Käthe Kollwitz (ritratta nella statua al centro del parco), che per più di quarant'anni visse con il marito medico, prendendosi cura degli indigenti, dove ora sta l'edificio blu in Kollwitzstrasse 58 (una placca li ricorda).

Seguite Knaackstrasse fino a Rykestrasse, oltrepassate una serie di caffè molto frequentati e notate la rotonda ④ **Wasserturm** (torre-serbatoio) che durante il nazismo fu trasformata in prigione e ora ospita una decina di appartamenti disposti come una torta a strati. Seguite Rykestrasse notando le belle facciate restaurate dei palazzi d'epoca. Al n. 53 c'è la ⑤ **Synagoge Rykestrasse**: sopravvissuta alla guerra, è di nuovo aperta per i servizi religiosi dello Shabbat (ma non per visite pubbliche).

Continuate su Rykestrasse fino a Sredzki Strasse, magari fermandovi per una tazza di caffè speciale da ⑥ **Anna Blume**. Lungo la via c'è molto da guardare, tra cui il bizzarro ⑦ **Bücher Tauschbaum**, un tronco d'albero dove si lasciano o si prendono gratuitamente i libri. Si vedono già le torrette e i mattoni gialli e rossi della ⑧ **Kulturbrauerei**: entrate in questo vasto birrificio diventato complesso culturale da Sredzskistrasse. Di giorno è molto tranquillo, ma la sua architettura è da vedere. All'interno c'è anche un ufficio turistico. Lasciate la Kulturbrauerei dall'uscita a nord e girate a sinistra in Danziger Strasse per terminare in bellezza la passeggiata con un Currywurst da un chiosco 'cult': ⑨ **Konnopke's Imbiss**.

LUCKY LEEK
VEGANO €€

Cartina p378 (☎6640 8710; www.lucky-leek.de; Kollwitzstrasse 46; portate principali intorno a €12; ⊗cena mar e gio-dom; ⏑; ⓊSenefelderplatz) Non è servito molto tempo a Lucky Leek per diventare uno dei migliori ristoranti vegani di Berlino. Gli ingredienti di qualità, le audaci combinazioni di sapori, la presentazione dei piatti creativa e colorata insieme al personale entusiasta riusciranno a convincere anche i più accaniti carnivori. Il cremoso risotto di patate dolci, il piccante tofu ripieno e coperto con una glassa di cannella e arancia e la mousse di cioccolato bianco sono un esempio dei piatti offerti.

DER FISCHLADEN
PESCE €€

Cartina p378 (☎4000 5612; www.derfischladen.com; Schönhauser Allee 128; portate principali €3,50-15; ⊗10-21 lun-sab, 14-21 dom; ⓊⓈSchönhauser Allee) Pesce fantastico a prezzi eccezionali. Berlino sarà pure lontana dal mare ma Der Fischladen dimostra come questo non costituisca un ostacolo nell'ottenere pesce e frutti di mare freschissimi. È sia negozio sia ristorante da asporto, oltre a servire da semplice ma piacevole posto di ristoro per gustare croccanti pesce e patatine fritti, gamberi siciliani o una grigliata di pesce.

TAPITAS
SPAGNOLO €€

Cartina p378 (☎4673 6837; Gleimstrasse 23; tapas €2,50-6; ⊗16-23; ⓊEberswalder Strasse, 🚋M1) Questo tapas bar minuscolo e delizioso è un'ottima scelta tra i molti ristoranti sulla Gleimstrasse. Offre tutti i classici – *jamón serrano*, datteri avvolti nella pancetta, tortillas ecc. – oltre a una scelta di tapas che variano, come il pollo in salsa di lime. Per cominciare bene godetevi l'aioli favoloso e un bicchiere di robusto vino spagnolo.

BIRD
AMERICANO €€

Cartina p378 (☎030-5105 3283; www.thebirdinberlin.com; Am Falkplatz 5; portate principali €6,50-13, bistecche da €15; ⊗18-24 lun-sab, dalle 12 dom; ⓊⓈSchönhauser Allee) New York incontra Berlino in questo gastropub molto frequentato, le cui bistecche, hamburger e patatine godono di fama ben meritata. Affondate i denti in un grosso e sgocciolante hamburger di carne bovina angus appena macinata, infilato in mezzo a un panino tostato all'inglese (sì, ci si sporca – è a quello che serve la carta da cucina!). È tutto fatto in casa: le salse, i condimenti e anche il cheesecake.

GUGELHOF
FRANCESE €€

Cartina p378 (☎4429229; www.gugelhof.de; Knaackstrasse 37; portate principali €7,50-23; ⊗16-24 lun-ven, dalle 10 sab e dom; ⓊSenefelderplatz) Questa perla della cucina regionale francese balzò agli onori della cronaca per aver sfamato Bill Clinton nel 2000, ma per fortuna da allora non si è montata la testa. Il cuoco rimane bene con i piedi per terra con piatti rustici come la *choucroute* (uno stufato a base di crauti), la fonduta di formaggi, i *Flammkuchen* e altre specialità alsaziane, oltre a creativi piatti del giorno. È ottima la scelta di vini tedeschi e francesi.

NEUGRÜNS KÖCHE
TEDESCO €€€

Cartina p378 (☎4401 2092; www.neugruenskoeche.de; Schönhauser Allee 135a; portate principali €21, 4 portate a cena €43; ⊗cena mar-sab; ⓊEberswalder Strasse) Gli ingredienti freschi si sposano meravigliosamente l'uno l'altro in questo ristorante dall'atmosfera casalinga, dove i cuochi preparano con passione due nuovi menu da quattro portate ogni sera. Uno focalizza l'attenzione sui sapori della cucina regionale, mentre l'altro si ispira alla cucina mediterranea. Non è nulla di particolarmente raffinato, ma una garanzia di buon cibo. L'unico difetto sono i tavoli troppo vicini l'uno all'altro che non consentono molta privacy.

I DUE FORNI
ITALIANO €€

Cartina p378 (☎4401 7373; Schönhauser Allee 12; pizza €6-12; ⊗12-24; ⓊSenefelderplatz) C'è un grande andirivieni nella sala di questo locale gestito da un gruppo di alternativi tutti italiani e qui è la pizza a spadroneggiare, non il cliente. I camerieri possono essere lenti e sgarbati, ma la clientela di modaioli tatuati, giovani studenti e famiglie bohèmien non si lascia scoraggiare, tanto sono buone le pizze. Con le pareti piene di scarabocchi e gli arredi in stile pseudo-rivoluzionario questo posto è la quintessenza di Berlino. Vi conviene prenotare se sperate di trovare posto tra le 20 e le 22.

AZNAVOURIAN
FRANCESE €€

Cartina p378 (☎4862 3131; www.aznavourian.de; Rykestrasse 2; portate principali €10-19; ⊗11-2; ⓊSenefelderplatz) Aznavourian è meravigliosamente francese come il cantante di *chanson* a cui deve il nome, Charles Aznavour. Fotografie in bianco e nero dell'artista si mescolano a grandi specchi e creano un'atmosfera intima, amplificata dalle candele sui tavoli in legno scuro. Andateci piano con la baguette e l'*aioli*

UNA GENTRIFICAZIONE DA MANUALE

Prenzlauer Berg, martellato dai bombardieri durante la seconda guerra ma non del tutto distrutto, è rimasto semi-abbandonato per decenni e i suoi grandiosi ma fatiscenti palazzi dell'Ottocento divennero la dimora di artisti, talenti creativi, intellettuali, omosessuali e dissidenti politici. Fu questa la comunità che verso la fine degli anni '80 si oppose ai piani del governo della Germania Est che voleva demolire i vecchi edifici, e la cui battaglia prevalse per un soffio. E furono sempre loro a sostenere la fiamma dell'opposizione che portò alla Rivoluzione Pacifica del 1989.

Dopo la caduta del Muro il quartiere divenne il centro della vita notturna e festaiola e fu il primo tra i *Kiez* dell'ex Berlino est a essere notato dagli immobiliaristi. Questi si accaparrarono per due soldi gli edifici decrepiti e spazzarono via i decenni di sporcizia per rivelare facciate meravigliose e interni decorati a stucco. Al giorno d'oggi i loft restaurati elegantemente sono stati occupati da una borghesia di professionisti intellettuali e dalla provenienza internazionale, tra cui molti da Francia, Italia, Gran Bretagna e Stati Uniti.

Questi ultimi inquilini hanno rimpiazzato per quasi l'80% i vecchi residenti che erano già qui prima della riunificazione e che, molto banalmente, non potevano più farsi carico degli affitti in continua crescita o che avevano la sensazione di non appartenere più a un quartiere con un caffè alla moda dopo l'altro. Il cambiamento nella composizione demografica ha anche decretato la morte di molti locali notturni di lunga data, che si sono arresi agli investitori immobiliari (come il Klub der RepubliK e l'Icon) o sono stati tartassati di reclami da parte dei vicini sensibili ai rumori (come il Knaack e il Magnet).

---

scaccia-vampiri, o non avrete più appetito per gustare bouillabaisse, insalata *niçoise*, coq au vin, lumache *à la bourguignonne* e altri classici transalpini. Buon rapporto qualità-prezzo a pranzo.

SI AN
VIETNAMITA €€

Cartina p378 (4050 5775; www.sian-berlin.de; Rykestrasse 36; portate principali €7-11; 12-24; Eberswalder Strasse) Sian Truong era il gestore di Monsieur Vuong a Mitte, il locale che diede il via alla moda della cucina vietnamita a Berlino. Questo elegante ristorante di sua proprietà è molto meno frenetico e accoglie un flusso costante di hipster dall'aria scompigliata, mamme di ritorno dallo yoga e anche qualche VIP, di tanto in tanto. Ogni cosa è preparata fresca e in modo salutare, con ingredienti di stagione e ricette tradizionali provenienti dai vecchi monasteri del Vietnam. Quando avete finito rilassatevi nella sala da tè adiacente.

SCHUSTERJUNGE
TEDESCO €€

Cartina p378 (442 7654; Danziger Strasse 9; portate principali €5-12; 11-24; Eberswalder Strasse) In questo rustico pub che fa angolo, il fascino autentico berlinese è dispensato in piccole dosi con tanta trascuratezza quanto è buona la cucina casalinga. Grandi piatti di goulasch, maiale arrosto e *Sauerbraten* saziano sia la fame sia lo spirito, proprio come le birre locali Bürgerbräu e Bernauer Schwarzbier.

LA MUSE GUEULE
FRANCESE €€

Cartina p378 (4320 6596; Sredzkistrasse 14; portate principali €8-16; cena; Eberswalder Strasse) Questo posto è il salotto della nutrita comunità francese di Prenzlauer Berg, ma è anche noto come pit stop prima di un evento alla Kulturbrauerei (p187) o come posto di ristoro dopo. La cucina regionale è senza troppe pretese, proprio come la clientela chiacchierona, e i piatti speciali scritti sulle lavagne dimostrano grande creatività. Vale la pena anche solo di limitarsi a un bicchiere di vino rosso corposo e a un semplice piatto di salumi e formaggi.

A MAGICA
ITALIANO €

Cartina p378 (2280 8290; Greifenhagener Strasse 54; pizze €5-10; 16-24; Schönhauser Allee, M1) Questa pizzeria sempre piena serve con brio pizze napoletane appena uscite dal forno a legna, che si può ammirare dai tavoli nell'accogliente sala da pranzo illuminata da candele. Si sposano bene a fruttato vino rosso della casa, servito in bicchieri da acqua. Venite presto perché dalle 20 in poi gli aficionados si accaparrano tutti i tavoli.

KONNOPKE'S IMBISS
CURRYWURST €

Cartina p378 (Schönhauser Allee 44a; würstel €1,30-1,70; ⏱10-20 lun-ven, 12-20 sab; Ⓤ Eberswalder Strasse) Affrontate coraggiosamente l'inevitabile coda per godervi un ottimo Currywurst in uno dei chioschi di würstel più iconici della città, che si mostra oggi in una nuova veste in vetro luccicante ma che è rimasto nello stesso posto storico sin dal 1930.

DAIRY
CUCINA INTERNAZIONALE €

Cartina p378 (www.thedairy.de; Raumerstrasse 12; portate principali €3-8; 📶; Ⓤ Eberswalder Strasse, 🚊M1) Di certo durante il giorno i caffè alternativi non mancano a Prenzlauer Berg, ma questo buco su Helmholtzplatz, di proprietà di un neozelandese, ha attirato la nostra attenzione per l'eccellente caffè, i dolci come quelli della nonna, i panini ben imbottiti e le specialità del giorno fatte in casa e annotate su una lavagna: chi vuole uno stufato di carne e Guinness o un panino di carne di cinghiale?

W-DER IMBISS
FUSION €

Cartina p378 (www.w-derimbiss.de; Kastanienallee 49; piatti €2-8; ⏱12-24; 🍴; Ⓤ Rosenthaler Platz, 🚊M1) W, l'amorevole prodotto dell'unione della cucina italiana con quella indiana, è famoso per le pizze naan, appena cotte nel forno tandoor e ricoperte di ingredienti di ogni genere che fanno venire l'acquolina in bocca, come formaggio di capra o salmone affumicato o guacamole. Le pietanze al curry cotte nel wok e le simil-piadine arrotolate sono anch'esse molto saporite, mentre il succo di mela con un'aggiunta di spirulina vi eviterà una sbornia.

NAKED LUNCH
CUCINA INTERNAZIONALE €€

Cartina p378 (📞3034 6461; www.naked-lunch.net; Anklamer Strasse 38, 2° cortile; portate principali €8-18; ⏱11.30-17 lun, 11.30-22.30 mar-ven, 10-17 sab e dom; Ⓤ Bernauer Strasse) Quest'oasi di puristi, infilata in fondo al cortile di un palazzo occupato da aziende emergenti gestite da sole donne, non ha niente a che vedere con l'omonima opera letteraria di William S. Burroughs; l'ambiente è quello di un semplice caffè durante il giorno ma la sera si trasforma in un ristorante con qualche pretesa in più. 'Naked' (nudo) si riferisce alla completa assenza di insaporitori artificiali nel cibo.

ULA BERLIN
GIAPPONESE €€€

Cartina p378 (www.ula-berlin.com; Anklamer Strasse 8; portate principali €16-29; ⏱cena mar-dom; Ⓢ Bernauer Strasse) *Ula* in giapponese significa 'inaspettato' e infatti questo salotto all'avanguardia va ben oltre il classico sushi e offre invitanti bocconcini della cucina giapponese moderna, come l'arrosto insaporito con il sesamo o l'orata alla griglia con salsa di agrumi. Il proprietario, nonché chef, proviene direttamente da Tokyo, il che garantisce grande autenticità alla sua cucina. Gli interni eleganti gli forniscono immediatamente un aspetto mondano. Si trova 360 m a nord dell'incrocio tra Invalidenstrasse e Ackerstrasse.

🍷 LOCALI E VITA NOTTURNA

TOP PRATER
BIERGARTEN

Cartina p378 (📞448 5688; www.pratergarten.de; Kastanienallee 7-9; ⏱dalle 12 apr-set; Ⓤ Eberswalder Strasse) Il Biergarten più antico di Berlino (aperto fin dal 1837) ha mantenuto pressoché intatto il suo fascino tradizionale ed è un posto fantastico dove fare una pausa sorseggiando una birra fresca all'ombra dei vecchi castagni (il servizio è self-service). I bambini possono divertirsi nel parco giochi. Durante l'inverno o quando è brutto tempo ci si può rifugiare nel ristorante in legno lì a fianco, che è un piacevole posto dove gustare piatti tradizionali (portate principali da €8 a €19).

BECKETTS KOPF
BAR

Cartina p378 (www.becketts-kopf.de; Pappelallee 64; ⏱mar-dom; Ⓤ Ⓢ Schönhauser Allee, 🚊12) Dietro alla testa di Samuel Beckett esposta in vetrina, l'arte di miscelare i cocktail viene presa molto seriamente. Entrate nella stanza dalla calda illuminazione, accomodatevi in una pesante poltrona color vino e ammirate i baristi che mescolano con destrezza superalcolici, succhi di frutta e altri ingredienti segreti in intrugli tradizionali e creazioni nuove che sono un piacere per tutti i sensi.

MARIETTA
CAFFÈ, BAR

Cartina p378 (📞4372 0646; www.marietta-bar.de; Stargarder Strasse 13; ⏱dalle 10; Ⓤ Ⓢ Schönhauser Allee, 🚊M1) Lo stile retrò torna di moda in questo ritrovo di quartiere dal servizio self-service, dove potete guardare il traffico di passanti sulla via attraverso le grandi finestre o portare le vostre bevande nella saletta sul retro dalle luci soffuse per una chiacchierata in tranquillità. Il mercoledì sera la scena omosessuale locale fa una tappa qui prima di andare a ballare.

AUGUST FENGLER
BAR

Cartina p378 (www.augustfengler.de; Lychener Strasse 11; U Eberswalder Strasse, M1) Con un'atmosfera adatta ai flirt, un'infuocata pista da ballo e il calcio balilla nello scantinato, questo pub, che è un'istituzione in zona, si aggiudica una bella tripletta di ingredienti chiave per fare di una serata un successo. In più i prezzi delle bevande sono contenuti, il personale al bar è simpatico e la clientela senza pretese. È l'ideale verso il finire della notte quando ancora si ha voglia di un ultimo drink.

ST GAUDY CAFE
CAFFÈ

Cartina p378 (4435 0732; www.gaudycafe.com; Gaudystrasse 1; 8-20, più tardi se c'è un evento; U S Schönhauser Allee, M1) Questo locale senza pretese, situato in un ex pub della Germania Est, è accogliente e piacevole quanto l'abbraccio di un vecchio amico. È gestito da immigrati di madrelingua inglese per una clientela di loro compaesani e ha un programma molto ricco che spazia da concerti a giochi e quiz fino alle serate bisettimanali di scambio linguistico tedesco-inglese. Alle fantastiche torte e ai piatti vegetariani si aggiunge uno dei migliori cappuccini in città.

ANNA BLUME
CAFFÈ

Cartina p378 (4404 8749; www.cafe-anna-blume.de; Kollwitzstrasse 83; 8-2; U Eberswalder Strasse) Un profumo forte di caffè e torte fatte in casa si unisce a quello dei fiori provenienti dal negozio adiacente in questo caffè d'angolo, dagli interni Jugendstil, che deve il suo nome al poema di Kurt Schwitters. Quando il tempo è bello è l'osservatorio ideale di ciò che accade in strada. Fantastiche sono le colazioni, specialmente il vassoio a più piani per due persone.

MORNING GLORY
CAFFÈ

Cartina p378 (Kastanienallee 35; 8.30-18 nov-marzo, 8.30-20 apr-ott; U Eberswalder Strasse, M1) Questa gemma colorata ma non appariscente, situata sul lato soleggiato di Kastanienallee, è il posto ideale per combattere i postumi di una sbornia con uno frullato pieno di vitamine, per leggere sorseggiando un eccellente cappuccino o per riprender forze con un bel panino. Il personale gentile è un beneficio aggiunto alla già piacevole atmosfera.

MAUERSEGLER
BIERGARTEN

Cartina p378 (9788 0904; www.mauersegler-berlin.de; Bernauer Strasse 63; 11-2 mag-ott, 9-19 dom tutto l'anno; U Eberswalder Strasse) Mamme che spingono i passeggini, marmocchi dotati di iPad e studenti dall'aria rilassata si riuniscono in questo Biergarten vivace e romantico per una birra fresca, una fetta di torta e carne alla griglia. Siccome fa parte del Mauerpark (p185), è particolarmente affollato durante il mercatino delle pulci domenicale. Controllate sul sito quando hanno luogo concerti dal vivo e feste o quando trasmettono in diretta eventi sportivi.

DECK 5
BAR

Cartina p378 (www.freiluftrebellen.de/deck-5; Schönhauser Allee 80; 10-24, in estate solo con il bel tempo; U S Schönhauser Allee, M1) Godetevi il tramonto in questo beach bar alto quanto il cielo, mentre affondate le dita dei piedi nella sabbia che è stata portata fin qua, in cima al tetto del centro commerciale Schönhauser Arkaden. Si prende l'ascensore da dentro il centro commerciale o si può salire gli infiniti giri di scale da Greifenhagener Strasse.

BONANZA COFFEE HEROES
CAFFÈ

Cartina p378 (0171 563 0795; Oderberger Strasse 35; 8.30-19 lun-ven, 10-19 sab e dom; U Eberswalder Strasse) Se i termini Synesso Cyncra e 'third-wave coffee' per voi non sono solo 'supercazzole', allora parlate la stessa lingua di Kiduk e Yumi, i proprietari di questo minuscolo tesoro per caffè-dipendenti. È aperto solo di giorno e spesso è pieno zeppo.

BAR GAGARIN
CAFFÈ, BAR

Cartina p378 (442 8807; www.bar-gagarin.com; Knaackstrasse 22-24; 10-2; U Senefelderplatz) Preparatevi al decollo con vodka, birra Moskwa e borscht in questo bar retrò che rende omaggio all'astronauta sovietico Yuri Gagarin, il primo uomo nello spazio. È uno dei tanti caffè sulla Knaackstrasse e offre buone colazioni e un brunch domenicale. In bagno offre ai clienti anche articoli da toeletta.

KAFFEE PAKOLAT
CAFFÈ

Cartina p378 (Raumerstrasse 40; 10-19 lun-ven, 10-18 sab e dom; U Eberswalder Strasse, M1) Viaggiate indietro nel tempo fino all'Ottocento in questo caffè vecchio stile, con annesso negozio; il caffè è macinato in loco, il pane e le torte sono preparate nella panetteria sul retro e i soldi vengono depositati in un rumoroso registratore di cassa del 1913. Il mobilio d'epoca, i cartelli smaltati e un personale gentile e per nulla frettoloso completano perfettamente l'illusione. Si può fare colazione o prendere uno spuntino.

WOHNZIMMER BAR — BAR
Cartina p378 (445 5458; Lettestrasse 6; 10-4; Eberswalder Strasse) Crogiolatevi nel fascino vintage di questo 'soggiorno' (la traduzione di *Wohnzimmer*), dove una clientela chiacchierona si ritrova per una colazione vegetariana, un pezzo di torta o una birra tra i divani e poltrone spaiati, da mercatino delle pulci. La sera è pieno di gente ma durante il giorno può essere molto più tranquillo.

BASSY — CLUB
Cartina p378 (281 8323; www.bassy-club.de; Schönhauser Allee 176a; lun-sab; Senefelderplatz) La maggior parte dei clienti qui è nata dopo Woodstock ma è felicissima di cavalcare l'onda revival di questo buio locale, kitch ma simpatico, che si dedica unicamente alla musica antecedente al 1969 – surf music, rockabilly, swing, R&B e qualunque altro genere riesca a far ballare la gente. Ad arricchire il programma ci pensano inoltre concerti, spettacoli di burlesque e cabaret, e la famosa serata gay settimanale Chantals House of Shame.

ROADRUNNER'S CLUB — CLUB
Cartina p378 (www.roadrunners-paradise.de; 3° cortile, Saarbrücker Strasse 24; Senefelderplatz) Un tempio del rock and roll per la gioventù bruciata. Ragazze con la sottogonna e ragazzi con i capelli impomatati all'indietro invadono il locale per serate spettacolari di rockabilly in un mondo di fantasia che ricostruisce gli interni americani anni '50 e '60 nel retro di un labirintico ex birrificio dai bei mattoni rossi. Non dovete per forza adeguarvi a questo look per ballare ai concerti e alle serate speciali (v. il sito web per il calendario degli eventi).

GREIFBAR — GAY BAR
Cartina p378 (444 0828; www.greifbar.com; Wichertstrasse 10; 22-6; Schönhauser Allee) 'Men-Film-Cruising': il motto del Greifbar riassume che cosa ci si può aspettare da questo bar storico di Prenzlauer Berg, dove la clientela è un mix di jeans, sneaker, cuoio e pelle che si annusano l'un l'altro sotto il grande schermo che trasmette in continuazione video nella confortevole zona bar prima di ritirarsi nella dark room sul retro. Il lunedì le birre costano la metà.

⭐ DIVERTIMENTI

DOCK 11 — DANCE
Cartina p378 (448 1222; www.dock11-berlin.de; Kastanienallee 79; Eberswalder Strasse, M1) Per spettacoli di danza sperimentale e all'avanguardia ci sono pochi posti migliori di questo locale senza troppe pretese, ricavato negli spazi di una ex fabbrica. Molti degli spettacoli sono produzioni originali ideate in loco in concomitanza con corsi di danza e workshop offerti durante la settimana.

LICHTBLICK KINO — CINEMA
Cartina p378 (4405 8179; www.lichtblick-kino.org; Kastanienallee 77; Eberswalder Strasse, M1) Nel cinema più piccolo di Berlino, con posto per soli 32 cinefili, non potrete mai sedere nella

---

TOUR DEI BUNKER DELLA SECONDA GUERRA MONDIALE

Dopo che avrete visitato la Porta di Brandeburgo e la torre TV perché non esplorare il ventre scuro e nascosto di Berlino? Partecipate ad un appassionante tour di **Berliner Unterwelten** (4991 0517; www.berliner-unterwelten.de; Brunnenstrasse 105; interi/ridotti €10/8; tour in inglese alle 11 mer-lun, in italiano sab alle 11.30, chiuso mer dic-feb; Gesundbrunnen) che vi farà scoprire i bunker sotterranei della seconda guerra mondiale e vi consentirà di vagare dentro al dedalo di stanze dai soffitti bassi, passare attraverso le pesanti porte di acciaio e di fianco a letti di ospedale, elmetti, pistole, stivali e frecce fosforescenti indicanti le uscite. Le guide riporteranno in vita le storie drammatiche ma interessanti di migliaia di cittadini berlinesi che affollavano queste stanze, stipati e impauriti, mentre una pioggia di bombe cadeva sulla città. Vengono anche offerti tour di cinque ore, di cui uno comprende anche la visita a una torretta per l'anti-aerea usata durante la guerra. I biglietti si comprano presso il padiglione situato di fronte all'uscita sud della stazione della U-Bahn di Gesundbrunnen (davanti a Kaufland).

poltrona sbagliata. È gestito da un collettivo culturale e gode di una certa fama per il suo programma eclettico che spazia da ottime retrospettive a documentari politici, da corti a film 'made in Berlin' fino a pellicole internazionali d'avanguardia. Luis Buñuel viene onorato in modo speciale con un programma apposito ogni anno nel giorno del suo compleanno, il 22 febbraio.

KOOKABURRA
SPETTACOLI COMICI

Cartina p378 (4862 3186; www.comedyclub.de; Schönhauser Allee 184; Rosa-Luxemburg-Platz) Questo 'comedy club' che sembra il salotto di una casa colleziona risate in un ambiente piacevole, in quello che era l'ufficio di una banca. Il martedì sera e il sabato sera tardi (dalle 23.45 in poi) un gruppo di comici di madrelingua inglese trasforma aneddoti quotidiani in una divertentissima commedia. Tra gli altri spettacoli offerti ci sono quelli dedicati all'improvvisazione o serate a microfono aperto e l'inimitabile show di burlesque Fish & Whips.

🛍 SHOPPING

Kastanienallee e Oderberger Strasse sono famose per la moda made in Berlin e per lo streetwear. Altri negozietti indipendenti si trovano lungo Stargarder Strasse e le vie intorno a Helmholtzplatz, specialmente il tratto meridionale di Dunckerstrasse. Chi è in cerca di capi particolari dovrebbe avviarsi verso Mauerpark e Arkonaplatz per andare in cerca di tesori nei mercatini delle pulci. Per necessità di tutti i giorni recatevi al centro commerciale Schönhauser Allee ArKaden, proprio vicino all'omonima stazione della U-/S-Bahn.

TOP FLAGSHIPSTORE
MODA

Cartina p378 (4373 5327; www.flagshipstore-berlin.de; Oderberger Strasse 53; 12-20 lun-sab; Eberswalder Strasse, M1) Beata e Johanna sono due geni quando si tratta di trovare il migliore abbigliamento streetwear, magari in edizione limitata e probabilmente opera di un giovane marchio berlinese (come Hazelnut, Betty Bund, Stoffbruch ecc), nonché qualche capo d'importazione. È in vendita abbigliamento non convenzionale ma facilmente indossabile per uomo e per donna, oltre a un mucchio di accessori. Senza dubbio uno dei negozi più interessanti della zona.

LUXUS INTERNATIONAL
ARTICOLI REGALO, SOUVENIR

Cartina p378 (4432 4877; www.luxus-international.de; Kastanienallee 101; 11-20 lun-ven, 13.30-19.30 sab; Eberswalder Strasse, M1) Gli spiriti creativi a Berlino di certo non mancano, ma non molti di loro riescono a permettersi un negozio tutto loro. Qui subentra Luxus International, un negozio dall'idea unica, che affitta uno o due scaffali ai designer per mettere in mostra le loro creazioni: magliette, borsoni, posaceneri, lampade, candele, tazze ecc.. Non si sa mai cosa si possa trovare, ma state certi che sarà una creazione originale di Berlino.

TA(U)SCHE
ACCESSORI

Cartina p378 (40301770; www.tausche.de; Raumerstrasse 8; 11-20 lun-ven, to 18 Sat; Eberswalder Strasse) Heike Braun e Antje Strubels, due architetti paesaggisti, sono le menti dietro a questa serie di ingegnose borse da tracolla, il cui risvolto è attaccato con una cerniera e per questo interscambiabile in pochi secondi. Le borse sono di 11 diverse misure e al momento dell'acquisto sono inclusi due risvolti. Se ne possono comprare altri separatamente, così come diversi inserti per l'interno della borsa, a seconda se dovete usarla per trasportare un computer portatile, una macchina fotografica o per i pannolini dei bimbi.

FLOHMARKT AM ARKONAPLATZ
MERCATINO DELLE PULCI

Cartina p378 (www.mauerparkmarkt.de; Arkonaplatz; 10-16 dom; Bernauer Strasse) Questo piccolo mercatino delle pulci, circondato da caffè dove mangiare un boccone ristoratore, vi lascerà cavalcare l'onda vintage con numerosi e splendidi pezzi d'arredamento, accessori, vestiti, vinili e libri, oltre a qualche cianfrusaglia dell'epoca della Germania Est. Si può visitare facilmente in combinazione con il vicino mercatino del Mauerpark (p185).

KOLLWITZPLATZMARKT
MERCATO

Cartina p378 (Kollwitzstrasse; 12-19 gio, 9-16 sab; Senefelderplatz) Il mercato dei contadini più chic di Berlino offre tutto ciò di cui avete bisogno per organizzare un picnic o un pasto. Vellutato gorgonzola, prosciutto affumicato con bacche di ginepro, croccante pane di lievito naturale e pesto fatto in casa sono alcune delle delizie che eleganti signore del posto in tacchi alti vengono a cercare qui. Al sabato ci sono anche bancarelle di prodotti d'artigianato.

ERFINDERLADEN
ARTICOLI REGALO, SOUVENIR

Cartina p378 (www.erfinderladen-berlin.de; Lychener Strasse 8; UEberswalder Strasse, M1) Un taccuino che si può usare sotto la doccia, un portacarta igienica ricavato da vecchi vinili, uno spray scaccia-mostri per i vostri bambini: il Negozio dell'Inventore è strapieno di oggetti che variano dallo stravagante al bizzarro, dall'elegante all'utile. Date anche un'occhiata ai prototipi nel piccolo museo sul retro.

SAINT GEORGES
LIBRI

Cartina p378 (8179 8333; www.saintgeorgesbookshop.com; Wörther Strasse 27; 11-20 lun-ven, 11-19 sab; USenefelderplatz) Tranquilla e senza pretese la libreria Saint Georges è un indirizzo di alta qualità per comprare opere di narrativa o saggistica con tema Berlino, sia nuove che usate. Già solo nella sezione di storia si potrebbero perdere ore intere (con l'aiuto dei divani Chesterfield).

GOLDHAHN & SAMPSON
GASTRONOMIA

Cartina p378 (4119 8366; www.goldhahnundsampson.de; Dunckerstrasse 9; 8-20 lun-ven, 10-20 sab; UEberswalder Strasse) Sale rosa dell'Himalaya, olio di argan del Marocco e croccante pane tedesco sono alcune delle prelibatezze messe in mostra in modo invitante in questa elegante 'galleria gastronomica'. I proprietari Sasha e Andreas ricercano personalmente ogni prodotto, molti dei quali sono rari da trovare, da agricoltura biologica e provenienti da piccoli produttori. Potete cercare ispirazione nella sezione dedicata ai libri di cucina o prenotando una lezione nella scuola di cucina in loco.

RATZEKATZ
GIOCATTOLI

Cartina p378 (681 9564; www.ratzekatz.de; Raumerstrasse 7; 10-19 lun-sab; UEberswalder Strasse) Questo negozio adorabile, pieno zeppo di giocattoli di qualità, è balzato in prima pagina qualche anno fa, quando Angelina Jolie e suo figlio Maddox hanno comprato qui un assortimento di dinosauri degno di Jurassic Park. Anche senza i riflettori delle celebrità puntati addosso, è un posto piacevole che offre di tutto, dalle macchinine e i camion della Siku ai puzzle della Ravensburger, dai Lego a montagne di animali di peluche.

VEB ORANGE
ARTICOLI REGALO, SOUVENIR

Cartina p378 (97886886; www.veborange.de; Oderberger Strasse 29; 10-20 lun-sab; UEberswalder Strasse) Viva lo stile retrò! Questo negozio, con la sua selezione degli oggetti più belli degli anni '60 e '70, vi ricorderà quanto fosse colorato e divertente (e a base di plastica) l'arredamento di quell'epoca. VEB Orange vende qualunque tipo di accessori, vestiti, lampade e mobilio arancione, spesso in quel lezioso eppure irresistibile stile DDR.

AWEAR
MODA

Cartina p378 (www.above-berlin.de; Kastanienallee 75; 12-20 lun-ven, 12-19 sab; UEberswalder Strasse, M1) Questo negozio trendy di streetwear segue l'ultima moda del momento in fatto di cappelli, felpe col cappuccio, scarpe da ginnastica, magliette e molto altro delle marche Dr Denim, Sixpack France, Wood Wood, Just Female, dico Copenhagen e numerose altre etichette tra le preferite di chi veste all'ultimo grido.

COLEDAMPF'S CULTURCENTRUM
CASALINGHI

Cartina p378 (4373 5225; www.coledampfs.de; Wörther Strasse 39; 10-20 lun-ven, 10-18 sab; USenefelderplatz) Questo è il parcogiochi ideale per i cuochi, pieno com'è di qualunque utensile, sia utile che frivolo. State certi che troverete qualcosa di cui non potete fare a meno tra i circa 8000 oggetti in vendita qui, da lucide padelle in rame a rotelle per tagliare i ravioli, da bicchieri per il tè freddo alle caffettiere.

THATCHERS
MODA

Cartina p378 (2462 7751; www.thatchers.de; Kastanienallee 21; 11-19; UEberswalder Strasse, M1) I veterani della scena della moda berlinese Ralf Hensellek e Thomas Mrozek si sono specializzati in capi d'abbigliamento di alta sartoria che sono al tempo stesso femminili e versatili. I loro intelligenti vestiti, gonne e camicie hanno un aspetto quasi noioso sull'attaccapanni, ma si trasformano indossati e possono funzionare sia in ufficio che per una cena o una serata fuori – e non passano di moda così velocemente. C'è una seconda sede nel quarto cortile degli **Hackesche Höfe** (cartina p368; 2758 2210; Rosenthaler Strasse 40-41; 11-20 lun-ven, 11-18 sab; SHackescher Markt).

A ovest del centro e Charlottenburg

SCHLOSS CHARLOTTENBURG | KURFÜRSTENDAMM

I top 5

1 Stupirsi dello stile di vita alla corte prussiana allo **Schloss Charlottenburg** (p199), poi rilassarsi con un picnic vicino allo stagno con le carpe nel parco del castello.

2 Assaggiare di tutto nel reparto gastronomia del grande magazzino **KaDeWe** (p210), una tentazione continua.

3 Riflettere sulla futilità della guerra alla **Kaiser-Wilhelm-Gedächtniskirche** (p204), una chiesa affascinante e ancora maestosa, se pure in rovina.

4 Tornare ai 'ruggenti' anni Venti divertendosi al cabaret retrò del **Bar Jeder Vernunft** (p209).

5 Scavare in profondità nel tumultuoso passato di Berlino nello **Story of Berlin** (p205).

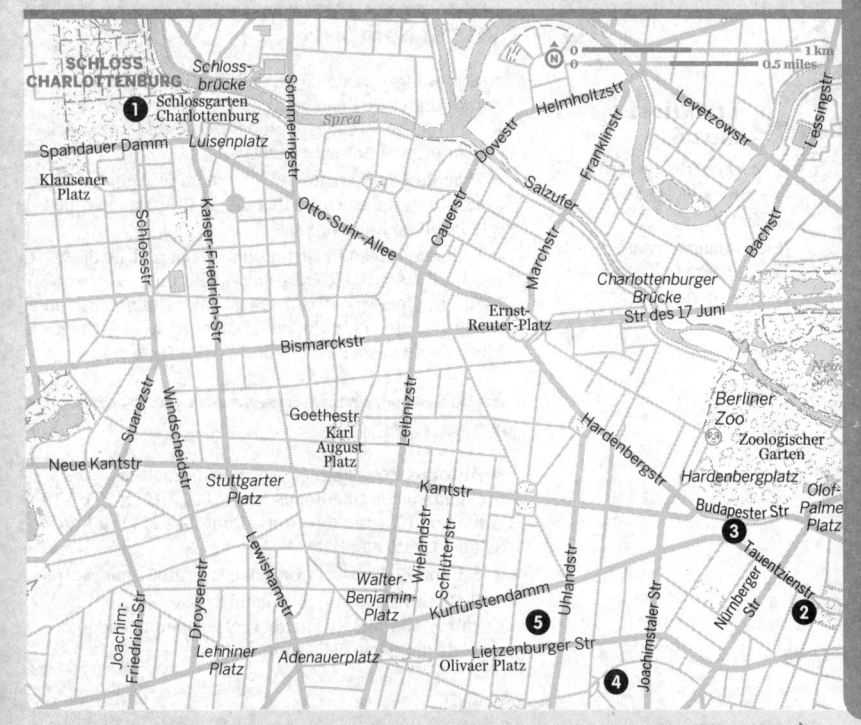

Per maggiori dettagli v. cartine p381 e p382

Il consiglio Lonely Planet

Prendete una sedia a sdraio e godetevi un film sotto le stelle avendo sullo sfondo il magnifico Schloss Charlottenburg (luglio e agosto). Per sapere in dettaglio il programma andate al sito www.openaircharlottenburg.de.

I migliori ristoranti

➡ Osteria Centrale (p206)
➡ Ottenthal (p208)
➡ Good Friends (p206)
➡ Mr Hai Kabuki (p206)

V. p205 ➡

I migliori locali

➡ Gainsbourg (p208)
➡ Puro Skylounge (p209)
➡ Universum Lounge (p209)

V. p208 ➡

I migliori musei

➡ Museum Berggruen (p201)
➡ Käthe-Kollwitz-Museum (p203)
➡ Sammlung Scharf-Gerstenberg (p201)
➡ Story of Berlin (p205)

V. p203 ➡

Vetrina scintillante di Berlino Ovest durante la Guerra Fredda, Charlottenburg è un paradiso per i maniaci dello shopping, per i fanatici di 'teste coronate' e per chi sceglie spettacoli di cultura. Sull'arteria principale – Kurfürstendamm – si susseguono boutique di moda, negozi di grandi marche e grandi magazzini, tra cui il KaDeWe, sulla vicina Tauentzienstrasse, è il paese di cuccagna. Altri negozi si scorgono nelle alberate vie laterali, in mezzo a tranquilli caffè, ristoranti di quartiere e pub vecchio stile.

Eclissata dal centro storico di Mitte e dagli altri quartieri orientali dopo la riunificazione, Charlottenburg sta oggi facendo di tutto per far convergere di nuovo su di sé le luci del palcoscenico con la costruzione di nuovi edifici e la ristrutturazione di altri, soprattutto nella zona che ha al centro la stazione ferroviaria Zoologischer Garten.

Nel 2012 i 32 piani del Waldorf Astoria Hotel hanno drasticamente cambiato lo skyline. Nei pressi radicali lavori di ristrutturazione interessano lo storico cinema Zoopalast, che un tempo ospitava le celebrità della Berlinale, e la cosiddetta Bikinihaus adiacente, che fino a poco tempo fa ospitava negozi di souvenir.

A circa 3,5 km verso nord-ovest lo Schloss Charlottenburg non solo è un palazzo reale splendidamente conservato ma possiede anche un delizioso parco ed è circondato da tre ottimi musei. Se volete rendere giustizia a questa zona della città dedicatele almeno una giornata.

Vita di quartiere

➡ **Shopping** Passate da una all'altra delle filiali di grandi marche e delle boutique di fascia alta lungo il Ku'damm e le strade laterali e finite con il tempio del consumismo, l'immenso KaDeWe (p210).

➡ **Piccola Asia** Cercate il vostro ristorante cinese preferito tra i locali autentici della Little Asia berlinese (p208) lungo Kantstrasse.

➡ **Cultura** Applaudite le produzioni operistiche di alto livello, nonché le esibizioni dei Berliner, alla vasta Deutsche Oper (p209) e alla Staatsoper Unter den Linden (p209), esiliata a Charlottenburg mentre la sede storica a Mitte è sottoposta a una radicale ristrutturazione.

Trasporti

➡ **Autobus** Zoologischer Garten è il capolinea occidentale per gli autobus 100 e 200. M19, M29 e X10 percorrono Kurfürstendamm. L'autobus M45 va fino a Schloss Charlottenburg.

➡ **S-Bahn** Zoologischer Garten è la stazione più centrale.

➡ **U-Bahn** Le stazioni di Uhlandstrasse, Kurfürstendamm e Wittenbergplatz sono quelle più comode per le vie dello shopping.

DA NON PERDERE
SCHLOSS CHARLOTTENBURG

Il castello di Charlottenburg è una raffinata residenza barocca e uno dei pochi luoghi a Berlino che ancora riflette la grandeur della dinastia degli Hohenzollern. È un posto magnifico, soprattutto in estate, quando potete fare una passeggiata tra il verde, prendere il sole o fare un picnic vicino a uno stagno dopo la visita a sale regali con un arredo sontuoso e finiture barocche e neoclassiche, nonché la più completa raccolta di dipinti francesi del XVIII secolo fuori dai confini nazionali.

La più grande e la più bella delle residenze reali ancora visibili a Berlino consiste di un palazzo principale e di tre strutture più piccole all'interno del delizioso Schlossgarten (il parco del castello), che è in parte allestito come giardini alla francese, in parte parco naturale in stile inglese e ovunque idilliaco spazio per giocare. Camminando per sentieri ombreggiati, prati e attorno a un laghetto con le carpe potreste incappare nel sobrio Mausoleo e nel delizioso Belvedere.

Altes Schloss
Nota anche come Nering-Eosander Bau dal nome dei due architetti che lo realizzarono, l'**Altes Schloss** (interi/ridotti €12/8; ⊙10-18 mar-dom apr-ott, 10-17 mar-dom nov-marzo, lun chiuso; ▢145, 309, Ⓤ Richard-Wagner-Platz, Sophie-Charlotte-Platz) è la parte centrale del palazzo, e la più antica. Davanti ad essa si erge la **statua equestre del Grande Elettore** (1699) di Andreas Schlüter. Le sale degli appartamenti barocchi di Federico I e di Sofia Carlotta sono decorate con opulenza e sfarzo, impreziosite da stucchi e broccati. Quelle più famose sono la **Galleria di quercia**, una sala per le feste con le pareti rivestite di pannelli di legno piena di ritratti di famiglia, la graziosa **Sala ovale** con vista sui giardini alla francese, la camera

IN PRIMO PIANO
➡ Gli appartamenti di Federico il Grande nella Neuer Flügel

➡ Una passeggiata nello Schlossgarten

➡ I dipinti di maestri francesi nell'Altes Schloss

➡ I sarcofagi nel Mausoleum

DA SAPERE
➡ cartina p381

➡ ⌕320 911

➡ www.spsg.de

➡ Spandauer Damm 20-24

➡ pass giornaliero interi/ridotti €15/11

➡ ▢145, 309, Ⓤ Richard-Wagner-Platz, Sophie-Charlotte-Platz

CONSIGLI

Ogni edificio ha un biglietto d'ingresso separato, quindi vi conviene prendere la *Tageskarte* (interi/ridotti €15/11), la tessera giornaliera che dà diritto all'ingresso a tutti. Venite da mercoledì a domenica, quando tutti gli edifici sono aperti, e arrivate presto, soprattutto nei weekend e in estate, quando le code possono essere lunghe.

Fotografate il castello dall'ingresso principale oppure dal laghetto delle carpe nello Schlosspark. Se volete prendere delle foto (a scopo non commerciale) degli interni dovete pagare un permesso (€3).

CONCERTI BAROCCHI

Vi sentirete come a corte assistendo nell'Orangerie a uno dei **Berliner Residenz Konzerte** (cartina p381; 258 1035; www.concerts-berlin.com; Spandauer Damm 22-24; in genere alle 20 mer, ven e sab; 145, 309, URichard-Wagner-Platz, Sophie-Charlotte-Platz), una rassegna di concerti di musica classica a lume di candela dove i musicisti indossano parrucche e abiti d'epoca interpretando musiche di Bach, Mozart, Händel o Haydn. Ci sono vari tipi di biglietti, uno dei quali prevede una cena prima del concerto.

da letto di Federico I, con la prima stanza da bagno mai allestita in un palazzo barocco, e la **Cappella Eosander**, con i suoi archi *trompe l'œil*. La passione del re per le porcellane cinesi e giapponesi si vede nella stupefacente **Sala delle porcellane**.

Al piano superiore vedrete altri simboli dello stile di vita regale, come dipinti, vasi, arazzi, armi, porcellane e un servizio da tavola d'argento di 2600 pezzi.

Neuer Flügel

La sale più belle del palazzo sono le spettacolari camere private di Federico il Grande nella **Neuer Flügel** (Ala nuova; interi/ridotti con audioguida €6/5; 10-18 mer-lun apr-ott, 10-17 mer-lun nov-marzo; M45, 309, URichard-Wagner-Platz, Sophie-Charlotte-Platz), progettate nel 1746 dall'allora architetto *du jour* Georg Wenzelaus von Knobelsdorff. La Sala dei banchetti, un confettino tutto bianco, e la Galleria d'oro, una fantasia rococò di decorazioni in filigrana dorata e specchi, sono assolutamente da vedere. In altre sale sono esposti dipinti del XVIII secolo di artisti francesi come Watteau, Boucher e Pesne. Altrettanto interessante è l'appartamento della regina Luisa (1776–1810), moglie del re Federico Guglielmo III, recentemente riallestito. Notate i candelabri a braccio, i mobili d'epoca e le tappezzerie di seta dipinta a mano. Da novembre 2012 a metà del 2014 la Neuer Flügel è sottoposta a restauri e al momento della vostra visita potrebbe essere parzialmente o totalmente chiusa.

Neuer Pavillon

Tornato da un viaggio in Italia, Federico Guglielmo III (r. 1797-1848) chiese a Karl Friedrich Schinkel di progettare il **Neuer Pavillon** (Padiglione nuovo; interi/ridotti con audioguida €4/3; 10-18 mar-dom apr-ott, 10-17 nov-marzo, lun chiuso; 309, URichard-Wagner-Platz, Sophie-Charlotte-Platz) come rifugio estivo sul modello della Villa Reale del Chiatamone di Napoli. Dopo cinque anni di restauro, il palazzo in miniatura ospita di nuovo i capolavori di Caspar David Friedrich, Eduard Gaertner e Carl Blechen. Le sale al pianterreno hanno mobili in stile Biedermeier e molti pezzi originali.

Belvedere

Il minuscolo **Belvedere** (interi/ridotti €3/2,50; 10-18 mar-dom apr-ott, lun chiuso; USophie-Charlotte-Platz, poi 309, URichard-Wagner-Platz, poi 145) con la sua cupola inconfondibile, fu costruito nel 1788 come casa da tè per Federico Guglielmo II, che vi ascoltava musica da camera o partecipava a incontri spirituali con membri del mistico Ordine dei Rosa Croce. Oggi è uno sfondo elegante per la preziosa raccolta di porcellane realizzate dalle manifatture reali KPM.

Mausoleum

Nello Schlosspark, a ovest del laghetto delle carpe, il neoclassico **mausoleo** (interi/ridotti €2/1, acquisto dal distributore automatico; ⊙10-18 mar-dom apr-ott, lun chiuso; ☐145, 309, ⓤRichard-Wagner-Platz, Sophie-Charlotte-Platz) fu progettato come luogo dell'eterno riposo della regina Luisa, ma fu ampliato due volte per accogliere le salme di altri membri della famiglia reale, tra cui il marito di Luisa, Federico Guglielmo III, e il Kaiser Guglielmo I e sua moglie Augusta. I loro sarcofagi in marmo scolpito sono una vera opera d'arte. Altri membri della famiglia reale riposano nella cripta (chiusa al pubblico).

Sammlung Scharf-Gerstenberg

La **collezione Scharf-Gerstenberg** (cartina p381; ☏266 424 242; www.smb.museum/ssg; Schlossstrasse 70; interi/ridotti €10/5, biglietto cumulativo con Museum Berggruen e Museum für Fotografie €12/6; ⊙10-18 mar-dom, lun chiuso; ⓤSophie-Charlotte-Platz, poi ☐309, ⓤRichard-Wagner-Platz, poi ☐145) nelle ex scuderie reali propone il panorama completo dell'arte surrealista, tra cui un'ampia scelta di opere di René Magritte e Max Ernst insieme ai paesaggi onirici di Salvador Dalí e Jean Dubuffet. Pezzi pregiati tra i precursori dei surrealisti sono le spaventose incisioni di Francisco Goya e le terrificanti scene sotterranee di Giovanni Battista Piranesi.

Le proiezioni di film di Buñuel, Dalí e altri registi dimostrano in che modo l'estetica surrealista sia stata trasposta sullo schermo.

Museum Berggruen

Gli estimatori delle avanguardie artistiche del primo Novecento si sentiranno nel loro elemento al **Museum Berggruen** (cartina p381; ☏266 424 242; www.smb.museum/mb; Schlossstrasse 1; interi/ridotti €10/5, biglietto cumulativo con Sammlung Scharf-Gerstenberg e Museum für Fotografie €12/6; ⊙10-18 mar-dom, lun chiuso; ☐145, 309, ⓤRichard-Wagner-Platz, Sophie-Charlotte-Platz), reduce da un recente ampliamento. Picasso è particolarmente ben rappresentato con dipinti, disegni e sculture relativi a tutte le sue fasi creative. C'è spazio anche per il mondo emotivo di Paul Klee, per i ritagli di carta di Matisse, per le sculture di Giacometti ed esempi di arte africana che ispirarono sia Klee sia Picasso. Di quest'ultimo spiccano l'*Arlecchino seduto* dei primi periodi blu e

---

LA STORIA DEL CASTELLO

Lo Schloss Charlottenburg non è sempre stato così vasto e così sontuoso. Cominciò invece in modo modesto, come una piccola residenza estiva – chiamata Lietzenburg – per Sofia Carlotta, moglie dell'Elettore Federico III. Fu Arnold Nering a disegnare il progetto, che venne poi ampliato sul modello di Versailles da Johann Friedrich Eosander dopo che l'Elettore divenne re Federico I di Prussia nel 1701. Quando Sofia Carlotta morì nel 1705 il re diede al palazzo il suo nome.

I re che si susseguirono dedicarono molte attenzioni al palazzo, in particolar modo Federico il Grande, che fece costruire la spettacolare Neuer Flügel (p200). Alla fine dei lavori di ampliamento la facciata si estendeva per 505 m, solo 65 m meno del suo modello francese. Nel 1812, il palazzo a tre ali fu completato con la cupola coronata dalla statua dorata della dea Fortuna che si sposta mossa dal vento, facendone un'elegante banderuola.

La ricostruzione del castello, danneggiato dalle bombe nel 1943, divenne una priorità assoluta di Berlino Ovest quando nel 1951 il governo della Germania Est decise di radere al suolo l'unico altro palazzo degli Hohenzollern a Berlino, il Berliner Stadtschloss di Unter den Linden (anch'esso danneggiato). Quando nel 1966 la ristrutturazione venne completata, fu installata di nuovo nel cortile centrale la statua equestre del Grande Elettore (1699), opera di Andreas Schlüter.

Schloss Charlottenburg si trova circa 3 km a nord-ovest della Bahnhof Zoologischer Garten. L'accesso più spettacolare è da sud, dalla Schlossstrasse (scendete alla fermata della U-Bahn di Sophie-Charlotte-Platz), un viale alberato fiancheggiato da imponenti palazzi costruiti per i dignitari di corte.

ALLO SCHLOSS IN BATTELLO

Da aprile all'inizio di ottobre un bel modo per arrivare allo Schloss Charlottenburg è con un battello della **Stern und Kreisschiffahrt** (536 3600; www.sternundkreis.de; sola andata €15, andata e ritorno €20). Sia la crociera di 75 minuti lungo la Sprea sia quella di 3 ore che passa per il Landwehrkanal partono dai moli di Jannowitzbrücke di Mitte, vicino ad Alexanderplatz. Il molo dello Schloss Charlottenburg è appena fuori dall'angolo nord-est del parco.

C'è un delizioso caffè con tavolini all'aperto all'ombra nella Kleine Orangerie vicino all'entrata dei giardini pubblici. Se volete un vero pasto e una bella birra andate alla Brauhaus Lemke (p205), a poca distanza a piedi dal palazzo.

Interno del museo, Schloss Charlottenburg

rosa, audaci tele cubiste (come nel ritratto di George Braque) e morbide creazioni degli anni della maturità come *Il maglione giallo* del 1939.

Bröhan Museum

Il raffinato **Bröhan Museum** (cartina p381; 3269 0600; www.broehan-museum.de; Schlossstrasse 1a; interi/ridotti €6/4; 10-18 mar-dom, lun chiuso; Sophie-Charlotte-Platz, Richard-Wagner-Platz) pone sotto i riflettori gli stili decorativi in voga tra il 1889 e il 1939: Jugendstil, art déco e funzionalismo. Tra i pezzi più belli le sale tutte decorate e arredate dedicate a Hector Guimard e Peter Behrens, una galleria di dipinti della Berliner Sezession e un intero piano dedicato a Henry van de Velde.

Abguss-Sammlung Antiker Plastik

Se vi appassiona la scultura classica, proverete un vero piacere nel visitare questa **Collezione di calchi in gesso di arte plastica antica** (cartina p381; 342 4054; www.abguss-sammlung-berlin.de; Schlossstrasse 69b; ingresso libero; 14-17 gio-dom; Sophie-Charlotte-Platz, poi 309, Richard-Wagner-Platz, poi 145) nata per fornire modelli da riprodurre agli studenti dell'accademia. Attraverso 2000 riproduzioni che spaziano per 3500 anni di storia e sono rappresentative di culture molto diverse tra loro, come quelle minoica, romana o bizantina, potrete ripercorrere l'evoluzione dell'arte plastica. Nel negozio si possono acquistare riproduzioni in gesso di molte sculture famose.

**DA NON PERDERE
SCHLOSS CHARLOTTENBURG**

CHE COSA VEDERE

Schloss Charlottenburg

SCHLOSS CHARLOTTENBURG CASTELLO
V. p199.

Kurfürstendamm

Il lungo Kurfürstendamm (3,5 km) è oggi un nastro ininterrotto di negozi, ma nacque come pista per raggiungere a cavallo la palazzina di caccia reale nella foresta di Grunewald. Intorno al 1870 Otto von Bismarck, il 'cancelliere di ferro', decise che la capitale del Reich tedesco appena nato dovesse avere un *boulevard* di rappresentanza, più largo e più bello degli Champs-Élysée parigini.

EUROPA-CENTER GRATTACIELO
Cartina p382 (www.europa-center-berlin.de; Breitscheidplatz; ⊙edificio 24 h su 24; ⓊKurfürstendamm, Zoologischer Garten, ⓈZoologischer Garten)

Facilmente riconoscibile dalla gigantesca stella della Mercedes che ruota sul suo tetto, quando l'Europa Center, alto 103 m, venne inaugurato nel 1965 era il primo grattacielo di Berlino. Oggi, questo tempio del commercio un po' datato e disposto su 20 piani ha un'aria retrò e un po' kitsch solo in parte temperata da elementi bizzarri come la *Fontana delle ninfee* con pretese artistiche e l'*Orologio che mostra lo scorrere del tempo*, vagamente psichedelico, di Bernard Gitton.

Potete anche prendere l'ascensore per il 20° piano per guardare il panorama. Di notte, se vi sentite in vena di spendere, date un'occhiata a Berlino dall'alto nell'elegante Puro Skylounge (p209). L'Europa-Center è situato dove un tempo sorgeva il Romanisches Café, il 'salotto letterario' degli intellettuali anteguerra.

KÄTHE-KOLLWITZ-MUSEUM MUSEO
Cartina p382 (☏882 5210; www.kaethe-kollwitz.de; Fasanenstrasse 24; interi/ridotti €6/3, audioguida €3; ⊙11-18; ⓊUhlandstrasse) Questo delizioso museo è dedicato a Käthe Kollwitz

---

DA NON PERDERE
BERLINER ZOO & AQUARIUM

Il più vecchio giardino zoologico della Germania fu fondato nel 1844 da re Federico Guglielmo IV, il quale non solo donò il terreno ma anche gli animali che facevano parte dello zoo privato della famiglia reale sulla Pfaueninsel. Qualche anno fa lo zoo andò su tutti i giornali a causa della nascita di un orso polare, Knut, che però è morto improvvisamente nel 2011. Almeno 18.000 creature pelose o pennute provenienti da ogni angolo del globo appartenenti a 1570 specie diverse abitano i diversi ambienti in cui è suddiviso il parco. Tra di essi orangutan, koala, rinoceronti, pinguini e Bao Bao, l'unico panda gigante che si possa vedere in Germania. Nel pomeriggio si può assistere al momento dei pasti di determinati animali: chiedete il calendario del giorno quando comprate il biglietto.

Si può entrare da Hardenbergplatz o oltrepassando l'esotica **Porta degli Elefanti** di Budapester Strasse. Appena a est di quest'ultima l'**acquario** (cartina p382; ☏254 010; www.aquarium-berlin.de; Budapester Strasse 32; adulti/bambini €13/6,50, con lo zoo €20/10; ⊙9-18; ⓊZoologischer Garten, ⓈZoologischer Garten) presenta tre piani di pesci tropicali, anfibi e rettili in ambienti irriducibilmente vecchio stile con sale oscurate e grandi vasche illuminate. Alcuni degli esemplari nella famosa **Sala dei coccodrilli** sono veramente la reincarnazione dei peggiori incubi, ma le iridescenti rane velenose, le meduse e un 'Nemo' vivo e vegeto portano il sorriso sul volto di qualsiasi bambino.

IN PRIMO PIANO

➡ Il panda Bao Bao
➡ La vasca delle meduse
➡ La sala dei pinguini

DA SAPERE

➡ cartina p382
➡ ☏254 010
➡ www.zoo-berlin.de
➡ Hardenbergplatz 8
➡ adulti/bambini €13/6,50, con acquario €20/10
➡ ⊙9-19 apr-metà ott, 9-17 metà ott-marzo
➡ ⓊⓈZoologischer Garten

DA NON PERDERE
KAISER-WILHELM-GEDÄCHTNISKIRCHE

Tranquilla e dignitosa in mezzo al traffico incessante, la torre semidistrutta dalle bombe di questa chiesa commemorativa è oggi un monito contro la guerra. La magnifica chiesa neoromanica fu costruita nel 1895 in onore del Kaiser Guglielmo I. I pochi mosaici rimasti, i bassorilievi in marmo e gli oggetti liturgici raccolti nella **Gedenkhalle** (sala commemorativa) ai piedi della torre ne sono solo un pallido ricordo. Osservate le fotografie scattate prima e dopo il bombardamento per capire com'era.

Nel 1961 Egon Eiermann progettò una sala di culto, di forma ottagonale, accanto alla torre in rovina. Quando vi si mette piede sembra di entrare in un gigantesco cristallo, a causa delle pareti in vetro di un intenso blu notte realizzate da un artista di Chartres. L'elemento che attira l'attenzione è l'enorme statua dorata del Cristo che sembra fluttuare sopra l'altare. Nel retro si trova la cosiddetta 'Madonna di Stalingrado' (un disegno a carboncino fatto da un soldato tedesco intrappolato in Russia nel freddo inverno del 1942)

I resti diroccati del campanile, in pessime condizioni, sono in corso di restauro anche grazie a una campagna di finanziamento privato: sul sito web troverete le ultime notizie.

IN PRIMO PIANO

- La mostra storica nella torre
- La sala commemorativa

DA SAPERE

- cartina p382
- 218 5023
- www.gedaechtnis kirche.com
- Breitscheidplatz
- 9-19
- U Zoologischer Garten, Kurfürstendamm, S Zoologischer Garten

---

(1867-1945), una delle più grandi artiste tedesche del Novecento, il cui impegno politico e sociale ha dato una potenza espressiva tormentata a litografie, opere di grafica, disegni e xilografie che costituiscono il nucleo di questa collezione privata. Tra i suoi temi ricorrenti ci sono la maternità e la morte, talvolta stranamente intrecciati tra loro, come nelle opere che mostrano la morte come una sorta di nutrice che culla le proprie vittime. Fra i pezzi più noti vi sono la litografia contro la fame *Brot* (*Pane*, 1924) e la serie di xilografie *Krieg* (*Guerra*, 1922-23). C'è anche una copia del monumento dedicato alla Kollwitz da Gustav Seitz, il cui originale si trova in Kollwitzplatz a Prenzlauer Berg. Due o tre esposizioni temporanee ogni anno integrano la collezione permanente.

MUSEUM FÜR FOTOGRAFIE   MUSEO

Cartina p382 (3186 4825; www.smb.museum/mf; Jebensstrasse 2; interi/ridotti €10/5, biglietto cumulativo con Museum Berggruen e Sammlung Scharf-Gerstenberg €12/6; 10-18, 10-20 gio, lun chiuso; U S Zoologischer Garten) Il Museo della Fotografia di Berlino continua a essere un 'work in progress'. Per ora, la parte del leone nei due piani di questo ex circolo ufficiali di epoca prussiana, dietro alla Bahnhof Zoologischer Garten, la fa la collezione di Helmut Newton, che segue passo per passo la carriera artistica dell'*enfant terrible* della fotografia di moda, berlinese di nascita. Al secondo piano, la bellissima sala con la volta a botte è la **Kaisersaal**: restaurata di recente, è uno sfondo spettacolare per le mostre a rotazione di grande livello con immagini dell'archivio fotografico della Biblioteca statale d'arte.

Poco prima di morire in un incidente d'auto nel gennaio del 2004, Helmut Newton donò 1500 fotografie e molti effetti personali alla città in cui nacque nel 1920 e dove studiò fotografia con la famosa fotografa di moda Yva prima di fuggire dalla Germania nazista nel 1938. La sua opera riflette la sua costante attrazione – qualcuno potrebbe dire ossessione – per il corpo femminile, ritratto in pose a volte discutibili, quasi pornografiche. Una delle sue immagini più famose ritrae una modella piegata sulla sella di un cavallo, mentre la sua opera più nota – la serie dei 'Grandi Nudi' – mostra un gruppo di amazzoni totalmente nude. Anche molti dei suoi paesaggi e delle sue nature morte sono carichi di freddo erotismo. Le sale al primo piano chiariscono la sua visione artistica, mentre il pianterreno è fondamentalmente un santuario al suo personaggio. Tra i pezzi forti la ricostruzione parziale del suo studio a Monte Carlo, la sua prima macchina fotografica (un'Agfa Box comprata quando aveva 12 anni) e la sua Jeep blu (soprannominata la Newton-Mobile).

STORY OF BERLIN MUSEO
Cartina p382 (8872 0100; www.story-of-berlin.de; Kurfürstendamm 207-208, entrata dal centro commerciale Ku'damm Karree; interi/ridotti €12/9; 10-20, ultimo ingresso alle 18; Uhlandstrasse) Questo museo multimediale sminuzza 800 anni di storia della città in bocconi digitali facili da digerire ma comunque soddisfacenti per i contenuti. Ognuna delle 23 sale espositive è dedicata a un'epoca diversa dell'affascinante storia della città, dalla sua fondazione nel 1237 ai giorni in cui era la capitale prussiana, al crollo del Muro. Interessante è il giro per i bunker atomici sotterranei ancora funzionanti sotto l'edificio.

DAS VERBORGENE MUSEUM MUSEO
Cartina p382 (313 3656; www.dasverborgenemuseum.de; Schlüterstrasse 70; 15-19 gio e ven, 12-16 sab e dom; Ernst-Reuter-Platz, Savignyplatz) Fondato nel 1986 da due artiste e storiche dell'arte femministe, il piccolo 'museo nascosto' no profit è chiamato così per la sua missione: le opere in gran parte dimenticate di artiste dei primi anni del XX secolo, soprattutto tedesche. Le mostre del passato hanno privilegiato in particolare l'artista espressionista Ilse Heller-Lazard e la fotografa Henriette Grindat. Le curatrici organizzano due mostre l'anno che rimangono ognuna per tre o quattro mesi. Tra l'una e l'altra il museo rimane chiuso.

PASTI

La qualità dei ristoranti di Charlottenburg è, come immaginabile visti i suoi abitanti, piuttosto alta. La zona più animata è quella di Savignyplatz, che soprattutto nelle miti notti estive ha un'atmosfera mediterranea, rilassata ma vivace, mentre lungo Kantstrasse si susseguono ristoranti asiatici e spagnoli, meno formali ma eccellenti.

Schloss Charlottenburg

BRAUHAUS LEMKE TEDESCO €€
Cartina p381 (3087 8979; www.brauhaus-lemke.com; Luisenplatz 1; portate principali €7-20; 11-24; M45, Richard-Wagner-Platz) Non ci sono molti ristoranti che vale la pena di provare nei pressi dello Schloss Charlottenburg, ma questo birrificio è consigliato se si vuole assaggiare buona cucina tradizionale tedesca (seppure un po' cara). Anche se il locale è in attività solo dal 1987, l'arredo evoca una Berlino d'altri tempi: in estate scegliete un tavolo nel dehors con vista sul castello.

ROGACKI TEDESCO €€
Cartina p382 (343 8250; www.rogacki.de; Wilmersdorfer Strasse 145; pasti €4,50-13; 9-18 lun-mer, 9-19 gio, 8-19 ven, 8-16 sab; Bismarckstrasse) Locale a gestione familiare fondato nel 1928, Rogacki è essenzialmente una gastronomia che fa sognare i buongustai, con banconi con formaggi, salumi, pane, selvaggina, insalate, pesce affumicato in casa e qualunque altra leccornia si possa desiderare. Mettete insieme quanto serve a un picnic o unitevi alla gente del posto che si accalca intorno ai tavoli alti per banchettare con ostriche e vino, uno stufato o un piatto di pasta.

NATURAL'MENTE VEGETARIANO €€
Cartina p381 (341 4166; www.naturalmente.de; Schustehrusstrasse 26; portate principali €9-12; 12-15.30 lun-ven; ; Richard-Wagner-Platz) Questo ristorante della Società di Macrobiotica è stato sempre il punto di riferimento degli erbivori della città: proponeva i suoi pasti salutisti e con prodotti coltivati organicamente molto tempo prima che l'essere vegetariani diventasse di tendenza. Ha un po' l'aspetto di un collegio

---

> **SI DICE SUL POSTO**
>
> **FONTANA O POLPETTA?**
>
> La Kaiser-Wilhelm-Gedächtniskirche da una parte e l'Europa-Center dall'altro fiancheggiano la rumorosa Breitscheidplatz dove tutti, dai turisti stanchi ai suonatori di strada, dai punk ai venditori di souvenir, si radunano intorno alla bizzarra **Weltbrunnen** (Fontana del mondo; cartina p382; Breitscheidplatz; 100, Kurfürstendamm, Zoologischer Garten, Zoologischer Garten), creata nel 1983 da Joachim Schmettau. Soprannominata *Wasserklops* (polpetta d'acqua), è realizzata in granito rossastro e bronzo e presenta un mappamondo aperto in due con sculture di uomini e animali raggruppate in varie scene.

VALE UNA DEVIAZIONE

OLYMPIASTADION E DINTORNI

La cosa più interessante da vedere nella parte più occidentale della città è lo stadio olimpico. Anche dopo essere stato sottoposto a una radicale modernizzazione per i Campionati del mondo di calcio del 2006, è difficile dimenticare il fatto che il massiccio stadio a forma di Colosseo fu costruito dai nazisti per i Giochi Olimpici del 1936. La mole imponente della struttura rimane ben visibile, anche se ora è addolcita dall'aggiunta di un tetto ovale a ragnatela, eleganti box vetrati per VIP e sistemi audio, di illuminazione e di proiezione all'ultimo grido. Ospita fino a 74.400 tifosi nelle partite della squadra di calcio di casa, la Hertha BSC, o di fedeli venuti per il papa o di fan di una popstar. Quando non ci sono manifestazioni sportive o concerti, si può esplorare lo stadio da soli, anche se è consigliabile noleggiare un'audioguida (€3). Diverse volte al giorno le visite guidate vi portano in alcune parti dello stadio che altrimenti non sarebbero aperte al pubblico, come gli spogliatoi, le aree per il riscaldamento e le tribune riservate ai VIP. Entrate nello stadio dalla Osttor (cancello est).

Il biglietto d'ingresso include anche l'accesso alla **Glockenturm** (torre dell'orologio; 305 8123; www.glockenturm.de; Am Glockenturm; interi/ridotti con Olympiastadion €7/5; 9-20 giu-metà set, 9-19 fine marzo-mag e metà set-ott, 10-16 nov-metà marzo tempo permettendo; S Pichelsberg) a ovest dello stadio. Vale la pena di andare alla piattaforma panoramica esterna alta 77 m perché si apprezzano al meglio le dimensioni dello stadio: quando il tempo è bello lo sguardo spazia fino a Potsdam. Al pianterreno una mostra racconta gli infausti giochi estivi del 1936 e viene proiettato un interessante documentario con immagini originali raramente visibili altrove.

---

ma è piacevolmente privo di turisti e consente una pausa piacevole in una giornata dedicata alla visita dello Schloss Charlottenburg. Dal castello camminate per 250 m verso sud su Schlosstrasse, poi girate a sinistra e continuate per Schustehrusstrasse per altri 200 m.

🍴 Kurfürstendamm

ALI BABA ITALIANO €

Cartina p382 (881 1350; www.alibaba-berlin.de; Bleibtreustrasse 45; piatti €3-9; 11-2 dom-gio, 11-3 ven e sab; S Savignyplatz) Tutti si sentono in famiglia in questo porto di mare che sembra esserci sempre stato e dove si fa provvista di pizze sottili e croccanti, piatti di pasta fumante e dove nessun piatto costa più di €9. Il posto piace agli eleganti abitanti del quartiere che si sentono in vena di scendere tra la gente comune.

SCHLEUSENKRUG TEDESCO €

Cartina p382 (313 9909; www.schleusenkrug.de; Müller-Breslau-Strasse; portate principali €3,50-13; 10-23 mag-set, 10-19 ott-apr; U S Zoologischer Garten) Situato in bella posizione ai margini del Tiergarten, vicino a una chiusa del Landwehrkanal, lo Schleusenkrug dà il meglio di sé in estate quando il Biergarten è in piena attività. Clienti di ogni età e professione smaniano per un boccale di birra schiumosa e abbondanti piatti della tradizione, da Bratwurst a Flammkuchen ad altri piatti del giorno. Servono la prima colazione fino alle 15.

OSTERIA CENTRALE ITALIANO €€

Cartina p382 (3101 3263; Bleibtreustrasse 51; portate principali €10-20; cena lun-sab; S Savignyplatz) Questo ristorante di quartiere di cucina italiana è confortevole come un paio di scarpe vecchie e vi permette di assaggiare tutti i classici del Bel Paese. Specialità come insalata di polpo, calamari alla griglia, pasta ai tartufi e stufato di manzo al profumo di rosmarino sono perfezionati in modo molto creativo e spiegano perché i clienti diventino aficionados.

GOOD FRIENDS CINESE €€

Cartina p382 (313 2659; www.goodfriends-berlin.de; Kantstrasse 30; portate principali €10-20; 12-2; S Savignyplatz) I sinofili stanchi della scuola culinaria di Kung Pao sanno che questo ristorante serve autentica cucina cantonese. Le anatre che pendono in vetrina sono solo l'ouverture di un menu tanto lungo da confondere Confucio. Se medusa con le uova o pancetta di maiale fritta vi sembrano un po' troppo, potete sempre fare un passo indietro e scegliere... pollo alla Kung Pao!

MR HAI KABUKI GIAPPONESE €€

(8862 8136; www.mrhai.de; Olivaer Platz 10; vassoi €12-22; M19, 109, U Adenauerplatz, Uhlandstrasse) Il menu propone i classici nigiri e maki

A circa 1,5 km dallo stadio verso sud, il **Georg Kolbe Museum** (304 2144; www.georg-kolbe-museum.de; Sensburger Allee 25; interi/ridotti €5/3; 10-18 mar-dom; SHeerstrasse) è dedicato a uno dei più influenti scultori tedeschi della prima metà del XX secolo. Membro della Berliner Sezession, prese le distanze dalla scultura tradizionale e divenne uno dei principali esponenti del nudo maschile idealizzato, un approccio che incontrò il favore dei nazisti. Il bel museo, ospitato nell'ex studio di Kolbe, presenta sculture corrispondenti a tutte le fasi della vita dell'artista, oltre a mostre temporanee spesso ricavate dalla sua ricca collezione personale di sculture e dipinti del XX secolo. Il giardino è un'oasi di tranquillità e il caffè è uno dei più graziosi che possiate incontrare in un museo di Berlino.

Due km a nord-ovest dello stadio, di fianco all'area fieristica, svetta un altro simbolo di Berlino, la **Funkturm** (torre della radio; 3038 1905; Messedamm 22; interi/ridotti €4,50/2,50; piattaforma 10-20 lun, 10-23 mar-dom, tempo permettendo; UKaiserdamm, SMesse Nord/ICC). Il suo profilo di filigrana, che ricorda quello della Tour Eiffel di Parigi, si alza per 129 m ed è particolarmente bello di notte. La Funkturm manda i segnali radio nell'etere dal 1925 e da qui, nel 1935, venne trasmesso il primo regolare programma televisivo del mondo. Dalla terrazza panoramica posta a 125 m o dal ristorante a 55 m si gode di un panorama che spazia su Grunewald e sulla parte occidentale della città, nonché sull'**AVUS**, il primo autodromo della Germania, inaugurato nel 1921 (AVUS sta per Automobil-, Verkehrs- und Übungsstrecke, pista automobilistica, di circolazione e di pratica). I nazisti le inglobarono nella rete autostradale, di cui fa parte ancora oggi.

ma i clienti affezionati vengono da Mr Hai per un sushi fuori dalla norma, composto come se ogni boccone fosse un'opera d'arte. Alcune di queste creazioni hanno l'aggiunta di kimchi, zucca e formaggio cremoso o sono flambée e fritti. Anche se sembra un sushi un po' bizzarro, è buono. Dalla stazione della U-Bahn Uhlandstrasse, prendete l'autobus 109 o M19 per due fermate fino a Olivaer Platz.

JULES VERNE   CUCINA INTERNAZIONALE   €€
Cartina p382 (3180 9410; www.jules-verne-berlin.de; Schlüterstrasse 61; prima colazione €4-9, pranzo da 2 portate €5,50-7,50, portate principali a cena €7-17,50; 9-1; ; SSavignyplatz) Jules Verne era un provetto viaggiatore, quindi è giusto che un ristorante che porta il suo nome presenti un menu da 'globetrotter'. Ostriche francesi, Schnitzel viennese e couscous marocchino sono i piatti preferiti di sempre. Ha anche sostanziose prime colazioni (ognuna chiamata come uno dei libri di Verne) servite fino alle 15 e un buffet nel weekend.

FRANKE   CUCINA INTERNAZIONALE   €€
Cartina p382 (www.frankerestaurant.de; Excelsior Hotel, Hardenbergstrasse 14; pranzo da 2 portate €12, portate principali a cena €12-20; USZoologischer Garten) Anche se si trova in un hotel, questo non è il solito ristorante d'albergo. Niente pollo alla Kiev asciutto e insipido ma una cucina internazionale salutare fatta con ingredienti freschi e un tocco di israeliano: petto d'anatra marinato in miele di datteri e peperoncino, o gamberi giganti accompagnati da menta e pasta al nero di seppia sono due dei piatti tipici. Sedetevi vicino alla cucina aperta sulla sala se volete vedere i cuochi in azione.

CAFÉ-RESTAURANT WINTERGARTEN IM LITERATURHAUS   CUCINA INTERNAZIONALE   €€
Cartina p382 (882 5414; www.literaturhaus-berlin.de; Fasanenstrasse 23; portate principali €8-16; 9.30-1; UUhlandstrasse) La confusione e il traffico di Ku'damm sono solo a un isolato da questa sofisticata villa Jugendstil. Fate un'esperienza 'vecchia Berlino' nelle sue stanze ornate di stucchi o, se il tempo è bello, rifugiatevi nell'idilliaco giardino. Servono la prima colazione fino alle 14.

DICKE WIRTIN   TEDESCO   €€
Cartina p382 (312 4952; www.dicke-wirtin.de; Carmerstrasse 9; portate principali €6-15; dalle 12; SSavignyplatz) C'è un fascino vecchia Berlino in ogni centimetro di questo Kneipen-Restaurant (come ama definirsi) che ha l'aria di essere sempre la stessa da decenni: offre otto birre alla spina (tra cui la superba Kloster Andechs) e una trentina di grappe artigianali diverse. E per assorbire il tutto, la classica cucina sostanziosa tedesca, dall'arrosto di maiale al fegato in padella alla cotoletta impanata.

> **SI DICE SUL POSTO**
>
> ### LA CHINATOWN BERLINESE
>
> Non è proprio una Chinatown, ma se vi va di assaggiare cucina asiatica percorrete Kantstrasse tra Savignyplatz e Wilmersdorfer Strasse e troverete una concentrazione di autentici ristoranti cinesi, tra cui il Good Friends (p206), che è da sempre uno dei più frequentati. All'ora di pranzo la maggior parte dei locali offre piatti del giorno dall'ottimo rapporto qualità-prezzo. Tra l'uno e l'altro troverete negozi di mobili cinesi, saloni di massaggi e supermercati asiatici, nonché ristoranti vietnamiti e thailandesi.

BREL   FRANCESE, BELGA   €€

Cartina p382 (☏3180 0020; www.cafebrel.de; Savignyplatz 1; pranzo da 3 portate €9, portate principali €11-21; ⊗9-1; ⓢSavignyplatz) Il cantante belga Jacques Brel ha dato il nome a questo bistrò d'angolo che si dice un tempo fosse un bordello. Durante le ore diurne, habitués dallo sguardo spiritato ordinano caffè e croissant mentre impiegati e turisti approfittano dei menu fissi di tre portate a pranzo a €9 e creativi e coppie eleganti arrivano per cenare a base di rane, steak e lumache. È anche uno dei locali migliori per assaggiare *moules et frites* (frutti di mare e patatine fritte), naturalmente nella stagione giusta (da settembre a febbraio). La prima colazione è servita fino alle 18.

MOON THAI   THAILANDESE   €€

Cartina p382 (☏3180 9743; www.moonthai-restaurant.com; Kantstrasse 32; portate principali €8,50-14,50; ⊗12-24 lun-ven, 13-24 sab e dom; ✉; ⓢSavignyplatz) Le pareti arancione costellate di arte thailandese creano un ambiente che fa star bene. Il ristorante a gestione famigliare serve specialità con un gran tasso di autenticità: tutti i piatti con l'anatra o i calamari sono eccellenti e anche il *seitan* è appetibile quando è accompagnato da verdure fresche e spezie piccanti.

ENOITECA IL CALICE   ITALIANO   €€€

Cartina p382 (☏324 2308; www.enoiteca-il-calice.de; Walter-Benjamin-Platz 4; portate principali €13-34; ⊗cena, pranzo lun-sab; ⓤAdenauerplatz) In questo elegante avamposto italiano vini superbi da tutte le regioni dello 'Stivale' fluiscono liberamente come la conversazione. Resistete alla tentazione di saziarvi con gli antipasti così da poter mettere alla prova i considerevoli talenti dello chef in specialità come filetto di pesce san Pietro marinato con gnocchi di patate a spaghetti alle vongole con bottarga e pomodori secchi.

OTTENTHAL   AUSTRIACO   €€€

Cartina p382 (☏313 3162; www.ottenthal.com; Kantstrasse 153; portate principali €14-32; ⊗cena; ⓤZoologischer Garten, Uhlandstrasse, ⓢZoologischer Garten) Questo ristorante, tra i preferiti degli abitanti del quartiere, mostra orgogliosamente un piccolo santuario in onore di Mozart e il vecchio orologio della chiesa di Ottenthal, il paesino austriaco da cui viene il proprietario. La sua classica cucina alpina ha un tocco moderno e se la Wienerschnitzel è una scelta sicura ci sono altri piatti più creativi, come lucioperca al forno con crema di peperoni rossi, altrettanto piacevoli.

DUKE   FRANCESE   €€€

Cartina p382 (☏683 154 000; www.duke-restaurant.com; Ellington Hotel, Nürnberger Strasse 50-55; pranzo da 2/3 portate €15/19,50, cena da 5 portate €60, portate principali a cena €12,50-29; ⊗11.30-24; ⓤAugsburger Strasse) Lo chef Florian Gauert ha un gran talento nell'abbinare una meticolosa professionalità a una combinazione di sapori, aromi e consistenze che si completano a vicenda. Le verdure primaverili, ad esempio, sono abbinate a gelatina di mirtilli, capperi e champignon e la spigola viene associata a gnocchi allo zafferano e cetrioli glassati. Ovunque sia possibile vengono utilizzate materie prime da coltivazione biologica provenienti dalla regione.

🍸 LOCALI E VITA NOTTURNA

GAINSBOURG   BAR

Cartina p382 (☏313 7464; www.gainsbourg.de; Jeanne-Mammen-Bogen 576/577; ⊗dalle 16; ⓢSavignyplatz) Lo spirito del cantante sentimentale Serge Gainsbourg, che dà il nome al locale, sembra aleggiare in questa vera e propria istituzione di Berlino Ovest, che ora ha trovato più spazio sotto le arcate della S-Bahn. I tavoli rotondi, le candele e le *chansons* trasmettono un'atmosfera molto parigina, il che piace alla sua clientela grande abbastanza da aver detto *Je t'aime* quando l'ha cantato il buon Serge nel bollente duetto con Jane Birkin (nel 1969!). Cocktail classici.

PURO SKYLOUNGE
BAR, CLUB

Cartina p382 (2636 7875; www.puro-berlin.de; Tauentzienstrasse 11; dalle 20 mer-sab; UKurfürstendamm) Puro ha letteralmente alzato il livello dei bar di Charlottenburg, portandolo al 20° piano dell'Europa Center, il che significa con una vista favolosa. È un bel posto se volete lasciare il tipico ambiente dei bar berlinesi tra il bizzarro e il trash per traghettare nell'alta società, in mezzo a una clientela di bella gente con soldi. Vestitevi bene.

ZWIEBELFISCH
PUB

Cartina p382 (312 7363; www.zwiebelfisch-berlin.de; Savignyplatz 5; 12-6; SSavignyplatz) Con la sua clientela di artisti, attori e scrittori (alcuni aspiranti tali, altri ormai ingrigiti), questa simpatica Kneipe di Charlottenburg è la più autenticamente alternativa ed è tale sin dai suoi giorni profumati di patschouli, nei lontani anni '60. Il tempo si è come fermato alla Berlino Ovest prima della riunificazione, ma è ancora un bel posto per 'berne ancora uno', mentre quelli in giacca e cravatta stanno già partendo per l'ufficio.

UNIVERSUM LOUNGE
BAR

(8906 4995; www.universumlounge.com; Kurfürstendamm 153; 18-3; UAdenauerplatz) Gli sgabelli al bancone curvo in teak e le panchette in pelle bianca di questo spazioso bar con un tocco retrò si riempiono rapidamente appena scende il sipario al teatro Schaubühne (nello stesso edificio), un gioiello degli anni Venti della scuola Bauhaus progettato da Erich Mendelsohn. Il bar si trova 300 m a ovest della stazione della U-Bahn Adenauerplatz.

⭐ DIVERTIMENTI

TOP BAR JEDER VERNUNFT
CABARET

(883 1582; www.bar-jeder-vernunft.de; Schaperstrasse 24; USpichernstrasse) La vita è ancora un cabaret, in questo intimo padiglione Jugendstil del 1912, con il soffitto simile a una tenda pieno di specchi: mette in scena spettacoli cantati e ballati, commedie e serate di cantautori, e, a intervalli, una versione del musical di culto *Cabaret*. Dalla stazione della U-Bahn seguite Meierottostrasse verso nord-ovest per 200 m, poi girate a destra e continuate sulla Schaperstrasse per altri 100 m. L'entrata è alla vostra destra, subito dietro il parcheggio.

STAATSOPER UNTER DEN LINDEN @ SCHILLERTHEATER
OPERA

Cartina p382 (informazioni 203 540, biglietteria 2035 4555; www.staatsoper-berlin.de; Bismarckstrasse 110; UErnst-Reuter-Platz) Orientate la vostra bussola culturale in cerca del maggior ente lirico di Berlino, la Staatsoper diretta da Daniel Barenboim, e la troverete non nella sua sede storica di Unter den Linden (sottoposta a radicali lavori di ristrutturazione probabilmente fino al 2014), ma allo Schiller Theater di Charlottenburg.

QUASIMODO
MUSICA LIVE

Cartina p382 (312 8086; www.quasimodo.de; Kantstrasse 12a; mar-sab set-lug; US Zoologischer Garten) Uno dei più vecchi jazz club di Berlino ora ha diversificato la sua offerta musicale e attira anche gli amanti di blues, rock, soul, funk e Motown nel suo spazio sotterraneo evocativo con i soffitti bassi e le pareti nere. Se vi pare un po' claustrofobico potete sempre scappare nel caffè al piano superiore che in estate ha una grande terrazza all'aperto. Le jam session del mercoledì sono gratuite.

ASTOR FILM LOUNGE
CINEMA

Cartina p382 (883 8551; www.astor-filmlounge.de; Kurfürstendamm 225; UKurfürstendamm, Uhlandstrasse) Esigenti cinefili riempiono questo lussuoso tempio dedicato al cinema che sin dagli anni '50 ha ospitato premières e celebrità. Accomodatevi in una poltroncina in pelle reclinabile e con un discreto spazio davanti, ordinate un cocktail o uno spuntino e godetevi le proiezioni con un suono surround superbo. Sempre qui si può assistere a trasmissioni televisive live di rappresentazioni liriche in ogni parte del mondo.

DEUTSCHE OPER
OPERA

Cartina p382 (3438 4343; www.deutscheoper-berlin.de; Bismarckstrasse 35; UDeutsche Oper) L'Opera Tedesca fu fondata da cittadini privati nel 1912 come controparte dell'opera reale (oggi la Staatsoper) di Unter den Linden. L'edificio originale fu distrutto nella seconda guerra mondiale e ricostruito nel 1961: il grande teatro in stile funzionalista ha quasi 1900 posti a sedere. Vanta un repertorio di una settantina di opere liriche.

A-TRANE
JAZZ

Cartina p382 (313 2550; www.a-trane.de; Bleibtreustrasse 1; lun-sab; SSavignyplatz) Questo intimo localino jazz ha ospitato grandi artisti come Herbie Hancock e Diana Krall, ma sono soprattutto i nuovi talenti a portare in scena i loro pezzi migliori all'A-Trane. L'ingresso è libero il lunedì, quando il musicista locale Andreas Schmidt mostra il suo indubbio talento, e dopo mezzanotte e mezzo il sabato per la jam session notturna.

SHOPPING

Kurfürstendamm e Tauentzienstrasse sono tappezzate fittamente di filiali di catene internazionali di moda e accessori. Andando più a ovest sul Ku'damm ci sono boutique di marchi prestigiosi come Hermès, Cartier e Bulgari. Kantstrasse, invece, è il posto giusto per comprare articoli per la casa. Fate un giro anche lungo le strade secondarie, come Bleibtreustrasse e Schlüterstrasse, dove si trovano boutique indipendenti e di stilisti locali di alto livello, librerie e gallerie d'arte.

TOP KADEWE — GRANDI MAGAZZINI
(www.kadewe.de; Tauentzienstrasse 21-24; ⊙10-20 lun-gio, 10-21 ven, 9.30-20 sab; ⓤWittenbergplatz) Passato il giro di boa del secolo di vita questo grande magazzino ha un assortimento tale che solo un attacco corsaro potrebbe impossessarsi di tutte le sue ricchezze. Se avete poco tempo, andate solo al leggendario reparto gastronomia al sesto piano. Il nome sta per *Kaufhaus des Westens* (grande magazzino dell'Ovest). Si trova appena uscite dalla stzione della U-Bahn Wittenbergplatz.

SCHROPP — LIBRI
Cartina p382 (⌕2355 7320; www.landkarten schropp.de; Hardenbergstrasse 9a; ⊙10-20 lun-ven, 10-18 sab; ⓤErnst-Reuter-Platz) Non c'è posto migliore per suggerirvi una meta di vacanza. In attività da oltre 250 anni, ospita tutto il mondo nei suoi due piani traboccanti di tutte le possibili e immaginabili cartine geografiche, guide turistiche, dizionari e mappamondi. È il posto perfetto dove pianificare un viaggio o semplicemente viaggiare con la fantasia.

HAUTNAH — MODA SEXY
Cartina p382 (⌕882 3434; www.hautnahberlin .de; Uhlandstrasse 170; ⊙12-20 lun-ven, 11-16 sab; ⓤUhlandstrasse) Essendo Berlino la città che è, prima o poi vi potrà essere utile aggiornare il vostro guardaroba feticista. Nei tre piani di Hautnah troverete un vasto assortimento di corpetti in latex, oggetti in pelle, *mise* a tema, giocattoli erotici e scarpe dal tacco vertiginoso; in più c'è un'interessante selezione di vini (champagne Marquis de Sade!).

KÄTHE WOHLFAHRT — OGGETTI IN LEGNO
Cartina p382 (www.wohlfahrt.com; Kurfürstendamm 225-226; ⊙10-20 lun-sab, 13-18 dom mag-dic; ⓤKurfürstendamm) Con una scelta pressoché infinita di decorazioni natalizie, questo grande negozio celebra il bambinello ogni giorno dell'anno. Molti degli oggetti in legno sono rifiniti a mano con grande talento.

STILWERK — DESIGN D'INTERNI
Cartina p382 (⌕315 150; www.stilwerk.de; Kantstrasse 17; ⓢSavignyplatz) Questo tempio del buon gusto su quattro piani provocherà negli amanti del bello l'irresistibile impulso di ristrutturare totalmente casa propria. Tutto ciò che potreste desiderare c'è – da portachiavi tattili a lucenti pianoforti a coda a oggetti vintage di design – compresi i grandi marchi (Bang&Olufsen, Ligne Roset, Niessing ecc.).

STEIFF GALERIE IN BERLIN — GIOCATTOLI
Cartina p382 (⌕8862 5006; www.steiff.de; Kurfürstendamm 38/39; ⓤUhlandstrasse) I teneri orsetti di peluche di questa famosa azienda, fondata nel 1880 da Margarete Steiff, che nel 1902 inventò il 'Teddy bear' (chiamato così in onore del presidente Theodor Roosevelt che ammirava), sono fatti apposta per essere coccolati. E tutti sentiranno il desiderio di qualcosa di morbido e caldo.

BERLINER TRÖDELMARKT — MERCATO
Cartina p382 (www.berliner-troedelmarkt.de; Strasse des 17 Juni; ⊙10-17 sab e dom; ⓢTiergarten) Centinaia di venditori lottano per accaparrarsi i vostri euro offrendo cappotti di pelliccia vintage, argenteria, gioielli, lampade, bambole, cappelli e tanti altri oggetti che sembrano arrivare dalla soffitta della nonna. È il mercato delle pulci più vecchio della città e si trova a ovest della stazione della S-Bahn Tiergarten. L'attiguo mercato di artigianato vende per lo più merci nuove.

TITUS ZOOPREME — MODA DA SKATER
Cartina p382 (⌕3259 3239; www.titus.de; Meinekestrasse 2; ⓤKurfürstendamm) Forse non vi aspettavate che questa tranquilla strada vicino al Ku'damm fosse il posto giusto dove comprare streetwear, abbigliamento da skater (da uomo e da donna) o uno skateboard. Il negozio è parte di una catena tedesca e il personale molto ben informato vi potrà dare delucidazioni sulla scena dello skate berlinese.

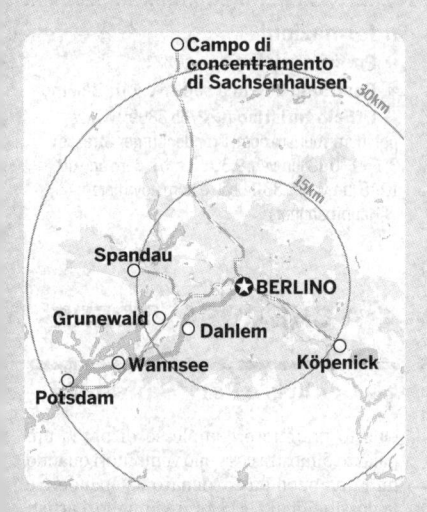

Gite di un giorno

Potsdam p212
È impossibile non subire il fascino del complesso di parchi e palazzi regali, tra cui il meraviglioso Schloss Sanssouci.

Campo di concentramento di Sachsenhausen p217
Gli orrori del Terzo Reich diventano reali visitando quanto è rimasto di uno dei primi campi di concentramento nazisti.

Spandau p219
Disposto intorno a una deliziosa Altstadt (città vecchia), questo sobborgo nord-occidentale vanta un passato interessante.

Grunewald e Dahlem p220
Strade alberate con ville e prati curati si intersecano nella zona più elegante della città, che ha anche mete culturali di tutto rispetto.

Wannsee p222
Creato in un'ansa del fiume Havel, il lago all'estremità sud-occidentale di Berlino ha sulle sue sponde palazzi, foreste e testimonianze storiche.

Köpenick p224
Sul lago più grande di Berlino e in mezzo a una vasta foresta ha un bel castello barocco e un centro medievale.

Potsdam

Situata sul fiume Havel all'estremità sud-occidentale dell'area metropolitana berlinese, Potsdam è la capitale e la gemma più fulgida dello stato del Brandeburgo (Brandenburg). La città richiama infatti migliaia di turisti che vengono per ammirare i meravigliosi palazzi dell'antica residenza della famiglia reale di Prussia e per immergersi nell'atmosfera d'altri tempi che ancora caratterizza i suoi parchi e i suoi giardini. Gran parte della città è diventata sito Patrimonio dell'Umanità dell'UNESCO nel 1990.

Il più splendido dei palazzi storici è lo Schloss Sanssouci, il rifugio privato del re Federico il Grande, alla cui creatività si devono anche molti altri meravigliosi palazzi di Potsdam, i quali, miracolosamente, sopravvissero con pochissimi danni ai bombardamenti. Quando la guerra finì, gli Alleati scelsero lo Schloss Cecilienhof come sede della Conferenza di Potsdam (agosto 1945) dove si decise il destino della Germania del dopoguerra.

Il meglio

- **Da vedere** Schloss Sanssouci (p212)
- **Ristoranti** Maison Charlotte (p217)
- **Locali** Hafthorn (p216)

Il consiglio

Chi è appassionato di storia della Guerra Fredda dovrebbe visitare la mostra disposta nell'ex **Prigione del KGB** (www.gedenkstaette-leistikowstrasse.de; Leistikowstrasse 1; 14-18 mar-dom, lun chiuso) un tempo parte della stazione militare n. 7, dove vivevano e lavoravano i militari sovietici.

Per/da Potsdam

Automobile Prendete la A100 fino alla A115.
Treno I treni regionali in partenza dalla Berlin-Hauptbahnhof e da Zoologischer Garten impiegano solo 25 minuti per raggiungere la Hauptbahnhof di Potsdam; alcuni continuano fino a Potsdam-Charlottenhof e Potsdam-Sanssouci, che sono più vicini al Park Sanssouci. La linea S7 dal centro di Berlino compie il percorso in circa 40 minuti. Dovete avere un biglietto per le zone A, B e C (€3,10) per ognuna delle corse.

Informazioni

- **Prefisso telefonico** 0331
- **Posizione** 24 km a sud-ovest di Berlino
- **Ufficio turistico** (2755 8899; www.potsdam-tourism.com; Brandenburger Strasse 3; 9.30-18 lun-ven, 9.30-16 sab e dom apr-ott, 10-18 lun-ven, 9.30-14 sab e dom nov-marzo; S Hauptbahnhof)

CHE COSA VEDERE

Schloss e Park Sanssouci

Questo grandioso complesso di parco più palazzo dimostra cosa può venir fuori quando un re ha buon gusto, denaro da spendere e la possibilità di far lavorare i migliori artisti e architetti della sua epoca. Sanssouci fu la realizzazione di un sogno per Federico il Grande (1712-86): qui il sovrano amava ritirarsi durante l'estate, in un luogo in cui poteva essere *'sans souci'* (senza preoccupazioni). E nei pressi si fece seppellire. Il pronipote, Federico Guglielmo IV (1795-1861), aggiunse altri edifici, sparsi nel vasto parco paesaggistico con alberi secolari, sentieri serpeggianti e piante rare. L'UNESCO ha riconosciuto all'intero complesso lo status di Patrimonio dell'Umanità nel 1990.

SCHLOSS SANSSOUCI   CASTELLO
(www.spsg.de; interi/ridotti €12/8 con audioguida apr-ott, con visita guidata nov-marzo; 10-18 mar-dom apr-ott, 10-17 nov-marzo, lun chiuso; 695, 606) Il gioiello che tutti vengono a vedere è questo palazzo barocco, progettato da Georg

---

VISITE TURISTICHE DALL'ACQUA

I battelli della compagnia **Schiffahrt in Potsdam** (cartina p214; 275 9210; www.schiffahrt-in-potsdam.de; Lange Brücke 6; partenze 10-19 apr-ott) salpano regolarmente dall'imbarcadero vicino al Lange Brücke, presso lo svettante Hotel Mercure. Scegliete tra un giro di 90 minuti che passa davanti a molti palazzi (€13), una gita di tre ore per i vari laghi attraversati dal fiume Havel (€16) e una di due ore 'sui sette laghi' fino al Wannsee (€14).

CONSIGLI PER VISITARE SANSSOUCI

➡ Il Park Sanssouci è aperto dall'alba al crepuscolo tutto l'anno. L'ingresso è gratuito, ma all'entrata ci sono macchinette in cui si può fare un'offerta volontaria di €2.

➡ I palazzi hanno orari e tariffe d'ingresso diversi. Per la maggior parte il giorno di chiusura è lunedì; fuori stagione i palazzi meno noti sono aperti solo nel weekend e nei giorni festivi. Alcuni chiudono da novembre ad aprile (come la Bildergalerie).

➡ Il biglietto cumulativo valido in giornata per tutti i palazzi di Potsdam costa €19 (ridotti €14); lo vendono allo Schloss Sanssouci. Il biglietto per tutti *tranne* lo Schloss Sanssouci costa €15 (ridotti €11) ed è venduto nei singoli siti e nel **centro visitatori Sanssouci** (969 4200; www.spsg.de; An der Orangerie 1; 8.30-18 apr-ott, 8.30-17 nov-marzo) situato alla Historische Mühle (mulino storico). Si deve pagare un supplemento di €3 al giorno se si vogliono scattare fotografie nei palazzi.

➡ I palazzi sono parecchi distanti gli uni dagli altri – ci sono almeno 2 km tra il Neues Palais e lo Schloss Sanssouci. Prendetevi il tempo per passeggiare lungo i labirintici sentieri del parco per scoprire il posto che preferite.

➡ È consentito andare in bicicletta lungo Ökonomieweg e Maulbeerallee, che è anche il percorso seguito dall'autobus 695, la linea che porta dalla Hauptbahnhof al parco.

Wenzeslaus von Knobelsdorff nel 1747. I biglietti con un orario preciso di entrata a volte sono già esauriti a mezzogiorno: cercate di arrivare presto, preferibilmente all'apertura, ed evitate i weekend e i giorni festivi. Potete entrare nel palazzo solo all'ora stampata sul biglietto. Soltanto i tour della città prenotati tramite l'ufficio turistico garantiscono l'ingresso allo Schloss.

Questo **palazzo**, vero gioiello rococò, è situato all'apice di terrazze drappeggiate di viti: dal 1991 la tomba di Federico il Grande è stata trasportata in una grotta sulla terrazza più alta (proprio come desiderava il sovrano). La visita (con audioguida) vi porta in sale spettacolari: una delle più belle è la **Konzertsaal** (sala dei concerti), dai misteriosi decori con vitigni, uva, conchiglie e persino una ragnatela dove i ragni fanno baldoria, era dove il re stesso si esibiva con il flauto. Notate la raccolta **Bibliothek** (biblioteca), a pianta circolare e coronata da un soffitto dorato a raggiera, dove il re poteva trovar conforto tra 2000 volumi rilegati in pelle, che andavano dai testi di poesia greca all'ultima fatica letteraria del suo amico Voltaire. Un'altra perla è la **Marmorsaal** (Sala dei marmi), elegante sinfonia di marmi bianchi di Carrara costruita su modello del Pantheon.

Quando uscite dal palazzo, non lasciatevi ingannare dal **Ruinenberg** che si vede in lontananza: la montagnola di rovine 'classiche' in realtà è solo un'altra stravaganza voluta dal re.

BILDERGALERIE   PINACOTECA

Cartina p214 (Im Park Sanssouci 4; interi/ridotti €3/2,50, con supplemento in caso di mostre temporanee; 10-18 mar-dom mag-ott, lun chiuso; 695, 606) La pinacoteca è il più antico museo reale della Germania. Sobrio all'esterno, risplende di marmi gialli e bianchi e di stucchi elaborati al suo interno. Conserva la collezione privata di Federico di grandi maestri dal Medioevo al XVIII secolo, tra cui l'*Incredulità di San Tommaso* di Caravaggio, la *Pentecoste* di Anton van Dyck e numerose opere di Peter Paul Rubens.

NEUE KAMMERN   PALAZZO

Cartina p214 (Park Sanssouci; interi/ridotti con tour o audioguida €4/3; 10-18 mar-dom apr-ott, lun chiuso; 695, 606) Le Camere nuove un tempo erano un'orangerie, in seguito convertita in una foresteria. Gli spazi interni sono quanto mai opulenti, soprattutto nella **Ovidsaal**, una grandiosa sala da ballo con bassorilievi dorati che rappresentano scene dalle *Metamorfosi* di Ovidio, e nella **Jaspissaal**, incastonata di pietre semipreziose (diaspro) e coronata da un affresco sul soffitto raffigurante la dea Venere.

CHINESISCHES HAUS   EDIFICIO STORICO

Cartina p214 (Am Grünen Gitter; ingresso €2; 10-18 mar-dom mag-ott; 605 per Schloss Charlottenhof, 606 o 695 per Schloss Sanssouci, 91 per Schloss Charlottenhof) Nel Settecento l'Estremo Oriente era di gran moda, e ben si vede in questa adorabile Casa Cinese. Il padiglione a forma di trifoglio è tra gli edifici del parco più fotografati, grazie agli esterni incantevoli

Potsdam

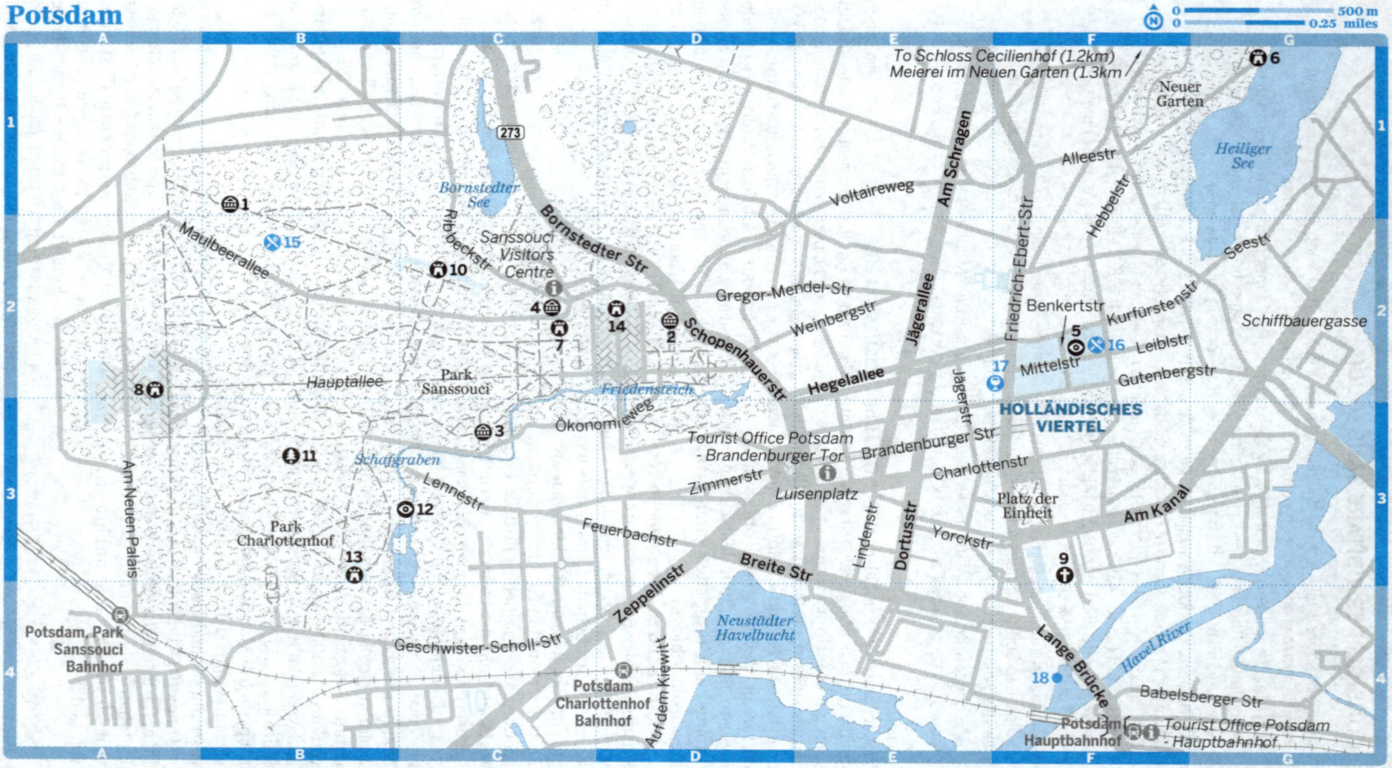

GITE DI UN GIORNO POTSDAM

Potsdam

Che cosa vedere

1. Belvedere auf dem Klausberg B1
2. Bildergalerie D2
3. Chinesisches Haus C3
   Appartamenti privati
   di Federico il Grande .... (v. 8)
4. Historische Mühle C2
5. Holländisches Viertel F2
6. Marmorpalais G1
7. Neue Kammern C2
8. Neues Palais A2
9. Nikolaikirche F3
10. Orangerieschloss C2
11. Park Charlottenhof B3

Pesne-Galerie .... (v. 8)
12. Römische Bäder C3
13. Schloss Charlottenhof B3
14. Schloss Sanssouci D2

Pasti

15. Drachenhaus B2
16. Maison Charlotte F2

Locali e vita notturna

17. Hafthorn F2

Sport e attività

18. Schifffahrt in Potsdam F4

con gruppi statuari in oro di personaggi dagli abiti esotici intenti a sorseggiare tè, danzare e suonare. All'interno è conservata una collezione di porcellane cinesi e di Meissen.

ORANGERIESCHLOSS
PALAZZO

Cartina p214 (An der Orangerie 3-5; visita guidata interi/ridotti €4/3; 10-18 mar-dom mag-ott, 10-18 sab e dom apr) Il palazzo lungo 300 m e costruito in stile mediterraneo detto l'Orangerie fu il progetto preferito di Federico Guglielmo IV e riflette il suo amore per l'Italia. Il tour vi porta nella **Raphaelsaal**, che ospita riproduzioni dei capolavori di Raffaello realizzate nel XIX secolo, mentre dall'alto della **torre** (€2) si può godere un bel panorama su tutto il parco. Le serre sono tuttora in uso per preservare le piante in vaso dai rigori dell'inverno.

BELVEDERE AUF DEM KLAUSBERG
EDIFICIO STORICO

Cartina p214 (969 4206; An der Orangerie 1; ingresso €2; 10-18 sab, dom e giorni festivi mag-ott) Dall'Orangerieschloss si diparte un sentiero alberato che forma un asse visivo fino al Belvedere, una sorta di tempietto liberamente ispirato alla Domus Aurea neroniana di Roma. Dall'edificio rotondo circondato da colonne si gode una bella vista sul parco, sui dintorni e sulla cittadina di Potsdam. La sala delle feste al piano superiore ha un'impressionante cupola affrescata, parquet in quercia e pareti in marmo scuro con stucchi dorati. Nel percorso per arrivare al Belvedere passerete davanti all'esotica **Drachenhaus** (Casa del Drago; 1770), un palazzo cinese in miniatura che trae ispirazione dalla pagoda Ta-Ho di Canton ed è difeso da un'intera armata di draghi: oggi ospita un piacevole caffè-ristorante (p217).

HISTORISCHE MÜHLE
EDIFICIO STORICO

Cartina p214 (interi/ridotti €2,50/1,50, con visita guidata €3/2; 10-18 tutti i giorni apr-ott, 10-16 sab e dom nov e gen-marzo) È la riproduzione funzionante dell'originale mulino a vento del palazzo, costruito nel Settecento in stile olandese. Si accede a tre piani successivi che illustrano in dettaglio la tecnologia in uso nei mulini a vento, dando un'occhiata da vicino ai meccanismi, e a una piattaforma panoramica in cima.

NEUES PALAIS
PALAZZO

Cartina p214 (969 4200; Am Neuen Palais; interi/ridotti €8/6 con visita guidata o audioguida; 10-18 mer-lun, mar chiuso apr-ott, 10-17 nov-marzo; 695 o 605 per Neues Palais, S per Potsdam, Park Sanssouci Bahnhof) Situato all'estremità occidentale del parco, il Neues Palais è un edificio dalle dimensioni grandiose, concepito per suscitare ammirazione, con una cupola centrale ed esterni sontuosi sormontati da una parata di statue in arenaria. È stato l'ultimo e il più grande palazzo commissionato da Federico il Grande: fu costruito in soli sei anni, in gran parte per dimostrare che la Prussia non aveva perso il suo potere al termine della sanguinosa Guerra dei Sette Anni (1756-63). Il re ci veniva raramente, preferendo l'intimità dello Schloss Sanssouci e utilizzandolo unicamente come luogo di rappresentanza. Solo l'ultimo Kaiser tedesco, Guglielmo II, ne fece realmente la propria residenza privata (fino al 1918).

Gli interni dimostrano il livello eccelso raggiunto dagli artisti e artigiani dell'epoca. È un'opulenta sinfonia di soffitti affrescati, stucchi dorati, pareti perlinate delicatamente scolpite e fantasiose tappezzerie insieme a dipinti (tra cui alcuni di Antoine Pesne) e mobilio riccamente intarsiato.

Tra le molte splendide sale, le più notevoli sono la **Grottensaal**, un trionfo rococò di conchiglie, fossili e ninnoli vari incastonati sulle pareti e sul soffitto, la **Marmorsaal**, una grande sala per i banchetti in marmo bianco di Carrara, con un soffitto magnificamente affrescato, e la **Jagdkammer** (camera della caccia), dalle pareti adorne di trofei di caccia e di raffinati trafori in oro. Agli **appartamenti privati** (Königswohnung; cartina p214; interi/ridotti €5/4; tour alle 10, 12, 14 e 16 mer-lun, mar chiuso apr-ott) di Federico il Grande si può accedere solo partecipando alle visite guidate.

Nei weekend nel biglietto d'ingresso è compreso anche uno sguardo alla **Pesne-Galerie** (cartina p214; interi/ridotti €2/1,50; 10-18 sab e dom apr-ott) che ha un'interessante selezione di opere del francese Antoine Pesne, pittore di corte dal 1711 al 1757.

Lo **Schlosstheater** nell'ala sud apre solo per i concerti. I sontuosi edifici dietro il castello sono detti i Communs. In origine ospitavano la servitù del palazzo e delle cucine, ora è parte dell'Università di Potsdam.

PARK CHARLOTTENHOF   PARCO

Cartina p214 Progettato da Peter Lenné per Federico Guglielmo IV, questo parco è parte integrante del Park Sanssouci ma attrae meno visitatori. Gli edifici in questo quieto parco recano l'impronta di Karl Friedrich Schinkel, soprattutto lo **Schloss Charlottenhof** (cartina p214; tour interi/ridotti €4/3; 10-18 mar-dom mag-ott): edificato in stile neoclassico prendendo a modello una villa dell'antica Roma, sfoggia un portico in stile dorico e una fontana di bronzo. Schinkel, con l'aiuto del suo allievo Ludwig Persius, concepì inoltre i vicini **Römische Bäder** (Bagni romani; cartina p214; interi/ridotti €3/2,50; 10-18 mar-dom mag-ott), un insieme pittoresco situato poco distante che ispirandosi alle ville pompeiane unisce magioni di campagna in stile italiano e bagni romani. Il biglietto cumulativo per visitare entrambi i siti nella stessa giornata costa €5 (ridotti €4). Per lavori di ristrutturazione i Römische Bäder sono chiusi per tutto il 2013.

Altre cose da vedere a Potsdam

A est del parco si raggiunge velocemente la città vecchia di Potsdam (Altstadt): tra le cose da non perdere il pittoresco **Holländisches Viertel** (Quartiere olandese; cartina p214), un insieme compatto di 134 case a timpano in mattoni rossi costruito per alloggiare gli operai olandesi che vennero a lavorare a Potsdam intorno al 1730 su richiesta di Federico Guglielmo I. Le case oggi ospitano gallerie, boutique, caffè e ristoranti; la via più caratteristica è Mittelstrasse. Altri monumenti simbolo sono la Brandenburger Tor e la **Nikolaikirche** (cartina p214; 270 8602; www.nikolai-potsdam.de; Am Alten Markt 1; torre €5; 9-19 lun-sab, 11.30-19 dom), progettata da Schinkel e costruita nel 1850, facilmente riconoscibile grazie alla vasta cupola. Di fianco, il vecchio palazzo reale di città è stato ricostruito e ospita il parlamento statale dello stato di Brandeburgo, di cui Potsdam è la capitale.

A nord si trova un altro parco delizioso, il **Neuer Garten** (giardino nuovo), un giardino sinuoso progettato in stile naturale inglese sulla sponda occidentale dello Heiliger See. Il punto centrale del parco è lo **Schloss Cecilienhof** (969 4244; www.spsg.de; Im Neuen Garten 11; interi/ridotti €6/5 con visita guidata o audioguida; 10-18 mar-dom, lun chiuso apr-ott, 10-17 nov-marzo; 603), una dimora di campagna in stile inglese terminata nel 1917 per il principe ereditario Guglielmo e sua moglie Cecilia. Il palazzo deve la sua fama alla Conferenza di Potsdam, che si svolse qui nel 1945, in cui Stalin, Truman e Churchill (e quindi il suo successore Clement Atlee), dopo lunghe discussioni decisero il destino della Germania del dopoguerra. Nella sala conferenze sembra quasi che i delegati se ne siano appena andati. L'altro palazzo del parco, il **Marmorpalais** (cartina p214; 969 45 50; www.spsg.de; Im Neuen Garten 10; interi/ridotti €5/4 con visita guidata; 10-18 mar-dom mag-ott, 10-16 sab e dom nov-marzo, 10-18 sab e dom apr; 603) di tardo Settecento è notevole soprattutto per il fantasioso **Orientalisches Kabinett**, una sala al piano superiore che sembra una tenda turca. Il biglietto cumulativo per entrambi da maggio a ottobre costa €8/6.

PASTI E LOCALI

HAFTHORN   PUB

Cartina p214 (280 0820; www.hafthorn.de; Friedrich-Ebert-Strasse 90; portate principali €4-8; dalle 18) Lasciate le pretese fuori dalla porta di questo pub allegro e affascinante, in cui trovate bizzarre lampade in metallo, grandi hamburger e deliziose birre boeme che costano poco. Una clientela mista condivide l'atmosfera spontanea di questa ex panetteria; d'estate ci si siede a lume di candela sulle panche nel cortile.

TOP MAISON CHARLOTTE FRANCESE €€€
Cartina p214 (📞280 5450; www.maison-charlotte.de; Mittelstrasse 20; portate principali intorno a €20, Flammkuche €8-13; ⏱12-23) Possiede un lirismo rustico questo bistrò francese del Quartiere Olandese, sia che i vostri gusti vadano verso una semplice pizza all'alsaziana (*Flammkuchen*), una zuppa di pesce bretone oppure verso un menu completo di quattro portate (€47). Chi ama la buona tavola ma vuol spender poco deve venire a pranzo e assaggiare il piatto del giorno: €7,50, compreso un bicchiere di vino.

MEIEREI IM NEUEN GARTEN TEDESCO €€
(📞704 3211; www.meierei-potsdam.de; Im Neuen Garten 10; spuntini €3-7, portate principali €10-13; ⏱11-23 lun-sab, 11-20.30 dom; 🚌603 per Höhenstrasse) Un tempo il Muro si alzava proprio oltre questo birrificio con mescita, che è particolarmente piacevole in estate, quando dal tavolo nel Biergarten si possono contare le barche che veleggiano sullo Jungfernsee. I piatti ruspanti sono perfetti per le deliziose birre chiare e quelle stagionali prodotte in casa. Nei giorni con molti clienti il servizio può essere problematico. È al limite nord del Neuer Garten.

DRACHENHAUS TEDESCO €€
Cartina p214 (📞505 3808; www.drachenhaus.de; Maulbeerallee 4a; portate principali €7,50-25; ⏱11-19 o più tardi apr-ott, 11-18 mar-dom nov-feb) L'esotica Casa del Drago nel Park Sanssouci oggi è un piacevole caffè-ristorante che serve bevande, torte fatte in casa e cucina regionale; d'estate si sta fuori sotto gli alberi.

KZ Sachsenhausen

Costruito da prigionieri fatti arrivare da un altro *Konzentrationslager*, il **Campo di concentramento di Sachsenhausen** aprì nel 1936 nei dintorni di Berlino come un campo modello o, per citare Himmler, il prototipo di un campo 'moderno, ideale e facilmente espandibile'. Nel 1945, 200.000 persone, per lo più uomini, provenienti da 22 paesi avevano già varcato i suoi cancelli. All'inizio ospitò per lo più prigionieri politici, ma con il passare del tempo vi furono internati zingari, omosessuali e, dopo la *Kristallnacht* (notte dei cristalli) e i pogrom del 1938, ebrei. Dopo il 1939, furono deportati qui anche prigionieri di guerra, soprattutto sovietici. Nel campo decine di migliaia di prigionieri morirono di fame, sfinimento, malattia, freddo, a causa di esperimenti medici o passati per le armi. E un migliaio morì durante la *Todesmarsch* (Marcia della Morte) nell'aprile del 1945, quando i nazisti cercarono di trasferire gli internati del campo fino al Baltico prima che sopraggiungesse l'Armata Rossa. Una targa commemorativa ricorda questi morti all'ingresso del campo, all'angolo tra Strasse der Einheit e Strasse delle Nationen.

Dopo la guerra, i sovietici restituirono il favore, trasformandolo nello Speziallager n. 7 (Campo Speciale n. 7) per gli ex-nazisti. Circa 60.000 persone furono internate in questo campo, e si stima che ben 12.000 vi abbiano perso la vita a causa della malnutrizione e delle malattie prima che nel 1950 venisse chiuso. I militari sovietici e tedeschi orientali continuarono a usare il campo ancora per un decennio, finché nel 1961 divenne un luogo commemorativo. Oggi la visita al campo, che ha subito diversi riadattamenti, come c'era da aspettarsi è un'esperienza toccante e da prendere seriamente.

Il consiglio
Anche se il campo è aperto tutti i giorni, vi suggeriamo di non venirci in visita il lunedì, perché le sale espositive interne hanno il giorno di chiusura.

Per/dal KZ Sachsenhausen
Treno La S1 fa il viaggio da Berlino centro (cioè Friedrichstrasse) a Oranienburg tre volte l'ora (€3.,10, 45 minuti). I treni regionali RE5 e RB12 che partono ogni ora dalla Hauptbahnhof sono più veloci (€3,10, 25 minuti). Il campo si trova a circa 2 km dalla stazione ferroviaria di Oranienburg: girate a destra in Stralsunder Strasse, poi a destra in Bernauer Strasse, a sinistra in Strasse der Einheit e a destra in Strasse der Nationen. Anche l'autobus 804 fa lo stesso percorso una volta l'ora.

Informazioni
➡ **Prefisso telefonico** 📞03301
➡ **Posizione** 35 km a nord del centro

VISITE GUIDATE

L'associazione no profit **Mosaic Tours** (📞0176 8754 5620; www.mosaic.de; interi/studenti €15/12; ⊙alle 10 mar, gio e dom tutto l'anno, anche ven e sab apr-ott) è specializzata in tour di Sachsenhausen che durano circa sei ore. Ci si incontra alle 10 ai piedi della Fernsehturm, vicino alla stazione della S-Bahn di Alexanderplatz. Non occorre prenotare.

Anche le agenzie di tour in inglese Berlin Walks, Insider Tour Berlin e New Berlin Tours (p312) prevedono la visita di Sachsenhausen diverse volte la settimana.

➡ **Ufficio turistico** (📞2000; www.stiftung-bg.de; Strasse der Nationen 22; ⊙8.30-18 metà marzo-metà ott, 8.30-16.30 metà ott-metà marzo)

👁 CHE COSA VEDERE

FREE **GEDENKSTÄTTE UND MUSEUM SACHSENHAUSEN** SITO COMMEMORATIVO
(📞2000; www.stiftung-bg.de; Strasse der Nationen 22; ⊙8.30-18 metà marzo-metà ott, 8.30-16.30 metà ott-metà marzo, musei, archivio e biblioteca lun chiusi) Se non partecipate a un tour guidato, prendete un opuscolo (€0,50) o, ancora meglio, un'audioguida (€3, compreso l'opuscolo) al centro visitatori se volete muovervi nel sito con cognizione di causa. All'entrata del campo passerete davanti a una serie di fotografie scattate durante la 'marcia della morte' e nei giorni della liberazione. Appena all'interno delle mura perimetrali si trova il **Neues Museum**, che ha una mostra solo moderatamente interessante sulla storia del sito sin dall'epoca della DDR e sul campo di Oranienburg, il precursore di Sachsenhausen, fondato nel 1933 in un vicino birrificio in disuso.

Ora vi trovate di fronte alla **Torre A**, il cancello d'ingresso su cui campeggia la stessa cinica scritta apposta anche ad Auschwitz, *Arbeit Macht Frei* (il lavoro rende liberi). Appena oltre si trova l'area in cui facevano l'appello dei prigionieri, circondata a ventaglio da baracche di detenzione e altri edifici. Nei pressi, sulla destra, si trovano due baracche restaurate che illustrano le drammatiche condizioni di vita a cui erano sottoposti i prigionieri. Nella **Baracca 38** sono esposte prove della presenza di prigionieri ebrei, mentre la **Baracca 39** documenta la vita quotidiana al campo. Di fianco si trova la **prigione**, dove furono rinchiusi per un certo tempo due esponenti della resistenza al nazismo: l'attentatore alla vita di Hitler Georg Elser e il teologo Martin Niemöller. Le due **baracche dell'infermeria** originali dall'altra parte del cortile dell'appello hanno mostre sulla scarsa assistenza sanitaria riservata ai prigionieri e sui terribili esperimenti medici fatti su di loro.

Se vi dirigete verso la zona centrale del campo raggiungerete quella che un tempo era la **cucina dei prigionieri**: ora ospita un'esposizione su alcuni momenti della storia del campo con riproduzioni di alcuni strumenti di tortura (come la panca su cui venivano legati e picchiati i prigionieri) e la forca originale, che si trovava nella zona dell'appello; nella cantina vedrete sui muri toccanti graffiti realizzati dai prigionieri.

Comunque, la mostra più commovente (e sconvolgente) riguarda l'adiacente **Stazione Z**, composta da una trincea dove avvenivano le esecuzioni sommarie, un forno crematorio e una camera a gas. Nei pressi uno spazio espositivo accanto alla vera entrata di questa sezione del campo, separata con un muro dal resto del sito, approfondisce gli episodi terribili avvenuti. Nell'autunno del 1941 più di 10.000 prigionieri di guerra sovietici furono trucidati con un colpo di pistola alla nuca attraverso un buco nella parete mentre stavano, apparentemente, provando un'uniforme. I proiettili venivano poi ricuperati e usati di nuovo.

Nell'estremo angolo destro un nuovo edificio e due baracche originali ospitano la mostra sul **Campo speciale sovietico**, che documenta l'uso che i sovietici fecero del campo di Sachsenhausen tra il 1945 il 1950.

🍴 PASTI E LOCALI

Sul sito non si vende cibo; al Neues Museum c'è un distributore automatico di bevande analcoliche. Ci sono caffè, panetterie e negozi all'uscita della stazione ferroviaria di Oranienburg.

Spandau

Spandau è una piacevole commistione di distese verdi, fiumi, stabilimenti industriali e zone residenziali quasi rurali che avvolgono un nucleo medievale famoso per la sua fortezza del XVI secolo, la Spandauer Zitadelle. Più antica di Berlino di qualche anno, Spandau prosperò come città indipendente per circa otto secoli e divenne parte integrante di Berlino solo nel 1920. I suoi abitanti, tuttavia, continuano a sentirsi in primo luogo Spandauer, e Berliner solo in seconda battuta. Ancora oggi, quando escono dal loro quartiere, usano l'espressione 'andare a Berlino'. La maggior parte dei luoghi di interesse è concentrata nella Altstadt.

Il meglio
- **Da vedere** Zitadelle Spandau (p219)
- **Ristoranti** Restaurant Kolk (p220)
- **Locali** satt und selig (p220)

Il consiglio
Ogni anno, in estate, la Zitadelle Spandau diventa la quinta suggestiva dei concerti di musica classica, pop e rock che fanno parte del **Citadel Music Festival** (www.citadel-music-festival.de). La Gothic Hall ospita concerti tutto l'anno.

Per/da Spandau
U-Bahn Il percorso consigliabile è quello della U7 che arriva a Spandau in 30-40 minuti e ferma alla Zitadelle, all'Altstadt e al Rathaus.
S-Bahn La S5 arriva in centro a Spandau in circa 30-40 minuti.

Informazioni
- **Prefisso telefonico** 030
- **Posizione** A 13 km circa a nord-ovest del centro
- **Ufficio turistico** (333 9388; www.partner-fuer-spandau.de; Breite Strasse 32; 10-18 lun-sab; U Altstadt Spandau, S Spandau)

CHE COSA VEDERE

ZITADELLE SPANDAU FORTEZZA
(354 9440; www.zitadelle-spandau.de; Am Juliusturm 64; interi/ridotti €4,50/2,50, audioguida €2; 10-17; U Zitadelle) La Zitadelle Spandau (1594), situata su un'isoletta del fiume Havel, è una delle fortezze rinascimentali meglio conservate del mondo. Protetta da un fossato con ponte levatoio, la sua pianta simmetrica è da manuale: una piazza con ciascun angolo protetto da un bastione a forma di freccia. Oggi l'impressionante complesso ospita musei, spazi per eventi culturali e, d'inverno, migliaia di pipistrelli. Arrampicatevi in cima alla Juliusturm, alta 30 m, e avrete una vista panoramica.

NIKOLAIKIRCHE CHIESA
(333 5639; www.nikolai-spandau.de; Reformationsplatz 6; torre €1; 12-16 lun-ven, 11-15 sab, 14-16 dom, tour alla torre 12.30 sab, 14.30 dom apr-ott; U Altstadt Spandau) La chiesa gotica di san Nicola ha giocato un ruolo cruciale durante la Riforma. Fu dietro i suoi muri spessi che nel 1539 l'Elettore Gioacchino II compì il passo rivoluzionario di far officiare il primo servizio liturgico luterano del Brandeburgo. L'Elettore è ritratto nella statua in bronzo all'esterno della chiesa. Questa è ricca di importanti tesori, tra cui un fonte battesimale (1398) in bronzo e un pulpito barocco (1714). Il suo orgoglio, però, è l'altare (1582) tardo-rinascimentale la cui pala centrale raffigura l'*Ultima cena*. Di weekend ci sono tour guidati alla torre alta 77 m da cui si gode un bel panorama dell'Altstadt.

> **VALE UNA DEVIAZIONE**
>
> ### LUFTWAFFENMUSEUM
>
> Chi è interessato alla storia militare e dell'aviazione forse dovrebbe fare una deviazione di 9 km a sud dell'Altstadt di Spandau per visitare il **Luftwaffenmuseum** (Museo dell'aviazione tedesca; 811 0769; www.luftwaffenmuseum.de; Kladower Damm 182; 10-18 mar-dom apr-ott, 9-16 nov-marzo, ultimo ingresso un'ora prima della chiusura; U Zoologischer Garten, poi autobus X34), allestito nei vecchi hangar dell'ex aeroporto militare Berlin-Gatow, prima accademia dell'aeronautica del Terzo Reich e poi sotto il controllo britannico. La mostra sull'aeronautica militare va dal 1884 ai giorni nostri. Un centinaio di caccia, bombardieri, elicotteri e armamenti, tra cui biplani della prima guerra mondiale, un MiG-21 russo, un Messerschmidt ME-163 Komet e un Antonov An-14 dell'epoca della DDR, sono disposti sulla pista d'atterraggio.

Grunewald e Dahlem

Dahlem e Grunewald, le zone residenziali più esclusive della città, sono disseminate di mete culturali e naturali. Tra le sue strade alberate e ville sontuose ci sono giardini, parchi, palazzi nobiliari e una serie di musei, tra cui gli interessanti Museen Dahlem che posseggono incredibili collezioni di manufatti etnici provenienti da tutto il mondo. Quando Berlino venne divisa in due, questa zona divenne parte del settore americano: alcune istituzioni, come l'istituto internazionale John F. Kennedy e l'Alliierten Museum situato in un'installazione militare, sono un'eredità di quel periodo. Qui si trova anche una delle grandi università tedesche, la Freie Universität. Polmone verde non solo per i residenti, la foresta di Grunewald è un vasto 'magazzino di ossigeno' intersecato da sentieri e punteggiato di laghi, che si estende per tutta l'area occidentale fino al fiume Havel.

Il meglio
- **Da vedere** Museen Dahlem (p221)
- **Ristoranti** Galileo (p222)
- **Locali** Luise (p222)

Il consiglio
Il Botanischer Garten (orto botanico) con le sue fragranze è una quinta spettacolare per i concerti – dal jazz al flamenco alla musica classica – che si tengono in estate ogni venerdì alle 18. I biglietti costano €15 e comprendono la visita al giardino.

Per/da Grunewald e Dahlem
U-Bahn La U3 serpeggia per la zona, con fermate chiave a Dahlem-Dorf per i musei

---

FREE **GOTISCHES HAUS** EDIFICIO STORICO
(333 9388; Breite Strasse 32; 10-18 lun-sab; U-Altstadt Spandau) Gli antichi proprietari della casa gotica tardo-medievale dovevano essere persone abbienti, poiché costruirono la loro abitazione in pietra, e non in legno come si usava all'epoca. Questa gemma della città vecchia ha volte a crociera decorate nelle sale al pianterreno che ospitano l'ufficio turistico locale e un salotto e una cucina di epoca Biedermeier al piano superiore.

PASTI E LOCALI

RESTAURANT KOLK TEDESCO €€
(333 8879; www.kolk.im-netz.de; Hoher Steinweg 7; portate principali €10-16; 11-23; U-Altstadt Spandau) Anche se è da vent'anni sulla piazza, questo ristorante vecchio stile, situato in una caserma dei vigili del fuoco dell'Ottocento, non ha perso la sua presa sulla clientela. L'ambientazione rustica si sposa con il suo menu, che ha piatti di origine ungonetta e dell'Europa orientale, tra cui gulasch sostanziosi, polpette di carne con salsa ai capperi e anguilla lessa con salsa all'aneto. Se il tempo lo consente chiedete un tavolo nel giardino.

SATT UND SELIG CUCINA INTERNAZIONALE €€
(3675 3877; www.sattundselig.de; Carl-Schurz-Strasse 47; portate principali €8-16; 9-23; U-Altstadt Spandau) In una casa barocca in legno e muratura accanto alla Nikolaikirche, questo caffè e ristorante è il preferito degli abitanti del quartiere, che dalla mattina alla sera si sentono 'sazi e beati', come dice il nome. La scelta proposta per la prima colazione è leggendaria: le torte sono fatte in casa e le portate principali creative, preparate con ingredienti freschi e abbondanti. In estate i tavolini all'aperto occupano parte della strada pedonale.

I BINARI DELLA MORTE

L'Holocaust Mahnmal ha il vantaggio di essere grande, centrale, un'opera d'arte, ma c'è un altro sito commemorativo della Shoah che può essere altrettanto impressionante, pur nella sua semplicità. Il **Gleis 17** (binario 17) si trova nella stazione della S-Bahn di Grunewald. Fu dal binario 17 di questo sobborgo residenziale tra alberi e ville che partirono 186 treni diretti a Theresienstadt, Riga, Lodz e Auschwitz, con il loro carico di ebrei come bestie al macello. Più di 50.000 ebrei berlinesi furono deportati tra il 1941 e il 1945. Per ricordarli, targhe di metallo che riportano la data di partenza, il numero dei deportati e la destinazione dei treni sono state imbullonate lungo il binario. C'è quiete, qui, si sente solo il fruscio degli alberi mossi dal vento, ma il silenzio parla ad alta voce.

e a Krumme Lanke per avere facile accesso alla foresta di Grunewald.
S-Bahn La S1 tocca tangenzialmente Dahlem sud, mentre la S7 taglia in due la foresta di Grunewald.

Informazioni
➡ **Prefisso telefonico** 030
➡ **Posizione** 11 km a sud-ovest del centro

👁 CHE COSA VEDERE

MUSEEN DAHLEM
MUSEO

(266 424 242; www.smb.museum; Lansstrasse 8; interi/ridotti/bambini €8/4/gratuito; 10-18, 11-18 sab e dom, lun chiuso, Junior Museum 13-18 mar-ven, 11-18 sab e dom; U Dahlem-Dorf) Fino a quando scienziati visionari non inventeranno una macchina per il teletrasporto, i musei di Dahlem, che espongono oggetti artistici e manufatti pre-industriali e non europei, saranno la vostra unica possibilità di fare il giro del mondo in un pomeriggio. Sono molti i punti forti dell'**Ethnologisches Museum** (Museo etnologico), tra cui le sale sull'Africa, dove maschere, ornamenti, vasi e strumenti musicali realizzati con grande maestria provenienti da Benin e Camerun consentono di farsi un'idea precisa sulle pratiche cerimoniali e sui vari aspetti della vita quotidiana. In un'altra sala sarete trasportati nei lontani Mari del Sud mentre passeggiate tra canoe polinesiane e capanne tradizionali. In un'altra ala, il **Museum für Asiatische Kunst** (Museo di arte asiatica) traccia l'evoluzione dell'arte in India, Nepal, Cina, Thailandia, Giappone e Corea dal quarto millennio a.C. a oggi. Non perdetevi la sala da tè giapponese e il trono imperiale cinese del XVI secolo realizzato in palissandro laccato con intagli di madreperla. Il complesso ospita anche il **Museum Europäischer Kulturen** (Museo delle culture europee), dove l'esposizione va da armature svedesi a una nera gondola veneziana, a un gigantesco presepe meccanico tedesco. I bambini dai 4 agli 8 anni potranno ampliare i loro orizzonti al Junior Museum dove faranno esperienze interattive.

BRÜCKE MUSEUM
PINACOTECA

(831 2029; www.bruecke-museum.de; Bussardsteig 9; interi/ridotti €5/3; 11-17, mar chiuso; U Oskar-Helene-Heim, poi autobus 115 per Pücklerstrasse) Nel 1905 Karl Schmidt-Rottluff, Erich Heckel ed Ernst Ludwig Kirchner fondarono il gruppo artistico Die Brücke (Il ponte, 1905-13): promuovendo un nuovo approccio artistico di rottura avrebbe aperto la strada all'Espressionismo tedesco. È la collezione personale di Schmitt-Rottluff il cuore di questa superba presentazione di arte espressionista. Ospitato in un edificio di Werner Düttmann ispirato al movimento Bauhaus, il piccolo museo si trova circa 2,5 km a nord della stazione della U-Bahn Oskar-Helene-Heim percorrendo la Clayallee.

L'autobus 115 collega la stazione della U-Bahn con Pücklerstrasse diverse volte l'ora.

FREE ALLIIERTENMUSEUM
MUSEO

(818 1990; www.alliiertenmuseum.de; Clayallee 135; 10-18 mar-dom, lun chiuso; U Oskar-Helene-Heim) La guardiola originale del Checkpoint Charlie, un aereo Hastings utilizzato durante il Ponte aereo, una torretta di guardia della Germania Est e la ricostruzione dello Spy Tunnel, costruito nel 1953-4 dai servizi di intelligence statunitensi e britannici per inserirsi nella rete telefonica centrale sovietica, sono tra le esposizioni più interessanti del Museo degli Alleati, che documenta la storia e le sfide affrontate dagli Alleati occidentali a Berlino nell'immediato dopoguerra e durante gli anni della Guerra Fredda. Per arrivare prendete la U-Bahn fino a Oskar-Helene-Heim, poi un autobus; oppure camminate per 10 minuti sulla Clayallee in direzione nord.

BOTANISCHER GARTEN
GIARDINI

(8385 0100; www.bgbm.org; Königin-Luise-Strasse 6-8; interi/ridotti €6/3, solo museo €2,50/1,50; giardino 9-crepuscolo, museo 10-18; U Dahlem-Dorf, S Botanischer Garten) L'orto botanico berlinese, uno dei più estesi d'Europa, vanta circa 22.000 specie di piante e vi offrirà un buon motivo per riconnettervi con la natura. Da non perdere l'imponente Grosse Tropenhaus (grande serra tropicale), umida casa di un'intera foresta di bambù. Le mostre nell'annesso museo sono invece di contenuto scientifico. Si può entrare da Unter den Eichen o da Königin-Luise-Platz.

FREIE UNIVERSITÄT BERLIN
UNIVERSITÀ

(8381; www.fu-berlin.de; Habelschwerdter Allee 45; U Thielplatz) Quando il Muro sancì la divisione della città, la Humboldt Universität rimase a est e la FU (la libera università), largamente sponsorizzata dagli americani, divenne l'unica sede di studi universitari di Berlino Ovest. Negli anni '60 l'ateneo ebbe un importante ruolo guida nel movimento studentesco del paese e fu un protagonista delle rivolte del

'68. Oggi è la più grande delle tre università di Berlino e ha quasi 40.000 studenti.

L'ultima aggiunta (2005) al complesso universitario è la **Biblioteca di Filologia** (✆8385 8888; ingresso libero; ◷9-22 lun-ven, 10-17 sab e dom; Ⓤ Thielplatz), un capolavoro firmato Lord Norman Foster. Soprannominata il 'cervello di Berlino' a causa della forma che ricorda un cranio, ha quattro piani protetti da una copertura, simile a una bolla, a ventilazione naturale e ricoperta di pannelli in alluminio.

✕ PASTI E LOCALI

Sia il Botanischer Garten sia i Museen Dahlem hanno dei piacevoli caffè per ristorarsi dopo la visita.

LUISE CUCINA INTERNAZIONALE €€
(✆841 8880; www.luise-dahlem.de; Königin-Luise-Strasse 40-42; portate principali €5-22; ◷10-1; Ⓤ Dahlem-Dorf) Questo caffè-ristorante-Biergarten è un'istituzione a Dahlem: ha un menu chilometrico che accontenta i gusti di tutti, dai vegetariani agli amanti delle bistecche ai patiti della pizza. Servono fino alle 14 abbondanti prime colazioni e hanno sette birre alla spina. D'estate il Biergarten sotto i castagni serve un menu (soprattutto di carne alla griglia) molto conveniente.

GALILEO ITALIANO €€
(✆831 2377; www.ristorantegalileo.de; Otto-von-Simson-Strasse 26; portate principali €4-16; ◷10-22 lun-ven; Ⓤ Dahlem-Dorf) Ai limiti del campus della Freie Universität, Galileo continua da 25 anni a offrire a studenti, professori e residenti della zona una cucina italiana genuina e poco costosa. Se non siete tipi da pizza o da pasta (fatta in casa), scegliete secondi più elaborati, come tonno fresco alla griglia o filetto d'agnello al rosmarino.

Wannsee

Il verde Wannsee è il sobborgo più meridionale di Berlino e si trova sul lago omonimo, che in realtà è solo un'ansa del fiume Havel. Nelle giornate di bel tempo è un posto fantastico, dove è facile dimenticarsi dei rumori della grande città. Potete andare in battello sul lago, camminare tra i boschi, visitare un'isoletta incantata, fare il giro di un palazzo reale o prendere il sole alla Strandbad Wannsee, una spiaggia di sabbia di 1200 m. Ha anche alcuni siti che giocarono un ruolo di grande rilevanza prima e dopo la seconda guerra mondiale.

Il meglio
➜ **Da vedere** Pfaueninsel (p222)
➜ **Ristoranti** Restaurant Seehaase (p224)
➜ **Locali** Loretta am Wannsee (p224)

Il consiglio
Per fare una crociera senza spender molto, prendete il traghetto dal Wannsee a Kladow che costa quanto un normale biglietto di trasporto pubblico.

Per/da Wannsee
S-Bahn La S1 o la S7 collegano il centro della città con il Wannsee, poi, a seconda della destinazione, si prosegue a piedi o con l'autobus.

Informazioni
➜ **Prefisso telefonico** ✆030
➜ **Posizione** 25 km a sud-ovest del centro

◉ CHE COSA VEDERE

FREE HAUS DER WANNSEE-KONFERENZ SITO COMMEMORATIVO
(✆805 0010; www.ghwk.de; Am Grossen Wannsee 56-58; ◷10-18; Ⓢ Wannsee, poi autobus 114) Nel gennaio del 1942 un gruppo di alti ufficiali nazisti si incontrò in una grande villa sul lago Wannsee per discutere la cosiddetta 'soluzione finale', ossia il piano per deportare e annientare in maniera sistematica gli ebrei europei. L'edificio oggi ospita una mostra commemorativa e un centro didattico che aiuta a capire le conseguenze fatali di quella conferenza. La villa si trova 2,5 km a nord-ovest della stazione della S-Bahn Wannsee da cui parte diverse volte ogni ora l'autobus 114.

PFAUENINSEL ISOLA E PARCO
(✆8058 6831; www.spsg.de; Nikolskoer Weg; traghetto interi/ridotti €3/2,50, castello €3/2,50, Meierei €2/1,50; ◷10-17.30, lun chiuso, apr-ott; traghetto: 8-20 mag-agosto, 9-19 apr e set, 9-18 marzo e ott, 10-16 nov-feb; Ⓢ Wannsee, poi autobus 218) 'Ritorno alla natura' era la parola d'or-

SUL WANNSEE

Stern und Kreisschiffahrt (536 3600; www.sternundkreis.de) Da aprile a metà ottobre la compagnia di navigazione Stern und Kreisschiffahrt organizza crociere di due ore che attraversano sette laghi partendo dai moli vicino alla stazione della U-Bahn Wannsee. I battelli partono ogni ora dalle 10.30 alle 17.30; il costo è di €11.

Strandbad Wannsee (www.strandbadwannsee.de; Wannseebadweg 25; interi/ridotti €4/2,50; apr-set; ⓈNikolassee) Una piscina pubblica accanto al lago che è la passione degli amanti dell'acqua da oltre un secolo. Nelle giornate calde la sua lunga spiaggia di sabbia (1200 m) può essere molto affollata. Oltre a nuotare potrete noleggiare barche, giocare a pallavolo, basket o ping pong oppure comprarvi qualcosa da mangiare e da bere. Ad agosto ci sono rappresentazioni liriche su un palcoscenico galleggiante. La Strandbad si trova 1300 m a nord-ovest della stazione della S-Bahn Nikolassee. Camminate verso nord lungo la Borussenstrasse, poi girate a sinistra sul Wannseebadweg.

---

dine del XVIII secolo e questo fu il motivo per cui il re Federico Guglielmo II decise di trasformare l'Isola dei Pavoni in un rifugio idilliaco. L'isola era così lontana da tutto e il suo parco così lussureggiante che era l'ideale per dimenticare gli affari di stato e divertirsi con la sua amante in un palazzo bianco come la neve che sembrava uscito da una favola. Per accrescere ancor di più l'atmosfera romantica portò un gruppo di pavoni che diedero all'isola il suo nome e che ancora oggi vi si aggirano.

Il più interessante tra i vari edifici dell'isola è la **Meierei** (10-17.30 sab e dom apr-ott e 10-15.30 nov e dic), un caseificio sotto forma di monastero gotico, che si trova al limite orientale dell'isola. L'isola è una riserva naturale, quindi la lista dei *verboten* (divieti) è piuttosto lunga: è infatti vietato fumare, andare in bicicletta, nuotare, introdurre animali e ascoltare la radio. I picnic sono invece ammessi, anche perché non troverete né bar né ristoranti sull'isola che si può raggiungere con un traghetto. L'isola è circa 4 km a nord-ovest della stazione della S-Bahn Wannsee, dove l'autobus 218 passa diverse volte l'ora.

SCHLOSS GLIENICKE   PALAZZO
(8058 6750; www.spsg.de; Königstrasse 36; tour del castello interi/ridotti €5/4; 10-18 mar-dom apr-ott, 10-17 sab e dom nov-marzo, lun chiuso; ⓈWannsee, poi autobus 316) Il castello è il risultato di un viaggio compiuto in Italia da un rampollo reale che si innamorò del nostro paese. Il principe Carlo di Prussia (1801-83), figlio di Federico Guglielmo III, aveva soltanto 21 anni quando tornò a Berlino con il desiderio di costruire la sua villa italiana: commissionò all'archistar dell'epoca Schinkel la trasformazione di una tenuta esistente – immersa in un ampio e romantico giardino progettato da Peter Joseph Lenné – in un elegante complesso ispirato all'antichità. Schinkel andò oltre e ampliò la residenza, trasformando la precedente casa adibita al gioco del biliardo nel **Casino** (10-18 mar-dom apr-ott, lun chiuso; €1), una villa italiana con doppia pergola, e costruendo due padiglioni, la **Kleine Neugierde** (letteralmente 'piccola curiosità') e la **Grosse Neugierde** ('grande curiosità'), quest'ultima in una posizione panoramica. Il palazzo ha un ricco arredo interno, con caminetti in marmo, luccicanti candelabri di cristallo, dipinti in cornici dorate e mobili eleganti. Il castello si trova 6 km a ovest della stazione della S-Bahn Wannsee e servito diverse volte l'ora dall'autobus 316.

LIEBERMANN-VILLA AM WANNSEE   MUSEO
(8058 5900; www.max-liebermann.de; Colomierstrasse 3; interi/ridotti €8/4, audioguida €3; 10-18, 10-20 gio, mar chiuso apr-set, 11-17, mar chiuso ott-marzo; ⓈWannsee, poi autobus 114) Il fondatore della Berliner Sezession Max Liebermann amava la poesia della natura e i giardini in particolare. Dal 1914 fino alla morte, avvenuta nel 1935, trascorse le sue estati in questa villa, il suo 'castello sul lago'. La casa ha due giardini, uno dal lato della cucina e uno formale sul davanti, affacciato sul Wannsee, che ispirarono più di 200 tra dipinti a olio, pastelli e stampe, alcuni dei quali si possono vedere nel piano superiore della casa e nel suo studio con il soffitto a botte. In estate sono pochi i luoghi che per pace e tranquillità possono competere con la terrazza del caffè che guarda il lago. La villa si trova 2 km a nord-ovest della stazione della S-Bahn Wannsee e servita diverse volte l'ora dall'autobus 114.

IL PONTE DELLE SPIE

Il ponte di 125 m che collega Berlino a Potsdam attraversando lo Havel, il **Glienicker Brücke**, ha più di trecento anni, ma solo negli anni della Guerra Fredda guadagnò la sua fama: fu infatti il punto convenuto per il primo degli scambi delle spie tra sovietici e americani avvenuto nel 1962. Alle 8.52 del 10 febbraio, Gary Powers, il pilota dell'aereospia U2 abbattuto nello spazio aereo sovietico nel 1960 e l'agente del KGB Rudolf Abel catturato dall'FBI nel 1957, attraversarono insieme, provenendo dalle opposte sponde dello Havel, la linea bianca che era stata dipinta al centro del ponte per segnare il confine della Cortina di Ferro.

Nel corso della Guerra Fredda ci furono almeno una ventina di altri scambi simili, ma solo due avvennero sul Glienicker Brücke, nel 1975 e nel 1986. Questo non impedì a scrittori di spy story come John Le Carré di innalzare il ponte a uno stato quasi mitico sia sulla carta sia al cinema. Per altre informazioni in merito, consultate il sito www.glienicker-bruecke.de (in tedesco).

PASTI E LOCALI

RESTAURANT SEEHAASE   CUCINA INTERNAZIONALE €€
(☎8049 6474; www.restaurant-seehaase.de; Am Grossen Wannsee 58-60; portate principali €7-17; ⊙11-22; ☐114, ⑤Wannsee) Per lo più i terreni che si affacciano sull'acqua sono proprietà privata, quindi è comprensibile che il Seehaase, con la sua vista sul lago, sia molto popolare. Il menu propone soprattutto piatti della cucina tedesca ma ha anche proposte di pasta, *Flammkuchen* (pizza all'alsaziana) e un'interessante scelta di antipasti turchi. È vicino alla Haus der Wannsee-Konferenz. Prendete l'autobus 114 dalla stazione di Wannsee.

LORETTA AM WANNSEE   TEDESCO €€
(☎8010 5333; www.loretta-berlin.de; Kronprinzessinnenweg 260; portate principali €7-15; ⊙11-23; ⑤Wannsee) La vista sul lago di Wannsee è favolosa da questo tradizionale Biergarten, un luogo affascinante per assaggiare genuina cucina bavarese e bere un boccale di buona birra. Potete chiedere un semplice *Brotzeit* (pane nero con una scelta di salumi) od optare per piatti sostanziosi come lo zampetto di maiale brasato nella birra scura. Le birre alla spina sono la Augustiner e la Erdinger. Si trova circa 350 m a sud della stazione Wannsee percorrendo Kronprinzessinnenweg.

Köpenick

A 20 minuti di S-Bahn dal centro di Berlino, Köpenick, nel cuore della vecchia Berlino Est, è famoso per il suo bel castello barocco, un pittoresco centro storico (Altstadt) e tre gioielli naturali superlativi: il lago più grande della città (Müggelsee), la foresta più vasta (Köpenicker Stadtforst) e l'altura naturale più elevata (Müggelberge, 115 m). Una passeggiata in tutta tranquillità, un rilassante giro in barca o un tuffo rinfrescante fanno recuperare l'equilibrio dopo gli eccessivi stimoli intellettuali della vita urbana.

Il meglio
➡ **Da vedere** Schloss Köpenick (p225)
➡ **Ristoranti** Ratskeller Köpenick (p226)
➡ **Locali** Krokodil (p226)

Il consiglio
Per approfondire la storia di Köpenick, prendete un'audioguida all'ufficio turistico (€5) e fate un giro da soli.

Per/da Köpenick
S-Bahn Per l'Altstadt prendete la S3 per la stazione della S-Bahn Köpenick, poi camminate per 1,5 km verso sud lungo Bahnhofstrasse o prendete il tram 62 per lo Schloss Köpenick. Per il Müggelsee scendete alla stazione della S-Bahn Friedrichshagen.

Informazioni
➡ **Prefisso telefonico** ☎030
➡ **Posizione** 16 km a sud-est del centro

➡ **Ufficio turistico** (✆655 7550; www.berlin-tourismus-online.de; Alt-Köpenick 31-33; ☉9-18.30 lun-ven tutto l'anno, 10-16 sab mag-set, 10-13 sab ott-apr; 🚍62, Ⓢ Köpenick) Vicino allo Schloss Köpenick. Il tram 62 vi porta qui dalla stazione della S-Bahn Köpenick.

👁 CHE COSA VEDERE

SCHLOSS KÖPENICK   PALAZZO, MUSEO

(✆266 424 242; www.smb.museum/kgm; Schlossinsel 1; interi/ridotti/under 18 €6/3/gratuito, biglietto cumulativo con Gemäldegalerie, Musikinstrumenten Museum e Neue Nationalgalerie €12/6; ☉10-18 mar-dom, lun chiuso; 🚍62, Ⓢ Köpenick) A sud dell'Altstadt, sulla piccola Schlossinsel (isola del castello) nel fiume Dahme, l'unico castello barocco sopravvissuto, un tempo residenza reale, è ora una sede distaccata del **Kunstgewerbemuseum** (Museo di arti applicate), che presenta una ricca ed eclettica collezione di mobili, arazzi, porcellane, argenti, vetri e altri oggetti di epoca rinascimentale, barocca e rococò. Sono visibili quattro sale dalle sontuose pannellature e la straordinaria **Wappensaal** (sala degli stemmi).

Fu proprio in questa sala che nel 1730 un tribunale militare condannò a morte due soldati accusati di tentativo di diserzione: uno era l'erede al trono Friedrich (che più tardi divenne noto come Federico il Grande) e l'altro il suo amico Hans Katte. Al futuro re fu risparmiata la vita, ma fu obbligato ad assistere alla decapitazione dell'amico. Per arrivare fin qui prendete il tram 62 dalla stazione della S-Bahn Köpenick.

FREE   **RATHAUS KÖPENICK**   EDIFICIO STORICO

(Alt-Köpenick 21; ☉10-17.30; 🚍62 o 68 per Rathaus Köpenick) Con le sue frivole torrette, un'alta torre e un frontone a gradoni, il municipio di Köpenick sembra uscito da una fiaba, ma in realtà è famoso per un episodio storico, avvenuto nel 1906. Coinvolse un ciabattino disoccupato di nome Wilhelm Voigt, il quale riuscì a farsi beffe delle autorità: indossò un'uniforme da capitano, marciò sul municipio di Köpenick, arrestò il sindaco, confiscò le casse della città e sparì con il bottino. E nessuno ne contestò le azioni! Almeno a tutta prima. Anche se venne prontamente catturato e condannato, divenne una celebrità per la sua *chutzpah* (sfrontatezza). Oggi una statua in bronzo dell'Hauptmann von Köpenick (il capitano di Köpenick) sta di guardia all'entrata. La storia viene ricordata ogni estate in uno spettacolo teatrale allegro e rumoroso.

GROSSER MÜGGELSEE   LAGO

(🚍60, Ⓢ Friedrichshagen) Il più vasto e il più amato dei laghi di Berlino è circondato su due lati dal bosco e nelle calde giornate estive è preso d'assalto da gente che vuole nuotare e andare in barca sulle sue acque. L'accesso più semplice è arrivare con la S-Bahn a Friedrichshagen, grazioso sobborgo fondato nel 1753 da famiglie boeme trapiantate qui per ordine di Federico il Grande con il compito di coltivare gli alberi del gelso (indispensabili per allevare i bachi da seta), poi dirigersi a sud per l'arteria principale, Bölschestrasse, con le sue case storiche e i caffè (1,5 km). In alternativa potete prendere il tram 60. Bölschestrasse termina al Müggelpark, vicino alla confluenza della Sprea nel lago. Oltre a diversi ristoranti e Biergarten, il parco ha anche un molo da cui partono le crociere

---

VALE UNA DEVIAZIONE

DEUTSCH-RUSSISCHES MUSEUM BERLIN-KARLSHORST

L'8 maggio 1945 sei anni di follia finirono quando il feldmaresciallo Wilhelm Keitel, a capo dell'*Oberkommando* della Wehrmacht, firmò la resa incondizionata delle forze armate tedesche nel quartier generale dell'esercito sovietico, oggi diventato il **Deutsch-Russisches Museum Berlin-Karlshorst** (Museo russo-tedesco; ✆5015 0810; www.museum-karlshorst.de; Zwieseler Strasse 4; ingresso libero; ☉10-18 mar-dom, lun chiuso; Ⓢ Karlshorst). Fermatevi nella grande sala dove venne firmata la resa, poi osservate la documentazione che ricorda quel giorno fatidico e gli eventi della seconda guerra mondiale dal punto di vista dei sovietici. All'esterno si trova una batteria di armi sovietiche che comprende anche un cannone Howitzer e il devastante lanciarazzi multiplo Katyusha, noto anche come 'l'organo di Stalin'. Il museo si trova a circa 10-15 minuti a piedi dalla stazione della S-Bahn; prendete l'uscita Treskowallee, quindi voltate a destra in Rheinsteinstrasse.

della Stern und Kreisschiffahrt (p223), che da aprile a metà ottobre portano in giro per il lago per un'ora (€7). Se volete fare una passeggiata tra i boschi, andate dall'altro lato della Sprea passando per il vicino **Spree-tunnel**. La spiaggia pubblica più vicina, dove si possono anche noleggiare delle barche, è il **Seebad Friedrichshagen** (645 5756; www.seebad-friedrichshagen.de; Müggelseedamm 216; interi/ridotti €4/2,50, pass per famiglia di 2 adulti e 2 bambini €9; 10-19 dal 1° mag al 31 agosto) a 300 m circa a est del Müggelpark. La domenica c'è un mercatino delle pulci nei dintorni della stazione della S-Bahn Friedrichshagen.

🍴 PASTI E LOCALI

RATSKELLER KÖPENICK   TEDESCO €€
(655 5178; www.ratskellerkoepenick.de; Alt-Köpenick 21; portate principali €7-19; 11-23; 62 o 68, S Köpenick) I ristoranti con la parola 'Ratskeller' nel nome in genere risultano essere trappole turistiche troppo care. Sono infatti situati al pianterreno di antichi municipi cittadini (Rathaus) dove un tempo erano locali di mescita al pubblico. Questo di Köpenick, invece, è una felice eccezione. L'ambientazione storica è divertente e il menu pieno delle classiche ricette tedesche tutta carne (arrosto di maiale affumicato, sanguinacci) insieme a piatti meno pesanti, alcuni vegetariani e di pesce. Molte delle materie prime vengono da fattorie della zona. È consigliabile prenotare per le sere di venerdì e sabato, con jazz dal vivo. Dalla stazione della S-Bahn Köpenick prendete i tram 62 o 68.

KROKODIL   CUCINA MEDITERRANEA €€
(6588 0094; www.der-coepenicker.de; Gartenstrasse 46-48; portate principali €7-15; cena tutti i giorni, brunch dom; 62 o 68, S Köpenick) Si mangia bene, ma la ragione per cui vi ricorderete il Krokodil è la sua posizione idilliaca sulla sponda orientale del Dahme, a circa 700 m a sud dell'Altstadt. Con la spiaggia privata o le barche a noleggio, è perfetto per un pigro pomeriggio estivo seguito da una cena al tramonto con piatti stagionali con qualche prestito dal Mediterraneo. Se vi piace la zona, potete chiedere se hanno stanze libere all'ostello della porta accanto (letti in camerata/doppie €17/66). Per arrivare fin qui dalla stazione della S-Bahn Köpenick, prendete i tram 62 o 68 fino a Schlossplatz, poi seguite Müggelheimer Strasse verso est per 300 m e quindi girate a sud per Kietz per altri 400 m.

Pernottamento

E dove disferete la vostra valigia? Berlino vi offre l'intera gamma possibile di hotel, ostelli e pensioni. Praticamente tutte le catene internazionali hanno oggi la loro nave ammiraglia nella capitale tedesca, ma è molto più interessante una sistemazione che meglio rifletta la verve e lo spirito cittadino. Si può dormire in una ex banca, in un battello, nella casa di una diva del muto, su un 'letto volante' o anche in una bara.

Hotel

A Berlino troverete hotel di tutti i tipi, da catene con camere anonime e spartane a boutique hotel con il massimo degli optional e un servizio attentissimo. Per chi ama una sistemazione di stile ma a prezzi contenuti, la capitale tedesca offre oggi un gran numero (sempre in crescita) di hotel di design in una fascia di prezzo bassa, con interni chic ma camere piccole e minimi servizi aggiuntivi. Chi può spendere di più può scegliere tra hotel progettati da noti design d'interni e *Kunsthotel* (hotel artistici), dove si è circondati da opere d'arte o dove gli stessi artisti hanno disegnato camere molto particolari.

Ostelli

Il panorama degli ostelli è più vivo che mai e va da quelli con un'aria alternativa da classico backpacker alle versioni 'lifestyle' con optional trendy simili a quelli degli hotel. Li troverete in ogni quartiere, ma soprattutto a Kreuzberg e Friedrichshain, il che per voi significa a pochissima distanza da bar e nightclub. I posti letto in grandi camerate più convenienti costano solo €9, ma se si spende un po' di più si può dormire in camerate con meno letti o persino in una camera privata.

B&B

I nostalgici che vogliono assaporare il profumo della 'Vecchia Berlino' devono cercare un *Hotel Pension* o una *Pension*. Ce n'è sempre meno, ma ancora si trovano soprattutto nella zona ovest della città, intorno al Kurfürstendamm.

Appartamenti ammobiliati

Gli appartamenti ammobiliati sono un'alternativa molto apprezzata – ed economica – al soggiorno in hotel. Garantiscono spazio, privacy e indipendenza, tre requisiti particolarmente appetibili per le famiglie e per piccoli gruppi di amici (v. p239).

Tariffe

Gli standard sono alti e una fiera competizione ha contenuto i prezzi, che sono inferiori a quelli di altre capitali. Schizzano però in alto quando ci sono fiere, festival internazionali e festività e occorre prenotare per tempo. I business hotel spesso offrono tariffe scontate nei weekend. In inverno, a parte le festività natalizie, i prezzi scendono molto e si può avere una camera in un hotel a cinque stelle per €100.

Servizi e optional

Le opzioni a prezzo medio hanno camere che non mancano di carattere: pulite, confortevoli, di discrete dimensioni, con bagno privato e TV via cavo. In alberghi e ostelli di fascia bassa i servizi sono spesso in comune. Gli hotel di alto livello hanno uno standard internazionale di servizi extra, arredo di design e a volte una posizione panoramica o un'ambientazione d'epoca.

Ovunque le camere tendono a essere di piccole dimensioni, i canali TV stranieri inesistenti e l'aria condizionata una rarità. La maggior parte degli hotel ha la connessione wi-fi, anche se a volte fanno pagare un extra che può arrivare anche a €20 al giorno.

INFORMAZIONI

Guida ai prezzi
Le seguenti fasce di prezzo sono solo indicative e si riferiscono a una notte in una camera doppia con bagno privato in alta stagione ma non durante le vacanze e quando in città si svolgono fiere e manifestazioni di particolare rilievo. Molte delle strutture hanno camere più costose in categorie superiori. Le tariffe comprendono l'IVA al 7% e la prima colazione (in genere un abbondante buffet), a meno che non sia indicato altrimenti.

- € meno di €80
- €€ da €80 a €160
- €€€ più di €160

Prenotazioni
Berlino ha un gran numero di alloggi, ma i migliori sono anche i primi a essere presi, ragion per cui occorre prenotare, soprattutto nei periodi intorno alle maggiori festività, agli eventi culturali e nei giorni delle grandi fiere.

Siti utili
Per prenotare online un ostello provate i siti www.hostelworld.com e www.hostelbookers.com, per gli hotel www.booking.com e www.hrs.com, e per gli appartamenti ammobiliati www.airbnb.com e www.homeaway.com.

Visit Berlin (www.visitberlin.de) Il sito turistico ufficiale prenota camere negli hotel partner con la garanzia del prezzo migliore.

La scelta Lonely Planet

Circus Hotel (p234) La sintesi perfetta di stile, comfort, posizione e buon rapporto qualità-prezzo.

Michelberger Hotel (p237) Design eccentrico e fama di luogo di feste e divertimento.

Honigmond Garden Hotel (p235) Un hotel con fascino, pieno di particolari storici.

Hotel Askanischer Hof (p240) La classe e il romanticismo degli anni '20 in un unico luogo.

EastSeven Berlin Hostel (p239) Piccolo, amichevole e senza una pecca.

Hostel One80° (p231) Un ostello di design per hipster con optional all'avanguardia.

Top per qualità-prezzo

€
Grand Hostel (p237)
Plus Hostel (p238)
Motel One Berlin-Alexanderplatz (p231)

€€
Hotel Amano (p235)
Miniloft Berlin (p239)
Hotel Honigmond (p236)

€€€
Hotel de Rome (p230)
Mandala Hotel (p233)
Ritz-Carlton Berlin (p234)

Ostelli
Circus Hotel (p236)
Plus Hostel (p238)
Grand Hostel (p237)
Raise a Smile Hostel (p238)
Wombat's City Hostel Berlin (p234)

Fascino storico
Hotel-Pension Funk (p241)
Hotel Bogota (p2411)
Hotel Adlon Kempinski (p230)
Grand Hostel (p237)

Uno stile cool
Soho House Berlin (p235)
Weinmeister (p236)
Casa Camper (p235)
Hostel One80° (p231)

Per famiglie
Abion Spreebogen Waterside Hotel (p234)
Adina Apartment Hotel Berlin Checkpoint Charlie (p230)
Ritz-Carlton Berlin (p234)
Radisson Blu Hotel (p231)

Romanticismo
Ackselhaus & Blue Home (p240)
Soho House Berlin (p235)
Hotel Riehmers Hofgarten (p237)
Honigmond Garden Hotel (p235)

Hotel artistici
Arte Luise Kunsthotel (p230)
art'otel berlin mitte (p232)
Propeller Island City Lodge (p232)
mitArt Hotel & Café (p236)

Camera con vista
Hotel Adlon Kempinski (p230)
Park Inn Berlin-Alexanderplatz (p231)
Ritz-Carlton Berlin (p234)
nhow (p237)

Dove dormire

Quartiere	Pro	Contro
Mitte - Centro storico	Vicino alle principali cose da vedere; ottimi collegamenti dei mezzi pubblici; per lo più hotel di fascia alta; ottimi ristoranti	Turistico, costoso, privo di vita la sera
Museumsinsel e Alexanderplatz	Supercentrale; comodo per i mezzi pubblici; vicino alla zona dello shopping; hotel grandi e nuovi	Rumoroso, trafficato, brutto
Potsdamer Platz e Tiergarten	Aria distinta e signorile; hotel internazionali di fascia alta; musei eccezionali e la Philharmonie; vicino al grande parco cittadino	Poca scelta per mangiar fuori e per la vita notturna; costoso
Scheunenviertel	Trendy, storico, centrale; costellato di boutique hotel o di design; shopping favoloso, buoni ristoranti e grandi caffè	Costoso, trafficato, rumoroso
Kreuzberg e Neukölln Nord	Il meglio per il giro dei bar e il clubbing; economico; molti ostelli; atmosfera multiculturale	Squallido, rumoroso; lontano dalle cose da vedere
Friedrichshain	Vita notturna spumeggiante; poco costoso; superbi reperti della Guerra Fredda	Poche sistemazioni; non così centrale per musei e monumenti
Prenzlauer Berg	Area residenziale pulita e affascinante; animato panorama di bar e ristoranti; boutique indipendenti e mercato delle pulci	Poca attività a tarda notte, nessun luogo turistico nei pressi
A ovest del centro e Charlottenburg	Grande per lo shopping, bar e B&B 'Vecchia Berlino', ristoranti top, buon rapporto qualità-prezzo	Tranquillo; lontano dai monumenti più importanti e dalla vita notturna

🛏 Mitte - Centro storico

HOTEL DE ROME
HOTEL DI LUSSO €€€

Cartina p362 (📞460 6090; www.hotelderome.com; Behrenstrasse 37; doppie da €395; P🅿⊘✶@🛜⌇; 🖥100, 200, ⓊHausvogteiplatz) Se volete soddisfare la vostra passione per il lusso, fatelo in questa ex banca ottocentesca situata sulla Bebelplatz ricca di tradizione, una deliziosa alchimia di atmosfera storica e contemporanea. Le camere dalla bellezza opulenta hanno tutti gli ultimi ritrovati tecnologici, bagni in marmo con pavimenti di mosaico riscaldati e soffitti altissimi. Rilassatevi in quello che un tempo era il caveau della banca e che ora ospita la piscina e la spa oppure sorseggiando un cocktail nello squisito Bebel Bar (p91). In estate servono da bere anche sulla terrazza sul tetto. La prima colazione costa €30.

HOTEL ADLON KEMPINSKI
HOTEL DI LUSSO €€€

Cartina p362 (📞2261 0; www.kempinski.com; Pariser Platz, Unter den Linden 77; camere da €250; ✶@🛜⌇; ⓊBrandenburger Tor, ⓈBrandenburger Tor) Di fronte alla Porta di Brandeburgo, l'Adlon è stato l'alfiere più prestigioso della grandeur berlinese sin dal 1907. L'impressionante lobby non è che l'ouverture prima della lussuosa sinfonia che vi attende in camere spaziose e suite con ogni possibile optional, anche se l'arredo è vecchio stile, in qualche modo 'regale'. L'elegante zona benessere, ristoranti d'alta cucina e il nightclub Felix aggiungono un tocco di piccante contemporaneità all'ambiente.

ARTE LUISE KUNSTHOTEL
BOUTIQUE HOTEL €€

Cartina p367 (📞284 480; www.luise-berlin.com; Luisenstrasse 19; doppie €100-210, con bagno in comune €80-110; ✶@🛜; ⓊFriedrichstrasse, ⓈFriedrichstrasse) In questa 'galleria d'arte con camere' ogni unità è stata progettata da un artista diverso, che riceve una percentuale di diritto d'autore ogni volta che la sua camera viene occupata. Sono tutte al di là di ogni immaginazione, ma noi preferiamo la n. 107 con il suo letto da giganti o il boudoir rosso fuoco 'Cabaret' (n. 206). Gli appassionati d'arte con minor disponibilità economica dovrebbero informarsi sulle camere più piccole senza il bagno. Evitate le camere che danno sui binari del treno. La prima colazione costa €11.

ADINA APARTMENT HOTEL BERLIN CHECKPOINT CHARLIE
APPARTAMENTI €€

Cartina p362 (📞200 7670; www.adina.eu; Krausenstrasse 35-36; doppie €110-160, appartamento con 1 camera da letto da €140; P✶@🛜⌇; ⓊStadtmitte, Spittelmarkt) Gli appartamenti dell'Adina, moderni e spaziosi, con una o due camere da letto e una cucina attrezzata, sono perfetti per le famiglie che non vogliono spendere inutilmente, per chi vuole spazio intorno a sé e per chi vuole cucinare (c'è un supermercato proprio a un minuto di cammino). Sono a disposizione anche camere senza la cucina. Il personale è disponibile e la piscina e la sauna sono perfette per rilassare i muscoli stanchi dopo una giornata in giro. Cercate sul sito le indicazioni degli altri Adina. La prima colazione costa €15.

ARCOTEL JOHN F
HOTEL €€

Cartina p362 (📞405 0460; www.arcothotels.com; Werderscher Markt 11; camere €90-190; P✶@🛜; ⓊHausvogteiplatz) Quest'albergo di lifestyle metropolitano rende onore a John F. Kennedy in mille modi misteriosi: da sedie a dondolo intagliate a mano (il presidente ne usava una perché aveva problemi di schiena) alle lampade dalla forma arrotondata che ricordano i vestiti da sera di Jackie. Le camere sono sapientemente arredate in legno zebrano scuro e giocano con i colori argento e bianco; alcune sono rivolte verso la Friedrichswerdersche Kirche, altre verso il ministero degli esteri tedesco. La prima colazione si paga a parte (€18).

COSMO HOTEL BERLIN
HOTEL €€

Cartina p362 (📞5858 2222; www.cosmo-hotel.de; Spittelmarkt 13; doppie €100-210; P✶@🛜; ⓊSpittelmarkt) Nonostante la posizione poco felice su una strada trafficata, quest'hotel ha comfort e design da vendere. La lobby con le sue lampade esagerate e le grandi poltrone introducono allo stile generale dell'hotel, le cui camere sono arredate in nuance color cannella e argento. Le camere più economiche non sono adatte a chi ha molto bagaglio, ma tutte hanno letti che sembrano macchine del sonno e tende oscurate che aiutano il riposo anche se fuori è chiaro. Il collegamento wi-fi è disponibile solo negli spazi comuni. La prima colazione continentale costa €5, il buffet completo €14.

SOFITEL BERLIN GENDARMENMARKT
HOTEL €€€

Cartina p362 (📞203 750; www.sofitel.com; Charlottenstrasse 50-52; doppie €180-270; P✶@🛜;

U Französische Strasse) Questo bozzolo di tranquilla raffinatezza ha una posizione fantastica di fronte all'elegante Gendarmenmarkt e 92 camere e suite che giocano sapientemente con marmi, cristalli ed effetti luminosi, anche se alcune sono un po' anguste. Le più belle hanno un balcone privato verso il Französischer Dom, anche se chi ha il sonno leggero farebbe meglio a scegliere quelle sul cortile interno. All'ultimo piano c'è una sauna e una palestra e un ristorante di fascia alta che serve cucina tedesca e austriaca, compresa la prima colazione di €28.

Museumsinsel e Alexanderplatz

TOP HOSTEL ONE80° OSTELLO €

Cartina p366 (28 04 4620; www.one80hostels.com; Otto-Braun-Strasse 65; letti in camerata €12-32; @ 🛜; U S Alexanderplatz) Appena mette piede nella hall notate divani di design, musica di sottofondo e una zona pranzo dal look industrial-chic, tutti segni che lo One80° ha ridefinito il concetto di ostello: siamo in presenza dell'ostello di prossima generazione, il 'lifestyle hostel'. Le camerate contengono da 4 a otto letti a castello supercomodi e hanno lampade da lettura, due prese elettriche e due armadietti per persona. Anche se il posto è grande, il bar nella lobby e il locale notturno nell'interrato contribuiscono alla fraternizzazione. La prima colazione costa €4,90.

MOTEL ONE BERLIN-ALEXANDERPLATZ HOTEL €

Cartina p366 (2005 4080; www.motel-one.de; Dircksenstrasse 36; doppie da €69; P ✱ @ 🛜; U S Alexanderplatz) Se date più importanza alla posizione centrale che al lusso questo albergo di design, parte di una catena alberghiera di fascia bassa, è un'occasione da non perdere. Le camere (piccole) hanno dettagli all'ultimissimo grido (TV a schermo piatto, top del bagno in granito, docce con diffusore da massaggi, aria condizionata) che in genere sono appannaggio di alberghi più eleganti. Le sedie a uovo di Arne Jacobsen color turchese danno un tocco elegante alla lobby. Questo è il più centrale degli otto Motel One in città, tra cui uno in zona Bahnhof Zoo e un altro alla Hauptbahnhof. Controllate sul sito i dettagli. Per la prima colazione si paga €7,50.

PARK INN BERLIN-ALEXANDERPLATZ HOTEL €€

Cartina p366 (238 90; www.parkinn-berlin.de; Alexanderplatz 7; doppie €110-200; ✱ @ 🛜; U S Alexanderplatz) Ah, la vista! L'albergo più alto e il secondo per dimensioni a Berlino ne offre a profusione. Proprio nel cuore di Alexanderplatz, questo snello grattacielo-alveare ha 1012 camere (alcune piuttosto piccole) che hanno finestre panoramiche, tonalità calde dell'arredo, schermi TV ultrapiatti e condizionatori silenziosi. Per godere di tramonti superbi, chiedete una camera che si affacci verso la Fernsehturm. Quando il tempo è bello, la terrazza panoramica del 39° piano con un bar e una zona lounge è fatta apposta per farvi sentire i 're del mondo'. La prima colazione si paga a parte (€19).

HOTEL INDIGO BERLIN-ALEXANDERPLATZ HOTEL €€

Cartina p366 (505 0860; www.hotelindigoberlin.com; Bernhard-Weiss-Strasse 5; doppie €120-170; ✱ 🛜; U S Alexanderplatz) Sofisticato, efficiente e supercentrale, questo moderno hotel di design vi vizia con optional in genere appannaggio di sistemazioni più costose (accappatoi morbidissimi, dock per l'iPod, macchina del caffè Tassimo). Le camere, anche se piuttosto piccole, sono arredate in stile moderno e minimal e comunicano lo spirito del posto con immagini della vicina fontana di Nettuno sulla parete di vetro che separa la camera da letto dal bagno. Le chiamate da telefono fisso in 19 paesi sono gratuite.

ALEXANDER PLAZA HOTEL €€

Cartina p366 (240 010; www.hotel-alexander-plaza.de; Rosenstrasse 1; doppie da €135; P ✱ @ 🛜; S Hackescher Markt) Questo boutique hotel di 92 camere situato in un edificio storico, che un tempo era la bottega di un mercante di pellicce, è stato restaurato in modo accurato e mantiene dettagli d'epoca come il pavimento a mosaico e la scalinata decorata da stucchi. Le camere hanno dimensioni discrete, finestre panoramiche e una piacevole mescolanza di color ciliegia e carbone. Rilassatevi nella sauna. Per un'ora al giorno il collegamento wi-fi è gratuito.

RADISSON BLU HOTEL HOTEL €€€

Cartina p366 (238 280; www.radissonblu.com/hotel-berlin; Karl-Liebknecht-Strasse 3; doppie €155-340; P ✱ @ 🛜 ≋; 🚋 100, 200, S Hackescher Markt) In questo lussuoso albergo in posizione centrale, proprio accanto alla Museumsinsel, avrete letteralmente la possibilità di 'dormire con i pesci', grazie all'Aquadom, un acquario tropicale di 25 m al centro della lobby. Nel resto dell'edificio il design dalle linee pulite rispecchia un lusso cosmopolita sia nelle 427 camere sia nei due ristoranti e negli altri spazi comuni. Televisori a schermo piatto e macchine per il caffè e il tè sono tra i servizi aggiuntivi offerti, così come l'accesso wi-fi gratuito e l'area benessere aperta 24 ore su 24 con piscina, bagno turco, sauna e palestra attrezzata. La prima colazione costa €25.

THE DUDE — BOUTIQUE HOTEL €€€
Cartina p366 (411 988 177; www.thedudeberlin.com; Köpenicker Strasse 92; doppie €170-190; P 🛜; U Märkisches Museum, Heinrich-Heine-Platz) Ha solo 30 camere ed è la prova vivente che piccolo è bello. Mobilio scelto a uno a uno, lampade e accoppiamenti di colore ispirati ai decenni di esperienze di viaggio del proprietario trasmettono un'aura di eleganza senza tempo. L'elemento più incredibile in questo piccolo rifugio poco appariscente del 1822 è una scalinata a spirale progettata da Schinkel. La prima colazione (da €6) è servita nella gastronomia in loco, mentre il Brooklyn Beef Club (p110) riceve il massimo dei voti per le sue bistecche di angus nel menu della cena. L'hotel si trova a circa 200 m dalla stazione della U-Bahn Märkisches Museum. Percorrete verso est Wallstrasse, poi girate a sud sulla Inselstrasse.

ART'OTEL BERLIN MITTE — HOTEL €€
Cartina p366 (240 620; www.artotels.de; Wallstrasse 70-73; doppie €90-150; P ✱ @ 🛜; U Märkisches Museum) Questo boutique hotel porta l'appellativo 'art' con giustificata spavalderia: più di 400 opere del rinomato artista contemporaneo tedesco Georg Baselitz decorano, infatti, la lobby, le sale comuni e le 109 camere. Anche gli appassionati del design d'avanguardia italiano saranno felici, soprattutto nelle suite con i bagni super accessoriati; quelle al

---

LETTI BIZZARRI

Propeller Island City Lodge (891 9016; www.propeller-island.de; Albrecht-Achilles-Strasse 58; doppie €94-130; 🛜; U Adenauerplatz) Il nome di questo hotel viene dal romanzo del grande maestro dell'immaginazione Jules Verne, *L'isola a elica*. Ognuna delle sue 32 camere è un viaggio in un mondo unico, surreale e leggermente stregato. Arenarsi sull'isola a elica vuol dire svegliarsi sul soffitto, nella cella di una prigione o dentro un caleidoscopio… L'artista-compositore-proprietario Lars Stroschen ha ideato e realizzato a mano ogni mobile e accessorio, creando i lavandini dai fusti della birra, i rubinetti dalle valvole dei caloriferi e le basi dei tavoli con i tronchi d'albero. Non aspettatevi TV, servizio in camera o cioccolatino sul cuscino. Per il check-in bisogna mettersi d'accordo prima; la prima colazione costa €7,50. Si trova nella zona di Charlottenburg. Dalla stazione della U-Bahn Adenauerplatz, camminate per 200 m a ovest sul Kurfürstendamm, poi 250 m a sud sulla Albrecht-Achilles-Strasse.

Eastern Comfort Hostelboat (Cartina p376; 6676 3806; www.eastern-comfort.com; Mühlenstrasse 73-77; letti in camerata €16-19, doppie €50-78; @ 🛜; U Warschauer Strasse, S Warschauer Strasse) Lasciate che lo sciabordio della Spera vi faccia addormentare mentre ve ne state belli comodi in questo ostello galleggiante, fatto di due barche ormeggiate davanti all'East Side Gallery, a poca distanza dai quartieri dei divertimenti di Friedrichshain e Kreuzberg. Le cabine hanno moquette e mobili in legno, ma sono piuttosto piccole (eccetto quelle di 'prima classe'); tutte le cabine (ma non la camerata) hanno doccia e toilette private. Il mercoledì l'ostello ospita l'animata serata **Boat Party & Barbecue** (p179). A Friedrichshain.

Hüttenpalast (Cartina p372; 3730 5806; www.huettenpalast.de; Hobrechtstrasse 66; doppie in roulotte e bungalow/hotel con bagno in comune €65/85; 🛜; U Hermannplatz) Si possono anche avere camere con il bagno privato, ma chi le vuole se si può dormire in una romantica capanna in legno con terrazzo sul tetto o in una buffa roulotte vintage arredata con una scultura luminosa artigianale? Benvenuti nello Hüttenpalast, un campeggio indoor in una vecchia fabbrica di aspirapolvere, un posto strano anche per gli standard di Berlino. Stravagante e accogliente, il complesso comprende anche un pittoresco giardino e un caffè dove è facile socializzare e che è aperto a tutti. Il check-in è dalle 15 alle 18 o su appuntamento; la prima colazione costa €5. A Neukölln Nord.

sesto piano hanno anche piccoli balconi dove rivivere gli avvenimenti della giornata dando un'occhiata al porto storico e alla torre della televisione alta 368 m. La prima colazione si paga a parte (€16).

PANGEA PEOPLE HOSTEL OSTELLO €
Cartina p366 (📞886 695 810; www.pangeapeoples.com; Karl-Liebknecht-Strasse 34; letti in camerata €13-22, doppie da €58; @🛜; [U][S]Alexanderplatz) Prima che si formassero i continenti esisteva un'unica massa di terra, un supercontinente di nome Pangea. In questo ostello centrale, il nome serve a ribadire l'intento di riunire gente di ogni cultura del mondo, sia nelle camerate attrezzate con letti e armadietti fatti su misura sia al bar, grazie a birre, snack e karaoke. Altri vantaggi: un buon sistema di sicurezza, bagni impeccabili e personale internazionale. La prima colazione costa €5,50. L'ostello è a circa 200 m a nord-ovest di Alexanderplatz percorrendo Karl-Liebknecht-Strasse.

🛏 Potsdamer Platz e Tiergarten

MANDALA HOTEL HOTEL DI LUSSO €€€
Cartina p364 (📞590 050 000; www.themandala.de; Potsdamer Strasse 3; suite €145-360; [P]✳@🛜; [U][S]Potsdamer Platz) Il soggiorno in questo rifugio lussuoso, con la sua raffinatezza casual e la sua atmosfera rilassata si presenta all'insegna del comfort. Sono disponibili sei tipi di suite, da 40 a 101 mq, tutte attrezzate con angolo cottura, cabina armadio e ampie scrivanie, in caso vogliate intingere la penna nell'inchiostro. Rilassatevi nella spa prima di gustare un drink da Qiu (p127), magari seguito da una cena nel ristorante Facil (p127), che vanta una stella Michelin.

Alte Bäckerei Pankow (📞486 4669; www.alte-baeckerei-pankow.de; Wollankstrasse 130; doppie €70; 🚇; [S]Wollankstrasse) Il passato torna in vita in questo piccolo attico in una panetteria del XIX secolo. Le camere da letto e i salotti hanno un arredo country e il bagno una profonda vasca in legno. L'edificio ospita anche un museo dell'infanzia e il martedì e venerdì, tra le 15 e le 18, dal forno ancora esce un pane fragrante. A Prenzlauer Berg.

Das Andere Haus VIII (📞5544 0331; www.dasanderehaus8.de; Erich-Müller-Strasse 12; doppie €60-65; [P]🚇🛜; [S]Rummelsburg) Il leader della DDR Erich Honecker è stato uno degli ultimi prigionieri di questa prigione della Germania Est che sovrasta il panoramico Rummelburger Bucht. Oggi tutti possono dormire nelle cinque 'celle', strette e spartane nonostante il mobilio confortevole; tutte hanno bagno privato e alcune hanno la vista sulla baia. La passeggiata in riva al lago invita a camminare o a muoversi in bicicletta. A Friedrichshain. Dalla stazione della S-Bahn Rummelsburg prendete il tram 21 da Hauptstrasse per Kosanke-Siedlung e poi camminate per 350 m lungo la Georg-Löwenstein-Strasse.

Yes Residenz (Cartina p378; 📞0176 4010 8772; www.yes-berlin.de; Fehrbelliner Strasse 84; doppie €66; 🚇; [U]Rosenthaler Platz, Senefelderplatz) Vi attira l'idea di dormire in una tenda o in una brandina da campeggio e fare la doccia con un innaffiatoio senza bisogno di scarpinare tra i boschi? In questo mini-appartamento, sicuramente unico nel suo genere, potete realizzare la vostra fantasia. L'architetto Julian Marhold ha creato un affascinante e particolare spazio abitativo, compresa la carta da parati che ricorda una foresta, in un normale edificio cittadino, rendendo possibile il vostro momento alla Hansel e Gretel senza che dobbiate lasciare Berlino. La tariffa include un drink di benvenuto. A Prenzlauer Berg.

Ostel Hostel (Cartina p376; 📞2576 8660; www.ostel.eu; Wriezener Karree 5; letti in camerata/doppie/appartamenti da €15/64/80; [P]@🛜; [U]Ostbahnhof) Questo ostello particolare fa rivivere un fascino da repubblica socialista con mobili originali dell'era della DDR ripescati nei mercatini delle pulci, nella soffitta della nonna o comprati su e-bay. Ritratti di Honecker e altri funzionari di partito vi guardano dalle pareti mentre dormite nella camerata stile colonia della gioventù o in un appartamento per le vacanze degli anni '70. La prima colazione non è compresa (€7,50). A Friedrichshain.

RITZ-CARLTON BERLIN
HOTEL DI LUSSO €€€

Cartina p364 (337777; www.ritzcarlton.com; Potsdamer Platz 3; doppie €176-455; P❄@🛜🏊; ⓤⓈPotsdamer Platz) In uno dei più noti dei grandi alberghi berlinesi, le camere e le suite hanno un mix di colori neutri, mobili classici in legno pregiato e acquarelli del pittore tedesco Markus Lüpertz. Aspettatevi tutti gli annessi e connessi degli alberghi di alto livello, come un ristorante di fascia alta, un bar, una spa e un corposo programma per i bambini, il Ritz Kids. La prima colazione costa €38.

ABION SPREEBOGEN WATERSIDE HOTEL
HOTEL €€

(3992 0990; www.abion-hotel.de; Alt-Moabit 99; doppie €85-225; P🛜; ⓤTurmstrasse) In un caseificio riconvertito proprio sulla Sprea, l'Abion si rivolge in genere a chi viaggia per lavoro, ma è vicino ai monumenti e musei più importanti, anche se non ai quartieri della vita notturna. Se volete le camere, da poco ristrutturate, che si affacciano sul fiume, spenderete qualcosa di più. Le camere per famiglie poste su due livelli comprendono un kit di giochi per bambini e bebè. I battelli che navigano sul fiume si fermano proprio davanti e la passeggiata pedonale accanto all'acqua invita a camminare. La prima colazione costa €7,50. L'hotel si trova circa 1600 m a ovest della Hauptbahnhof passando per Invalidenstrasse e Alt-Moabit. Dalla stazione della U-Bahn di Turmstrasse camminate per 250 m verso est sulla Alt-Moabit.

🍃 SCANDIC BERLIN POTSDAMER PLATZ
HOTEL €€

Cartina p364 (700 7790; www.scandichotels.com; Gabriele-Tergit-Promenade 19; doppie €90-200; P❄@🛜; ⓤMendelssohn-Bartholdy-Park) Quest'importazione dalla Scandinavia riceve molti apprezzamenti per la sua posizione centrale e le camere spaziose arredate con bel legno chiaro, ma anche perché fa un passo in più rispetto agli altri hotel nelle politiche ecosostenibili. Il risparmio dell'acqua, per esempio, è preso così sul serio che vi capiterà di vedere il personale innaffiare le piante con una caraffa di acqua avanzata da un cliente sul tavolo del ristorante. Per il resto è il classico grande hotel cittadino, con tutti i comfort connessi, tra cui ristorante (dove la prima colazione costa €20), bar e palestra. Potete anche prendere a prestito biciclette o bastoni da passeggio per qualche giro a Tiergarten. I drink al minibar sono gratuiti.

MÖVENPICK HOTEL BERLIN
HOTEL €€

Cartina p364 (230 060; www.moevenpick-berlin.com; Schöneberger Strasse 3; doppie €120-300; P❄@🛜; ⓈAnhalter Bahnhof) Questo albergo chic coniuga felicemente un audace design contemporaneo con l'estetica industriale dello storico edificio Siemenshöfe, dove nel 1847 Werner von Siemens fondò l'azienda che porta il suo nome, nota in tutto il mondo nei campi dell'ingegneria elettrica ed elettronica. È uno di quei rari posti che riesce ad attrarre sia la clientela business sia i turisti amanti della vita di città. Le camere seducenti hanno pareti costruite con cubi di cristallo, mobili in legno d'olivo, sensuali al tatto, e bizzarre vasche da bagno disegnate da Philippe Starck. L'hotel si sviluppa intorno al ristorante mediterraneo nel cortile con un soffitto in vetro che può essere aperto per le cene all'aria aperta. La prima colazione non è compresa (€22). L'entrata dell'hotel è appena 50 m a ovest della stazione Anhalter Bahnhof.

🛏 Scheunenviertel

TOP CIRCUS HOTEL
HOTEL €€

Cartina p368 (2000 3939; www.circus-berlin.de; Rosenthaler Strasse 1; doppie €80-110; @🛜; ⓤRosenthaler Platz) È il boutique hotel di fascia bassa che preferiamo: ogni camera è diversa dall'altra, ma tutte hanno colori allegri, dettagli studiati, pavimenti in quercia e letti di buona qualità, mentre i bagni hanno docce con soffioni 'foresta pluviale'. Optional inaspettati sono una biblioteca ben fornita, il noleggio gratuito di iPod, netbook e riproduttore DVD. Il buffet della prima colazione è semplicemente favoloso. Buon rapporto qualità-prezzo in ogni stagione.

WOMBAT'S CITY HOSTEL BERLIN
OSTELLO

Cartina p368 (8471 0820; www.wombats-hostels.com; Alte Schönhauser Strasse 2; letti in camerata/doppie €25/70; @🛜; ⓤRosa-Luxemburg-Platz) Wombat's ha una lunga tradizione nel soddisfare le esigenze dei backpacker. Dagli armadietti nelle camere grossi abbastanza da contenere gli zaini alle lampade da lettura individuali, alla cucina con lavastoviglie a disposizione degli ospiti, l'attenzione ai dettagli è impressionante. E naturalmente ci sono camere spaziose con bagni privati interni, nonché la biancheria gratuita e un drink di benvenuto, che consigliamo di gustare con altri compagni di baldoria nel Wombar al 7° piano. La prima colazione si paga €3,80.

HOTEL AMANO
HOTEL €€

Cartina p368 (809 4150; www.amanogroup.de; Auguststrasse 43; doppie €80-160; P✳@☎; ⓤRosenthaler Platz) Visti i prezzi contenuti, quest'hotel ha subito conquistato i fan degli alberghi di design con invitanti spazi in comune con pareti di rame sbalzato e panchette color cacao. Nelle camere, i mobili bianchi si abbinano ai pavimenti in quercia e i tessuti in tinte naturali e creano un ambiente carino ma non lezioso. Le camere standard rispettano alla lettera i dettami dell'efficienza in poco spazio, quindi se volete stare un po' più larghi prendete un appartamento (con cucina). Ha un gran bel bar e una terrazza sul tetto favolosa in estate.

CASA CAMPER
HOTEL €€€

Cartina p368 (2000 3410; www.casacamper.com; Weinmeisterstrasse 1; camere/suite da €185/325; P☎; ⓤWeinmeisterstrasse) L'azienda catalana delle calzature Camper – sinonimo di calzature comode oltre che alla moda – ha deciso di trasporre nell'industria alberghiera la sua filosofia per quei viaggiatori che amano seguire le ultime tendenze. Le camere sono moderne anche se minimaliste e hanno bagni illuminati dal sole e letti che invitano a staccare la sveglia. Al posto dei minibar in camera si è preferito un lounge bar nell'attico che serve le prime colazioni (incluse nel prezzo della camera) ed è aperto 24 ore su 24 sette giorni la settimana per bevande calde e fredde e snack.

HONIGMOND GARDEN HOTEL
BOUTIQUE HOTEL €€

Cartina p367 (284 4550; www.honigmond-berlin.de; Invalidenstrasse 122; doppie €125-230; P@☎; ⓤNaturkundemuseum) Non preoccupatevi della posizione apparentemente poco invitante, lungo un'arteria trafficata: questa guesthouse con 20 camere (gestita dai proprietari dell'Hotel Honigmond) è un rifugio assolutamente incantevole per sfuggire alla confusione cittadina. Raggiungete le camere confortevoli, arredate con pezzi d'antiquariato, attraversando un delizioso giardino, con una vasca con le carpe koi, una fontana e alberi secolari. La lounge ha un honour bar (dove vi servite da soli e lasciate quanto dovete in una cassettina) e riviste a disposizione. Evitate le camere affacciate sulla strada perché si sente il rumore del tram.

SOHO HOUSE BERLIN
BOUTIQUE HOTEL €€€

Cartina p368 (405 0440; www.sohohouseberlin.com; Torstrasse 1; doppie €270-380; P✳☎☒;

HOTEL GAY-FRIENDLY

Ovviamente, tutti gli hotel di Berlino accolgono ospiti gay, ma quelli elencati qui sono attrezzati specificatamente per una clientela gay maschile.

Axel Hotel (2100 2893; www.axelhotels.com/berlin; Lietzenburger Strasse 13/15; doppie €130-210; P✳☎; ⓤWittenbergplatz) Vicino alla zona di Schöneberg definita 'gay village', l'Axel simpaticamente definisce se stesso 'etero-friendly', ma è decisamente orientato verso la comunità gay. Le camere a prova di rumore sono eleganti, anche se non grandi, hanno comunque letti king size, accappatoi e optional al di sopra della media. Fate qualche esercizio fisico nella palestra dell'attico, seguito da un massaggio o un attimo di relax nella vasca con idromassaggio all'aperto. In estate, lo Skybar è perfetto come pista di lancio prima di una serata fuori. La prima colazione costa €11,50. L'hotel si trova circa 200 m a sud della stazione della U-Bahn Wittenbergplatz percorrendo la Bayreuther Strasse.

Gay Hostel (2100 5709; www.gay-hostel.de; Motzstrasse 28; letti in camerata €22-25, singole/doppie €48/56; ☺☎; ⓤNollendorfplatz) È un ostello, quindi sapete come funziona. Eccetto per il fatto che questo è nel cuore di 'gay city' e aperto solo agli omosessuali maschi. Le camerate (tutte con bagno condiviso) sono luminose e moderne e hanno gli armadietti; le camere private hanno anche TV con schermo piatto. La cucina comune e la zona salotto danno molte opportunità di incontro. Il check-in è al **Tom's Hotel** (030 2196 6604; www.toms-hotel.de; Motzstrasse 19).

Enjoy B&B (2362 3610; www.ebab.de; Nollendorfplatz 5; singole/doppie da €20/40; ⓤNollendorfplatz) Questo servizio privato di prenotazione si rivolge specificatamente alla clientela lesbogay. È affiliato al centro informazioni per gay Mann-O-Meter (p59; ⏱12-21.30 lun-ven, 16.30-21.30 sab e dom), ma è più semplice prenotare online. Il sito è molto dettagliato.

[U]Rosa-Luxemburg-Platz) La passione di chi ama sentirsi sempre al passo con i tempi: le sue camere moderne anche se eclettiche, sono attrezzate con quegli elementi di design urbano considerati essenziali come dock per l'iPod firmati Bose, enormi televisori al plasma e docce soffioni 'foresta pluviale'. Chi pernotta qui ha anche libero accesso ad aree aperte solo ai membri come il ristorante, la piscina con bar sul tetto e un piccolo cinema. Il tutto in un edificio del Bauhaus che ancora serba tracce di tutto il suo passato come grande magazzino, quartier generale della gioventù hitleriana e uffici dei pezzi grossi del partito unico della Germania Est.

WEINMEISTER   HOTEL €€€
Cartina p368 ([J]755 6670; www.the-weinmeister.com; Weinmeisterstrasse 2; doppie €140-300; [P][*][@][?]; [U]Weinmeisterstrasse) Dietro la sua scintillante facciata questo baluardo dello stile e del glamour riceve sfacciatamente i favori dei membri del mondo della moda, della musica e del cinema. Heck, la band britannica Hurts e DJ Mousse T hanno disegnato le loro camere (le numero 501 e 401, rispettivamente). Anche se non fate parte di queste categorie apprezzerete le camere raffinate arredate nei toni carbone e cioccolato, anche se saperne un po' di tecnologia viene comodo quando si deve immaginare come guardare la televisione sull'iMac.

MANI HOTEL   BOUTIQUE HOTEL €€
Cartina p368 ([J]5302 8080; www.hotel-mani.com; Torstrasse 136; doppie €73-174; [P][?]; [U]Rosenthaler Platz) Dietro l'elegante facciata nera sulla trendy Torstrasse, Mani sfoggia sobrio stile urbano con camere che riescono a combinare egregiamente ricercatezze di design con comfort. Ha un ottimo rapporto qualità-prezzo, anche se i servizi si limitano al ristorante raccomandato per la sua cucina franco-israeliana (irresistibile per chi ama andare a caccia dell'ultimo trend). La prima colazione costa €15.

CIRCUS HOSTEL   OSTELLO €
Cartina p368 ([J]2000 3939; www.circus-hostel.de; Weinbergsweg 1a; letti in camerata €23-29, doppie da €80, con bagno in comune da €64, appartamenti per 2/4 persone €95/150; [@][?]; [U]Rosenthaler Platz) Camere pulite e dalle tinte vivaci, docce in abbondanza e personale competente e disponibile sono solo alcuni dei fattori che tengono il Circus ai primi posti della classifica degli ostelli sin dal 1997. Scegliete tra le camerate, le camere private (alcune con bagno) e uno dei 10 appartamenti all'ultimo piano con cucina e terrazza. Il caffè al piano terra serve bibite, prime colazioni e pasti leggeri a prezzi contenuti, e il bar nel seminterrato organizza tutte le sere attività diverse (band dal vivo, karaoke, bingo e feste, con birra gratis il lunedì!). Qualche tocco più tecnologico e benvenuto comprende il noleggio di portatili e telefoni Skype e armadietti nelle camere della dimensione giusta per tenerci il portatile, dotati di presa elettrica per ricaricarli.

FLOWER'S BOARDINGHOUSE
MITTE   APPARTAMENTI €€
Cartina p368 ([J]2804 5306; www.flowersberlin.de; Mulackstrasse 1; appartamenti €89-133; ⊘reception 9-18; [?]; [U]Weinmeisterstrasse, Rosa-Luxemburg-Platz) Chi preferisce l'indipendenza alla camera d'albergo si sorprenderà di non avere nostalgia dei comfort di casa in questi ariosi appartamenti proprio nel cuore dello Scheunenviertel: data la posizione il prezzo è davvero un affare. Scegliete una delle tre taglie – L, XL e XXL – di cui l'ultima è su due livelli e può ospitare fino a sei persone e sbirciate dall'alto i tetti dello storico 'quartiere dei fienili'. Ogni appartamento ha una cucina perfettamente attrezzata e le tariffe comprendono wi-fi gratuito e una piccola prima colazione (panini, caffè, tè) che potete prendere liberamente alla reception.

HOTEL HONIGMOND   HOTEL €€
Cartina p367 ([J]284 4550; www.honigmond-berlin.de; Tieckstrasse 12; doppie €145-235; [P][@][?]; [U]Oranienburger Tor) Questo albergo delizioso merita un bel 10 nel nostro 'fascinometro', non perché sia particolarmente lussuoso ma per il suo ambiente familiare eppur elegante. I conigli saltellano in giardino, il ristorante è uno dei preferiti dalla gente del posto e le camere sono state riportate al passato splendore. Le più belle sono nell'ala nuova e sfoggiano particolari d'epoca – soffitti stuccati, affreschi, pavimenti di parquet – che massimizzano l'effetto.

MITART HOTEL
& CAFÉ   BOUTIQUE HOTEL €€
Cartina p367 ([J]2839 0430; www.mitart.de; Linienstrasse 139-140; doppie €110-180; [?]; [U]Oranienburger Tor) Se vi fa piacere 'dormire con un originale', prenotate in questa 'galleria albergo' le cui 33 camere sono abbellite a rotazione da tele di artisti berlinesi emergenti. I proprietari non si risparmiano quando si tratta di essere ecocompatibili: solo materiali naturali, ingredienti provenienti da

agricoltura biologica, prodotti per la pulizia ecosostenibili e altro ancora. Le camere sono piuttosto essenziali, visto il prezzo (ad esempio non c'è il televisore), ma la posizione e la dedizione alla causa artistica e ambientale fanno guadagnare all'albergo punti extra.

Kreuzberg e Neukölln Nord

GRAND HOSTEL   OSTELLO €

Cartina p370 (209 5450; www.grandhostel-berlin.de; Tempelhofer Ufer 14; letti in camerata €12-15, doppie €58; @⏰; UMöckernbrücke) Tè del pomeriggio in biblioteca? C'è. Camere con soffitti stuccati? Ci sono. Vista sul canale? Eccola. Anche se il Grand Hostel non è un cinque stelle, è in assoluto uno degli ostelli più confortevoli e pittoreschi. Situato in un meraviglioso palazzo che risale al 1870, offre camere private e camerate con letti singoli di buona qualità (la biancheria costa €3) e grandi armadietti. Il Grandwich Bar in loco serve sandwich e brunch nel weekend.

HOTEL SAROTTI-HÖFE   HOTEL €€

Cartina p370 (6003 1680; www.sarotti-hoefe.de; Mehringdamm 55; doppie €100-180; P@⏰; UMehringdamm) Farete davvero dolci sogni in quella che nell'Ottocento era una fabbrica di cioccolato: le camere che danno su un cortile interno sono tranquille nonostante ci si trovi a due passi dall'animata Bergmannstrasse. Le camere trasmettono un senso di eleganza fuori dal tempo con tessuti su tonalità naturali e mobili in legno scuro. Le più belle (la categoria deluxe) hanno anche una piccola terrazza privata. Il check-in si fa al Cafe Sarotti-Höfe in loco, dove all'ora della prima colazione potrete concedervi qualunque vizio dolce (€10).

HOTEL RIEHMERS HOFGARTEN   HOTEL €€

Cartina p370 (7809 8800; www.riehmers-hofgarten.de; Yorckstrasse 83; doppie €126-143; ⏰; UMehringdamm) Prendete un romantico edificio ottocentesco, aggiungete arte contemporanea, spolverate con un tocco di Zeitgeist (spirito del tempo) sotto forma, per esempio, di dock per l'iPod e avrete un albergo che è una miscela esplosiva. Le camere spaziose e dai soffitti alti del Riehmers sono moderne ma non spoglie; se patite i rumori chiedete una camera verso il cortile. Tra i servizi aggiuntivi, tè e caffè in camera, noleggio del portatile gratuito e un ristorante da gourmet molto noto.

HOTEL JOHANN   HOTEL €€

Cartina p370 (225 0740; www.hotel-johann-berlin.de; Johanniterstrasse 8; doppie €95-120; P@⏰; UPrinzenstrasse, Hallesches Tor) Questo hotel da 33 camere è sempre in cima alle classifiche della popolarità grazie al personale che si fa in quattro per compiacere gli ospiti e alle camere piene di luce, dove lo stile minimalista contrasta piacevolmente con particolari storici come i soffitti a volta e le pareti in mattoni a vista. Il piccolo giardino è perfetto per le prime colazioni estive. L'animata Bergmannstrasse e lo Jüdisches Museum sono raggiungibili con una breve passeggiata.

RIVERSIDE LODGE HOSTEL   OSTELLO €

Cartina p372 (6951 5510; www.riverside-lodge.de; Hobrechtstrasse 43; letti in camerata €21-22, doppie €52; @⏰; USchönleinstrasse) Questo piccolo ostello, con appena 12 posti letto, è caldo e confortevole come l'abbraccio di un vecchio amico, grazie alle meravigliose proprietarie Jutta e Liane. Entrambe viaggiatrici appassionate, hanno creato un posto carino e socievole vicino al Landwehrkanal e ai suoi caffè e ristoranti nel quartiere che sta diventando alla moda, Neukölln Nord. Nella camerata per sei persone i letti si possono separare l'uno dall'altro con grandi tende per garantirsi un po' di privacy in più. Si può fare il check-in dalle 11 alle 14 e dalle 19 alle 21.30. Il supplemento per la biancheria è di €3. La prima colazione costa €4.

Friedrichshain

TOP MICHELBERGER HOTEL   HOTEL €€

Cartina p376 (2977 8590; www.michelbergerhotel.com; Warschauer Strasse 39; doppie €80-180; ⏰; USWarschauer Strasse) L'ultima parola in fatto di ospitalità alberghiera creativa, il Michelberger rappresenta alla perfezione lo spirito individualista e propulsivo di Berlino. Le camere non nascondono la loro origine industriale ma sono confortevoli e hanno dimensioni diverse, tali da ospitare da piccioncini a famiglie a gruppi rock. Il personale è amichevole e competente. Di weekend c'è spesso una specie di festa o un concerto nella lobby, dove c'è anche il bancone del bar. Ottimo per giovani e meno giovani. La prima colazione si paga a parte (€8).

NHOW   HOTEL €€

Cartina p376 (290 2990; www.nhow-hotels.com; Stralauer Allee 3; doppie €115-275; P⏰; USWarschauer Strasse) Il nhow presenta se stesso come un hotel di musica e stili di vita e i propri studi di registrazione nello stesso edificio ne dimostrano la veridicità. Il look è certamente dinamico, il blocco a torre di sbieco che si protende sulla Sprea e il vibrante design digital-pop di Karim Rashid che renderebbe fiera di sé una Barbie. Le camere sono più discrete, nonostante il gioco di colori tra il rosa, il blu e il nero.

PLUS HOSTEL — OSTELLO €

Cartina p376 (2123 8501; www.plushostels.com/plusberlin; Warschauer Platz 6; letti in camerata/doppie da €13/25; [icons] U S Warschauer Strasse) Un ostello con una piscina e una sauna? Ebbene sì. A due passi dai luoghi della miglior vita notturna berlinese Plus ha elevato per sempre il livello dell'offerta degli ostelli. Ha un bar per cominciare bene la serata e un cortile con i coniglietti e un'atmosfera di tranquillità tale da annullare gli effetti dei bagordi. Le camerate spaziose hanno letti a castello, scrivanie e armadietti, mentre le camere private hanno letti, televisori e aria condizionata. Tutte hanno bagno privato. La prima colazione costa €6.

RAISE A SMILE HOSTEL — OSTELLO €

Cartina p376 (0172 855 6064; www.raise-a-smile-hostel-berlin.com; Weidenweg 51; letti in camerata/doppie da €10/40; @ [icon]; U Frankfurter Tor, M10 per Bersarinplatz) Le immagini di elefanti, zebre, giraffe e felini osservano gli ospiti in piccole camerate e camere private con servizi in comune in questo ostello che ha per tema l'Africa. Avendo solo 18 posti letto non è certo un ostello da grandi feste ma quel tipo di posto coinvolgente che spinge a fare amicizia nella lounge o nella cucina in comune. L'ostello dona il 100% dei profitti a progetti d'aiuto ai bambini dello Zambia. Il pernottamento minimo è due notti. La prima colazione è su offerta.

ODYSSEE GLOBETROTTER HOSTEL — OSTELLO €

Cartina p376 (2900 0081; www.globetrotterhostel.de; Grünberger Strasse 23; letti in camerata €16,50-24, doppie €73; @ [icon]; U S Warschauer Strasse, M10 fino a Grünberger Strasse) Gli ospiti, giovani globetrotter socievoli, apprezzano molto questo ostello della sponda est del fiume che rende divertente il bizzarro ed è una grande pista di lancio per esplorazioni approfondite della vita notturna. Le camere pulite hanno letti in pino, armadietti e decori artistici: qui una spirale sul soffitto che fa venire le vertigini, là un grande omaggio ai figli dei fiori in un vivido arancione, altrove un puzzle gigantesco. La cucina per gli ospiti, il cortile sul retro e il bar sul posto sono tutte zone perfette per socializzare. Durante l'happy hour la birra costa €1 (dalle 16 alle 18). La prima colazione si paga €3.

HOTEL 26 — HOTEL €€

Cartina p376 (297 7780; www.hotel26-berlin.de; Grünberger Strasse 26; doppie da €90; P @ [icon]; U S Warschauer Strasse, M10 per Grünberger Strasse) Posto a una cinquantina di metri dalla strada e con un delizioso giardino sul retro, questo albergo, proprietà di un architetto che ha restaurato una vecchia fabbrica, è dipinto in un brillante giallo canarino che vi mette subito di buonumore. Le linee sobrie e i mobili in legno chiaro dominano sia le zone comuni sia le camere. Hotel 26 propone inoltre un'ospitalità attenta alle tematiche ambientali, come dimostrano i saponi naturali, l'acqua filtrata e i cibi (per lo più da produzione biologica) serviti al caffè interno.

EAST-SIDE HOTEL — HOTEL €€

Cartina p376 (293 833; www.eastsidehotel.de; Mühlenstrasse 6; doppie €80-120; P [icon]; U S Warschauer Strasse) È uno degli hotel con più anni di esperienza in questa zona, ma ha ancora un buon rapporto qualità-prezzo. La facciata classica bianca e giallina nasconde 36 camere arredate all'insegna del minimalismo. La cosa migliore, detto onestamente, è la sua posizione a due passi dall'East Side Gallery, il tratto più lungo del Muro rimasto in piedi, dai beach bar in riva alla Sprea, dalla O2 World Arena e dalle zone dedicate al divertimento notturno di Kreuzberg e Friedrichshain.

UPSTALSBOOM HOTEL FRIEDRICHSHAIN — HOTEL €€

Cartina p376 (293 750; www.upstalsboom.de; Gubener Strasse 42, entrata da Kopernikusstrasse; P [icon]; U Frankfurter Tor, S U Warschauer Strasse) Se questo hotel moderno e ben tenuto vi sembra un soffio d'aria pura è forse perché è la filiale berlinese di una piccola catena tedesca di resort balneari. Una sotterranea atmosfera marittima pervade gli spazi comuni, tra i quali c'è un ristorante con cucina di mare, mentre le camere hanno un aspetto pulito e ordinato, colori piacevoli e quattro dimensioni diverse. C'è una piccola spa e un'ottima vista dalla terrazza sul tetto.

Prenzlauer Berg

TOP EASTSEVEN BERLIN HOSTEL OSTELLO €
Cartina p378 (☎9362 2240; www.eastseven.de; Schwedter Strasse 7; letti in camerata €17-19, doppie €50; @ 📶; ⓤSenefelderplatz) Perfetto per chi viaggia da solo, quest'ostello piccolo, accogliente e divertente è a due passi a piedi da ogni genere di bar, caffè e ristorante e dai mezzi pubblici. Le barriere culturali e linguistiche si sciolgono come neve al sole davanti al barbecue nell'idillico giardino sul retro, a una cena a base di spaghetti nella moderna cucina (con lavastoviglie!) o rilassandosi nel salotto retrò. E quando arriva l'ora di andare a nanna, ritiratevi nei confortevoli letti in pino nelle camerate dipinte a colori brillanti attrezzate con armadietti o nelle camere private. Ogni piano ha parecchi bagni divisi per sesso.

HOTEL KASTANIENHOF HOTEL €€
Cartina p378 (☎443 050; www.kastanienhof.biz; Kastanienallee 65; doppie €105-140; P@📶; ⓤRosenthaler Platz, 🚋M1 per Zionskirchstrasse, ⓤSenefelderplatz) Chi risiede in questo albergo sta proprio nel mezzo della Kastanienallee, costeggiata da caffè, ristoranti e boutique, anche se l'hotel ha invece più un carattere piacevolmente rivolto alla tradizione. Proprietà di una famiglia e con personale che guarda al passato, ha 35 camere di dimensione discrete che a dettagli storici uniscono televisori a schermo piatto, bagni moderni e wi-fi gratuito. Il noleggio della bicicletta costa €12,50 al giorno.

MEININGER HOTEL BERLIN PRENZLAUER BERG OSTELLO, HOTEL €
Cartina p378 (☎6663 6100; www.meininger-hotels.com; Schönhauser Allee 19; letti in camerata €15-28, doppie €44-100; @📶; ⓤSenefelderplatz) Questa rinomata combinazione hotel-ostello piace a tutti, da gruppi in gita scolastica ai flashpackers, il che rende interessante osservare la

---

APPARTAMENTI AMMOBILIATI

Per chi preferisce cucinare da sé, individui indipendenti, famiglie e persone che ci tengono alla privacy, l'affitto di un appartamento ammobiliato potrebbe essere l'uovo di Colombo. Oltre a quelli elencati cercate anche sui siti **airbnb** (www.airbnb.com), **Be My Guest** (www.be-my-guest.com) o **HomeAway** (www.homeaway.com).

Miniloft Berlin (Cartina p367; ☎847 1090; www.miniloft.com; Hessische Strasse 5, Scheunenviertel; appartamenti da €138; 📶; ⓤNaturkundemuseum) Otto stupendi loft in un edificio convertito da un architetto, alcuni con finestre panoramiche esposte a sud, altri con graziose alcove, tutti arredati con mobili di design e angoli cottura. Accanto alla sede del Museo di Storia Naturale.

Brilliant Apartments (Cartina p378; ☎8061 4796; www.brilliant-apartments.de; Prenzlauer Berg; appartamenti da €84; ⊖📶; ⓤEberswalder Strasse) Undici unità abitative moderne e che hanno stile, con cucina attrezzata e posti letto fino a sei persone: si trovano in Oderberger Strasse o in Rykestrasse, due delle vie più animate di Prenzlauer Berg, piene di bar, ristoranti e negozi.

ÎMA Loft Apartments (Cartina p372; ☎6162 8913; www.imalofts.com; Ritterstrasse 12-14; appartamenti €55-200; 📶; ⓤMoritzplatz) Questi appartamenti con arredi moderni e sobri sono parte dell'ÎMA Design Village, una vecchia fabbrica suddivisa tra studi di design e un'accademia di danza e teatro. Gli appartamenti possono ospitare da 1 a 4 persone.

T&C Apartments (Cartina p378; ☎030 405 046 612; www.tc-apartments-berlin.de; Kopenhagener Strasse 72; monolocali da €75; ⓤSchönhauser Allee) Una grande scelta di appartamenti da 1 a 4 posti letto a Mitte, Prenzlauer Berg, Tiergarten e Schöneberg; l'ufficio principale è a Prenzlauer Berg.

Berlin Lofts (☎0151 2121 9126; www.berlinlofts.com; Stephanstrasse 60; appartamenti da €127; @📶; ⓤWesthafen, Birkenstrasse, ⓢWesthafen) Affitta grandi loft in edifici storici riconvertiti con molto buon gusto (tra cui la vecchia forgia di un fabbro e un fienile su due piani). La zona, però, non è affatto così chic, anche se i trasporti pubblici sono discreti. Aneddoto divertente: la Kommune 1, la prima comune di studenti politicamente motivati della Germania, occupava nel 1967 uno di questi appartamenti.

gente che si ritrova per la prima colazione (€5,90). Un ascensore vi porta in camere e camerate (tutte con bagno privato) moderne e spaziose, con mobili di qualità, TV a schermo piatto e tende oscuranti adatte a chi sta combattendo il jetlag o i postumi della sbornia. Altri vantaggi: il caffè-bar aperto tutto il giorno, la cucina per gli ospiti e l'ubicazione, vicina a cose da vedere, ristoranti e locali per folleggiare. Cercate sul sito dove sono gli altri quattro ostelli della catena, tra cui quelli, che raccomandiamo, vicino alla Hauptbahnhof e in Oranienburger Strasse.

ACKSELHAUS & BLUE HOME
BOUTIQUE HOTEL €€

Cartina p378 (✆4433 7633; www.ackselhaus.de; Belforter Strasse 21; suite da €105, appartamenti da €150; @ 🛜; Ⓤ Senefelderplatz) In questo posto dal grande carisma situato in un edificio dell'Ottocento dormirete in camere grandi e decorate con classe secondo un tema specifico (come l'Africa, Roma, il mare), ognuna con caratteristiche particolari attentamente studiate; una vasca da bagno con i piedini, forse, un letto a baldacchino o qualche mobile antico cinese. Molte si affacciano sull'idilliaco giardino interno. La prima colazione – sotto candelabri di cristallo – si serve fino alle 11 (fino alle 12.30 nei weekend).

PRECISE HOTEL MYER'S BERLIN
BOUTIQUE HOTEL €€

Cartina p378 (✆440140; www.myershotel.de; Metzer Strasse 26; doppie €135-255; ⊖ ❄ 🛜; Ⓤ Senefelder Platz) Questo boutique hotel con 56 camere unisce l'eleganza della tenuta del vostro zio ricco, il calore e l'allegria della casa dei vostri genitori e il comfort casual dell'appartamento del vostro migliore amico. Le camere, con soffitti stuccati e pavimenti in legno, sono arredate in stile classico. Tra i servizi offerti ci sono un bar nella lobby aperto 24 ore su 24, la sauna, il bagno turco e il giardino bucolico. Prima colazione da delirio.

HOTEL GREIFSWALD
HOTEL €

Cartina p378 (✆4442 7888; www.hotel-greifswald .de; Greifswalder Strasse 211; doppie €65-75; 🅿 @ 🛜; 🚋M4 per Hufelandstrasse) Questo albergo con 30 camere, in un edificio arretrato rispetto alla strada, lontano dal rumore del traffico e dei tram, vanta un pedigree rock di tutto rispetto. La piccola lobby conserva i ricordi dei personaggi famosi che sono passati di qui, tra cui spiccano Mitch Ryder e Steppenwolf. Le camere sono piacevoli, anche se un po' impersonali, ma è la colazione (un vero banchetto) – servita fino alle 12 al costo di €7,50 – a far meritare un bel 10 all'albergo. In generale un bel rapporto qualità-prezzo.

🛏 A ovest del centro e Charlottenburg

TOP HOTEL ASKANISCHER HOF
HOTEL €€

Cartina p382 (✆881 8033; www.askanischer -hof.de; Kurfürstendamm 53; doppie €120-180; 🛜; Ⓤ Adenauerplatz) Se state cercando personalità e ambiente vintage, li troverete entrambi a profusione in questo gioiello di albergo con 17 camere che vi riporterà come d'incanto nei ruggenti anni '20. Una porta di legno di quercia decorata conduce in un'oasi di tranquillità dove non ci sono due camere uguali, ma tutte sono ricolme di mobili antichi, tendaggi di pizzo, elaborati lampadari e consunti tappeti orientali. Il pittoresco fascino Vecchia Berlino la rende spesso una location per i servizi fotografici di moda.

🌿 BLEIBTREU BERLIN
BOUTIQUE HOTEL €€

Cartina p382 (✆884 740; www.bleibtreu.com; Bleibtreustrasse 31; doppie €120-200; @ 🛜; Ⓤ Uhlandstrasse) L'elegante Bleibtreu, situato in un viale alberato, è stato un pioniere dell'ospitalità 'eco-sostenibile' molto prima che gli altri alberghi seguissero questo trend. I mobili sono costruiti con quercia non trattata, i tappeti sono in lana vergine e le pareti colorate con vernici biologiche. Le camere non sono adatte a stivare una tonnellata di valigie, ma il minibar è gratuito e la prima colazione (€17) è disponibile tutto il giorno nella gastronomia in loco.

HOTEL CONCORDE BERLIN
HOTEL €€€

Cartina p382 (✆800 9990; www.concorde-hotels .com/concordeberlin; Augsburger Strasse 41; doppie €150-300; 🅿 ❄ @ 🛜; Ⓤ Kurfürstendamm) Se amate i boutique hotel di design ma date un valore ai servizi aggiuntivi che offrono gli alberghi delle grandi catene, il Concorde dovrebbe soddisfarvi. Progettato da Jan Kleihues, dalla curvilinea facciata in calcare ai pomelli delle porte comunica efficienza newyorkese, leggerezza dell'essere alla francese e la tipica mancanza di ostentazione berlinese. Le 311 camere e suite sono enormi, arredate con mobili caldi e abbellite da stampe di artisti contemporanei tedeschi. Il collegamento wi-fi è gratuito, la prima colazione costa €28.

LOUISA'S PLACE BOUTIQUE HOTEL €€€

(631 030; www.louisas-place.de; Kurfürstendamm 160; suite €135-595; P@🛜🏊; UAdenauerplatz) Louisa's è quel genere di posto che colpisce per la classe più che per lo sfarzo: è un discreto rifugio deluxe che pone il massimo dell'attenzione al servizio personalizzato. Le suite qui sono lussuose ed enormi e hanno l'angolo cottura, la piscina è piccola ma rinfrescante e la biblioteca degna di un palazzo. Un ristorante di fascia alta condivide lo spazio con l'hotel. Per la prima colazione si paga €20. L'hotel si trova 150 m a ovest su Kurfürstendamm partendo dalla stazione della U-Bahn Adenauerplatz.

ELLINGTON HOTEL HOTEL €€

Cartina p382 (683 150; www.ellington-hotel.com; Nürnberger Strasse 50-55; doppie €130-270; P✱@; UAugsburger Strasse) Duke ed Ella hanno dato dei concerti nella mitica cantina 'Badewanne' (vasca da bagno) e David Bowie e Prince hanno festeggiato nel night club 'Dschungel' (giungla), poi le luci si sono spente, negli anni '90. Oggi il gradevole edificio degli anni Venti è risuscitato come un gioiello accuratamente concepito per racchiudere tutto quello che fa grande Berlino – storia, innovazione, eleganza e *joie de vivre* – in una confezione attraente. Le camere sono minimaliste e di classe. La prima colazione costa €20.

HOTEL ART NOUVEAU B&B €€

Cartina p382 (327 7440; www.hotelartnouveau .de; Leibnizstrasse 59; doppie €96-176; P@🛜; UAdenauerplatz) Un traballante ascensore simile a una gabbia per uccelli in ferro battuto con un tocco *belle époque* vi condurrà in questo B&B artistico. Le camere non lesinano né sullo spazio né sul carisma e offrono un mix unico di tradizione e atmosfera giovanile. Gli affabili proprietari parlano fluentemente l'inglese e hanno una predilezione per i colori e per ricercati e bizzarri pezzi d'arredamento. Tutte le camere sono diverse l'una dall'altra. Tra i punti che gli fanno guadagnare credibilità i letti superbi, la prima colazione con prodotti biologici e l'honour bar.

HOTEL BOGOTA HOTEL €€

Cartina p382 (881 5001; www.bogota.de; Schlüterstrasse 45; doppie €90-150, con bagni in comune €64-77; 🛜; UUhlandstrasse) Il Bogota si presenta con un alto quoziente di charme e un'atmosfera d'epoca autentica, in attività sin dal 1964. Negli anni '30 Helmut Newton studiava qui con la fotografa di moda Yva e oggi questo simbolo dei tempi andati ospita spesso servizi fotografici per le riviste di moda. Dimensioni e comfort variano molto, perciò fatevi mostrare la camera prima di decidere. E come ci piacciono quei canti gregoriani che si sentono in cortile!

HOTEL-PENSION FUNK B&B €€

Cartina p382 (882 7193; www.hotel-pensionfunk .de; Fasanenstrasse 69; doppie €82-129; 🍽🛜; UUhlandstrasse, Kurfürstendamm) In questa piccola pensione, all'inizio degli anni '30 dimora della diva danese del muto Asta Nielsen, sembra di tornare indietro nel tempo. Con i suoi mobili d'antiquariato e l'arredo d'epoca, è ancora una scelta valida, se date più valore al fascino vecchio stile che alle solite comodità moderne. Le camere hanno dimensioni molto diverse tra loro, quindi tenetene conto al momento della prenotazione. Ne esistono anche di più economiche con bagni in comune o docce in camere e toilette condivisa.

SAVOY HOTEL HOTEL €€€

Cartina p382 (311 030, prenotazioni 0800 7286 9468; www.hotel-savoy.com; Fasanenstrasse 9-10; doppie €150-280; ✱@🛜; UZoologischer Garten, SZoologischer Garten) La storia scorre come un fiume in piena in questo albergo. C'è qualcosa di confortevolmente antiquato in questo 'grand hotel' in attività fin dal 1929 che lo scrittore Thomas Mann definiva 'intimo e delizioso' e David Byrne dei Talking Head considerava 'accogliente e disponibile'. Le belle camere hanno mobilio classico; alcune di quelle delle categorie superiori hanno letti a baldacchino e aria condizionata. Il collegamento wi-fi è gratuito. Si parcheggia dall'altro lato della strada. La prima colazione costa €19.

MITTENDRIN B&B €€

Cartina p382 (2362 8861; www.boutique-hotel -berlin.de; Nürnberger Strasse 16; doppie €100-200; 🛜; UAugsburger Strasse, Wittenbergplatz) Questo simpatico rifugio, gestito da un'attrice e vicino a un'ottima zona di shopping, è una scoperta fantastica, adatta a coloro che preferiscono un servizio attento ai bisogni del cliente piuttosto che lobby lussuose e rooftop bar. Tutte le quattro camere si distinguono per il carattere peculiare, mobili scelti con cura e optional che fanno sentire a casa, come fiori freschi e candele. La prima colazione è un pasto da gourmet e, se lo si desidera, è servita in camera senza costo aggiuntivo.

HOTEL-PENSION DITTBERNER B&B €€

Cartina p382 (881 6485; www.hotel-dittberner.de; Wielandstrasse 26; doppie €115; P@☎; UAdenauerplatz) L'ascensore centenario che vi deposita sulla porta di questa affascinante pensione, attiva nel mondo dell'ospitalità alberghiera sin dagli anni '30, vi fa compiere un viaggio indietro nel tempo: i mobili antichi, i soffici tappeti e una quantità di dipinti, litografie e manifesti ne fanno un luogo tranquillo che piace ai viaggiatori solitari o a quelli con qualche anno sulle spalle. Le camere sono piuttosto spaziose e vantano tocchi d'altri tempi, come le lenzuola bianche fruscianti e le tende lunghe fino a terra.

HOTEL Q! BOUTIQUE HOTEL €€

Cartina p382 (810 0660; www.loock-hotels.com; Knesebeckstrasse 67; doppie €95-215; P✱☎; Uhlandstrasse) Nessuna pensilina appariscente, solo un'innocua facciata grigia nasconde questo boutique hotel dal design scultoreo futuristico con tocchi retrò. Gli angoli sono accuratamente evitati, dalla lobby cremisi simile a un tunnel fino alle camere dai tocchi sensuali, alcune con sedie a conchiglia e i divanetti a L, altre dove potrete letteralmente scivolare dalla vasca da bagno al letto. Sappiate però che le camere più economiche sono piccole. Un tocco simpatico è la spa con una spiaggia di sabbia indoor per rilassarsi. Il bar è aperto soltanto ai clienti della spa e agli ospiti dell'albergo. La prima colazione si paga €20.

HOTEL OTTO HOTEL €€

Cartina p382 (5471 0080; www.hotelotto.com; Knesebeckstrasse 10; doppie €100-140; P☎; UErnst-Reuter-Platz) Otto sarebbe soltanto un altro hotel dedicato a chi è in viaggio per affari se non fosse per il personale che fa di tutto per compiacere gli ospiti e gli optional pieni di riguardo come DVD a disposizione gratuitamente e un'area lounge sul tetto con un solarium e Kaffee und Kuchen (il caffè più torta del pomeriggio) gratis. Le camere privilegiano la funzionalità ma sono rallegrate da macchie di colore e tessuti dalle tonalità calde, anche se quelle della categoria 'standard' sono davvero piccole. La colazione si paga €15.

KU' DAMM 101 HOTEL €€

(520 0550; www.kudamm101.com; Kurfürstendamm 101; doppie €120-250; P✱@☎; M19 per Joachim-Friedrich-Strasse, SHalensee) Se fosse a Mitte questo elegante 'lifestyle hotel' farebbe la passione degli hipster. Ma, purtroppo, siamo nel 'lontano ovest', praticamente attaccati al quartiere fieristico, anche se molto vicino ai mezzi pubblici. Le camere moderne hanno una combinazione di colori che si ispira alle creazioni dell'architetto francese Le Corbusier e si avvalgono di mobili ideati da giovani designer tedeschi. La prima colazione (€15) è servita in una sala luminosa al 7° piano che ha una splendida vista sulla città. Dalla stazione della S-Bahn Halensee dovrete percorrere a piedi 500 m o prendere l'autobus M19 per una fermata: si scende a 50 m dall'hotel.

EXCELSIOR HOTEL HOTEL €€

Cartina p382 (303 1550; www.hotel-excelsior.de; Hardenbergstrasse 14; doppie €80-130; ✱☎; UZoologischer Garten, SZoologischer Garten) La trasformazione dell'ammuffito Excelsior di un tempo in un avamposto del design più avanzato deve essere costata una fortuna, ma l'hotel ora è in grado di accontentare le aspettative dei businessmen come delle coppie in cerca di intimità. Chiedete una camera superior se volete un enorme televisore a schermo piatto, un letto soffice come una nuvola e una vasca che sciolga i muscoli affaticati dalla visita alla città. Il ristorante Franke (p207) è oggetto di molti apprezzamenti.

Conoscere Berlino

BERLINO OGGI 244
È passato quasi un quarto di secolo dalla riunificazione: Berlino sta diventando adulta o mantiene ancora quel tratto libertario e individualista per cui è famosa?

STORIA 246
Scoprite come dinastie reali prussiane, grandi industriali, menti creative, dittatori e moderni visionari hanno forgiato la capitale tedesca.

ARTI 268
Espressionismo e dada, la Bauhaus e *Metropolis* di Fritz Lang: le arti a Berlino hanno sempre prediletto forme di rottura. E i suoi scrittori ne hanno raccontato la forza e la debolezza nei momenti cruciali della storia.

ARCHITETTURA 278
Da chiese medievali a simboli neoclassici a meraviglie dell'architettura contemporanea: Berlino riassume in sé una miriade di stili.

I DORATI ANNI '20 293
I periodi storici tumultuosi favoriscono la creatività, come dimostrò Berlino nei 'ruggenti anni Venti'; l'aura mistica di quel periodo ancora si fa sentire oggi.

VIVERE IN UNA CITTÀ DIVISA 297
Dal 1949 al 1989 Berlino fu una città divisa in due: com'era la vita dalle due parti del Muro?

MUSICA: DAL PUNK ALLA TECHNO 301
A partire dalle sue radici punk degli anni '70 fino a diventare la capitale mondiale della techno negli anni '90, Berlino ha dato di tutto al mondo della musica.

Berlino oggi

Berlino è davvero una città attiva 24 ore al giorno 7 giorni la settimana, dove la creatività trabocca ovunque e la voglia di divertirsi non teme restrizioni. New York potrà essere la Grande Mela ma Berlino è il Grande Appetito e la fame di sperimentazioni e nuove sfide è raramente soddisfatta. È una città dove percepirete con tutti i sensi la collisione tra il passato e il futuro, che cosa è possibile e che cosa è realistico, le speranze e gli scontri tra culture di gente giunta da ogni parte del globo per prender parte a un grande esperimento comune.

Sullo schermo

Le vite degli altri (2006; di Florian Henckel von Donnersmarck) Il controllo esercitato dalla Stasi sulla vita quotidiana dei cittadini.
Lola corre (1998; di Tom Tykwer) Un film adrenalico sulle strade di Berlino.
Il cielo sopra Berlino (1987; di Wim Wenders) Il bell'angelo Bruno Ganz in un film cult.
Good Bye, Lenin! (2003; di Wolfgang Becker) Un ragazzo finge che la DDR esista ancora per risparmiare emozioni potenzialmente fatali alla madre da poco uscita dal coma.
Russendisko (2012; di Oliver Ziegenbalg) Tre amici russi si trasferiscono a Berlino dopo la caduta del Muro.

Sulla carta

Addio a Berlino (Christopher Isherwood; 1939) La Berlino anni '30 attraverso gli occhi di un giornalista gay anglo-americano.
Berlin Alexanderplatz (Alfred Döblin; 1929) Stilizzato vagabondare attraverso i malfamati anni '20; ancora un classico su Berlino.
Il saltatore del muro (Peter Schneider; 1982) Storie di vita con il 'Muro nella testa'.
Bolero berlinese. Tredici storie alla vecchia maniera (Ingo Schulze; 2007) Un maestro delle storie brevi, situazioni colte in un attimo.

Un'economia altalenante

A lungo impantanata in un'economia stagnante, Berlino comincia finalmente a vedere qualche raggio di sole all'orizzonte. Nel 2010 la sua economia è cresciuta del 2,7%, quasi un punto percentuale in più della Germania nel suo complesso. Le esportazioni sono in crescita e così pure gli investimenti, soprattutto in settori high-tech come le biotecnologie, la comunicazione e tecnologie e trasporti sostenibili. Il turismo è un'altra forza trainante, visto che il numero di visitatori annuali è il doppio di quello registrato nel 2002 e oggi tocca i 22 milioni. Dal 2006 Berlino detiene il record delle società di start-up tedesche, le cui idee innovatrici godono dell'appoggio finanziario di venture capital straniero.

Ma non ci sono solo buone notizie. Anche se il tasso di disoccupazione è sceso, rimane al 13%, vale a dire il doppio della media nazionale. Nessun altra città tedesca spende tanto in assegni sociali o di disoccupazione. E far quadrare i conti non è facile in una città che ha un debito pubblico di 62 miliardi di euro, e che richiede ogni anno 2 miliardi di euro solo per gli interessi.

La gentrificazione

Cercate di posare il dito dove batte il polso di Berlino e scoprirete che, come i misteriosi movimenti del tavolino di uno spiritista, le pulsazioni hanno ora un altro punto d'origine. Gli scalcagnati quartieri di oggi saranno domani il sogno di studenti e artisti, giovani imprenditori e, alla fine, immobiliaristi. Gli affitti contenuti per cui la città era famosa sono diventate cosa del passato, palazzi d'uffici hanno rimpiazzato amati luoghi di ritrovo lungo il fiume e vivere in un loft è diventata la nuova parola d'ordine.

In altre parole, Berlino è completamente nella morsa della cosiddetta gentrificazione (un tempo si sarebbe detto 'imborghesimento'). E anche se ne derivano strade più pulite, appartamenti più belli e bar e ristoranti chic, molti berlinesi non ne sono affatto contenti.

È soprattutto Kreuzberg, che tiene alle sue radici punk e squatter, a temere di perdere il suo stile alternativo facendo la stessa fine di Prenzlauer Berg e Mitte, che da quartieri con un sapore retrò e una vita a ruota libera sono diventati monoculture di laureati ad alto reddito. E in effetti, se negli ultimi anni gli affitti sono aumentati ovunque, in nessun quartiere è avvenuto così velocemente come a Kreuzberg. Solo nel 2011, l'aumento è stato dell'11,1% e Kreuzberg ha scalzato Charlottenburg come quartiere più costoso di Berlino. L'adiacente Neukölln Nord, che in pochissimi anni è passata da ghetto a paradiso degli hipster, condivide un fato simile (8,2% l'aumento nel 2011).

Molti dei residenti da una vita, di cui un buon numero ha salari bassi o è disoccupato, sono stati costretti a traslocare. Frustrati, hanno puntato il dito contro gli stranieri e i tedeschi benestanti giunti dal resto della Germania, perché per loro non è un problema pagare un affitto più alto. Le critiche non hanno risparmiato neppure i turisti, vuoi perché sono rumorosi, vuoi perché alloggiano in appartamenti senza contratto regolare, vuoi perché sciamano in gruppi nei bar e nei pub della zona invadendo gli spazi dei locali. Il controllo della crescita e l'adeguamento degli affitti saranno tra i compiti maggiori che il governo si troverà ad affrontare in futuro.

Un incubo: il nuovo aeroporto

E forse c'è un problema peggiore: l'apertura più volte ritardata del nuovo aeroporto internazionale, in costruzione dal 2006 alla periferia sud-orientale, sta macchiando indelebilmente l'immagine della città. Dalla data prevista di novembre 2011, l'inaugurazione fu spostata a giugno 2012, ma poche settimane prima che gli aerei toccassero la pista, il comitato di controllo annunciava un ulteriore rinvio di nove mesi a causa di deficienze nel sistema antincendio. E quando i giornali hanno ipotizzato una possibile denuncia della UE per il mancato rispetto di modifiche richieste alle traiettorie (che interferivano con le rotte degli uccelli migratori) qualche poltrona ha iniziato a tremare.

Tutte queste false partenze sono state fonte di imbarazzo politico e di perdite pecuniarie della casse cittadine. Finora i ritardi hanno fatto salire i costi del 30% sul budget e lievitare il costo complessivo dell'opera a 3,1 miliardi di euro. In effetti, ogni mese di ritardo aggiunge 100 milioni di euro al conto. Nella ricerca di un capro espiatorio sia il sindaco di Berlino Klaus Wowereit sia il governatore del Brandenburg Matthias Platzeck, entrambi nel consiglio dell'aeroporto, hanno accusato i dirigenti aeroportuali i quali, di rimando, insieme alle compagnie aeree e agli esercizi commerciali hanno dato la colpa ai politici. Nessuno sa chi pagherà per tutti i soldi spesi e quando, alla fine, il nuovo aeroporto entrerà in funzione.

su 100 abitanti a Berlino

95 sono tedeschi
3 sono turchi
1 sono polacchi
1 sono serbi

religione
(% della popolazione)

60 non credenti
19 protestanti
9 cattolici
8 musulmani
4 altro

popolazione per kmq

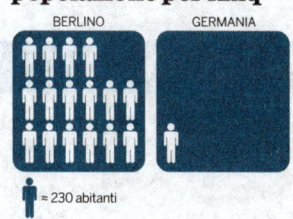

BERLINO — GERMANIA

≈ 230 abitanti

Storia

Berlino si è trovata a lungo impigliata nelle maglie della storia: culla di una rivoluzione, centro nevralgico del nazismo, distrutta dalle bombe, divisa in due e poi riunita – e tutto ciò solo nel XX secolo! Eppure, Berlino è diventata capitale quasi per caso e la sua origine nel Medio Evo si deve a un semplice dito puntato su una mappa. Ha continuato a esistere relativamente dimenticata per 400 anni, finché è diventata la capitale del regno di Prussia e quindi, nel Novecento, è diventata una delle protagoniste della storia mondiale.

> Una sezione di soli 8 m è tutto quello che rimane della prima cinta muraria di Berlino, costruita a secco con pietre e mattoni intorno al 1250: all'epoca misurava 2 m in altezza. Si vede in Littenstrasse, vicino ad Alexanderplatz.

BERLINO NEL MEDIOEVO

La recente scoperta di un'antica trave portante di quercia ha fatto ipotizzare che le radici storiche di Berlino siano da far risalire al 1170-1180 ma, fino a quando non si avranno altre testimonianze certe, la data di nascita della città è fissata in un qualche punto del XIII secolo, quando alcuni mercanti fondarono un paio di stazioni commerciali chiamate Berlin e Cölln sulle sponde del fiume Sprea proprio a sud-ovest dell'attuale Alexanderplatz. I due borghi godevano di una posizione strategica lungo una delle rotte commerciali est-ovest più battute dell'epoca, circa a metà strada fra le città fortificate di Köpenick a sud-est e Spandau a nord-ovest, fondate intorno all'VIII secolo. I piccoli insediamenti crebbero rapidamente e, nel 1307, per ragioni di convenienza politica e di sicurezza, decisero di fondersi in un'unica città. Al centro della Marca (ducato) di Brandeburgo, le città gemelle continuarono a mantenere la loro indipendenza politica ed economica e nel 1360 entrarono a far parte della Lega Anseatica.

Tanta autonomia finì per non piacere a Sigismondo, imperatore del Sacro Romano Impero, che nel 1411 mise a capo della Marca di Brandeburgo un suo delfino, Federico di Hohenzollern. Se da un lato Federico aiutò Berlino a liberarsi dagli avidi feudatari che la minacciavano, dall'altro abolì molte delle libertà politiche ed economiche che la città si era conquistata a caro prezzo. La dinastia degli Hohenzollern sarebbe rimasta al potere ininterrottamente a Berlino fino al 1918.

IL MURO ANTICO

CRONOLOGIA

1244
Berlino compare per la prima volta in un documento storico, ma il compleanno della città è stato fissato alla prima menzione dell'insediamento gemello di Cölln, sette anni prima, nel 1237.

1348
La peste si diffonde per tutta Europa attraverso le maggiori vie commerciali; a Berlino muore circa un terzo della popolazione e si scatenano pogrom antisemitici.

LA RIFORMA E LA GUERRA DEI TRENT'ANNI

Avviata nel 1517 da Martin Lutero nella vicina Wittenberg, la Riforma impiegò più o meno vent'anni per arrivare a Berlino. Nel 1839 l'Elettore Gioacchino II (1535-71) si pronunciò a favore del protestantesimo, procedendo a secolarizzare tutti i beni della Chiesa cattolica. Il 1° novembre di quell'anno la corte fece celebrare la prima funzione con liturgia luterana nella Nikolaikirche di Spandau. Ancora oggi la data è una festività pubblica (*Reformationstag*) nel Brandeburgo, la regione in cui si trova Berlino, ma non nella città di Berlino.

A sconvolgere la pace e la prosperità dei decenni successivi fu la guerra dei Trent'Anni (1618-48), che contrappose sovrani cattolici e protestanti e costò alla fine milioni di vittime in tutta Europa. L'Elettore Giorgio Guglielmo (r. 1620-40) tentò inizialmente di perseguire una politica di neutralità, con il solo risultato di veder saccheggiare le sue terre dagli eserciti di entrambe le fazioni. Al termine del conflitto Berlino si ritrovò nel caos: le casse vuote, un terzo delle abitazioni distrutte e la popolazione decimata dalla fame, dai combattimenti e dalle malattie.

LA STRADA VERSO IL REGNO

Una nuova stabilità fu raggiunta durante il lungo governo di Federico Guglielmo (r. 1640-88), detto anche il Grande Elettore, il quale promosse numerose iniziative che fecero crescere il prestigio del Brandeburgo agli occhi dell'Europa. Per rendere Berlino una città più sicura, ordinò innanzi tutto che venisse cinta da mura con 13 bastioni. In seguito introdusse una nuova imposta sulle vendite, usando queste entrate per la costruzione di tre nuovi quartieri (Friedrichswerder, Dorotheenstadt e Friedrichstadt), di un canale di collegamento tra i fiumi Sprea e Oder (rafforzando così l'importanza di Berlino quale centro commerciale), del Lustgarten e di Unter den Linden.

Il Grande Elettore viene però ricordato soprattutto per il suo sforzo di ripopolare la città incoraggiando varie comunità di profughi a stabilirsi a Berlino. Nel 1671 arrivarono a Berlino 50 famiglie ebree partite da Vienna, alle quali fecero seguito gli ugonotti espulsi dalla Francia dopo la revoca dell'Editto di Nantes da parte di Luigi XIV nel 1685. Alcuni di loro erano valenti artigiani e il Französischer Dom (Duomo francese, p84) di Gendarmenmarkt è una testimonianza tangibile della presenza ugonotta in città. Fra il 1680 e il 1710 Berlino vide quasi triplicare il numero dei suoi abitanti (che arrivò a 56.000), diventando così una delle città più popolose del Sacro Romano Impero.

Il figlio del Grande Elettore, Federico III, era un uomo di grandi ambizioni nonché un appassionato d'arte e di scienze: successe al padre

> Il luogo di nascita medievale della città intorno alla Nikolaikirche fu distrutto dai bombardamenti aerei della seconda guerra mondiale. Quello definito 'Nikolaiviertel' è in realtà una copia costruita appositamente dal governo della DDR per celebrare il 750° anniversario della fondazione, nel 1987.

1360
Le due città gemelle Berlin e Cölln si uniscono alla Lega Anseatica ma non raggiungono mai una posizione di rilievo. Lasceranno la Lega nel 1518.

1415
L'ascesa al potere di Federico di Hohenzollern si rafforza quando al Concilio di Costanza l'imperatore Sigismondo lo eleva al rango di Elettore e rende ereditaria la carica di margravio della Marca di Brandeburgo.

1443
Comincia la costruzione dello Stadtschloss sull'isola della Sprea: diventerà sede permanente dell'Elettore nel 1486. Ampliato e modificato fino al 1716, il palazzo, danneggiato dalla guerra, viene fatto saltare in aria nel 1951.

nel 1688 e nel 1701 si autoproclamò re con il nome di Federico I. Insieme all'amata moglie Sofia Carlotta, si circondò di una corte intellettualmente vivace e patrocinò la fondazione dell'Accademia delle Arti nel 1696 e dell'Accademia delle Scienze nel 1700. A lui si deve anche la costruzione del palazzo più ambizioso della città, lo Schloss Charlottenburg. Con lui Berlino divenne residenza reale e capitale del nuovo stato di Brandeburgo-Prussia.

L'ERA PRUSSIANA

La vita culturale e intellettuale del regno si arenò con l'ascesa al trono del figlio di Federico, Federico Guglielmo I (r. 1713-40), che gettò le fondamenta della potenza militare prussiana. Uomo semplice e amante dei rigori della vita militare, era ossessionato dai suoi obiettivi guerreschi e passò l'intera esistenza cercando di creare un esercito di 80.000 soldati, in parte grazie all'istituzione della coscrizione obbligatoria (assai poco popolare anche a quei tempi), in parte persuadendo i governanti suoi alleati a cedere soldati in cambio di denaro. La storia, molto appropriatamente, lo ricorda come il *Soldatenkönig* (il re soldato).

I suoi brutali metodi di reclutamento fecero fuggire in massa migliaia di uomini abili con le loro famiglie, compromettendo così lo sviluppo economico di Berlino fino al 1730, anno in cui sospese la chiamata alle armi. Perfino il Lustgarten fu trasformato in un campo per le esercitazioni militari, tuttavia i soldati che lo calpestarono non ebbero mai occasione di combattere una vera battaglia.

Per ironia della sorte, i soldati del suo esercito passarono all'azione soltanto quando il figlio Federico II (alias Federico il Grande; r. 1740-86) salì al potere nel 1740. Federico combattè con le unghie e con i denti per vent'anni per strappare la Slesia (oggi in Polonia) all'Austria e alla Sassonia. Quando non era impegnato sui campi di battaglia, *der alte Fritz* (il vecchio Fritz, così era chiamato dai suoi sudditi) si dimostrò un sovrano interessato e sensibile alla cultura, investendo molto nello sviluppo architettonico della città. Il suo Forum Fridericianum, un progetto urbanistico grandioso che doveva interessare tutta Unter den Linden, anche se non fu mai completato diede alla città la Staatsoper Unter den Linden (Opera di stato p209), la Sankt-Hedwigs-Kathedrale (p83), l'edificio che oggi ospita la Humboldt Universität (p88) e altre prestigiose opere architettoniche.

Federico abbracciò inoltre gli ideali dell'Illuminismo, abolendo la tortura, garantendo la libertà di culto e introducendo una serie di riforme (ad esempio la scolarità obbligatoria dai 5 ai 12 anni). Durante il suo regno Berlino ospitò personaggi quali il filosofo Moses Mendelssohn, il poeta e filosofo Gotthold Ephraim Lessing, il filosofo e linguista Wilhelm

Federico il Grande di Alessandro Barbero (Sellerio, 2007) è la biografia dell'ultimo grande sovrano assoluto d'Europa, esponente della potente dinastia che tra il 1600 e il 1947 contribuì a forgiare l'Europa moderna.

1539	1618-48	1640
L'Elettore Gioacchino II abbraccia la Riforma celebrando il primo servizio luterano; un anno dopo approva una norma che rende il protestantesimo religione vincolante in tutto il Brandeburgo.	Conflitti religiosi e lotte territoriali sfociano nella sanguinosa Guerra dei Trent'Anni, che devasta l'economia di Berlino e ne decima la popolazione: dopo la guerra gli abitanti sono la metà, solo 6000.	Uno dei più importanti regnanti del Brandeburgo, il Grande Elettore Federico Guglielmo, sale al potere e riporta la città alla normalità, edificando fortificazioni contro le invasioni e ricostruendo le infrastrutture.

von Humboldt e suo fratello Alexander, naturalista ed esploratore. I salotti intellettuali animati da alcune carismatiche figure femminili come Henriette Herz e Rahel Levin divennero luoghi di dibattito aperti a tutti, senza pregiudizi di natura sociale o religiosa. Berlino fiorì dunque come grande capitale culturale, tanto da meritare l'appellativo di 'Spree-Athen' (l'Atene sulla Spree).

L'OCCUPAZIONE NAPOLEONICA E LE RIFORME

La morte di Federico il Grande precipitò la Prussia in una grave crisi: quando l'Europa fu travolta dall'avanzata degli eserciti francesi, anche la Prussia soccombette inizialmente alle truppe del piccolo còrso. Il 14 ottobre 1806 l'esercito di Napoleone sconfisse i prussiani a Jena, circa 400 km a sud-ovest di Berlino e il 27 ottobre Napoleone e le sue truppe sfilarono trionfanti sotto la Porta di Brandeburgo, dando inizio a due anni di occupazione francese. A rendere ancora più cocente l'umiliazione subita furono le pesanti riparazioni di guerra imposte e l'obbligo da parte di migliaia di cittadini di dare alloggio in casa propria ai soldati francesi. Dal punto di vista amministrativo, perlomeno, Napoleone concesse una certa autonomia alla città istituendo un consiglio comunale diretto da rappresentanti eletti dal popolo. I francesi se ne andarono due anni dopo, con i forzieri ricolmi di bottino: il loro souvenir più prestigioso fu il grande gruppo scultoreo della *Quadriga* in cima alla Porta di Brandeburgo.

Dopo la sconfitta definitiva di Napoleone a Waterloo (a cui la Prussia contribuì in modo significativo) l'età della Restaurazione vide sì il ripristino degli ancien régime, ma anche l'inaugurazione di un'era di riforme. Anche a Berlino funzionari pubblici, intellettuali e mercanti cominciarono infatti a mettere in dubbio il diritto dell'aristocrazia a governare da sola. Federico Guglielmo III (r. 1797-1840) varò allora una serie di riforme simboliche: abolì le rigide norme che regolavano il sistema corporativo, proibì il lavoro coatto e riconobbe l'uguaglianza dei diritti civili per gli ebrei, senza tuttavia promuovere vere riforme costituzionali e continuando a tenere il potere accentrato nelle mani dello stato.

Alla fase di stagnazione politica che seguì fece da contrappunto un vivace periodo di attività intellettuali promosse dai numerosi caffè e salotti cittadini. La neonata Universität zu Berlin (poi Humboldt Universität) non tardò ad acquistare grande prestigio, richiamando luminari del calibro di Hegel e Ranke. Negli stessi anni Berlino vide all'opera l'architetto Karl Friedrich Schinkel, i cui capolavori architettonici (per esempio la Neue Wache o l'Altes Museum) ancora oggi abbelliscono la città.

1671

La prima comunità di ebrei a Berlino è formata da 50 famiglie arrivate da Vienna su invito del Grande Elettore. Nel secolo successivo saranno già più di 1000 gli ebrei residenti in città.

Statua di Federico Guglielmo, Museumsinsel (p96)

TEMPO DI RIVOLUZIONI

Grazie alle prospere manifatture, affermatesi già nel XVIII secolo, Berlino divenne un importante centro di sviluppo industriale. La costruzione della rete ferroviaria tedesca (la prima linea, che andava da Berlino a Potsdam, fu inaugurata nel 1838) incentivò la nascita di più di 1000 fabbriche, compresi alcuni colossi dell'industria elettrotecnica come la AEG e la Siemens. Nel 1841 August Borsig costruì la locomotiva più veloce del mondo, che in una gara riuscì a superare la concorrenza inglese.

Decine di migliaia di lavoratori si riversarono a Berlino per lavorare nelle nuove fabbriche, facendo lievitare la popolazione (più di 400.000 abitanti nel 1847) e portando le infrastrutture cittadine quasi al collasso. Un anno dopo, rispondendo all'esigenza di mobilità sociale, gravemente impedita dalla restrizione delle libertà individuali vigente in Prussia, Berlino si unì alle altre città tedesche in moti rivoluzionari borghesi che reclamavano a gran voce la nascita di uno stato nazionale e il riconoscimento dei diritti civili e democratici. Il 18 marzo alcuni spari durante una manifestazione portarono a un'escalation della protesta: i soldati spararono sulla folla e la gente, combattendo sulle barricate, si difese con forconi, accette, pietre e altre armi improvvisate. Dopo una notte di ostilità, che costò la vita a 183 rivoluzionari e 18 soldati, il re Federico Guglielmo IV (r. 1840-61) richiamò le truppe. Le vittime della rivoluzione sono commemorate nella Platz des 18 März immediatamente a ovest della Porta di Brandeburgo. Cambiando completamente atteggiamento, il re si dichiarò disposto a sostenere le richieste di maggior liberalismo e del riconoscimento della sovranità nazionale. Il 21 marzo, cavalcando al funerale dei rivoluzionari morti negli scontri nel Volkspark Friedrichshain (p173), indossò i colori dell'unità tedesca, rosso, nero e oro. L'assemblea nazionale prussiana si radunò il 5 maggio ma, a causa dei dissidi fra le varie fazioni interne, rimase un organo debole e inefficace: fu un gioco da ragazzi per il generale von Wrangel riprendere la città, marciando in novembre alla testa di 13.000 soldati rimasti fedeli al re. Sempre opportunista, il re cambiò nuovamente partito, sciolse il parlamento e propose una costituzione dettata da lui che gli garantiva il potere assoluto. La rivoluzione era fallita e molti dei partecipanti ai moti furono costretti all'esilio.

BISMARCK E LA NASCITA DI UN IMPERO

Quando Federico Guglielmo IV fu colpito da infarto nel 1857 il fratello Guglielmo diventò reggente e nel 1861 salì al trono con il nome di Guglielmo I (r. 1861-88). A differenza del fratello, Guglielmo seppe cogliere le esigenze del popolo e non si oppose al progresso. Una delle sue decisioni chiave fu la nomina, nel 1862, di Otto von Bismarck a cancelliere della Prussia.

Top Five - Siti della storia prussiana

Porta di Brandeburgo

Schloss e Park Sanssouci (Potsdam)

Schloss Charlottenburg

Siegessäule

Reichstag

1685	1701	1740
Federico Guglielmo emana l'Editto di Potsdam, consentendo ai rifugiati ugonotti francesi di stabilirsi a Berlino, esentandoli dal pagamento delle tasse per dieci anni e garantendo la libertà di culto.	Il Brandeburgo diventa un regno con l'incoronazione dell'Elettore Federico I, che riunisce le cinque città di Berlino, Cölln, Friedrichswerder, Dorotheenstadt e Friedrichstadt in una sede reale e una capitale di 55.000 abitanti.	Federico il Grande, il re filosofo, trasforma Berlino nella 'Atene sulla Sprea', un centro dell'Illuminismo e uno scrigno di tesori architettonici; a corte e tra l'élite dirigente si parla francese.

L'ambizioso sogno di Bismarck era quello di creare una grande Germania unita sotto la guida della Prussia. Militarista della vecchia guardia, per raggiungere il suo obiettivo intrecciò complicate strategie diplomatiche e ricorse anche a guerre contro i vicini: nel 1864 mosse guerra alla Danimarca (insieme all'Austria sua alleata) per impossessarsi dello Schleswig-Holstein, ma due anni più tardi sbaragliò gli stessi austriaci per dare vita, nel 1867, alla Confederazione della Germania del Nord. Dopodiché rivolse la propria attenzione alla Francia, spingendola a dichiarare guerra alla Prussia nel 1870. Dopo aver riportato una schiacciante vittoria a Sedan nel 1871, Bismarck sorprese Napoleone III conquistando l'appoggio di gran parte degli stati tedeschi. Nel 1871 si realizzò il piano del 'Cancelliere di ferro': l'unificazione della Germania con Berlino come capitale. Il 18 gennaio il re Guglielmo fu incoronato imperatore a Versailles. Era nato l'impero tedesco ('Deutsches Reich' fu il nome ufficiale della nazione fino al 1945).

I primi anni dell'impero – la cosiddetta *Gründerzeit* (età della fondazione) – furono caratterizzati da una forte crescita economica, finanziata in parte dai cospicui risarcimenti di guerra ottenuti dalla Francia, e da un grosso aumento della popolazione. Centinaia di migliaia di persone si riversarono a Berlino per trovare lavoro nelle fabbriche. Per risolvere il problema della carenza di abitazioni furono costruite innumerevoli *Mietskasernen* (letteralmente 'caserme in affitto'), labirintici caseggiati costruiti intorno a una serie di cortili successivi, dove intere famiglie alloggiavano in minuscoli appartamenti con un cattivo sistema di aerazione e privi di acqua corrente e servizi igienici interni.

La formazione di nuovi partiti politici diede voce al proletariato, rappresentato soprattutto dal Partito Socialista dei Lavoratori (SAP), precursore del Sozialdemokratische Partei Deutschlands (SPD; Partito Socialdemocratico Tedesco). Fondato nel 1875, il SAP ricevette il 40% dei suffragi di Berlino nelle votazioni di soli due anni dopo. Bismarck aveva cercato di dichiararlo illegale, ma infine, sotto la pressione di un movimento socialista che stava diventando sempre più combattivo, dovette cedere e far approvare le prime leggi di riforma sociale della storia tedesca, anche se andavano contro le sue inclinazioni conservatrici. Il conservatorismo del Cancelliere di ferro finì comunque per decretarne il tramonto. Quando il potere passò nelle mani di Guglielmo II (r. 1888-1918) vi fu un aspro scontro tra l'imperatore, deciso ad ampliare il sistema di previdenza sociale, e Bismarck, che invece riteneva indispensabili più rigide misure antisocialiste. Nel marzo del 1890 l'imperatore sollevò il cancelliere dalle sue funzioni. Solo dopo di lui la sua eredità diplomatica si mostrò nella sua complessità e una Germania unita ricca e industrialmente forte veleggiò nel nuovo secolo – purtroppo con leader incompetenti alla sua testa.

PISSOIRS

I 'pissoirs' ottogonali verdi che ancora si vedono a Berlino sono un lascito tardo-ottocentesco, quando la popolazione crebbe a tal punto che il sistema fognario pubblico si dimostrò insufficiente. Ne rimangono una ventina, tra cui uno in Chamissoplatz a Kreuzberg e un altro in Senefelderplatz a Prenzlauer Berg.

1795
Johann Georg Sieburg inizia la produzione tessile del cotone con macchine a vapore acquistate in Inghilterra: parte l'era della rivoluzione industriale.

1806
Dopo aver sconfitto la Prussia, Napoleone guida le sue truppe in una marcia trionfale attraverso la Porta di Brandeburgo, dando inizio a due anni di occupazione della città.

1810
Dopo gli anni dell'occupazione napoleonica (1806-8), Berlino inaugura un periodo di ricostruzione e riforme; Wilhelm von Humboldt fonda la Friedrich Wilhelm Universität che nel 1949 riceverà il nome del suo fondatore.

LA PRIMA GUERRA MONDIALE E LA RIVOLTA SPARTACHISTA

La Siegessäule (colonna della vittoria) di Tiergarten gioca un ruolo da protagonista nel film di Wim Wenders *Il cielo sopra Berlino* (1987) e nel video *'Stay'* degli U2. Ha anche ispirato il successo di Paul van Dyk del 1998 'For an Angel' e dà il nome alla principale rivista gay di Berlino. Nel 1998 fu lo sfondo di un discorso politico di Barack Obama.

L'assassinio dell'arciduca Francesco Ferdinando, erede al trono asburgico, il 28 giugno 1914, fu all'origine di una serie di decisioni diplomatiche che finirono per scatenare un conflitto sanguinoso come l'Europa non ne aveva più visti dopo la guerra dei Trent'Anni e che sarebbe costato all'impero germanico un milione e 770.000 vittime e più di quattro milioni di feriti. A Berlino e altrove l'iniziale senso di euforia generale e la fiducia in una rapida vittoria cedettero ben presto il passo alla delusione e allo scoramento, esacerbati dalle gravi perdite e dalle pessime notizie provenienti dal fronte. La pace tanto agognata giunse insieme alla sconfitta nel 1918, scatenando però un periodo di disordini e violenze che pose fine anche alla stabilità interna.

L'imperatore Guglielmo II abdicò il 9 novembre 1918, una fine ingloriosa dopo più di 500 anni di regno della dinastia Hohenzollern. La guida del paese fu assunta dalla SPD, il più forte partito del Reichstag, e dal suo leader Friedrich Ebert. Non si trattò tuttavia di un tranquillo passaggio di consegne. Poche ore dopo l'abdicazione del Kaiser, Philipp Scheidemann, ai vertici della SPD, si affacciò a una finestra del Reichstag per annunciare la nascita della Repubblica Tedesca. Un paio d'ore più tardi Karl Liebknecht, membro dello Spartakusbund (Lega di Spartaco) proclamò la fondazione di una repubblica socialista da un balcone del palazzo reale in Unter den Linden. La lotta per il potere era solo all'inizio.

Obiettivo della SPD era una democrazia parlamentare, mentre la Lega di Spartaco, fondata da Karl Liebknecht e Rosa Luxemburg, si prefiggeva la creazione di un governo d'impronta marxista – entro la fine del 1918 gli spartachisti si unirono con altri gruppi radicali per dare vita al Partito Comunista Tedesco.

Le rivalità tra SPD e Lega di Spartaco contagiarono i rispettivi sostenitori causando scontri di strada che culminarono nella cosiddetta 'rivolta spartachista' all'inizio di gennaio del 1919. Su ordine di Ebert l'esercito procedette alla repressione della rivolta. Liebknecht e la Luxemburg furono arrestati e uccisi mentre venivano portati in prigione da soldati dei Freikorps (squadre armate di destra); i loro corpi vennero gettati nel Landwehrkanal.

LA REPUBBLICA DI WEIMAR

La costituzione federalista della nascente repubblica, primo serio esperimento tedesco di democrazia, venne adottata nel luglio 1919 nella città di Weimar, dove l'assemblea costituente aveva cercato rifugio lontano

---

1830 — Inaugurazione dell'Altes Museum, il primo dei cinque musei della Museumsinsel. L'ultimo (il Pergamonmuseum) verrà aperto esattamente 100 anni dopo.

1838 — Viaggio inaugurale del primo treno tra Berlino e Potsdam; la città diventa il centro di una rete ferroviaria che si sviluppa in tutta la Prussia. L'azienda di August Borsig nel 1840 costruisce la prima locomotiva tedesca.

1848 — Berlino è coinvolta nei moti rivoluzionari borghesi che chiedono una riforma democratica e l'unità della Germania, ma l'esercito prussiano reprime la rivolta e riporta l'ordine.

dalle agitazioni di Berlino. La nuova costituzione sancì il diritto di voto alle donne e garantì il rispetto dei diritti fondamentali dell'uomo, ma riconobbe anche il diritto del cancelliere a governare per decreto nei periodi di crisi, una clausola questa che si sarebbe rivelata cruciale durante l'ascesa al potere di Hitler.

La cosiddetta Repubblica di Weimar (1920-33) fu governata da una coalizione di partiti di sinistra e di centro guidata dal presidente Friedrich Ebert e in seguito da Paul von Hindenburg, entrambi membri della SPD, che rimase il maggior partito tedesco fino al 1932. Quel tipo di repubblica, tuttavia, non soddisfaceva né i comunisti né i monarchici. Lo scontento si era manifestato già nel marzo del 1920, quando un gruppo di militanti di destra capeggiati da Wolfgang Kapp avevano occupato la sede del governo a Berlino. Il governo riparò temporaneamente a Dresda, ma la città di Berlino reagì con un imponente sciopero generale che fece fallire il putsch.

> Sapevate che il 9 novembre per la Germania è una data 'fatale'? In quel giorno nel 1918 l'imperatore Guglielmo II abdicò e nel 1923 Hitler tentò il *putsch* a Monaco. Era il 9 novembre (del 1938) la 'Notte dei cristalli' e quando, nel 1989, cadde il Muro.

I DORATI ANNI VENTI

L'impianto dell'odierna immensa metropoli di Berlino risale al 1920, anno in cui il governo riunì i comuni limitrofi (Charlottenburg, Schöneberg, Spandau ecc.) sotto un'unica amministrazione. Fu così che da un giorno all'altro Berlino divenne una delle città più grandi del mondo, con una popolazione di circa 3,8 milioni di abitanti.

I primi anni '20 furono segnati dall'umiliazione per la sconfitta della guerra, dall'instabilità sociale e politica, da un'inflazione alle stelle, dalla fame e dalle malattie. Circa 235.000 berlinesi erano senza lavoro e gli scioperi, le manifestazioni di piazza e gli scontri erano all'ordine del giorno. La stabilità economica fu riconquistata gradualmente prima con l'introduzione di una nuova moneta, il *Rentenmark*, nel 1923, e poi, nel 1924, con l'approvazione del piano Dawes che riduceva drasticamente le esorbitanti riparazioni di guerra inflitte alla Germania dopo la prima guerra mondiale.

I berlinesi reagirono come se non ci fosse un futuro e trasformarono la città in un covo decadente e, contemporaneamente, in un calderone creativo (una situazione non dissimile a quella successiva alla caduta del Muro). Artisti di tutti i generi affluirono nella città del cabaret, del dada e del jazz. Luoghi di piacere sbucarono ovunque, trasformando la città in una 'sextropoli' di stampo dionisiaco. Laboratorio di tendenze vecchie e nuove, Berlino attirò talenti creativi di ogni settore e disciplina, dall'architettura (Bruno Taut, Martin Wagner, Hans Scharoun e Walter Gropius) alle arti figurative (George Grosz, Max Beckmann e Lovis Corinth) e alla letteratura (Bertolt Brecht, Kurt Tucholsky, W.H. Auden e Christopher Isherwood). Nel 1923 la prima trasmissione radiofonica tedesca invase

---

1862
L'urbanista e pianificatore James Hobrecht risolve il problema della penuria di abitazioni costruendo quartieri popolari dove la classe operaia vive in appartamenti claustrofobici e poco igienici in condomini costruiti intorno a una serie di cortili.

1871
Impiegando un'efficace strategia di guerra e di diplomazia, il cancelliere prussiano Otto von Bismarck forgia l'unità della Germania con la Prussia al suo comando e Berlino come capitale: re Guglielmo diventa imperatore del Reich.

Otto von Bismarck

l'etere di Berlino e nel 1931 fu Berlino a diffondere l'anteprima mondiale della televisione.

La fine di questo decennio, tuttavia, sprofondò l'intero paese nella più cupa delle recessioni: il 25 ottobre 1929, il cosiddetto 'Venerdì nero', la borsa di New York andò a picco trascinando con sé quelle di tutto il mondo. In poche settimane mezzo milione di berlinesi si trovò senza lavoro e le manifestazioni di protesta tornarono a occupare le strade. La situazione già tesa iniziò a provocare frequenti scontri fra i comunisti e i membri di una formazione politica che andava affermandosi sempre di più, il Partito Nazionalsocialista dei Lavoratori Tedeschi (Nationalsozialistische Deutsche Arbeiterpartei, NSDAP, o Partito Nazista), guidato da un austriaco di nome Adolf Hitler, pittore mancato e caporale durante la prima guerra mondiale. E presto stivali anfibi, camicie brune, clima intimidatorio e paura dominarono la vita quotidiana tedesca.

L'ASCESA DI HITLER

L'incapacità che il governo di Weimar dimostrò nel gestire le difficili condizioni economiche della Depressione contribuirono a far salire la popolarità del partito nazista di Hitler, che alle elezioni del 1930 guadagnò il 18% dei consensi. Incoraggiato da questo successo, nel 1932 Hitler si candidò alla presidenza contro il socialista Paul von Hindenburg e ottenne il 37% dei voti al secondo turno.

Il fallimento delle riforme economiche e le pressioni dei consiglieri di destra indussero Hindenburg il 30 gennaio 1933 a nominare Hitler Reichskanzler, con un gabinetto dei ministri composto dai nazionalisti (conservatori, aristocratici e potenti industriali) e dai nazionalsocialisti. La sera stessa i sostenitori del partito nazista festeggiarono l'evento sfilando con le torce accese attraverso la Porta di Brandeburgo. Non tutti festeggiarono. 'Non riuscirei a mangiare abbastanza per vomitare come vorrei', disse il pittore impressionista Max Liebermann con disgusto, osservando la scena dalla sua casa sulla Pariser Platz.

Appena assunse la carica di cancelliere, Hitler si mosse rapidamente per consolidare il suo potere e trasformare lo status democratico del paese nella dittatura di un solo partito. L'incendio scoppiato al Reichstag il 27 febbraio del 1933 gli diede l'opportunità di richiedere poteri speciali temporanei per arrestare i comunisti e gli anarchici accusati (ingiustamente) del fatto. Pochi giorni dopo le nuove elezioni diedero la maggioranza assoluta all'NSDAP: il Parlamento, riunitosi presso il teatro dell'opera Kroll, approvò una legge delega che conferiva a Hitler il potere di legiferare e modificare la Costituzione senza consultare il parlamento – nasceva così la dittatura. Quando Hindenburg morì un

---

Letture storiche

La notte dei cristalli di Anthony Read, David Fisher (Rizzoli, 1990)

Le Olimpiadi dei nazisti: Berlino 1936 di David Clay Large (Corbaccio, 2009)

Qui Berlino. 1938-1940. Radiocronache dalla Germania nazista di William Shirer (Il Saggiatore, 2012)

Il giorno in cui nostro padre ci rivelò di essere una spia della DDR di Thomas Raufeisen (Claudiana, 2012)

Il muro di Berlino. 13 agosto 1961-9 novembre 1989 di Frederick Taylor (Mondadori, 2009)

1871-89
Inizia la cosiddetta Kulturkampf, la battaglia tra culture che vide Bismarck impegnarsi a difendere la laicità dello stato e a combattere contro il privilegio ecclesiastico che la Chiesa cattolica voleva fosse garantito dalla nuova Costituzione.

1877
La popolazione di Berlino raggiunge il milione di abitanti, che si raddoppierà entro il 1900.

1891
Il pioniere dell'aviazione, l'ingegnere Otto Lilienthal, noto come il 're degli alianti', compie il primo volo a bordo di un aliante, librandosi in aria per 25 m. Cinque anni dopo morirà in un incidente di volo.

anno dopo, Hitler accorpò gli uffici della presidenza e della cancelleria e si proclamò Führer del Terzo Reich.

BERLINO SOTTO IL NAZISMO

Il regime totalitario nazista mutò radicalmente la vita dell'intera popolazione. Nel giro di tre mesi dall'ascesa al potere di Hitler tutti i partiti non nazisti, le organizzazioni del lavoro e i sindacati vennero messi al bando. Gli oppositori politici, gli intellettuali e gli artisti furono perseguitati e trattenuti in carcere senza processo; molti si diedero alla clandestinità o andarono in esilio. Una cultura del terrore e della delazione avrebbe

LE OLIMPIADI SOTTO LA SVASTICA

Quando nel 1931 il Comitato Olimpico Internazionale decise di assegnare alla Germania le Olimpiadi del 1936, l'intenzione era di dimostrare che il paese aveva ripreso il suo posto nella comunità internazionale dopo la sconfitta nella prima guerra mondiale e i drammatici anni Venti. Nessuno poteva immaginare che solo due anni dopo la precaria democrazia tedesca si sarebbe arresa a un dittatore che programmava la conquista del mondo intero.

Quando Hitler aprì i Giochi il 1° agosto allo Stadio Olimpico di Berlino, i prigionieri stavano dando gli ultimi ritocchi al primo campo di concentramento nazista su larga scala a Sachsenhausen, pochi chilometri a nord della città. Mentre il compositore Richard Strauss dirigeva l'esecuzione dell'inno olimpico nella cerimonia d'apertura, squadroni di combattenti stavano dirigendosi in Spagna per dar man forte alla dittatura di Franco. Solo nei giorni in cui la fiamma olimpica rimase accesa furono sospese le persecuzioni politiche e razziali e rimossi i cartelli antisemiti in giro per la città.

Le Olimpiadi furono in effetti una manna per la macchina propagandistica nazista, che eccelleva nell'organizzare grandiosi eventi di massa e parate spettacolari, come documenta l'epico film di Leni Riefenstahl *Olympia* (1938). Partecipanti e spettatori furono impressionati dal coreografico e sfarzoso spettacolo allestito e dalla cortese ospitalità tedesca. Anche il fatto che questi fossero i primi Giochi a essere trasmessi dalla radio non mancò di fare grande impressione sul pubblico.

Anche da un punto di vista sportivo le Olimpiadi furono un gran successo: circa 4000 partecipanti da 49 paesi si affrontarono in 129 gare e stabilirono diversi record. L'atleta più famoso fu lo scattista afroamericano Jesse Owens, che vinse quattro medaglie d'oro nei 100 e 200, nella staffetta 4 x 100 e nel salto in lungo, guadagnandosi le simpatie dei tedeschi, con buona pace delle convinzioni naziste sulla superiorità della razza ariana. Gli ebrei tedeschi, comunque, furono esclusi dalle competizioni, con l'unica eccezione della schermitrice Helene Mayer, per metà ariana, che portò alla sua squadra una medaglia d'argento.

1902
Dopo due decenni di controversie e otto anni di costruzione, viene inaugurato il primo segmento della metropolitana di Berlino trasportando i passeggeri tra Warschauer Strasse e Ernst-Reuter-Platz.

1918
La prima guerra mondiale termina l'11 novembre con la capitolazione della Germania, seguita all'abdicazione del Kaiser Guglielmo II e la sua fuga in Olanda. È la fine di 500 anni di monarchia prussiana.

1919
La rivolta spartachista guidata da Karl Liebknecht, Rosa Luxemburg e dal futuro leader della DDR Wilhelm Pieck è repressa violentemente e termina con l'assassinio di Liebknecht e Rosa Luxemburg da parte dei Freikorps di destra.

LA NOTTE DEI LUNGHI COLTELLI

Creata come corpo per il controllo dell'ordine pubblico (il che implicava anche la dispersione con la forza delle riunioni degli oppositori del regime), la Sturmabteilung (SA), i cui componenti erano conosciuti come 'camicie brune', aveva giocato un ruolo chiave nella presa del potere da parte di Hitler, ma nel 1934, guidata da Ernst Röhm, era diventata un'organizzazione talmente potente da minacciare l'autorità indiscussa del Führer. La notte del 30 giugno, Hitler ordinò alle Schutzstaffel (SS), il famigerato gruppo paramilitare di difesa personale del Führer delle 'camicie nere', una retata dei capi supremi delle SA, compreso il loro capo, Röhm: quest'ultimo e altri 75 furono brutalmente assassinati.

Sul sanguinoso evento (passato alla storia come 'la notte dei lunghi coltelli') Hitler fece calare il silenzio fino al 13 luglio, quando annunciò al Reichstag che, a partire da quel momento, i ranghi delle SA (formati da due milioni di uomini, più dei soldati regolari) avrebbero operato sotto il comando dell'esercito; questo, a sua volta, avrebbe dovuto prestare un giuramento di fedeltà a Hitler. La giustizia sarebbe stata amministrata dalle SS sotto il comando dell'ex allevatore di polli Heinrich Himmler, il che diede alle 'camicie nere' un potere incontrastato. Le SS sarebbero state da allora in poi la forza militare più potente – e temuta – della Germania nazista.

permeato da quel momento in poi ogni aspetto della società e il ricco patrimonio culturale dell'ebraismo centroeuropeo sarebbe andato distrutto per sempre.

Le camicie brune delle Sturmabteilungen (SA; letteralmente 'battaglioni d'assalto'), l'organo di polizia fedele a Hitler, iniziarono a reprimere con la violenza ogni forma di opposizione, procedendo con innumerevoli arresti, torture e assassinii. Quasi subito vennero allestiti campi di concentramento improvvisati, come quello presso la Wasserturm a Prenzlauer Berg. A nord di Berlino iniziò a essere costruito il Konzentrationslager Sachsenhausen (p217), un grande campo di prigionia per detenuti politici che sarebbe diventato un 'campo di concentramento modello', dove venivano anche addestrate le SS (100.000 le vittime accertate alla fine della guerra).

La brutalità dei seguaci di Hitler non conosceva limiti: nel giugno del 1933, soltanto durante la cosiddetta 'settimana di sangue di Köpenick' furono uccise quasi 100 persone. Il 10 maggio alcuni studenti simpatizzanti di destra bruciarono copie di libri 'non tedeschi' in Bebelplatz (p83), dimostrando a molti artisti e intellettuali che non restava loro altra strada che l'esilio.

1920
Il 1° ottobre Berlino diventa la maggior città della Germania dopo che sette città indipendenti, 59 villaggi e 27 proprietà vengono amalgamati in un'unica unità amministrativa. La popolazione raggiunge i 3,8 milioni di abitanti.

1921
La prima autostrada del mondo – detta AVUS – viene inaugurata a Grunewald dopo otto anni di lavori.

1929
I 'ruggenti anni Venti' mostrano il loro lato oscuro quando l'inflazione raggiunge il suo massimo e una pagnotta di pane viene a costare 3,5 milioni di marchi. Berlino ha mezzo milione di disoccupati.

LA PERSECUZIONE DEGLI EBREI

Gli ebrei furono da subito il bersaglio delle persecuzioni naziste. Nell'aprile del 1933 Joseph Goebbels, *Gauleiter* (governatore distrettuale) di Berlino e neoministro della Propaganda, annunciò il boicottaggio delle attività commerciali gestite da ebrei. Poco tempo dopo gli ebrei furono allontanati dai pubblici impieghi e i cittadini di razza non ariana (termine che Hitler usò erroneamente per indicare gli zingari, gli ebrei e le persone di ceppo non tedesco) furono interdetti dall'esercizio di molte attività professionali, commerciali e industriali. Con le leggi di Norimberga approvate nel 1935 i cittadini non ariani furono privati della cittadinanza tedesca e interdetti dal contrarre matrimonio e addirittura dall'intrattenere rapporti sessuali con cittadini di 'razza ariana'.

Nel frattempo la comunità internazionale non dava segni di allarme rispetto a quanto accadeva in Germania. Molti leader stranieri erano ansiosi di veder ristabilito l'ordine in un paese che ormai da decenni era in preda al caos politico e, con il suo programma di opere pubbliche che contribuì a stabilizzare l'economia e a sradicare la disoccupazione, Hitler si guadagnò perfino un certo numero di ammiratori. Anche le Olimpiadi che si tennero a Berlino nell'estate del 1936 furono un trionfo delle pubbliche relazioni del regime – ma terrore e persecuzioni ripresero immediatamente dopo la cerimonia di chiusura delle Olimpiadi.

Il 9 novembre 1938 i nazisti scatenarono la *Reichspogromnacht* (detta anche *Kristallnacht* o Notte dei Cristalli). Usando come pretesto l'assassinio di un diplomatico tedesco a Parigi per mano di un ebreo polacco, le squadracce naziste dissacrarono, bruciarono e distrussero sinagoghe e cimiteri, proprietà e negozi appartenenti a ebrei. L'episodio determinò una fuga in massa degli ebrei, che avevano iniziato a emigrare già a partire dal 1933.

> **Top Five – Siti della seconda guerra mondiale**
>
> Topographie des Terrors
>
> Haus der Wannsee Konferenz
>
> Holocaust Mahnmal
>
> Campo di concentramento di Sachsenhausen
>
> Gedenkstätte Deutscher Widerstand

LA SOLUZIONE FINALE

Le sorti degli ebrei si aggravarono ulteriormente in seguito allo scoppio della guerra nel 1939. Nel gennaio del 1942 Hitler convocò una conferenza sulle sponde del lago Wannsee (p222), presso Berlino, durante la quale fu decretata la *Endlösung* (soluzione finale) del problema ebraico, ovvero il sistematico annientamento di tutti gli ebrei d'Europa, che non meno di 100.000 tedeschi misero in atto con burocratica meticolosità, annotandone ogni passaggio. Sinti e rom, dissidenti, sacerdoti, omosessuali e criminali comuni furono tra gli altri bersagli del regime. Nei campi di concentramento furono internati circa sette milioni di persone, delle quali soltanto 500.000 sopravvissero. Lo Holocaust Mahnmal (p82) eretto

1933
A gennaio Hitler diventa cancelliere; un incendio devasta il Reichstag; comincia la costruzione del campo di concentramento di Sachsenhausen; a giugno i nazisti azzerano l'opposizione e diventano l'unico partito politico.

1935
Il 22 marzo da un'antenna in cima alla Funkturm (la torre della radio) berlinese viene trasmesso il primo programma televisivo del mondo.

Sachsenhausen (p217)

a Berlino è solo uno dei molti monumenti commemorativi della Shoah e di questo tragico periodo della storia europea.

LA RESISTENZA

Come l'esposizione Topographie des Terrors (Topografia del Terrore, p86) illustra in modo egregio, sin dalla presa del potere qualsiasi tipo di resistenza alla dittatura nazista fu repressa con ferocia dalla possente macchina del terrore messa in piedi prima dalle SA e poi dalle SS. Ma non scomparve mai del tutto. Il caso forse più famoso fu il tentato omicidio del Führer da parte di Claus Schenk Graf von Stauffenberg. Ufficiale dell'esercito di grado elevato, Stauffenberg aveva accesso alla cosiddetta *Wolfschanze* (letteralmente 'la tana del lupo', il quartier generale segreto di Hitler sul fronte orientale, nella Prussia orientale, circa 215 km a est di Berlino) e il 20 luglio 1944 piazzò personalmente una valigetta piena di esplosivo sotto il tavolo delle riunioni, vicino al posto di Hitler. Il conte si allontanò con una scusa e sentì da lontano la detonazione della bomba: non poteva sapere, però, che il solido tavolo di quercia avrebbe protetto il Führer, che riportò solo qualche lieve ferita.

Stauffenberg e i suoi complici furono presto identificati e fucilati la sera stessa a Berlino presso il quartier generale dell'esercito, il Bendlerblock. Le stanze dove ordirono il complotto oggi ospitano il Gedenkstätte Deutscher Widerstand (p123), una mostra che racconta tutti gli episodi della resistenza tedesca al nazismo.

> Uno dei molti splendidi film di Margarethe von Trotta, *Rosenstrasse* (2003), è un commovente racconto della protesta, nel 1943, di un gruppo di donne ariane contro la deportazione dei loro mariti ebrei.

LA SECONDA GUERRA MONDIALE E LA BATTAGLIA DI BERLINO

La seconda guerra mondiale cominciò con l'attacco della Germania nazista alla Polonia il 1° settembre 1939. La Francia e la Gran Bretagna dichiararono guerra due giorni dopo, ma questo non servì a evitare la Blitzkrieg, che portò i tedeschi a occupare Belgio, Olanda e Francia. E presto anche la Danimarca e la Norvegia finirono sotto il giogo nazista.

Nel giugno del 1941 la Germania ruppe il patto di non aggressione con Stalin e nell'estate del '42 attaccò l'Unione Sovietica. Anche se all'inizio registrò qualche successo, l'Operazione Barbarossa presto si trasformò in un incubo che ebbe il suo culmine con l'assedio infruttuoso di Stalingrado (oggi Volgograd) l'inverno seguente: nella battaglia e nella successiva ritirata i tedeschi e i loro alleati registrarono un milione tra morti, dispersi e prigionieri.

1936
Le XI Olimpiadi si tengono a Berlino ad agosto: sono un trionfo della propaganda hitleriana e una vetrina del potere nazista mentre vengono sospese temporaneamente le persecuzioni contro gli ebrei.

1938
Il 9 novembre fanatici nazisti incendiano nove delle 12 sinagoghe di Berlino, compiono atti vandalici contro le attività commerciali degli ebrei e li terrorizzano in una notte di pogrom diventata nota come la *Kristallnacht* (Notte dei Cristalli).

1942
Alla Conferenza di Wannsee i capi nazisti decidono il sistematico sterminio degli ebrei d'Europa, cinicamente definito 'la soluzione finale'.

Con lo sbarco in Normandia, nel giugno del 1944, le truppe alleate si riversarono in gran numero nel continente europeo, mentre sistematici raid aerei continuavano a martellare Berlino e la maggior parte delle città tedesche. Quella che passò alla storia come 'la battaglia di Berlino' ebbe inizio a metà aprile del 1945. Più di un milione e mezzo di soldati sovietici vi arrivarono da est, giungendo alle porte della capitale il 21 aprile e circondandola completamente il 25. Due giorni dopo penetrarono nel centro della città, scontrandosi con le poche truppe rimaste, spesso composte da giovani e anziani. Il 30 aprile la battaglia raggiunse la Cancelleria, presso la quale Hitler si era rifugiato in un bunker insieme all'amante Eva Braun, che aveva sposato proprio il giorno prima. Accettando infine l'ineluttabilità della sconfitta, nel pomeriggio Hitler si sparò; sua moglie morì per una pillola di cianuro. I loro corpi vennero bruciati nel cortile della Cancelleria mentre i soldati dell'Armata Rossa alzavano la bandiera sovietica sul Reichstag.

LA SCONFITTA E IL DOPOGUERRA

La battaglia di Berlino terminò il 2 maggio con la resa incondizionata da parte del comandante militare della città Helmuth Weidling al generale russo Vasily Chuikov. La pace venne siglata al quartier militare delle truppe americane a Reims (in Francia) e a quello sovietico a Berlin-Karlshorst, oggi diventato un museo storico sui rapporti tra la Germania e l'Unione Sovietica (p225). L'8 maggio 1945 la seconda guerra mondiale ebbe ufficialmente fine.

I combattimenti (e i precedenti bombardamenti) ebbero conseguenze devastanti per la città e la popolazione tutta. Interi quartieri erano stati rasi al suolo o ridotti in macerie e almeno 125.000 berlinesi avevano perso la vita. Dopo l'evacuazione di circa un milione di donne e bambini, nel maggio del 1945 restavano in città solamente 2.800.000 milioni di persone (contro i 4.300.000 del 1939), di cui due terzi erano donne. Nella Berlino occupata dai sovietici furono le donne a provvedere allo sgombero iniziale delle macerie (25 milioni di tonnellate almeno), compito questo che valse loro il soprannome di *Trümmerfrauen* (donne delle macerie).

In effetti, molte delle colline di modeste dimensioni di Berlino sono *Trümmerberge* (montagne di macerie), poi diventate parchi e aree ricreative. Le più note sono Teufelsberg a Grunewald e Mont Klamott nel Volkspark Friedrichshain.

I primi segnali di ripresa si registrarono quasi subito dopo l'armistizio: il 14 maggio 1945 riprese a funzionare la metropolitana, il 15 maggio si rimisero in moto le rotative dei giornali e il 26 maggio l'Orchestra Filarmonica di Berlino eseguì il primo concerto del dopoguerra.

> Non c'era più niente da mangiare, la città era ridotta a un cumulo di macerie e molte donne avevano perso padri, fratelli, mariti: il drammatico destino di queste donne dopo la conquista di Berlino da parte dei sovietici rivive in *Una donna a Berlino. Diario aprile-giugno 1945* (Einaudi, 2004), racconto anonimo e coinvolgente.

1944

Il 20 luglio una congiura di ufficiali capitanata da Claus Graf Schenk von Stauffenberg cerca di assassinare Hitler. L'attentato fallisce e tutti i congiurati vengono giustiziati.

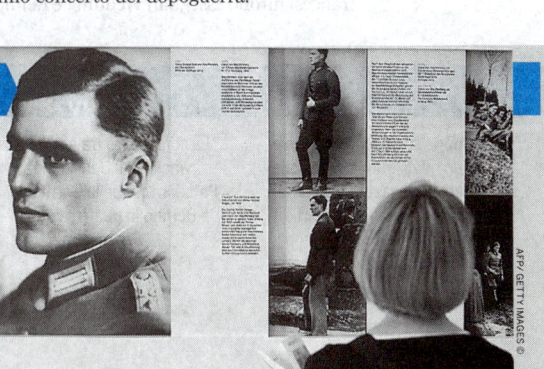

La mostra sulla Resistenza tedesca (p123)

IL PONTE AEREO DI BERLINO

Il Ponte aereo di Berlino fu un trionfo della determinazione e dell'abnegazione e un capitolo glorioso della storia cittadina del dopoguerra. Il 24 giugno del 1948 i sovietici bloccarono tutti i collegamenti ferroviari e stradali per Berlino per forzare la mano agli Alleati che controllavano gli altri settori della città e che avevano approvato un nuovo corso monetario comune. Il blocco sovietico equivaleva a costringere i settori alleati a ricevere gli approvvigionamenti solo tramite un 'corridoio aereo'.

Di fronte a tale gravissima provocazione furono in molti, nei circoli militari alleati, a invocare un intervento che avrebbe potuto benissimo scatenare il terzo conflitto mondiale. Alla fine prevalse il buon senso. Il giorno dopo la proclamazione del blocco l'aeronautica americana diede il via all'"Operazione Vittles". La Gran Bretagna ne seguì l'esempio il 28 giugno con l'"Operazione Plane Fare". La Francia non partecipò attivamente all'iniziativa: la sua flotta aerea era infatti impegnata in Indocina in missioni che avevano un carattere non altrettanto umanitario.

Per i successivi 11 mesi l'intera città venne rifornita esclusivamente per via aerea dagli apparecchi alleati che trasportavano carbone, cibo e macchinari di vario tipo. Ogni giorno, a tutte le ore, talvolta al ritmo di uno al minuto, coraggiosi piloti affrontarono insidiosi atterraggi all'aeroporto di Tempelhof, nella zona occidentale della città, che rimase in funzione fino al 2008. Quando i sovietici cessarono il blocco avevano compiuto 278.000 voli, coprendo la distanza dalla Terra alla Luna per 250 volte e trasportato 2,5 milioni di tonnellate di merci. Il Luftbrückendenkmal (Monumento commemorativo del Ponte aereo; p260) davanti all'aeroporto di Tempelhof rende onore agli uomini che resero possibile l'impresa e alle vittime di tale sforzo.

La difficile situazione non aveva fatto altro che rendere più saldi i rapporti tra la Germania e gli Alleati: a partire da quel momento, infatti, i berlinesi non li considerarono più come occupanti, ma come *Schutzmächte* (potenze protettrici).

L'OCCUPAZIONE

Alla Conferenza di Yalta, nel febbraio 1945, Winston Churchill, Franklin D. Roosevelt e Josif Stalin si erano accordati per suddividere la Germania (e Berlino) in tre zone di occupazione controllate dai britannici, dagli americani e dai sovietici (in seguito la zona degli Alleati venne ulteriormente suddivisa e i francesi ebbero il controllo di una zona sul Reno). Nel luglio del 1945, Stalin, Clement Attlee (che aveva sostituito Churchill dopo una vittoria a sorpresa nelle elezioni) e il successore di Roosevelt Harry S. Truman si sedettero intorno a un tavolo nel castello di Potsdam, lo Schloss Cecilienhof (p216), per dettagliare la suddivisione delle sfere di influenza.

Berlino fu ripartita in 20 aree amministrative. Il settore affidato al controllo degli inglesi comprendeva Charlottenburg, Tiergarten e Spandau, ai francesi furono assegnati Wedding e Reinickendorf, mentre gli americani

---

1945
Le truppe sovietiche entrano a Berlino negli ultimi giorni della guerra, devastando la città; Hitler si suicida il 30 aprile, i combattimenti terminano il 2 maggio, l'armistizio viene firmato l'8.

luglio 1945
La conferenza tra gli Alleati vincitori al Cecilienhof di Potsdam divide la Germania e Berlino in quattro zone di occupazione.

1948
Dopo che gli Alleati occidentali introducono una loro moneta, il Deutschmark, i sovietici decretano il blocco di Berlino Ovest; gli americani e i britannici rispondono lanciando il Ponte Aereo, portando cibo, carbone e macchinari nella città isolata.

divennero responsabili di Zehlendorf, Steglitz, Wilmersdorf, Tempelhof, Kreuzberg e Neukölln – tutte queste erano le aree che in seguito andarono a formare Berlino Ovest. Ai sovietici spettarono otto quartieri orientali, fra cui Mitte, Prenzlauer Berg, Friedrichshain, Treptow e Köpenick – la futura Berlino Est. I sovietici occuparono anche la regione intorno a Berlino, lasciando la zona ovest della città interamente circondata da territori sottoposti al controllo sovietico.

IL GRANDE FREDDO

Serie frizioni si crearono ben presto tra le forze di occupazione. Per gli Alleati occidentali era prioritario fornire ai tedeschi l'aiuto necessario per rimettere in piedi l'economia disastrata della Germania. I sovietici, per contro, avanzavano elevate pretese di risarcimento e per tale motivo si rivalsero sulla propria zona di occupazione. Decine di migliaia di uomini abili e di prigionieri di guerra furono spediti nei campi di lavoro dell'Unione Sovietica. Nelle zone alleate, nel frattempo, si iniziavano a gettare le basi della democrazia attraverso la creazione del Parlamento, eletto a cavallo fra il 1946 e il 1947.

La rottura tra le potenze occidentali e l'URSS divenne definitiva nel giugno del 1948, quando gli Alleati introdussero il marco tedesco (Deutschmark) nelle zone da loro controllate senza aver prima consultato i sovietici. Interpretandola come una violazione degli accordi di Potsdam, che aveva stabilito di considerare la città un'unica entità economica, i sovietici emisero una propria moneta (Ostmark) e usarono l'incidente come pretesto per dare il via a un blocco stradale e ferroviario di Berlino Ovest, nella speranza di portare l'intera città sotto il proprio controllo. Sotto la guida di Lucius D. Clay, comandante americano a Berlino, gli Alleati realizzarono in breve tempo un formidabile ponte aereo per portare vettovaglie e fonti energetiche alla popolazione, impedendo quindi ai sovietici di annettersi la parte ovest della città.

LE DUE GERMANIE

La divisione della Germania – e di Berlino – fu formalizzata nel 1949. I territori occidentali si costituirono nella Bundesrepublik Deutschland (BRD; Repubblica Federale Tedesca). Konrad Adenauer divenne il primo cancelliere della Germania Ovest e la capitale fu stabilita a Bonn, sulle rive del Reno. Il piano Marshall fece affluire nella Germania Ovest milioni di dollari che resero possibile la ricostruzione e contribuirono ad avviare il cosiddetto *Wirtschaftswunder* (miracolo economico), che vide l'economia del paese crescere dell'8% in media l'anno tra il 1951 e il 1961. Artefice della

Top Five – Siti della Guerra Fredda

Gedenkstätte Berliner Mauer

East Side Gallery

Alliierten Museum

Prigione della Stasi

DDR Museum

1949
Nascono due paesi – la Bundesrepublik Deutschland (BRD; Repubblica Federale di Germania), e la Deutsche Demokratische Republik (DDR; Germania Est); Berlino rimane sotto la supervisione degli Alleati, uno status che mantiene fino al 1990.

anni '50
Centinaia di migliaia di tedeschi dell'Est si trasferiscono a Berlino Ovest e nella Germania federale, impoverendo la DDR di manodopera istruita e motivata.

1953
La rivolta degli edili sulla Stalinallee (oggi Karl-Marx-Allee) si propaga per tutta la DDR prima di essere spazzata via dai carri armati sovietici, che lasciano diverse centinaia di morti e oltre 1000 feriti.

ripresa fu il ministro per l'Economia Ludwig Erhard, che per supplire alla carenza di manodopera locale invitò 2,3 milioni di lavoratori stranieri, soprattutto dalla Turchia, dalla Iugoslavia e dall'Italia, dando il via alla società multiculturale odierna.

La zona sovietica, nel frattempo, diede vita alla Deutsche Demokratische Republik (DDR; Repubblica Democratica Tedesca), con Berlino Est come capitale e Wilhelm Pieck come presidente. Fin dai primi anni il Sozialistische Einheitspartei Deutschlands (SED, Partito Socialista Unificato di Germania), guidata da Walter Ulbricht, assunse il controllo delle politiche economiche, dell'attività giudiziaria e delle forze di sicurezza dello stato. Allo scopo di neutralizzare ogni tipo d'opposizione, nel 1950 venne istituito il Ministero della Sicurezza di Stato, o Stasi, che aveva il suo quartier generale a Lichtenberg. I 'nemici' del regime venivano arrestati e rinchiusi nelle vicine segretissime carceri, ora Gedenkstätte Hohenschönhausen (p174).

Intanto, l'economia della Germania Est stagnava, in gran parte perché i sovietici continuavano la loro politica di spoliazione di tutto ciò che di valore possedeva il paese considerando di meritare un indennizzo di guerra. La morte di Stalin nel 1953 aveva acceso le speranze di imminenti riforme che in realtà poi non arrivarono. La pessima situazione economica indusse anzi la SED a innalzare ulteriormente gli obiettivi di produzione. Il diffuso malcontento e le rivendicazioni per una riforma divennero rivolta aperta nei centri urbani e industriali, che sfociò nella violenza il 17 giugno 1953. Scaturita dalla protesta degli operai che lavoravano sulla Karl-Marx-Allee di Berlino, la rivolta coinvolse ben presto almeno il 10% degli operai di tutto il paese. L'insurrezione fu sedata dalle truppe sovietiche: le vittime non mancarono e circa 1200 persone furono arrestate.

IL MURO

Per tutti gli anni '50 il divario economico tra le due Germanie andò allargandosi, spingendo centinaia di migliaia di berlinesi dell'Est a fuggire a Ovest alla ricerca di un futuro migliore. All'epoca era relativamente facile spostarsi tra i due settori della città e molta gente andava ogni giorno a lavorare nei settori occidentali. Furono molti, comunque, a scegliere di stabilirsi in modo permanente a Berlino Ovest. L'emorragia di profughi dal blocco socialista (quasi sempre giovani con un buon livello di istruzione ed esperienze lavorative alle spalle) rappresentò un grave colpo per un'economia già vacillante come quella della DDR e raggiunse livelli tali da spingere il governo – col consenso dell'Unione Sovietica – a innalzare barriere per mettere fine all'esodo. Il Muro di Berlino, il simbolo più

> **Citazioni passate alla storia**
>
> 'Nessuno ha intenzione di costruire un muro' – Walter Ulbricht, capo della DDR; 15 giugno 1961
>
> 'Berlino è il testicolo dell'Occidente. Quando voglio che l'Occidente urli, strizzo Berlino' – Nikita Chruščëv, segretario del partito comunista sovietico (1953-64)

1961

Solo 11 giorni dopo la prima pietra, il Muro fa la sua prima vittima: il 24 agosto, il ventiquattrenne Günter Litfin viene ucciso dalle guardie mentre cerca di nuotare attraverso lo Humboldt Hafen.

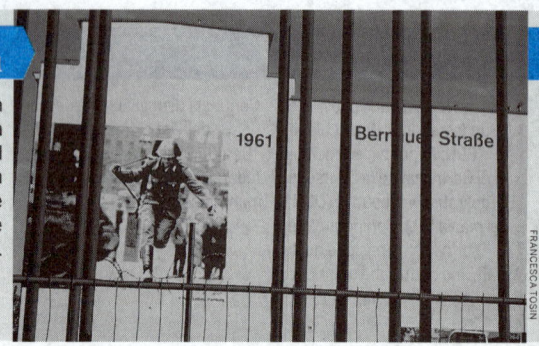

1961: un soldato salta il filo spinato e fugge a Ovest (p137)

potente ed evocativo della Guerra Fredda, fu costruito tra Berlino Est e Berlino Ovest la notte del 13 agosto 1961.

Questo atto di forza prese di sorpresa i berlinesi. Le formali proteste degli alleati occidentali e le manifestazioni di piazza inscenate a Berlino Ovest non sortirono alcun effetto. La costruzione del Muro segnò il punto più basso mai raggiunto nelle relazioni tra Est e Ovest e preannunciò un'epoca di forti tensioni tra i due blocchi. Il 25 ottobre 1961 carri armati americani e sovietici si fronteggiarono presso il Checkpoint Charlie (p85), spingendo il mondo sull'orlo di un altro conflitto globale. Nel 1963 il presidente americano John F. Kennedy fece una visita a Berlino Ovest, dove si complimentò con i cittadini per la loro battaglia a favore della libertà nel famoso discorso tenuto al Rathaus Schöneberg (v. p125), mettendo la città in prima linea nella Guerra Fredda allora in atto.

RIVOLTE STUDENTESCHE E TERRORISMO

Nel 1966 i due maggiori partiti della Germania Ovest, la CDU e l'SPD, formarono una cosiddetta 'grande coalizione'. L'assenza di opposizione parlamentare alimentò negli anni successivi lo sviluppo di un movimento radicale studentesco di opposizione extraparlamentare (Ausserparlamentarische Opposition). A Berlino Ovest il movimento faceva capo alla Freie Universität (FU; Libera Università; p221). Attraverso sit-in e manifestazioni di protesta gli studenti chiedevano una riforma del sistema universitario tedesco, obsoleto e 'baronale', criticavano la generazione dei padri per lo stile di vita consumistico e l'incapacità di confrontarsi con i fantasmi degli anni del nazismo e condannavano la politica americana in Vietnam, America Latina e Medio Oriente. Le proteste degli studenti erano una spina nel fianco per il governo e non di rado sfociavano in episodi di violenza.

Il 2 giugno 1967 un poliziotto sparò e uccise Benno Ohnesorg, uno studente disarmato, durante una manifestazione contro la visita dello scià di Persia che si teneva nei pressi della Deutsche Oper di Charlottenburg. Un altro episodio di grande importanza accadde l'11 aprile 1968, quando Rudi Dutschke, il carismatico leader del movimento studentesco, fu ferito da una pallottola sparatagli in testa da un giovane operaio nei pressi della sede della sua organizzazione in Kurfürstendamm.

Verso il 1970 il movimento si era ormai indebolito, ma non senza aver profondamente scosso il paese e provocato molti cambiamenti, fra cui la riforma universitaria, la politicizzazione del corpo studentesco e, da ultimo, la nascita del Partito dei Verdi (Dutschke, che sopravvisse all'attentato, fu uno dei fondatori).

1963
Il presidente americano John F. Kennedy testimonia la sua solidarietà ai berlinesi durante il suo famoso discorso 'Ich bin ein Berliner' tenuto al municipio di Schöneberg il 26 giugno.

1967
La morte di Benno Ohnesorg, uno studente disarmato ucciso da un poliziotto durante una manifestazione di protesta contro la visita dello scià di Persia, convoglia l'attenzione sul movimento studentesco.

1971
I quattro Alleati firmano l'Accordo fra le Quattro Potenze, che conferma l'indipendenza di Berlino e facilita gli spostamenti tra la città e la Germania Ovest. Le due Germanie riconoscono reciprocamente la sovranità nel Trattato Fondamentale.

Alcuni tra gli esponenti più radicali del movimento, però, non si accontentarono dei risultati ottenuti ed entrarono in clandestinità. Berlino divenne il cuore dell'organizzazione terrorista Rote Armee Fraktion (RAF), guidata da Ulrike Meinhof, Andreas Baader e Gudrun Ensslin. Nel corso degli anni '70 la RAF sequestrò e assassinò importanti personaggi del mondo politico ed economico tedesco. I capi della RAF furono arrestati nel 1972 e confinati in un carcere di massima sicurezza: quattro anni dopo furono trovati morti in carcere (la versione ufficiale parlò di suicidio); altri membri dell'organizzazione vennero arrestati o si nascosero, taluni cercando rifugio nella Germania Est.

> Nel 2008 la storia della RAF e il suo rilievo nella società tedesca sono stati portati sulle scene nel film *La banda Baader Meinhof* (regia di Uli Edel), che ebbe anche la nomination agli Oscar.

GLI EBREI DI BERLINO: DA MENDELSSOHN A LIBESKIND

Da tempo non è più uno spettacolo insolito: il venerdì sera, al tramonto, decine di uomini ebrei vestiti con i tradizionali abiti dello Shabbat con cappelli neri e lunghi cappotti oltrepassano caffè, gallerie d'arte e boutique di Prenzlauer Berg per recarsi alla sinagoga di Rykestrasse. All'altro capo della città, a Wilmersdorf, un altro drappello di ebrei si sta dirigendo proprio in quel momento alla sinagoga di Münsterstrasse.

Sin dalla riunificazione, a Berlino la comunità ebraica è cresciuta a un ritmo superiore a qualsiasi altro luogo. Gran parte della comunità è costituita da russi immigrati qui dopo la caduta dell'Unione Sovietica, ma anche di ebrei di origine tedesca, israeliani che fuggono dal tumultuoso panorama politico di casa loro e da americani attirati qui dal basso costo della vita e dagli stimoli alla creatività che la città offre. Oggi i membri attivi della comunità ebraica sono circa 13.000, compreso un migliaio che appartiene alla congregazione ultra-ortodossa Adass Yisroel. Comunque, visto che non tutti gli ebrei scelgono di affiliarsi a una sinagoga, si pensa che gli ebrei presenti siano più o meno il doppio.

La comunità finanzia dieci sinagoghe, due bagni rituali *mikvah*, diverse scuole, numerose istituzioni culturali e una manciata di ristoranti e negozi kasher. La cupola dorata della Neue Synagoge (p134) di Oranienburger Strasse è l'immagine più visibile della rinascita ebraica, anche se oggi è più un centro comunitario ed espositivo che un luogo di culto. A Kreuzberg, lo Jüdisches Museum (p152), oggi con una spettacolare struttura di Daniel Libeskind, ripercorre le tappe della vita degli ebrei in Germania per quasi duemila anni.

I reperti testimoniano un primo insediamento in città nel 1295, ma il loro ruolo dipendeva da una norma di tipo religioso, che consentiva un mestiere proibito ai cristiani, il prestito di denaro. Per tutto il Medio Evo gli ebrei furono accusati di qualunque disgrazia economica o sociale. Quando scoppiò la peste nel 1348-9, la diceria che fossero stati gli ebrei ad avvelenare i pozzi portò al primo pogrom contro di loro. Nel 1510, 38 ebrei furono pubblicamente torturati e condannati al rogo per aver rubato le ostie da una chiesa nonostante il ladro (un cristiano) avesse confessato: fu ritenuto troppo sincero per essere creduto.

1976
Il 23 aprile viene inaugurato il Palazzo della Repubblica, che ospita il parlamento della DDR e un centro culturale, nel sito che ospitò per 500 anni il palazzo degli Hohenzollern, abbattuto nel 1950.

1987
Berlino Est e Berlino Ovest celebrano il 750° anniversario della città separatamente. Il 12 giugno Ronald Reagan visita la città, esclamando 'Mr Gorbaciov, abbatta questo Muro!' mentre si trova di fronte alla Porta di Brandeburgo.

9 ottobre 1989
Mentre la Germania Est celebra il suo quarantesimo anniversario, le manifestazioni che chiedono riforme urgenti si diffondono per tutta Berlino Est.

IL RIAVVICINAMENTO

Si dovette aspettare l'inizio degli anni '70 perché il gelo tra le due Germanie cominciasse a sciogliersi, quando Erich Honecker (1912-94) successe a Walter Ulbricht come segretario generale della SED, e l'ex sindaco di Berlino Willi Brandt divenne cancelliere della repubblica federale. Una delle priorità di Brandt era la normalizzazione delle relazioni Est-Ovest: la cosiddetta Ostpolitik ottenne il sostegno sia delle potenze alleate sia dell'URSS, che nel settembre 1971 firmarono l'Accordo fra le Quattro Potenze al Kammergericht (tribunale) di Schöneberg. A dicembre di quell'anno, per il suo impegno nella riappacificazione, a Willi Brandt venne conferito il premio Nobel per la pace.

Interessi finanziari, non umanitari, motivarono la decisione del Grande Elettore Federico Guglielmo di invitare 50 famiglie ebree, espulse da Vienna, a stabilirsi a Berlino nel 1671. A suo credito va detto che in seguito estese l'invito a tutti gli ebrei consentendo loro di praticare la loro fede, un gesto che non era affatto usuale nell'Europa dell'epoca. Il più antico cimitero giudaico della città, l'Alter Jüdischer Friedhof (p140) in Grosse Hamburger Strasse, risale a quest'epoca.

Tra gli ebrei che vi sono sepolti c'è il grande filosofo illuminista Moses Mendelssohn, che si trasferì a Berlino nel 1743. Le sue idee progressiste e i suoi contatti con i circoli culturali della città prepararono la strada all'editto di emancipazione del 1812, che garantì agli ebrei la piena cittadinanza prussiana, con uguali diritti e doveri dei 'gentili'. La famiglia Mendelssohn ha dato alla città molti altri illustri membri della società, come dimostra una mostra a loro dedicata a Gendarmenmarkt (p86).

Alla fine dell'Ottocento, gli ebrei berlinesi erano circa il 5% della cittadinanza e si sentivano tedeschi sia linguisticamente sia come identità personale. Quando un'ondata di ebrei *chassidim* giunse in città dalle regioni orientali, scappando ai pogrom, si stabilirono nello Scheunenviertel, oggi un quartiere alla moda ma a quei tempi un povero ghetto di immigrati.

Nel 1933 la popolazione ebraica di Berlino contava circa 160.000 persone, un terzo dell'intera comunità in terra tedesca. I ben noti orrori dell'era nazista li costrinse per lo più all'esilio o alla morte (55.000 le vittime note). Non furono più di un paio di migliaia gli ebrei che riuscirono a sopravvivere agli anni della guerra rimanendo in città, per lo più grazie al sostegno di loro vicini non ebrei.

Molti monumenti commemorativi ricordano le vittime delle persecuzioni in tutta la città: il più importante è ovviamente lo Holocaust Mahnmal (anche noto come Monumento commemorativo del genocidio ebreo in Europa; p79) situato accanto alla Porta di Brandeburgo.

---

9 novembre 1989

Il 4 novembre mezzo milioni di berlinesi scende in strada per chiedere libertà di parola, di stampa e di associazione. Cinque giorni il Muro di Berlino apre le sue porte senza che sia stato sparato un solo colpo.

1990

Il 3 ottobre si dissolve ufficialmente la DDR e la Germania torna a essere uno stato unitario: il Tag der Deutschen Einheit diventa festa nazionale.

1991

I membri del Bundestag (parlamento tedesco) votano per spostare di nuovo la capitale a Berlino e trasferirvi il governo. I berlinesi eleggono il primo governo cittadino unito.

L'accordo regolarizzava in maniera definitiva le visite dei berlinesi occidentali nel settore orientale e permise il transito nella DDR a chi volesse raggiungere Berlino. Ulteriori negoziati portarono all'Accordo di Transito del 1972 che introduceva il diritto, per i cittadini della DDR, di recarsi nella Germania Ovest in casi di emergenze familiari. I turisti in visita a Berlino Est dovevano obbligatoriamente cambiare i Deutschmark in Ostmark, la debole valuta locale, al tasso svantaggioso di 1:1.

Nel frattempo, però, i colloqui fra le due parti non si erano interrotti e nel dicembre del 1972 le due Germanie stipularono il Trattato Fondamentale che sanciva il reciproco riconoscimento dell'indipendenza e sovranità nazionale, l'accettazione dei rispettivi confini e la normalizzazione delle relazioni fra i due stati, anche tramite l'istituzione di 'missioni permanenti' rispettivamente a Bonn e a Berlino Est.

LA RIUNIFICAZIONE

Le menti e i cuori della gente dell'Est avevano a lungo anelato al cambiamento, ma la riunificazione tedesca colse il resto del mondo di sorpresa e diede l'avvio a un'era di novità ed entusiasmo. La cosiddetta *Wende* (la svolta, ovvero la caduta del comunismo) e il processo di riunificazione avvenne nel più tedesco dei modi: uno sviluppo graduale che culminò in un 'big bang' – la caduta del Muro il 9 novembre 1989.

L'odierna Germania che unisce 16 Länder è nata dopo un intenso dibattito politico e una serie di trattati che misero fine alle zone d'occupazione decise nel dopoguerra. La Berlino riunificata acquistò invece l'autonomia di città-stato. L'unione economica e la valuta comune entrarono in vigore nel luglio del 1990, mentre in agosto si firmò il Trattato di Riunificazione nel Kronprinzenpalais di Unter den Linden. Sempre nel mese di luglio molti artisti si ritrovarono in città per eseguire live l'opera rock dei Pink Floyd *The Wall* in uno straordinario concerto ascoltato da 200.000 persone in Potsdamer Platz (e da milioni di telespettatori in tutto il mondo): creato nel 1979 come metafora di tutti i muri che provocano abbandono e isolamento, l'album non poteva che trovare il suo epilogo dove 'quel' muro non c'era più.

Nel settembre del 1990 la RFT, la DDR, l'Unione Sovietica, la Francia, il Regno Unito e gli Stati Uniti si incontrarono a Mosca per firmare il Trattato Due più Quattro che aboliva le zone di occupazione, spianando la strada alla riunificazione formale delle due Germanie. Un mese più tardi la Germania Est cessò ufficialmente di esistere e a dicembre furono indette le prime elezioni della Germania riunificata dopo la seconda guerra mondiale.

QUELLA NOTTE

Ma dov'eri, cosa fecevi, cosa pensavi quella notte del 9 novembre? Venticinque scrittori tedeschi rispondono con altrettanti racconti in *La notte in cui cadde il muro*, a cura di Renatus Deckert (Scritturapura Editore, 2009)

1994

Gli ultimi soldati britannici, francesi, russi e americani lasciano Berlino, mettendo fine a quasi mezzo secolo di occupazione. L'esercito tedesco organizza una grande parata militare in loro onore sulla Pariser Platz.

1999

Il 19 aprile il parlamento tedesco tiene la sua prima sessione nello storico Reichstag, dopo un restauro completo curato da Lord Norman Foster.

Il Reichstag (p76)

Nel 1991 il Bundestag (parlamento tedesco) approvò, a stretta maggioranza (338 voti contro 320), il trasferimento del governo e della capitale da Bonn a Berlino. L'8 settembre 1994 l'ultimo contingente militare alleato di stanza a Berlino lasciò la città dopo una solenne cerimonia.

GLI ANNI POST-UNIFICAZIONE

Con l'unificazione, Berlino divenne di nuovo la capitale tedesca (nel 1990) e la sede del governo federale (nel 1999). Progetti edilizi di proporzioni gigantesche (come tutta la zona intorno a Potsdamer Platz e l'intero quartiere del governo) curarono per sempre le ferite dovute alla divisione, ma ben poco fecero per migliorare il bilancio economico della città o le statistiche negative sulla disoccupazione. Berlino divenne una sola città, ma il processo di riunificazione si dimostrò doloroso e costoso. Le accuse di cattiva gestione dei fondi comunali, di spese esorbitanti e di corruzione costarono nel 2001 la poltrona al sindaco Eberhard Diepgen, membro della CDU (l'Unione cristiano-democratica, ovvero il partito di centro-destra), che era in carica da 15 anni, e consegnarono il governo della città a una coalizione 'rossa' tra la SPD e l'ala di estrema sinistra Die Linke. Il carismatico Klaus Wowereit (SPD) si trovò alla testa di una città-stato oberata da una situazione di indebitamento che stava covando sin dal 1990. Con la riunificazione, infatti, Berlino aveva perso i consistenti sussidi federali che aveva ricevuto per tutti gli anni del Muro. Tra il 1991 e il 2006 la città perse 250.000 posti di lavoro nel settore manifatturiero, la maggior parte dei quali a causa della chiusura delle improduttive fabbriche del settore orientale. Il risultato: un debito esorbitante, quasi 60 miliardi di euro.

Wowereit rispose alla crisi operando dolorosi tagli di bilancio in quasi tutti i settori, ma con un introito fiscale eroso dall'alto tasso di disoccupazione e spese sociali in continua ascesa questa manovra poté fare ben poco sul breve periodo per risollevare la situazione finanziaria della città. Alla fine, però, la riconversione dell'economia dalla produzione manifatturiera al settore dei servizi cominciò a dare i suoi frutti e da una decina d'anni la crescita di nuovi posti di lavori a Berlino ha un ritmo superiore a quello della Germania nel suo complesso. Nessuna città tedesca ha un tale numero di start-up, l'export è in costante crescita e così la popolazione complessiva della città. E le aziende legate al settore sanitario, ai trasporti e alle tecnologie ecocompatibili stanno crescendo a ritmo serrato.

Wowereit dixit...

'Sono gay e questo è positivo'
2001

'Berlino è povera ma sexy'
2004

'Vogliamo che Berlino diventi ricca ma rimanga sexy'
2011

2001
In una convention di partito Klaus Wowereit della SPD fa outing dichiarando 'Sono gay e questo è positivo'. In autunno viene eletto sindaco e governatore di Berlino: riceverà un secondo mandato nel 2006.

2006
Il 26 maggio viene inaugurata la Hauptbahnhof, la prima stazione centrale di Berlino, solo due settimane prima del calcio di inizio dei Mondiali di calcio. Nel match finale, il 9 luglio, l'Italia batte la Francia ai calci di rigore.

2011
La popolazione di Berlino raggiunge i 3,5 milioni, registrando un aumento dell'1,2%, il tasso annuale più alto dalla riunificazione nel 1990.

Arti

L'arte e la cultura in tutte le loro manifestazioni sono assolutamente vitali per Berlino e la gamma delle attività artistiche e creative esistenti in città è davvero stupefacente. Uno dei principali motivi per cui i berlinesi sono sempre così indaffarati è legato proprio all'impegno richiesto per stare dietro al caleidoscopio di tutte le iniziative culturali e alle nuove tendenze. Con un passato di eccellenza in ambito internazionale in innumerevoli settori, le aspettative e gli standard sono sempre molto elevati. Inoltre la città stessa offre un'ambientazione perfetta per libri, film, dipinti e canzoni, e la sua potente personalità non influenza solo gli artisti locali e internazionali e i suoi abitanti, ma anche quei visitatori che saggiamente si prendono il tempo di immergersi nella sua vita culturale.

PITTURA E SCULTURA

Il Sei e Settecento

Bisogna aspettare fino alla fine del XVII secolo per assistere allo sbocciare delle arti a Berlino: fu Federico I, autoproclamatosi re di Prussia, a fondare nel 1696 l'Akademie der Künste (Accademia di Belle Arti) dietro suggerimento dello scultore di corte Andreas Schlüter (1660-1714). Schlüter ricambiò il favore scolpendo diverse statue notevoli, come il *Monumento equestre al Grande Elettore*, dedicato al padre Federico Guglielmo IV (1699), collocato oggi dinanzi allo Schloss Charlottenburg, e le toccanti *Maschere dei guerrieri morenti*, che si ammirano nel cortile interno del Deutsches Historiches Museum (museo storico tedesco). In questo periodo l'affresco allegorico si affermò come forma artistica, decorando i soffitti di numerosi palazzi ad opera soprattutto dei pittori Johann Friedrich Wentzel e Friedrich Wilhelm Weidemann. L'artista più affermato fu il francese Antoine Pesne (1683-1757), diventato pittore di corte nel 1710. Le testimonianze più significative della sua arte sono i sofisticati ritratti dei vari membri della famiglia reale, molti dei quali esposti nello Schloss Sanssouci, a Potsdam.

Le arti languirono durante il regno del successivo sovrano Federico Guglielmo I, interessato soprattutto alle questioni militari, ma il figlio Federico II (Federico il Grande), salito al trono nel 1740, ne fece uno dei suoi interessi principali. Il nuovo sovrano si avvalse della collaborazione di un allievo di Pesne, Georg Wenzeslaus von Knobelsdorff (1699-1753), dotato di grande talento in campo artistico, architettonico e decorativo, e collezionò una notevole quantità di opere d'arte: uno dei suoi preferiti fu il francese Jean Antoine Watteau, di cui si ammirano molti dipinti allo Schloss Charlottenburg.

Neoclassicismo e Romanticismo

Sotto molti aspetti, gli stili artistici affermatisi nel XIX secolo riflettevano le nuove teorie politiche ed economiche provenienti dall'Inghilterra e dalla Francia, che si diffusero soprattutto tra la borghesia istruita e trovarono espressione artistica nel neoclassicismo. Uno dei principali scultori dell'epoca fu Johann Gottfried Schadow (1764-1850), la cui opera più nota è la *Quadriga*, una carrozza trainata da cavalli posta in cima alla Porta di Brandeburgo. Un altro importante scultore neoclassico fu Christian Daniel Rauch (1777-1857), allievo di Schadow, particolarmente abile nel rappresentare l'idealizzata bellezza classica in maniera realistica. La sua opera più conosciuta è il monumento equestre del 1851 a Federico II che si trova davanti alla Humboldt Universität, in Unter den Linden. Lo scultore Reinhold Begas (1831-1911), discepolo di Rauch, elaborò uno stile neobarocco enfatico e ostentatamente anti-neoclassico attirandosi non poche critiche nel corso della sua vita: ebbe il dubbio onore di essere definito dai berlinesi il 'peggior scultore del mondo'. Begas realizzò la fontana di Nettuno (1891; p104), situata davanti alla Marienkirche, e il monumento a Schiller in Gendarmenmarkt. Per uno sguardo panoramico sulla scultura dell'Ottocento visitate la Friedrichswerdersche Kirche (p84).

In campo pittorico, il Romanticismo soppiantò a poco a poco il neoclassicismo nelle simpatie del pubblico. Una delle ragioni della sua affermazione fu il risvegliarsi, nella Germania di Federico Guglielmo III (1797-1840), dello spirito nazionalistico, alimentato dall'invasione napoleonica e dalle successive guerre di liberazione. Il Romanticismo esprimeva perfettamente l'idealismo e i sentimenti che caratterizzavano quell'epoca. L'esponente più insigne del genere romantico in Germania fu Caspar David Friedrich (1774-1840), i cui suggestivi dipinti (solitari esseri umani alle prese con una natura misteriosa, 'sublime') sono una delle principali attrazioni della Alte Nationalgalerie.

> Potsdamer Strasse, una via un po' squallida, sta diventando una delle più interessanti zone di gallerie d'arte: la tendenza è lasciare i riflettori del centro per spazi più modesti, con uno 'stile salotto'.

Il Biedermeier

Nel periodo tra il 1815 e il 1848 si sviluppò anche il cosiddetto Berliner ù, uno stile più legato alla tradizione e molto attento al dettaglio, che improntò soprattutto il gusto per gli interni delle case della borghesia prussiana. È lo stile dell'uomo comune, come dice lo stesso nome, composto dalla parola tedesca 'bieder', che significa onesto, ma anche sempliciotto, ingenuo, e da uno dei cognomi tedeschi più comuni, Meier. Già allora si manifestò un interesse per la pittura raffigurante il paesaggio urbano di Berlino in costante evoluzione, genere assai apprezzato dalla borghesia cittadina. Uno degli artisti più rappresentativi di questo stile fu Eduard Gärtner (1801-77), le cui sei tele che ritraggono a 360° il panorama di Berlino che si godeva dal tetto della Friedrichswerdersche Kirche sono oggi un affascinante sguardo sulla skyline della città a metà dell'Ottocento. Si trovano altre opere di Gärtner alla Alte Nationalgalerie.

L'EPOCA DI ZILLE

Nato a Dresda nel 1858, Heinrich Zille si trasferì con la famiglia a Berlino quand'era bambino. Di mestiere litografo, Zille fu il primo artista importante a ritrarre l'evoluzione sociale della città quando i tentacoli della modernità avvolsero la città: nei suoi disegni dallo stile inconfondibile l'artista raffigurò persone reali e scene della vita di tutti i giorni, spesso mostrando gli squallidi *Hinterhöfe* (cortili interni) intorno ai quali si svolgeva gran parte di quella vita. Già in vita Zille fu apprezzato per il valore documentario della sua opera e dopo la sua morte nel 1929 è stata riconosciuta anche il valore di testimonianza storica della sua prolifica produzione fotografica.

Nel 1903 Zille entrò a far parte della Berliner Sezession, anche se lui non si considerò mai un 'artista', quanto un 'manovale dell'illustrazione'. Alla sua morte, migliaia di berlinesi vennero a rendere onore alla salma dell'uomo le cui immagini avevano raccontato giorno dopo giorno la loro vita con crudo umorismo e obiettività, senza sentimentalismi. Alla sua vita e alla sua opera Berlino ha dedicato un museo: lo Zille Museum (p107) nel Nikolaiviertel.

KÄTHE KOLLWITZ

Käthe Kollwitz (1867-1945) è stata l'artista tedesca del Novecento di gran lunga più famosa, anche se sarebbe stata la prima a rifiutare questo onore. Modesta, altruista e sensibile, la Kollwitz è famosa soprattutto per le sue opere (scultoree e di grafica) che catturano la profondità della sofferenza umana suscitando un'intensa commozione.

La Kollwitz nacque Käthe Schmidt a Königsberg (l'odierna Kaliningrad, in Russia) e, incoraggiata dal padre, frequentò scuole d'arte a Berlino, Monaco, Firenze e Parigi. Tornata a Berlino, nel 1891 sposò Karl Kollwitz, un medico che aveva un ambulatorio a Weissenburger Strasse (oggi Kollwitzstrasse), proprio nel cuore del quartiere operaio di Prenzlauer Berg.

La visione della vita della Kollwitz e il suo approccio all'arte subirono fortemente l'influenza della miseria e della povertà che poteva vedere tutti i giorni aiutando il marito o semplicemente camminando per strada. A questo si aggiunsero tragedie personali quali la morte del figlio sui campi di battaglia della prima guerra mondiale e quella del nipote durante la seconda. Non è una coincidenza se una delle sue opere più toccanti è *Mutter mit totem Sohn* (Madre con il figlio morto), esposta alla Neue Wache a Mitte.

La Kollwitz aderì alla Berliner Sezession, e nel 1919 fu la prima insegnante alla prestigiosa Accademia d'Arte prussiana, finché i nazisti non la costrinsero a dimettersi nel 1933. Durante la guerra rimase a Berlino fino a quando fu costretta a sfollare nel 1943, prima a Nordhausen, poi a Moritzburg, vicino a Dresda, dove morì per cause naturali nel 1945, poco prima della fine della guerra. Per uno sguardo più intimo su questa donna affascinante e sulla sua arte, fate un salto all'eccellente Käthe-Kollwitz-Museum a Charlottenburg (p203).

Le avanguardie di primo Novecento

Berliner Sezession

La Berliner Sezession nacque ufficialmente nel 1898, propugnata da un gruppo di giovani artisti che rifiutavano gli atteggiamenti reazionari e repressivi delle accademie d'arte nei confronti delle forme artistiche innovative. La rottura con le istituzioni era in realtà partita già nel 1891, quando l'associazione degli artisti berlinesi (Verein Berliner Künstler) aveva rifiutato l'inclusione di opere del norvegese Edvard Munch nell'annuale esposizione e raggiunse il culmine nel 1898 quando la giuria del *salon* respinse un dipinto paesaggistico di Walter Leistikow. Un gruppo di 65 artisti, guidato da Max Liebermann (1847-1935) e Walter Leistikow (1865-1908), lasciarono l'associazione, legati non da uno stile particolare, ma dal rifiuto di conformarsi a regole ormai stantie. Ai temi storici e religiosi questi artisti preferivano le scene tratte dalla vita quotidiana, e agli ambienti chiusi degli atelier la pittura all'aria aperta, alla luce naturale. Lo stesso Liebermann finì per abbandonare i malinconici paesaggi naturalistici per diventare un rappresentante di spicco dell'impressionismo berlinese. Agli inizi del XX secolo si unirono al gruppo Lovis Corinth (1858-1925), Max Slevogt (1868-1932), Ernst Ludwig Kirchner (1880-1938), Max Beckmann (1884-1950) e Käthe Kollwitz.

L'espressionismo

Nel 1905 in gruppo di studenti di architettura a Dresda (Erich Heckel, Ernst Ludwig Kirchner, Karl Schmidt-Rottluff e Fritz Bleyl) fondarono il movimento Die Brücke (il ponte), che rivoluzionò la visione artistica accademica, aprendo la strada alla corrente espressionistica tedesca. Forme e figure che tendono verso l'astratto per non essendolo, realizzate con colori violenti e pennellate poderose sono i tratti distintivi dell'estetica del gruppo. Die Brücke giunse a Berlino nel 1911, ma due anni dopo si sciolse. Il piccolo Brücke Museum (p221) a Grunewald ha una collezione fantastica delle più significative tele di questo movimento pittorico.

Per ironia della sorte, l'espressionismo nacque come movimento quando la giuria della Sezession nel 1910 rifiutò di esporre al pubblico le opere dei suoi artisti che, con Max Pechstein in prima fila, fondarono una Neue Sezession. Intanto l'*émigré* russo Vassilij Kandinskij, i tedeschi Franz Marc e August Macke, lo svizzero-tedesco Paul Klee e il russo Alexej Jawlenskij costituirono a Monaco nel 1911 il gruppo Der Blaue Reiter (il cavaliere azzurro), altro grande movimento dell'espressionismo tedesco che, a differenza di Die Brücke, ebbe rapporti con altre correnti dell'avanguardia europea (come il cubismo). Nel 1912 il gruppo organizzò una mostra a Berlino. Il gruppo di artisti espressionisti berlinesi continuò a produrre per tutti gli anni '20, ma vide man mano la sua influenza diminuire, soprattutto dopo la presa del potere da parte dei nazisti nel 1933.

Il dadaismo a Berlino

Dopo gli orrori della prima guerra mondiale, grazie al clima liberale che da sempre aveva contraddistinto il mondo dell'arte cittadino, Berlino divenne il fulcro dell'arte contemporanea tedesca e internazionale. Si affermarono diversi movimenti artistici d'avanguardia, ma a emergere come corrente dominante fu il dadaismo. Fondato a Zurigo nel 1916, il dadaismo prese piede a Berlino nel 1918 grazie a Richard Huelsenbeck, che organizzò il primo evento dada in una galleria d'arte a febbraio e in seguito scrisse il primo manifesto del dada tedesco. Tra i fondatori ci furono George Grosz, l'inventore del fotomontaggio John Heartfield e Hannah Höch, ma anche Marcel Duchamp, Kurt Schwitters e Hans Arp parteciparono a molte delle convinzioni estetiche del movimento.

I dadaisti rifiutavano l'arte tradizionale e tendevano ad avere un approccio irrazionale, satirico e spesso assurdo a contenuti e tecniche artistiche, che spesso coinvolgevano anche altre forme espressive, come il teatro, la danza e la letteratura. Essi consideravano il caso e la spontaneità come elementi artistici fondamentali: collage e fotomontaggi divennero per loro vere e proprie forme d'arte. Soprattutto a Berlino una corrente sotterranea politica che portava alla provocazione e a generare scandalo raggiunse le sue forme più estreme. La prima serata dada, nel 1917, fu all'altezza di questi principi: Grosz urinò sui quadri e Richard Huelsenbeck dichiarò che troppe poche persone erano state uccise per l'arte. La serata si concluse con l'intervento della polizia. Alla Prima Fiera Internazionale del Dada, che si tenne nel 1920 a Berlino in due stanzette colme di opere provocatorie, dal soffitto pendeva *Der Preussische Erzengel*: la figura di un poliziotto prussiano con la testa di un maiale!

La Bauhaus e i nazisti al potere

Il 1919 vide la fondazione a Weimar da parte di Walter Gropius, Lyonel Feininger, Oskar Schlemmer, Johannes Itten e di altri importanti architetti e artisti, di una scuola d'arte e di design che avrebbe influenzato profondamente tutto il design moderno: la Staatliches Bauhaus. Visitate il Bauhaus Archiv (p125) per avere un'idea della portata di tale influsso. Il movimento, che propugnava uno stile basato su principi pratici e antielitari che conciliavano forma e funzione, nel 1925 si spostò a Dessau, nel Land di Sassonia-Anhalt, a sud di Berlino, anche se molti dei suoi rappresentanti più importanti furono attivi a Berlino, e nel 1932 il celebre istituto artistico si trasferì in blocco nella capitale per sottrarsi alle pressioni dei nazisti.

Ma gli esponenti del Bauhaus vissero soltanto una breve tregua, dato che la presa del potere da parte dei nazisti, avvenuta nel 1933, ebbe un impatto devastante sull'ambiente artistico berlinese. Molti artisti furono costretti ad abbandonare il paese (in effetti, Max Beckmann scappò il giorno successivo a quello dell'inaugurazione a Monaco nel 1937 della

---

GALLERY WEEKEND

Se amate l'arte, mettete in agenda una visita alla città a fine aprile, durante il Gallery Weekend (www.gallery-weekend-berlin.de) in cui potete scorrazzare liberamente in più di 40 gallerie d'arte private, e in concomitanza con la Berlin Biennale, che ha luogo in primavera ad anni alterni e per due mesi porta in città i pezzi da novanta dei movimenti artistici contemporanei.

mostra sull'arte 'degenerata'), altri vennero incarcerati o internati nei campi di concentramento. Le loro opere, classificate come 'degenerate', vennero confiscate o distrutte. L'arte propugnata dal regime privilegiava forme semplici e lineari e un retorico stile epico. L'artista emblematico della propaganda nazista fu Mjölnir, che produsse per il ministro della propaganda Goebbels poster caratterizzati da figure idealizzate, lettere gotiche e segni runici.

Il secondo dopoguerra

Nel secondo dopoguerra il panorama artistico rifletteva la realtà della città divisa. A Est gli artisti erano costretti ad adeguarsi ai canoni artistici del socialismo reale – almeno fino alla fine degli anni '60, quando gli artisti della cosiddetta Berliner Schule (scuola di Berlino), tra cui Manfred Böttcher e Harald Metzkes, cercarono di avvicinarsi a una forma d'arte più personale ed emotiva che traeva ispirazione dai colori e dai principi estetici di Beckmann, Matisse, Picasso e altri artisti delle avanguardie storiche. Negli anni '70, quando il conflitto tra individuo e società divenne un tema dominante, a Prenzlauer Berg vennero aperte diverse gallerie alternative e l'arte divenne un impegno collettivo.

Intanto, nella Berlino Ovest del dopoguerra gli artisti assorbirono con entusiasmo le nuove influenze astratte provenienti dalla Francia e dagli Stati Uniti. Tra gli altri, all'avanguardia delle nuove tendenze c'era il gruppo Zone 5, che orbitava intorno a Hans Thiemann, e i surrealisti Heinz Trökes e Mac Zimmermann. Negli anni '60, in cui predominava l'impegno politico, si affermò un nuovo stile chiamato 'realismo critico', i cui principali esponenti erano artisti come Ulrich Baehr, Hans-Jürgen Diehl e Wolfgang Petrick. Il movimento del 1973, denominato Schule der Neuen Prächtigkeit (Scuola della nuova magnificenza), aveva un approccio simile. Sul finire degli anni '70 e ad inizio '80, l'espressionismo fece la sua ricomparsa sulle tele di pittori come Salomé, Helmut Middendorf e Rainer Fetting, appartenenti al gruppo degli Junge Wilde (Giovani selvaggi). Uno degli esponenti più significativi del neo-espressionismo tedesco (e dalle quotazioni stratosferiche) è Georg Baselitz. Nato nel 1938, Baselitz ha studiato nell'ex Germania Est; oggi vive a Berlino ed è diventato famoso in tutto il mondo per le sue opere messe a testa in giù.

L'arte contemporanea

GoArt (p39) vi fa entrare nella complessa realtà artistica di Berlino in tour personalizzati a collezioni private, atelier, gallerie d'avanguardia e siti di street art.

Se negli anni '70-'90 la capitale tedesca dell'arte contemporanea era Kassel (la cui mostra Documenta rappresentava il polso delle tensioni artistiche non solo tedesche e faceva sempre parlare di sé tutti i media, anche grazie alle provocatorie opere di Joseph Beuys), oggi è Berlino al centro dell'attenzione generale quando si parla di arte contemporanea. Chi ama l'arte contemporanea a Berlino si sentirà girare la testa: in città vivono quasi diecimila artisti provenienti da ogni parte del mondo, di cui il più famoso è forse l'islandese-danese Olafur Eliasson. Altri artisti di grande levatura (come Thomas Demand, Jonathan Meese, Via Lewandowsky, Isa Genzken, Tino Seghal, Esra Ersen, John Bock e la coppia Ingar Dragset e Michael Elmgreen) vivono e lavorano a Berlino o hanno la loro seconda casa qui. Per avere il polso della situazione, date un'occhiata alle ultime tendenze in qualcuna delle maggiori gallerie d'arte, come **Galerie Eigen+Art** (cartina p368; 280 6605; www.eigen-art.com; Auguststrasse 26; 11-18 mar-sab; S Oranienburger Strasse) o **Contemporary Fine Arts** (cartina p362; 288 7870; www.cfa-berlin.com; Am Kupfergraben 10; 10-13 e 14-18 mar-ven 11-16 sab; S Friedrichstrasse) e visitate le collezioni della Hamburger Bahnhof (p132) e della Sammlung Boros (p137).

LETTERATURA

L'ambiente letterario berlinese è sempre stato caratterizzato da una peculiare mescolanza di provincialismo e mondanità. Come per le altre forme d'arte, Berlino si è affermata come centro letterario relativamente tardi, raggiungendo il periodo di massima fioritura nel corso dei vivaci anni '20. A grandi linee, si può dire che Berlino non è stata la culla di insigni scrittori quanto piuttosto un luogo in cui essi venivano per incontrarsi, scambiare idee e ricevere nuovi stimoli.

Dall'illuminismo al naturalismo

La storia letteraria di Berlino ha inizio con l'Illuminismo, alla fine del XVIII secolo, un'epoca dominata dagli ideali umanistici. Uno degli autori principali dell'epoca fu Gotthold Ephraim Lessing (1729-81), celebre per le sue opere di critica e filosofia, per le fiabe e le tragedie. A Berlino Lessing scrisse la commedia *Minna von Barnhelm* (1763), ma Lessing è noto anche per opere quali *Gli ebrei* (1749) e il suo seguito *Nathan il saggio* (1779), arguto apologo sulla tolleranza religiosa.

Il periodo romantico fu caratterizzato dalla diffusione dei salotti letterari, in cui uomini e donne di diversa estrazione sociale si ritrovavano per discutere di filosofia, politica, arte e altri argomenti. Tra i grandi letterati attivi a Berlino in questo periodo vanno ricordati i fratelli Friedrich e August Wilhelm von Schlegel, insigni rappresentanti della critica letteraria e filosofica, i poeti romantici Achim von Arnim e Clemens Maria Brentano e il drammaturgo Heinrich von Kleist. Kleist, di antica nobiltà prussiana, lavorò a lungo al ministero delle Finanze: il suo equilibrio psichico fu sempre fragile e nel novembre 1811 si uccise sulle rive del Wannsee. La sua opera più tormentata è forse *Il principe di Homburg*.

Il realismo, affermatosi dalla metà dell'Ottocento, segnò la diffusione del romanzo e del racconto grazie al crescente interesse dimostrato verso queste forme letterarie dalla borghesia, classe sociale emergente. Fu Theodor Fontane (1819-98) a elevare a forma d'arte il romanzo berlinese. Ambientate per lo più nella marca di Brandeburgo e a Berlino, le sue opere offrono un ritratto della nobiltà e della borghesia imprigionate

---

UNA CITTÀ DA BRIVIDO: ROMANZI NOIR E SPY STORY A BERLINO

Berlino è stata spesso d'ispirazione agli scrittori di romanzi gialli e storie di spionaggio. Una città con le cicatrici della guerra, un passato recente di divisioni interne e di intrighi politici ben si presta a ospitare intrecci complicati e colpi di scena. Alcuni dei migliori:

➡ **Gioco a Berlino, Mexico City, L'ultima partita** di Len Deighton (BUR Rizzoli, 2000) La famosa trilogia di uno dei maestri della spy story è piena di colpi di scena, tradimenti e doppi giochi nel classico clima da Guerra Fredda.

➡ **La trilogia berlinese** di Phlip Kerr (Passigli, 1997) Il detective privato Bernie Gunther, veterano della Grande Guerra ed ex poliziotto, è impegnato in complesse inchieste a Berlino negli oscuri giorni prima, durante e dopo la fine della guerra.

➡ **L'uomo di Berlino** di Dan Vyleta (Longanesi, 2011) Scritto splendidamente, questo romanzo racconta l'amicizia tra un soldato americano e un orfano tedesco durante il terribile inverno del 1946 in una Berlino sconfitta, fredda e affamata. Dan Vyleta, nato in Germania da genitori profughi cecoslovacchi, oggi vive in Canada.

➡ **La spia che venne dal freddo** di John le Carré (Mondadori, 2001) Molto apprezzata, questa rappresentazione serrata e dai ritmi coinvolgenti della discutibile morale imperante nello spionaggio di qua e di là della Cortina di Ferro è stata definita da Graham Greene la miglior spy story mai scritta.

➡ **Lettera a Berlino** di Ian McEwan (Einaudi, 2005) Inverno 1955. Guerra Fredda e spie. Il Muro e un tunnel, luogo reale e metaforico insieme.

> Nel 1892 la rappresentazione del dramma di Hauptmann *Die Weber* (I tessitori), che denunciava le terribili condizioni dei tessitori della Slesia, indusse il Kaiser a disertare il palco reale al Deutsches Theater.

nelle loro rigide strutture sociali. La storia di una giovane donna vittima della crudeltà delle convenzioni sociali che dipinge nell'intenso romanzo *Effi Briest* (1895) esercitò un potente influsso su Thomas Mann. Fu poi ripresa dal regista Fassbinder nell'omonimo film del 1974 (Effi è l'attrice Hanna Schygulla).

Il naturalismo, dal 1880 in poi, spinse agli estremi i principi ispiratori del realismo, ricreando scrupolosamente, nelle opere letterarie, l'ambiente di tutte le classi sociali, fino a comprendere anche i dialetti locali. A Berlino il principale rappresentante del naturalismo fu Gerhart Hauptmann (1862-1946), che nel 1912 ricevette il premio Nobel per la letteratura. Molti dei suoi drammi e dei suoi romanzi sono incentrati sull'ingiustizia sociale e sulla dura vita degli operai, argomenti allora così scottanti che molte delle sue prime teatrali diedero adito a pubblici disordini.

Modernismo e modernità

Negli anni '20, ricordati come un periodo di sperimentazione e di innovazione, Berlino attirò molti scrittori da tutto il mondo. Una delle opere più importanti di quegli anni è *Berlin Alexanderplatz* (1929) di Alfred Döblin (1878-1957), in cui è ritratta la caleidoscopica città con le sue luci e le sue ombre durante la Repubblica di Weimar. Tra gli altri autori degni di nota dell'epoca ricordiamo gli scrittori di satira politica Kurt Tucholsky (1890-1935) ed Erich Kästner (1899-1974), autore anche di libri per bambini, come *La conferenza degli animali*, satira delle indecisioni e delle ipocrisie del mondo adulto. Con l'avvento del nazismo molti di loro abbandonarono la Germania e quelli che restarono spesso attuarono un 'esilio interno', scegliendo il silenzio e lavorando in clandestinità, oppure cessando del tutto di scrivere.

A Berlino Ovest, il mondo letterario del dopoguerra sembrò tornare in vita soltanto alla fine degli anni '50 quando arrivò in città Günter Grass, il cui celebre *Il tamburo di latta* (1958) ripercorre la storia della Germania attraverso gli occhi di un bambino che si rifiuta di crescere. L'opera diede grande popolarità a Grass, che ha continuato a scrivere pubblicando un gran numero di romanzi, drammi e poesie e nel 1999 è stato il nono tedesco a essere insignito del premio Nobel per la letteratura. A Grass va riconosciuto il merito di aver preparato la strada alla letteratura politica e critica che ha dominato la scena a partire da quel periodo insieme a Hans Magnus Enzensberger. Il movimento studentesco del '68 portò con sé uno stile letterario realistico, quasi in forma di reportage, come dimostrano le opere dello scrittore Peter Schneider, che vive a Berlino.

> Il sito dell'università americana di Stanford (www.stanford.edu/group/berlin) ha ricostruito in *Temporal Topographies* con immagini d'epoca e citazioni la Berlino di scrittori come Walter Benjamin e Gottfried Benn, oltre che di Else Lasker Schüler e di Döblin.

A metà degli anni '70 alcuni esponenti del mondo letterario della Berlino Est iniziarono lentamente a rendersi autonomi dal controllo del partito. Scrittori come Christa Wolf (1929-2011) e Heiner Müller (1929-95) appartenevano a circoli letterari indipendenti, i cui membri si incontravano regolarmente in case private. La Wolf è stata una delle autrici più interessanti e controverse della Germania Est; tra le tante sue opere, interessante esperimento letterario (ma anche involontaria e intima autobiografia) è il testo pubblicato nel 2002 *Un giorno all'anno. 1960-2000* (E/O, 2013), la registrazione delle pagine di diario scritte dalla Wolf per quarant'anni il giorno 27 settembre. Müller (poco amato sia a Est sia a Ovest) è ritenuto oggi uno dei più grandi drammaturghi tedeschi del secondo dopoguerra. Tra le sue opere ponderose e complesse un ciclo dedicato all'incubo della storia tedesca, *Germania*, pubblicato postumo, che rappresenta il suo testamento ideologico e artistico.

Gli anni post-riunificazione

All'indomani della *Wende* l'attività letteraria visse un periodo di stagnazione, poiché inizialmente gli scrittori dell'Est e dell'Ovest avviarono un processo di autoanalisi. Alla fine degli anni '90 il mondo letterario berlinese si rimise in moto, pubblicando libri dedicati al passato ma non caratterizzati dall'analisi e dall'introspezione, bensì basati su un immaginario emotivamente distaccato e quasi grottesco. Ne sono esempi *Eroi come noi* (1995; Mondadori, 1999) di Thomas Brussig – divertente e surreale confessione autobiografica di un giovane cittadino modello nella Germania Orientale alle prese con innumerevoli frustrazioni – e *Semplici storie* di Ingo Schulze (1998; Feltrinelli, 2008), che racconta in 29 episodi l'incertezza e lo smarrimento esistenziale della Germania, soprattutto quella dell'Est, dopo la riunificazione. In *Zonenkinder. I figli della Germania scomparsa* (2002; Mimesis, 2009) Jana Hensel, che aveva 13 anni quando il Muro è caduto, riflette sulla perdita di identità e sulle sfide poste dall'adattamento a una nuova cultura.

Sven Regener, il frontman della band berlinese Element of Crime, scrisse nel 2001 il bestseller *Il signor Lehmann* (Feltrinelli, 2003), una cavalcata etilica nelle notti di Kreuzberg all'epoca della caduta del Muro. Dal libro è stata tratta una riduzione cinematografica di Leander Haussmann (di cui Regener ha curato la sceneggiatura) dal titolo omonimo ma conosciuto anche come *Berlin Blues* (2003). Ma il vero caso letterario degli ultimi anni è stato il successo travolgente dello scrittore di origine russa Wladimir Kaminer, le cui bizzarre raccolte *Russendisko* e *Berliner Express* (entrambi pubblicati da Guanda, 2004) hanno fatto guadagnare all'autore e alle sue feste alla russa un posto fisso nella scena letteraria e mondana berlinese. Nel 2012 *Russendisko* è diventato anche un film con la regia di Oliver Ziegenbalg.

Berlin Babylon. Antologia di giovani scrittori tedeschi (Mondadori, 2004) è una panoramica della letteratura tedesca giovanile degli ultimi anni, attraverso una ventina di racconti ispirati agli aspetti alternativi e alla componente multietnica della capitale della nuova Germania.

MUSICA

In ambito musicale Berlino è stata per secoli eclissata da Vienna, Lipsia e altre città europee. Tuttavia, nel 1882 venne istituita l'orchestra dei Berliner Philharmoniker che si guadagnò fama internazionale sotto la direzione di Hans von Bülow e Arthur Nikisch. Nel 1923 Wilhelm Furtwängler ne divenne direttore artistico, carica che ricoprì, con qualche interruzione durante e subito dopo gli anni del nazismo, fino al 1954. Il suo successore, il leggendario Herbert von Karajan, portò l'orchestra a una posizione di preminenza sulla scena mondiale e mantenne il ruolo di direttore fino al 1989. Dopo di lui il prestigio della grande orchestra fu nelle mani di Claudio Abbado per un decennio (dal 1991 al 2002).

I vivaci anni '20 richiamarono a Berlino diversi musicisti, tra cui Arnold Schönberg (1874-1951) e Paul Hindemith (1895-1963). Schönberg fu a Berlino una prima volta all'inizio del Novecento, come insegnante al conservatorio e animatore del cabaret artistico e letterario Überbrettl. Quando vi tornò nel 1925 era all'apice del suo impegno artistico: le sue composizioni atonali riscossero molto favore presso il pubblico berlinese, così come le sue sperimentazioni con il rumore e gli effetti sonori. All'avvento del nazismo, però, Schönberg venne allontanato dall'insegnamento e lasciò definitivamente la Germania. Il francofortese Paul Hindemith giunse a Berlino nel 1927; si occupò anche delle potenzialità musicali offerte dal nuovo mezzo radiofonico e tenne lezioni sulla musica per il cinema. Nel 1937 fu accusato di 'internazionalismo' e la sua musica bollata come 'arte degenerata' dal nazismo. Lasciò in quell'anno la Germania per non farvi mai più ritorno.

Se volete partecipare alla scena jazz cittadina visitate i siti www.jazziniziative-berlin.de e www.jazz-guide-berlin.de.

Dopo la guerra, il musicista più importante della DDR fu Hanns Eisler (1898-1962). Allievo di Schönberg, scrisse le musiche per molte opere brechtiane; costretto all'esilio in America dal 1938, fu vittima nel dopoguerra della 'caccia alle streghe' scatenata a Hollywood contro gli europei 'comunisti'. Tornato a Berlino nel 1950 divenne professore al

Il regista Josef von Sternberg trasse il suo film Der blaue Engel dal romanzo di Heinrich Mann (fratello maggiore di Thomas) Professor Unrat, scritto nel 1905. Nella figura del vecchio professore che si innamora di un'artista di varietà Mann criticava aspramente la doppia morale dell'epoca guglielmina, ma grazie al successo con la Dietrich arrivò a rappresentare un conflitto senza tempo tra le pulsioni del piacere e le costrizioni di una morale bigotta e conformista.

conservatorio di stato di Berlino Est e per tutta la vita rimase fedele all'ideologia comunista. Eisler compose anche l'inno nazionale della DDR. Dopo la riunificazione, il conservatorio è stato intitolato a lui e ora si chiama Hochschule für Musik Hanns Eisler.

Per una panoramica sulla musica popolare degli anni '20 v. p294. Le informazioni dettagliate sugli ultimi cinquant'anni di musica a Berlino le trovate nel capitolo Musica: dalla punk alla techno a p301.

CINEMA
Prima del 1945

Berlino ha svolto innegabilmente un ruolo pionieristico nella storia del cinema. L'America ha avuto Edison e la Francia i fratelli Lumière, ma Berlino può vantare Max Skladanowsky, che dopo aver lavorato come imbonitore alle fiere, nel 1895 inventò un 'bioscopio', un prototipo del proiettore, preparando la strada alla nascita del cinema in Germania. Nel 1910 Berlino aveva ben 139 *Kinematographentheater* (parola da cui deriva il termine *Kino*, che significa cinema), in cui venivano proiettate pellicole melodrammatiche o dalla comicità grossolana e brevi documentari. Uno dei primi studi cinematografici del mondo, il leggendario UFA (Universum Film AG), venne fondato nella vicina Potsdam nel 1912.

Gli anni '20 e l'inizio del decennio successivo furono anni d'oro per il cinema di Berlino: il conturbante corpo e la voce seduttiva di Marlene Dietrich affascinavano il mondo, mentre i potenti studi UFA producevano praticamente ogni pellicola in celluloide prodotta in Germania. I due registi più importanti dell'epoca furono Georg Wilhelm Papst, il cui uso del montaggio e la caratterizzazione dei personaggi contraddistinsero il movimento della Neue Sachlichkeit (Nuova oggettività) e Fritz Lang, diventato famoso in tutto il mondo per le pellicole *Metropolis* (1926) e *M, il mostro di Düsserldorf* (1931). Tuttavia, dopo il 1933 la libertà arti-

---

DOCUMENTARE LA MALVAGITÀ

'Ho filmato la verità così com'era allora. Niente di più' (Leni Riefenstahl)

Le pellicole girate durante il periodo nazista si portano dietro una sorta di dilemma storico, ma nessuna è problematica quanto le opere della brillante regista berlinese Leni Riefenstahl (1902-2003). Le rappresentazioni epiche della Riefenstahl documentarono avvenimenti importanti del periodo nazista, tra cui le Olimpiadi del 1936 – il film, diviso in due parti, si intitola *Olympia* (1936). L'opera più nota della regista, *Il trionfo della volontà* (1935), è un documentario su Hitler che dedica particolare attenzione alle adunate di Norimberga: si tratta di una delle opere più controverse della storia del cinema, ma è sbalorditivo dal punto di vista delle immagini.

Dopo la guerra la Riefenstahl sostenne di non aver mai provato simpatia per il nazismo, reclamò il diritto, in quanto regista, di immortalare determinati avvenimenti e protestò l'impossibilità di scelta sotto la dittatura. Demonizzata dagli Alleati e dall'industria cinematografica, trascorse quattro anni in un carcere francese.

La Riefenstah si dedicò in seguito alla fotografia, realizzando diversi libri sul popolo sudanese, che in un certo senso volevano confutare le accuse di razzismo che le erano state mosse. Nel 1992 pubblicò la propria autobiografia, *Stretta nel tempo. Storia della mia vita* (Bompiani, 2000), e successivamente fu ella stessa protagonista di alcuni documentari, tra cui *La forza delle immagini* (1993) e *Il sogno africano* (2000), entrambi diretti dal regista tedesco Ray Müller.

Nel settembre del 2003 Leni Riefenstahl morì in Germania, all'età di 101 anni, senza lasciare risposte soddisfacenti al dibattito sulle prerogative dell'artista e sulla sua complicità con la dittatura.

stica dei cineasti, per non parlare dei finanziamenti, venne sempre più limitata, e nel 1939 praticamente tutta l'industria cinematografica si era trasferita all'estero.

Dopo il 1945

Come la maggior parte delle altre forme d'arte, a partire dal 1945 l'industria cinematografica berlinese fu in genere ben finanziata. Negli anni '70 furono offerte cospicue sovvenzioni per convincere i registi a tornare a lavorare nella città e così i più eminenti rappresentanti del Junger Deutscher Film (Giovane cinema tedesco) – registi come Fassbinder, Schlöndorff, Herzog e Wenders – riapparvero nella città del Muro.

Rainer Werner Fassbinder in soli 13 anni di attività (morì in un incidente nel 1982) ha prodotto una quantità straordinaria di opere tra film, commedie, regie teatrali e scritti. Werner Herzog, noto soprattutto per i film in cui recitava da protagonista l'attore tedesco Klaus Kinski (*Nosferatu, il principe della notte*, del 1979, e *Fitzcarraldo*, 1981, tra i capolavori), è oggi regista di documentari e produttore. Wim Wenders ha conquistato premi e riconoscimenti grazie a pellicole come *Paris, Texas* (1984), *Buena Vista Social Club* e *The Million Dollar Hotel* (entrambe del 1999), film realizzati con finanziamenti americani. Fu proprio Wenders a produrre uno dei primi film che si identificavano con Berlino: *Il cielo sopra Berlino* (1987; premiato a Cannes per la miglior regia). Interpretato da un dolce e intenso Bruno Ganz nei panni di un angelo innamorato che 'cade' per scelta sulla terra, ha influenzato l'immaginario poetico di un'intera generazione.

Com'è prevedibile per una città dal passato così tormentato, la storia è sempre stata fonte di ispirazione per i registi berlinesi, dai *Trümmerfilme* del primo dopoguerra al filone dell'*Ostalgie* (nostalgia dell'*Ost*, ossia l'Est, la DDR) del dopo-*Wende*. Tra le pellicole più interessanti dedicate al periodo nazista figurano *Gli assassini sono tra noi* (1946) di Wolfgang Staudte, il primo lungometraggio del dopoguerra della Germania dell'Est, *Die Ehe der Maria Braun* (Il matrimonio di Maria Braun; 1979) di Fassbinder; *Rosenstrasse* (2003) di Margarethe von Trotta, e *La caduta – Gli ultimi giorni di Hitler* di Oliver Hirschbiegel (2004), acclamato dalla critica per la splendida interpretazione di Bruno Ganz nei panni del dittatore.

Gli anni '90 videro il trionfo commerciale di Tom Tykwer (n. 1965), che con il divertente *Lola corre* (1998), girato tutto sulle strade di Berlino, fece conoscere al grande pubblico una delle attrici tedesche contemporanee più dotate, Franka Potente e lo consacrò a promessa del cinema teutonico. Twicker fondò nel 1994 insieme a Wolfgang Becker, Stephen Arndt e Dani Levy una casa di produzione e tutti si sono distinti in pellicole interessanti: Tykwer colse il successo internazionale con la versione cinematografica del romanzo di Patrick Süskind *Profumo – Storia di un assassinio* (2006), Becker girò un film cult sull'Ostalgie e Dani Levy (ebreo) si prese il gusto di girare una pellicola satirica sul nazismo: *Mein Führer – La veramente vera verità su Adolf Hitler* (2007).

Dopo la riunificazione, i film sulla DDR erano per lo più commedie leggere, forse a causa della vicinanza degli eventi e della riluttanza del pubblico ad affrontarne le conseguenze. Il maggiore successo del filone è l'arguto ma commovente *Good Bye Lenin!* di Wolfgang Becker (2002) in cui un ragazzo, dopo la caduta del Muro, finge che la DDR esista ancora per risparmiare emozioni troppo violente e potenzialmente fatali alla madre da poco uscita dal coma. È stata invece proprio una pellicola che faceva luce sul lato oscuro della vita nella Germania Est dominata dalla polizia segreta a vincere l'Oscar per il miglior film straniero nel 2007: l'impressionante film dell'esordio di Florian Henckel von Donnersmarck, *Le vite degli altri* (2006) sul controllo esercitato dalla Stasi.

> Oltre al Berlinale di cui tutti parlano, lungo il corso dell'anno si svolgono molti altri festival cinematografici, tra cui Achtung Berlin e il Porn Film Festival. Controllate il calendario su http://berlinerfilmfestivals.de.

Architettura

Dalla maestosa cupola che corona il Reichstag alla Fernsehturm (torre della televisione) che sbuca tra le nuvole, dagli spigoli provocatori dello Jüdisches Museum (museo ebraico) allo splendore barocco dello Schloss Charlottenburg e al dinamismo curvilineo della Berliner Philharmonie, Berlino può dirsi orgogliosa dei suoi tesori architettonici. Il suo eclettismo, ovviamente, è dovuto alla storia della città, soprattutto alla distruzione operata dalla guerra e alle contrastanti ideologie urbanistiche negli anni della divisione. Dalla riunificazione, tuttavia, Berlino è diventata un laboratorio dove i migliori talenti della nostra epoca hanno messo in pratica le loro idee, da David Chipperfield a Lord Norman Foster, da Renzo Piano a Daniel Libeskind.

UN INIZIO IN SORDINA

Sono veramente pochi gli edifici berlinesi dal Medioevo al Settecento che hanno superato la prova del tempo e sono sopravvissuti alla guerra e agli urbanisti. Solo due chiese gotiche – la Nikolaikirche in mattoni rossi (1230) e la Marienkirche (1294) – recano silenziosa testimonianza dei giorni in cui la metropoli odierna non era che un piccolo centro commerciale. La chiesa dedicata a san Nicola – esempio dello stile tipico della Germania del

Gli interni della Nikolaikirche (p105)

Berliner Dom (p108)

nord detto *Backsteingotik* (gotico del mattone), con riferimento ai mattoni rossi usati per la costruzione – è il punto focale del Nikolaiviertel (p105), un finto quartiere medievale costruito nel 1987 sul sito dell'insediamento originale come contributo del governo della Germania Est alle celebrazioni per il 750° anniversario della nascita della città. È una miscela di edifici originali, come la Knoblochhaus, e di copie di costruzioni storiche, come la Gaststätte Zum Nussbaum.

Qualcosa della tipica edilizia abitativa del Medioevo sopravvive a Spandau, nella Gotisches Haus e nel minuscolo quartiere di Kolk, dove rimangono case in legno e muratura e una parte della cinta muraria.

La città non conserva molte tracce del periodo rinascimentale, che a Berlino data all'inizio del XVI secolo. Purtroppo l'unica struttura rinascimentale importante, il Berliner Stadtschloss (1540) pesantemente danneggiato dai bombardamenti, fu demolita nel 1951 dal governo della DDR. Tra gli edifici rinascimentali giunti sino a noi figurano lo Jagdschloss Grunewald, la Zitadelle Spandau e la Ribbeckhaus, dal frontone decorato, il più antico edificio rinascimentale adibito a uso abitativo esistente attualmente a Berlino.

VERSO IL BAROCCO

Contemporaneamente all'espansione della città crescevano le esigenze di rappresentatività dei suoi governanti, specialmente nel Sei e Settecento. A Berlino questo ruolo toccò all'Elettore Federico Guglielmo, che ingaggiò una schiera di architetti, ingegneri e artisti impegnati ad ampliare sistematicamente la città. Al termine dei lavori Berlino vantava tre nuovi quartieri – Dorotheenstadt, Friedrichstadt e Friedrichswerder –, una cinta muraria fortificata e un ampio viale alberato conosciuto con il nome di Unter den Linden.

Era l'epoca del barocco, uno stile che fondeva architettura, scultura, decorazione e pittura in un'unica *Gesamtkunstwerk* (opera d'arte globale).

Top Five – Palazzi prussiani

Schloss Sanssouci, Potsdam

Schloss Charlottenburg

Neues Palais, Potsdam

Schlösschen auf der Pfaueninsel

Jagdschloss Grunewald

Nella Germania settentrionale il barocco conservò però uno stile sobrio e austero, non assumendo mai le forme esuberanti ed elaborate tipiche, per esempio, del barocco bavarese.

Anche se era stato il Grande Elettore a iniziare l'opera di ampliamento della città, fu solo durante il regno del figlio, Federico III – che nel 1701 assunse il titolo di re di Prussia con il nome di Federico I – che Berlino acquisì la rilevanza che meritava la capitale di una monarchia importante. Durante il suo regno Berlino si arricchì di due pregevoli edifici barocchi, entrambi progettati da Johann Arnold Nering: il più grandioso fu lo Schloss Charlottenburg, inizialmente residenza estiva della moglie di Federico, Sofia Carlotta. In seguito l'edificio fu ampliato da Johann Friedrich Eosander, che lo trasformò in una struttura a tre ali ispirata a Versailles e aggiunse una torre centrale sormontata da una cupola. Nel 1695, poco prima della sua morte, Nering iniziò la costruzione dello Zeughaus (arsenale) su Unter den Linden (p80). La costruzione dello Zeughaus si rivelò irta di ostacoli. Dopo la morte di Nering, Martin Grünberg prese il suo posto, che abbandonò nel 1699 passando il testimone ad Andreas Schlüter, il quale aggiunse nel cortile centrale le celebri maschere dei guerrieri morenti, di notevole impatto. Ma forse Schlüter era più abile come scultore che come architetto e dopo il crollo di parte della struttura fu sostituito da Jean de Bodt. L'edificio quadrato a due piani fu finalmente completato nel 1706. Dopo un restauro, sopra lo Zeughaus, che ora ospita il Deutsches Historisches Museum (museo di storia tedesca), è stata posizionata un'elegante copertura di vetro e acciaio (quella originale fu distrutta nel 1945). Da qui un passaggio sotterraneo conduce nella nuova ala del museo, l'I.M. Pei Bau, chiamato così dal nome del celebre architetto sino-americano che lo ha progettato. Preceduto da un edificio a chiocciola in vetro, il nuovo corpo del museo è una struttura in vetro e pietra naturale armoniosa e luminosa, che rappresenta un ottimo esempio del semplice approccio postmodernista di Pei (autore anche della piramide di vetro davanti al Louvre, a Parigi).

Sempre all'inizio del XVIII secolo sorsero due splendide chiese a sud dello Zeughaus, in Gendarmenmarkt (p84), la piazza centrale di Friedrichstadt, nel cuore della comunità ugonotta giunta dalla Francia. Le due

> Costruito come residenza estiva per la moglie di Federico I, Sofia Carlotta, lo Schloss Charlottenburg in origine si chiamava Schloss Lietzenburg; prese il nome della regina molto amata dal popolo dopo la sua morte, avvenuta inaspettatamente nel 1705.

IL MAESTRO CHE FECE LA PRUSSIA: KARL FRIEDRICH SCHINKEL

Quello che sarebbe diventato l'architetto più insigne e compiuto del neoclassicismo tedesco, Karl Friedrich Schinkel (1781-1841), nacque a Neuruppin, in Prussia, e studiò sotto la guida di Friedrich Gilly e di suo padre David all'Accademia di Berlino. Schinkel arricchì la sua formazione con un soggiorno di due anni in Italia (1803-5), durante il quale studiò da vicino le opere classiche. Tuttavia, quando fece ritorno in Prussia non poté esercitare subito la sua professione, perché il paese era occupato dalle truppe napoleoniche. Così si guadagnò da vivere come pittore romantico, disegnatore di mobili e scenografo.

La carriera di Schinkel prese il via non appena i francesi lasciarono Berlino. Egli scalò con determinazione le cariche dell'amministrazione pubblica prussiana, partendo dalla mansione di consigliere della Sovrintendenza ai Beni Architettonici, per finire come direttore capo della stessa istituzione. Viaggiò instancabilmente per tutto il paese, progettando edifici, sovrintendendo alla costruzione e persino elaborando i principi fondamentali per la tutela dei monumenti storici.

Pur avendo visitato l'Italia, Schinkel trasse ispirazione soprattutto dalla Grecia classica. Dal 1810 al 1840 il suo stile influenzò in maniera decisiva l'architettura prussiana, al punto che Berlino fu battezzata 'Atene sulla Sprea': nei suoi edifici, infatti, Schinkel mirava a raggiungere un equilibrio perfetto tra funzionalità e bellezza con linee semplici, simmetrie rigorose e un impeccabile senso estetico. L'illustre architetto si spense a Berlino nel 1841.

chiese erano il Deutscher Dom di Martin Grünberg e il Französischer Dom, di Louis Cayart, ispirato alla chiesa di Charenton, il più importante dei santuari ugonotti, andata distrutta alcuni anni prima. .

Nessun monarca ha avuto un impatto maggiore sul disegno urbanistico di Berlino di Federico il Grande. Insieme all'architetto Georg Wenzeslaus von Knobelsdorff, suo amico d'infanzia, il sovrano elaborò il progetto del Forum Fridericianum, un quartiere dedicato alla cultura, caratterizzato dallo stile denominato 'rococò federiciano', che combinava il tardo-barocco con elementi neoclassici. Anche se non fu mai completato, il magnifico complesso sognato da Federico aveva come punto focale l'attuale Bebelplatz (p83) e comprendeva la Staatsoper Unter den Linden (Opera di stato); la Sankt-Hedwigs-Kathedrale, ispirata al Pantheon romano; la Alte Königliche Bibliothek (Biblioteca reale) e la Humboldt Universität, in origine un palazzo concepito per il fratello del re, Enrico. Knobelsdorff aggiunse anche la Neuer Flügel (nuova ala) allo Schloss Charlottenburg, anche se il suo capolavoro è considerato lo Schloss Sanssouci a Potsdam, spettacolare anche per l'architettura dei giardini.

Dopo la morte di Knobelsdorff, avvenuta nel 1753, due architetti continuarono la sua opera: Philipp Daniel Boumann, che progettò lo Schloss Bellevue come dono per il fratello più giovane di Federico, Augusto Ferdinando; e Carl von Gontard, che aggiunse le torri sormontate da cupole al Deutscher Dom e al Französischer Dom in Gendarmenmarkt.

L'IMPRONTA DI SCHINKEL

Lo stile architettonico che ha lasciato l'impronta più duratura sul paesaggio urbano di Berlino fu il neoclassicismo, in larga misura grazie a Karl Friedrich Schinkel, probabilmente il maggiore architetto prussiano. Nato come reazione all'esuberanza barocca, il neoclassicismo segnò il ritorno alle forme classiche, agli elementi architettonici tradizionali – come le colonne, i timpani e le cupole – e a motivi decorativi più sobri, sul modello di quelli dell'antichità.

La prima opera di Schinkel fu il Mausoleum, eretto per la regina Luisa nel parco dello Schloss Charlottenburg, ma quella che lo rese celebre fu la Neue Wache (p83), realizzata nel 1818 a Unter den Linden: originariamente sede delle guardie reali, è diventata ora un monumento alle vittime della guerra, anche grazie alla commovente scultura di Käthe Kollwitz di una madre che abbraccia il figlio morto.

Il vicino Altes Museum sulla Museumsinsel, preceduto da un portico sorretto da colonne, è considerato l'opera più matura di Schinkel. Altri capolavori neoclassici dell'architetto sono il magnifico Schauspielhaus (l'odierno Konzerthaus Berlin) su Gendarmenmarkt e il piccolo Neuer Pavillon nel parco dello Schloss Charlottenburg. Schinkel si discostò dallo stile neoclassico nella costruzione della Friedrichswerdersche Kirche, per la quale si ispirò allo stile neogotico popolare in Inghilterra all'inizio del XIX secolo.

Dopo la sua morte, molti dei suoi discepoli tennero viva la sua lezione di architettura; tra questi vale la pena di citare Friedrich August Stüler, che progettò il Neues Museum e la Alte Nationalgalerie (entrambi sulla Museumsinsel) e la Matthäuskirche (Chiesa di San Matteo) oggi nel Kulturforum.

ALLOGGI POPOLARI

Nel suo libro del 1930 *Das Steinerne Berlin* (la Berlino di pietra), l'urbanista Werner Hegemann definisce correttamente Berlino 'la più grande città di case popolari del mondo'. A metà del XIX secolo l'avvio dell'in-

Staatsbibliothek zu Berlin (biblioteca nazionale) in Bebelplatz (p83)

dustrializzazione attirò nella capitale centinaia di migliaia di persone che speravano di migliorare le loro condizioni di vita lavorando nelle fabbriche. Si doveva pensare a qualcosa per migliorare le infrastrutture cittadine e per garantire un tetto sulla testa alla massa di neoberlinesi, e si doveva fare in fretta. Nel 1862 venne creata una commissione, presieduta dall'urbanista James Hobrecht, che elaborò i progetti di un nuovo piano regolatore. Erano previsti due raccordi anulari attraversati da strade diagonali che si irradiavano dal centro in tutte le direzioni, secondo uno schema a raggiera, simile a quello messo in atto da Haussman a Parigi, ma senza distruggere quartieri storici. I terreni compresi tra le varie strade furono suddivisi in grandi lotti e venduti a speculatori e impresari. Con una decisione inusuale nell'ambito della burocrazia prussiana, la commissione non impose praticamente alcuna norma edilizia che regolasse la costruzione; le uniche restrizioni riguardarono l'altezza degli edifici, che non dovevano superare i 22 m (l'equivalente di cinque piani) e l'ampiezza dei cortili, che dovevano misurare almeno 5,34 m per 5,34 m, in modo da permettere ai mezzi dei pompieri di accedervi e manovrare.

Impresari privati senza scrupoli, mossi dall'esigenza di guadagni a breve termine, approfittarono immediatamente di questa mancanza di regole. Il risultato del piano Hobrecht fu la proliferazione incontrollata di *Mietskasernen* (letteralmente 'caserme in affitto'), casermoni popolari che riempirono i quartieri periferici da poco abitati come Prenzlauer Berg, Kreuzberg, Wedding e Friedrichshain. Compatto e unico per un intero isolato, il condominio era alto quattro o cinque piani e costruito intorno a una serie – talvolta fino a cinque – di cortili interni. Ogni edificio era studiato in modo che potesse ospitare il maggior numero di persone nel minor spazio possibile. Le condizioni abitative erano sub-umane, con intere famiglie schiacciate in minuscoli appartamenti bui e squallidi, a cui si accedeva con scale interne che conducevano anche ai servizi igienici in comune. A volte gli appartamenti ospitavano anche attività

L'espansione urbanistica di Berlino non sarebbe stata possibile senza il grande sviluppo dei trasporti pubblici. Nel 1838 partì il primo treno che collegava Berlino a Potsdam, nel 1882 si inaugurò la prima linea di S-Bahn e la U-Bahn entrò in servizio nel 1902.

lavorative e fungevano da falegnamerie, laboratori di sartoria e di altre attività artigianali. Solo gli spazi abitativi che si affacciavano sulla via avevano luce, dimensioni discrete e balconi, ma erano appannaggio esclusivo del ceto borghese.

LA FONDAZIONE DELL'IMPERO

Il 18 gennaio del 1871, a Versailles, il re prussiano Guglielmo I venne proclamato Kaiser dell'impero tedesco: cominciò la cosiddetta *Gründerzeit* (epoca della fondazione), un momento di grande espansione per la Germania. Dal punto di vista architettonico negli anni della fondazione imperò lo stile cosiddetto storicista o guglielmino, che si limitava a rielaborare stili precedenti (dal romanico al rinascimentale al barocco), a volte

AMBIENTI INSOLITI PER L'UOMO COMUNE

Da un punto di vista architettonico, la Museumsinsel, lo Schloss Sanssouci e la Hufeisensiedlung di Neukölln non potrebbero essere più diversi. Eppure hanno una cosa in comune: sono tutti siti che l'UNESCO considera Patrimonio dell'Umanità. Insieme ad altri cinque complessi abitativi berlinesi costruiti per gli operai, la Hufeisensiedlung è stata iscritta nell'illustre lista a luglio del 2008.

Create tra il 1910 e il 1934 dai più famosi architetti dell'epoca (Bruno Taut e Martin Wagner), queste icone del modernismo sono tra i primi esempi di un'edilizia popolare che, pur innovativa, rigorosa e funzionale, è a misura d'uomo, in netto contrasto con quei casermoni stipati e senza igiene della fine dell'Ottocento. Gli appartamenti, anche se modesti, erano strutturati in modo funzionale e avevano cucina, bagno privato e balconi che garantivano luce e aria. Per ulteriori dettagli v. http://whc.unesco.org.

Hufeisensiedlung (Lowise-Reuter-Ring; ⓈParchimer Allee) Taut e Wagner escogitarono un complesso residenziale alto tre piani a forma di ferro di cavallo (1933-5) con 1000 appartamenti con balconi disposti intorno a un parco centrale. Dalla stazione della S-Bahn dirigetevi a nord lungo la Fritz-Reuter-Allee.

Gartenstadt Falkenberg (Akazienhof, Am Falkenberg e Gartenstadtweg, Köpenick; ⓈGrünau) Costruita da Bruno Taut tra il 1910 e il 1913, questa città-giardino disseminata di casette dipinte a colori vivaci è la più antica tra i sei siti UNESCO. Dalla S-Bahn, la raggiungete da Am Falkenberg.

Grossiedlung Siemensstadt (Geisslerpfad, Goebelstrasse, Heckerdamm, Jungfernheideweg, Mäckeritzstrasse, Charlottenburg; ⓈSiemensdamm) In questo vasto complesso residenziale (1929-31) si sente la mano di architetti con impostazioni diverse: il minimalismo di Walter Gropius, la visione dell'architettura come organismo di Hugo Häring, la progettazione che si ispira alle navi di Hans Scharoun e altro ancora. Il modo migliore di avvicinarsi è passare per Jungfernheideweg.

Schillerpark Siedlung (Barfussstrasse, Bristolstrasse, Corker Strasse, Dubliner Strasse, Oxforder Strasse, Windsorer Strasse, Wedding; ⓈRehberge) Il primo progetto di Taut su larga scala fu ispirato dall'architettura olandese e vanta una dinamica facciata a mattoni rossi e bianchi. Dalla stazione della S-Bahn avvicinatevi percorrendo Barfussstrasse.

Weisse Stadt (Aroser Allee, Baseler Strasse, Bieler Strasse, Emmentaler Strasse, Genfer Strasse, Gotthardstrasse, Romanshorner Weg, Schillerring, Sankt-Galler-Strasse; ⓈParacelusbad, Residenzstrasse) La 'città bianca' di Martin Wagner (1929-31) comprende negozi, un asilo infantile, una lavanderia centralizzata e altri servizi comuni. Arrivo da Aroser Allee.

Wohnstadt Carl Legien (cartina p378; Erich-Weinert-Strasse, Georg-Blank-Strasse, Gubitzstrasse, Küselstrasse, Lindenhoekweg, Sodtkestrasse, Sültstrasse, Trachtenbrodtstrasse; ⓈPrenzlauer Allee) Per questo complesso (1928-30), il più vicino al centro, Taut pensò a caseggiati alti quattro o cinque piani e ad aree a giardino in uno spazio semiaperto. Lo vedete bene da Erich-Weinert-Strasse.

combinandoli tra di loro in modo eclettico e con una tendenza al pomposo. Ne deriva che molti edifici berlinesi sembrano più antichi di quello che sono. Gli esempi più significativi dello storicismo sono il Reichstag di Paul Wallot e il Berliner Dom di Julius Raschdorff, entrambi in stile neorinascimentale; la Anhalter Bahnhof (di cui oggi rimane solo la facciata) progettata da Franz Schwechten, e la Kaiser-Wilhelm-Gedächtniskirche, oggi parzialmente distrutta, esempi di neoromanico; la Staatsbibliothek zu Berlin e il Bode-Museum di Ernst von Ihne, entrambi neobarocchi.

Mentre squallidi quartieri operai stipavano le masse nelle zone a nord, est e sud del centro, la zona occidentale della città (Charlottenburg, Wilmersdorf) ricevette un trattamento di riguardo da parte dello stesso 'cancelliere di ferro' Otto von Bismarck, che volle farne un quartiere residenziale per le classi medio-alte. Il cancelliere fece ampliare il Kurfürstendamm e costruire ai suoi lati e lungo le vie adiacenti eleganti dimore. Come le *Mietskasernen,* anche questi edifici erano alti quattro o cinque piani e costruiti intorno a un cortile interno, ma le somiglianze finivano qui. Infatti i cortili erano molto ampi, in modo tale da permettere alla luce di entrare negli appartamenti, che erano spaziosi, arrivando anche a comprendere dieci stanze. Oggi in alcune di queste strutture sono stati ricavati incantevoli B&B stile vecchia Berlino, come l'Hotel-Pension Funk o l'Hotel Askanischer Hof.

I ceti più abbienti si stabilirono nelle sontuose ville di Grunewald e di Dahlem, lontano dal centro, sempre più fittamente costruito. Queste zone verdi e tranquille attirarono banchieri, docenti universitari, scienziati, imprenditori e molti personaggi famosi e sono ancora oggi centri eleganti e benestanti.

> Nell'epoca dell'industrializzazione la popolazione berlinese crebbe in modo esponenziale, raddoppiando dal 1858 al 1875 (969.050 abitanti) e di nuovo tra il 1875 e il 1905, creando l'esigenza di abitazioni a basso costo.

LA NASCITA DEL MODERNISMO

La *Gründerzeit* non fu un periodo di sperimentazione, ma alcuni architetti innovatori riuscirono comunque a lasciare il segno, soprattutto

Il Wohnstadt Carl Legien di Bruno Taut (p283)

ARCHITETTURA LA NASCITA DEL MODERNISMO

Il Bauhaus Archiv (p125) progettato da Walter Gropius

nell'ambito della progettazione industriale e nel design commerciale. Il principale innovatore fu Peter Behrens (1868-1940), considerato da alcuni il 'padre dell'architettura modernista'. I grandi architetti Le Corbusier, Walter Gropius e Ludwig Mies van der Rohe furono tutti suoi studenti. Il nuovo stile architettonico era caratterizzato dalla semplificazione delle forme, dall'assenza quasi totale di decorazioni e dall'uso di vetro, cemento e acciaio come principali materiali da costruzione. Uno dei suoi primi lavori, la AEG Turbinenhalle, la sala turbine dell'azienda elettrica AEG progettata nel 1909 in Huttenstrasse 12-14 a Moabit, è una 'cattedrale industriale' vasta, funzionale e inondata di luce con strutture portanti a vista. L'edificio è considerato un capolavoro della prima architettura industriale.

Il clima creativo e innovativo degli anni '20, durante la Repubblica di Weimar, richiamò a Berlino alcuni degli esponenti più insigni dell'architettura d'avanguardia, tra cui Bruno e Max Taut, Le Corbusier, Ludwig Mies van der Rohe, Erich Mendelsohn, Hans Poelzig e Hans Scharoun. Nel 1926 questi architetti formarono un'associazione chiamata Der Ring (l'anello), che più tardi sarebbe diventato il nucleo dell'istituto Bauhaus. I membri non condividevano un'impostazione architettonica univoca, ma avevano in comune il desiderio di rompere con l'estetica tradizionale (specialmente con lo storicismo che traeva ispirazione dal passato) e di sviluppare un approccio alla costruzione moderno, più funzionale e socialmente responsabile.

Le loro teorie furono messe in pratica quando Berlino dovette nuovamente affrontare il problema della penuria di case. Incoraggiati dal responsabile urbanistico della città Martin Wagner, i membri del Ring concepirono una nuova forma di insediamenti denominati *Siedlungen* (complessi urbani residenziali). Questi estesi quartieri residenziali non si limitarono a offrire un tetto a molte persone; molti erano quasi colonie indipendenti, dotate di parchi, scuole, negozi e altri spazi comuni che favorivano l'interazione sociale. Insieme a Bruno Taut, lo stesso

Negli anni '20 il fratellastro di Adolf Hitler lavorava come cameriere alla Weinhaus Huth, l'unico edificio di Potsdamer Platz che è rimasto intatto nonostante i bombardamenti. Durante la Guerra Fredda rimase solitario per decenni nel mezzo della 'striscia della morte'.

Wagner progettò la Hufeisensiedlung (complesso residenziale a ferro di cavallo) nella parte sud di Neukölln che nel 2008 è stato uno dei sei complessi abitativi degli anni '20 inclusi nella lista dell'UNESCO dei siti Patrimonio dell'Umanità.

L'architettura per scopi non abitativi vide l'affermarsi di diversi stili. Erich Mendelsohn fu uno degli esponenti di punta dell'Espressionismo, che in architettura adottò un approccio organico e scultoreo, come ben dimostra l'Universum Kino (1926), oggi il teatro Schaubühne am Lehniner Platz, che esercitò una grande influenza sulla progettazione dei palazzi del cinema per tutti gli anni '30. La Shell-Haus di Emil Fahrenkamp (1931) segue analoghi principi costruttivi. La grande struttura, che ricorda nella forma una gigantesca scala, fu una delle prime costruite a Berlino con un'anima in ferro ricoperta da lastre di travertino. La sua silhouette particolare si apprezza al meglio dalla sponda sud del Landwehrkanal.

MONUMENTALISMO NAZISTA

Le nuove correnti architettoniche vennero imbavagliate non appena Hitler salì al potere nel 1933. Il nuovo regime fece immediatamente chiudere la scuola del Bauhaus, uno dei centri più autorevoli e innovatori dell'architettura del XX secolo. Fondata da Walter Gropius nel 1919, era stata trasferita a Berlino da Dessau nel 1932. Molti dei suoi docenti, alcuni dei quali grandi anticipatori delle tendenze del futuro – tra cui Gropius, Mies van der Rohe, Wagner e Mendelsohn – ripararono negli Stati Uniti.

Hitler, che prediligeva uno stile monumentale, incaricò Albert Speer di trasformare Berlino nella *Welthauptstadt Germania*, futura capitale del Reich. Solo pochi edifici dell'era nazista sono sopravvissuti e ci possono dare un'idea di come Berlino sarebbe diventata se la storia avesse avuto un corso diverso. Tra questi l'Olympiastadion, progettato da Walter e Werner March ispirandosi al Colosseo, e l'aeroporto di Tempelhof, dise-

Una partita di calcio all'Olympiastadion (p206)

> ### L'UTOPICA CAPITALE GERMANIA
>
> Una parte cruciale della visione hitleriana del Terzo Reich prevedeva di trasformare Berlino in una *Welthauptstadt*, una capitale di rango mondiale che potesse rivaleggiare con Parigi e, soprattutto, Roma: per essa fu scelto il nome latino di 'Germania'. L'uomo che Hitler assunse per questo incarico e con cui collaborò personalmente fu il brillante architetto Albert Speer (1905-81). Il nucleo di Germania avrebbe dovuto essere il punto di intersezione di due arterie principali, l'asse nord-sud dal Reichstag a Tempelhof, e quello est-ovest (oggi Strasse des 17 Juni) che collegava la Porta di Brandeburgo alla Theodor-Heuss-Platz (allora si chiamava Adolf-Hitler-Platz) a Charlottenburg. Al culmine dell'asse nord-sud, accanto all'odierno Reichstag, avrebbe dovuto nascere la Grosse Halle des Volkes (grande sala del popolo), pronta per ospitare fino a 180.000 persone e sormontata da una cupola di 250 m di ampiezza.
>
> Vaste aree intorno al Tiergarten e nel centro di Berlino furono spianate per fare spazio alla realizzazione di questi progetti architettonici. Fortunatamente, Speer riuscì a costruire solo l'enorme Reichskanzlei (l'ufficio del Führer, oggi distrutto) in Vosstrasse, prima che l'esito della seconda guerra mondiale cancellasse i piani hitleriani.
>
> Nel processo di Norimberga Speer fu condannato a vent'anni di reclusione, che trascorse per lo più nel carcere di Spandau dove scrisse alcuni testi autobiografici, tra cui *Memorie del Terzo Reich* (Mondadori, 1997), un resoconto dettagliato delle attività quotidiane del cerchio di collaboratori più vicini a Hitler. Leggetelo insieme alla biografia di Gitta Sereny *In lotta con la verità: la vita e i segreti di Albert Speer* (Bur Rizzoli, 2009) per capire appieno questo controverso personaggio.

gnato da Ernst Sagebiel. Al nome di Heinrich Wolff è legata la Reichsbank sulla Kurstrasse che, con un moderno ampliamento eseguito dalla giovane squadra di architetti di Thomas Müller e Ivan Reimann, ospita oggi il Ministero degli Esteri federale. Nel Diplomatenviertel (quartiere diplomatico) a sud di Tiergarten – un'altra idea di Speer – le imponenti ambasciate degli alleati della Germania nazista, l'Italia e il Giappone, riflettono lo stile roboante in voga all'epoca.

DUE CITTÀ IN UNA

Ancor prima di essere separata fisicamente dal Muro nel 1961, Berlino si era già trasformata in due città distinte, dove il conflitto di ideologie e sistemi economici opposti trovò la sua espressione anche in campo architettonico.

Berlino Est

I tedeschi dell'Est guardavano a Mosca, dove Stalin dettava legge con uno stile che era essenzialmente una reinterpretazione socialista del buon vecchio neoclassicismo. Il maggior architetto della DDR fu Hermann Henselmann, a cui si deve il lungo viale Karl-Marx-Allee (chiamato Stalinallee fino al 1961) a Friedrichshain. Realizzato tra il 1952 e il 1965, divenne il primo 'boulevard socialista' di Berlino Est, con i suoi edifici simil-moscoviti stile 'torta nuziale', epitome della pomposità staliniana. Karl-Marx-Allee termina ad Alexanderplatz, la piazza centrale che negli anni '60 subì anch'essa un ridisegno socialista. Gli unici edifici del periodo prebellico a essere risparmiati dalle ruspe furono la Berolinahaus (1930) e la Alexanderhaus (1932), entrambe di Peter Behrens.

Alexanderplatz e la Karl-Marx-Allee furono indubbiamente realizzazioni di prestigio, ma non risolvevano problemi più prosaici, come il bisogno di abitazioni economiche e moderne per ospitare la popolazione in crescita. Il governo rispose pianificando tra gli anni '70 e '80 tre estese città satellite alla periferia – Marzahn, Hohenschönhausen e Hellersdorf. Simili a una Legoland per giganti, questi tre complessi residenziali erano formati quasi esclusivamente da *Plattenbauten* a più piani, vale a dire utilizzando moduli prefabbricati, di basso costo e veloci da posizionare. Solo a Marzahn l'edilizia popolare creò 62.000 appartamenti per 165.000 persone. Dal momento che offrivano comfort moderni molto apprezzati, come bagni privati e ascensori, queste enormi strutture piacquero molto a Est, nonostante l'aspetto monotono e anonimo.

Berlino Ovest

Nel settore occidentale, invece, gli urbanisti cercarono di cancellare ogni traccia dello stile monumentale così strettamente associato al periodo nazista, proponendosi di ricostruire la città in modo moderno. L'equivalente della Karl-Marx-Allee fu lo Hansaviertel, un complesso residenziale a nord-ovest del parco di Tiergarten ricco di spazi verdi e formato da edifici a più piani e da case unifamiliari. Lo Hansaviertel venne realizzato tra il 1954 e il 1957 in occasione dell'Internationale Bauausstellung (nota anche come 'Interbau'), la Mostra internazionale di architettura del 1957. Vi parteciparono 54 architetti di 13 nazionalità, tra cui Gropius, Luciano Baldessari, Alvar Aalto e Le Corbusier e avrebbe dovuto essere il modello di altri quartieri residenziali. Anche se oggi appare datato (ma ancora popolare e costoso) negli anni '50 era assolutamente all'avanguardia.

Gli anni '60 videro la nascita di un ambizioso progetto architettonico di pubblica utilità, il Kulturforum, un complesso di musei e sale da concerto che faceva parte del piano di Hans Scharoun di creare una 'cintura culturale' che si estendesse dalla Museumsinsel a Schloss Charlottenburg – il piano fu bloccato sul nascere con la costruzione del Muro. L'auditorium della Berliner Philharmonie di Scharoun (p122), primo edificio del complesso del Kulturforum a essere completato nel 1963, è considerato un capolavoro dello stile internazionale scultoreo ed espressionista. Tra i musei spicca la Neue Nationalgalerie di Mies van der Rohe (p121): simile a un tempio, questo museo di arte moderna è formato da un parallelepipedo a pianta quadrata in vetro e acciaio di 50 metri per 50 che poggia su una base di granito. Il tetto piatto in acciaio, sorretto da otto colonne anch'esse in acciaio e da un'unica vetrata d'ingresso che va dal pavimento al soffitto, pare sfidare la legge di gravità.

Anche a Ovest si dovette combattere contro la scarsità di abitazioni residenziali e, in un parallelismo più unico che raro, si scelse anche qui un'edilizia di massa. La Grosssiedlung Berlin-Buckow progettata da Gropius, nella parte meridionale di Neukölln (ribattezzata Gropiusstadt dopo la sua morte) e il Märkisches Viertel a Reinickendorf, nella parte nord-occidentale di Berlino, sono due di tali città-dormitorio con alloggi a costo contenuto.

INTERBAU 1979-87

Mentre giganteschi complessi abitativi sorgevano come funghi nelle periferie, il centro della città subiva gli effetti di decenni di degrado e incuria, che si facevano sentire soprattutto nei quartieri che languivano all'ombra del Muro. Per stimolare la rinascita di queste aree il Senato di Berlino decise, nel 1979, di bandire un altro concorso internazionale di architettura (Interbau) sulla fusione di due principi architettonici: 'accurato rinnovamento urbano', incentrato su conservazione, restauro e recupero di edifici esistenti; e 'ricostruzione critica', ossia la realizzazione di edifici nuovi negli spazi vuoti che reinterpretassero l'assetto tradizionale o l'aspetto delle strutture circostanti. Lo scopo era quello di 'ricucire' il

---

Le immagini fotografiche di Luca Chistè, Robert Conrad, Gerd Danigel, Jacopo De Marco, Marina Rosso e Jordis Antonia Schlösser del libro *Nuova Berlino. Tracce di memorie urbane* a cura di Liza Candidi Tommasi (Forum, 2009) delineano l'irrequietezza di Berlino, città laboratorio a cielo aperto, dalla vita quotidiana nella capitale della Repubblica Democratica Tedesca alle cicatrici della Guerra Fredda, fino alla metropoli odierna, crocevia di nuove culture, in cui tutto sembra ancora possibile.

tessuto urbano, distrutto dalla megalomania di Speer, dai bombardamenti e dai frettolosi interventi del periodo postbellico.

Sotto la guida di Josef Paul Kleihues, il fior fiore dell'architettura internazionale si riunì a Berlino dal 1979 al 1987 per raccogliere la sfida di Interbau. Il gruppo di architetti comprendeva personalità del calibro di Rob Krier, James Stirling, Peter Eisenman, Aldo Rossi e Arata Isozaki, oltre ai tedeschi O.M. Ungers, Gottfried Böhm, Axel Schultes e Hans Kollhoff. La rivista *Time* definì l'iniziativa 'la più ambiziosa vetrina dell'architettura mondiale di questa generazione'.

Molti degli sforzi si concentrarono nella zona di Fraenkelufer, a Kreuzberg, dove Hinrich e Inken Baller crearono originali condomini postmoderni, ispirati allo Jugendstil e all'espressionismo. Altrove si affermò un più austero approccio neorazionalista, soprattutto nei complessi residenziali realizzati da Aldo Rossi al n. 36 di Wilhelmstrasse e in Rauchstrasse a sud di Tiergarten. Altri esempi della 'sfida Interbau' si vedono nelle strade intorno allo Jüdisches Museum come Lindenstrasse, Ritterstrasse e Alte Jakobstrasse.

LA NUOVA BERLINO

La riunificazione costituì per Berlino sia una sfida sia un'opportunità di ridefinirsi dal punto di vista architettonico. Con la demolizione del Muro enormi spazi vuoti dovettero essere riempiti per congiungere le due metà. Anche in questa circostanza il principio guida fu quello della ricostruzione critica. L'urbanista capo Hans Stimmann guardò alla passata tradizione prussiana e impose numerosi parametri, come l'altezza dei palazzi e i materiali da utilizzare per le facciate, nell'intento di ricostruire la città all'interno delle forme definite dalla sua storia piuttosto che creare una città moderna sviluppata in verticale.

> **Top Five – Dopo il 1990**
>
> Jüdisches Museum (Daniel Libeskind)
>
> Cupola del Reichstag (Lord Norman Foster)
>
> Sony Center (Helmut Jahn)
>
> Neues Museum (David Chipperfield)
>
> Hauptbahnhof (stazione centrale; Gerkan, Marg und Partner)

Lo Jüdisches Museum di Daniel Libeskind (p152)

Potsdamer Platz

Il progetto più impressionante e ambizioso della Berlino post-1990 è indubbiamente Potsdamer Platz, una radicale reinterpretazione della celebre piazza che fu il cuore pulsante della città fino alla seconda guerra mondiale. Da una vasta e desolata terra di nessuno dell'era della Guerra Fredda è sorto un quartiere brulicante di vita e di attività: il progetto capitanato da Renzo Piano segue lo schema classico di una città europea, attraversata da un reticolo di strade fitto e irregolare e vede la collaborazione di un team internazionale di archistar, da Helmut Jahn a Richard Rogers, da Arata Isozaki a Rafael Moneo. Tutti gli edifici sono di altezza media, a parte i tre grattacieli che formano la via d'accesso al complesso, tra Potsdamer Strasse ed Ebertstrasse.

Pariser Platz

Anche Pariser Platz è stata ricostruita da zero. È una piazza quadrata, severa e raccolta in se stessa, fiancheggiata da banche e sedi di ambasciate che, in ottemperanza ai principi della ricostruzione critica, dovettero essere rivestite in pietra dai colori sobri. L'unica eccezione è quella in vetro della Akademie der Künste (Accademia di Belle Arti). L'architetto Günter Behnisch ha dovuto lottare strenuamente per ottenerla, affermando che, trattandosi dell'unico edificio pubblico della piazza, doveva risultare aperto e invitante. L'Hotel Adlon è invece una copia quasi perfetta dell'originale del 1907.

Diplomatenviertel

Alcuni degli edifici più interessanti della nuova architettura berlinese si trovano nel rivitalizzato Diplomatenviertel (quartiere diplomatico) confinante con l'estremità sud del Tiergarten, dove molti paesi hanno ricostruito le loro ambasciate nella stessa posizione in cui si trovavano un tempo le loro vecchie sedi, sfoggiando il talento dei loro più valenti

Hauptbahnhof (p308)

architetti, che hanno giocato su motivi e materiali tradizionali del loro paese, portandoli in un contesto moderno.

Regierungsviertel

La decisione presa nel 1991 di far tornare Berlino sede del potere politico federale ha comportato una frenesia di sviluppi edilizi nello spazio vuoto tra il Reichstag e la Sprea. Progettati da Axel Schultes e Charlotte Frank e disposti uno accanto all'altro all'est verso ovest si trovano il Bundeskanzleramt (la sede del cancellierato), la Paul-Löbe-Haus (che ospita le commissioni parlamentari) e la Marie-Elisabeth-Lüders-Haus (biblioteca e servizi). Uniti da una serie di giardini formano il cosiddetto *Band des Bundes* (nastro dello stato federale) a cavallo della Sprea, un tempo linea di divisione delle due città, rappresentandone simbolicamente la riunione.

Su tutte queste strutture moderne veglia il venerabile Reichstag, sede del Parlamento federale, la cui cupola in vetro, esempio di alta tecnologia, è l'elemento più visibile del completo rinnovamento progettato da Lord Norman Foster nel 1999.

L'edificio vetro e acciaio simile a un'astronave che si trova in direzione nord è la prima stazione centrale che Berlino abbia mai avuto: la luccicante Hauptbahnhof è stata progettata dallo studio di Amburgo Gerkan, Marg e Partner e completata nel 2006.

Altre gemme architettoniche

Lo Jüdisches Museum, realizzato a Kreuzberg in stile decostruttivista da Daniel Libeskind nel 1999, è una delle strutture più ardite e provocatorie della 'nuova Berlino'. Con la sua pianta irregolare dall'andamento a zig-zag e il lucido rivestimento esterno di zinco in cui si aprono finestre che paiono dei tagli, non è semplicemente un museo, ma anche una potente metafora della tormentata storia del popolo ebraico. L'architetto ebreo newyorkese ha intanto disegnato anche la nuova sede della biblioteca e degli archivi del museo utilizzando gli spazi lasciati liberi dall'altro lato della strada dall'ex mercato all'ingrosso di fiori: ne è nata una struttura a cubi collegati tra loro da spazi che occhieggiano il museo e dal Giardino della Diaspora.

Nei pressi di Gendarmenmarkt, lungo Friedrichstrasse, i Friedrichstadtpassagen (1996) sono un trio di lussuosi complessi commerciali, tra cui le sontuose Galeries Lafayette disegnate da Jean Nouvel, che nascondono i loro fantastici interni dietro facciate postmoderne dall'aspetto piuttosto comune.

Un altro edificio degno di nota è l'Ambasciata dei Paesi Bassi (2004), al numero 50 di Klosterstrasse, un rigoroso cubo di vetro progettato da Rem Koolhaas per rappresentare l'attitudine aperta e socievole degli olandesi, con una spaziosa terrazza con vista sulla Sprea.

Molto apprezzato per il progetto ad alta efficienza energetica è il quartier generale della società immobiliare GSW (1999) in Charlottenstrasse 4, disegnato da Louisa Hutton e Matthias Sauerbruch. Tra le molte caratteristiche interessanti, vanta una facciata con un doppio strato di termoconvezione con scuri che cambiano automaticamente colore quando muta la temperatura.

Dall'altra parte della città, nella zona a ovest del centro, alcune nuove strutture vivacizzano il monotono panorama architettonico del dopoguerra di Ku'damm e dintorni. La Ludwig-Erhard-Haus (1997), sede della Borsa valori, è un interessante esempio dell'architettura organica del britannico Nicholas Grimshaw. Nelle vicinanze sorge il Kantdreieck (1995), l'edificio triangolare di Kleihues, che con la 'vela' di metallo posta sulla sua sommità conferisce una nota particolare a Kantstrasse. Altri edifici della zona che meritano un'occhiata sono il Neues Kranzler Eck di Helmut Jahn e il Neue Ku-Damm-Eck (2001), un edificio d'angolo

---

Con la sua facciata fredda e sobria, la DZ Bank su Pariser Platz sembra poco coerente con lo stile del suo esuberante architetto, Frank Gehry. Se sbirciate nel foyer, comunque, vi aspetta una sorpresa: nell'atrio inondato di luce il punto centrale è un'enorme scultura in acciaio che nonostante l'aspetto fantascientifco è una sala conferenze.

(progettato da Gerkan, Marg e Partner) con una facciata arrotondata decorata da sculture di Markus Lüppertz.

Di recente ha conquistato l'attenzione dei media la ricostruzione ad opera di David Chipperfield del Neues Museum sulla Museumsinsel (2009). Come un gigantesco puzzle, incorpora elementi della struttura originaria, distrutta durante la seconda guerra mondiale, con altri moderni. Il risultato finale è talmente armonioso e affascinante che ha subito ricevuto l'apprezzamento degli addetti ai lavori, compreso il prestigioso premio del Royal Institute of British Architects (RIBA) nel 2010.

IL FUTURO

Chiunque penserebbe che dopo 25 anni di attività ininterrotta dalla riunificazione in poi, il balletto delle gru nel cielo di Berlino si sia finalmente fermato, ma ci sono ancora molti progetti sul tavolo da disegno o, come nel caso del quartier generale del Bundesnachrichtendienst (l'agenzia di intelligence del governo federale), in costruzione. Progettato da Kleihues + Kleihues, l'enorme complesso sulla Chausseestrasse viene edificato sul terreno che un tempo ospitava lo Stadio della Gioventù Mondiale della Germania Est. Dopo molti ritardi, la fine dei lavori sembra ora fissata al 2014.

> Se volete saperne di più sull'architettura contemporanea a Berlino iscrivetevi a una visita guidata (anche in inglese) con Ticket B (www.ticket-b.de), una società gestita da architetti.

La zona occidentale sta oggi ricevendo nuova linfa vitale. È stato inaugurato il grattacielo del Waldorf Astoria Hotel proprio di fronte alla Kaiser-Wilhelm-Gedächtniskirche, mentre il cinema Zoopalast nei pressi è sottoposto a radicali lavori di rinnovamento: potrà di nuovo srotolare il tappeto rosso per le star della Berlinale nel 2014. La Bikinihaus della porta accanto, ristrutturata per ospitare negozi, uffici e un hotel, dovrebbe aprire i battenti più o meno nello stesso periodo.

L'apertura del nuovo aeroporto internazionale della capitale, il Berlin Brandenburg a Schönefeld, è stata posticipata più volte e ancora non si conosce la data più probabile. I progetti sull'utilizzo dell'aeroporto di Tempelhof, chiuso dal 2008 e per ora solo un gigantesco parco pubblico, continuano a rimanere nel vago, con gran gioia dei berlinesi, che amano molto i suoi spazi aperti.

Dilazionato anche l'avvio della ricostruzione dello storico Berliner Stadtschloss (il palazzo di città della corte prussiana) in Schlossplatz: attualmente la posa della prima pietra è prevista per il 2014.

I dorati anni '20

Negli anni successivi al primo conflitto mondiale molte grandi città – Parigi, Londra, New York – andarono incontro ad anni turbolenti, segnati da grandi incertezze e da una creatività che non tollerava limiti. Ma in nessun'altra città lo Zeitgeist si espresse in modo così frenetico come fece a Berlino. Umiliati dalla sconfitta, perduto l'impero e senza un soldo, i berlinesi sembrarono compensare la loro disperazione lanciandosi senza remore nel piacere 'qui e ora' al cabaret, nei teatri e nei music hall. Nei caffè cittadini, intanto, artisti e intellettuali sorseggiavano assenzio e ponevano le basi per radicali e innovative forme espressive. Anni audaci, anni divertenti, ma anni 'd'oro'? Sicuramente non lo furono.

LA CITTÀ DELLE FESTE

L'epicentro della vita notturna era nella zona ovest del centro città, dove Kurfürstendamm era diventata un nastro luccicante di esercizi commerciali. Cabaret, teatri e sontuosi 'palazzi del cinema' come il Marmorpalast si allineavano lungo il boulevard e le strade laterali. Il Romanisches Café, che si trovava dove ora c'è l'Europa-Center, era praticamente una seconda casa per artisti, attori, scrittori, fotografi, produttori cinematografici e altri creativi. Alcuni erano famosi, come Bertolt Brecht, Otto Dix e Billy Wilder. La

Marlene Dietrich

maggior parte non lo era. Lo scrittore Erich Kästner lo chiamava 'la sala d'aspetto degli uomini di talento'. In effetti, il caffè era distinto in due aree separate: la 'sala piccola' per gli uomini di successo e la 'sala grande' per quelli che volevano diventarlo. Il Café des Westens su Kurfürstendamm era un altro luogo di ritrovo sempre affollato di artisti e intellettuali.

Non lontano, la zona intorno a Nollendorfplatz stava facendosi conoscere come la mecca della Berlino gay. Qui gli uomini incontravano i ragazzi all'Eldorado, un bar famoso tra i travestiti ma frequentato anche da ragazze, come Marlene Dietrich e Claire Waldorff (la cantante amica di Tucholsky e Zille), e dal *beau monde* dell'epoca. Un altro residente a Schöneberg rall'epoca era lo scrittore angloamericano Christopher Isherwood, la cui raccolta di novelle *Addio a Berlino* (ripubblicata in italiano da Adelphi con una nuova traduzione nel 2012) rappresenta la base narrativa su cui è costruito il film e il musical *Cabaret* di Bob Fosse (1972) con Liza Minnelli. Se volete ricordarlo andate dove abitò, in Nollendorfstrasse 17.

> La salma di Marlene Dietrich riposa in una tomba sorprendentemente umile, nel Friedhof Schöneberg. La pietra reca solo il nome 'Marlene' e la frase: 'Hier steh ich an den Marken meiner Tagen' (sto qui, al confine dei miei giorni).

CABARET

Forse il cabaret è nato nella *fin de siècle* parigina, ma è diventato un adulto selvaggio, libertino e libidinoso nella Berlino degli anni '20. Nei frivoli (anche se economicamente travagliati) anni della repubblica di Weimar, quando creatività e decadenza andavano di pari passo, il cabaret stuzzicava fantasie di gioco e di ostentazione dove travestiti, cantanti, prestigiatori, ballerini e altra gente di spettacolo facevano dimenticare al loro pubblico la dura realtà della vita quotidiana. Era quel mondo oscurato dal fumo delle sigarette raccontato splendidamente nel film degli anni '30 *L'angelo azzurro* di Josef von Sternberg, interpretato dalla *femme fatale* Marlene Dietrich.

Fu il jazz a fornire il sottofondo musicale dei cabaret, soprattutto dopo la performance di Josephine Baker al Theater des Westens, riportata da tutti i giornali, in cui si esibì con nient'altro che una gonnellina di banane.

MARLENE DIETRICH

Marie Magdalena von Losch, in arte Marlene Dietrich (1901-92), nacque a Berlino da una famiglia del ceto medio – il padre era un ufficiale prussiano. Dopo aver frequentato una scuola di recitazione, negli anni '20 lavorò nell'industria del cinema muto indossando gli stereotipati panni della ragazza emancipata e anticonformista. Ben presto, però, la Dietrich entrò prepotentemente nell'immaginario cinematografico interpretando ruoli da irresistibile *femme fatale*, un personaggio che trovò la sua massima espressione nel film sonoro del 1930 *L'angelo azzurro*, che la consacrò fra le star di Hollywood.

Questo film segnò l'inizio di una collaborazione durata cinque anni con il regista Josef von Sternberg, durante la quale la Dietrich si costruì un'immagine di erotismo controllato: fredda e dominatrice, ma sempre con un tocco di auto-ironia. Nel 1930, indossando abiti maschili nel film *Marocco*, conferì al suo tipico atteggiamento una sfumatura bisessuale, conquistandosi immediatamente una nuova fetta di pubblico.

Dopo l'ascesa al potere dei nazisti la Dietrich scelse di restare a Hollywood, sebbene Hitler le avesse personalmente offerto onori di ogni genere se fosse rientrata in patria. L'attrice l'avrebbe fatto soltanto se accompagnata da Sternberg – ebreo e inviso al regime. Nel 1937 Marlene Dietrich divenne cittadina americana e cantò per le truppe alleate al fronte.

Dopo la guerra Marlene si ritirò un po' alla volta dal mondo del cinema, alternando rare comparse sul set all'incisione di dischi e alla recitazione in teatro. Trascorse gli ultimi anni della sua vita a Parigi, costretta a letto dalla malattia e accettando di incontrare solo pochissimi amici. Morì all'età di novant'anni, prostrata nel corpo, ma ancora indomita nello spirito.

Dall'altra parte della città, all'Admiralspalast, The Chocolate Kiddies, anch'esso un gruppo americano, deliziava il suo pubblico suonando la musica di Duke Ellington.

Un altro modo, più legato alle tradizioni tedesche, per intrattenere il pubblico nei cabaret, nei dance hall e nei teatri di varietà negli anni '20 erano le cosiddette *Schlager*, canzoni un po' puerili ma divertenti con titoli come *Mein Papagei frisst keine harten Eier* (Il mio pappagallo non mangia le uova sode) o *Ich hab das Fräulein Helen baden sehen* (Ho visto la signorina Helen fare il bagno) che oscillavano spesso verso l'insensato o il surreale.

Il complesso vocale che ebbe più successo in questo genere musicale fu quello dei Comedian Harmonists. Il gruppo, fondato da Harry Frommermann sulla scia della band americana The Revelers, con un baritono, un basso e tre tenori, formava un coro a cappella eccezionale e si esibiva con l'unico accompagnamento del pianoforte. Ebbero un grande successo tra il 1927 e il 1935, anno in cui si sciolsero, visto che ai tre membri 'non ariani' del gruppo venne proibito di esibirsi in patria e dovettero fuggire all'estero.

Un altro grande successo di quegli anni fu *L'opera da tre soldi,* scritta da Bertolt Brecht con la musica di Kurt Weill. Fu rappresentata per la prima volta nel 1928 allo Schiffbauerdamm Theater e le canzoni di Mackie Messer e Polly (che sono una combinazione di musica classica con uno stile da cabaret e canzoni popolari) crearono un nuovo genere di teatro politico. L'opera era un perfetto esempio di che cosa intendeva Brecht per 'teatro epico': a differenza del 'teatro drammatico' voleva costringere il pubblico a staccarsi emotivamente dall'azione sulla scena e a riflettere sui contenuti in modo critico.

Anche Friedrich Holländer fu un compositore molto noto nell'ambito del cabaret sia per il suo talento per le improvvisazioni comiche sia per le parole ispirate delle sue canzoni. Una delle più note è 'Ich bin von Kopf bis Fuß auf Liebe eingestellt' (letteralmente 'da capo a piedi sono di nuovo pronta per l'amore'), cantata da Marlene Dietrich ne *L'angelo azzurro* (1930), dove apparve anche il compositore in una breve apparizione come pianista. Come molti altri talenti dell'epoca (compresi Weill e Brecht), Holländer lasciò la Germania quando i nazisti salirono al potere e continuò la sua carriera a Hollywood.

FILM

La volontà di sperimentare nuove idee e nuovi stili artistici che caratterizzò gli anni della Repubblica di Weimar trovarono spazio anche nelle trasposizioni per il grande schermo. In quegli anni i potenti studi cinematografici UFA (Universum Film AG), con sede a Babelsberg, alla periferia di Berlino, divennero la più importante 'fabbrica dei sogni' della Germania. Era il 1919 ed Ernst Lubitsch già produceva film storici e commedie come *Madame Dubarry*, con Pola Negri e Emil Jannings; quest'ultimo avrebbe vinto l'Oscar come miglior attore nella prima edizione del celebre premio, nel 1927. I film divennero poi fortemente espressionisti, utilizzando contrasti netti, angoli di ripresa acuti, ombre diffuse e altri elementi di distorsione dell'immagine. Tra i film noti per l'uso sapiente di queste tecniche ci sono sicuramente *Nosferatu*, un adattamento della storia di Dracula girato nel 1922 F.W. Murnau, e il *Metropolis* (1927) di Fritz Lang, una pellicola che lasciò un segno nella storia del cinema. Uno dei primi film sonori a essere girati fu *L'angelo azzurro* di Josef von Sternberg, di nuovo con Emil Jannings come protagonista.

Il film del 1998 *Comedian Harmonists*, diretto da Joseph Vilsmaier, racconta la carriera dei Comedian Harmonists dal giorno in cui si incontrarono per la prima volta nel 1927 fino a quando si sciolsero nel 1934.

Lo scrittore ebreo tedesco Franz Hessel scrive nel 1927 un romanzo che si svolge nell'arco di una giornata di primavera: *Berlino segreta* (Elliott, 2013) dipinge dodici scene di una Berlino vista con gli occhi di un *flâneur* nostalgico, a disagio in mezzo alla Babilonia rutilante del tempo.

DANZA

Nella danza, Berlino diede i natali a una nuova forma di espressione motoria, la cosiddetta 'danza grottesca'. Influenzata dal dadaismo, era caratterizzata da un'espressività eccessiva, spesso comica. Una delle prime danzatrici a praticarla fu Valeska Gert, attrice cinematografica e fondatrice del cabaret Kohlkopp, eccellente interprete di *Tanzpantomimen*, pantomime danzate. Ancora più importante per la danza in generale fu Mary Wigman, che considerava il corpo e il movimento come strumenti da utilizzare per esprimere l'esperienza universale della vita. Il suo stile ispirò la grande danzatrice e coreografa Pina Bausch (1940-2009) nonché Reinhild Hoffmann e altri importanti coreografi tedeschi. Altro esempio della scena artistica berlinese degli anni '20 fu la famigerata 'danzatrice erotica' Anita Berber, immortalata in un celebre ritratto da Otto Dix nel 1925.

> Nel ritratto di Otto Dix ha un lungo abito rosso e una posa languida: la danzatrice erotica Anita Berber fu il simbolo del 'puro eccesso' degli anni '20: schiava di droghe e alcol, bisessuale e sempre pronta a mostrare il proprio corpo nudo, morì a soli 29 anni.

Vivere in una città divisa

Per 45 anni Berlino fu una 'exclave' politicamente separata dalla nazione a cui apparteneva, finita nel mirino dei due blocchi che si fronteggiavano durante la Guerra Fredda. Furono gli Alleati vittoriosi a creare una Berlino Ovest che comprendeva i settori controllati da britannici, americani e francesi e la Berlino Est controllata dai sovietici. Nel 1949 Berlino Est divenne la capitale della Deutsche Demokratische Republik (Repubblica democratica tedesca), mentre Berlino Ovest, pur facendo parte della Germania Occidentale, rimase formalmente amministrata dagli Alleati fino al 1990.

Dopo la costruzione del Muro, a partire dal 1961, le due Berlino divennero entità separate e quindi con uno sviluppo completamente diverso. Com'era la vita di qua e di là dal Muro? Questo capitolo getta uno sguardo su alcuni aspetti peculiari delle due società berlinesi.

CONSUMISMO E SHOPPING

Berlino Ovest non sarebbe sopravvissuta economicamente senza gli ingenti sussidi prima degli Alleati (che nell'immediato dopoguerra contribuirono a ricostruirla dalle macerie) e poi del governo di Bonn sotto forma di incentivi fiscali alle aziende e il cosiddetto *Berlinzulage*, un bonus mensile non tassato dell'8% sul reddito imponibile elargito a ogni berlinese con un impiego.

I berlinesi dell'Ovest si godevano i benefici del capitalismo come tutti i loro compatrioti occidentali, ovvero la possibilità di acquistare un ampio spettro di beni di consumo di buona qualità, beni tecnologici di ultima generazione e generi alimentari di importazione. Allora come ora la principale arteria dello shopping era il Kurfürstendamm e il suo prolungamento, Tauentzienstrasse, mentre il suo gioiello più prezioso, i grandi magazzini KaDeWe, esaudiva qualunque desiderio che i soldi potevano acquistare.

Nel blocco socialista, lo stato si faceva carico di costi sociali come l'istruzione (dall'asilo all'università era tutto gratuito e gli studenti godevano di borse di studio) e la salute e, a fronte di tasse e contributi pensionistici proporzionali al reddito, la società si presentava livellata verso il basso. Il consumismo, era, in generale, disincentivato e lo sforzo titanico dell'economia tedesco-orientale fu per due decenni volto verso beni di consumo durevoli o prodotti di alta tecnologia che venivano smerciati tra gli altri paesi del patto di Varsavia.

A Berlino Est, comunque, il livello di vita era più alto che nel resto della DDR e i magazzini portabandiera del consumismo orientale erano il Centrum Warenhaus ad Alexanderplatz (oggi Galeria Kaufhof). Ciononostante, benché i generi alimentari di base (pane, latte, burro, alcuni prodotti ortofrutticoli) fossero abbondanti e poco costosi, generi alimentari più sofisticati o di importazione e le merci di alta qualità erano rari e ottenibili spesso solo per chi aveva le connessioni giuste e molta pazienza. Era normale vedere la coda già fuori dal negozio e molti articoli erano disponibili solo come *Bückware*, il che significava che erano nascosti alla vista e dovevano essere tirati fuori da sotto il bancone da un commesso che si piegava (*bücken*)

> Nella Germania dell'Est comprare un'auto Trabant o Wartburg comportava tempi d'attesa anche di 15 anni.

COMPRARE UN'AUTO

per prenderli. Molto spesso si ricorreva all'antica pratica del baratto per ottenere qualche merce che non si riusciva a pagare. I prodotti di importazione occidentale potevano essere acquistati solo in negozi statali detti *Intershops*, ed erano accessibili solo dai pochi privilegiati che potevano permettersi l'acquisto in valuta forte, visto che non si poteva pagare in Ostmark (marchi orientali).

ARTI E CULTURA

Durante la Guerra Fredda, la sciccosa Charlottenburg era il cuore scintillante di Berlino Ovest. Qui i membri del jet set si ingozzavano di bistecche e aragoste in ristoranti chic, dibattendo questioni politiche in caffè fumosi e scatenandosi nelle feste sotto l'influsso della coca nei locali del modaiolo Kurfürstendamm. Per spettacoli culturali i berlinesi andavano alla Deutsche Oper e nei teatri sul Ku'damm che divertivano il loro pubblico sin dagli anni '20.

Berlino Ovest fu l'araldo di molte delle rivoluzioni musicali tedesche. La fine degli anni '60 portò il suono psichedelico dei Tangerine Dream, mentre un decennio dopo una subcultura cresciuta a Kreuzberg lanciò il movimento punk nel club SO36 e in altri simili. Tra i clienti fissi del SO36 c'erano anche David Bowie e Iggy Pop, che dividevano un appartamento a Schöneberg sul finire degli anni '70. Cercando di vincere la sua dipendenza dalla droga e traendo ispirazione dallo spirito creativo che permea la città, Bowie scrisse e registrò la sua 'trilogia di Berlino' (*Heroes*, *Low*, *Lodger*) ai famosi Hansa Studios, che soprannominò 'Hall by the Wall'. V. p302 per la musica di quegli anni a Berlino Ovest.

Le onde sonore non conoscono mura, quindi i berlinesi dell'Est potevano ascoltare la radio e vedere la televisione dell'Occidente, anche se ufficialmente era loro proibito; alcune stelle dello spettacolo dell'Ovest furono persino invitate ad esibirsi nella parte est di Berlino.

Dove, comunque, tutte le arti dello spettacolo, e soprattutto il teatro, godevano di grande popolarità. I palcoscenici più prestigiosi erano il Berliner Ensemble fondato da Brecht, la Volksbühne, il Deutsches Theater e il teatro lirico della Staatsoper Unter den Linden. La gente andava anche regolarmente nei lussuosi Kino Kosmos e Kino International, entrambi sulla Karl-Marx-Allee, per vedere l'ultimo film prodotto dagli studi cinematografici DEFA, di proprietà statale, con sede a Potsdam.

La libertà artistica a Berlino Est era però fortemente limitata. I testi di canzoni e spettacoli e tutte le produzioni dovevano essere approvate ufficialmente e le performance erano controllate. Alcuni gruppi rock

---

Nel 1968 non ci furono solo le barricate al Quartier Latin parigino o le marce degli studenti della FU berlinesi: ci fu anche l'episodio tragico della 'primavera di Praga'. Il '68 di Berlino Est fu soprattutto una protesta contro la repressione sovietica e fu pertanto zittito molto più brutalmente. Lo scrittore Florian Havermann aveva 16 anni quando fu incarcerato per tre mesi nella prigione della Stasi per aver manifestato a favore dei dissidenti cèchi. Dopo un periodo trascorso in una prigione giovanile, nel 1971 Havermann scappò a ovest.

LA OSTALGIE

Alcuni film del periodo post-riunificazione come *Good Bye, Lenin!* (2003) di Wolfgang Becker guardavano alla Repubblica Democratica (DDR) con umorismo e un misto di commozione e di empatia. Istigavano anche l'*Ostalgie*, quella nostalgia per certi aspetti della vita al di là del Muro che si diffuse a Berlino e nella Germania orientale nei primi anni dopo il 2000. Tutto a un tratto era diventato di moda bere Vita Cola o indossare T-shirt con il logo stampato dell'Interflug (la compagnia aerea di bandiera della DDR). La minuscola Trabant divenne un'auto di culto e a Friedrichshain l'ostello Ostel cominciò a offrire ai clienti uno 'stile di design della DDR'. All'Ostalgie si deve anche in gran parte il salvataggio dell'Ampelmännchen, l'omino disegnato su tutti i semafori di Berlino Est.

Oggi l'Ostalgie ha perso molto del suo lustro, forse in parte a causa di un altro film, *Le vite degli altri* (2006) di Florian Henckel von Donnersmarck, che ha svelato il lato sinistro della vita nella DDR, sottoposta a un controllo capillare da parte dell'onnipotente polizia segreta, la Stasi.

FLASHBACK AL 9 NOVEMBRE 1989

Matthias Rau (www.matthiasrau-berlin.de) è nato in un paesino del Brandeburgo e si è trasferito a Berlino Est nel 1971, dove dal 1984 ha condotto visite turistiche della città su temi specifici della sua storia. Questo è il resoconto di come ha vissuto gli eventi del 9 novembre 1989:

'Ero in un bar con alcuni amici quando all'improvviso si diffuse la voce che il Muro era stato aperto. Non volevamo perderci quest'opportunità, quindi prendemmo la S-Bahn fino a Warschauer Strasse e andammo verso l'Oberbaumbrücke. Quando arrivammo lì era poco prima di mezzanotte e c'era il caos più assoluto. Una folla compatta di gente si era ammassata fuori da una porta di ferro nei pressi del gabbiotto delle guardie di confine. Poi improvvisamente, proprio quando stavo in piedi davanti alla porta, questa si aprì e io fui il primo a oltrepassarla. Quelli dietro di me mi spinsero avanti mentre i berlinesi dell'Ovest ci venivano incontro dall'altra parte del ponte. È difficile farsi un'idea dell'euforia che regnava su quel ponte. Tutti si abbracciavano, piangendo e ridendo, bevendo insieme *Sekt* (spumante) dalla bottiglia – era pura gioia, tanto forte da rasentare l'isteria. È stato in quel momento che capii che quella era la fine della DDR'.

molto popolari all'epoca, come The Puhdys, Karat, Silly e City riuscivano ad aggirare la censura mimetizzando le critiche in metafore apparentemente innocue o inserendo deliberatamente testi che sapevano avrebbero provocato le ire dei censori e sarebbero stati cancellati.

A coloro che non si conformavano alle regole veniva negato il permesso di lavorare e di esibirsi. Il cantautore Wolf Biermann divenne un caso emblematico quando nel 1976, di ritorno da una tournée all'Ovest, gli fu negato il permesso di rimetter piede nella DDR nonostante fosse un comunista convinto (per quanto critico del regime). Quando altri artisti manifestarono in suo favore, vennero anch'essi espulsi; tra loro anche la figlia adottiva di Biermann, Nina Hagen, cantante pop, che a Berlino Ovest sarebbe diventata una pioniera della scena punk. Dai punk di Berlino, intanto, nacquero Sandow e Feeling B, i cui membri avrebbero in seguito fondato i Rammstein.

VIAGGI E VACANZE

Quando il Muro li divise dal resto della città nel 1961, i berlinesi dell'Est, come tutti gli altri tedeschi orientali, poterono solo viaggiare all'interno della DDR e negli altri paesi del blocco sovietico. Bambini e ragazzi passavano le vacanze scolastiche in colonie statali gratuite, mentre la maggior parte dei viaggi durante le vacanze aziendali erano finanziati dallo stato e organizzati dal Freier Deutscher Gewerkschaftsbund (FDGB, la federazione sindacale) a cui praticamente ogni lavoratore apparteneva. Chi andava dove, quando e per quanto tempo dipendeva da una serie di fattori, tra cui la produttività sul lavoro e il livello di impegno politico e sociale dimostrato. Coloro che se lo potevano permettere prenotavano un viaggio organizzato all'estero tramite il Reisebüro der DDR (l'agenzia di viaggi statale). Un viaggio di due settimane in Bulgaria costava come uno stipendio mensile medio (1500 Ostmark).

Berlino Ovest, nel frattempo, era circondata completamente da Berlino Est e dalla Repubblica Democratica Tedesca, spingendo i residenti a scherzare sul fatto che qualsiasi direzione prendessero li avrebbe sempre portati a est. I berlinesi dell'Ovest però non sottostavano a nessuna restrizione ed erano liberi di andare e tornare a loro piacimento e di scegliere la destinazione delle loro vacanze.

La città era collegata alla Germania federale con voli aerei, per ferrovia e per mezzo di strade di transito, che erano normali Autobahnen (auto-

Fino al 1975, chi viveva a Berlino Est aveva 12 giorni di vacanza l'anno, saliti a 21 nel 1980. Ai berlinesi dell'Ovest dal 1963 vennero garantiti 18 giorni di vacanza, diventati 28 a fine anni '70.

strade) utilizzate anche dai tedeschi orientali. Ai viaggiatori in transito però non era consentito lasciare l'autostrada. I controlli ai confini erano la norma e comportavano spesso un atteggiamento intimidatorio da parte delle guardie e lunghissime perquisizioni del veicolo.

DONNE E SOCIETÀ

In linea con i dettami delle società del socialismo reale, nella DDR le donne godevano in ogni campo di pari opportunità. Soprattutto nei decenni del dopoguerra, il nuovo stato socialista dovette contare sulle donne, visto l'ingente numero di uomini periti nella guerra. Asili nido e scuole d'infanzia gestiti dallo stato erano diffusi ovunque e permettevano di conciliare la maternità con un lavoro esterno: quasi il 90% delle donne aveva un impiego remunerativo, e molte in settori tradizionalmente maschili, come l'ingegneria e l'edilizia (nel 1950 le donne rappresentavano il 40% della forza lavoro, salito al 49,1% nel 1986). L'uguaglianza tra i sessi non si estendeva comunque alla sfera privata, dove toccava sempre alla donne la cura dei figli e della casa. Era altresì raro che una donna facesse carriera o salisse ai vertici delle organizzazioni statali. In effetti, l'unica donna membro del *Ministerrat* (consiglio dei ministri) fu la moglie del leader della DDR Erich Honecker, Margot Honecker.

In Germania Ovest, toccò al movimento delle donne degli anni '70 il compito di chiedere cambiamenti dello status legale e il riconoscimento dei diritti femminili. Fino a quel momento, ad esempio, la donna era obbligata a prendere il cognome del marito, doveva per legge assumersi il carico del ménage famigliare e poteva divorziare solo con il consenso del marito. Nonostante i progressi assicurati loro dalle lotte degli anni '70, le donne della Germania occidentale continuavano a guadagnare almeno un terzo meno degli uomini nella loro stessa posizione lavorativa e vedevano le loro carriere ostacolate del proverbiale 'soffitto di vetro' che ne impediva l'ascesa verso posizioni di prestigio.

> La giornalista australiana Anna Funder documenta il pervasivo apparato spionistico della Stasi facendo parlare direttamente i protagonisti, vittime e persecutori, nel suo volume del 2004 *C'era una volta la DDR* (Feltrinelli, 2010)

UNA SOCIALIZZAZIONE TUTTA POLITICA

Sin dagli esordi, nella Germania dell'Est le politiche riguardanti l'economia, la giustizia e la sicurezza furono dominate da un unico partito, il Sozialistische Einheitspartei Deutschlands (SED, Partito Socialista Unificato di Germania). Tra i primi obiettivi del partito c'era quello di forgiare i suoi concittadini perché diventassero membri leali di una nuova società socialista. I bambini dai sei anni in su venivano coinvolti in un fitto intreccio di attività gestite da organizzazioni di massa sotto il controllo statale come la Ernst Thälmann Pioniere e la Freie Deutsche Jugend (FDJ, libera gioventù tedesca). Sul posto di lavoro il sindacato FDGB era responsabile del controllo ideologico e del rispetto delle norme. Ufficialmente la partecipazione a ognuna di queste organizzazioni era volontaria, ma in realtà rifiutarsi di entrare a farne parte poteva avere ripercussioni negative sul proseguimento degli studi e sulle opportunità di carriera. Poteva anche insospettire il temuto Ministerium für Staatssicherheit (Stasi), che aveva il suo quartier generale a Berlino Est. Per saperne di più sulla Stasi v. p174.

Musica: dal punk alla techno

Proprio come la città stessa, la scena musicale di Berlino è una creatura dinamica, dalla creatività instancabile, e cambia pelle continuamente, alimentata da una fame tipicamente berlinese per la diversità e la trasformazione. La città, con più di 2000 gruppi musicali attivi in loco e decine di etichette indipendenti (tra cui Bpitch Control, Get Physical e Shitkatapult), è l'indiscussa capitale musicale tedesca. Oggi circa il 60% delle entrate prodotte dal settore musicale in Germania ha origine qui, contro un misero 8% nel 1998. Berlino ospita le sedi europee della Universal Music e di MTV, che hanno contribuito in modo determinante a questa crescita economica. Ogni anno nel mese di settembre la Berlin Music Week riunisce etichette discografiche, agenti, musicisti, DJ, proprietari di locali notturni e fan per una settimana di immersione nella musica.

POP, PUNK E ROCK PRIMA DEL 1990

Dalla fine della seconda guerra mondiale in poi Berlino è alla testa delle maggiori innovazioni musicali tedesche. Alla fine degli anni '60 i Tangerine Dream contribuirono alla diffusione della musica psichedelica. Nel frattempo, dall'altra parte della Cortina di Ferro, Nina Hagen, con la band Automobil, iniziava ad ottenere un discreto successo nella Germania Est come cantante pop, ma solo per diventare poi, dopo essersi trasferita insieme ai genitori nella Germania Ovest, la grande diva del punk. La Nina Hagen Band, fondata nel 1977, piaceva agli adolescenti (e scandalizzava i loro genitori) per via dei testi provocatori, più urlati che cantati, e delle sue performance teatrali. La Hagen ha anche contribuito ad aprire la strada al principale movimento musicale dell'inizio degli anni '80, la Neue Deutsche Welle (NDW; nuova ondata tedesca), che portò sul palco gruppi berlinesi come i D.A.F., Trio, i Neonbabies, gli Ideal, gli UKW e, nella Berlino Est, i Rockhaus.

Gli anni Ottanta videro la nascita di Die Ärzte, il cui ventiseiesimo album, *auch*, è uscito nel 2012. Un'altra influente band di quegli anni sono gli Einstürzende Neubauten, pionieri di un suono sperimentale e protoindustriale, che utilizzavano barili, trapani elettrici e motoseghe come fossero strumenti musicali. Anche la band indie-rock Element of Crime, capitanata dal cantante (nonché scrittore) Sven Regener, apparve sulla scena verso la metà degli anni '80.

Nella Germania Est l'accesso alla musica rock occidentale e ad altri beneamati generi musicali era limitato, ma nacquero numerose band locali di *Ostrock* (rock dell'est). Ai gruppi più conosciuti come Die Puhdys, Karat, City e Silly fu permesso di esibirsi in Occidente, il che permise il formarsi di un'ampia schiera di fan da entrambi i lati del Muro. La piccola ma importante scena underground della Berlino orientale era capitanata dal gruppo punk Feeling B; due dei suoi membri formarono nel 1994 la band industrial metal Rammstein. Nonostante le loro canzoni, cupe e provocatorie, siano quasi tutte in lingua tedesca, i Rammstein sono il gruppo tedesco con il maggiore successo all'estero.

Un ottimo film sulla nascita della cultura e della scena techno tedesca è *We Call it Techno!*, uscito nel 2008 e distribuito da Sense Music & Media.

GLI INIZI DELLA TECHNO

POP, ROCK E RAP DOPO IL 1990

Dalla riunificazione in poi centinaia di gruppi indie, punk, alternative e gothic si sono esibiti di fronte al riconoscente pubblico berlinese. Alle band ancora oggi attive (o nuovamente attive) come Die Ärzte, Element of Crime e Einstürzende Neubauten si è aggiunto il successo commerciale all'estero di altri gruppi – come, ad esempio, i Beatsteaks, una band alternativa punk-rock, che ha raggiunto il successo nel 2004 quando ha vinto il titolo di Best German Act agli MTV Europe Music Awards.

Altri apprezzati successi berlinesi vengono dal genere misto jazz/break (electrojazz e breakbeats che contribuiscono a creare un fluire di groove ripetitive, stacchi scuri e ritmi temperati). I maestri del remix Jazzanova sono i cani di razza della scena downtempo. Li rappresenta l'etichetta Sonar Kollektiv, che sponsorizza anche numerosi altri artisti di successo dello stesso genere, come i Micatone.

Poche altre città europee offrono una scena reggae-dancehall così florida come quella berlinese. I Seeed, nati nel 1998, hanno dominato la scena in questo genere musicale per anni e nel 2012 è finalmente uscito il loro nuovo album, che era stato anticipato da molto tempo. *Stadtaffe* (2008), l'album solista del leader del gruppo Peter Fox è stato uno dei dischi più venduti in Germania e ha vinto nel 2010 il premio Album of the Year Echo Award (i 'Grammy tedeschi'). Un altro successo commerciale sono i Culcha Candela, che hanno preso il suono dei Seeed e lo hanno portato in una direzione più pop; il loro quinto album – *Flätrate* – è uscito nel 2011.

Il rap e l'hip hop locali godono di ampia popolarità, grazie al successo di artisti importanti come i 'gangsta-rappers' Sido, Fler, Bushido e Kool Savas, che è stato uno dei fondatori della crew Masters of Rap (MOR) nel 1996. Anche i cantanti hip hop Casper e Marteria, che hanno base a Berlino, hanno ottenuto molto successo. I K.I.Z. vedono invece se stessi come una parodia dei classici gangsta rappers; il loro album più venduto finora è stato *Urlaub fürs Gehirn* (Vacanza per il cervello), del 2011. Per conoscere meglio la storia dei primordi del rap cittadino cercate i DVD *Rap City Berlin* (2005) e *Rap City Berlin II* (2006).

Procuratevi il libro di Thomas Jerome Seabrook *Bowie. La trilogia berlinese* (Arcana, 2008) per un insolito angolo visuale sull'atmosfera inebriante di quegli anni.

UNO STUDIO PRESSO IL MURO

Completate questa proporzione: Londra sta ad Abbey Road come Berlino sta a...

Beh? Hansa Studio, ovviamente, quell'importante studio di registrazione che ha attirato a sé come una calamita numerosi artisti internazionali fin dagli anni della Guerra Fredda. Il famoso Studio 2, anche conosciuto come la Meistersaal (la sala dei maestri), venne appropriatamente soprannominato da David Bowie la 'Big Hall by the Wall'. Attraverso le sue finestre ad arco si poteva gettare lo sguardo oltre la barriera in cemento e salutare con la mano le guardie armate nelle loro torri di controllo. Alla fine degli anni '70 il 'duca bianco' ha inciso qui le sue visioni disperate nell'influente album *Heroes*, dopo aver già completato qui un altro album parte della sua trilogia berlinese: *Low*. Bowie coprodusse con il suo compagno di ventura Iggy Pop anche gli album *The Idiot* e *Lust for Life*.

L'elenco delle leggende della musica che hanno sfruttato la qualità speciale del suono nello Studio 2 è lunga e comprende nomi come Nina Hagen, Nick Cave, David Byrne, Einstürzende Neubauten, Die Ärzte, Snow Patrol, Green Day, REM e The Hives. I Depeche Mode hanno prodotto qui tre loro album – *Construction Time Again*, *Some Great Reward* e *Black Celebration* – tra il 1983 e il 1986.

L'unico modo di entrare in questa sacra sala (e di scoprire perché Martin Gore dei Depeche Mode decise di spogliarsi completamente per registrare una canzone d'amore) è di partecipare a uno dei Fritz Music Tours (p314), che consigliamo caldamente.

LA CITTÀ DELLA TECHNO

Chiamatela techno, electro, house o minimal, ma la musica elettronica è la colonna sonora di Berlino e il panorama quasi mitico dei suoi locali notturni ha contribuito in modo non trascurabile al fascino della capitale, portandola all'attenzione degli edonisti di tutto il mondo. Questo genere musicale avrà pure le sue radici nella techno di Detroit, ma è maturato nella capitale tedesca.

Quello che oggi è un enorme settore dell'industria musicale è nato in una buia e umida cantina che nel 1988 ospitava il club chiamato UFO, sulla Köpenicker Strasse. Qui i 'padrini' del sound berlinese, Dr Motte, Westbam e Kid Paul, quand'erano agli inizi, suonarono prevalentemente acid house in rave fino allo sfinimento che duravano tutta le notte. È stato Motte che, qualche mese più tardi, ebbe l'idea di portare la festa in strada con un camion, musica ad alto volume e un gruppo di amici che gli ballavano dietro – era nata la Love Parade, il cui apice fu nel 1999, con decine di camion e un milione e mezzo di persone sciamanti per le vie di Berlino.

Furono la caduta del Muro nel 1989, e il conseguente spazio per la libertà artistica che andò a crearsi, che catapultarono la techno fuori dall'ombra della subcultura da cui era nato. L'euforia associata a quegli eventi, l'accesso improvviso a spazi decadenti e abbandonati dell'ex Berlino Est e la mancanza di controllo da parte delle autorità furono i fattori fondamentali per la crescita esplosiva della scena techno e fecero di Berlino la sua mecca.

Nel 1991, dopo la chiusura del secondo UFO club, la confraternita degli amanti della techno seguì il fondatore dell'UFO, Dimitri Hegemann, al Tresor, che lanciò la carriera di DJ Tanith, famoso per la sua tenuta mimetica, insieme a quella del pioniere della trance Paul van Dyk. Altri locali importanti all'inizio degli anni Novanta erano il Walfisch (negli spazi dell'odierno KitKatClub) e, dopo il 1993, l'enorme E-Werk. Il Tresor ha chiuso nel 2005, per riaprire due anni dopo nella sua sede attuale. Oggi l'etichetta discografica Tresor è un brand internazionale che rappresenta Jeff Mills, Blake Baxter, Cristian Vogel e molti altri.

Un'altra importante etichetta berlinese è BPitch Control. Fondata nel 1999 da Ellen Allien, ha lanciato le carriere dei Modeselektor, di Apparat e Sascha Funke e ha sotto contratto talenti da tutto il mondo, tra cui il francese Thomas Muller e gli italiani We Love. Un altro artista della scuderia BPitch è Paul Kalkbrenner, il cui film semi-autobiografico *Berlin Calling* (2008) è la prima pellicola su Berlino e la techno che ripensa al legame inestricabile tra musica, droghe e vita. La scelta di Bpitch di rappresentare artisti così diversi l'uno dall'altro è testimone della diversificazione all'interno della scena techno berlinese, ormai influenzata da ogni genere musicale, dalla IDM (intelligent dance music) al pop fino all'indie.

Un altro peso massimo è l'etichetta Get Physical, un collettivo di quasi venti artisti, tra cui il dinamico duo M.A.N.D.Y., che sono noti per la loro fusione di house ed electro con suoni minimal e funk, creando

---

PLAYLIST BERLINESE ATTRAVERSO GLI ANNI

1977
Heroes (David Bowie) Due amanti all'ombra del 'muro della vergogna'.

1991
Zoo Station (U2) Bono si imbarca in un viaggio surreale ispirato da una stazione ferroviaria berlinese.

1995
Born to Die in Berlin (The Ramones) Una meditazione confusa dalle droghe rivela il lato oscuro di Berlino.

2000
Dickes B (Seeed) Un'ode reggae alla 'grassa B' (cioè Berlino).

2007
Kreuzberg (Bloc Party) Alla ricerca del vero amore...

2008
Schwarz zu Blau (Peter Fox) Un ritratto perfetto del fascino trash della sporca Kottbusser Tor.

2011
Brandenburg Gate (Lou Reed & Metallica) Un'ode dark, dai toni espressionisti, al lato licenzioso degli anni Venti.

così una musica molto ballabile. Più underground è l'etichetta dal nome poco attraente di Shitkatapult, fondata nel 1997 da Marco Haas (alias T.Raumschmiere), che dona alla techno toni più hard electro e vanta tra i suoi artisti Oval e Rechenzentrum.

Anche artisti stranieri hanno influenzato la scena berlinese, come la provocatoria cantante e performer canadese Peaches, l'innovatore techno anglo-canadese Richie Hawtin e il maestro del minimal, il cileno Ricardo Villalobos.

Oggi la techno è un grande business per Berlino, ma le discoteche e le etichette sono sempre rimasti nelle mani delle stesse persone che diedero inizio a tutto quanto. Le sedi dei club sono diventate più professionali, equipaggiate con i sound system più all'avanguardia, ma hanno preservato al tempo stesso un'integrità artistica che continua ad attirare qui i migliori DJ del mondo.

Anche il pubblico è diventato più internazionale e nei weekend una marea di visitatori stranieri arriva a costituire fino all'80% delle persone che ballano nelle mega-discoteche Berghain, Watergate e Tresor.

Guida pratica

TRASPORTI............**306**
IL VIAGGIO..................**306**
Aereo........................306
Treno........................308
Automobile e motocicletta......308
Autobus......................309
Bicicletta....................309
TRASPORTI URBANI.........**310**
U-Bahn.......................310
S-Bahn e treni regionali........310
Autobus......................310
Tram.........................311
Bicicletta....................311
Taxi.........................312
Automobile e motocicletta......312
TOUR.......................**312**
A piedi......................312
In bicicletta.................313
In battello..................313
In autobus...................314
A tema.......................314

INFORMAZIONI..........**315**
Accessi a internet..............315
Ambasciate e consolati..........315
Cartine.......................315
Documenti e visti..............316
Dogana........................316
Donne in viaggio...............316
Elettricità...................317
Emergenze....................317
Festività....................317
Informazioni turistiche.........317
Moneta.......................317
Ora..........................318

Orari d'apertura...............318
Posta.........................318
Questioni legali...............319
Salute........................319
Servizi igienici................320
Tasse e rimborsi...............321
Telefono.....................321
Tessere sconto.................321
Viaggiare in sicurezza..........322
Viaggiatori disabili............323

GUIDA LINGUISTICA.....**324**
GLOSSARIO.................**329**

Trasporti

IL VIAGGIO

La maggior parte dei visitatori arriva a Berlino in aereo. Fino a quando non sarà attivo il nuovo aeroporto Berlin Brandenburg, che è in costruzione dal 2006 a 24 km dal centro in direzione sud-ovest e la cui apertura è ora slittata alla primavera 2014 (almeno secondo notizie raccolte al momento di andare in stampa), i voli continueranno ad atterrare agli aeroporti di Tegel e Schönefeld.

Lufthansa, la maggior parte delle compagnie aeree europee e alcune compagnie low cost (comprese Air Berlin, easyJet, Ryanair e Germanwings) operano voli diretti per Berlino da un gran numero di città europee. Se provenite da oltreoceano dovrete probabilmente fare scalo in un'altra città europea, come Francoforte o Amsterdam.

Compiere il viaggio per Berlino in treno o in autobus è un'alternativa praticabile: la capitale tedesca ha buoni collegamenti ferroviari con le altre città tedesche e straniere, come Praga, Varsavia e Amsterdam.

Aereo

Aeroporto di Tegel

Tegel (TXL; 01805 000 186; www.berlin-airport.de) è situato nel sobborgo di Tegel, a circa 8 km dal centro in direzione nord-ovest.

AUTOBUS

➡ L'autobus TXL JetExpressBus collega Tegel ad Alexanderplatz (€2,40, tariffa AB; 30-40 minuti) passando per la Hauptbahnhof (la stazione centrale) e parte ogni 10 minuti. Il TXL passa per Saatwinkler Damm, Beusselstrasse, Turmstrasse, Alt-Moabit, Invalidenstrasse (con fermata alla Hauptbahnhof) e Unter den Linden.

➡ Per la zona ovest della città, nei dintorni di Zoologischer Garten prendete l'autobus X9 (€2,40, tariffa AB; 20 minuti), che passa anch'esso ogni 10 minuti.

➡ L'autobus 109 porta alla stazione della U-Bahn e della S-Bahn Zoologischer Garten: è più lento ed è utile solo se siete diretti in qualche punto lungo Kurfürstendamm (€2,40, tariffa AB; da 20 a 30 minuti).

U-BAHN

➡ Tegel non è direttamente servito dalla U-Bahn, ma sia l'autobus 109 sia l'espresso X9 fermano in Jakob-Kaiser-Platz, la fermata della U-Bahn più vicina all'aeroporto. Da qui la U7 vi porta direttamente a Schöneberg e a Kreuzberg.

➡ Il percorso costa €2,40 (tariffa AB).

S-BAHN

La stazione della S-Bahn più vicina è Jungfernheide, dove fermano le linee S41/S42 (la Ringbahn, ovvero la ferrovia ad anello intorno al centro). È collegata all'aeroporto con l'autobus X9.

TAXI

La corsa in taxi da Tegel costa in media €20 per Zoologischer Garten e €23 per Alexanderplatz e dovrebbe durare da mezz'ora a 45 minuti. C'è un supplemento di €0,50 per le corse che partono dall'aeroporto.

Aeroporto di Schönefeld

Schönefeld (SXF; 0180 5000 186; www.berlin-airport.de) si trova 22 km a sud-est del centro.

LE COSE CAMBIANO...

Tariffe, orari e offerte speciali cambiano con una certa frequenza; le informazioni fornite in questo capitolo vanno quindi prese come indicazioni di massima da verificare con un'accurata ricerca personale presso gli uffici delle compagnie di trasporto o affidandosi a un'agenzia di viaggi di fiducia.

CAMBIAMENTI CLIMATICI E VIAGGI AEREI

Qualsiasi mezzo di trasporto che funzioni con carburanti tradizionali produce anidride carbonica, la causa principale dei cambiamenti climatici indotti dall'uomo. Oggi i viaggi richiedono normalmente trasferimenti in aereo, un mezzo che usa sì, per chilometro percorso per persona, meno carburante rispetto alla maggior parte delle auto, ma percorre distanze più lunghe e rilascia i gas responsabili dell'effetto serra nelle parti alte dell'atmosfera.

Molti siti web mettono a disposizione i 'carbon calculators' (misuratori di anidride carbonica), che consentono ai viaggiatori di calcolare le emissioni di anidride carbonica di cui sono responsabili viaggiando e, per chi lo desideri, la somma di denaro necessaria per compensare l'impatto di tali emissioni attraverso un contributo a iniziative in favore dell'ambiente in tutto il mondo. Lonely Planet provvede alla compensazione di tutti i viaggi effettuati dal suo staff e dagli autori.

S-BAHN E TRENI REGIONALI

La stazione ferroviaria è a circa 400 m dal terminal cui è collegata da un autobus navetta gratuito che passa ogni 10 minuti – a piedi ci si arriva in 5-10 minuti. Dovrete avere un biglietto che copre le zone ABC (€3,10) per tutti i percorsi elencati di seguito.

➔ I treni Airport-Express partono per il centro ogni mezz'ora. Va notato che, pur comparendo sugli orari anche come treni AirportExpress, questi sono normali treni regionali della Deutsche Bahn (RE7 e RB14). Il viaggio per Hauptbahnhof dura 28 minuti.

➔ La linea della S-Bahn S9 passa ogni 20 minuti ed è più lenta, ma è utile se siete diretti a Friedrichshain (ovvero a Ostkreuz, 30 minuti) o a Prenzlauer Berg (per Schönhauser Allee 45 minuti).

➔ Se dovete andare al quartiere fieristico (Messe), prendete la S45 fino a Südkreuz e poi cambiate con la S41 fino a Messe Nord/ICC. C'è un treno ogni 20 minuti e il percorso dura 55 minuti.

U-BAHN

Schönefeld non ha un collegamento con la U-Bahn. La stazione più vicina è Rudow, collegata con l'aeroporto dall'autobus X7 che passa ogni 20 minuti (€3,10, tariffa ABC; 8 minuti) e dall'autobus 171 (€3,10, tariffa ABC; 11 minuti). Da Rudow la U7 vi porta in città. Se la vostra destinazione è Neukölln o Kreuzberg questo è il collegamento più utile.

TAXI

Una corsa in taxi per il centro della città costa in genere €40 e dura circa un'ora.

Flughafen Berlin Brandenburg

La collocazione del nuovo aeroporto di Berlino è 24 km a sud-est del centro, accanto all'attuale aeroporto di Schönefeld.

TRENI REGIONALI

È previsto che i treni Airport-Express partano ogni 15 minuti dalla stazione interna all'aeroporto e giungano fino in centro città (tariffa ABC; da 20 a 30 minuti).

TAXI

La corsa in taxi dura da 45 minuti a un'ora e costa da €42 a €50.

Per/dall'Italia

➔ **Voli diretti** Berlino è facilmente raggiungibile in aereo da tutti i principali aeroporti italiani. In particolare, sulla capitale tedesca operano **Air Berlin** (www.airberlin.com, da Bari, Brindisi, Cagliari, Catania, Firenze, isola d'Elba, Lamezia Terme, Milano Malpensa, Napoli, Olbia, Palermo, Rimini, Roma Fiumicino e Venezia, alcuni di questi voli operano solo nel periodo estivo), **EasyJet** (www.easyjet.com, da Cagliari, Milano Malpensa, Napoli, Olbia, Pisa, Roma Ciampino e Venezia), **Lufthansa** (www.lufthansa.com, da Milano Linate e Roma Fiumicino) e **Ryanair** (www.ryanair.com, da Bergamo).

➔ **Voli con scalo** Berlino è inoltre ben collegata con tutti i principali aeroporti italiani grazie ai numerosi voli **Austrian Airlines** (www.austrian.com), **Air France** (www.airfrance.it), **Brussels Airlines** (www.brusselsairlines.com), **KLM** (www.klm.com), la già citata Lufthansa e **Swiss** (www.swiss.com), con cambio di aeromobile rispettivamente a Vienna, Parigi, Bruxelles, Amsterdam, Francoforte/Monaco di Baviera e Zurigo.

➔ **Tariffe** Le tariffe variano a seconda della stagionalità o in occasione di particolari promozioni aeree in bassa stagione. La tariffa promozionale Lufthansa, per esempio, parte attualmente da €43 (Milano)/€49 (Roma) per un biglietto di andata e ritorno a date fisse senza alcun limite minimo di validità/massimo di validità un anno per arrivare, all'estremo opposto, a €989 (Milano)/€995 (Roma) per un biglietto in Business Class senza alcuna restrizione con validità massima di un anno e possibilità di variare la data di rientro utilizzando qualsiasi vettore aereo. Ottime tariffe si possono ottenere anche con tutte le altre compagnie cui abbiamo fatto cenno in precedenza a condizione di effettuare l'intero itinerario con lo stesso vettore aereo con un biglietto a date fisse.

➔ **Informazioni** Per cercare la disponibilità di tariffe aeree convenienti consultate i siti delle compagnie aeree sia tradizionali sia low cost, oppure la vostra agenzia di viaggi di fiducia, o ancora uno dei numerosi motori di ricerca, fra i quali: www.edreams.it; www.expedia.it; www.infoair.it; www.opodo.it; www.skyscanner.it; www.travelonline.it; www.travelprice.it; www.whichbudget.com/it/.

➔ **Documenti** Poiché in base a una recente disposizione alcune compagnie aeree low cost negano l'imbarco ai passeggeri italiani con carta d'identità rinnovata con timbro di proroga (indipendentemente dal suo riconoscimento da parte dalle autorità diplomatiche), è bene informarsi presso la compagnia aerea con cui si volerà per poter eventualmente fare in tempo a ottenere una nuova carta d'identità.

➔ **Compagnie aeree di bandiera**

Alitalia (www.alitalia.it; in Italia ☎89 20 10; dall'estero ☎06 65649; in Germania ☎0180 507 4747)

Lufthansa (www.lufthansa.it; in Italia ☎199 400 044, ☎02 3030 1000).

Treno

Berlino ha buoni collegamenti ferroviari con altre città tedesche e straniere, come Monaco di Baviera, Praga, Varsavia, Amsterdam e Vienna.

Per/dall'Italia

Non esistono collegamenti diretti tra l'Italia e Berlino, ma questo non significa che il viaggio in treno sia un'opzione da scartare. Da Roma, Firenze, Bologna, Milano, Verona, Venezia sono raggiungibili senza cambi Monaco di Baviera e Vienna, da cui si può proseguire direttamente per Berlino (da Monaco di Baviera 6 ore e mezzo, da Vienna 11 ore).

Per informazioni su orari e tariffe dei principali collegamenti ferroviari in Italia e in Europa, oltre che le agenzie di viaggio, potete consultare: **Trenitalia** (☎89 20 21; www.trenitalia.com, cliccando su 'I nostri Treni' e poi su 'Treni internazionali'), **Ferrovie Tedesche** (www.dbitalia.it) e **Ferrovie Federali Austriache** (www.obb-italia.com).

HAUPTBAHNHOF

➔ La copertura vetrata della stazione centrale di Berlino ospita cinque piani di binari e servizi. I treni diretti a nord e a sud partono dal piano inferiore, mentre quelli verso est e verso ovest, nonché i treni della S-Bahn, utilizzano i binari del livello superiore.

➔ I biglietti si comprano al *Reisezentrum* (centro viaggi) situato tra i binari 14 e 15 al primo livello superiore (OG1) e al primo inferiore (UG1). Quest'ultimo ha anche uno sportello **EurAide** (www.euraide.de; Hauptbahnhof, DB Reisezentrum, 1° livello inferiore (UG1); ⊙11-19 marzo, apr e ott, 10-20 mag-lug, 10-19 agosto-sett, 11-18.30 nov, 10-19.30 dic; Ⓤ Ⓢ Hauptbahnhof).

➔ Oltre che online sul sito della Deutsche Bahn (www.bahn.de), i biglietti per brevi percorrenze si possono acquistare ai distributori automatici in stazione.

➔ Il deposito bagagli (€5 a collo per 24 ore) è dietro l'ufficio cambi della Reisebank al piano OG1, di fronte al *Reisezentrum*.

➔ Altri servizi disponibili sono una farmacia aperta 24 ore su 24, un ufficio turistico, un supermercato e altri negozi aperti tutti i giorni dalle 8 alle 22.

Automobile e motocicletta

Per/dall'Italia

Se dall'Italia decidete di raggiungere Berlino in automobile o motocicletta, mettete in conto un viaggio di circa 1500 km calcolati da Roma. Prima di entrare in territorio tedesco dovreste transitare in Svizzera o in Austria: ricordate che è necessario essere muniti dei rispettivi bollini autostradali, acquistabili alla frontiera.

Prima di partire vi potranno essere di aiuto il sito delle **Autostrade per l'Italia** (www.autostrade.it), dove controllare il traffico in tempo reale e calcolare il pedaggio in Italia, il sito **ViaMichelin** (www.viamichelin.com), alla voce 'Itinerari', per programmare il percorso, e il sito **Viaggiare Sicuri** (www.viaggiaresicuri.it), a cura dell'ACI in collaborazione con il Ministero degli Affari Esteri, per informarsi riguardo a documenti richiesti e normativa in vigore nei vari paesi che attraverserete prima di giungere a destinazione.

In Germania sono riconosciuti la patente di guida italiana e l'assicurazione di responsabilità civile stipulata in Italia. Sebbene non richiesta, la Carta Verde può rivelarsi utile, dal momento che garantisce una copertura assicurativa più completa per i viaggi all'estero.

Ai motociclisti raccomandiamo di controllare la data di emissione della patente e verificare se rientra tra quelle che abilitano a guidare anche all'estero oppure no; informatevi presso l'ACI oppure, in alternativa, rivolgetevi a un'autoscuola, dove potrete anche ottenere l'eventuale abilitazione alla guida all'estero, nel caso la vostra patente non la consenta.

Ricordate di portare il libretto di circolazione, unico documento in grado di provare che la vettura è effettivamente di vostra proprietà.

È utile sapere che associandosi all'**ACI** (Automobile Club d'Italia; centralino ☎06 499 81; informazioni per l'estero ☎06 49 11 15; documenti doganali ☎06 4998 2496; www.aci.it) si può ottenere la tessera con validità annuale **ACI Sistema** (€69 comprensivi di quota associativa) che consente di ricevere assistenza anche all'estero sia per il veicolo sia per l'associato e i suoi familiari.

Ricordiamo inoltre che esistono delle restrizioni alla circolazione dei veicoli all'interno della 'zona ambientale protetta' di Berlino (v. paragrafo 'Automobile e motocicletta' più avanti).

Autobus

La stazione 'centrale' degli autobus di Berlino, ZOB, è tutto fuorché centrale: in effetti è vicino ai quartieri fieristici, a 4 km a ovest della stazione Zoologischer Garten.

Eurolines è l'organizzazione che raggruppa 32 operatori di trasporto su ruota su lunga distanza che collegano 500 destinazioni in tutta Europa. Se si viaggia durante la settimana un biglietto può costare un minimo di £39 da Londra e €55 da Vienna.

Per/dall'Italia
Eurolines Italia (☎0861 55 48 89, 0861 55 40 14; info@baltour.it; www.eurolines.it; Baltour srl, Contrada Piano Delfico, 64100 Teramo) effettua quattro collegamenti settimanali tra Berlino e diverse città italiane. Tra parentesi indichiamo le fermate intermedie e le tariffe ordinarie di sola andata/andata e ritorno sulle corse in partenza da Roma (durante l'alta stagione le tariffe aumentano).

Napoli (solo alta stagione)-**Monaco di Baviera-Berlino** (Roma-Firenze-Bologna-Modena-Verona-Trento-Bolzano; €130/230)

Napoli (solo alta stagione)-**Monaco di Baviera-Norimberga-Lipsia-Berlino** (Roma-Firenze-Bologna-Milano-Verona; €130/230)

EUROLINES PASS

PASS	ALTA	STAGIONE MEDIA	BASSA
giovani (under 26) 15 giorni	€180	€210	€295
adulti 15 giorni	€210	€245	€350
giovani (under 26) 30 giorni	€245	€275	€380
adulti 30 giorni	€315	€335	€360

➡ Eventualmente potete considerare l'acquisto dell'**Eurolines Pass**, che consente di programmare l'itinerario viaggiando attraverso molte città europee in 15 o 30 giorni. Dall'Italia i prezzi sono quelli riassunti nella tabella in questa pagina. Ulteriori notizie su promozioni e offerte su www.eurolines.it.

➡ Sono previste tariffe scontate a seconda delle fasce di età dei viaggiatori; in genere, ai bambini di età compresa tra i quattro e i 12 anni con posto a sedere accompagnati da un adulto viene praticato uno sconto del 50%. È previsto un supplemento per l'altissima stagione, ma prenotando con un certo anticipo è possibile spuntare tariffe più convenienti.

Bicicletta

Berlino è raggiunta dall'EuroVelo 7 Sun Route, che da Malta attraversa l'Europa fino a Capo Nord. L'EuroVelo è una rete di 14 cicloitinerari che attraversano l'Europa per un totale di 70.000 km, individuati dall'ECF – European Cyclists' Federation, una federazione di 51 associazioni ciclistiche di 36 paesi europei. I percorsi consistono in cicloitinerari già esistenti o pianificati la cui realizzazione e manutenzione è affidata agli organismi locali. Per saperne di più v. i siti www.ecf.com e www.eurovelo.org.

Per/dall'Italia
Se siete appassionati di cicloturismo, in Italia potete contattare la **Federazione Italiana Amici della Bicicletta** (www.fiab-onlus.it) per preziosi consigli su come organizzare un viaggio che preveda l'utilizzo di questo mezzo.

Se desiderate viaggiare con la formula 'treno+bici', sappiate che su alcuni treni internazionali è presente una carrozza dedicata o sono previsti appositi spazi nelle carrozze per viaggiatori. Sui Frecciarossa, Frecciargento e Frecciabianca è possibile caricare la bici nella sacca portabici, sistemandola negli appositi spazi per i bagagli o in altro modo purché non sia d'intralcio. Il trasporto delle biciclette è consentito sui treni regionali che espongono il simbolo della bicicletta.

Per informazioni collegatevi al sito di **Trenitalia** (www.trenitalia.com) e dal menu 'Informazioni e servizi' cliccate su 'Viaggiare con bici al seguito'. Vi sarà d'aiuto anche il sito delle **Ferrovie Tedesche** (www.dbitalia.it), cliccando su 'Altre opzioni di ricerca' e selezionando l'opzione 'Trasporto bicicletta' nella scheda di ricerca.

TRASPORTI URBANI

L'efficiente e capillare sistema di trasporto pubblico di Berlino è gestito da **BVG** (194 49; www.bvg.de) e include i servizi di autobus, tram, U-Bahn (metropolitana sotterranea e di superficie) e S-Bahn (ferrovia urbana). Per calcolare i percorsi e avere informazioni su tratte, orari e tariffe, chiamate la linea gratuita attiva 24 ore al giorno o consultate il sito.

Il mezzo più efficiente per spostarsi a Berlino è la U-Bahn, mentre la S-Bahn è comoda se si percorrono grandi distanze. Gli autobus, i tram e la bicicletta sono utili per percorsi brevi.

U-Bahn

➡ La U-Bahn è il mezzo di trasporto più veloce. Le linee (indicate come U1, U2 ecc. in questa guida) sono in funzione dalle 4 alle 0.30 e per tutta la notte venerdì, sabato e nelle festività pubbliche (eccetto le linee U4 e U55). Dalla domenica fino a giovedì, gli autobus notturni subentrano nell'intervallo di servizio.

➡ In questa guida si indica per ogni punto d'interesse la stazione o la fermata più vicina, preceduta dall'icona U.

S-Bahn e treni regionali

➡ I treni della S-Bahn (S1, S2 ecc.) sono meno frequenti della U-Bahn ma fanno meno fermate e perciò sono comodi per i tragitti più lunghi. Fanno servizio dalle 4 alle 0.30 e per tutta la notte venerdì, sabato e giorni festivi.

➡ Le destinazioni più lontane sono servite dai treni regionali RB e RE. Su questi treni dovrete avere i biglietti ABC o quelli della Deutsche Bahn.

➡ Nella guida si indica la stazione più vicina, preceduta dall'icona S.

Autobus

➡ Gli autobus sono più lenti ma consentono di avere una panoramica dei monumenti e delle bellezze cittadine al prezzo di un biglietto (soprattutto le linee 100 e 200). Passano di

---

BIGLIETTI E TESSERE

➡ L'area metropolitana di Berlino è divisa nelle tre zone tariffarie A, B e C. I biglietti sono validi per almeno due zone, cioè AB o BC oppure per tutte e tre, ABC. Il biglietto vale per tutti i mezzi di trasporto pubblico.

➡ Per la maggior parte dei percorsi in Berlino serve un biglietto, che è valido per due ore per percorsi nella stessa direzione (si possono fare pause e trasferimenti, ma non andata e ritorno). Per recarsi a Potsdam, all'aeroporto di Schönefeld e a quello Berlin Brandenburg la tariffa è ABC.

➡ I bambini da 6 a 14 anni hanno diritto alla tariffa ridotta (*ermässigt*); i minori di 6 anni viaggiano gratuitamente.

➡ Si acquistano i biglietti dagli autisti degli autobus, ai distributori automatici nelle stazioni della U-Bahn o della S-Bahn (che hanno le istruzioni in molte lingue) e nei tram, nonché in ogni chiosco o negozio che esponga il logo della BVG. Alcuni distributori accettano le carte bancomat; sui tram si paga solo in contanti.

➡ I biglietti singoli, a parte quelli comprati sugli autobus, devono essere obliterati all'entrata della stazione o all'inizio dei binari. Chi viene sorpreso senza biglietto deve pagare una multa di €40.

➡ Se prendete più di due mezzi al giorno, risparmierete comprando un biglietto giornaliero (*Tageskarte*), che è valido su tutte le forme di trasporto pubblico per corse illimitate fino alle 3 del mattino seguente. Il biglietto giornaliero di gruppo (*Kleingruppen Tageskarte*) è valido per un massimo di cinque persone che viaggino insieme.

➡ Per tragitti brevi comprate il *Kurzstreckenticket*, che vale per tre fermate con la U-Bahn o la S-Bahn oppure un tragitto di sei con qualunque linea d'autobus o di tram; non è consentito fare cambi di linea.

➡ Se vi fermate almeno una settimana, è conveniente la tessera per 7 giorni (*Wochenkarte*): non è nominativa e vi consente di portare gratuitamente con voi un altro adulto e fino a tre bambini dai 6 ai 14 anni dopo le 20 da lunedì a venerdì e tutto il giorno sabato, domenica e durante i giorni festivi.

TIPI DI BIGLIETTI

TIPO DI BIGLIETTO	AB (€)	BC (€)	ABC (€)	BICICLETTA
Kurzstrecke	1,40			1,10 (ABC)
Einzelfahrschein (singolo)	2,40	2,80	3,10	1,60 (AB)
Ermässigt (singolo ridotto)	1,50	1,90	2,20	
4-Fahrten-Karte (4 corse)	8,40			
Tageskarte (giornaliero)	6,50	6,80	7	4,60 (AB)
Kleingruppen Tageskarte (giornaliero fino a 5 persone)	15,50	15,80	16	
Wochenkarte (settimanale)	28	28,90	34,60	

frequente tra le 4.30 e le 0.30. Gli autobus notturni (indicati con la lettera N) subentrano nell'intervallo di servizio.

➡ I MetroBus (indicati con la lettera M) operano 24 ore su 24, 7 giorni la settimana.

➡ Nella guida gli autobus sono preceduti dall'icona 🚌.

Tram

I tram (Strassenbahn) circolano praticamente solo nei quartieri orientali. Le linee indicate con M1, M2 ecc. garantiscono un servizio continuo che copre tutta la notte, sette giorni su sette. Una linea molto utile è la M1, che collega Prenzlauer Berg con la Museumsinseln passando per Hackescher Markt. Nella guida si indica la fermata più vicina, preceduta dall'icona 🚊.

Bicicletta

Le biciclette sono l'ideale sia per un'esplorazione approfondita di un quartiere sia per muoversi in città. Più di 650 km di piste ciclabili rendono l'uso delle due ruote semplice anche per chi non è avvezzo a spostarsi in bici, ma in centro occorre prudenza: se infilate la ruota in un binario del tram potreste avere problemi seri.

Le biciclette (Fahrräder) si possono trasportare a bordo di U-Bahn e S-Bahn nei vagoni designati a quest'uso (in genere gli ultimi; cercate il logo della bici), sugli autobus notturni (ma solo da domenica a giovedì) e sui tram.

Sul sito di BVG (www.bvg.de, Tickets & Fares > Fares Overview > For Bicycles) troverete indicazioni dettagliate per scegliere il biglietto che fa al caso vostro. Portare la propria bici su un treno regionale (RE, RB) costa €5 per ogni viaggio.

Sui siti www.bbbike.de e www.vmz-info.de troverete preziose informazioni.

Noleggio

Molti ostelli e alberghi offrono biciclette ai loro ospiti, spesso gratuitamente o dietro un pagamento simbolico. Il noleggio bici è comunque diffusissimo e non solo nelle sedi normali (negozi di bicicletta, distributori di benzina), ma anche presso i supermercati, i caffè e anche le boutique d'abbigliamento.

Le tariffe partono da €6 al giorno, anche se la definizione di 'giorno' può significare 8 ore od anche 24. In genere sono richieste una cauzione (contanti o con carta di credito) e/o un documento identificativo con foto.

Le seguenti agenzie sono affidabili: telefonate o cercate sul sito quali sono le filiali più vicine e prenotate la bici per tempo, soprattutto in estate.

Fahrradstation (☎0180-510 8000; www.fahrradstation.com) Ha una gran quantità di bici di buona qualità (tra cui biciclette elettriche), personale che parla inglese e sei filiali a Mitte, Kreuzberg, Charlottenburg e Prenzlauer Berg. Le tariffe vanno da €15 al giorno o €50 la settimana.

VIAGGIARE DI NOTTE

Non importa che ora sia: c'è sempre un modo per spostarsi in città con i mezzi pubblici.

➡ I treni della U-Bahn passano ogni 15 minuti per tutta la notte venerdì, sabato e nelle festività pubbliche (su tutte le linee tranne la U4 e la U55).

➡ Da domenica a giovedì gli autobus notturni (N1, N2 ecc.) viaggiano lungo i percorsi della U-Bahn dalle 0.30 alle 4 passando ogni 30 minuti.

➡ I MetroBus (M11, M19 ecc.) e i MetroTram (M1, M2 ecc.) passano di notte ogni 30 minuti tra le 0.30 e le 4.30.

Little John Bikes (☎2809 6009; www.little-john-bikes.de; Warschauer Strasse 31; Ⓤ Ⓢ Warschauer Strasse) Oltre che a Friedrichshain, questo negozio di bici ha filiali a Schöneberg, Kreuzberg e Wilmersdorf; noleggia biciclette a €15 per 24 ore o €80 la settimana (€10/50 nella filiale di Friedrichshain).

Prenzlberger Orangebikes (Cartina p378; ☎44356852; www.orange-bikes.de; Kollwitzstrasse 37, Prenzlauer Berg; €6 per 24 ore; ⏱12-18 apr-nov; Ⓤ Senefelderplatz) Il noleggio bici più economico della città (€6 per 24 ore) i cui profitti vanno a finanziare un progetto sociale per un parco avventura.

Lila Bike (Cartina p378; ☎0176 1769 9579 089; www.berlin-citytours-by-bike.de; Schönhauser Allee 41; ⏱10-20 lun-sab, 11-20 dom; Ⓤ Eberswalder Strasse) Un piccolo esercizio con un'unica sede a Prenzlauer Berg e ottimi prezzi. Il noleggio delle prime 24 ore costa €8, le 24 ore successive solo €5.

Taxi

Potete prenotare un **taxi** (☎44 33 11, 20 20 20) per telefono, fermarne uno per strada o a un posteggio. La sera spesso molti taxi stazionano all'entrata di teatri, nightclub e altri locali. Il prezzo della corsa è lo stesso che si sia da soli o fino a quattro passeggeri.

La tariffa di partenza è €3,20, poi costa €1,65 ogni chilometro fino a 7 km e €1,28 per ogni chilometro ulteriore. Viene conteggiato un supplemento di €1,50 se si paga con bancomat o carta di credito, ma non esiste un supplemento notturno. Per i bagagli voluminosi che non entrano nel bagagliaio viene chiesto €1 in più.

La mancia al taxista si aggira sul 10%.

Automobile e motocicletta

Non vale la pena di guidare la propria auto a Berlino, soprattutto perché trovare parcheggio è difficile e costoso. Gli unici veicoli (compresi quelli stranieri) autorizzati a entrare nella zona ambientale (delimitata dal percorso circolare della S-Bahn, il cosiddetto Ring) sono quelli che espongono sul parabrezza l'*Umweltplakette* ('adesivo di sostenibilità' o 'placchetta ambientale') che identifica i veicoli a basse emissioni. Per i trasgressori la multa è di €40.

Dal sito ufficiale della città (www.berlin.de/sen/umwelt/luftqualitaet/de/luftreinhalteplan/download/touristeninfo_it.pdf) potete scaricare il pdf in italiano 'Zona verde Berlino – Informazioni per i turisti stranieri' che elenca i numerosi i punti di emissione della placchetta (i meccanici convenzionati ve la consegneranno immediatamente, facendovi pagare i €15 dovuti – sempre che le caratteristiche della vostra auto soddisfino i requisiti ambientali!).

Noleggio

Tutte le maggiori agenzie internazionali di autonoleggio hanno una filiale presso gli aeroporti, le principali stazioni ferroviarie e in vari punti della città. Se volete tariffe migliori prenotate in anticipo.

Avis (www.avis.com)
Budget (www.budget.com)
Europcar (www.europcar.com)
Hertz (www.hertz.com)

Se vi manca tanto la vostra Harley andate da **Classic Bike** (☎616 7930; www.classic-bike.de; Salzufer 6; ⏱9-19 lun-ven, 10-15 sab apr-set, 10-18 lun-ven, 10-15 sab ott-marzo; Ⓢ Tiergarten). Le tariffe per 24 ore vanno da €80 a €135.

Se avete in programma di muovervi da Berlino per andare qualche giorno in Polonia o nella Repubblica Ceca, chiedete espressamente alla compagnia di noleggio se ciò è permesso; per lo più non consentono di uscire dai confini nazionali.

TOUR

A piedi

Diverse agenzie organizzano visite introduttive sia ai 'pezzi da novanta' – dal Checkpoint Charlie alla Porta di Brandeburgo – sia a mete meno battute dal turismo, nonché escursioni a tema (ad esempio il Terzo Reich, la Guerra Fredda, il campo di concentramento di Sachsenhausen, Potsdam). Non è necessario prenotare: basta trovarsi in uno dei punti d'incontro. Dal momento che questi ultimi cambiano spesso, è meglio che controlliate sui dépliant distribuiti gratuitamente negli alberghi o negli uffici turistici oppure che le contattiate direttamente.

Alternative Berlin Tours (☎0162 819 8264; www.alternativeberlin.com) Diversi tour al giorno focalizzati sulle 'subculture' berlinesi più un

TAXI: ESEMPIO DI TARIFFE

PUNTO DI PARTENZA	DESTINAZIONE	COSTO
Alexanderplatz	Zoologischer Garten	€13
Kollwitzplatz	Gendarmenmarkt	€9
East Side Gallery	Porta di Brandenburgo	€15
Jüdisches Museum	Hackescher Markt	€10

BIKE-SHARING A BERLINO

Call a Bike (07000 522 5522; www.callabike-interaktiv.de) è un programma di bike-sharing offerto dalla Deutsche Bahn. L'idea è semplice: prendere una bicicletta da una delle decine di posteggi disseminati per la città (sul sito web c'è una cartina), pedalare fino al posteggio bici più vicino alla destinazione verso cui si è diretti e lasciare lì la bici.

Per poter utilizzare le biciclette occorre essersi registrati online: non costa nulla ma bisogna avere una carta di credito. Il sito è attualmente solo in tedesco; si può aderire anche telefonando, ma verranno addebitati €5 di servizio prenotazione.

Il costo di noleggio della bici è di €0,08 al minuto fino a un massimo di €15 per 24 ore.

Noleggiare la bicicletta

Se vi siete già iscritti, ottenere la bicicletta è facilissimo.

➔ **Sganciare la bicicletta al terminale** Toccate lo schermo e identificatevi tramite la carta di credito o di debito, o la tessera cliente. Selezionate il numero di biciclette (al massimo 2 per cliente). Andate alle biciclette assegnate e schiacciate il display di sblocco per aprire il lucchetto.

➔ **Sganciare la bicicletta per telefono** Selezionate una bicicletta e componete il numero telefonico circondato di rosso che compare sul lucchetto. Confermate la richiesta. Schiacciate il display di sblocco per aprire il lucchetto.

➔ **Nelle fermate** Chiudete la bicicletta con il lucchetto. Per sbloccare avrete bisogno del vostro codice identificativo personale, quello che avete ricevuto alla registrazione. Compare brevemente sul lucchetto quando lo state chiudendo.

➔ **Restituire la bici** Potete restituire la bici in ogni posteggio bici apposito. Bloccate la ruota posteriore e spingete il pulsante sul lato destro del lucchetto. Aspettate la conferma prima di allontanarvi.

---

laboratorio di street art, il tour '666 Anti-Pubcrawl' (un giro dei bar alternativi) e il Twilight Tour serale decisamente stravagante, tra rovine industriali e surreali rovine abbandonate. Hanno anche pacchetti pensati per gruppi di studenti, che comprendono anche workshop di street art.

Berlin Walks (301 9194; www.berlinwalks.de; tour interi/ridotti €12-15/€9-12) Esperti locali guidano le visite di Berlino nell'agenzia di tour a piedi con personale che parla inglese di più lunga tradizione.

Brewer's Berlin Tours (0177 388 1537; www.brewers berlintours.com; interi/ridotti €15/12) Offrono l'epica escursione che dura una giornata intera Best of Berlin e un Berlin Express per cui accettano offerte.

Insider Tour Berlin (692 3149; www.insidertour.com; tour interi/ridotti €12-15/€9-12, anche in italiano) Tour con molte informazioni su Berlino, più una gita a Dresda e un giro delle Kneipen. Prevedono tour anche in italiano: controllate il sito per le informazioni aggiornate e l'acquisto dei biglietti online.

New Berlin Tours (www.newberlintours.com; interi/ridotti €12-15/€10-15) Divertenti e infaticabili i tour proposti dagli inventori dell'idea del 'tour gratis' e dello Kneipentour (il giro dei bar).

In bicicletta

Le agenzie indicate di seguito offrono eccellenti visite guidate in inglese. Si consiglia di prenotare.

Berlin on Bike (cartina p378; 4373 9999; www.berlinon bike.de; Knaackstrasse 97; tour compresa la bicicletta interi/ridotti €19/€17; marzo-ott; Eberswalder Strasse) L'agenzia (di grande esperienza) organizza tour intriganti dietro la 'Cortina di Ferro', lungo il Muro di Berlino, nelle zone più autentiche di Kreuzberg o nelle oasi nascoste di Berlino. I tour partono dallo Hof IV della Kulturbrauerei.

Fat Tire Bike Tours (cartina p366; 2404 7991; www.fattirebike-tours.com/berlin; Panoramastrasse 1a; tour interi/ridotti €24/€22; Alexanderplatz) Organizza i tour classici (la Berlino nazista, la Guerra Fredda ecc.) nonché l'affascinante Raw Tour, che affronta temi scottanti come la gentrificazione, il rinnovamento del tessuto urbano e la convivenza multiculturale. I tour partono dall'entrata principale della Fernsehturm (torre della televisione).

In battello

Le escursioni sono varie: da giri di un'ora attorno alla Museumsinsel (a partire da

€11) a gite più lunghe allo Schloss Charlottenburg e dintorni (a partire da €15). In genere, i bambini piccoli viaggiano gratis, mentre i minori di 14 anni e i senior hanno uno sconto anche del 50%. Le agenzie offrono per lo più spiegazioni a viva voce in inglese e tedesco e a bordo vendono bevande e spuntini. **Stern und Kreisschifffahrt** (536 3600; www.sternundkreis.de) è uno degli operatori più noti. La stagione va all'incirca da aprile a metà ottobre con un orario limitato nei mesi invernali.

In autobus

Vedrete gli autobus colorati dei 'sightseeing tours' (spesso a due piani e con il piano superiore scoperto in estate) nei pressi dei maggiori monumenti ed edifici durante i tour della durata di due ore con commento in otto lingue diverse. Siete liberi di salire e scendere a vostro piacimento ogni volta che si ferma. Gli autobus partono ogni 15-30 minuti dalle 10 alle 17 o alle 18 tutti i giorni; il prezzo del biglietto varia da €10 a €20 (metà prezzo per i teenager, gratuito per i bambini). La maggior parte delle agenzie organizza anche itinerari turistici tradizionali, durante i quali si vedono i luoghi di interesse senza scendere dall'autobus. Sono anche disponibili escursioni che abbinano barca e autobus, nonché gite organizzate a Potsdam e allo Spreewald. Cercate gli opuscoli delle agenzie nelle lobby degli alberghi o presso gli uffici turistici.

A tema

Berlinagenten (4372 0701; www.berlinagenten.com; tour di 3 ore per gruppi fino a un massimo di 10 da €350) Vi apre le porte di bar particolari, boutique, ristoranti e locali notturni e anche case di privati cittadini. Per avere uno sguardo dall'interno della scena gastronomica locale partecipate a uno dei loro Gastro-Rallye.

Berliner Unterwelten (4991 0517; www.berliner-unterwelten.de; Brunnenstrasse 105; interi/ridotti €10/8; tour in inglese alle 11 mer-lun, in italiano sab alle 11.30, chiuso mer dic-feb; U S Gesundbrunnen). Esplorate l'oscuro ventre di Berlino passando tra letti di ospedale, elmetti e sistemi di filtraggio in un giro di 90 minuti in due dei bunker sotterranei che risalgono alla seconda guerra mondiale. In italiano sono previsti diversi tour: 'Mondi oscuri' (ogni sabato alle 11.30), il tour 2 alla torre della fortezza contraerea Flakturm (da inizio luglio a fine settembre ogni domenica alle 12), il tour 3 'Metro, bunker e Guerra Fredda' (da inizio luglio a fine settembre di sabato alle 15). La programmazione dei tour in italiano può subire qualche modifica, quindi controllate il sito (anche in italiano). Comprate il biglietto nel padiglione accanto all'uscita sud della stazione della U-Bahn Gesundbrunnen.

Fritz Music Tours (cartina p362; 3087 5633; www.musictours-berlin.com; Unter den Linden 77; tour in autobus/a piedi €19/12, tour in minibus €45 per persona, Hansa Studios €10-20; tour in autobus in inglese alle 12.30 dom, a piedi alle 16 ven; U S Brandenburger Tor) Imparate tutto dell'affascinante storia musicale della città in un divertente tour di 2 ore e mezzo su un minibus. Ci si incontra davanti all'Hotel Adlon Kempinski. Fritz offre anche tour a piedi di 2 ore che partono dall'ufficio turistico della **Kulturbrauerei** (cartina p378; 44315152; http://kulturbrauerei.de; Schönhauser Allee 36; tour interi/ridotti €7,50/6; U Eberswalder Strasse, M1), tour in minibus privati (minimo 2 persone) e una volta al mese il tour agli Hansa Studios. I prezzi per questi ultimi due tour variano a seconda del numero di partecipanti. È richiesta la prenotazione per tutti i tour.

Sta Tours Berlin (3010 5151; www.sta-tours.de; per gruppi fino a 6 partecipanti, €35 per persona; su richiesta) Se siete un fanatico del cinema tedesco, prima visitate il Museum für Film und Fernsehen, poi approfondite il tutto con una vera esperta del mondo della celluloide, Birgit Wetzig-Zalkind, che vi accompagnerà in un tour in pulmino di due ore che tocca i luoghi dove Billy Wilder, Leni Riefenstahl, Nastassja Kinski, Horst Buchholz, Marlene Dietrich e molti altri divi leggendari vissero e lavorarono.

Trabi Safari (cartina p362; 2759 2273; www.trabi-safari.de; Zimmerstrasse 97; €30-90 per persona, Giro del Muro €79-89, prezzi a seconda del numero di partecipanti; U Kochstrasse) Lasciatevi prendere da un'atmosfera nostalgica da *Good Bye, Lenin!* in un tour dei principali luoghi di interesse di Berlino o del 'Selvaggio Est' al volante o nel sedile passeggeri di una Trabant (detta Trabi), il simbolo dell'automobile 'made in DDR'. Si segue la guida, il cui commento dal vivo (in inglese, su richiesta) viene trasmesso in auto. Il Giro del Muro di due ore vi porta alla East Side Gallery e ad altri luoghi interessanti relativi al Muro. Chi vuole guidare deve portare con sé la patente di guida (quella italiana è riconosciuta).

Informazioni

Accessi a internet

➡ Molti hotel, ostelli e *Pensionen* (B&B) hanno connessione wi-fi (detta in tedesco W-Lan), ADSL o un angolo con terminali collegati a internet per i loro ospiti, spesso messi a disposizione gratuitamente. Se non sono attrezzati il personale vi indicherà l'internet bar più vicino. Nella guida sono indicati con l'icona @.

➡ Tenete conto che in alcuni hotel o ostelli il wi-fi può essere limitato a determinati spazi pubblici e in poche camere. Alcuni alberghi (solitamente quelli di fascia alta e i business hotel) arrivano a far pagare il collegamento per 24 ore €20. Usiamo l'icona del wi-fi quando un caffè, bar o proprietà alberghiera ha, appunto, l'accesso wireless.

➡ Sono numerosi i caffè e i bar che si fanno vanto di essere hot spot wi-fi gratuiti. Se è il caso vi verrà data una password al momento di ordinare le consumazioni.

➡ In generale, gli internet bar a Berlino hanno una vita breve come quello di un moscerino, quindi abbiamo preferito non dare nessuna lista. Se ne cercate uno chiedete informazioni in hotel.

➡ Per farvi una mappa degli hot spot wi-fi utilizzate il sito www.hotspot-locations.com o www.free-hotspot.com.

Ambasciate e consolati

Ambasciate e consolati della Germania all'estero

Quello che trovate di seguito è un elenco di alcune rappresentanze diplomatiche tedesche in Italia e Svizzera.

Per un elenco completo di quelle presenti in Italia consultate il sito del **Ministero degli Affari Esteri** (www.esteri.it/MAE/IT/Ministero/Servizi/Stranieri/RapprStraniere). Per conoscere i riferimenti aggiornati delle rappresentanze con sede nella Confederazione Svizzera, potete visitare il sito del **Dipartimento Federale degli Affari Esteri** (www.eda.admin.ch/eda/it/home/reps.html), selezionando 'Rappresentanze estere in Svizzera' e cliccando sul nome del paese.

Italia Sezione consolare dell'ambasciata (✆06 4921 3400; www.rom.diplo.de; Via San Martino della Battaglia 4, 00185 Roma) Consolato generale a Milano (✆02 623 1101; fax 02 655 4213; www.mailand.diplo.de; Via Solferino 40, 20121 Milano) Consolato generale a Napoli (✆081 248 8511; fax 081 761 4687; www.neapel.diplo.de; Via Crispi 69, 80121 Napoli)

Svizzera Sezione consolare dell'ambasciata (✆031-359 4242; fax 031-359 4454; www.bern.diplo.de; Willadingweg 83, 3015 Berna)

Ambasciate e consolati stranieri a Berlino

Italia (✆254 400; fax 254 40169; consolare.berlino@esteri.it; www.ambberlino.esteri.it, Hiroshimastrasse 1) Ulteriori riferimenti alle rappresentanze italiane all'estero sono disponibili nel sito http://www.esteri.it/MAE/IT/Ministero/LaReteDiplomatica/Ambasciate/.

Svizzera (✆390 4000; fax 391 1030; ber.vertretung@eda.admin.ch; www.eda.admin.ch/berlin; Otto-von-Bismarck-Allee 4a). Le rappresentanze diplomatiche svizzere all'estero sono disponibili sul sito www.eda.admin.ch/eda/it/home/reps.html, selezionando prima il continente e poi il nome del paese che interessa.

Cartine

Se in aggiunta alla cartina estraibile contenuta in questa guida desiderate una mappa di Berlino, prima della partenza nelle librerie italiane potrete scegliere tra diverse pubblicazioni. In scala 1:22.000 trovate la mappa di Michelin, in scala 1:20.000 quelle rispettivamente di DeAgostini, LAC, Freytag & Berndt, e in scala 1:15.000 le mappe di Marco Polo, Borch e Touring Club Italiano. Sono inoltre reperibili le mappe Falk, senz'altro le migliori, come la carta Berlino (1:20.000), e l'atlante della città e dintorni. Fra gli atlanti segnaliamo inoltre quelli editi rispettivamente da RV Verlag (1:20.000, che comprende anche i dintorni della città) e da ADAC (1:15.000), entrambi spiralati.

Per informazioni su tutte le carte citate potete rivolgervi a: **VEL – La Libreria del Viaggiatore** (/fax 0342 21 89 52; vel@vel.it; www.vel.it; Via Angelo Custode 3, 23100 Sondrio).

In alternativa, potete visitare una delle numerose librerie italiane specializzate in cartine, guide e narrativa di viaggio. Ne segnaliamo alcune situate nelle principali città italiane:

Gulliver (045 800 7234; info@gullivertravelbooks.it; www.gullivertravelbooks.it; Via Stella 16/b, 37121 Verona)

Il Giramondo (011 473 2815; ilgiramondo@teletu.it; www.ilgiramondo.it; Via G. Carena 3, 10144 Torino)

Jamm (081 552 6399; jammnapoli@libero.it; Via S. Giovanni Maggiore Pignatelli 32, 80134 Napoli)

Libreria del Viaggiatore (06 6880 1048; libreriadelviaggiatore@gmail.com; Via del Pellegrino 78, 00186 Roma)

Libreria Stella Alpina (055 41 16 88; fax 055 436 0877; info@stella-alpina.com; www.stella-alpina.com; Via F. Corridoni 14 B/r, 50134 Firenze)

Libreria Transalpina (040 66 22 97; fax 040 66 12 88; libreria@transalpina.it; www.transalpina.it; Via di Torre Bianca 27/a, 34122 Trieste)

Luoghi&libri (02 5831 0713; info@luoghielibri.it; www.luoghielibri.it; Via Vettabbia 3, 20122 Milano)

Odòs 2 – Libreria turistica internazionale (0432 20 43 07; info@libreria-odos.it; www.libreria-odos.it; Vicolo della Banca 6, 33100 Udine)

Pangea (049 876 4022; libreriapangea@vodafone.it; www.libreriapangea.com; Via S. Martino e Solferino 106, 35122 Padova)

Documenti e visti

➜ I cittadini italiani e degli altri paesi dell'Unione Europea, così come i cittadini svizzeri, possono entrare in Germania con la carta d'identità valida per l'espatrio o il passaporto in corso di validità. Per soggiorni a scopo turistico, di studio o di lavoro, i cittadini UE non hanno bisogno di alcun visto, e, fino a un periodo di tre mesi, possono risiedere e lavorare liberamente nel paese.

➜ I minori devono essere muniti di documento individuale, carta d'identità valida per l'espatrio o passaporto personale. Per maggiori informazioni rivolgetevi al vostro comune di residenza o alla questura.

➜ La carta d'identità rinnovata con timbro di proroga è riconosciuta in Germania, ma chi viaggia in aereo tenga presente che, secondo una recente disposizione, alcune compagnie aeree low cost negano l'imbarco ai passeggeri che hanno questo tipo di documento. Informatevi per tempo presso la compagnia aerea con la quale volerete o richiedete una nuova carta d'identità, al fine di evitare spiacevoli inconvenienti.

➜ Per tutti i dettagli delle norme nazionali e internazionali che regolano l'accesso in Germania v. il sito www.auswaertiges-amt.de o chiedete a un consolato tedesco nel vostro paese.

Dogana

Ricordiamo che gli acquisti in regime di duty free all'interno dell'UE sono stati aboliti, e che non vengono applicate tasse sugli articoli importati in Germania per uso personale. Coloro che provengono da un paese dell'UE possono introdurre:

➜ 800 sigarette

➜ 200 sigari

➜ da 10 l a 20 l di alcolici a seconda della gradazione (10 l se superiore a 22 gradi, 20 l se inferiore a 22 gradi)

➜ 90 l di vino

➜ 110 l di birra

Se intendete viaggiare con il vostro animale da compagnia dovrete preparare per tempo tutta la documentazione. Per informazioni rivolgetevi al servizio veterinario della vostra ASL di competenza territoriale e visitate il sito www.poliziadistato.it, inserendo nel campo di ricerca 'Il passaporto per gli animali da compagnia'.

Informazioni di carattere generale sono disponibili anche sui siti www.agenziadogane.it e www.ezv.admin.ch.

Donne in viaggio

➜ Berlino è notevolmente sicura per le donne, anche per coloro che viaggiano da sole.

➜ Andare senza accompagnatore nei caffè e ristoranti è considerato perfettamente accettabile, anche di notte.

➜ È normale pagare alla romana, anche negli appuntamenti galanti.

➜ Le donne che frequentano da sole i bar e i locali notturni attirano l'attenzione, ma non devono temere: se non desiderano compagnia, quasi tutti gli uomini rispetteranno il loro 'no, grazie', gentile, ma fermo. In alcuni bar e locali notturni esiste il rischio che aggiungano alla bevanda la cosiddetta 'droga da stupro', quindi non perdete mai di vista il vostro bicchiere.

➜ Se avete subito un'aggressione fisica chiamate la polizia (110) o **Servizio telefonico di crisi** (251 2828, 615 4243, 216 8888) il cui personale è addestrato per aiutare a superare il trauma emotivo associato all'attacco subito. Purtroppo non sono disponibili sempre: se non trovate nessuno, non scoraggiatevi e richiamate.

Elettricità

In Germania la corrente elettrica è a 220V, 50Hz, come in Italia e nei restanti paesi europei.

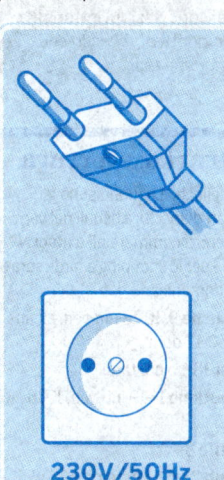

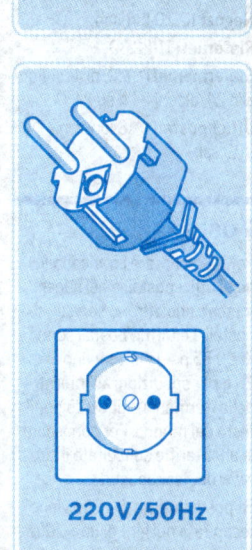

230V/50Hz

220V/50Hz

Emergenze

Ambulanza (☏112)
Polizia (☏110)
Vigili del Fuoco (☏112)

Festività

Quelle che seguono sono le festività pubbliche (*gesetzliche Feiertage*) osservate a Berlino, quando i negozi, le banche, gli uffici pubblici e gli uffici postali restano chiusi:

Neujahrstag (Capodanno) 1° gennaio

Ostern (Pasqua) marzo/aprile – Venerdì santo, Pasqua e Pasquetta

Christi Himmelfahrt (Ascensione) 40 giorni dopo Pasqua, sempre di giovedì

Maifeiertag (Festa dei lavoratori) 1° maggio

Pfingsten (Pentecoste) maggio/giugno, domenica e lunedì

Tag der Deutschen Einheit (Giorno della Riunificazione) 3 ottobre

Reformationstag (Festa della Riforma, solo nel Land del Brandeburgo) 31 ottobre

Weihnachtstag (Natale) 25 dicembre

Zweiter Weihnachtstag (S. Stefano) 26 dicembre

Informazioni turistiche

→ **Visit Berlin** (www.visitberlin.de), l'ufficio turistico ufficiale della città, ha tre uffici aperti al pubblico e un **call centre** (☏250 025; ⊙8-19 lun-ven, 9-18 sab e dom) il cui personale poliglotta risponde a domande di carattere generale e prenota hotel e biglietti per eventi.

Brandenburger Tor (Pariser Platz; ⊙9.30-19 tutti i giorni; Ⓤ Brandenburger Tor, Ⓢ Brandenburger Tor) Da a prile a ottobre ha un orario prolungato.

Hauptbahnhof (pianterreno della stazione centrale, entrata (nord) di Europaplatz; ⊙8-22; Ⓤ Hauptbahnhof, Ⓢ Hauptbahnhof)

Neues Kranzler Eck (Kurfürstendamm 22; ⊙9.30-20 lun-sab, 9.30-18 dom; Ⓤ Kurfürstendamm) Orario prolungato da aprile a ottobre.

Informazioni turistiche all'estero

Per informazioni prima della partenza potete contattare i seguenti uffici:

Italia (☏02 2611 1598; turismo@germany.travel; www.germany.travel/it)

Svizzera (☏044-213 22 00; fax 044-212 01 75; office-switzerland@germany.travel; www.germany.travel/de)

Moneta

Bancomat e carte di debito

→ Il modo più semplice e rapido per rifornirsi di contanti, in genere, è il prelevamento dal proprio conto corrente tramite uno sportello bancomat (*Geldautomat*) collegato a circuiti internazionali come Cirrus, Plus, Star e Maestro. I bancomat sono ovunque e accessibili 24 ore su 24. Prima della partenza, consigliamo ai viaggiatori di verificare presso la propria banca se in Germania può essere utilizzato lo stesso codice PIN usato in Italia per effettuare prelievi automatici con il bancomat (in alcuni paesi occorre digitare un numero in più o in meno, oppure firmare una ricevuta allo sportello bancario).

→ Molte tessere bancomat vengono accettate come carte di debito in molti negozi, hotel e ristoranti. Le carte del genere hanno un chip e richiedono che si digiti un PIN.

Contanti

In Germania i contanti continuano a essere la forma di pagamento più diffusa, perciò non potrete fare a meno di avere sempre un po' di denaro con voi: tenete conto che pagherete in contanti nella maggior parte dei posti. Per ricevere denaro dall'estero, rivolgetevi alla **MoneyGram** (www.poste.it/bancoposta/moneygram) o alla **Western Union** (numero verde dall'Italia ☎800 464 464; www.westernunion.com).

Cambiavalute

Si possono trovare uffici di cambio (*Wechselstuben*) all'aeroporto e nelle maggiori stazioni ferroviarie.

Reisebank (www.reisebank.de) Ha filiali a Zoologischer Garten, Hauptbahnhof, Ostbahnhof e Bahnhof Friedrichstrasse.

Euro-Change (www.euro-change.de) Ha sportelli alle stazioni Zoologischer Garten e Alexanderplatz; Friedrichstrasse 80.

La Reisebank ha un orario prolungato (almeno fino alle 20); la domenica l'unica opzione sono gli aeroporti.

Carte di credito

→ Le carte di credito sono ora accettate più facilmente (soprattutto negli hotel, nei negozi di fascia alta e nei ristoranti eleganti), ma è meglio non darlo per scontato e informarsi prima di acquistare.

→ Visa e MasterCard sono più diffuse di American Express. Per informazioni (anche per il prelievo di denaro contante al bancomat) contattate uno dei seguenti recapiti in Italia: **AmEx** (☎06 72 282, e poi tasto '0'), **Diners Club** (☎800 39 39 39), **MasterCard** (☎800 870 866) e **Visa** (☎800 819 014).

Mance

→ Il conto al ristorante include sempre il servizio (*Bedienung*) ma la maggior parte dei clienti aggiunge il 5% o il 10%, a meno che il servizio non sia stato terribile.

→ È considerato poco gentile lasciare la mancia sul tavolo. Dite piuttosto al cameriere l'ammontare del conto comprensivo di mancia (se, per esempio, il conto ammonta a €28, dite €30). Se non volete il resto, dite 'Stimmt so' (va bene così). Queste le percentuali di mancia che consigliamo.

Bar 5%
Cameriera al piano Da €1 a €2 al giorno
Facchino in hotel Da €1 a €1,50 per valigia
Ristorante da 5 a 10%
Taxista 10%
Inserviente alle toilette da €0.20 a €0,50
Guida turistica Da €1 a €2 per persona

Ora

La Germania si trova nello stesso fuso orario dell'Italia (un'ora avanti rispetto al GMT/UTC) e applica l'ora legale nel medesimo periodo (dall'ultima domenica di marzo all'ultima domenica di ottobre).

NOTIZIE UTILI

→ **Valuta** La valuta tedesca è l'euro (€).

→ **Taglie degli abiti** Per la taglia degli abiti femminili, tenete conto che bisogna aggiungere 6: in Germania una 38 equivale alla 44 italiana e così via.

→ **DVD** La Germania appartiene all'area 2 come l'Italia.

→ **Lavanderie** Ci sono tintorie (*Reinigung*) e lavanderie automatiche (*Waschsalon*) disseminate per tutta Berlino. La maggior parte degli ostelli ha lavatrici a disposizione degli ospiti, mentre gli hotel offrono il servizio lavanderia, anche se è in genere piuttosto caro.

→ **Quotidiani e riviste** I berlinesi sono assidui lettori di quotidiani e quelli locali sono ben quattro: *Tagesspiegel*, *Berliner Zeitung*, *Berliner Morgenpost* e *taz*.

Orari d'apertura

Quelli che seguono sono gli orari d'apertura usuali dei vari esercizi commerciali e uffici. V. p53 per lo shopping a tarda sera o di domenica.

Banche 9.30-18 lun-ven, alcune 9,30-12 dom
Bar 18-1 o più tardi
Boutique 11-19 lun-ven, 11-16 sab
Caffè 8-20
Club 23-5 o più tardi
Negozi 10-20 lun-sab
Ristoranti 11-22.30
Supermercati 8-20, diversi fino alle 24, alcuni 24 h su 24
Uffici postali 9-18 lun-ven, 9-13 sab

Posta

Potete comprare i francobolli negli uffici postali e nei supermercati che offrono servizi postali. Le tariffe postali sono di €0,55 per le lettere fino a 20 g per spedizioni all'interno della Germania e di €0,75 per il resto del mondo. Per conoscere le altre tariffe consultate il sito www.deutschepost.de.

La posta interna di solito viene recapitata nel giro di uno o due giorni; quella diretta verso altri paesi europei o in Nord America impiega da tre a cinque giorni e quella per l'Asia e l'Australia da cinque a sette giorni.

Gli uffici postali centrali hanno spesso un orario prolungato:

Charlottenburg (Europa Presse Center, Tauentzienstrasse 9; ⊙8-22.30 lun-ven, 8-22 sab, 11-20 dom; Ⓤ Ⓢ Zoologischer Garten)

Mitte (Grunerstrasse 20; ⊙8-21 lun-sab; Ⓤ Ⓢ Alexanderplatz)

Per conoscere le tariffe e le modalità di spedizione di lettere e pacchi dall'Italia, collegatevi al sito www.poste.it.

I cittadini svizzeri troveranno informazioni sul sito www.posta.ch.

Questioni legali

➡ In base alla legge tedesca siete tenuti a portare sempre con voi un documento d'identità provvisto di fotografia.

➡ Per legge, il tasso alcolico del sangue non deve superare lo 0,05% per chi guida un'auto e lo 0,16% per i ciclisti; se i test rilevano un tasso alcolico superiore al limite consentito si rischiano multe salate, il ritiro della patente e perfino l'arresto. Bere in pubblico non è illegale, ma fatelo con discrezione.

➡ Il possesso di cannabis è un reato punibile per legge da un richiamo ufficiale alla denuncia penale; le pene più severe sono comminate a chi viene trovato in possesso di droghe pesanti come eroina e cocaina. È normale che ci siano perquisizioni prima di entrare nei locali notturni.

➡ In caso di arresto avete diritto di fare una telefonata – vige comunque il principio della presunzione d'innocenza finché la colpevolezza non venga comprovata. Per ottenere assistenza legale, contattate il consolato del vostro paese.

Salute
Prima di partire

➡ Nonostante tutta la Germania sia un'area a basso rischio sanitario, al momento di pianificare il viaggio potrebbe essere utile rivolgersi a un Centro di Medicina dei Viaggi; normalmente dislocati presso i Servizi di Igiene e Medicina Preventiva delle ASL o nei reparti di Malattie Infettive degli ospedali, sono in grado di fornire tutti i consigli di comportamento per la sicurezza sanitaria e praticare le vaccinazioni indicate più avanti, qualora necessario.

➡ Informazioni utili sono presenti anche sui siti governativi e su quelli che si occupano nello specifico di viaggi e salute:

Ministero della Salute (www.salute.gov.it/malattieInfettive/malattieInfettive.html)

Conseils médicaux aux voyageurs (www.safetravel.ch)

Centro di Medicina dei Viaggi dell'Ospedale Amedeo di Savoia di Torino (www.ilgirodelmondo.it)

Portale Sanitario Pediatrico dell'Ospedale Bambin Gesù di Roma (www.ospedalebambinogesu.it/item/1054/vademecumviaggiatore.pdf).

Organizzazione Mondiale della Sanità (www.who.int)

Center for Disease Control and Prevention (www.cdc.gov).

➡ Portate i farmaci nelle loro confezioni originali, insieme a una lettera firmata e datata dal medico in cui vengono descritte le vostre condizioni di salute e le eventuali medicine da assumere, con l'indicazione del principio attivo oltre al nome commerciale del farmaco. Spesso infatti i nomi dei farmaci in Germania sono diversi da quelli degli altri paesi.

➡ Non sono richieste vaccinazioni obbligatorie per visitare Berlino. Tuttavia, l'Organizzazione Mondiale della Sanità consiglia ai viaggiatori di vaccinarsi o controllare la validità delle vaccinazioni effettuate contro epatite virale A, epatite virale B, difterite e tetano, indipendentemente dalla destinazione.

Assistenza sanitaria

➡ Lo standard dell'assistenza sanitaria in Germania è eccellente e molti medici (*Ärzte*) parlano inglese. Provate **Call-a-Doc** (☎01805 321 303; www.calladoc.com; ⊙24 h su 24), riferimento gratuito per avere assistenza medica non d'emergenza in qualunque sia la vostra madre lingua.

➡ L'ospedale più vicino al centro con servizio di pronto soccorso

---

NORME CHE REGOLANO IL FUMO

Dopo aver tergiversato per anni, il 1° luglio 2008 divenne effettivo il divieto di fumare in tutti i locali dove si consumano cibo e bevande. Ma meno di un mese dopo, la corte costituzionale stabilì che il decreto era anticostituzionale. Oggi è di nuovo permesso fumare, ma solo in bar e Kneipen di dimensioni inferiori a 75 mq che non servono cibo e impediscono l'accesso ai minori di 18 anni. Come, scusi?

Se non avete capito non importa, perché è proprio assurdo come sembra e dà il via libera a uno stato di totale anarchia. In alcuni locali si può fumare liberamente, in altri no, in certi si può solo dopo le 22 e in altri ancora solo in un'area delimitata. In breve, è il tipico stile berlinese del vivi e lascia vivere, al suo meglio!

FARMACIA DA VIAGGIO

È bene portarsi dietro una piccola ed essenziale scorta di medicinali, da conservare preferibilmente nel bagaglio a mano, se e per quanto permesso dalle normative di sicurezza. Ecco un elenco di ciò che potrebbe esservi utile:

➡ **Acido acetilsalicilico** (Aspirina®), **paracetamolo** (Tachipirina®) o **altri antinfiammatori** – per febbre, mal di denti e dolori.

➡ **Antistaminici** (Clever®, Zirtec®) – utili come decongestionanti per raffreddori allergici, orticaria e allergie. Possono indurre sonnolenza e interagire con l'alcol, quindi vanno usati con cautela; se possibile, prendetene uno che avete già usato.

➡ **Un prodotto tipo dimenidrinato** (Xamamina®) o **scopolamina** (Transcop®, cerotti) – per prevenire il mal d'aria, d'auto o di mare.

➡ **Antibiotici ad ampio spettro come amoxicillina/acido clavulanico** (Augmentin®), o **ciprofloxacina** (Ciproxin®)

➡ **Antidiarroici a base di loperamide** (Imodium®, Dissenten®) – per alleviare i sintomi della diarrea.

➡ **Antivomito a base di metoclopramide** (Plasil®) – contro la nausea e il vomito.

➡ **Un antispastico tipo ioscina-butilbromuro** (Buscopan®) – per eventuali coliche addominali.

➡ **Antiacido** – contro bruciore e iperacidità gastrica.

➡ **Siringhe sterili** – per qualsiasi emergenza.

24 ore su 24 è il rinomato **Charité Mitte** (📞450 50; www.charite.de; Charitéplatz 1; ⏰24 h su 24; 🚌147, Ⓤ Oranienburger Tor).

➡ I cittadini dei paesi membri della UE, così come quelli della Svizzera, hanno diritto all'assistenza sanitaria gratuita (salvo il pagamento dell'eventuale ticket o di altra partecipazione alla spesa che è a diretto carico dell'assistito) nelle strutture pubbliche della Germania, per la maggior parte delle prestazioni (anche quelle non urgenti), presentando rispettivamente la Tessera Europea di Assicurazione Malattia (TEAM) o la Tessera svizzera d'assicurazione malattie (LAMal).

➡ La TEAM è stata inviata a domicilio a tutti i cittadini italiani assistiti dal Servizio Sanitario Nazionale e ogni componente del nucleo familiare ha la propria tessera personale. Non copre il rimpatrio in caso di emergenza e le cure private. Qualora l'assistito non abbia con sé la TEAM, e si rendesse comunque necessario pagare le prestazioni mediche, è possibile chiedere il rimborso delle spese sostenute presentando al proprio rientro in Italia la relativa documentazione della ASL di appartenenza (per maggiori informazioni visitate il sito www.salute.gov.it o rivolgetevi alla vostra ASL).

➡ Qualora decidiate comunque di stipulare un'assicurazione sanitaria, che vi consentirà di accedere all'assistenza sanitaria privata, cercate una polizza che copra ogni eventualità, anche la peggiore, ad esempio un incidente che richieda un immediato rimpatrio in aereo. Informatevi prima della partenza se la vostra assicurazione pagherà le spese mediche direttamente agli operatori sanitari o dovrete anticipare voi i pagamenti per poi chiedere successivamente il rimborso. Fra le molte compagnie segnaliamo **Allianz Global Assistance** (www.allianz-global-assistance.it); **Ami Assistance – Gruppo Filo diretto** (www.filodiretto.it); **Europ Assistance** (www.europassistance.it); **Global Assistance** (www.globalassistance.it).

Farmacie

➡ Le *Drogerien* non vendono alcun tipo di medicinale, neanche un'aspirina. Anche i farmaci da banco (*rezeptfrei*) per disturbi di lievi entità, come influenza o mal di stomaco, vanno acquistati in farmacia (*Apotheke*). Per problemi di salute più seri, dovrete esibire una ricetta (*Rezept*) rilasciata da un medico iscritto all'albo. Se assumete regolarmente farmaci, assicuratevi di averne una scorta per tutta la durata del viaggio perché in Germania potrebbe non esserci la stessa marca.

➡ I nomi e gli indirizzi delle farmacie aperte (a rotazione) dopo l'orario normale sono affissi alle vetrine di ogni farmacia; se chiamate lo 📞011 41 un messaggio registrato indica le farmacie aperte fuori orario.

Servizi igienici

➡ Nel centro sono numerosissimi i servizi pubblici a cabina privi di barriere architettoniche e che si puliscono automaticamente, aperti 24 h su 24. Costano €0,50 e danno 15 minuti di tempo.

➡ I servizi igienici dei centri commerciali, di alcuni caffè, ristoranti e locali pubblici hanno spesso un inserviente che cura l'igiene e che si aspetta una mancia (da €0,20 a €0,50).

Tasse e rimborsi

La maggior parte delle merci e dei servizi in Germania prevede l'imposta sul valore aggiunto (*Mehrwertsteuer* o MwSt, la nostra IVA) che è compresa nel prezzo e attualmente è fissata al 19% (7% per alimentari e libri). I visitatori che non risiedono nella UE (e i cittadini svizzeri, tra questi) possono farsi rimborsare una gran parte dell'IVA se acquistano in un negozio che espone l'insegna 'Tax-Free for Tourists' e si fanno consegnare un modulo debitamente compilato dal negoziante con l'importo dell'acquisto. All'aeroporto occorre mostrare questo modulo, il bene acquistato e non ancora utilizzato e lo scontrino a un funzionario della dogana prima di fare il check-in. Il funzionario apporrà un timbro sul modulo, grazie al quale sarete subito rimborsati all'ufficio apposito dell'aeroporto.

Telefono

I numeri di telefono in Germania hanno un prefisso di zona (📞030 per Berlino) seguito dal numero, che può andare da tre a nove cifre. Se si chiama da un telefono fisso della città un numero di Berlino non occorre comporre il prefisso. Se si chiama da un cellulare occorre invece comporlo.

Chiamate da/per l'Italia

➡ Per chiamare Berlino (e tutta la Germania) dall'Italia digitate 📞0049, poi 30 (il prefisso di Berlino senza lo 0 iniziale) e quindi il numero telefonico desiderato.

➡ Per chiamare l'Italia da Berlino (come da tutta la Germania) digitate 📞0039, seguito dal prefisso della località italiana con lo zero iniziale e dal numero dell'abbonato.

➡ Verso l'Italia è inoltre attivo il servizio **ItalyDirect** per le chiamate a carico del destinatario o con addebito su carta di credito telefonica; componendo il 📞0080039390001, risponderà un operatore, che vi metterà in contatto con l'abbonato richiesto. Per ogni conversazione effettuata viene applicato un costo al minuto di €0,36, più una quota fissa di €6 (la quota fissa si riduce a €2,40 se la chiamata avviene in automatico, senza l'intervento dell'operatore).

Schede telefoniche

➡ La maggior parte dei telefoni pubblici tedeschi funziona solo con le schede telefoniche della Deutsche Telecom (DT), reperibili in versione da €5, €10 e €20 presso i negozi DT, gli uffici postali, le edicole e gli uffici turistici.

➡ Per le chiamate interurbane e internazionali tendono a essere più convenienti le schede prepagate emesse da altre compagnie. Quelle vendute nelle filiali della Reisebank sono affidabili e spesso offrono tariffe competitive.

➡ Le chiamate su rete fissa all'interno della Germania e nel Regno Unito, ad esempio, hanno un costo di €0,05 al minuto, negli Stati Uniti di €0,06. Le chiamate da un telefono cellulare hanno un costo aggiuntivo di €0,23 al minuto.

Telefoni cellulari

➡ In Germania la telefonia mobile utilizza il sistema GSM 900/1800 (lo stesso dell'Italia). I viaggiatori italiani possono quindi utilizzare il proprio *Handy* (così si chiama il telefonino in tedesco). I viaggiatori italiani e degli altri paesi europei possono quindi utilizzare il proprio cellulare nel paese. Prima della partenza è bene chiedere al proprio operatore di rete se è abilitato al roaming internazionale (e se lo è anche il piano telefonico), e quali sono i costi per le eventuali chiamate e per l'invio di messaggi SMS.

➡ Se contate di stare a lungo e possedete un telefono multibanda sbloccato potrebbe essere più conveniente acquistare una SIM card (o SIM chip) prepagata e ricaricabile piuttosto che usare la propria rete. Le meno costose e più semplici da usare sono quelle vendute nei supermercati discount Aldi, Netto e Lidl, che a Berlino sono ovunque.

➡ Le chiamate verso i cellulari tedeschi sono più costose di quelle verso telefoni fissi, ma in compenso è gratuita la ricezione delle chiamate in arrivo.

Tessere sconto

Visto il costo dei mezzi pubblici (indispensabili, per altro, per attraversare in modo efficiente una città così vasta) e le tariffe dei musei, è assolutamente indispensabile munirsi da subito di una tessera sconto che si adatti al tipo di visita che si prevede. Per chi non soggiorna nel centro e prevede comunque frequenti spostamenti e visite diffuse ai musei di tutta la città è senz'altro conveniente la BerlinWelcome Card, mentre chi prevede solo di visitare i musei della Museuminsel e soggiorno nella zona di Mitte sarà senz'altro meglio scegliere il MuseumPass e così via. Di seguito riportiamo le descrizioni delle varie tessere e a p.322 una tabella riassuntiva dei costi.

➡ **Berlin Welcome Card** (www.visitberlin.de) Dà diritto a effettuare corse illimitate sui

TESSERE SCONTO TURISTICHE

TESSERA	2 GIORNI	3 GIORNI	5 GIORNI
Berlin WelcomeCard (con uso mezzi pubblici AB)	€18,50	€24,50	€31,50
Berlin WelcomeCard (con uso mezzi pubblici ABC)	€20,50	€26,50	€36,50
Berlin CityTour Card (AB)	€16,90	€2,90	€29,90
Berlin CityTour Card (ABC)	€18,90	€24,90	€34,90
Berlin WelcomeCard Museuminsel (AB/ABC)		€34/36	
Berlin Museum Pass (interi/ridotti)		€24/12	

mezzi pubblici e di usufruire di sconti (fino al 50%) in 200 luoghi di interesse turistico e tour organizzati per due, tre o cinque giorni. Tenete conto che l'acquisto di una tessera per la zona di trasporti ABC consente di portare sino a tre minori di 15 anni gratuitamente, quindi potrebbe essere conveniente per le famiglie. Si acquista nelle biglietterie automatiche delle stazioni della U-Bahn e della S-Bahn, negli uffici turistici, negli uffici della BVG e in molti hotel. Esiste anche una versione della tessera che comprende l'entrata gratuita in tutti i musei della Museuminsel.

→ **CityTourCard** (www.citytourcard.com) Funziona come la Berlin WelcomeCard e costa un po' meno, ma offre meno sconti. Tenete conto che l'acquisto di una tessera per la zona di trasporti ABC consente di portare sino a tre minori di 15 anni gratuitamente, quindi potrebbe essere conveniente per le famiglie. È acquistabile online, in alcuni alberghi e nelle biglietterie automatiche della U-Bahn e della S-Bahn.

→ **Berlin Museum Pass** (www.visitberlin.de) Dà accesso illimitato per tre giorni alle collezioni permanenti di circa 60 musei di Berlino, tra cui i più gettonati, come il Pergamon. Si acquista negli uffici turistici e nei musei che aderiscono all'iniziativa.

→ **Hostelling International** (www.hihostels.com) Potrete procurarvi in Italia, prima della partenza, la tessera degli ostelli (AIG, che equivale alla HI), che ha un costo di €2 (anche in caso di rinnovo) ed è valida per un anno dalla data di emissione. È rilasciata dagli ostelli dell'associazione e da numerose organizzazioni e agenzie specializzate in turismo giovanile. Per informazioni potete rivolgervi all'**AIG – Associazione Italiana Alberghi per la Gioventù** (📞 06 487 1152; fax 06 488 0492; tesseramento@aighostels.com, aig.sedena zionale@aighostels.com; www.aighostels.com; Via Cavour 44, 00184 Roma).

→ **International Student Identity Card** (ISIC; www.isic.org) Documento identificativo con la foto del titolare, che dà diritto a sconti su molti mezzi di trasporto e a riduzioni sui biglietti d'ingresso a musei e siti turistici. Potete procurarvela presso le sedi del **CTS** (Centro Turistico Studentesco e Giovanile; call center 📞 06 462 0431, attivo 9-19 lun-ven e 9-13 sab; sede nazionale: 📞 06 441 111; fax 06 4411 1400; www.cts.it; Via Andrea Vesalio 6, 00161 Roma); costa €10 e vale fino al 31 dicembre dell'anno di emissione. L'iscrizione al centro costa €15/30 per studenti/non studenti e consente di fruire di vari servizi (tra cui l'organizzazione di viaggi con sconti particolari) e di ricevere questa tessera in omaggio.

→ **Carta Giovani** (www.cartagiovani.it) Può essere richiesta da coloro che hanno meno di 30 anni e dà diritto agli stessi vantaggi garantiti dalla ISIC ed è l'equivalente della tessera europea Euro<26. Valida in Italia e in 39 paesi in Europa, permette di usufruire di sconti e agevolazioni nella fruizione di servizi nei settori della cultura, dello sport e del tempo libero. Costa €11 e ha la validità di un anno solare. Per maggiori informazioni collegatevi al sito fornito sopra; al link 'Diventa socio' troverete l'elenco delle sedi di tesseramento più vicine.

Viaggiare in sicurezza

→ I viaggiatori vengono raramente imbrogliati o truffati semplicemente perché sono turisti. In effetti, Berlino è una delle città più sicure e più tolleranti d'Europa. Camminare in strada da soli la notte in genere non è pericoloso, neanche per le donne. Naturalmente, è meglio tenere sott'occhio i propri beni, esattamente come fareste nella vostra città. Portate sempre con voi abbastanza denaro contante per pagare il taxi per tornare in albergo.

→ I crimini che guadagnano le prime pagine dei giornali sono gli episodi di violenza a sfondo razzista od omofobico, ma sono piuttosto rari.

→ Chi vi avvicina per strada per chiedere l'elemosina in genere non è pericoloso; basta ignorarlo. Lo stesso vale per quelli che stazionano vicino alle entrate della U-Bahn cercando di vendervi i biglietti usati per pochi centesimi. Non date loro corda – è illegale e più che probabile che i biglietti non siano più validi.

Viaggiatori disabili

➡ Troverete rampe di accesso e/o ascensori in molti edifici pubblici, per esempio nelle stazioni ferroviarie, nei musei, nei teatri e nei cinema. Gli alberghi più moderni hanno ascensori e camere con porte di larghezza superiore al normale e bagni spaziosi. Se volete consultare una banca dati che elenca l'accessibilità in caffè, ristoranti, hotel, teatri e altri spazi pubblici andate sul sito di **Mobidat** (✆7477 7115; www.mobidat.de).

➡ La maggior parte degli autobus e dei tram è accessibile ai viaggiatori in sedia a rotelle e molte stazioni della U-Bahn e della S-Bahn sono attrezzate con rampe o ascensori. Per avere assistenza nella programmazione del viaggio, contattate la **BVG** (✆194 19; www.bvg.de).

➡ Per aiutare i passeggeri ipovedenti le stazioni si stanno dotando di binari dai margini scanalati che facilitano l'orientamento. I cani di supporto ai non vedenti non hanno limitazioni d'accesso. Coloro che hanno difficoltà d'udito possono controllare i nomi della stazione successiva su display luminosi installati in tutti i mezzi pubblici.

➡ **Rollstuhlpannendienst** (✆0177 833 5773) offre assistenza 24 ore su 24 se dovete far riparare la vostra sedia a rotelle e il noleggio di sedie a rotelle.

Siti utili

NoLimit (www.nolimit.it)
Disabili.com (www.disabili.com)
Accaparlante – Centro Documentazione Handicap (www.accaparlante.it)
Mondo possibile (www.mondopossibile.com)

Guida linguistica

Il tedesco appartiene al ceppo delle lingue indoeuropee ed è parlato da oltre 100 milioni di persone in Alto Adige e in diversi paesi del mondo, come l'Austria e alcuni cantoni svizzeri. In genere si divide in basso tedesco (*Plattdeutsch*) e alto tedesco (*Hochdeutsch*). L'*Hochdeutsch* in uso oggi deriva da un dialetto regionale sassone che, diventato la lingua burocratica ufficiale e usato da Lutero nella sua traduzione della Bibbia. Con 'basso tedesco' si indicano i dialetti regionali parlati nella Germania settentrionale.

La pronuncia delle vocali tedesche corrisponde in linea di massima a quella delle vocali italiane. Fanno eccezione le vocali e i dittonghi con l'Umlaut (la dieresi), che vanno pronunciati come segue: ä 'e' aperta come in 'certo'; äu, eu 'oi' come in 'poi'; ei 'ai' come in 'sai'; ö come il suono 'eu' francese; ü come la 'u' francese.

Le differenze di pronuncia delle consonanti con l'italiano sono principalmente le seguenti: ch è una 'c' aspirata, g è sempre gutturale, come il suono italiano 'gh', h è sempre sonora, j si pronuncia come una 'i', sch diventa 'sc' come in 'pesce', tsch si pronuncia 'c' dolce, come in 'ciao', v è 'f' come 'fiore', la w è la 'v' di 'vaso'.

Nelle parole tedesche l'accento cade quasi sempre sulla prima sillaba.

Ricordate che in tedesco, come in italiano, esistono due modi per rivolgersi ai propri interlocutori: uno informale come il nostro 'tu' (*du*) e uno formale come il nostro 'lei' (*Sie*). Quando si parla con qualcuno che non si conosce bene bisogna usare la forma più educata. In questa guida linguistica è sempre indicata sia la versione formale (form), sia quella informale (inf).

SALUTI E CONVERSAZIONE DI BASE

Salve.	*Guten Tag.*
Ciao.	*Hallo.*
Buon ...	*Guten ...*
giorno	*Tag*
mattino	*Morgen*
pomeriggio	*Tag*
sera	*Abend*
Sì/No.	*Ja./Nein.*
Per favore.	*Bitte.*
Grazie.	*Danke.*
Prego.	*Bitte.*
Scusi...	*Entschuldigung...*
(prima di chiedere aiuto o indicazioni)	
Mi dispiace.	*Es tut mir leid.*
Come sta/stai?	*Wie geht es Ihnen?* (form)
	Wie geht es dir? (inf)
Bene, grazie.	*Danke, gut.*
... e lei/tu?	*Und Ihnen?* (form)
	Und dir? (inf)

Come si chiama/ti chiami?
Wie ist Ihr Name? (form)
Wie heisst du? (inf)

Mi chiamo ...
Mein Name ist .../Ich heisse ...

Parla italiano?
Sprechen Sie Italienisch?

Capisce (mi capisce)?
Verstehen Sie (mich)?

NON VI BASTA?

Se volete imparare qualche espressione in più per comunicare con la gente del posto, portate in viaggio il pratico *Frasario – dizionario tedesco* Lonely Planet, che fornisce una serie di frasi utili per le varie situazioni in cui si può trovare un viaggiatore, oltre a una sezione sulla grammatica, la pronuncia e un ricco dizionario. Lo potete acquistare nelle migliori librerie e sul sito http://shop.lonelyplanetitalia.it/.

Sì, capisco (la capisco).
Ja, ich verstehe (Sie).

No, non capisco (non la capisco).
Nein, ich verstehe (Sie) nicht.

ALLOGGIO

albergo	*Hotel*
camera presso privati	*Privatzimmer*
ostello della gioventù	*Jugendherberge*
pensione	*Pension*
Avete una camera...?	*Haben Sie ein ...?*
singola	*Einzelzimmer*
doppia matrimoniale	*Doppelzimmer mit einem Doppelbett*
doppia con due letti	*Doppelzimmer mit zwei Einzelbetten*
Quanto costa per ...?	*Wieviel kostet es pro ...?*
notte	*Nacht*
persona	*Person*

La prima colazione è compresa?
Ist das Frühstück inklusiv?

PER STRADA

Dov'è ...?	*Wo ist ...?*
Qual è l'indirizzo?	*Wie ist die Adresse?*
Quanto dista?	*Wie weit ist es?*

Può indicarmelo (sulla cartina)?
Können Sie es mir (auf der Karte) zeigen?

Come ci arrivo?
Wie kann ich da hinkommen?

Svolti...	*Biegen Sie ... ab.*
sinistra/destra	*links/rechts*
al prossimo angolo	*an der nächsten Ecke*
al semaforo	*bei der Ampel*

PASTI E LOCALI

Vorrei prenotare un tavolo per...	*Ich möchte einen Tisch für... reservieren.*
le 20	*acht Uhr abends* (inf)
(due) persone	*(zwei) Personen*

Vorrei il menu, per favore.
Ich hätte gern die Speisekarte, bitte.

Che cosa consiglia?
Was empfehlen Sie?

Quali sono gli ingredienti?
Was ist in diesem Gericht?

ESPRESSIONI UTILI

Per riuscire a cavarvela con il tedesco in ogni situazione, utilizzate queste semplici espressioni-chiave abbinandole a parole di vostra scelta:

Quand'è (il prossimo volo)?
Wann ist (der nächste Flug)?

Dov'è (la stazione)?
Wo ist (der Bahnhof)?

Dove posso (comprare un biglietto)?
Wo kann ich (eine Fahrkarte kaufen)?

Ha (una cartina)?
Haben Sie (eine Karte)?

C'è (una toilette)?
Gibt es (eine Toilette)?

Desidererei (un caffè).
Ich möchte (einen Kaffee).

Vorrei (noleggiare un'auto).
Ich möchte (ein Auto mieten).

Posso (entrare)?
Darf ich (hereinkommen)?

Potrebbe (aiutarmi), per favore?
Könnten Sie (mir helfen)?

Devo (prenotare il posto)?
Muss ich (einen Platz reservieren lassen)?

Sono vegetariano/a.
Ich bin Vegetarier/Vegetarierin. (m/f)

Sono intollerante al glutine
Ich habe eine Glutenintoleranz

Sono intollerante al lattosio
Ich habe eine Laktoseintoleranz

Era delizioso.
Das hat hervorragend geschmeckt.

Cin cin!	*Prost!*
Il conto, per favore.	*Die Rechnung, bitte.*

Parole chiave

bar che serve alcolici (pub)	*Kneipe*
bicchiere	*Glas*
bottiglia	*Flasche*
caldo	*warm*
cena	*Abendessen*
coltello	*Messer*
con/senza	*mit/ohne*
cucchiaio	*Löffel*
dessert	*Nachspeisen*
forchetta	*Gabel*
freddo	*kalt*

gastronomia	*Feinkostgeschäft*
lista delle bevande	*Getränkekarte*
menu fisso	*Menü*
mercato	*Markt*
negozio di alimentari	*Lebensmittelladen*
piatto	*Teller*
piatto del giorno	*Gericht des Tages*
piccante	*würzig*
pranzo	*Mittagessen*
prima colazione	*Frühstück*
ristorante	*Restaurant*
scodella	*Schüssel*
senza glutine	*glutenfrei*
senza lattosio	*laktosefrei*
tazza	*Tasse*

Carne e pesce (Fleisch und Fisch)

agnello	*Lammfleisch*
anatra	*Ente*
anguilla	*Aal*
aringa	*Hering*
bivalve	*Schaltiere*
carne macinata	*Hackfleisch*
carpa	*Karpfen*
fagiano	*Fasan*
filetto	*Filet*
frutti di mare	*Meeresfrüchte*
gamberetto	*Garnele*
maiale	*Schweinefleisch*
manzo	*Rindfleisch*
merluzzo	*Dorsch*
oca	*Gans*
pollame	*Geflügel*
pollo	*Hähnchen o Huhn*
prosciutto	*Schinken*
salmone	*Lachs*
salsiccia	*Wurst*
selvaggina	*Wild*
trota	*Forelle*
vitello	*Kalbfleisch*

Frutta e verdura (Obst und Gemüse)

aglio	*Knoblauch*
anguria	*Wassermelone*
arancia	*Apfelsine, Orange*
banana	*Banane*
carota	*Mohrrübe, Karotte*
cavolo, cavolo rosso	*Kohl, Rotkohl*
cetriolo	*Gurke*
ciliegie	*Kirsche*
cipolla	*Zwiebel*
fagioli	*Bohnen*
fragola	*Erdbeere*
fungo	*Pilz*
lattuga	*Kopfsalat*
lenticchia	*Linse*
limone	*Zitrone*
mela	*Apfel*
mirtilli neri	*Johannisbeeren*
noci	*Nüsse*
patata	*Kartoffel*
piselli	*Erbsen*
pomodoro	*Tomate*
prugna	*Pflaume*
spinaci	*Spinat*
uva	*Weintrauben*

Altro

burro	*Butter*
formaggio	*Käse*
latte	*Milch*
marmellata	*Marmelade*
miele	*Honig*
pane	*Brot*
panini	*Brötchen*
pasta	*Nudeln*
pepe	*Pfeffer*
riso	*Reis*
sale	*Salz*

Cartelli

Ausgang	Uscita
Damen	Donne
Eingang	Entrata
Geschlossen	Chiuso
Herren	Uomini
Kein Zutritt	Ingresso vietato
Offen	Aperto
Toiletten (WC)	Servizi igienici
Verboten	Vietato

senape	*Senf*
uovo/a	*Ei(er)*
zucchero	*Zucker*
zuppa	*Suppe*

Bevande (Getränke)

acqua	*Wasser*
birra	*Bier*
caffè	*Kaffee*
sidro di mele	*Apfelwein*
spumante	*Sekt*
succo	*Saft*
succo d'arancia	*Orangensaft*
tè	*Tee*
vin brûlé	*Glühwein*
vino bianco/rosso	*Weisswein/Rotwein*

EMERGENZE

Aiuto!	*Hilfe!*
Vada via!	*Gehen Sie weg!*
Mi lasci un pace!	*Lassen Sie mich in Ruhe!*
Chiamate la polizia!	*Rufen Sie die Polizei!*
Mi sono perso.	*Ich habe mich verirrt.*
Dove sono i servizi igienici?	*Wo ist die Toilette?*
Chiamate un medico!	*Rufen Sie einen Arzt!*
Chiamate un'ambulanza!	*Rufen Sie einen Krankenwagen!*
Sono malato.	*Ich bin krank.*
Mi fa male qui.	*Es tut hier weh.*
Sono allergico a ...	*Ich bin allergisch gegen ...*

Shopping e Servizi

Vorrei comprare ...
  Ich möchte ... kaufen.
Sto soltanto dando un'occhiata.
  Ich schaue mich nur um.

Domande

Chi?	*Wer?*
Cosa?	*Was?*
Dove?	*Wo?*
Quando?	*Wann?*
Come?	*Wie?*
Perché?	*Warum?*
Quanto?	*Wieviel?*

Posso vederlo?
  Können Sie ihn/sie/es mir zeigen? (m/f/n)
Quanto costa questo?
  Wieviel kostet das?
È troppo caro.
  Das ist zu teuer.
Può abbassare il prezzo?
  Können Sie mit dem Preis heruntergehen?
C'è un errore nel conto.
  Da ist ein Fehler in der Rechnung.

bancomat	*Geldautomat*
ufficio postale	*Postamt*
ufficio turistico	*Fremdenverkehrsbüro*

ORA E DATA

Che ora è?	*Wie spät ist es?*
Sono le (10).	*Es ist (zehn) Uhr.*
A che ora?	*Um wie viel Uhr?*
Alle...	*Um ...*
mattina	*Morgen*
pomeriggio	*Nachmittag*
sera	*Abend*
adesso	*jetzt*
oggi	*heute*
stanotte	*heute abend*
domani	*morgen*
ieri	*gestern*
Lunedì	*Montag*
Martedì	*Dienstag*
Mercoledì	*Mittwoch*
Giovedì	*Donnerstag*
Venerdì	*Freitag*
Sabato	*Samstag o Sonnabend*
Domenica	*Sonntag*
Gennaio	*Januar*
Febbraio	*Februar*
Marzo	*März*
Aprile	*April*
Maggio	*Mai*
Giugno	*Juni*
Luglio	*Juli*
Agosto	*August*
Settembre	*September*
Ottobre	*Oktober*
Novembre	*November*
Dicembre	*Dezember*

Numeri

1	*eins*
2	*zwei*
3	*drei*
4	*vier*
5	*fünf*
6	*sechs*
7	*sieben*
8	*acht*
9	*neun*
10	*zehn*
30	*dreissig*
20	*zwanzig*
40	*vierzig*
50	*fünfzig*
60	*sechzig*
70	*siebzig*
80	*achtzig*
90	*neunzig*
100	*hundert*
1000	*tausend*

TRASPORTI

Trasporti pubblici

aereo	*Flugzeug*
autobus	*Bus*
battello	*Boot*
metropolitana	*U-Bahn*
treno	*Zug*

A che ora parte il... autobus?	*Wann fährt der... ab?*
primo	*erste*
ultimo	*letzte*
prossimo	*nächste*

Un ... per (Colonia).	*Eine ... nach (Köln).*
biglietto di 1a/2a classe	*Fahrkarte erster/ zweiter Klasse*
biglietto di sola andata	*einfache Fahrkarte*
biglietto di andata e ritorno	*Rückfahrkarte*

A che ora arriva?	*Wann kommt es an?*
È un collegamento diretto?	*Ist es eine direkte Verbindung?*
Ferma a ...?	*Hält es in ...?*
Che stazione è questa?	*Welcher Bahnhof ist das?*
Qual la prossima fermata?	*Welches ist der nächste Halt?*
Voglio scendere qui.	*Ich möchte hier aussteigen.*

Potrebbe dirmi quando arriviamo a ....
Könnten Sie mir bitte sagen, wann wir in ... ankommen?

Per favore, mi porti a (questo indirizzo).
Bitte bringen Sie mich zu (dieser Adresse).

biglietteria	*Fahrkartenverkauf*
binario	*Bahnsteig*
orario	*Fahrplan*

Automobile e bicicletta

Vorrei noleggiare un/una ...	*Ich möchte ... mieten.*
automobile	*ein Auto*
bicicletta	*ein Fahrrad*
fuoristrada	*ein Allradfahrzeug*
motocicletta	*ein Motorrad*

Quanto costa al ...?	*Wieviel kostet es pro ...?*
giorno	*Tag*
settimana	*Woche*

pompa per bicicletta	*Fahrradpumpe*
seggiolino per bambini	*Kindersitz*
casco	*Helm*
benzina	*Benzin*
GPL	*Autogas* (n)

Questa strada va a...?
Fährt diese Strasse nach ...?

(Per quanto tempo) Posso parcheggiare qui?
(Wie lange) Kann ich hier parken?

Dov'è un distributore?
Wo ist eine Tankstelle?

Ho bisogno di un meccanico.
Ich brauche einen Mechaniker.

La mia auto/moto ha avuto un guasto (a ...)
Ich habe (in ...) eine Panne mit meinem Auto/Motorrad.

Sono rimasto senza benzina.
Ich habe kein Benzin mehr.

Ho una gomma a terra.
Ich habe eine Reifenpanne.

Ci sono piste ciclabili?
Gibt es Fahrradwege?

Ci sono parcheggi per bici?
Gibt es Fahrrad-Parkplätze?

GLOSSARIO

Abfahrt – partenza (treni e autobus)
alt – vecchio
Altstadt – città vecchia
Ankunft – arrivo (treni e autobus)
Apotheke – farmacia
Ärztlicher Notdienst – servizio medico d'emergenza
Ausgang/Ausfahrt – uscita pedonale/con un mezzo di trasporto

Bad, Bäder – bagni
Bahnhof (Bf) – stazione ferroviaria
Bahnpolizei – polizia ferroviaria
Bahnsteig – binario e piattaforma della stazione ferroviaria
Bau – edificio
Bedienung – servizio, percentuale per il servizio
Behinderte – disabili
Bereich – zona, ambito
Berg – montagna
Bezirk – quartiere, distretto
Bibliothek – biblioteca
Biergarten – birreria con i tavoli all'aperto (spesso sotto gli alberi)
Boot – barca, battello
BRD – Bundesrepublik Deutschland (in italiano RFT, Repubblica Federale Tedesca)
Brücke – ponte
Brunnen – fontana o pozzo
Bundeskanzler – cancelliere della Repubblica Federale
Bundestag – Camera bassa del Parlamento tedesco

CDU – Christliche Demokratische Union (Unione Cristiano-democratica), partito di centro-destra
cover – tariffa d'ingresso a un locale

DB – Deutsche Bahn (ferrovie dello stato federale tedesco)
DDR – Deutsche Demokratische Republik (in italiano RDT, Repubblica Democratica Tedesca); ex Germania Est
Denkmal – monumento commemorativo
Deutsches Reich – impero tedesco; termine riferito alla Germania nel periodo compreso tra il 1871 e il 1918
Dom – duomo, cattedrale
dönerias – chioschi che vendono döner kebab
Drittes Reich – Terzo Reich; termine riferito alla Germania nazista nel periodo compreso tra il 1933 e il 1945

Eingang/Einfahrt – entrata pedonale/con un mezzo di trasporto
Eintritt – ingresso (a musei, monumenti, ecc.)
ermässigt – ridotto (per esempio, dei biglietti d'ingresso)

Fahrkarte – biglietto (autobus, treno, aereo)
Fahrplan – orario
Fahrrad – bicicletta
Fahrradweg – pista ciclabile
FDP – Freie Demokratische Partei (Partito Liberaldemocratico), partito di centro
Feuerwehr – vigili del fuoco
Flohmarkt – mercatino delle pulci
Flug – volo aereo
Flughafen – aeroporto
Fluss – fiume
Friedhof – cimitero

Garten – giardino
Gasse – vicolo
Gästehaus, Gasthaus – pensione
Gaststätte – trattoria

Gedenkstätte – sito commemorativo
Gentrifizierung – gentrificazione; mutamento della componente sociologica di un quartiere in seguito alla riqualificazione urbanistica che porta famiglie di reddito più elevato in comunità meno ricche
Gepäckaufbewahrung – deposito bagagli
Gestapo – Geheime Staatspolizei, polizia segreta nazista
Gründerzeit – letteralmente 'periodo della fondazione': è la fase di sviluppo industriale successiva alla nascita dell'impero tedesco (1871-90)
Grünen – Verdi, il partito ecologista

Hafen – porto
Haltestelle – fermata dell'autobus
Handy – telefono cellulare
Hansa – Lega anseatica
Hauptbahnhof (Hbf) – stazione ferroviaria principale
Heilige Römische Reich – Sacro Romano Impero, che durò dall'VIII secolo al 1806
Hochdeutsch – letteralmente 'alto tedesco'; è il tedesco standard scritto e parlato, derivato da un dialetto sassone
Hof (Höfe) – corte, cortile
Hotel Garni – pensione che non serve i pasti, B&B

Imbiss – chiosco che vende spuntini (in genere würstel)
Insel – isola

Juden – ebrei
jüdisches (agg) – ebraico
Jugendstil – art nouveau, liberty

Kabarett – spettacolo comico-satirico di cabaret

Kaffee und Kuchen – letteralmente 'caffè e torta': è la tradizionale pausa pomeridiana per il caffè

Kaffehaus – caffè con tavoli e divanetti, secondo la tradizione austriaca

Kaiser – imperatore; derivato dal latino 'Caesar'

Kanal – canale

Kapelle – cappella

Karte – biglietto (cinema, teatro)

Kartenvorverkauf – prevendita biglietti

Kiez – termine familiare berlinese per quartiere

Kind, Kinder – bambino, bambini

Kino – cinema

Kirche – chiesa

Kneipe – bar che serve alcolici, pub

König – re

Konzentrationslager (KZ) – campo di concentramento

Krieg – guerra

Kristallnacht – letteralmente 'Notte dei cristalli': la notte del 9 novembre 1938 i nazisti attaccarono le sinagoghe, i cimiteri e i negozi ebraici, dando inizio alla persecuzione violenta degli ebrei in Germania

Kunst – arte

Kunsthotel – albergo progettato da artisti o con opere d'arte che fanno parte dell'arredo

Kurfürst – principe elettore

Land, Länder (pl.) – singolo stato della repubblica federale

Lesbe (s.), Lesben (pl.) – lesbica

Mahnmal – monumento commemorativo

Markt – mercato

Markthalle – mercato coperto

Mauer – muro; 'der Mauer' qui è, ovviamente, il Muro di Berlino

Mehrwertsteuer (MWST) – imposta sul valore aggiunto (IVA)

Mietskaserne(n) – caseggiati di appartamenti popolari con cortili

neu – nuovo

Notdienst – servizio d'emergenza

Ossis – soprannome dei tedeschi orientali (da 'Ost')

Ostalgie – fusione di Ost e Nostalgie, indica la nostalgia per i tempi della DDR

Palais – piccolo palazzo signorile

Palast – palazzo

Parkhaus – parcheggio coperto

Parkplatz – parcheggio (all'aperto)

Passage – galleria di negozi, centro commerciale

PDS – Partei des Demokratischen Sozialismus (Partito Socialista Democratico)

Pfand – cauzione, caparra per bottiglie o bicchieri

Pfund – mezzo chilo

Platz – piazza

Rathaus – municipio

Regierung – governo

Reich – impero

Reichstag – Parlamento federale tedesco

Reisezentrum – agenzia di viaggi situata nelle stazioni ferroviarie o degli autobus

Rezept – ricetta, prescrizione medica

rezeptfrei – farmaco da banco per il quale non è necessaria la prescrizione medica

SA – Sturmabteilung; la milizia del Partito Nazista, poi confluita nelle SS

Saal (s.), Säle (pl.) – sala

Sammlung – collezione

S-Bahn – ferrovia urbana

Schiff – nave, battello

Schifffahrt – navigazione

Schloss – palazzo, castello

schwul – gay (agg.)

Schwuler (s.), Schwule (pl.) – gay

SED – Sozialistische Einheitspartei Deutschland (Partito unitario socialista della Germania); unico partito esistente nella DDR

See – lago

SPD – Sozialdemokratische Partei Deutschlands (Partito Socialdemocratico Tedesco)

SS – Schutzstaffel; organizzazione interna al Partito Nazista di cui facevano parte le guardie del corpo di Hitler, i sorveglianti dei campi di concentramento e i contingenti militari Waffen-SS durante la seconda guerra mondiale

Staat – stato

Stadt – città

Stasi – polizia segreta della DDR (da Ministerium für Staatssicherheit, Ministero di Pubblica Sicurezza)

Strasse (spesso abbr. in Str) – strada, via

Szene – letteralmente 'scena'; indica un luogo dove succede qualcosa, quindi il palcoscenico degli eventi

Tageskarte – lett. tessera giornaliera: può indicare il biglietto per i mezzi pubblici con validità giornaliera ma anche il menu del giorno in un ristorante

Tageszeitung – quotidiano

tanzen – ballare

Telefonkarte – scheda telefonica

Tor – porta delle mura cittadine

Trabant – automobile dell'epoca della DDR con motore a due tempi

Trödel – cianfrusaglie

Trümmelberg – collinetta ricavata ammassando le

rovine dopo la seconda guerra mondiale
Turm – torre

U-Bahn – metropolitana
Übergang – punto di transito
Ufer – riva

verboten – vietato
Vereinigung – unificazione

Viertel – quartiere
Volk – popolo

Wald – foresta, bosco
Weg – via, sentiero
Weihnachtsmarkt – mercatino di Natale (in genere durante tutto il periodo dell'Avvento)
Wende – la 'svolta' del 1989, ovvero la caduta del regime comunista della DDR, che portò conseguentemente alla riunificazione della Germania
Wessis – soprannome dei tedeschi occidentali (da 'West')
Wiedervereinigung – riunificazione

Zeitung – giornale

L'autrice

Andrea Schulte-Peevers

Nata e cresciuta in Germania, dopo aver studiato a Londra e alla UCLA, Andrea ha percorso la distanza dalla Terra alla Luna due volte visitando oltre 65 paesi del mondo. Da due decenni scrive sul suo paese nativo ed è stata autrice o co-autrice di più di 60 titoli Lonely Planet, tra cui tutte le edizioni di questa guida, di *Germany*, di *Discover Germany* e di *Berlin Pocket*. Dopo aver abitato per anni a Los Angeles Andrea è riuscita, con gran gioia, a trasferirsi definitivamente in un delizioso appartamento a Berlino.

Dietro le quinte

SCRIVETECI!
Le notizie che riceviamo dai viaggiatori sono per noi molto importanti e ci aiutano a rendere migliori le nostre guide. Ogni suggerimento (positivo o negativo) viene letto, valutato dalla Redazione e comunicato agli autori Lonely Planet.

Visitate lonelyplanetitalia.it per inviare i vostri suggerimenti, per leggere i consigli degli altri viaggiatori italiani e per conoscere le novità del nostro catalogo.

lonelyplanetitalia.it/lettere
lettere@edt.it

N.B.: Se desiderate che le vostre informazioni restino esclusivamente in Redazione e non vengano utilizzate nei nostri prodotti – cartacei, digitali o web – ricordatevi di comunicarcelo. Per leggere la nostra politica sulla privacy, visitate il sito www.edt.it/privacy/.

I LETTORI
Ringraziamo i viaggiatori che hanno utilizzato la precedente edizione di questa guida e ci hanno scritto:

Torsten Alisch, Álvaro Márquez Barba, Federico Bellé, Alvise Benini, Simona Bertolotto e Francesco, Josianne Boucher, James Browne, Pierpaolo Buzzola, Mario Calabrese, Isabella Casali, Emanuele Ciola, Noemi Cipollone, Laura Colombini, Flavia D'Angelo, Lodovica Delendi, Silvana Dessì, Giuseppe Fariselli, Candida Foddai, Nelly Genco, Michaela Grill, Alessandra, Flavia ed Erminia Grippo, Emma Hoiberg, Jeannette Kreutzberger, Roberta Lepori, Elena Loro, P Lystrup, Roberto Maffei, Federica Marchica, Paul Martinez, Cristina Mezzanotte, Enrico Nunzi Conti, Christian Oelsner, Chiara Olmastroni, Maria Assunta Pagliaro, Serena Pasquini, Leila Pedrazzi, Gian Paolo Pellegrini, Antonella Pietragalla, Alessia Pirrottina ed Emanuele, Francesca Pizzo, Tony Plunkett, Brian e Cate Quinn, Celestino Rainoldi, Martin D Rich, Chris Roloff, Cynthia Romero, Carlo Sabbatini, Lorenzo Scacchia, Clemens Maria Schreiner, Uli Schuster, Gianluca Senese, Ugo Solenghi, Andrea Spazian, Risma Utami, Paolo e Lorenzo Vadi, Vilppu Välimäki, Jeen van Beusekom, Arie van Oosterwijk, Jonny Vancutsem, Elmar Vieregge

NOTA DELL'AUTRICE
Andrea Schulte-Peevers

Un grazie di tutto cuore a tutti i meravigliosi amici e conoscenti che mi hanno fornito consigli, informazioni, idee e incoraggiamento (senza un ordine preciso): Henrik Tidefjärd, Miriam Bers, Petra Gümmer, Julia Schwarz, Frank Engster, Myriel Walter, Cookie, Heiner Schuster, Steffi Gretschel, Renate Freiling, Silke Neumann, Kirsten Schmidt, Michael Radder, Christoph Münch, Christoph Lehmann, Patrick Schwarzkopf, Danilo Hommel, Dr Jasper Freiherr von Richthofen, Uve Teschner, Elisabeth Herms-Lübbe, Julia Schröder, Jan Czyzske e, naturalmente, David Peevers. Complimenti all'intero team di LP responsabile della produzione di questa guida fantastica.

RICONOSCIMENTI
Dati della cartina climatica adattati da Peel MC, Finlayson BL & McMahon TA (2007) 'Updated World Map of the Köppen-Geiger Climate Classification', Hydrology and Earth System Sciences, 11, 163344.

QUESTA GUIDA

L'8a edizione inglese della guida Lonely Planet *Berlin*, qui proposta in edizione italiana, è stata scritta da Andrea Schulte-Peevers. Andrea ha lavorato a tutte le edizioni della guida; la prima con David Peevers, la 4a e la 5a con il compianto Tom Parkinson, e la 6a edizione con Anthony Haywood e Sally O'Brien.

Traduzione Irene Gilodi, Flavia Peinetti
coordinamento Paola Masi

Edizione italiana a cura di Cesare Dapino

Responsabile redazione guide Silvia Castelli

Coordinamento Cristina Enrico

Aggiornamenti e adattamenti Annarosa Sinopoli
coordinamento Luciana Defedele

Editing Flavia Peinetti

Impaginazione Tiziana Vigna

Rielaborazione copertina e pagine a colori Alessandro Pedarra, *supervisione* Sara Viola Cabras

Rielaborazione grafica cartine Tiziana Vigna

Produzione Alberto Capano

Ringraziamo per la consulenza
Natura Luca Borghesio
Salute Dr. Guido Calleri
Viaggio aereo da/per l'Italia Alberto Fornelli
Cartine disponibili in Italia Ennio Vanzo – Libreria VEL di Sondrio

Indice

Vedi anche gli indici separati:

- **PASTI P340**
- **LOCALI E VITA NOTTURNA P341**
- **DIVERTIMENTI P341**
- **SHOPPING P342**
- **PERNOTTAMENTO P342**

A
A ovest del centro, 73, 197-210, **197**, **302**
 che cosa vedere, 203-5
 da non perdere, 9, 197-8, 204
 divertimenti, 209
 locali e vita notturna, 198
 pasti, 198, 202, 205-8
 shopping, 210
 trasporti, 198
Abguss-Sammlung Antiker Plastik, 202
Achtung Berlin, 23
aereo, 306-7
 per/dall'Italia, 307
Aeroporto Berlin Brandenburg, 307
Aeroporto di Schönefeld, 306
Aeroporto di Tegel, 306-8
Aeroporto di Tempelhof, 154
Ägyptisches Museum, 99
Akademie der Künste, 78, 124
Alexanderplatz, 72-3, 94-112, **94**, **366**
 che cosa vedere, 96-103, 104-8
 da non perdere, 9, 96-103, 104, 105
 divertimenti, 111
 itinerario a piedi, 109
 locali e vita notturna, 111
 pasti, 95, 108-11
 pernottamento, 231
 shopping, 112
 trasporti, 95
AlliiertenMuseum (Grunewald e Dahlem), 221
Alte Nationalgalerie, 103

000 Da vedere
000 Cartine
000 Letture

Altes Museum, 100-1
ambasciate e consolati, 315
Anne Frank Zentrum, 138
Antikensammlung, 97
appartamenti ammobiliati, **239**
Archenhold Sternwarte, 157
architettura, 278-92
 barocca, 80, 199, 279
 Bauhaus, 286
 contemporanea, 20, 289-292
 edilizia popolare, 283
 gotica, 278-9
 Gründerzeit, 283
 Interbau 1987, 288
 Jugendstil, 135
 modernista, 284-6
 monumentalismo nazista, 286, **287**
 Potsdamer Platz, 290
 residenziale, 281, 283, 288
 Siedlungen, siti UNESCO, **283**, 285
 stile DDR, 287-288
arte, 38-44
 arte e automobili, **82**
 collezioni d'arte, 19
 collezioni private, 41
 siti web, 39
 street art, 41-4
 tour, 39
arti, 268-77
 cabaret, 19
 cinema, 63, 116, 276-7, 295
 danza, 65, 296
 fotografia, 204
 musica, 62-63, 64, 275-6, 301-304
 pittura, 268-72
 scultura, 101-2, 117, 268-72
 teatro, 64
assistenza sanitaria, 319
ATM, 42
Aufbau Haus, 156
autobus, 310
 per/dall'Italia, 309

Automobil Forum Unter den Linden, 82
automobile, 308, 312
 noleggio, 312
AVUS, 207

B
Badeschiff, **160**
bambini, viaggiare con i, 26-27
bancomat e carte, 14, 317
Baselitz, Georg, 132, 232, 272
battello, 202
Bauhaus, 271
Bauhaus Archiv, 125-7
Bearpit Karaoke, 186
Bebelplatz, 83
Becker, Wolfgand, 277
Beckmann, Max, 122
Begas, Reinhold, 269
Behrens, Peter, 285, 287
Belvedere, 200
Belvedere auf dem Klausberg (Potsdam), 215
Bergmannkiez, 150-69
 che cosa vedere, 154-5
 locali e vita notturna, 162
 pasti, 158
Berlin Art Week, 25
Berlin Biennale, 23
Berlin Fashion Week, 22
Berlin Hi-Flyer, **83**
Berlin Marathon, 25
Berlin Music Week, 25
Berlinale, 22
Berliner Dom, 108
Berliner Gauklerfest, 24
Berliner Mauer Dokumentationszentrum, 133
Berliner Mauerweg, 35
Berliner Medizinhistorisches Museum, 139
Berliner Philharmoniker, 275
Berliner Residenz Konzerte, 200

Berliner Sezession, 270
Berliner Spreepark, 157
Berliner Theatertreffen, 65
Berliner Unterwelten, **194**
Berliner Zoo & Aquarium, 203
Berlinische Galerie, 154
Berlino gratis, 31-3
BerMuDa, 25
bevande, 48-50
bicicletta, 37, 309, 311-2
 bike-sharing, **313**
 noleggio, 311
Biedermeier, 269
Biergarten, 45
Bildergalerie (Potsdam), 213
birra, 24, 48-50
Bismarck, Otto von, 250
Block der Frauen, 106
Bodemuseum, 101-2
Borofsky, Jonathan, 176
Botanischer Garten (Grunewald e Dahlem), 221
Boulevard der Stars, 117
Bowie, David, 125, 298, 302
Boxhagener Platz, 173
Boxhagener Platz e dintorni
 che cosa vedere, 173
 locali e vita notturna, 178-80
 pasti, 176-7
BPitch Control, 303
Brandenburger Tor, v. Porta di Brandeburgo
Brecht, Bertolt, 295
Brecht-Weigel Gedenkstätte, 139
Bröhan Museum, 202
Brücke Museum (Grunewald e Dahlem), 221
Bundeskanzleramt, 81

C
cabaret, 19, 294, v. anche i singoli quartieri e sottoindice Divertimenti

Cabaret, 294
cabaret e variété, 65
Café Sybille, 175
Campo di concentramento di Sachsenhausen, 217
carte di credito, 318
cartine, 315
castelli e palazzi, 19-20
Chamissoplatz, 155
Charlottenburg, 9, 73, 197-210, **197**, **382**
  che cosa vedere, 199-202, 203-5
  da non perdere, 197-8, 204
  divertimenti, 209
  locali e vita notturna, 198
  pasti, 198, 202, 205-8
  pernottamento, 240
  shopping, 210
  trasporti, 198
Checkpoint Charlie, 85
Checkpoint Charlie, 74-93
  che cosa vedere, 86-7
  pasti, 90
Chinesisches Haus (Potsdam), 213
Chipperfield, David, 96, 99, 292
Christopher Street Day, 23
cinema, 276-7
  all'aperto, 63
  festival, 64
Classic Open Air Gendarmenmarkt, 23
clima, 15
clubbing, 18-19, 20, 47,
  v. anche il sottoindice
  Locali e vita notturna
  lesbogay, 58
Computerspielemuseum, 175
concerti, 62, 63, 200
  gratis, 33
costi
  pernottamento, 228
crociere in battello, **108**, 223
  Stern und Kreisschiffahrt, 156
cucina berlinese, 52
cultura, 244, 297
Currywurst, 53

000 Da vedere
000 Cartine
000 Letture

D
dadaismo, 271
Dahlem, 220
DaimlerCity, 117
  tour delle sculture pubbliche, **117**
Dalí-Die Ausstellung, 121
danza, 65
Das Verborgene Museum, 205
DDR Museum, 105
Denkmal für die im Nationalsozialismus verfolgten Homosexuellen, 82
Der Verlassene Raum, 140
Deutsch-Russisches Museum Berlin-Karlshorst (Köpenick), **225**
Deutscher Dom, 84
Deutsches Currywurst Museum, 87
Deutsches Historisches Museum, 80
Deutsches Technikmuseum, 154
Die Ärzte, 301
Die Mauer – das Asisi Panorama, 86
Dietrich, Marlene, 276, **294**, 295
Diplomatenviertel, 124
Diplomatenviertel, 113-29
  che cosa vedere, 123-5
disabili, viaggiatori, 323
divertimenti, 28-9, 62-6,
  v. anche sottoindice
  Divertimenti *e singoli quartieri*
Dix, Otto, 121
Döblin, Alfred, 274
documenti e visti, 14, 316
dogana, 316
Domäne Dahlem, 27
doner kebab, 53
donne in viaggio, 300, 316
Dorotheenstädtischer Friedhof, 139
Dr Motte, 303

E
East Side Gallery, 37, 172
Ebert, Friedrich, 253
ebrei, 79, 134, 137, 138, 142, 152-3, 221, **264**
  Gleis 17, 220
  Jüdisches Museum, 152-3
  Stolpersteine, 142
  ebrei a Berlino, 264
economia, 244
Eisenmann, Peter, 79
Eisler, Hanns, 275
elettricità, 317
emergenze, 317, 327
Emil Nolde Museum, 85
Ephraim-Palais, 106
esperienze bizzarre, 19
espressionismo, 270
Europa-Center, 203
Ex Reichsluftfahrt-Ministerium, 87

F
farmacie, 320
Fassbinder, Rainer Werner, 277
fast food, 53
Federico I, 268
Federico III, 247
Federico Guglielmo, detto il Grande Elettore, 247
Federico Guglielmo I, 248
Federico Guglielmo III, 249
Federico il Grande, 268, 281
Fernsehturm, 104
feste ed eventi, 22-25, 30
  arte, 23, 25
  cinema, 22, 23, 25, 64
  cucina, 22
  danza, 24, 65
  lesbogay, 60
  musica, 22, 23, 25
  musica classica, 23, 25
  teatro, 65
Festival of Lights, 25
festività, 317
Festtage, 23
Fête de la Musique, 23
film su Berlino, 244
Fontane, Theodor, 273
Forum Fridericianum, 281
Foster, Lord Norman, 76
Franziskaner Klosterkirche, 109
Französischer Dom, 84
Friedrich, Caspar David, 103, 269
Friedrich-Ludwig-Jahn-Sportpark, 185
Friedrichshagen, 225
Friedrichshain, 73, 170-82, **170**, **376**
  che cosa vedere, 172-3, 173-6
  da non perdere, 172, 173
  divertimenti, 181
  locali e vita notturna, 171, 178-81
  pasti, 171, 176-8
  pernottamento, 237
  shopping, 182
  trasporti, 171
Friedrichshain ovest
  che cosa vedere, 174-6
  locali e vita notturna, 180-1
  pasti, 178
Friedrichstadtpassagen, 84
Friedrichswerdersche Kirche, 84
FuckParade, 24
fumo, norme sul, **319**
Funkturm, 207

G
gallerie d'arte, 38-44
  antiquarie, 97-101
  arte contemporanea, 132
  espressionismo, 85
  scultura, 101-3
gay-friendly, 58-61, 124, 155, 235
  monumento commemorativo, 82
Gedenkstätte Berliner Mauer, 37, 133-4
Gedenkstätte Deutscher Widerstand, 123
Gedenkstätte Stille Helden, 138
Gedenkstätte und Museum Sachsenhausen, 218
Gemäldegalerie, 118-20
Gendarmenmarkt, 84
Gendarmenmarkt, 74-93
  che cosa vedere, 84-6
  locali e vita notturna, 91
  pasti, 89-90
Georg Kolbe Museum, 207
Get Physical, 303
Gethsemanekirche, 187
Gleis 17, 137, **220**
Glienicker Brücke, **224**
Glockenturm, 206
Goebbels, Joseph, 257
Gotisches Haus (Spandau), 220
Graf von Stauffenberg, Claus Schenk, 258
Grass, Günter, 274
Gropius, Walter, 286-8
Grosser Müggelsee (Köpenick), 225
Grosz, George, 121, 271
Gründerzeit, 251
Grunewald, 220

Guerra Fredda, 83, 85, 224, 261, 297-300
arti, 298
shopping, 297
viaggi, 299

H
Hackesche Höfe, 135
Hackescher Markt e dintorni
che cosa vedere, 135-1
locali e vita notturna, 144-5
pasti, 139-42
Hagen, Nina, 301
Hamburger Bahnhof – Museum für Gegenwart, 132
Hanf Museum, 107
Hansa Studios, 298, **302**
Hauptbahnhof
che cosa vedere, 137-9
locali e vita notturna, 146
pasti, 142-3
Hauptmann, Gerhart, 274
Haus der Kulturen der Welt, 81-2
Haus der Wannsee-Konferenz (Wannsee), 222
Haus Schwarzenberg, **138**
Heckmannhöfe, 135
Henselmann, Hermann, 287
Hindemith, Paul, 275
Hindenburg, Paul von, 253
Historische Mühle (Potsdam), 215
Hitler, Adolf, 254
Hitler, Bunker di, 82
Hobrecht, James, 282
Holländisches Viertel (Potsdam), 216
Holocaust Mahnmal, 11, 79
Honecker, Erich, 172, 233, 265
Hufeisensiedlung, 286
Humboldt, Wilhelm von, 248
Humboldt Universität, 88
Humboldt-Box, 107

I
Imbiss, 55
informazioni turistiche, 14, 317
Insel der Jugend, 156
Internationale Grüne Woche, 22
Internationale Tourismus Börse, 22

internet, accessi a, 315
Isherwood, Christopher, 294
itinerari, 16-7
itinerari a piedi, 37, 312
Alexanderplatz, 109
Kreuzberg, 159
Muro di Berlino, 37
Prenzlauer Berg, 189
Scheunenviertel, 140

J
Jahn, Helmut, 115
JazzFest Berlin, 25
Jüdische Mädchenschule, 135
Jüdischer Friedhof Schönhauser Allee, 187
Jüdisches Museum, 152-3
Jugendhof Moritzdorf, 186
Jugendstil, 289

K
Kadishman, Menashe, 153
Kaiser-Wilhelm-Gedächtniskirche, 204
Kaminer, Wladimir, 275
Kapelle der Versöhnung, 133
Karajan, Herbert von, 275
Karl-Marx-Allee, 174
Karneval der Kulturen, 23
Kästner, Erich, 274
Käthe-Kollwitz-Museum, 203
Kennedy, John F., 263
Kinder, Birgit, 172
Kinderbad Monbijou, 27
Kirchner, Ernst Ludwig, 121
Kleihues, Josef Paul, 289
Kleist, Heinrich von, 273
Kneipe, 209
Knobelsdorff, Georg Wenzeslaus von, 268, 281
Knoblauchhaus, 107
Kolbe, Georg, 207
Kollwitz, Käthe, 203, **270**
Kollwitzplatz, 187
Köpenick, 224-6
Körnerpark, 157
Kottbusser Tor e il Landwehrkanal, 150-69
che cosa vedere, 155-6
locali e vita notturna, 163-4
pasti, 158-61
Kreuzberg, 73, 150-69, **150**, **370**, **372**

che cosa vedere, 152-3, 154-7
da non perdere, 150-1, 152-3
divertimenti, 166-8
itinerario a piedi, 159
locali e vita notturna, 151
pasti, 151, 157-62
pernottamento, 237
shopping, 168-9
trasporti, 151
Kreuzberg Museum, 156
Kulturbrauerei, 187
Kulturforum, 12, 118, 121
Kulturforum, 113-29
che cosa vedere, 121-3
Kunstgewerbemuseum, 122
Kunsthaus Tacheles, 135
Künstlerhaus Bethanien, 155
Kupferstichkabinett, 122
Kurfürstendamm, 197-210, 203, 293
che cosa vedere, 203-5
pasti, 206-10
KW Institute for Contemporary Art, 136

L
Labyrinth Kindermuseum, 26
Lang, Fritz, 276, 295
Lange Nacht der Museen, 22, 25
Legoland Discovery Centre, 116-7
Lessing, Gotthold Ephraim, 273
letteratura, 273-5
romanzi noir e spy story, **273**
Libeskind, Daniel, 152-3, 264
librerie, 75
libri su Berlino, 244
Liebermann-Villa am Wannsee (Wannsee), 223
Liebknecht, Karl, 252, 255
lingua, 324-31
locali e vita notturna, 9, 45-51, 49, **49**, v. *anche sottoindice* Locali e vita notturna *e singoli quartieri*
bar e pub, 46-7
birra, 48-50
clubbing, 47-8

dove ci si diverte, 50
dress code, 46
orari d'apertura, 46
Loxx Miniatur Welten Berlin, 105
Luftbrückendenkmal, 155
Luftwaffenmuseum (Spandau), **219**
Lustgarten, 103
Lutero, Martin, 247
Luxemburg, Rosa, 252

M
Madame Tussauds, 82
MaerzMusik, 22
mance, 318
Märchenbrunnen, 173
Marie-Elisabeth-Lüders-Haus, 81
Marienkirche, 104
Märkisches Museum, 106
Martin-Gropius-Bau, 121
Matthäuskirche, 122
Mauermuseum, 37, 87
Mauerpark, 185-6
Mauerweg, 32, 37
Mausoleum, 201
Max Planck Science Gallery, 85
Max-Schmeling-Halle, 185
Me Collectors Room, 137
Mendelsohn, Erich, 286
Mendelssohn, I., 86
Mendelssohn, Moses, 153, 248
mercati, 21, **181**
mercati dei contadini, 56, 124, 155, 195
mercatini delle pulci, 67, 181, 186
mercatini di Natale, 25
Missing House, 140
Mitte – centro storico, 72, 74-93, **74**, 75, **362**
che cosa vedere, 76-7, 78, 79, 80, 81-7
da non perdere, 7, 11, 76-7, 78, 79, 80, 84, 85, 86
divertimenti, 92
itinerario a piedi, 88
locali e vita notturna, 91
pasti, 75, 87-90
shopping, 92
trasporti, 75
moda
Berlin Fashion Week, 22
stilisti locali, 67
moneta, 317
Monsterkabinett, **138**

monumenti commemorativi Muro di Berlino, 133-4
Moore, Henry, 82
motocicletta, 308, 312
Müller, Heiner, 274
Münzsammlung, 102
Murnau, F.W., 295
Muro di Berlino, 9, 12, 34-7, **37**, 116, 172
 caduta, **299**
 Mauerguide, 37
 monumento commemorativo, 133-4
 storia, 35
 tour a piedi, 37
 tour in bicicletta, 37
Museen Dahlem (Dahlem), 221
musei, 18, 19, *v. anche i singoli musei*
Museum Berggruen, 201
Museum Blindenwerkstatt Otto Weidt, 138
Museum der Dinge, 156
Museum Europäischer Kulturen (Dahlem), 221
Museum für Asiatische Kunst (Dahlem), 221
Museum für Byzantische Kunst, 102
Museum für Film und Fernsehen, 116
Museum für Fotografie, 204
Museum für Indische Kunst (Dahlem), 221
Museum für Islamische Kunst, 98
Museum für Kommunikation Berlin, 87
Museum für Naturkunde, 136
Museum für Vor- und Frühgeschichte, 100
Museum The Kennedys, 136
Museumsinsel, 9, 96-103
Museumsinsel, 72, 94-112, **94, 366**
 che cosa vedere, 96-103, 104-108
 da non perdere, 9, 96-103, 104, 105
 divertimenti, 111
 locali e vita notturna, 111
 pasti, 95, 108-11
 pernottamento, 231

000 Da vedere
000 Cartine
000 Letture

shopping, 112
trasporti, 95
musica, 20, 33, **164**, 275-6, 301-4
 classica, 62, 62-3
 hip hop, 302
 jazz, 302
 jazz e blues, 167
 punk rock, 301
 rap, 302
 reggae, 302
 rock, 165
 techno, 303
musica live, 64-5
Musikfest Berlin, 25
Musikinstrumenten-Museum, 122

N
Nationalgalerie Berlin, 39
Neptunbrunnen, 104
Nering, Johann Arnold, 280
Neue Kammern (Potsdam), 213
Neue Nationalgalerie, 121-2
Neue Synagoge, 134
Neue Wache, 83
Neuer Marstall, 108
Neues Museum, 99-100
Neues Palais (Potsdam), 215
Neukölln, 73
Neukölln Nord, 150-69, **150, 372**
 che cosa vedere, 154-7
 da non perdere, 150-1, 152-3
 divertimenti, 166-8
 locali e vita notturna, 151
 pasti, 151, 157-62
 pernottamento, 237
 shopping, 168-9
 trasporti, 151
Newton, Helmut, 204
Nikolaikirche (Spandau), 219
Nikolaikirche, 105
Nikolaiviertel, 94-112
 che cosa vedere, 105-7
 pasti, 110
Noir, Thierry, 172
Nollendorfplatz, 124
Nordbahnhof, 133
Nouvel, Jean, 291

O
Oberbaumbrücke, 176
Olympiastadion, **206**
opera, 62

ora, 318
Orangerieschloss (Potsdam), 215
Oranienburger Tor
 che cosa vedere, 137-9
 locali e vita notturna, 146
 pasti, 142-3
orari d'apertura, 318
orsi, 111
Ostalgie, **298**
Ostrock, 301

P
Panoramapunkt, 116
parchi e giardini, 19
Pariser Platz, 78-9
Pariser Platz, 74-93
 che cosa vedere, 82-4
 locali e vita notturna, 91
 pasti, 89
Park Charlottenhof (Potsdam), 216
Parlament der Bäume, 81
passeggiate, 33
pasti, 20, 28, 52-7, **54**, *v. anche sottoindice Pasti e singoli quartieri*
 bambini, 27
 costi, 53
 Currywurst, 87
 fare la spesa, 55
 gelato, 56
 glossario, 325-7
 grillwalker o barbecue ambulanti, **110**
 orari d'apertura, 53
 specialità, 52
 supper club, 55
Paul-Löbe-Haus, 81
Pei, I.M., 80, 280
Pergamonmuseum, 97-99, 97-100
Peristal Singum, **180**
pernottamento, 15, 227-42, *v. anche sottoindice Pernottamento e singoli quartieri*
 a ovest del centro, 240-2
 Alexanderplatz, 231
 Charlottenburg, 240
 Friedrichshain, 237
 Kreuzberg, 237
 letti bizzarri, **232-3**
 Mitte – centro storico, 230
 Museumsinsel, 231
 Neukölln Nord, 237
 Potsdamer Platz, 233
 Prenzlauer Berg, 239

Scheunenviertel, 234
Tiergarten, 233
Pfaueninsel (Wannsee), 222
Philharmonie, 122
pianificare il viaggio, 14-5
 budget, 31-3, 53
 feste ed eventi, 22-5
 Muro di Berlino, 34-7
 quartieri di Berlino, 72-3
pittura, 268-272
Ponte aereo di Berlino, 154
Pop, Iggy, 125, 298
Porn Film Festival, 25
Porta di Brandeburgo, 78
posta, 318
Potsdam, 212, **214**
Potsdamer Platz, 10, 115
Potsdamer Platz, 73, 113-29, **113, 364**
 che cosa vedere, 115-7, 118-20, 121-5
 da non perdere, 10, 12, 115-7, 118-20, 123
 divertimenti, 128
 locali e vita notturna, 114, 128-9
 pasti, 114, 127, 127-8
 pernottamento, 233
 shopping, 129
 trasporti, 114
Prenzlauer Berg, 73, 183-96, **183, 378**
 che cosa vedere, 185, 187-188
 da non perdere, 185
 divertimenti, 194
 itinerario a piedi, 189
 locali e vita notturna, 184, 192-4
 pasti, 184, 188-92
 pernottamento, 239
 shopping, 195
 trasporti, 184
Prinzessinnengärten, **155**
Puppentheater-Museum Berlin, 157

Q
Quartiere del Governo, *v.* Regierungsviertel
questioni legali, 319

R
Ramones Museum, 137
Rathaus Köpenick (Köpenick), 225
Rathaus Schöneberg, 125
Rauch, Christian Daniel, 269

RAW Tempel, 173
Regener, Sven, 275
Regierungsviertel
    che cosa vedere, 81-2
    locali e vita notturna, 91
    pasti, 87
Reichstag, 7, 76-7
Reichstag e Unter den Linden
    pasti, 90-1
Riefenstahl, Leni, 255, **276**
Rixdorf, 157
Rosenstrasse, **106**
Rotes Rathaus, 104

S

S-Bahn, 310
Sachsenhausen, Konzentrantionslager, 256
salute, 319
Sammlung Haubrok, 176
Sammlung Hoffmann, 137
Sammlung Scharf-Gerstenberg, 201
Sankt-Hedwigs-Kathedrale, 83
Schadow, Johann Gottfried, 78, 268
Scharoun, Hans, 122, 288
Scheunenviertel, 146
Scheunenviertel, 73, 130-149, **146**, **130**, **367**, **368**
    che cosa vedere, 132, 133, 134, 135-9
    da non perdere, 130-1, 132, 133, 134, 135, 136
    divertimenti, 146-147
    itinerario a piedi, 140
    locali e vita notturna, 131, 144-146
    pasti, 131, 139-43
    pernottamento, 234
    shopping, 147-9
    trasporti, 131
Schiffahrt im Potsdam, 212
Schinkel, Karl Friedrich, 83, 84, 100, 101, 103, 107, 109, 122, 159, 200, 223, 249, **280**, 281
Schlesisches Tor e la Sprea, 150-169
    locali e vita notturna, 165-169
    pasti, 162
Schliemann, Heinrich, **102**
Schloss Bellevue, 124
Schloss Cecilienhof (Potsdam), 216

Schloss Charlottenburg, 9, 199-202
Schloss Charlottenburg, 197-210, **381**
    pasti, 205
Schloss Glienicke (Wannsee), 223
Schloss Köpenick (Köpenick), 225
Schloss Sanssouci (Potsdam), 212-6
Schloss Schönhausen, **187**
Schlüter, Andreas, 80, 268, 280
Schmied, Thilo, 164
Schneider, Peter, 274
Schöneberg, 124-5
Schwedter Nordwand, 186
Schwules Museum, 155
scultura, 268-72
Sealife Berlin, 104-5
Seeed, 302
servizi igienici, 320
Shitkatapult, 304
shopping, 29, 67-9, *v. anche sottoindice Shopping e singoli quartieri*
    dove comprare, 68
    mercati, 21
    orari d'apertura, 68
    Spätkauf, 53
Siegessäule, 123
Silvester (Capodanno), 25
siti web, 14
    arte, 39
    lesbogay, 59
    pernottamento, 228
Skulpturensammlung, 102
Sonntagskonzerte, 62
Sony Center, 115
Sowjetisches Ehrenmal Tiergarten, 81
Sowjetisches Ehrenmal Treptow, 156
Spandau, 247
Speer, Albert, 286, 287
spettacoli comici, 65
sport
    Berlin Marathon, 25
    calcio, 30
Stadtschloss, **107**
Staatsratsgebäude, 108
Stasi, **174-5**, 300
Stasi Ausstellung, 87
Stasi, prigione della, 175
Stasimuseum, 174-5
Stern und Kreisschiffahrt, **202**
Sternberg, Josef von, 295
Stolpersteine, **142**

storia, 246-67
    battaglia di Berlino, 259
    campo di concentramento, 217
    Conferenza di Yalta, 260
    divisione della Germania, 261
    dopoguerra, 259
    ebrei, 257-67, **264**
    Guerra Fredda, 20, 31, 85, 297-300
    Hohenzollern, 199
    Lega di Spartaco, 252
    libri, 254
    Medioevo, 246
    Muro di Berlino, 246, 262-7
    Napoleone, 249
    nazismo, 77, 87, 255-67
    Notte dei lunghi coltelli, **256**
    NSDAP, o Partito Nazista, 254
    occupazione, 260
    Olimpiadi del 1936, 206, **255**
    Piano Marshall, 261
    Ponte aereo di Berlino, **260**
    post-unificazione, 267
    prima guerra mondiale, 252-267
    Prussia, 248-267
    Repubblica di Weimar, 253-267
    resistenza, 106, 123, 138, 258
    Riforma, 247
    riunificazione, 266
    rivolte studentesche e terrorismo, 263
    rivoluzioni, 250
    seconda guerra mondiale, 20, 31, 86, 106, 194, 258
    soluzione finale, 257
    Stasi, 174
Story of Berlin, 205
Strandbad Wannsee (Wannsee), **223**
Strasse des 17 Juni, 81
street art, 10, 41-4, 172
Sultan Hamam, 151

T

Tanz im August, 24, 65
tasse e rimborsi, 321
Taut, Bruno, 283
taxi, 312
teatro, 64

telefono, 14, 321
Tempelhof, **154**
Tempelhofer Park, 154
tessere sconto, 321, **322**
Tiergarten, 123
Tiergarten, 73, 113-29, **113**
    che cosa vedere, 115-7, 118-20, 121-5
    da non perdere, 10, 12, 115-7, 118-20, 123
    divertimenti, 128
    itinerario a piedi, 126
    locali e vita notturna, 114, 128
    pasti, 114, 128
    pernottamento, 233
    shopping, 129
    trasporti, 114
Topographie des Terrors, 86
Torre della Televisione, *v.* Fernsehturm
Torstrasse, **144**
    locali e vita notturna, 145
    pasti, 142
tour, 32, 194, 218, 21
    a piedi, 312-3
    a tema, 314
    architettura, 292
    autobus, 314
    battello, 313-314
    bicicletta, 313
    in battello, 212
    lesbogay, 59
    tram, 311
Tränenpalast, 37, 83
trasporti, 306-14
trasporti urbani, 15, 310-2
    biglietti e tessere, **310**
    notturno, **311**
treno, 310
    per/dall'Italia, 308
Treptower Park, **156-7**
Tresor, 303
Trotta, Margarethe von, 258, 277

U

U-Bahn, 310
UFO club, 303-4
Ullmann, Micha, 83
Unter den Linden, 74-93
    che cosa vedere, 82-4
    locali e vita notturna, 91

V

van der Rohe, Mies, 288
vegani, 54
vegetariani, 54

viaggiare in sicurezza, 322
viaggio per/da Berlino, 306-9
vita notturna, v. locali e vita notturna
vivere come un berlinese, 29, 30, v. anche i singoli quartieri
Viktoriapark, 155
Volkspark Friedrichshain, 173
Vrubel, Dmitry, 172

W
Wagner, Martin, 283
Wannsee, 222
Weill, Kurt, 295
Weinhaus Huth & Daimler Contemporary, 117
Weltbrunnen, **205**
Wenders, Wim, 277
Winterfeldtplatz, 124
Wolf, Christa, 274
Wowereit, Klaus, 267

Z
Zeiss Grossplanetarium, 188
Zille, Heinrich, **269**
Zille Museum, 107
Zitadelle Spandau, 219

PASTI
.HBC, 110

A
A Magica, 191
Ali Baba, 206
Augustiner am Gendarmenmarkt, 89
Austria, 158
Aznavourian, 190

B
Bar Raval, 158-160
Barcomi's Deli, 141
Berlin Burger International, 162
Berlin Pavillon, 87
Bird, 190
Borchardt, 89
Brauhaus Georgbräu, 110

000 Da vedere
000 Cartine
000 Letture

Brauhaus Lemke, 205
Brel, 208
Brooklyn Beef Club, 110
Burgermeister, 162

C
Café am Neuen See, 128
Café Jacques, 158
Café Nord-Sud, 141
Café Schmus, 153
Café Schönbrunn, 178
Café-Restaurant Wintergarten im Literaturhaus, 207
Cantina, 89
Caramello, 177
Cha Chã, 90
Chèn Chè, 141
Chipps, 89
Cicciolina, 161
City Chicken, 162
Côcô, 143
Cookies Cream, 89
Curry 36, 158

D
Dada Falafel, 142
Dairy, 192
Defne, 158
Der Fischladen, 190
Der Hahn ist tot!, 188
Desbrosses, 127
Dicke Wirtin, 207
Dolores, 110
Double Eye, 125
Drachenhaus (Potsdam), 217
Duke, 208-210

E
Enoteca Il Calice, 208

F
Facil, 127
Fischers Fritz, 90
Fischschuppen, 177
Fleischerei Imbiss, 143
Franke, 207
Frau Mittenmang, 188
Freischwimmer, 162

G
Galileo (Grunewald e Dahlem), 222
Gartencafe, 155
Good Friends, 206

Good Time, 90
Grill Royal, 142
Gugelhof, 190

H
Habibi, 124
Hafthorn (Potsdam), 216
Hamy, 161
Hartmanns, 158
Hartweizen, 143
Hasir Kreuzberg, 160
Henne, 160
Hofbräuhaus Berlin, 110
Horváth, 160

I
I Due Forni, 190
Il Casolare, 161
Ishin-Mittelstrasse, 89

J
Joseph-Roth-Diele, 127
Jules Verne, 207

K
Kater Mikesch, 177
Katerschmaus, 162
Katz Orange, 142
Kimchi Princess, 161
Konnopke's Imbiss, 192
Kopps, 142
Krokodil (Köpenick), 226

L
La Muse Gueule, 191
La Raclette, 161
Lavanderia Vecchia, 161
Lemon Leaf, 177
Loretta am Wannsee (Wannsee), 224
Lucky Leek, 190
Luise (Grunewald e Dahlem), 222

M
Maison Charlotte (Potsdam), 217
Mani, 143
Mariamulata, 161
Maroush, 161
Max und Moritz, 160
Meierei im Neuen Garten (Potsdam), 217
Michelberger, 178
Mogg & Melzer, 141
Monsieur Vuong, 141
Moon Thai, 208

N
Naked Lunch, 192
Natural'Mente, 205
Neugrüns Köche, 190

O
Oderquelle, 188
Osteria Centrale, 206
Ottenthal, 208
Ousies, 125
Öz-Gida, 125

P
Pan Asia, 142
Pauly Saal, 141
Pavillon im Volkspark Friedrichshain, 178

Q
Qiu, 127

R
Ratskeller Köpenick (Köpenick), 226
Restaurant Gropius, 127
Restaurant Kolk (Spandau), 220
Restaurant Seehaase (Wannsee), 224
Restaurant Tim Raue, 90
Restaurant Wandel, 110
Rogacki, 205
Rosenburger, 143
Rosenthaler Grill- und Schlemmerbuffet, 143

S
Sagrantino, 90
Sarah Wiener im Hamburger Bahnhof, 142
satt und selig (Spandau), 220
Sauvage, 161
Schalander, 177
Schleusenkrug, 206
Schneeweiss, 176
Schusterjunge, 191
Schwarzer Hahn, 161
Schwarzwaldstuben, 139
Seerose, 158
Si An, 191
Spätzle & Knödel, 176
Spindler & Klatt, 162
Sra Bua, 89
Steelshark, 111
Susuru, 139

T

Tapitas, 190
taz Café, 90
Teehaus im Englischen Garten, 128
Tomasa, 158
Transit, 141, 176

U

Ula Berlin, 192

V

Vapiano, 127
Vau, 90
Vineria del Este, 177
Volt, 160
Vöner, 177

W

W- der Imbiss, 192
Weilands Wellfood, 127
White Trash Fast Food, 143

Y

Yam Yam, 141

Z

Zagreus Projekt, 143
Zenner-Eierschale, 156
Zia Maria, 188
Zur Letzten Instanz, 110

🍺 LOCALI E VITA NOTTURNA

.HBC, 111
://about blank, 178

A

Å, 164
Amano Bar, 144
Ankerklause, 163
Anna Blume, 193, 196
Asphalt, 91
Astro Bar, 179
August Fengler, 193
August II, 145
Aunt Benny, 181

B

Bar 3, 144
Bar Gagarin, 193
Bassy, 194
Bebel Bar, 91
Becketts Kopf, 192
Berghain/Panorama Bar, 180
Berliner Republik, 91
Bierhimmel, 164
Bonanza Coffee Heroes, 193
Buck and Breck, 145
Butcher's, 145

C

Café Bravo, 144
Cassiopeia, 178
Circus Lemke, 164
Clärchens Ballhaus, 144
Club der Visionäre, 165
Cookies, 91
CSA, 180-181
Curtain Club, 128

D

Deck 5, 193
Drayton Bar, 91

F

Felix, 91
Flamingo, 145

G

Gainsbourg, 208
Golden Gate, 111
Golgatha, 162
Green Door, 125
Greifbar, 194
Gretchen, 163
Grosse Freiheit, 180

H

Himmelreich, 179
Hops & Barley, 178
Horst Krzbrg, 162

K

Kaffee Burger, 145-146
Kaffee Pakolat, 193
Kater Holzig, 165
Kindl Stuben, 164
King Size Bar, 144
Kptn A Müller, 179
Kuschlowski, 165

L

Lab.oratory, 181
Loftus Hall, 165
Luzia, 163

M

Madame Claude, 166
Marietta, 192
Mauersegler, 193
Mein Haus am See, 145
Melody Nelson, 146
Möbel Olfe, 163
Monarch Bar, 163
Monster Ronson's Ichiban Karaoke, 180
Morning Glory, 193

N

Naherholung Sternchen, 181
Neue Odessa Bar, 145

O

Oststrand, 180

P

Place Clichy, 179
Prater, 192
Prince Charles, 164
Puro Skylounge, 209

R

Ritter Butzke, 163
Roadrunner's Club, 194
Rollberg Brauerei, 165
Roses, 163

S

Salon zur Wilden Renate, 178
San Remo Upflamör, 166
Sanatorium 23, 179
Schwuz, 163
Silverfuture, 165
Soju Bar, 164
Solar, 128
St Gaudy Cafe, 193
Stagger Lee, 125
Strandbar Mitte, 144
Strandgut Berlin, 180
Suicide Circus, 178
Süss War Gestern, 179

T

Tadschikische Teestube, 144
Tausend, 91
Tussy Lounge, 179

U

Universum Lounge, 209

V

Victoriabar, 128
Voima, 125

W

Watergate, 165
Weekend, 111
Wohnzimmer Bar, 194
Würgeengel, 163

Y

Yuma Bar, 165

Z

Zum Schmutzigen Hobby, 179
Zwiebelfisch, 209

⭐ DIVERTIMENTI

A

A-Trane, 209
Admiralspalast, 92
Amphitheater, 146
Arsenal, 129
Astor Film Lounge, 209
Astra Kulturhaus, 181

B

B-Flat, 146
Babylon, 146
Bar Jeder Vernunft, 209
Berliner Ensemble, 147
Berliner Philharmonie, 128
Blue Man Group, 129

C

Chamäleon Varieté, 146
Cinestar Original, 128
Club Culture Houze, 166

D

Deutsche Oper, 209
Deutsches Theater, 147
Dock 11, 194

E

English Theatre Berlin, 167

F

Festsaal Kreuzberg, 167
Friedrichstadtpalast, 147

H
Hebbel am Ufer, 167
Hochschule für Musik Hanns Eisler, 92

I
Insomnia, 166

K
K17, 182
Kino International, 182
KitKatClub, 166
Komische Oper, 92
Konzerthaus Berlin, 92
Kookaburra, 195

L
Lichtblick Kino, 194
Lido, 167

M
Magnet Club, 166
Maxim Gorki Theater, 92

N
Neuköllner Oper, 167

P
Peristal Singum, 180

Q
Quasimodo, 209

R
Radialsystem V, 181

S
SO36, 167
Sophiensaele, 146
Spielbank Berlin, 129
Staatsoper unter den Linden @ Schillertheater, 209

T
Theater am Potsdamer Platz, 129
Theaterdiscounter, 111
Tipi am Kanzleramt, 92

000 Da vedere
000 Cartine
000 Letture

V
Volksbühne am Rosa-Luxemburg-Platz, 146

W
Wild at Heart, 167
Wintergarten Varieté, 65

Y
Yorckschlösschen, 167

🛍 SHOPPING
1. Absinth Depot Berlin, 149

A
Ach Berlin, 93
Alexa, 112
Ampelmann Galerie, 149
Another Country, 168
Antikmarkt am Ostbahnhof, 181
Ausberlin, 112
Awear, 196

B
Berlin Fashion Network, 147
Berlin Story, 93
Berliner Trödelmarkt, 210
Bonbonmacherei, 149
BoxoffBerlin, 93

C
C'est Tout, 147
Claudia Skoda, 147
Coledampf's CulturCentrum, 196

D
Dussmann-Das Kulturkaufhaus, 92

E
East Berlin, 148
Erfinderladen, 196

F
Fassbender & Rausch, 93
Flagshipstore, 195
Flohmarkt am Arkonaplatz, 195
Flohmarkt am Boxhagener Platz, 181
Flohmarkt am Mauerpark, 186
Frau Tonis Parfum, 93
Fun Factory, 148

G
Galeria Kaufhof, 112
Galeries Lafayette, 92
Goldhahn & Sampson, 196
Grober Unfug, 148

H
Happy Shop, 149
Hard Wax, 169
Hautnah, 210
Herr Von Eden, 148
Herrlich, 168
Hundt Hammer Stein, 148

I
IC! Berlin, 147

K
KaDeWe, 210
Käthe Wohlfahrt, 210
Killerbeast, 169
Kollwitzplatzmarkt, 195
Kunst- & Nostalgiemarkt, 93

L
Lala Berlin, 148
Luxus International, 195

M
Marheineke Markthalle, 168
Markthalle IX, 168
Mondos Arts, 182
Motto, 169

N
Nivea Haus, 93
No 74 Berlin, 149
Nowkoelln Flowmarkt, 169

O
Overkill, 169

P
Perlerei, 182
Potsdamer Platz Arkaden, 129
Prachtmädchen, 182
Pro QM, 148

R
Ratzekatz, 196
RAW Flohmarkt, 181
Ritter Sport Bunte Schokowelt, 93
Rotation Records, 148

S
Saint Georges, 196
Sameheads, 169
Schropp, 210
Schwarzer Reiter, 149
Sing Blackbird, 169
Space Hall, 168
Steiff Galerie in Berlin, 210
Stilwerk, 210

T
Ta(u)sche, 195
Thatchers, 196
Titus Zoopreme, 210
Türkenmarkt, 168

U
UKO Fashion, 169
UVR Connected, 169

V
VEB Orange, 196
Voo Store, 168

Z
Zigarren Herzog am Hafen, 182

🛏 PERNOTTAMENTO

A
Abion Spreebogen Waterside Hotel, 234
Ackselhaus & Blue Home, 240
Adina Apartment Hotel Berlin Checkpoint Charlie, 230
Alexander Plaza, 231
Alte Bäckerei Pankow, 233
Arcotel John F, 230
art'otel berlin mitte, 232
Arte Luise Kunsthotel, 230
Axel Hotel, 235

B
Berlin Lofts, 239
Bleibtreu Berlin, 240
Brilliant Apartments, 239

C
Casa Camper, 235
Circus Hostel, 236
Circus Hotel, 234
Cosmo Hotel Berlin, 230

D
Das Andere Haus VIII, 233

E
East-Side Hotel, 238
Eastern Comfort Hostelboat, 179, 232
EastSeven Berlin Hostel, 239
Ellington Hotel, 241
Enjoy B&B, 235
Excelsior Hotel, 242

F
Flower's Boardinghouse Mitte, 236

G
Gay Hostel, 235
Grand Hostel, 237

H
Honigmond Garden Hotel, 235
Hostel One80°, 231
Hotel 26, 238
Hotel Adlon Kempinski, 230
Hotel Amano, 235
Hotel Art Nouveau, 241
Hotel Askanischer Hof, 240
Hotel Bogota, 241
Hotel Concorde Berlin, 240
Hotel de Rome, 230
Hotel Greifswald, 240
Hotel Honigmond, 236
Hotel Indigo Berlin-Alexanderplatz, 231
Hotel Johann, 237
Hotel Kastanienhof, 239
Hotel Otto, 242
Hotel Q!, 242
Hotel Riehmers Hofgarten, 237
Hotel Sarotti-Höfe, 237
Hotel-Pension Dittberner, 242
Hotel-Pension Funk, 241
Hüttenpalast, 232

I
IMA Loft Apartments, 239

K
Ku' Damm 101, 242

L
Louisa's Place, 241

M
Mandala Hotel, 233
Mani Hotel, 236
Meininger Hotel Berlin Prenzlauer Berg, 239
Michelberger Hotel, 237
Miniloft Berlin, 239
mitArt Hotel & Café, 236
Mittendrin, 241
Motel One Berlin-Alexanderplatz, 231
Mövenpick Hotel Berlin, 234

N
nhow, 237

O
Odyssee Globetrotter Hostel, 238
Ostel Hostel, 233

P
Pangea People Hostel, 233
Park Inn Berlin-Alexanderplatz, 231
Plus Hostel, 238
Precise Hotel Myer's Berlin, 240
Propeller Island City Lodge, 232

R
Radisson Blu Hotel, 231
Raise a Smile Hostel, 238
Ritz-Carlton Berlin, 234
Riverside Lodge Hostel, 237

S
Savoy Hotel, 241
Scandic Berlin Potsdamer Platz, 234
Sofitel Berlin Gendarmenmarkt, 230
Soho House Berlin, 235-236

T
T&C Apartments, 239
The Dude, 232

U
Upstalsboom Hotel Friedrichshain, 238-239

W
Weinmeister, 236
Wombat's City Hostel Berlin, 234

Y
Yes Residenz, 233

*Finito di stampare presso Grafica Veneta S.p.A., Trebaseleghe (Padova)
nel mese di giugno 2013*

Ristampa

0 1 2 3 4 5 6

Anno

2013 14 15 16 17 18

NOTE

NOTE

NOTE

NOTE

NOTE

NOTE

NOTE

NOTE

NOTE

NOTE

Cartine

Legenda delle cartine

Attrazioni, turismo
- Spiaggia
- Tempio buddhista
- Castello
- Chiesa
- Tempio hindu
- Moschea
- Sinagoga
- Monumento
- Museo/galleria
- Rovine
- Enoteca/vigneto
- Zoo
- Altri luoghi di interesse

Pasti
- Pasti

Locali e vita notturna
- Locali e vita notturna
- Caffè/bar

Divertimenti
- Divertimenti

Shopping
- Shopping

Pernottamento
- Albergo
- Campeggio

Sport e attività
- Immersioni/snorkelling
- Canoa/kayak
- Piste da sci
- Surf
- Nuoto/piscina
- Passeggiate/trekking
- Windsurf
- Altri sport e attività

Informazioni
- Ufficio postale
- Informazioni turistiche

Trasporti
- Aeroporto
- Posto di confine
- Autobus
- Funivia/funicolare
- Pista ciclabile
- Traghetto
- Metropolitana
- Monorotaia
- Parcheggio
- S-Bahn
- Taxi
- Treno/ferrovia
- Tram
- Tube
- U-Bahn
- Altri trasporti

Strade
- Autostrada
- Superstrada
- Strada principale
- Strada secondaria
- Strada minore
- Vicolo
- Strada sterrata
- Zona commerciale
- Gradinata
- Tunnel
- Ponte pedonale
- Itinerario a piedi
- Variante itinerario
- Sentiero

Confini
- Internazionali
- Stato/provincia
- Contesi
- Regionali/urbani
- Parco marino
- Dirupo
- Mura

Geografia
- Rifugio/capanno
- Faro
- Punto panoramico
- Monte/vulcano
- Oasi
- Parco
- Passo
- Area picnic
- Cascate

Idrografia
- Fiume, torrente
- Fiume stagionale
- Palude/mangrovia
- Barriera corallina
- Canale
- Acque
- Lago stagionale/asciutto/salato
- Ghiacciaio

Territorio
- Spiaggia/deserto
- Cimitero (cristiano)
- Cimitero (altro)
- Parco/foresta
- Campo sportivo
- Da vedere (edifici)
- Da non perdere (edifici)

INDICE

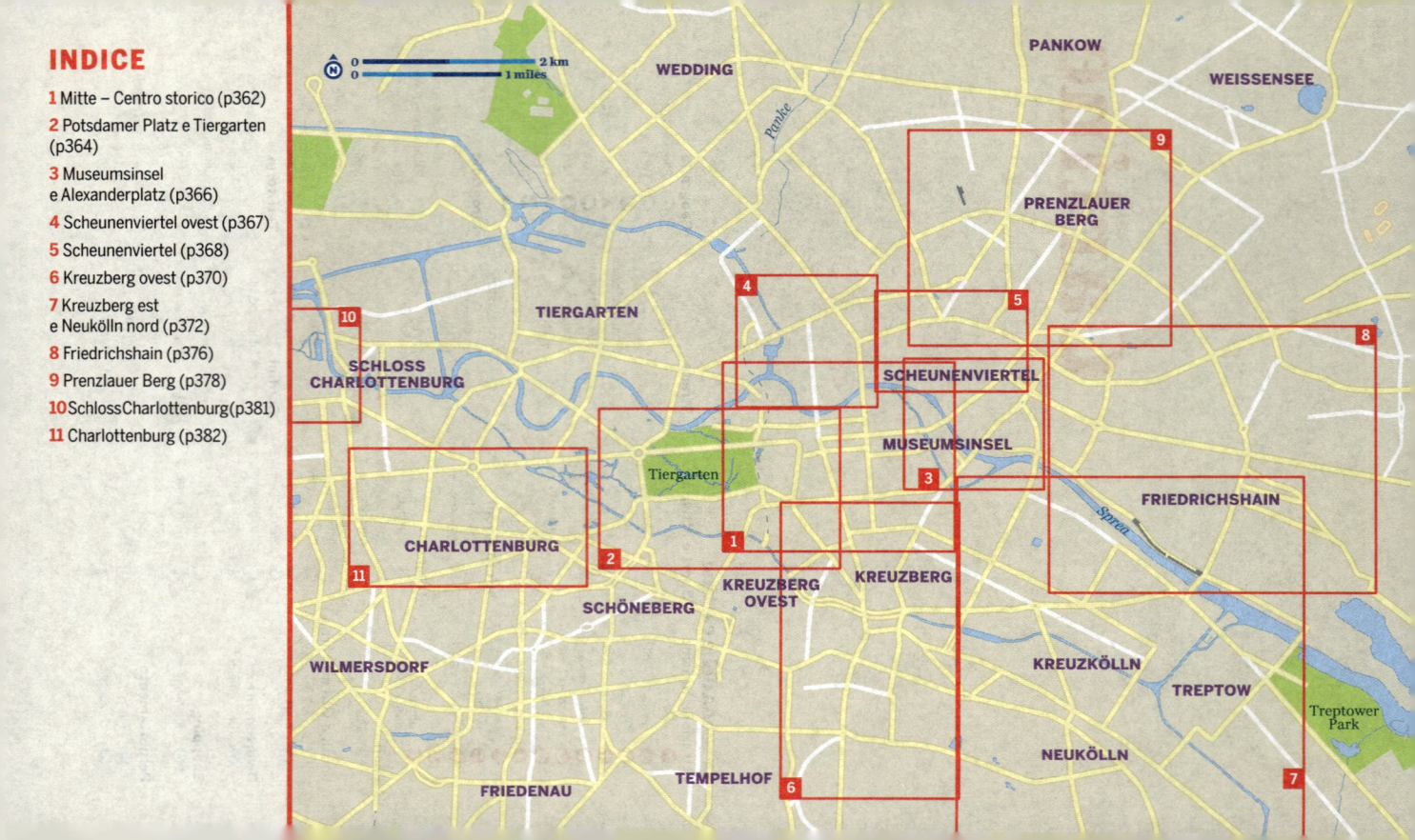

1 Mitte – Centro storico (p362)
2 Potsdamer Platz e Tiergarten (p364)
3 Museumsinsel e Alexanderplatz (p366)
4 Scheunenviertel ovest (p367)
5 Scheunenviertel (p368)
6 Kreuzberg ovest (p370)
7 Kreuzberg est e Neukölln nord (p372)
8 Friedrichshain (p376)
9 Prenzlauer Berg (p378)
10 Schloss Charlottenburg (p381)
11 Charlottenburg (p382)

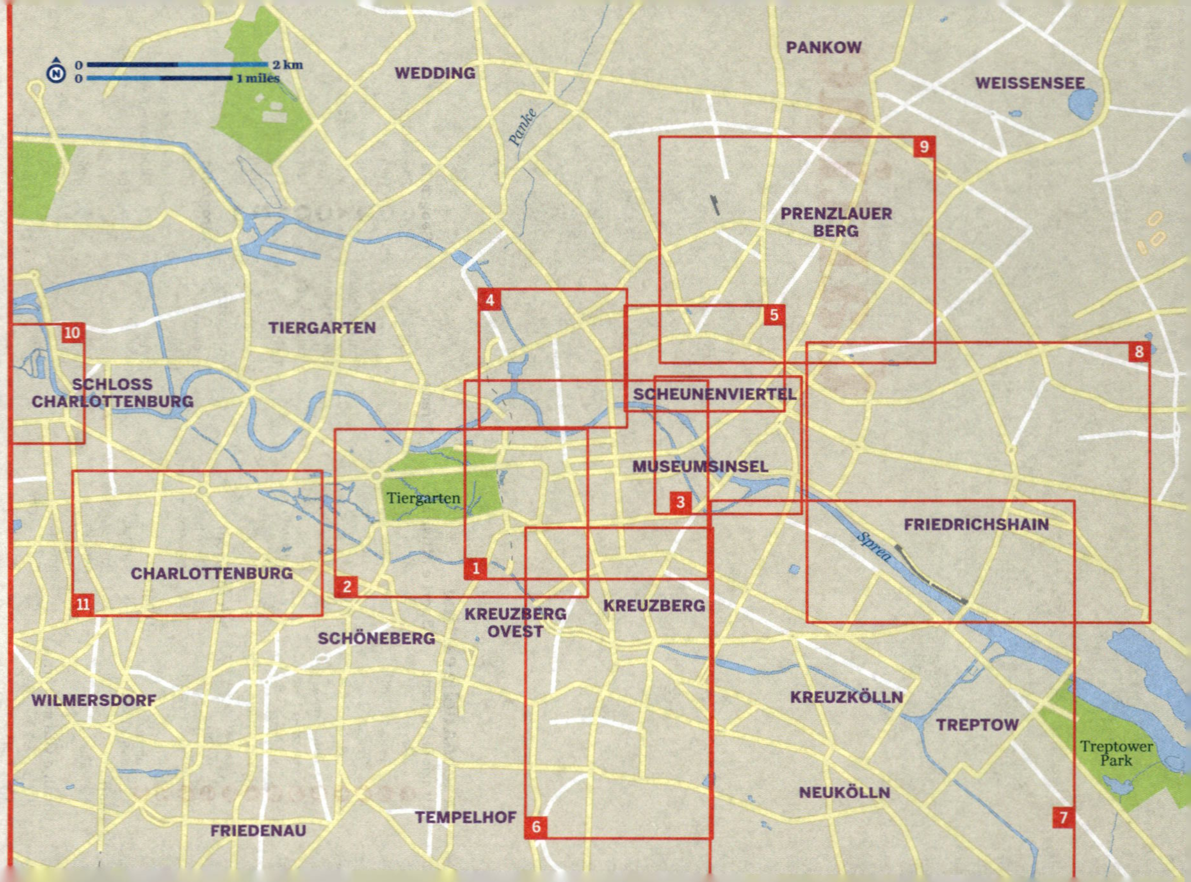

MITTE – CENTRO STORICO *Cartina p362*

◎ Da non perdere (p76)
Porta di Brandeburgo e Pariser Platz	C3
Checkpoint Charlie	F6
Deutsches Historisches Museum	G3
Gendarmenmarkt	F4
Holocaust Mahnmal	C4
Reichstag	C3
Topographie des Terrors	D7

◎ Che cosa vedere (p81)
1	Akademie der Künste	D4
2	Automobil Forum Unter den Linden	F3
3	Bebelplatz	F3
4	Berlin Hi-Flyer	E6
5	Die Mauer – Das Asisi Panorama	F6
6	Bundeskanzleramt	B2
7	Contemporary Fine Arts	G2
8	Denkmal für die im Nationalsozialismus verfolgten Homosexuellen	C4
9	Deutscher Dom	F5
10	Deutsches Currywurst Museum	F6
11	Emil Nolde Museum	F4
12	Ex Reichsluftfahrtministerium	D6
13	Französischer Dom	F4
14	Friedrichstadtpassagen	F4
15	Friedrichswerdersche Kirche	G4
16	Haus der Kulturen der Welt	A2
17	Bunker di Hitler	D5
	Kunst-Raum	(v. 19)
18	Madame Tussauds	D3
19	Marie-Elisabeth-Lüders-Haus	C2
20	Mauermuseum	F7
21	Max Planck Science Gallery	F4
22	I Mendelssohn	G4
23	Museum für Kommunikation Berlin	E6
24	Neue Wache	G3
25	Parlament der Bäume	C2
26	Paul-Löbe-Haus	C2
27	Sankt-Hedwigs-Kathedrale	G4
28	Sowjetisches Ehrenmal Tiergarten	B3
29	Stasi Ausstellung	E6
30	Strasse des 17 Juni	B3
31	Tränenpalast	E2
	Wall Installation di Ben Wagin	(v. 19)

⊗ Pasti (p87)
32	Augustiner am Gendarmenmarkt	F4
33	Cantina	E2
34	Berlin Pavillon	C3
35	Borchardt	F4
36	Cha Chã	F5
37	Chipps	G4
38	Cookies Cream	E3
39	Fischers Fritz	F4
40	Good Time	G5
41	Ishin – Charlottenstrasse	F6
42	Ishin – Mittelstrasse	E3
43	Restaurant Tim Raue	F7
44	Sagrantino	F4
45	taz Café	F7
46	Sra Bua	D4
47	Vau	F4
48	Wonderpots	E2
49	Zwölf Apostel	F2

⊙ Locali e vita notturna (p91)
50	Asphalt	F5
51	Bebel Bar	F4
52	Berliner Republik	E2
53	Cookies	E3
	Drayton Bar	(v. 38)
54	Felix	D4
55	Tadschikische Teestube	G3
	Tausend	(v. 33)

✪ Divertimenti (p92)
56	Admiralspalast	E2
57	Hochschule für Musik Hanns Eisler	F4
58	Komische Oper	E4
59	Komische Oper Box Office	E3
60	Konzerthaus Berlin	F4
61	Maxim Gorki Theater	G3
62	Tipi am Kanzleramt	A3

🛍 Shopping (p92)
63	Ach Berlin	F4
64	Ampelmann Galerie	F4
65	Berlin Story	E3
66	BoxoffBerlin	E6
67	Dussmann – Das Kulturkaufhaus	E3
68	Fassbender & Rausch	F5
69	Frau Tonis Parfum	E6
70	Galeries Lafayette	F4
71	Kunst- & Nostalgiemarkt	G2
72	Nivea Haus	E3
73	Ritter Sport Bunte Schokowelt	F4

⊕ Sport e attività (p314)
74	Fritz Music Tours	D3
	Trabi Safari	(v. 4)

🛏 Pernottamento (p230)
75	Adina Apartment Hotel Berlin	G6
76	Arcotel John F	G4
77	Cosmo Hotel Berlin	H5
78	Hotel Adlon Kempinski	D3
	Hotel de Rome	(v. 51)
79	Sofitel Berlin Gendarmenmarkt	F4

MITTE – CENTRO STORICO

Legenda a p361

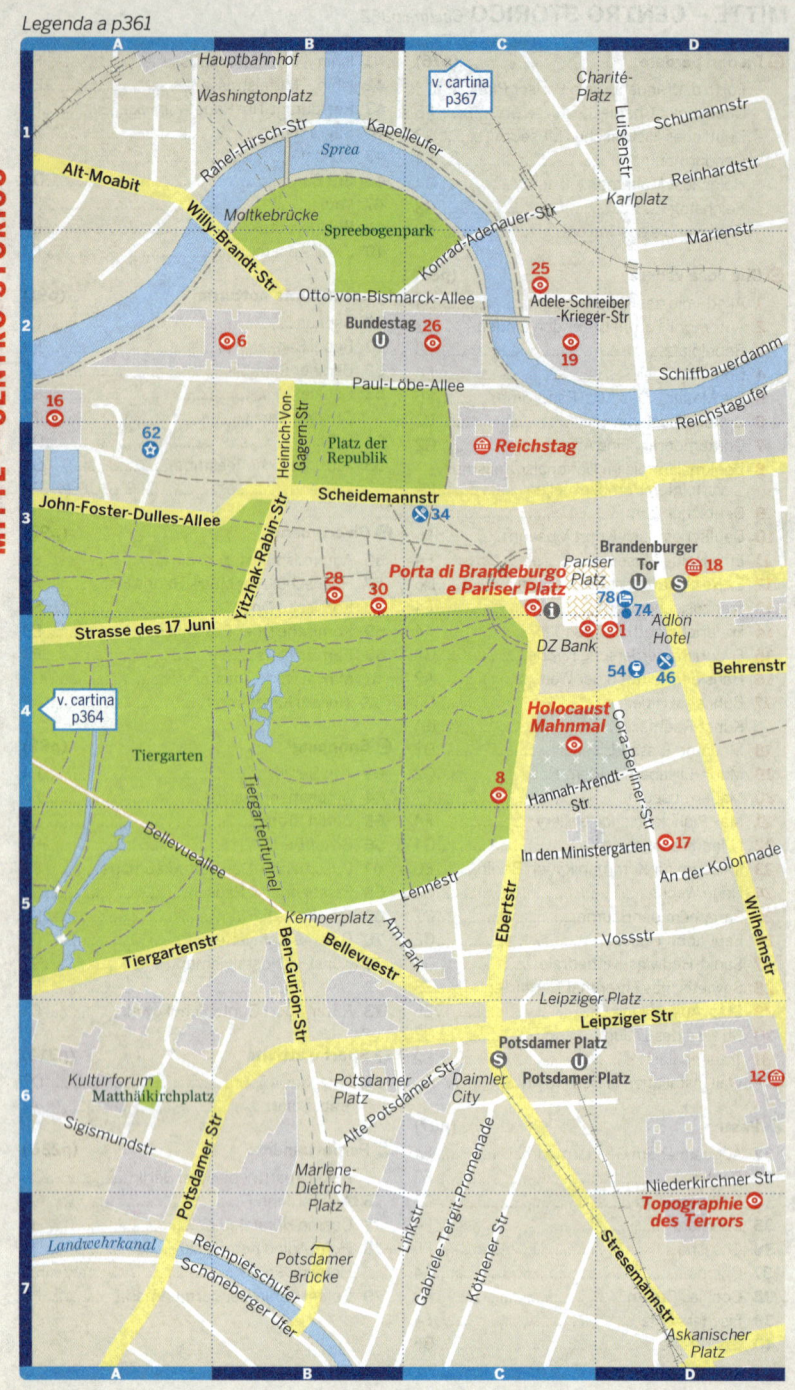

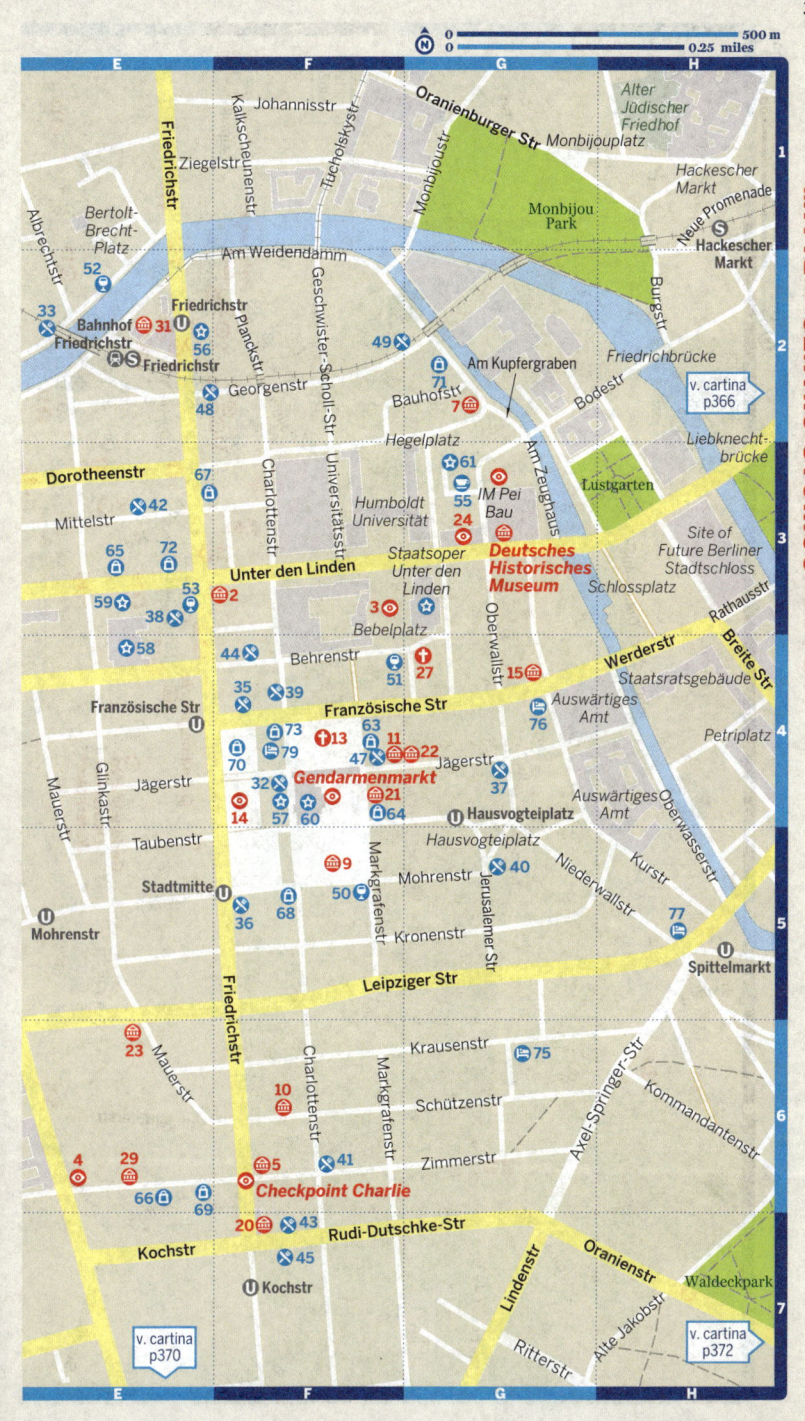

363

MITTE – CENTRO STORICO

POTSDAMER PLATZ E TIERGARTEN

POTSDAMER PLATZ E TIERGARTEN

◎ Da non perdere (p115)
Gedenkstätte Deutscher Widerstand.....................D4
Gemäldegalerie........................D4
Potsdamer Platz......................F3

◎ Che cosa vedere (p121)
1 Akademie der Künste..........A1
2 Bauhaus Archiv.....................B4
3 Muro di Berlino – resti.........F3
4 Boulevard der Stars..............F4
5 Boxers – scultura..................E4
6 Daimler Contemporary........F4
7 Dalí – Die Ausstellung..........F4
8 Diplomatenviertel..................C4
9 Filmmuseum............................F3
10 Galileo – scultura..................E4
11 Torretta delle guardie DDR di Erna-Berger-Strasse.........G4
12 Gelandet – scultura..............B1
13 Hansa Studios e Meistersaal....................F4
14 Kammermusiksaal..................E3
15 Kunstgewerbemuseum........D4
16 Kupferstichkabinett..............D4
17 Legoland Discovery Centre....E3
18 Martin-Gropius-Bau.............G4
19 Matthäuskirche.....................E4
20 Museum für Film und Fernsehen...................F3
21 Musikinstrumenten-Museum.................................E3
22 Neue Nationalgalerie...........E4
23 Panoramapunkt.....................F4
24 Philharmonie..........................E3
25 Prince Frederick Arthur of Homburg, General of Cav – scultura..............E4
26 Riding Bikes – scultura........F4
27 Schloss Bellevue...................B1
28 Siegessäule............................B2
29 Sony Center.............................F3
30 Staatsbibliothek zu Berlin...E4
Weinhaus Huth................(v. 6)

✕ Pasti (p127)
31 Café am Neuen See................A3
32 Caffe e Gelato........................F4
33 Desbrosses..............................F3
34 Facil..F4
35 Joseph-Roth-Diele................D5
Qiu.......................................(v. 34)
Restaurant Gropius.........(v. 18)
36 Teehaus im Englischen Garten..............B1
37 Vapiano....................................F3
38 Weilands Wellfood................E4

◎ Locali e vita notturna (p128)
Curtain Club.....................(v. 33)
39 Solar...G5

◎ Divertimenti (p128)
Arsenal.............................(v. 20)
Berliner Philharmonie....(v. 24)
40 Blue Man Group......................F4
41 Cinestar Original...................E3
42 Spielbank Berlin.....................E4
43 Theater am Potsdamer Platz......E4

◎ Shopping (p129)
44 Ampelmann Galerie..............F4
Potsdamer Platz Arkaden..(v. 32)

◎ Sport e attività (p116)
Panorama – terrazzo........(v. 9)

◎ Pernottamento (p233)
Mandala Hotel.................(v. 34)
45 Mövenpick Hotel Berlin.......G5
Ritz-Carlton Berlin.........(v. 33)
46 Scandic Berlin Potsdamer Platz...F5

MUSEUMSINSEL E ALEXANDERPLATZ

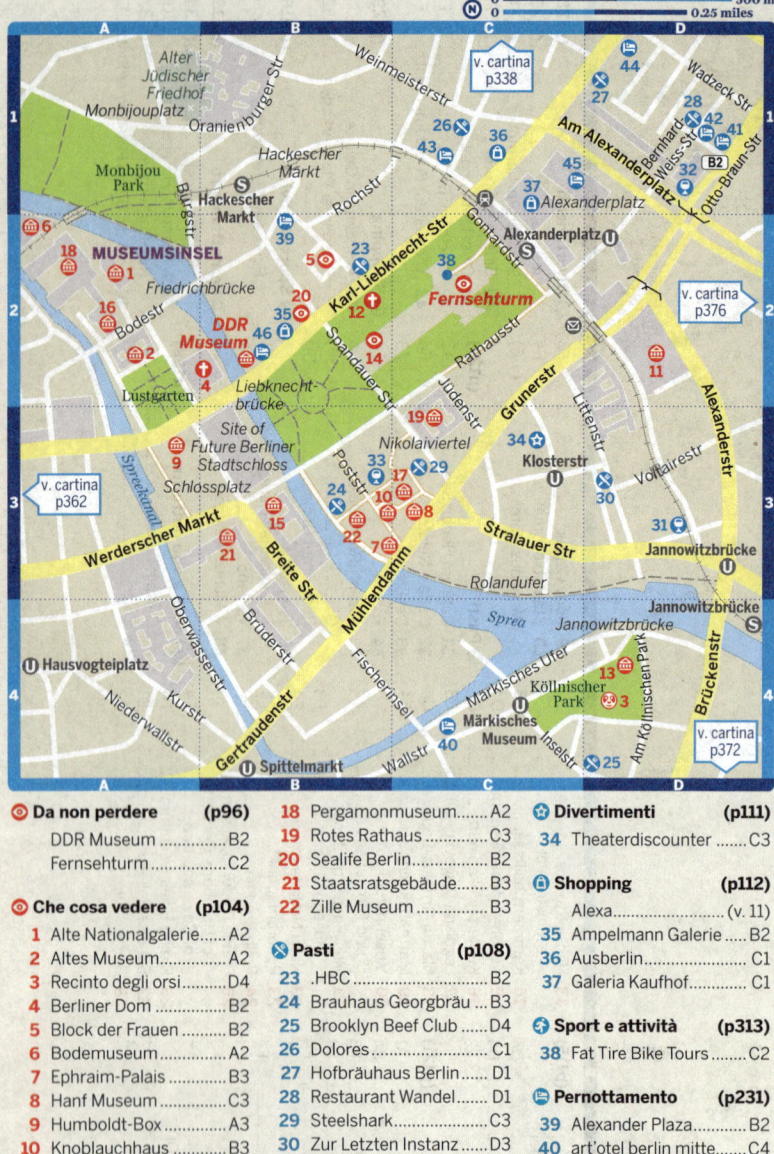

◎ Da non perdere (p96)
- DDR Museum B2
- Fernsehturm C2

◎ Che cosa vedere (p104)
1. Alte Nationalgalerie A2
2. Altes Museum A2
3. Recinto degli orsi D4
4. Berliner Dom B2
5. Block der Frauen A2
6. Bodemuseum A2
7. Ephraim-Palais B3
8. Hanf Museum C3
9. Humboldt-Box A3
10. Knoblauchhaus B3
11. Loxx Miniatur Welten Berlin D2
12. Marienkirche B2
13. Märkisches Museum D4
14. Neptunbrunnen B2
15. Neuer Marstall B3
16. Neues Museum A2
17. Nikolaikirche C3
18. Pergamonmuseum A2
19. Rotes Rathaus C3
20. Sealife Berlin B2
21. Staatsratsgebäude B3
22. Zille Museum B3

⊗ Pasti (p108)
23. HBC B2
24. Brauhaus Georgbräu ... B3
25. Brooklyn Beef Club D4
26. Dolores C1
27. Hofbräuhaus Berlin D1
28. Restaurant Wandel D1
29. Steelshark C3
30. Zur Letzten Instanz D3

◎ Locali e vita notturna (p111)
- HBC .... (v. 23)
- GMF .... (v. 32)
31. Golden Gate D3
32. Weekend D1
33. Zum Nussbaum B3

◎ Divertimenti (p111)
34. Theaterdiscounter C3

⊜ Shopping (p112)
- Alexa .... (v. 11)
35. Ampelmann Galerie B2
36. Ausberlin C1
37. Galeria Kaufhof C1

◎ Sport e attività (p313)
38. Fat Tire Bike Tours C2

⊜ Pernottamento (p231)
39. Alexander Plaza B2
40. art'otel berlin mitte C4
41. Hostel One80° D1
42. Hotel Indigo D1
43. Motel One C1
44. Pangea People Hostel D1
45. Park Inn C1
46. Radisson Blu Hotel B2
- The Dude .... (v. 25)

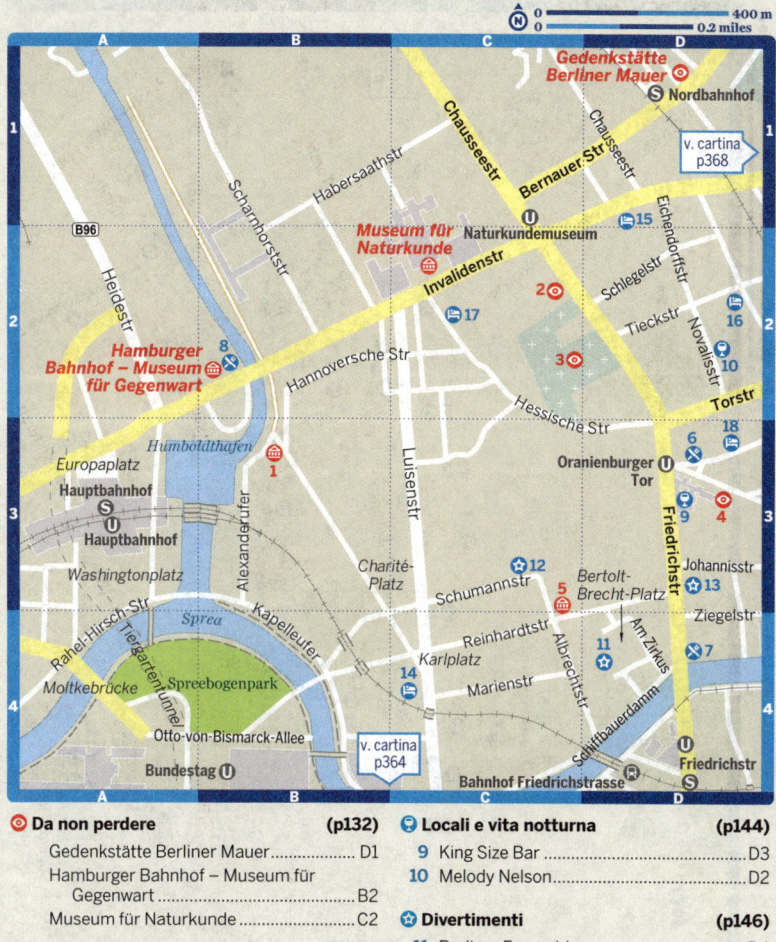

SCHEUNENVIERTEL OVEST

◎ Da non perdere (p132)
Gedenkstätte Berliner Mauer.................. D1
Hamburger Bahnhof – Museum für
  Gegenwart.. B2
Museum für Naturkunde C2

◉ Che cosa vedere (p135)
1 Berliner Medizinhistorisches Museum.... B3
2 Brecht-Weigel Gedenkstätte C2
3 Dorotheenstädtischer Friedhof............... C2
4 Kunsthaus Tacheles D3
5 Sammlung Boros C3

✖ Pasti (p139)
6 Dada Falafel D3
7 Grill Royal D4
8 Sarah Wiener im Hamburger Bahnhof B2

◉ Locali e vita notturna (p144)
9 King Size Bar D3
10 Melody Nelson... D2

✪ Divertimenti (p146)
11 Berliner Ensemble D4
12 Deutsches Theater.................................... C3
13 Friedrichstadtpalast................................. D3

🛏 Pernottamento (p234)
14 Arte Luise Kunsthotel C4
15 Honigmond Garden Hotel........................ D1
16 Hotel Honigmond...................................... D2
17 Miniloft Berlin C2
18 mitArt Hotel & Café.................................. D3

SCHEUNENVIERTEL

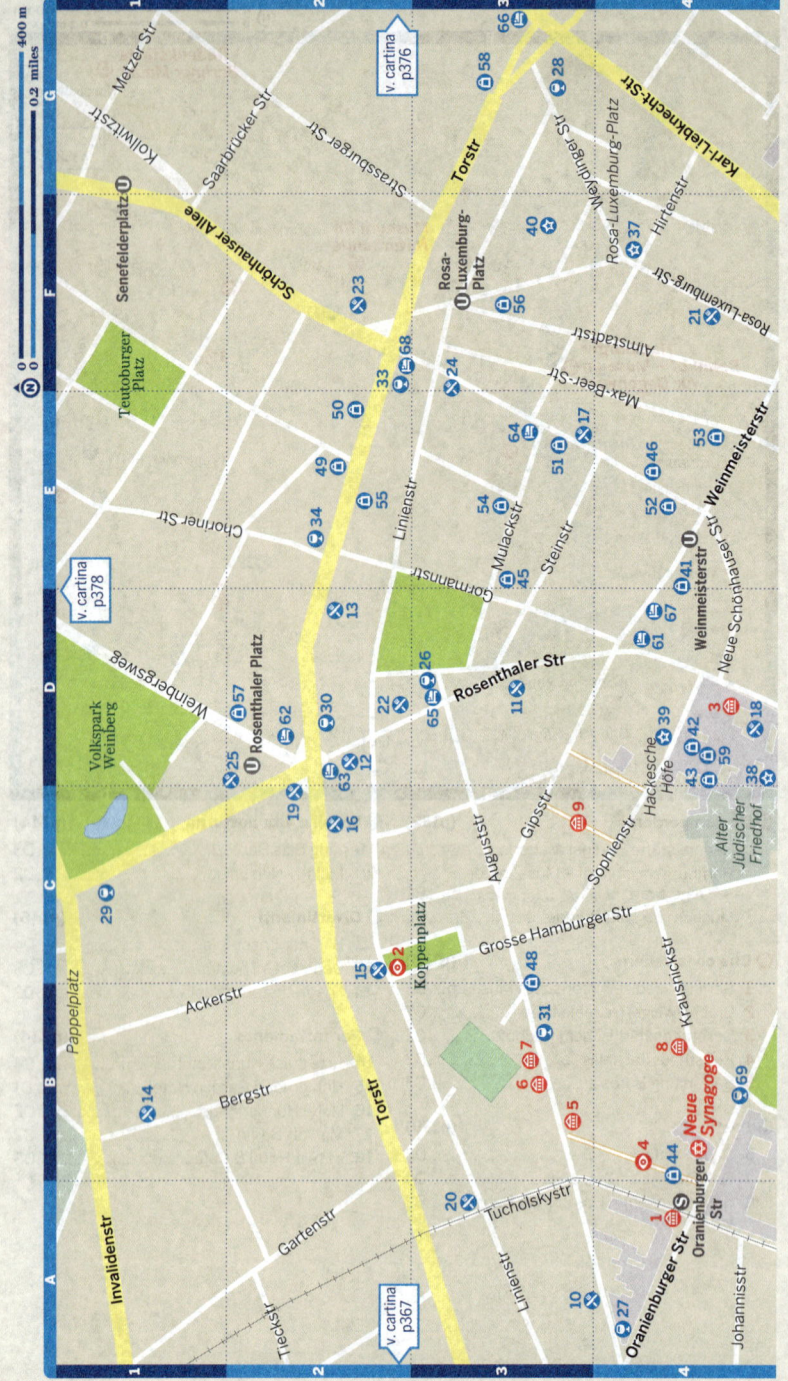

SCHEUNENVIERTEL

◎ Da non perdere (p132)
Hackesche Höfe..........D5
Neue Synagoge..........B4

◎ Che cosa vedere (p135)
Anne Frank Zentrum...(v. 3)
1 Ex Postfuhramt..........A4
2 Der Verlassene Raum.....C2
Gedenkstätte Stille
  Helden................(v. 3)
3 Haus Schwarzenberg......D4
4 Heckmannhöfe............B4
5 Jüdische
  Mädchenschule..........B3
6 KW Institute for
  Contemporary Art.......B3
7 Me Collectors Room......B3
Museum
  Blindenwerkstatt
  Otto Weidt............(v. 3)
Museum The
  Kennedys..............(v. 5)
8 Ramones Museum..........B4
9 Sammlung Hoffmann.......C3

❀ Pasti (p139)
Barcomi's Deli..........(v. 9)
10 Café Nord-Sud..........A3
11 Chén Chè...............D3
12 Cöcö...................D2
Fleischerei Imbiss......(v. 30)
13 Hartweizen.............D2
14 Katz Orange............B1
15 Kopps..................C2
16 Mani...................C2
Mogg & Melzer...........(v. 5)
17 Monsieur Vuong.........E3
18 Pan Asia...............D4
Pauly Saal..............(v. 5)
19 Rosenburger............C2
Rosenthaler Grill- und
  Schlemmerbuffet.......(v. 19)
20 Schwarzwaldstuben......A3
21 Susuru.................F4
22 Transit................D2
23 White Trash Fast Food..F2
24 Yam Yam................F3
25 Zagreus Projekt........D2

❂ Locali
e vita notturna (p144)
26 Amano Bar..............D3
27 August II..............A4
28 Bar 3..................G3
29 Buck and Breck.........C1
30 Butcher's..............D2
Café Bravo..............(v. 6)
31 Clärchens Ballhaus.....B3
32 Flamingo...............C5
33 Kaffee Burger..........F2
Mein Haus am See........(v. 19)
34 Neue Odessa Bar........E2
35 Strandbar Mitte........B5
69 Tadschickische
   Teestube..............B4

❂ Divertimenti (p146)
36 Amphitheater...........A3
37 Babylon................F4
B-Flat..................(v. 11)
38 Chamäleon Varieté......D4
Freiluftkino Mitte......(v. 3)
Sonntagskonzerte........(v. 31)
39 Sophiensaele...........D4
40 Volksbühne am Rosa-
   Luxemburg-Platz.......F3

❂ Shopping (p147)
41 1. Absinth
   Depot Berlin..........E4
42 Ampelmann Galerie......D4
43 Berlin Fashion
   Network...............C5
44 Bonbonmacherei.........D4
45 C'est Tout.............B4
46 Claudia Skoda..........E3
East Berlin.............(v. 46)
47 Fun Factory............D5
48 Galerie Eigen+Art......C3
49 Grober Unfug...........E2
50 Happy Shop.............E2
51 Herr Von Eden..........E3
52 Hundt
   Hammer Stein..........E4
53 IC! Berlin.............E4
54 Lala Berlin............E3
55 No 74 Berlin...........E2
56 Pro QM.................F3
57 Rotation Records.......D2
58 Schwarzer Reiter.......G3
59 Thatchers..............D4

❂ Sport e attività (p27)
60 Kinderbad
   Monbijou..............B5

❂ Pernottamento (p234)
61 Casa Camper............D4
62 Circus Hostel..........D2
63 Circus Hotel...........D2
64 Flower's
   Boardinghouse
   Mitte.................E3
65 Hotel Amano............D3
Mani Hotel..............(v. 16)
66 Soho House Berlin......G3
67 The Weinmeister........D4
68 Wombat's City
   Hostel Berlin.........F2

369

370

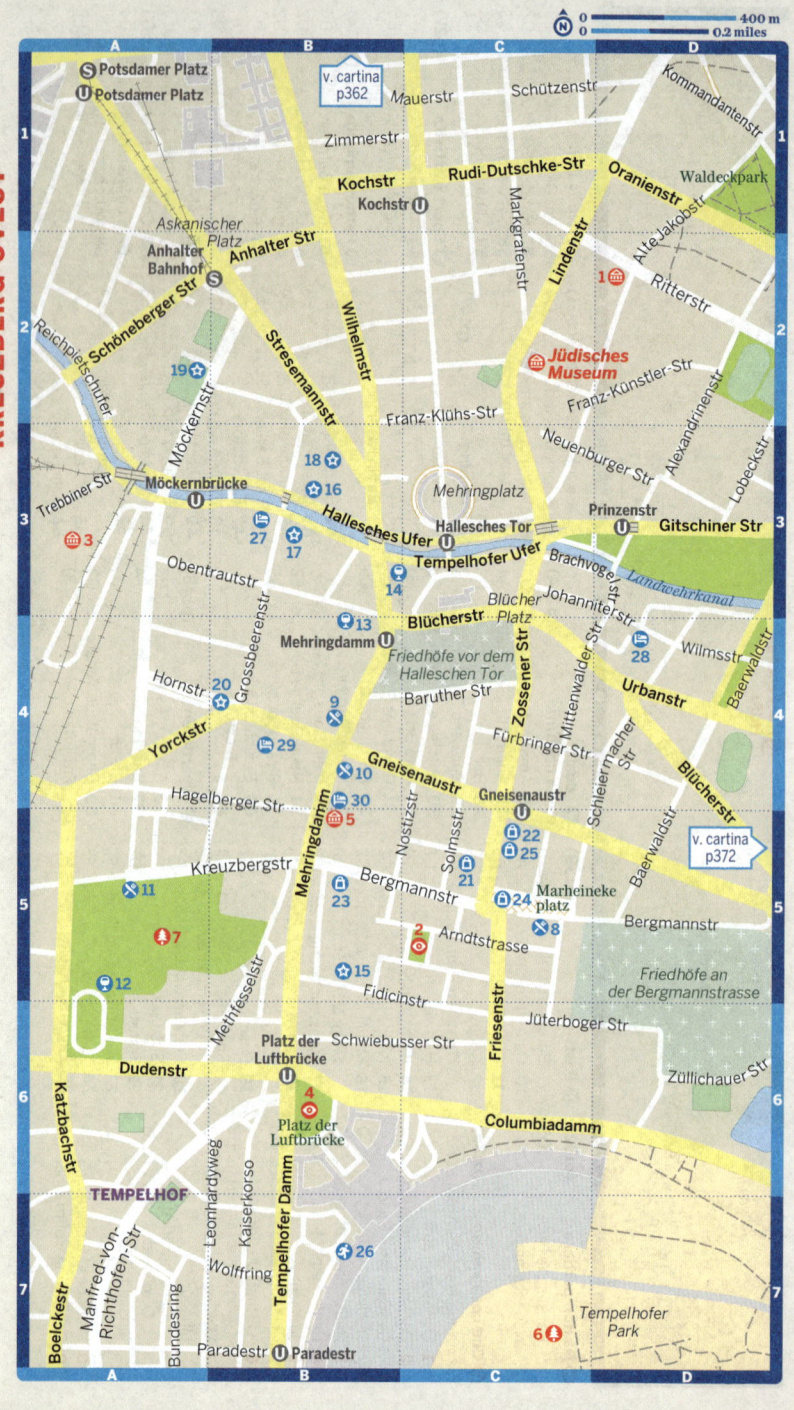

KREUZBERG OVEST

v. cartina p362

v. cartina p372

Potsdamer Platz
Potsdamer Platz
Kommandantenstr
Mauerstr
Schützenstr
Zimmerstr
Waldeckpark
Kochstr
Rudi-Dutschke-Str
Oranienstr
Kochstr
Alte Jakobstr
Askanischer Platz
Markgrafenstr
Lindenstr
Ritterstr
Anhalter Bahnhof
Anhalter Str
1
Reichpietschufer
Schöneberger Str
Jüdisches Museum
19
Wilhelmstr
Stresemannstr
Franz-Klühs-Str
Franz-Künstler-Str
Möckernstr
Neuenburger Str
Alexandrinenstr
18
16
Mehringplatz
Lobeckstr
Möckernbrücke
Trebbiner Str
Hallesches Ufer
Hallesches Tor
Prinzenstr
Gitschiner Str
3
27
17
Tempelhofer Ufer
Obentrautstr
Brachvogel
Landwehrkanal
14
Johanniterstr
Blücher Platz
Blücherstr
13
Mehringdamm
Friedhöfe vor dem Halleschen Tor
Wilmsstr
28
Baerwaldstr
Grossbeerenstr
Baruther Str
Urbanstr
Hornstr
20
Zossener Str
Mittenwalder Str
Schleiermacher Str
9
Fürbringer Str
Blücherstr
Yorckstr
29
Baerwaldstr
Hagelberger Str
Gneisenaustr
10
Gneisenaustr
30
22
Mehringdamm
5
25
Kreuzbergstr
Nostitzstr
Solmsstr
Bergmannstr
24
Marheineke platz
11
23
21
Bergmannstr
7
2
Arndtstrasse
8
15
Friedhöfe an der Bergmannstrasse
12
Fidicinstr
Friesenstr
Methfesselstr
Schwiebusser Str
Jüterboger Str
Züllichauer Str
Dudenstr
Platz der Luftbrücke
4
6
Platz der Luftbrücke
Columbiadamm
Katzbachstr
TEMPELHOF
Tempelhofer Damm
Leonhardyweg
Kaiserkorso
26
Tempelhofer Park
Boelckestr
Manfred-von-Richthofen-Str
Wolffring
Bundesring
Paradestr
Paradestr
6

KREUZBERG OVEST

◎ Da non perdere (p152)
Jüdisches Museum C2

◎ Che cosa vedere (p154)
1 Berlinische Galerie D2
2 Chamissoplatz C5
3 Deutsches Technikmuseum A3
4 Luftbrückendenkmal B6
5 Schwules Museum B5
6 Tempelhofer Park C7
7 Viktoriapark A5

✕ Pasti (p157)
8 Austria C5
9 Curry 36 .... B4
10 Seerose B4
11 Tomasa A5

◉ Locali e vita notturna (p162)
12 Golgatha A5
13 Gretchen B4
14 Horst Krzbrg B3
SchwuZ .... (v. 5)

◉ Divertimenti (p166)
15 English Theatre Berlin B5
16 HAU 2 .... B3
17 HAU 3 .... B3
18 Hebbel am Ufer (HAU 1) B3
19 Tempodrom A2
20 Yorckschlösschen B4

◉ Shopping (p168)
21 Another Country C5
22 Grober Unfug C5
23 Herrlich B5
24 Marheineke Markthalle C5
Ökomarkt Chamissoplatz .... (v. 2)
25 Space Hall C5

◉ Sport e attività (p154)
26 Flughafen Tempelhof Tours B7

◉ Pernottamento (p237)
27 Grand Hostel B3
28 Hotel Johann D4
29 Hotel Riehmers Hofgarten B4
30 Hotel Sarotti-Höfe B4

KREUZBERG EST E NEUKÖLLN NORD

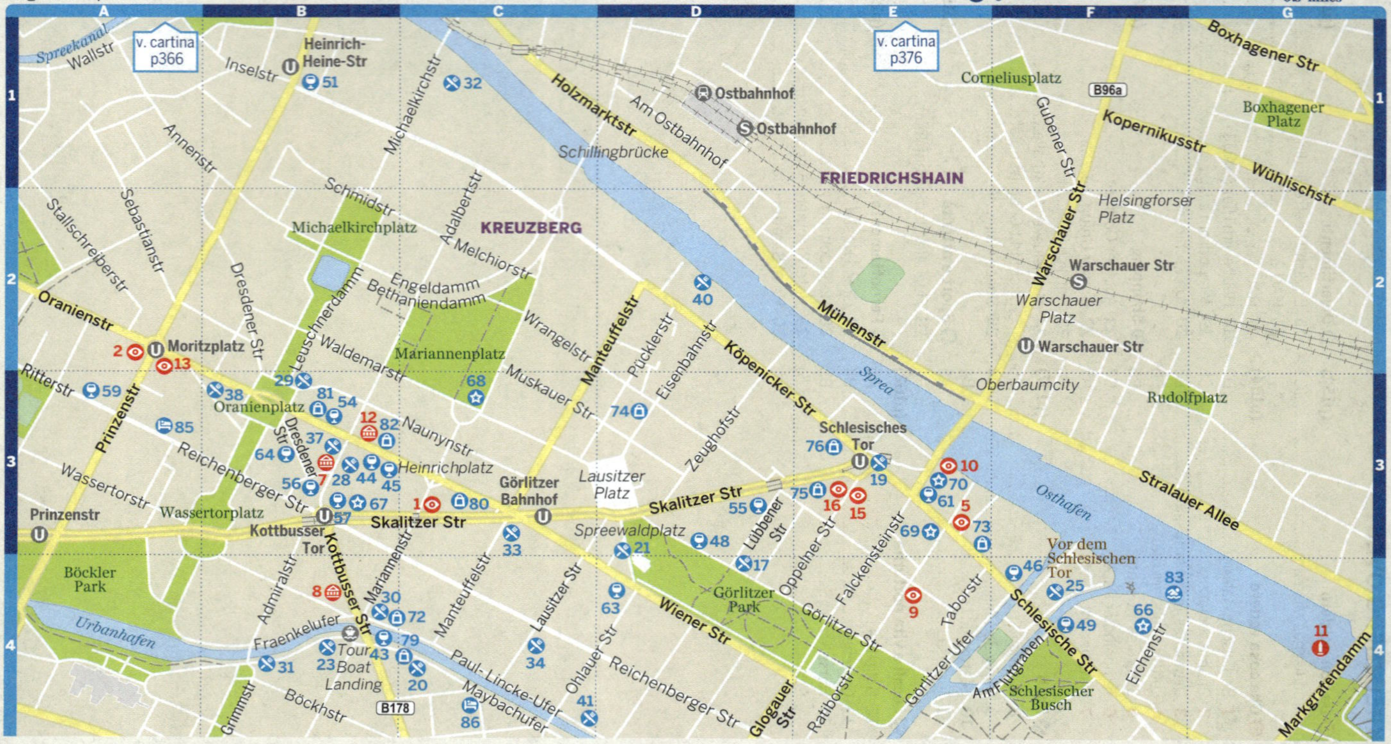

KREUZBERG EST E NEUKÖLLN NORD

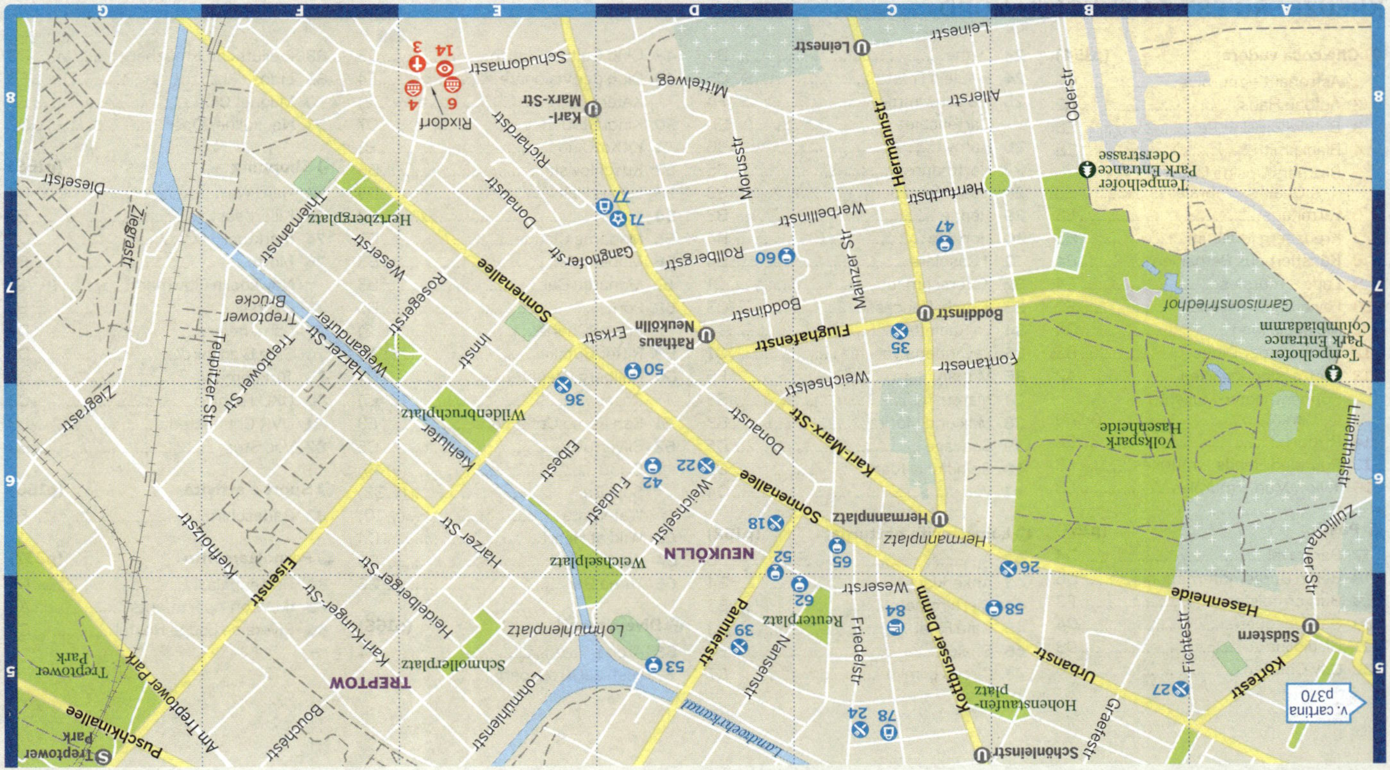

KREUZBERG EST E NEUKÖLLN NORD Cartina p372

⊙ Che cosa vedere (p154)

1 Astronaut – murales....................C3
2 Aufbau Haus................................A2
3 Bethlehemskirche.......................E8
4 Blacksmith..................................E8
5 Brothers Upside Down
  & Chains – murales....................E3
6 Farmhaus....................................E8
7 Kreuzberg Museum....................B3
8 Künsterhaus Bethanien..............B4
9 Lads – murales...........................E4
10 Leviathan – murales.................E3
11 Molecule Man...........................G4
12 Museum der Dinge..................B3
13 Prinzessinnengarten.................A2
  Puppentheater-Museum
  Berlin................................(v. 71)
14 Rixdorf.....................................E8
15 Rounded Heads – murales......E3
16 Yellow Man – murales.............E3

✕ Pasti (p157)

17 Bar Raval..................................D4
18 Berlin Burger International.......D6
19 Burgermeister...........................E3
20 Cafe Jacques............................C4
21 Cicciolina.................................D3
22 City Chicken.............................D6
23 Defne..B4
24 Fräulein Frost...........................C5
25 Freischwimmer........................F4
   Gartencafe........................(v. 13)
26 Harry..B6
27 Hartmanns...............................B5
28 Hasir Kreuzberg.......................B3
29 Henne......................................B3
30 Horváth...................................B4
31 Il Casolare...............................D3
32 Katerschmaus..........................C1
33 Kimchi Princess......................C3
34 La Raclette..............................C4
35 Lavanderia Vecchia.................C7
36 Mariamulata.............................E6
37 Maroush..................................A2
38 Max und Moritz......................B3
39 Sauvage...................................D5
40 Spindler & Klatt......................D2
41 Volt..C4

⊙ Locali e vita notturna (p162)

42 Ä...D6
43 Ankerklause............................B4
44 Bierhimmel..............................B3
45 Café Fatal................................B3
46 Chalet......................................F4
47 Circus Lemke..........................C7
48 Club Culture Houze................D3
49 Club der Visionäre..................F4
   Kater Holzig....................(v. 32)
50 Kindl Stuben...........................D7
51 KitKatClub..............................B1
52 Kuschlowski...........................D6
53 Loftus Hall..............................D5
54 Luzia.......................................B3
55 Madame Claude.....................B3
56 Möbel Olfe..............................B3
57 Monarch Bar...........................B3
58 Pork..B5
  Prince Charles.................(v. 2)
59 Ritter Butzke..........................A3
60 Rollberg Brauerei...................D7
  Roses..............................(v. 45)
61 San Remo Upflamör...............E3
62 Silverfuture............................C5
  Soju Bar.........................(v. 45)
  Watergate......................(v. 33)
63 Wild at Heart..........................D4
64 Würgeengel............................B3
65 Yuma Bar...............................C6

⊙ Divertimenti (p166)

66 Arena......................................F4
67 Festsaal Kreuzberg.................B3
68 Freiluftkino Kreuzberg............C3
69 Lido..E3
70 Magnet Club..........................E3
71 Neuköllner Oper....................D7

🛍 Shopping (p168)

72 Hard Wax...............................B4
73 Killerbeast..............................E3
74 Markthalle IX.........................D3
75 Motto.....................................E3
  Nowkoelln Flowmarkt....(v. 79)
76 Overkill..................................E3
77 Sameheads.............................D7
78 Sing Blackbird.......................C5
79 Türkenmarkt..........................C4
80 UKO Fashion........................C3
81 UVR Connected....................B3
82 Voo Store...............................B3

⊙ Sport e attività (p160)

83 Badeschiff..............................F4

🏨 Pernottamento (p237)

84 Hüttenpalast..........................C5
85 IMA Loft Apartments...........A3
86 Riverside Lodge Hostel........C4

KREUZBERG EST E NEUKÖLLN NORD

FRIEDRICHSHAIN *Cartina p376*

◎ Da non perdere (p172)
East Side Gallery C7

◎ Che cosa vedere (p173)
1. Boxhagener Platz F5
2. Café Sybille C4
3. Computerspielemuseum D3
4. Denkmal der Spanienkämpfer B1
5. Deutsch-Polnisches Ehrenmal C1
6. Fish – murales F7
7. Friedhof der Märzgefallenen C2
8. Karl-Marx-Allee C3
9. Märchenbrunnen A1
10. Mont Klamott B1
11. Oberbaumbrücke D7
12. RAW Tempel E6
13. Sad Girl with Rabbit Ears – murales F5
14. Sammlung Haubrok B3
15. Volkspark Friedrichshain B1

◎ Pasti (p176)
16. Cafe Schönbrunn C1
17. Caramello F5
18. Fischschuppen H6
19. Kater Mikesch F3
20. Lemon Leaf F5
21. Michelberger D7
22. Pavillon im Volkspark Friedrichshain ... B2
23. Schalander H4
24. Schneeweiss F6
25. Schwarzer Hahn F5
26. Spätzle & Knödel F5
27. Transit G6
28. Vineria del Este G3
29. Vöner G6

◎ Locali e vita notturna (p178)
30. ://about blank G7
31. Astro Bar F5
32. Aunt Benny H5
33. Berghain/Panorama Bar D5
34. Cassiopeia E6
35. CSA D4
36. Grosse Freiheit F4
37. Himmelreich F5
38. Hops & Barley F6
39. Kptn A Müller F6
Lab.oratory .... (v. 33)
40. Monster Ronson's Ichiban Karaoke D6
41. Naherholung Sternchen A2
42. Oststrand C6
43. Place Clichy E6
44. Sanatorium 23 .... F4
45. Strandgut Berlin C6
46. Suicide Circus E6
47. Süss War Gestern G6
48. Tussy Lounge G6
49. Zum Schmutzigen Hobby E6

◎ Divertimenti (p181)
50. Astra Kulturhaus E6
51. Freiluftkino Friedrichshain C1
Freiluftkino Insel in Cassiopeia ..... (v. 34)
52. K17 .... H3
53. Kino International A3
54. O2 World D6
55. Radialsystem V B5

◎ Shopping (p182)
56. Antikmarkt am Ostbahnhof C5
57. Flohmarkt am Boxhagener Platz F5
58. Mondos Arts G4
59. Perlerei G6
60. Prachtmädchen F5
61. Raw Flohmarkt E6
62. UVR Connected F5

◎ Pernottamento (p237)
63. Eastern Comfort Hostelboat D7
64. East-Side Hotel D7
65. Hotel 26 .... E5
66. Michelberger Hotel D7
67. nhow E7
68. Odyssee Globetrotter Hostel E5
69. Ostel Hostel C5
70. Plus Hostel E7
71. Raise a Smile Hostel E3
72. Upstalsboom Hotel Friedrichshain E5

FRIEDRICHSHAIN

Legenda a p375

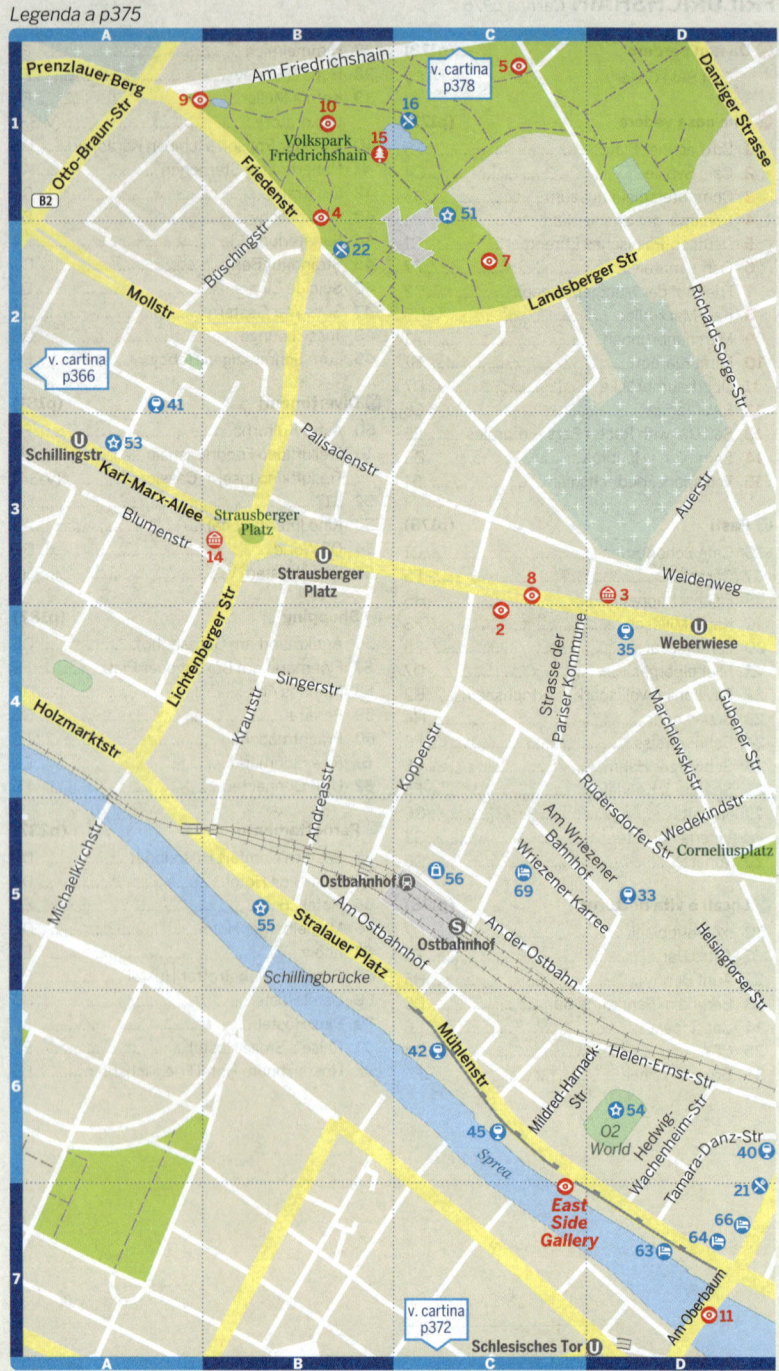

Prenzlauer Berg
Am Friedrichshain
v. cartina p378
Danziger Strasse
Otto-Braun-Str
Volkspark Friedrichshain
Büschingstr
Friedenstr
Landsberger Str
Richard-Sorge-Str
Mollstr
v. cartina p366
Pallsadenstr
Auerstr
Schillingstr
Karl-Marx-Allee
Blumenstr
Strausberger Platz
Strausberger Platz
Weidenweg
Weberwiese
Lichtenberger Str
Krautstr
Singerstr
Andreasstr
Koppenstr
Strasse der Pariser Kommune
Rudersdorfer Str
Marchlewskistr
Gubener Str
Wedekindstr
Holzmarktstr
Am Wriezener Bahnhof
Corneliusplatz
Michaelkirchstr
Ostbahnhof
Wriezener Karree
Stralauer Platz
Am Ostbahnhof
An der Ostbahn
Ostbahnhof
Helsingforser Str
Schillingbrücke
Mühlenstr
Mildred-Harnack-Str
Helen-Ernst-Str
O2 World
Hedwig-Wachenheim-Str
Tamara-Danz-Str
Spree
East Side Gallery
v. cartina p372
Schlesisches Tor
Am Oberbaum

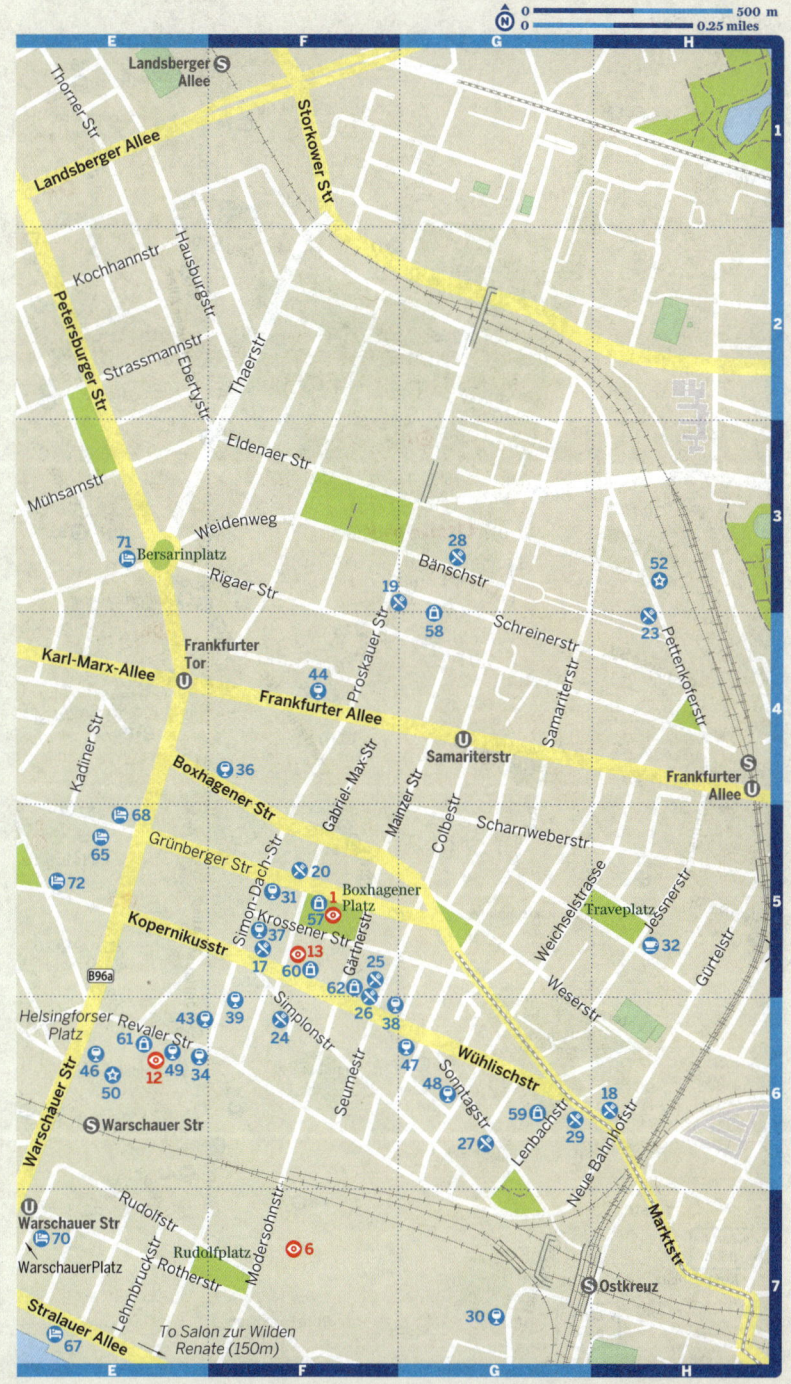

FRIEDRICHSHAIN

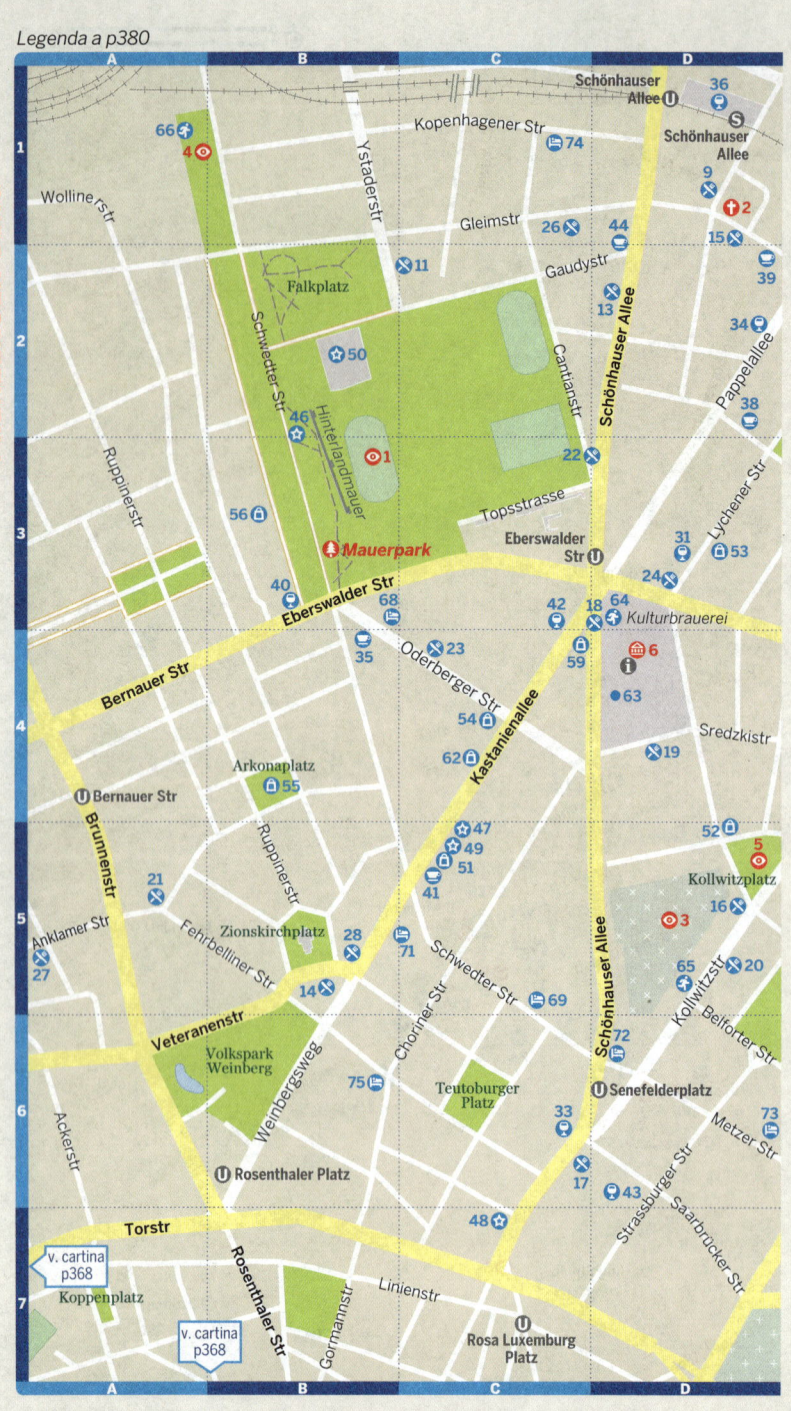

PRENZLAUER BERG

Legenda a p380

Streets/labels visible on map:
- Schönhauser Allee
- Kopenhagener Str
- Wollinerstr
- Ystaderstr
- Gleimstr
- Gaudystr
- Falkplatz
- Cantianstr
- Pappelallee
- Schwedter Str
- Hinterlandmauer
- Ruppiner Str
- Lychener Str
- Topsstrasse
- Mauerpark
- Eberswalder Str
- Kulturbrauerei
- Oderberger Str
- Sredzkistr
- Bernauer Str
- Kastanienallee
- Arkonaplatz
- Brunnenstr
- Ruppinerstr
- Zionskirchplatz
- Fehrbelliner Str
- Kollwitzplatz
- Anklamer Str
- Schwedter Str
- Kollwitzstr
- Veteranenstr
- Volkspark Weinberg
- Weinbergsweg
- Chorinerstr
- Belforter Str
- Ackerstr
- Teutoburger Platz
- Senefelderplatz
- Metzer Str
- Rosenthaler Platz
- Strassburger Str
- Saarbrücker Str
- Torstr
- Koppenplatz (v. cartina p368)
- Rosenthaler Str (v. cartina p368)
- Gormannstr
- Linienstr
- Rosa Luxemburg Platz

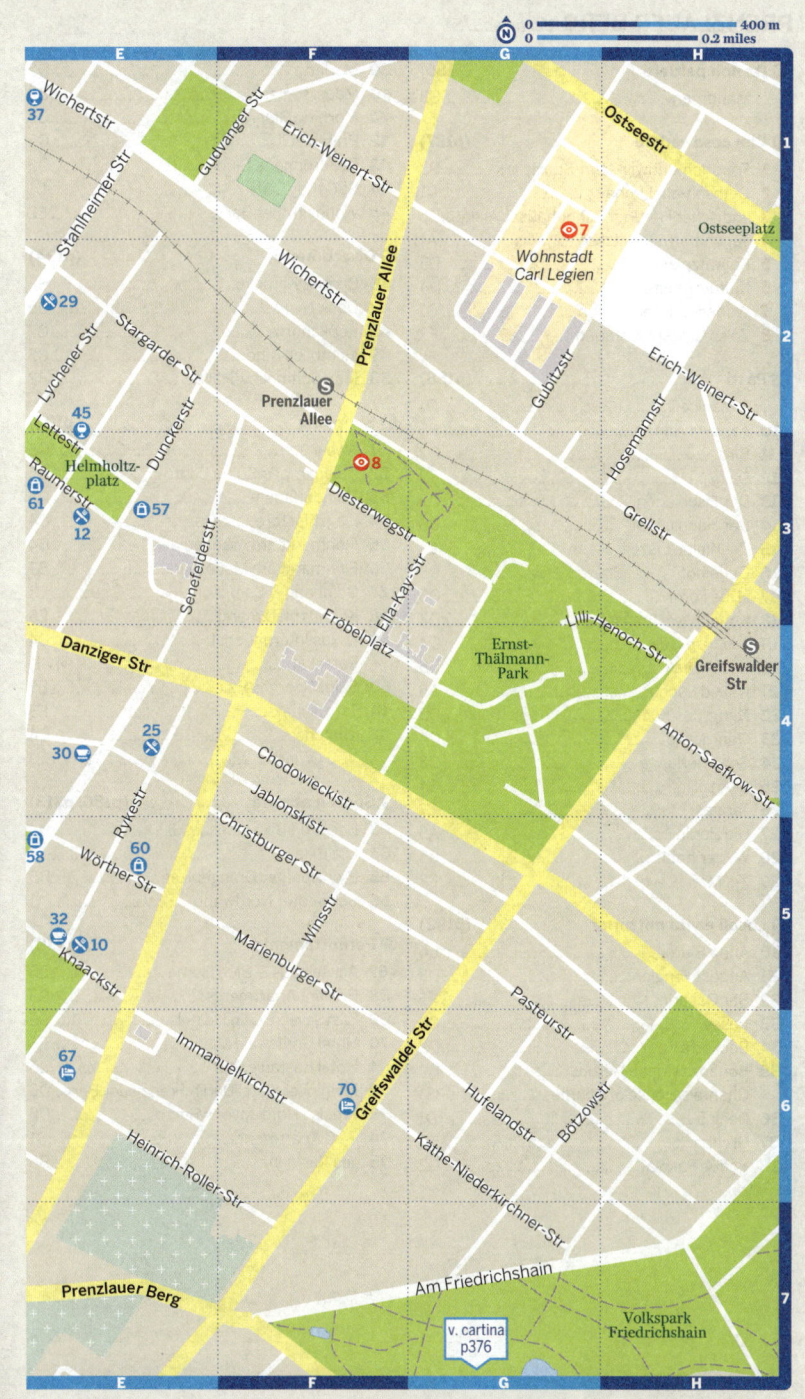

PRENZLAUER BERG

Streets and Locations

- Wichertstr
- Gudvanger Str
- Erich-Weinert-Str
- Ostseestr
- Stahlheimer Str
- Ostseeplatz
- Wohnstadt Carl Legien (7)
- Lychener Str
- Stargarder Str
- Wichertstr
- Prenzlauer Allee
- Gubitzstr
- Erich-Weinert-Str
- Lettestr
- Dunckerstr
- Prenzlauer Allee (S)
- Hosenannstr
- Raumerstr
- Helmholtzplatz
- Diesterwegstr
- Grellstr
- Senefelderstr
- Ella-Kay-Str
- Fröbelplatz
- Lilli-Henoch-Str
- Danziger Str
- Ernst-Thälmann-Park
- Greifswalder Str (S)
- Rykestr
- Chodowieckistr
- Anton-Saefkow-Str
- Wörther Str
- Jablonskistr
- Christburger Str
- Winsstr
- Knaackstr
- Marienburger Str
- Pasteurstr
- Immanuelkirchstr
- Greifswalder Str
- Hufelandstr
- Botzowstr
- Heinrich-Roller-Str
- Käthe-Niederkirchner-Str
- Prenzlauer Berg
- Am Friedrichshain
- Volkspark Friedrichshain
- v. cartina p376

Numbered points

- 37
- 29
- 45
- 61
- 12
- 57
- 7
- 8
- 25
- 30
- 58
- 60
- 32
- 10
- 67
- 70

PRENZLAUER BERG *Cartina p378*

◎ Da non perdere (p185)
Mauerpark B3

◎ Che cosa vedere (p187)
1 Friedrich-Ludwig-Jahn-Sportpark B3
2 Gethsemanekirche D1
3 Jüdischer Friedhof Schönhauser Allee D5
4 Jugendfarm Moritzhof A1
5 Kollwitzplatz D5
6 Kulturbrauerei D4
7 Wohnstadt Carl Legien G1
8 Zeiss Grossplanetarium F3

✖ Pasti (p188)
9 A Magica D1
10 Aznavourian E5
11 Bird C2
12 Dairy E3
13 Der Fischladen D2
14 Der Hahn ist tot! B5
15 Die Kleine Eiszeit D1
16 Gugelhof D5
17 I Due Forni C6
18 Konnopke's Imbiss D3
19 La Muse Gueule D4
20 Lucky Leek D5
21 Naked Lunch A5
22 Neugrüns Köche D3
23 Oderquelle C4
24 Schusterjunge D3
25 Si An E4
26 Tapitas C1
27 Ula Berlin A5
28 W- der Imbiss B5
29 Zia Maria E2

◎ Locali e vita notturna (p192)
30 Anna Blume E4
31 August Fengler D3
32 Bar Gagarin E5
33 Bassy C6
34 Becketts Kopf D2
35 Bonanza Coffee Heroes B4
Chantals House of Shame .... (v. 33)
36 Deck 5 .... D1
37 Greifbar E1
38 Kaffee Pakolat D2
39 Marietta D2
40 Mauersegler B3
41 Morning Glory C5
42 Prater C3
43 Roadrunner's Club D6
44 St Gaudy Cafe D1
45 Wohnzimmer Bar E2

◎ Divertimenti (p194)
46 Bearpit Karaoke B2
47 Dock 11 .... C5
48 Kookaburra C7
49 Lichtblick Kino C5
50 Max-Schmeling-Halle B2

◎ Shopping (p195)
51 Awear C5
52 Coledampf's CulturCentrum D5
53 Erfinderladen D3
54 Flagshipstore C4
55 Flohmarkt am Arkonaplatz B4
56 Flohmarkt am Mauerpark B3
57 Goldhahn & Sampson E3
58 Kollwitzplatzmarkt E5
59 Luxus International C4
Ratzekatz .... (v. 61)
60 Saint Georges E5
61 Ta(u)sche E3
62 Thatchers C4
VEB Orange .... (v. 68)

◎ Sport e attività (p186, p313)
63 Berlin on Bike D4
64 Lila Bike D3
65 Prenzlberger Orangebikes D5
66 Schwedter Nordwand A1

◎ Pernottamento (p239)
67 Ackselhaus & Blue Home E6
68 Brilliant Apartments B3
69 EastSeven Berlin Hostel C5
70 Hotel Greifswald F6
71 Hotel Kastanienhof C5
72 Meininger Hotel Berlin Prenzlauer Berg .. D6
73 Precise Hotel Myer's Berlin D6
74 T&C Apartments C1
75 Yes Residenz B6

SCHLOSS CHARLOTTENBURG

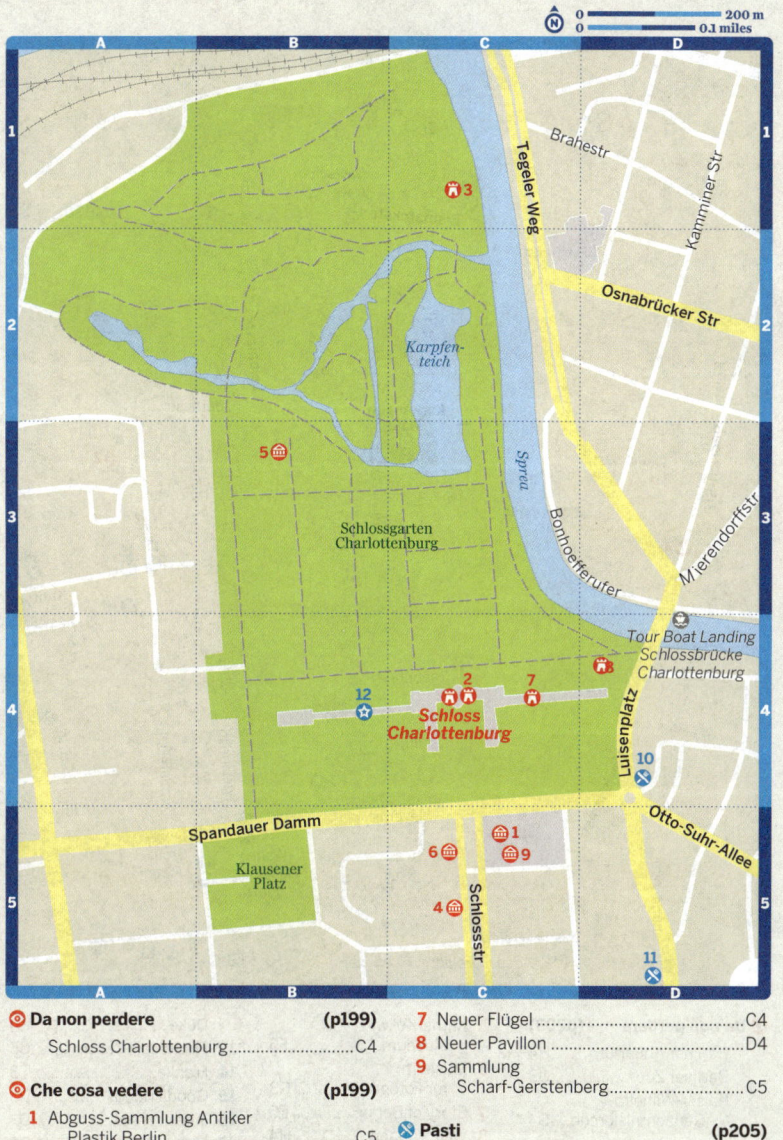

◎ Da non perdere (p199)
Schloss Charlottenburg C4

◎ Che cosa vedere (p199)
1 Abguss-Sammlung Antiker Plastik Berlin C5
2 Altes Schloss C4
3 Belvedere C1
4 Bröhan Museum C5
5 Mausoleum B3
6 Museum Berggruen C5
7 Neuer Flügel C4
8 Neuer Pavillon D4
9 Sammlung Scharf-Gerstenberg C5

✕ Pasti (p205)
10 Brauhaus Lemke D4
11 Natural'Mente D5

✪ Divertimenti (p200)
12 Berliner Residenz Konzerte B4

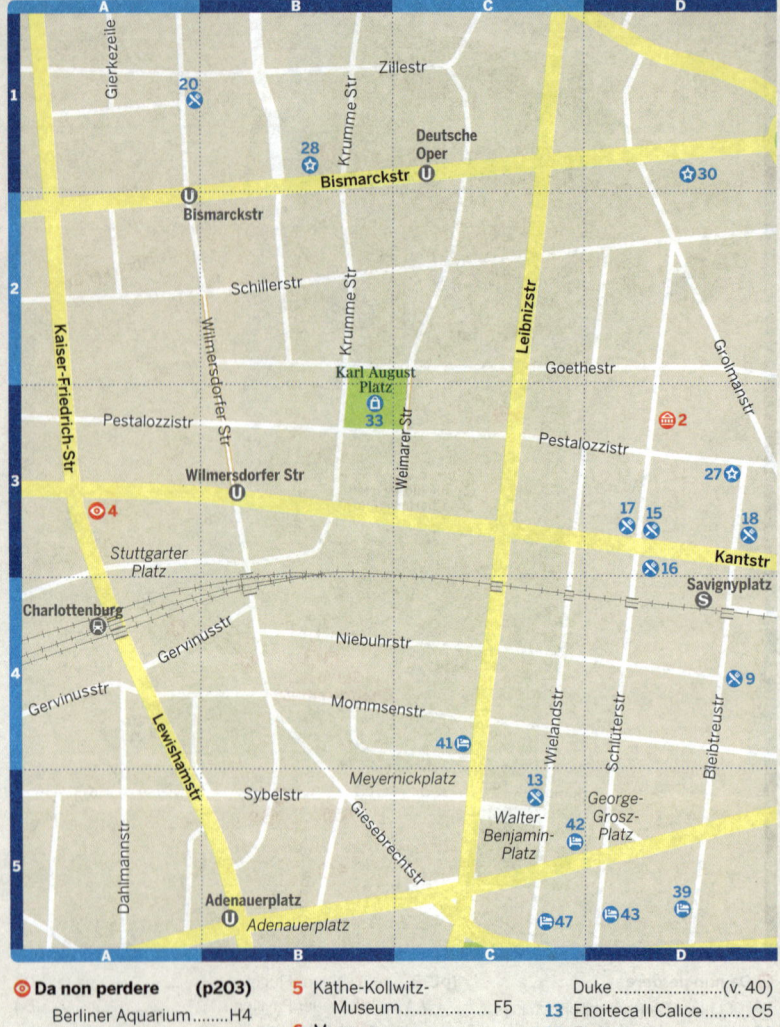

CHARLOTTENBURG

◉ Da non perdere (p203)
Berliner Aquarium H4
Berliner Zoo G3
Kaiser-Wilhelm-
 Gedächtniskirche G4

◉ Che cosa vedere (p203)
1 Berliner Zoo – entrata
 Budapester Strasse .. H4
2 Das Verborgene
 Museum D3
3 Europa-Center H4
4 Herta Heuwer – targa
 commemorativa A3
5 Käthe-Kollwitz-
 Museum F5
6 Museum
 für Fotografie G3
7 Story of Berlin E5
8 Weltbrunnen H4

✖ Pasti (p206)
9 Ali Baba D4
10 Brel E4
11 Café-Restaurant
 Wintergarten im
 Literaturhaus F5
12 Dicke Wirtin E3
 Duke .... (v. 40)
13 Enoiteca Il Calice C5
14 Franke F3
15 Good Friends D3
16 Jules Verne D3
17 Moon Thai D3
18 Osteria Centrale D3
19 Ottenthal F4
20 Rogacki A1
21 Schleusenkrug G2
22 Vapiano F5

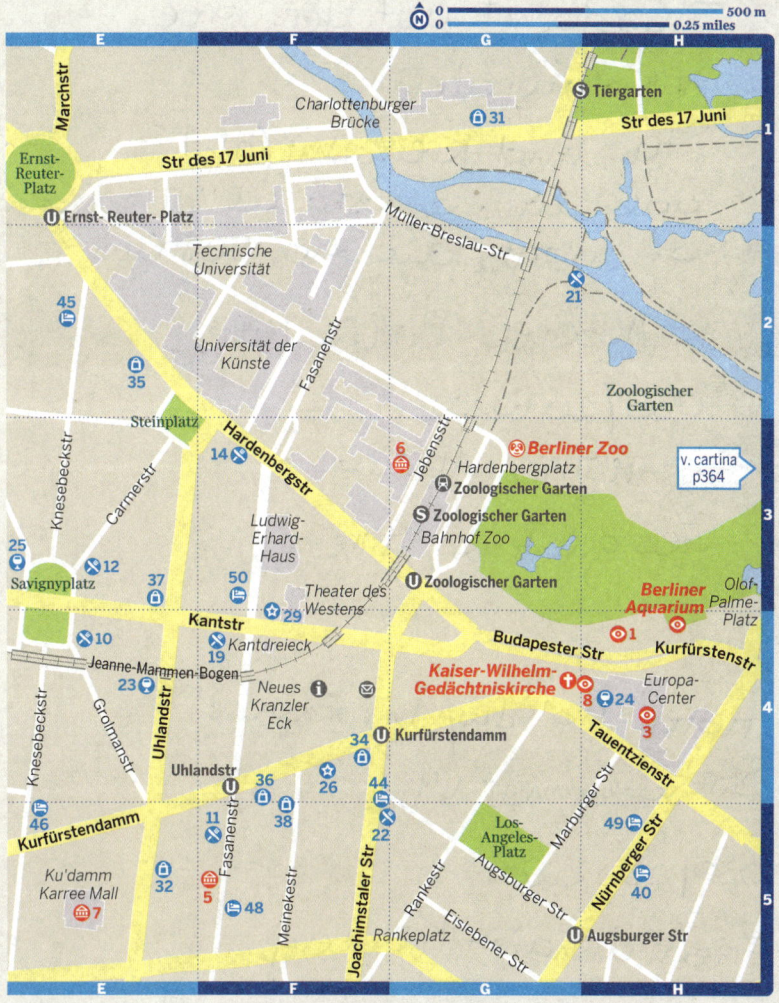

CHARLOTTENBURG

🌙 Locali e vita notturna (p208)
23 Gainsbourg E4
24 Puro Skylounge H4
25 Zwiebelfisch................. E3

⭐ Divertimenti (p209)
26 Astor Film Lounge F4
27 A-Trane D3
28 Deutsche Oper B1
29 Quasimodo F4
30 Staatsoper unter den Linden @Schillertheater...... D1

🛍 Shopping (p210)
31 Berliner Trödelmarkt G1
32 Hautnah E5
33 Karl-August-Platz Farmers Market........ B3
34 Käthe Wohlfahrt............ F4
35 Schropp E2
36 Steiff Galerie in Berlin .. F4
37 Stilwerk E3
38 Titus Zoopreme F5

🛏 Pernottamento (p240)
39 Bleibtreu Berlin............. D5
40 Ellington Hotel H5
  Excelsior Hotel ....(v. 14)
41 Hotel Art Nouveau C4
42 Hotel Askanischer Hof C5
43 Hotel Bogota D5
44 Hotel Concorde Berlin.. F4
45 Hotel Otto E2
46 Hotel Q! E5
47 Hotel-Pension Dittbrner................... C5
48 Hotel-Pension Funk...... F5
49 Mittendrin H5
50 Savoy Hotel.................. F3

Flussfahrt auf der Spree
Nikolaiviertel
"Star und Kreisschiffahrt"
dal lato opposto al sito
di costruzione del Castello

12 Apostel Berlin Mitte
030/2010222
SAMSTAG Abend
Georgenstr 2, Mitte

Hotel Holiday Inn Express
Stresemannstr 49
030/200 520
Friedrichshain - Kreuzberg

Berlino
8ª edizione italiana - Giugno 2013
Tradotto dall'edizione originale inglese:
Berlin (8th edition, March 2013)
ISBN 978-88-6639-999-5

© Testo e cartine: Lonely Planet 2013
© Fotografie: fotografi indicati 2013

Pubblicato da EDT srl
su autorizzazione di Lonely Planet Publications Pty Ltd
ABN 36 005 607 983

EDT srl
17 via Pianezza, 10149 Torino, Italia
(39) 011 5591 811 - fax (39) 011 2307 034
edt@edt.it, lonelyplanetitalia.it

In copertina foto di Mark Daffey/Getty Images: Porta di Brandeburgo.

Stampato da Grafica Veneta S.p.A. – Trebaseleghe (PD)

Tutti i diritti sono riservati. La riproduzione, anche parziale e con qualsiasi mezzo, non è consentita senza la preventiva autorizzazione scritta dell'editore.

Lonely Planet e il logo di Lonely Planet sono marchi di Lonely Planet e sono registrati presso l'Ufficio Brevetti e Marchi negli Stati Uniti e in altri paesi.
Lonely Planet non permette che alcun esercizio commerciale (vendite al dettaglio, ristoranti e alberghi) utilizzi il suo nome e il suo logo. Per eventuali segnalazioni: www.lonelyplanet.com/ip

Questo libro è stampato su carta ecosostenibile

Lonely Planet e i suoi autori fanno del loro meglio per fornire informazioni il più possibile accurate e attendibili. Tuttavia Lonely Planet e EDT declinano ogni responsabilità per qualsiasi danno, pregiudizio o inconveniente che dovesse derivare dall'utilizzo di questa guida.